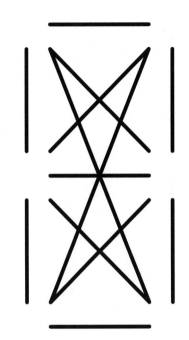

나와 — 세계를 — 잇는 — 지적 — 생활 — 습관

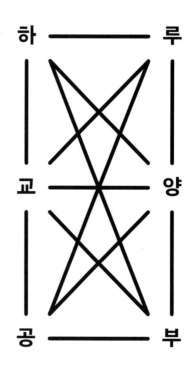

하 — 루
교 — 양
공 — 부

전성원 지음

들어가는 말
어떻게 읽을 것인가

1

시간은 과거에서 현재를 지나 미래로 연속된다. 공간은 점으로 시작해 선과 면으로 이어지고, 면이 모여 입체가 된다. 이미 흘러간 시간은 절대 되돌릴 수 없다. 하지만 역사는 시간적으로 과거의 사건이 오늘 그리고 내일에 영향을 주면서 지속적으로 변화한다. 물리학적으로는 타임머신이 불가능하다고 이야기하지만, "역사란 객관적 사실을 서술하는 작업이 아니라 역사적 사건에 대한 현재적 해석이고 현재적 평가"라고 했던 역사학자 칼 베커의 말을 떠올려보면, 역사는 오늘뿐 아니라 과거에도 변화를 주고(역사의 해석과 평가는 늘 변화하므로), 그 결과 미래도 변화시킨다는 점에서 가장 무서운 타임머신이다.

만약 역사를 단순 암기 과목이라고 생각한다면 역사를 단지 '점'으로 이해하는 것이다. 역사에서 인과관계를 살필 수 있다면 '선'을 알고 있는 것이고, 역사의 현재적 의미를 이해한다면, '면'을 알게 되는 것이다. 나아가 역사를 입체적으로 이해한다면, 역사의 여러 측면이 긴밀하게 연결되어 있고 개념 또한 역사적으로 변화한다는 사실을 알게 된다. 그렇게 되었을 때, 역사는 비로소 살아 있는 이야기가 되어 오늘의 내게 의미가 된다.

『하루 교양 공부』는 1년 365일의 역사에 대한 책이다. 책의 저자로서 부끄러운 고백이지만, 개인적으로는 이런 부류의 책을 그다지 좋아하지 않으면서도 여러 종류의 역사 앤솔러지를 찾아 읽었다. 이런 부류의 책을 그다지 좋아하지 않은 이유는 앞서 이야기한 '점'에 초점을 맞춘 책이라고 생각했기 때문이다. 그러나 세상에는 이런 부류의 책이 많이 존재하며, 존재하는 까닭은 필요하기 때문이다.

2

인간은 누구나 좋은 삶을 살고자 하는 욕망을 가지고 있기에 좀 더 잘 살기 위해 다양한 방도로 질문을 던지고 그에 대한 답을 찾아 왔다. 종교와 철학부터 학문과 예술에 이르기까지 우리가 살면서 중요하다고 여기는 인간 삶의 수많은 요소는 이에 대한 답을 찾으려는 질문이자 동시에 그 자체로 삶을 풍요롭게 만드는 것들이다. 삶은 찰나의 연속이기에 결국 좋은 삶을 산다는 것은 좋은 순간을 꾸준히 이어 가는 일이다. 그러나 우리는 매순간을 자각하고 노력하며 살 수 없다. 사느라 너무 바빠서 정작 어떻게 살아야 하는지 잊을 때도 있다.

노동을 면제받은 팔자 좋은 지식인의 시대, 제갈량이 살아야 했던 시대에는 읽어 내야 하는 책이 많지 않았기에, 한 권의 책을 마르고 닳도록 읽고 곱씹을 수 있는 삶의 여유를 허락받을 수 있었다. 그러나 오늘날 대개의 사람들은 알아야 하는 정보는 너무 많은 반면 자신을 위해 쓸 수 있는 시간은 너무 적은 시대를 살아간다. 그렇기에 제대로 살고 있는지 확인할 길이 없으며 삶을 즐길 여유는커녕 때로 삶이 무엇인지 물어볼 겨를도 없다.

나 역시 그런 사람 중 한 명이다. 1996년부터 26년 동안 계절마다 잡지를 만들어 왔다. 잡지가 다루는 주제는 매호마다 달라 공부하지 않으면 도저히 잡지 만드는 일을 계속할 수 없다. 일은 도무지 줄지 않는데, 어떻게 하면 이 바쁜 일상에서 일을 위한 공부와 나를 채우는 삶을 병행할 수 있을까? 고민 끝에 찾은 해법 중 하나가 매일 시 한 편, 음악 한 곡을 찾아 마음을 비우고 읽고 듣는 것이었다. 가능하면 하루에 새로운 단어 하나, 개념 하나, 인물 하나를 찾아 내 나름의 파일로 정리하는 작업을 해 왔다. (스스로는 이 작업을 '아카이빙'이라고 부른다.)

인생의 좌우명 중 하나로 "인간은 노력하는 한 방황하기 마련이다"Es irrt der Mensch, solange' er strebt라는 말을 가슴에 새기고 있다. 괴테의 『파우스트』에 나오는 말이다. 언어는 끊임없이 변한다. 사람과 세상이 끊임없이 변하기 때문이다. 매일 새로운 사건과 현상이 발생하고 새로운 무언가가 발명된다. 변화는 점점 더 빠른 속도로 일어난다. 변화에 따라 생겨난 것들을 지칭하는 새로운 명칭과 개념이 필요하고, 새로운 단어가 언어에 유입된다. 예를 들어 블로깅, 애플리케이션, 클라우드 같은 말들이 그렇다. '신용경색'credit crunch 같은 용어는 2008년에 만들어졌다.

세계화 이후 감염병 전파 속도가 과거와는 비교가 안 될 만큼 빨라진 것처럼 새로운 개념어의 출현과 전파, 소멸 속도 역시 가파르게 변화하고 있다. 신조어가 등장하고 불과 며칠 만에 전 세계의 유행어가 될 수도 있지만, 얼마 가지 않아 대중의 뇌리에서 사라지거나 사용 빈도가 급격하게 줄어들 수도 있다. 1971년에 발명되어 널리 쓰이던 플로피 디스크가 더 이상 컴퓨터 저장도구로 사용되지 않는 것처럼 말이다. 하지만 도구로서의 플로피 디스크는 사라져도 그 이미지는 'ctrl+s' 아이콘으로 남듯이, 한 번 생겨난 말은 그대로 사라지는 것이 아니라 어떤 흔적을 남긴다.

최근 몇 년간 우리 사회에는 대중의 문해력을 두고 '명징, 직조, 심심한 사과'로 이야기되는 여러 논란이 있었다. 문해력이란 단순하게 말하면 글을 읽고 이해하는 능력으로, 영단어 'literacy'의 번역어에 불과하지만, 실제로는 '텍스트를 읽고 이를 이용해 사회·문화적 환경에서 새로운 정보를 받아들이고 생활 속 문제를 해결하는 능력'을 뜻한다. 많은 이들이 문해력 저하의 원인으로 독서 부족을 꼽는다. 과거에 비해 읽는 양이 줄었기 때문에 문제라는 것이다. 실제로 '책'을 읽는 독서 인구가 많이 줄었다.

그러나 이 분야 권위자 중 한 사람인 캘리포니아대학교UCLA 난독연구센터장 매리언 울프 교수는 미국인의 경우 하루 동안 읽어 내는 단어 수가 웬만한 소설 한 편에 나오는 단어 수만큼 많다고 한다. 우리가 하루 평균 접하는 정보량이 34기가바이트에 이른다는 것이다. 다시 말해 디지털 미디어 시대에도 '읽는 양'은 결코 줄어들지 않았다. 사실 문해력 문제의 핵심은 '읽는 양'의 문제라기보다 어떻게 읽을 것인가라는 '읽는 질'의 문제다. 워낙 빨리, 동시다발적으로 일어나는 변화의 속도에 조응하기 어렵기 때문에 어떤 한 가지 주제에 깊이 접근하고 이해하는 것이 원천적으로 불가능해지고 있다.

어떻게 할 것인가? 읽어 내는 방식에는 크게 두 가지가 있다. 우선 하루 동안 접해야 하는 정보량을 감당하려면 '가벼운 읽기'light reading가 필요하다. SNS나 블로그, 속보 등 몇 줄 안 되는 짧은 문장이나 이모티콘 등으로 이루어진 글을 읽는 것은 가벼운 읽기로도 충분하다. 다만 이렇게 읽은 것은 몇 분 안에 자연스럽게 기억에서 소멸된다. 이 때문에 가벼운 읽기를 통해서는 비판적이고 고유한 관점을 불러일으키는 사유가 일어나기 어렵다.

이런 문제를 극복하려면 이른바 '꼼꼼한 읽기'deep reading가 필요하다. '꼼꼼한 읽기'란 책의 세부 내용에 몰입한 상태로 지각·감각·감정을 동원해 세부 사항을 만끽하며 읽는 과정을 말한다. 텍스트 속의 세부 묘사와 암시, 비유가 풍부한 글을 읽는 것은 간접 체험에 불과하지만, 그 과정에서 인간의 뇌는 이를 직접 경험하는 것처럼 활성화된다. 이처럼 '꼼꼼한 읽기'를 통해 독자의 공감 능력이 확장되고, 반성과 분석을 통해 자신의 상황을 글 속에 대입할 수 있게 되면서 지적 능력이 향상되고, 이를 통해 글쓰기 수준 역시 향상될 수 있다. 문제는 바쁜 현대사회를 살아가는 우리가 어느 세월에 이 모든 것을 해낼 수 있겠는가이다. 결론은 경우에 따라 '가벼운 읽기'와 '꼼꼼한 읽기'를 병행하는 것이다.

3

나의 스승 오규원 시인은 평소 명강의로 소문이 자자했다. 그는 시 창작 실습 시간에 "사시나무 떨듯"이란 표현을 언급하면서 미래의 시인, 소설가를 꿈꾸는 학생 중에 이 나무를 알고 있는 이가 있는지 물어본 적이 있다. 불행히도 우리 중에 '사시나무'를 직접 본 사람은커녕 아는 이조차 없었다. 속담이나 비유를 통해 자주 접하는 수종樹種이므로 조금만 관심을 가졌더라면 이 나무가 우리나라 어디에서나 흔히 볼 수 있는 대표적인 활엽수종 중 하나란 것을 알았을 것이다. 하지만 그것을 보면서도 누구도 의식하며 살피지 않았기에 알아보지 못한 것이다. 의식의 세계로 들어와 각인되지 못한 것들은 생명을 얻지 못하며, 생명을 얻더라도 덧없이 짧다.

바람에 사시나무가 떠는 모습을 본 적이 없는 사람도 "사시나무 떨듯"이란 비유는 안다. 그러나 이 비유가 생생하게 살아서 내 것이 되려면, 사시나무가 바람에 떠는 모습을 본 적이 있어야 한다. 우리 삶에서 나무 한 그루의 이름을 알고, 그 나무를 직접 본 적이 있다는 것이 그리 대단한 일이냐고 반문할 수도 있겠지만, 문학이나 예술이 펼쳐 내는 풍경을 내 눈에 직접 담아 보고, 내 삶 속에 그런 나무 한 그루를 품어 보는 일은 그 자체로 당신의 삶을 풍성하게 만든다. 감동이란 마음에 각인을 새기는 일이다. 스승은 내게 이름을 아는 일이 삶과 사물의 비의秘意로 들어가는 첫걸음이라 일러 주셨다.

이런 가르침을 얻었다고 해서 이튿날부터 당장 그런 공부를 시작한 것은 아니었다. 그러나 이 가르침은 오랫동안 내 가슴에 남았고 언젠가부터 나는 하루에 하나의 단어, 사건, 인물, 개념 따위를 주제어로 삼아 자료를 찾고, 책을 읽는 버릇을 갖게 되었다. 하루에 이름 하나, 낱말 하나를 알고자 노력했다. 언제나 그렇듯 양量은 질質을 변화시킨다. 그런 의미에서 나는 축적의 힘을 믿는 사람이다. 하루에 시 한 편, 단어 하나, 음악 한 곡, 이미지 하나를 새롭게 배우려는 동안 무수히 많은 세계를 새롭게 알게 되었다. 만약 이 책을 통해 새로운 이야기를 알고, 그 이야기에 나오는 사건이나 인물에 대해 호기심이 생긴다면, 책이든 영화든 인터넷이든 자료를 찾아 읽고, 읽은 흔적을 기록하여 수집해 볼 것을 권한다. 1년이면 365개, 10년이면 3,650여 개의 새로운 세상을 알게 될 것이다.

무엇이든 검색해서 찾아낼 수 있는 디지털 미디어의 시대가 되었다. 이런 시대에 낱말 몇 개를 새롭게 안다거나, 개념에 대한 이해가 필요한가라는 의문을 품을 수도 있다. 최근 들어 '디지털 리터러시'digital literacy란 말을 자주 사용하지만, 이 개념은 아직 명확한 정의가 이루어지지 않았다. 설령 그 개념이 정의된다고 해도 디지털 기술이 계속 발전·변화하고 있기에 개념 역시 계속 변할 것이다. 다만 디지털 리터러시라는 것이 디지털 플랫폼을 통해 다양한 미디어를 접하고 그 안에서 정확한 정보를 찾고, 평가하고, 조합하는 개인의 능력을 뜻한다면, 검색엔진을 통해 원하는 정보를 찾는 능력도 디지털 리터러시 능력의 일부이다.

이 경우에도 가장 중요한 것은 내가 무엇을 모르는지와 무엇을 알아야 하는지를 아는 것이다. 다시 말해 아날로그적 문해력이 바탕이 되어야만 디지털 리터러시 능력 역시 강화될 수 있다. 예를 들어 검색 엔진으로 어떤 개념을 찾고 싶다면, 우선 표준어를 알아야 하고 정확한 철자를 입력할 수 있어야 한다. 검색엔진의 기능이 비약적으로 발전하는 중이기에 연관 검색어 서비스 등을 통해 단어나 개념을 몰라도 그 의미를 대충은 찾을 수 있지만, 그러려면 더 여러 차례 검색을 해야 하고, 뜻을 모르기 때문에 중요한 부분을 놓칠 수 있다. 결국 여전히 어떤 단어 하나를 정확하게 아는 것이 중요하다는 뜻이다.

이 과정에서 가장 중요한 것은 매일 꾸준히 하는 것이 아니다. 포기하지 않는 것이 핵심이다. 문학평론가 김현은 『행복한 책 읽기』에서 매일같이 쏟아져 나오는 세상의 책들을 어찌 모두 읽을 것인가에 대해 자문한 뒤 그러므로 성실하게 읽어 내는 수밖에 없다고 했다. 삶은 계속될 것이고, 계속되는 동안 많은 일이 생기게 마련이다. 좋은 삶이 무엇인지는 남이 알려 줄 수 없지만, 살아 있는 한 삶은 계속될 것이며 인간은 살아 있는 한 방황을 멈출 수 없다는 사실은 알려 줄 수 있다. 그 방황이 나의 삶을 나의 의미로 채우는 과정이길 바란다.

만약 이 책을 대단한 책으로 만들 수 있는 사람이 있다면 그것은 아마도 이 책을 읽는 당신일 것이다. 세상에서 아무리 훌륭한 책이라고 상찬 받는 책도 독자가 읽고 스스로의 삶을 변화시킬 수 없다면, 나무에서 쥐어 짜낸 펄프덩어리에 불과하다. 만약 당신이 이 책에서 어느 특별한 하루를 만나 하나의 점과 점을 이어 선을 만들고 면을 만드는 일까지 직접 해 본다면, 나아가 '1년이든, 2년이든 나도 나만의 입체를 한 번 만들어 볼 테다'라고 결심하게 된다면 그것만으로도 이 책은 제 의미를 다한 것이리라 믿는다.

　　잡다한 이야기를 모은 잡지를 만드는 사람으로서 이런 부류의 잡다한 상식이나 역사 속의 사건을 찾아 읽고 내 것으로 만드는 과정이 주는 재미와 즐거움을 알게 되었다. 잡다하다는 것은 내 안에 무수히 많은 점을 찍고, 구슬을 모으는 일이었다. 구슬이 서 말이어도 꿰어야 보배라는 말이 있듯 전체를 관통하는 '일이관지'一以貫之하는 줄기를 세우는 과정이 없다면, 정보는 통합적 지식으로 변모하지 못한다. 통합된 지식으로 정리하지 않고서는 활용하기 어렵다. 이 책 『하루 교양 공부』는 개인적으로는 서 말의 구슬을 하나로 꿰는 작업이었지만, 독자 여러분에게는 단점과 한계를 모두 극복한 책이 아닐 수 있다.

　　그래서 그런 지점을 극복하려고 몇 가지 부분을 고민하고 실천에 옮기고자 노력했다는 사실을 밝혀 두고 싶다. 우선 가능하면 가장 최근의 역사를 다루려고 노력했다. 만약 이 책에서 20세기 이전의 사건을 다루는 부분이 있다면, 그건 현재와 연결되는 특별한 의미가 있는 사건으로 판단했기 때문이다. 또 하나의 역사적 사건을 다루되 사전적으로 간단하게 요약하기보다 그 의미를 입체적으로 다루고자 노력했다. 나이지리아의 소설가 치누아 아체베는 1994년 『파리리뷰』와의 인터뷰에서 아프리카 속담을 인용해 다음과 같이 말했다. "사자 중에서 역사가가 태어나지 않는 한, 사냥의 역사는 언제나 사냥꾼에게 영광을 돌릴 것이다." 이 책에도 역사에 족적을 남긴 영웅이나 위인의 이야기가 나오지만, 그간 주목받지 못하고 역사의 이면을 살아야 했던 평범한 사람들의 비범한 이야기를 우선적으로 다뤘다. 글의 말미에서는 매일의 이야기에 관련된 책 한 권 또는 영화 한 편을 추천한다. 추천한 책과 영화는 본문에서 다룬 사건의 직접적 출처는 아니더라도, 해당 사건과 시대를 보다 깊이 이해할 수 있는 작품이다. 마지막으로 1년 365일의 역사를 날짜순이 아니라 시간순으로 재배치해 역사의 발생 순서대로 읽어 볼 수 있는 별도의 목차를 제공한다. 이 책을 공부의 방편으로 활용할 수 있는 가장 좋은 방도를 찾고 있다면, 이런 나의 경험을 그대로 따라 해 보시라고 말씀드리고 싶다.

4

인생의 스승으로, 실천하는 삶을 몸소 가르쳐 주고 계신 해관 지용택 선생과 25년 넘게 동고동락하며 『황해문화』를 만들어 온 새얼문화재단 동지들, 편집위원회 선생님들께 깊이 감사드린다. 무엇보다 이 책을 집필하는 동안 함께 일해 준 후배 편집자 이강택에게 고마움을 전한다. 이 책을 쓰도록 제안해 준 유유출판사 조성웅 대표와 은근하지만 지속적으로 원고 집필을 독려하고 감시해 준 사공영 편집자의 노고에 고마움을 전하고 싶다.

당연한 말이지만, 이 책을 집필하는 과정에서 여러 종의 책과 논문, 신문 기사를 비롯해 국내외 인터넷 사이트를 참조했다. 참고문헌과 인용의 출처를 명기해야 마땅한 일이겠으나 지면의 한계로 일일이 표시하지 못한 점에 대해 미리 양해를 구한다. 책의 미비와 잘못은 오로지 저자의 탓이라는 사실도 함께 밝힌다. 또한 당신에게 이 한 권의 책을 보내고자 주말마다 무수한 외근과 야근을 허락해 준 아내 한소영과 아빠 없는 저녁을 감내해 준 딸 하율에게 사랑한다는 말을 전한다. 아내는 매번 나의 원고를 꼼꼼히 읽고 교정·교열은 물론 조언을 아끼지 않은 제2의 저자였다. 당신의 사랑이 없었다면 해낼 수 없었다. 마지막으로 어린 시절 부모를 잃고 천애의 고아로 살 뻔한 조카 남매를 거둬 친자식처럼 키워 주신 숙부와 숙모, 특히 당신 생전에 미처 말하지 못한 감사를 담아 작은아버지의 영전에 이 책을 올린다.

바람 소리 쓸쓸한 풍소헌風籬軒에서

전성원

1 ∘ *January*

영어에서 '1월'January은 '야누스의 달'을 뜻하는 라틴어 '야
누아리우스'Januarius로 그리스·로마 신화 중 로마 신화에만
존재했던 두 얼굴을 가진 신, '야누스'Janus에서 유래한 것
이다. 문門의 신 야누스는 앞면과 뒷면 모두 얼굴이 있는데,
앞면은 미래를 보고, 뒷면은 과거를 바라보기 때문에 1월의
이름이 되었다. 아메리칸 원주민의 열두 달 이름에서 1월은
'마음 깊은 곳에 머무는 달'이다.

루이 암스트롱의 새해

이제 막 새해가 시작되던 1913년 1월 1일, 0시 1초. 뉴올리언스 시내에 난데없는 총성이 울려 퍼졌다. 훔친 리볼버 권총을 손에 든 열두 살 흑인 소년이 허공에 실탄을 발사하며 제멋대로 새해인사를 하다가 경찰에 체포되었다. 그는 새해 첫날 흑인 부랑자 소년원에 수용되었는데, 갇힌 뒤에도 거칠게 날뛰었다. 지켜보던 보호관찰관 피터 데이비스는 소년의 뺨을 때리는 대신, 그의 손에 트럼펫을 쥐여 주었다. 전날 밤까지 권총 방아쇠를 만지작거리던 불안한 손에 트럼펫이 들린 순간, 소년의 인생이 바뀌고 음악의 역사가 변했다.

그 소년은 바로 루이 암스트롱(1901~1971)이었다. 그는 인종차별이 기승을 부리던 1901년에 태어났다. 그의 부모는 루이가 어렸을 때 이혼했고, 가난하고 볼품없는 흑인 소년은 아무에게도 관심을 끌지 못했다. 남부의 흑인들은 자유시민이 되기는 했지만, 정치적·경제적으로는 아무 권리도 없었다. 흑인의 75퍼센트가 토지를 갖지 못한 소작인으로 여전히 백인 농장주 밑에서 일했고, 빚에 쪼들리다 도망치면 부랑자로 체포되어 백인 농장주에게 노예처럼 대여

되었다.

　오늘날에도 미국 할렘에 사는 흑인 남성의 평균 수명은 40대를 넘기지 못한다. 루이 암스트롱 역시 불우한 환경에 처했던 흑인 소년들처럼 몇 차례나 소년원에 들어갈 운명이었다. 하지만 그는 소년원에서 접한 음악의 세계에 깊이 빠져들었고, 루이 암스트롱 덕분에 흑인만 즐기던 재즈 음악은 누구나 즐기는 음악이 되었다. 비록 마일스 데이비스는 루이 암스트롱을 "백인들의 어릿광대"라 비난했지만, 또 어떤 이는 인종차별 철폐 운동을 후원했던 그를 "재즈의 성자"라고 부른다. 그를 어떻게 부르든 루이 암스트롱은 20세기의 가장 위대한 예술가 중 한 사람이었다. 만약 그가 없었다면 재즈도, 현대의 팝도 지금과는 분명 다른 모습이었을 것이다. 어쩌면 재즈 자체가 뉴올리언스 지방의 민속음악에 머물렀을지도 모른다. 커다란 변화의 첫걸음이 새해 첫날의 이 작은 사건에서 비롯되었다.

⇒　『재즈 잇 업! Jazz It Up!』, 남무성 지음, 서해문집, 2018

레콩키스타

1492년 1월 2일, 스페인의 이사벨라 여왕이 이베리아반도 이슬람 세력(무어인)의 최후 거점이었던 그라나다에 입성했다. 스페인어로 '정복'을 의미하는 '콩키스타'conquista에 '다시' 또는 '재'再라는 의미의 접두사 'Re'가 붙은 '레콩키스타'Re-conquista는 '재정복'을 뜻한다. 역사적으로는 711년경 이슬람의 침공으로 북부 산악 지대로 쫓겨났던 스페인의 그리스도교 세력이 이슬람 세력을 축출하려 했던 국토회복운동을 지칭하는 말이다.

스페인은 722년 코바동가 전투를 시작으로 장장 800여 년에 걸쳐 이슬람 세력에게 빼앗겼던 국토를 수복하기 위한 전쟁을 치렀다. 스페인은 유럽 국가 중 유일하게 십자군전쟁에 참여하지 않았는데, 이미 자국 영토 안에서 그들 나름의 성전聖戰을 치르던 중이었기 때문이다. 그러나 이 기간이 오로지 전쟁으로 점철된 것은 아니었다. 그리스도교 세력과 이슬람 세력은 싸우는 와중에도 때로 화해하면서 서로의 지혜와 문화를 나누었다. 정복자에서 지배자가 된 무어인들은 이베리아반도에 선진적인 이슬람 문물을 들여 왔다. 스페인의 관료제와 화폐 경제, 도로와 항만은 대부분 이슬람이 세운 것이었다.

이슬람에 의해 보존된 고대 그리스의 헬레니즘 문화는 코르도바로부터 피레네산맥을 넘어 유럽으로 퍼져 나갔다. 이슬람이 지배하던 남부 지역이 세련되고 화려한 문화 속에서 경제적 융성을 누리는 동안 북부 산악 지역으로 밀려난 그리스도교 세력은 더욱 더 전투적인 신앙으로 무장했다. 훗날 셰익스피어를 비롯한 수많은 예술가가 표현한 스페인 사람들의 놀라운 정열과 불타는 시기심, 전투적 신앙은 이 무렵에 형성되었다. 레콩키스타가 진행되는 동안 스페인은 투항한 이슬람 세력과 유대인에게 종교적 관용을 베풀었지만, 정복이 마무리되자 더 이상의 관용은 없었다. 스페인에 충성을 바쳤던 무어인들은 그리스도교로 개종해야 했고, 개종한 무어인들은 '변절자'tornadizos라는 불명예스러운 이름으로 불렸다. 이처럼 오랜 고립 끝에 스페인은 신대륙 발견에 나섰다.

⇒ 영화 『엘 시드』, 안소니 만 감독, 1961

천황제와 국가신도

"대일본제국은 만세일계의 천황이 통치한다."

1889년 1월 3일 메이지유신의 결과로 만들어진 일본제국 헌법 제1조이다. 1854년 개항 이후 1867년 도쿠가와 막부가 붕괴하고 천황으로 상징되는 유신지사들에게 권력이양이 실시된 이른바 대정봉환大政奉還(1867)에 이르기까지 일본은 혼란의 도가니였다. 막부의 붕괴는 675년 동안 계속되었던 봉건시대의 종말을 의미하지만, 메이지유신으로 일본이 모든 면에서 근대국가가 된 것은 아니었다.

이 헌법이 규정하는 대일본제국은 국체와 일체인 천황이 다스리는 '신권국가'였고, 천황은 근대적 시민이 아닌 신민을 통치했다. 메이지 헌법 제28조는 종교의 자유를 보장했기 때문에 국가신도는 법적으로 국교가 아니었지만, 같은 해 칙령 12호를 통해 국가신도는 모든 종교를 초월한 교육의 기초로 정해졌다. 천황은 단순한 국왕이 아니라 초대 진무 천황 이래 만세일계를 이어 온 현인신現人神이었다. 이 시절의 일본을 군국주의 국가라고 하지만, 실상은 황국사상과 신도로 무장한 '신국'神國이었다. '살아 있는 신'이 다스리는 신국의 백성으로서 가장 훌륭한 행동은 국가, 곧 천황을 위해 목숨 바쳐 충성하는 일이었다.

패전 이후 연합군 총사령부는 국가신도 금지를 통해 종교 분리 원칙을 내세웠다. 1947년 새로운 헌법도 제정되었지만, 1951년 샌프란시스코 강화조약 이후 주권을 회복한 일본에서 국가신도의 부활을 막지 못했다. 전후 사적인 종교단체로 격하된 신사 세력은 주권을 회복하자 '신사본청'을 결성해 과거로 돌아가려 노력했다. 1951년부터 연합군 총사령부가 폐지한 기원절(초대 천황 즉위일) 복원 운동을 펼쳤고, 마침내 1966년 건국기념일로 제정되었다. 비록 야스쿠니 신사 공식화 법안은 실패했지만, 1977년 '기미가요'를 국가國歌로 규정하는 데는 성공했다. 이들에게 일본의 '전후'란 전쟁 전의 체제를 복원하려 분투하는 시간이었고 신사가 주관하는 지역 축제인 '마쓰리'는 풀뿌리 민주주의를 이용해 종교의 정치화, 정치의 종교화를 실천하는 공간이었다.

⇒　『천황제 국가의 지배원리』, 후지타 쇼조 지음, 김석근 옮김, 논형, 2009

프린키피아

뉴턴은 1642년 1월 4일, 유복자로 태어났다. 남편과 사별한 모친은 그를 농부로 키울 생각이었지만, 뉴턴의 선생이 어머니를 설득해 19세가 되던 1661년 케임브리지대학교의 트리니티 칼리지에 입학할 수 있었다. 당시 대학은 코페르니쿠스, 갈릴레오, 케플러, 데카르트 등의 최신 과학이 아니라 고대 그리스 철학자, 특히 아리스토텔레스의 견해를 가르치는 곳이었다. 대학에서 과학은 실험 대신 논쟁과 토론을 중시했다. 사실은 과학이라는 학문 자체가 아직 존재하지 않았다. 근대 과학은 뉴턴에 의해 시작되었기 때문이다.

뉴턴이 나무에서 사과가 떨어지는 것을 보고 만유인력을 발견했다는 일화가 있지만, 이것은 20년이 넘는 긴 시간 동안 서서히 발전시킨 개념이었다. 뉴턴 자신이 "만약 내가 다른 사람들보다 멀리 볼 수 있었다면 그것은 바로 거인들의 어깨 위에 올라섰기 때문"이라고 말했던 것처럼, 코페르니쿠스 이래로 150여 년간 축적된 발견과 변화의 성과가 뉴턴을 통해 응축되었다. 뉴턴은 생전에 연구 성과를 논문으로 발표하길 꺼렸는데, 당대의 학자들이 그의 성과에 대해 매우 비판적인 태도로 일관했기 때문이었다.

　1687년 7월 5일 출판된 『자연철학의 수학적 원리』, 일명 『프린키피아』로 뉴턴은 당시에 "다른 사람은 물론 자기 자신도 이해하지 못하는 책을 쓴 사람"이라는 평가를 받았다. 하지만 오늘날 이 책은 근대 역학과 근대 천문학을 확립한 가장 중요한 책으로 평가받는다. 그는 이전까지 지구에 국한되어 있던 과학적 사고를 우주로 확장시켰다. 한 알의 사과와 지구, 지구와 달, 태양과 목성 사이에 거리의 제곱에 반비례하는 인력이 작용한다는 것을 밝혀 냄으로써 이 모든 것이 만유인력이라는 범우주적인 법칙의 지배를 받는다는 사실을 입증했다.

　비록 뉴턴이 자연과 우주에 대한 물음에 대해 완전한 해답을 제시한 것은 아니었지만, 최소한 문제를 해결하는 과정으로서의 근대 과학을 정립한 인물임에는 틀림없다. 뉴턴은 1705년 영국 왕실로부터 기사에 서훈되었는데, 이는 과학적 업적으로 작위를 받은 첫 번째 사례였다.

⇒　『뉴턴의 프린키피아』, 안상현 지음, 동아시아, 2015

통행금지

미셸 푸코의 『감시와 처벌』에 따르면 근대 감옥의 기본 속성은 '감금과 교정'이지만, 이는 학교와 군대 등에서 먼저 확립된 '규율'을 기반으로 하는 것이다. 규율 권력은 그 사회에 속한 인간의 신체를 시간과 공간을 통해 지배한다. 사대질서 아래에서 한반도는 중국의 '천하'라는 시공간을 살았고, 근대 이후 서구의 지리와 역법체계를 따르기 시작했다. 한반도에서 근대의 시간은 구한말에 시작되었지만, 이것이 우리 신체에 각인되기 시작한 것은 일제강점기였다. 구한말까지 존재했던 야간통행금지가 일제강점기에 시행되지 않았던 것은 야간의 밤을 밝히는 근대 문명(일본)의 승리를 과시하기 위한 것이었다. '식민'植民이란 말뜻 그대로 일제는 시간을 장악해 조선의 신체를 그들의 지배에 순응하도록 길들이는 수단으로 활용했다.

　　1945년 9월 8일 한반도에 진주한 미 제24군 사령관은 '일반명령'으로 경성과 인천 두 지역에 밤 8시부터 아침 5시까지 통행금지령을 내렸고, 9월 29일에는 '미국 육군이 점령한 조선 지역 내 인민'에게 밤 10시부터 새벽 4시까지의 야간통행금지령이 내려졌다. 통행금지는 대한민국 정부 수립 이후에도 그대로 계승되었고, 한국전쟁 이후 전국으로 확대되어 지속되다가 '경범죄처벌법'으로 법령화되었다. 자정에 통금 사이렌이 울리면 시내 중심지 거리 곳곳에 바리케이드가 설치되었고, 2인 1조의 방범대원들이 호각을 불며 사람들을 뒤쫓았다. 통금 위반으로 붙잡힌 시민들은 즉심에 회부되어 과태료 또는 구류 처분을 받았으며, 경찰서에서 대기하다가 오전 4시에야 집으로 돌아갈 수 있었다.

한국에서 크리스마스가 종교와 무관하게 기념일로 광범위하게 자리 잡게 된 데는 미군의 주둔과 함께 미국 문화가 본격적으로 유입된 것이 주요한 원인이지만, 특별한 축제일이 된 까닭은 야간통행금지가 이날만큼은 풀렸기 때문이다. 마치 중세의 카니발처럼, 크리스마스는 본래 취지와 무관하게 평소 억압되던 욕구를 마음껏 분출할 수 있는 날이 되었다. 광주학살을 통해 집권한 제5공화국은 원죄를 의식해 교복과 두발 자유화 등 몇몇 자유화 정책을 시행했는데 1988년 서울올림픽을 앞두고 대한민국의 안정된 치안 상태를 대외적으로 알린다는 명분 아래 1982년 1월 5일부터 통행금지 제도를 폐지했다. 이후 대한민국은 '24시간 깨어 있는 나라'(?)가 되었다.

⇒　『근대를 다시 읽는다 1·2』, 윤해동·천정환·황병주·윤대석·허수·이용기 엮음, 역사비평사, 2006

신은 무엇을 만들었나

모스부호를 발명한 새뮤얼 모스(1791~1872)는 본래 초상화 전문 화가였다. 그는 존 애덤스를 비롯해 제임스 먼로 대통령 등 주로 부유층의 초상화를 그렸고, 생계를 위해 종종 여러 지역을 돌아다녀야 했다. 1825년 코네티컷주 뉴헤이븐에 살던 모스는 평소처럼 초상화 의뢰를 받아 워싱턴DC에 가야 했는데, 당시 그의 아내 루크레티아는 셋째를 임신해 출산이 임박한 상황이었다. 한창 작업 중이던 그에게 편지가 한 통 도착했다. 아내가 출산 직후 사망했다는 소식이었다. 편지를 받자마자 슬퍼할 겨를도 없이 장례식에 참석하러 부랴부랴 집으로 돌아갔으나 그가 도착했을 때는 이미 장례식까지 끝난 상태였다. 그 무렵만 하더라도 말을 타고 달리는 것이 원거리로 소식을 전하는 가장 빠른 방법이어서 소식을 접했을 때는 이미 늦은 경우가 많았다.

아내의 죽음 이후 전신기 발명에 나섰지만, 그가 최초의 전신기 발명자는 아니었다. 이미 그와 유사한 전신기를 발명한 사람들이 있었기 때문에 모스는 전신기 발명 특허를 낼 수 없었다. 대신 모스부호는 길이가 짧은 점dot과 길이가 긴 선dash으로만 구성되어 이를 조합하면 영문 알파벳과 숫자로 통신할 수 있었다. 모스는 1837년 10월 모스부호에 대한 특허를 받았고, 1838년 1월 6일 뉴욕에서 분당 10단어의 속도로 문자 메시지를 주고받는 실험에 성공했다. 그러나 그의 발명이 인정받기까지는 제법 시간이 필요했다. 의회에 보낸 자금 지원 요청을 무시당하던 중 마침 예일대학교 동문이던 헨리 엘즈워스 당시 미국 특허청장의 도움으로 예산을 확보할 수 있었다.

모스는 고마운 마음을 표하기 위해 전신 설비가 완료된 뒤의 첫 공식 메시지를 그의 딸에게 부탁했다. 1844년 5월 워싱턴DC와 볼티모어 간 최초의 장거리 통신에 사용한 공식 메시지는 "신은 무엇을 만들었나"What hath God wrought였다. 그로부터 10년도 안 되어 미국 전역에 3만2천 킬로미터가 넘는 전신선이 구축되었고, 1861년 웨스턴유니온은 미국 최초로 대륙횡단 전신망을 구축했다. 1866년 미국과 유럽이 전신망으로 연결되었다. 모스가 발명한 모스부호는 현대에도 비상시 구조 요청을 위한 발광 신호로 사용되고 있다.

⇒　『통신의 역사, 봉수에서 아이폰까지』, 김우룡 · 김해영 지음, 커뮤니케이션북스, 2015

갈릴레오 갈릴레이와 메디치가의 별

갈릴레오 갈릴레이(1564~1642)는 이탈리아 피사에서 태어나 피렌체에서 자랐다. 그는 1592년부터 베네치아 공화국의 파도바대학교에서 수학을 가르쳤는데, 당시 교수의 보수는 빠듯했다. 게다가 그는 장남으로서 여동생들의 결혼 지참금을 마련하는 등 가족의 살림을 떠맡아야 했고, 정식으로 혼인을 치르진 않았지만 이미 아들 하나와 딸 둘을 둔 상태였다. 그는 부족한 수입을 보충하려고 집에 하숙생을 들였고, 거느리고 있는 기술자들과 함께 과학 도구를 만들어 시장에 내다 팔았다. 연구할 시간도 빠듯했지만, 1609년까지 그는 낙하하는 물체의 법칙을 비롯해 여러 가지 획기적인 발견을 이루었다.

이 무렵 그는 안경 렌즈를 조립해 망원경을 만들었는데, 점차 기술이 늘어 기존의 망원경보다 성능이 뛰어난 20배율 망원경을 만들었다. 그는 망원경을 이용해 달 표면을 관찰했고, 당시 사람들이 상상했던 것과 달리 달 표면이 매끄럽지 않다는 사실을 발견했다. 이듬해인 1610년 1월 7일 저녁 갈릴레오는 새롭게 고안한 망원경으로 목성을 관찰하다가

네 개의 위성을 발견했다. 이 발견은 오늘날 우리가 생각하는 것보다 훨씬 더 중요했다. 그의 발견 이전까지 인류는 하늘에는 오직 일곱 개의 떠돌이별, 곧 해·달·수성·금성·화성·목성·토성만 있다고 믿었다. 그런데 갑자기 이 가운데 하나가 동반자를 넷이나 지녔다는 사실이 드러난 것이다. 셈이 빨랐던 갈릴레오는 토스카나 왕실 앞으로 편지를 보내 새로운 행성의 발견자로서 누릴 수 있는 자신의 영예를 이용하여 목성 주변 네 개의 위성을 메디치 가문의 코지모 2세(1590~1621) 대공에게 헌정하겠다고 밝혔다.

19세기에 이를 때까지 과학 연구의 재정은 개인의 후원에 의존할 수밖에 없었기에 후원자에게 이런 편지를 보내는 것은 일반적인 관행이었다. 그 덕분에 갈릴레오는 1610년 가을 '대공의 철학자 겸 수학자'로 임명되었다. 갈릴레오가 대학교수를 마다하고 대공의 철학자가 된 이유는 돈 때문이기도 했지만 또 다른 중요한 이유는 학문의 위계가 존재하던 당시 분위기에서는 철학 교수만이 현상의 본질과 원인을 탐구할 자격을 얻었기 때문이다. 망원경으로 천체를 관측한 내용을 담은 최초의 과학 저작물 『시데레우스 눈치우스』Sidereus Nuncius는 1610년 3월에 550부가 인쇄되었다.

⇒ 『갈릴레오가 들려주는 별 이야기』, 갈릴레오 갈릴레이 지음, 장헌영 옮김, 승산, 2009

수요집회

위로하여 마음을 편하게 해 주는 행위, 또는 그렇게 하여 주는 대상을 이르는 '위안'은 참 좋은 말이다. 그러나 이 말을 평생 가슴에 낙인처럼 새기고 살아야 했던 사람들이 있다. 모두가 8·15 해방을 맞이했지만, 결코 해방의 순간을 맞이한 적 없었던 사람들, 이른바 일본군 '위안부' 피해자가 그들이다. 위안부慰安婦란 2차 세계대전 동안 일본군의 성적 욕구를 해소하기 위한 목적으로 강제적·집단적으로 또는 일본 정부의 기만에 의해 징용 또는 인신매매 등 다양한 형태로 끌려가 성적 행위를 강요받은 여성을 의미한다.

이때의 '위안'이란 가해자인 일본군 입장에서의 위안이다. 일본에서는 '종군위안부'라고도 표현하지만, '종군從軍이라는 표현은 '군사를 좇는다, 즉 (자발적으로) 따라갔다'는 뜻이므로 이 역시 옳지 않은 표현이다. 1998년 유엔 인권 소위원회 특별 보고관의 보고서는 '일본군 성노예'Japanese Military Sexual Slavery라는 용어를 사용하고 있으며 이 문제의 본질을 드러내는 국제적인 용어로 많은 지지를 받고 있다. 그러나 '성노예'라는 표현상의 문제가 남기 때문에 우리 정부는 "일본군 '위안부' 피해자"란 명칭을 사용하고 있다.

명칭 논란만 보아도 알 수 있듯 이 문제는 국가, 여성, 인권, 평화, 식민지 등 매우 다양한 영역에 걸쳐 있다. 개발 독재 시대, 권위주의 체제 아래에서 숨죽여야 했던 피해자들의 목소리가 샘솟듯 흘러나오기 시작한 것은 1987년 민주화 이후의 일이었다. 그 이전까지 한국 사회는 이에 대한 연구는커녕 '정신대'와 '위안부'조차 제대로 구분하지 못했다.

1991년 8월 14일 고 김학순(1924~1997) 할머니가 기자회견을 통해 세상에 최초로 알리기 전까지 일본군 '위안부' 피해자 문제는 오랫동안 숨겨져 있었다. 김학순 할머니의 공개 증언은 다른 피해자들에게도 큰 용기를 주어 국내외에 이 문제에 대한 증언이 잇따르는 계기가 되었으며, 1992년 1월 8일 일본의 미야자와 기이치 총리의 방한을 계기로 시작된 '수요집회'가 지금도 계속되고 있다.

⇒ 『끌려가다, 버려지다, 우리 앞에 서다 1·2』, 서울대 인권센터 정진성 연구팀 지음, 푸른역사, 2018

내 이름은 리고베르타 멘추

중앙아메리카에 위치한 과테말라는 볼리비아와 더불어 라틴아메리카에서 원주민 인구 비율이 굉장히 높은 나라다. 과테말라 내전은 미국의 초국적 기업 유나이티드프루츠컴퍼니의 이익을 지켜 주려고 미국이 과테말라 내정에 간섭하면서 시작되었다. 1944년 집권한 후안 호세 아레발로 대통령에 이어 집권한 하코보 아르벤스 구스만 정부는 토지 개혁을 비롯한 일련의 개혁 정책을 추진했다. 이에 반발한 미국 정부는 CIA를 통해 과테말라의 쿠데타를 지원했고, 그 결과 1954년부터 1996년까지 과테말라는 암살과 학살이 반복되는 내전을 치르게 되었다. 특히 레이건 정부 시절 과테말라는 반군 게릴라와 전투를 치르며 군대와 민병대를 동원해 조직적으로 원주민을 학살했다. 내전 기간 전체를 통틀어 25만 명 넘게 사망하거나 실종되었으며 100만 명 이상이 난민이 되었다.

리고베르타 멘추(1959~)는 과테말라 북서부 산악지대 키체주 치멜에서 마야의 후손인 마야-키체족으로 태어났다. 그녀는 여덟 살 되던 해부터 커피 농장에서 일하기 시작했는데, 그 무렵 갓 두 살 된 남동생이 영양실조로 숨졌다. 주변에 도움을 청하고 싶었으나 마야 원주민끼리도 서로 언어가 달라 이야기를 할 수 없었다. 이때부터 멘추는 지배자의 언어인 스페인어를 배우기로 결심한다. 열세 살 되던 해, 멘추는 혼자서 수도 과테말라시티의 부잣집에 가서 하녀로 일하다 인간적인 모멸과 학대를 참을 수 없어 여덟 달만에 집으로 돌아왔다.

1978년 고향으로 돌아온 멘추는 원주민 농민운동 조직을 이끌던 아버지 비센테 멘추의 체포·구금 소식을 들었다. 아버지를 구출하기 위해 싸우기 시작한 멘추에게 언어가 또다시 장벽이 되었다. 마므, 카쿠치케르 등 원주민 언어가 22개나 됐다. 통역을 구할 수 없었던 멘추는 자기가 하고 싶은 말을 통째로 외워서 말하기 시작했다. 누구보다 헌신적으로 활동하는 그녀를 군부가 곱게 볼 리 없었다. 1979년 멘추의 남동생이 군부에 체포되었다가 모진 고문 끝에 숨졌다. 이듬해 1월, 아버지는 과테말라 스페인 대사관 점거 및 화재 사건으로 희생되었다. 자식과 남편의 희생에 분노한 어머니는 투사가 되었다. 같은 해 4월, 군부에 납치된 어머니마저 돌아오지 않았다.

가족을 모두 잃은 멘추는 1980년 니카라과로 망명했다가 1981년 멕시코로 이주했다. 리고베르타 멘추는 평생 빈곤과 국가폭력, 원주민 여성에 대한 차별에 시달렸다. 멕시코로 이주한 멘추는 과테말라의 잔혹한 현실을 세계에 널리 알리기 시작했다. 1983년 멘추가 구술한 『내 이름은 리고베르타 멘추, 내 의식은 이렇게 탄생했다』가 출판되었다. 이 책은 과테말라 원주민 여성이 직접 증언한 수 세기의 억압과 배제의 역사, 당시 과테말라의 참혹한 현실에 대한 최초의 보고서다. 목숨을 건 멘추의 발언에 세계는 더 이상 과테말라의 참혹한 현실을 외면할 수 없게 되었고, 1984년 '난민에 대한 카르타헤나 선언'이 발표되었다. 1992년 노벨평화상을 받은 리고베르타 멘추는 1959년 1월 9일에 태어났다.

⇒　『리고 베르타 멘츄』, 엘리자베쓰 부르고스 지음, 윤연모 옮김,
　　장백, 1993

지문

『서유견문』(1895)을 쓴 유길준은 우리나라 최초의 해외 유학생이었다. 유길준은 일본 유학 시절 당시 연구차 와 있던 생물학자이자 사회진화론자 에드워드 S. 모스 박사를 만나 깊은 영향을 받았고, 훗날 미국 유학길에 올랐을 때는 모스 박사의 집에서 기거하며 영어와 미국 문화를 익혔다. 모스 박사는 일본에 머무는 동안 오모리大森에서 일본 최초의 패총을 발견했고, 이곳에서 새끼줄 문양(조몬)이 있는 토기를 발굴하여 일본에 신석기(조몬시대) 문화가 존재했다는 사실을 밝혀 냈다.

모스가 일본에서 발견한 토기에 찍힌 신석기시대 일본인의 지문은 당시 일본에서 선교사로 활동하던 헨리 폴즈에게 깊은 인상을 남겼다. 그는 일본인이 신분 증명 수단으로 지장을 사용하는 것에 흥미를 느끼고 있었는데, 모스가 발견한 토기의 지문이 현대인의 지문과 별반 다르지 않다는 것에 착안해 지문 연구를 시작했고, 결과를 영국의 과학 잡지 『네이처』에 게재(1880)했다. 이 논문을 본 프랜시스 골턴 경은 1892년 『지문』Finger Prints이라는 책을 펴냈다. 그는 이 책에서 지문의 두 가지 큰 특성, 지문이 똑같은 사람은 없다는 '만인부동'萬人不同, 죽을 때까지 변하지 않는다는 '종생불변'終生不變을 밝혀 냈다. 그는 이런 특성에 착안해 영국 경찰에 범죄 수사에 지문을 활용하도록 권유했지만 거부당했다. 그러나 골턴의 저서를 읽은 아르헨티나 경찰관 후안 부체티크는 지문을 이용해 자신의 두 아들을 살해한 범인을 검거하는 데 성공했다. 이후 영국은 1897년 영국령 인도 캘커타에 지문국을 신설하여 범죄 수사에 지문을 적극적으로 활용하기 시작했다.

1945년 패망할 무렵 일본에는 약 210만 명의 재일 조선인이 거주하고 있었다. 1946년 3월까지 대략 140만 명이 귀환했지만, 해방 직후의 혼란과 생활난 등의 이유로 일본으로 되돌아간 이들도 많았다. 1952년 주권을 회복한 일본은 외국인등록법을 시행해 재일동포의 지문날인을 강제하는 한편, 지문날인을 거부할 경우 1년 이하의 징역 또는 20만 엔 이하의 벌금에 처했다. 1980년대 재일동포 한종석 씨가 지문날인을 거부하면서 지문날인 거부 운동이 전개되었고, 마침내 1991년 1월 10일 재일동포의 인권을 침해해 온 지문날인 제도가 철폐되었다.

⇒　『역사의 증인 재일조선인』, 서경식 지음, 형진의 옮김, 반비, 2012

대전발 0시 50분

1959년 가수 안정애가 발표한 「대전 부르스」는 0시 50분 대전역, "이별의 말도 없이 떠나가는 목포행 완행열차"를 노래한다. 이 열차가 대전과 목포를 연결하는 호남선이다.

1896년 아관파천 시기에 조선의 수많은 이권이 외세에 넘어갔다. 프랑스의 휘브릴사는 경의선(경성-의주) 철도부설권을 따낸 뒤, 경목선(경성-목포) 부설권마저 차지하려 들었다. 이때 경성-목포 간 철도 부설은 스스로 해야 한다는 분위기가 확산되어, 대한제국은 1898년 6월 호남선은 직접 설치하겠다고 대내외에 공표했다. 조선의 곡창지대를 관통하는 철도의 중요성을 인식했기 때문인지도 모른다.

그러나 경목선만큼은 직접 부설하겠다는 강한 의지에도 자금 사정이 여의치 않아 대한제국은 1904년 철도부설권을 민간업자(호남철도주식회사)에 넘겼다. 이때 철도 이름도 경목철도에서 호남철도(호남선)로 변경된다. 이들이 철도부설 공사에 들어가자 일본은 국방상 중대한 기능을 하는 철도 건설을 개인에게 불하하는 것은 곤란하다며 철도부설권을 빼앗았다. 경부선과 경의선이 대륙 침략을 위한 근대의 '정명가도'征明假道였다면, 호남선은 일본이 조선의 미곡을 수탈하는 데 필요한 시설이었다. 3년 8개월여에 걸쳐 구간별로 공사가 진행되었고, 마침내 1914년 1월 11일 전북 정읍과 광주 송정리를 잇는 철도의 마지막 구간이 연결되면서 호남선이 완공되었다. 경인선과 경부선에 이어 세 번째로 개통된 철도였다. 당시 호남선은 대전역부터 경부선 김천·부산 방향으로 연결되어 있었는데, 애초에 지역을 잇고 여객을 운송할 목적이 아닌 경제 수탈 목적이었던 데다가 단선이었기 때문에 일반 승객이 이용하는 데 불편이 컸다. 화물 운송에 비해 여객 운행 횟수가 적었고, 일본인 승객도 다수 이용했던 경부선·경의선과 달리 조선인이 주요 승객이어서 객차의 질과 서비스도 떨어졌다. 일제 치하 언론에서도 "똑같은 기찻삯을 내는데 어찌하면 철도길이 다르다고 이와 같이 차별을 하는가"라며 호남선 차별의 부당함을 지적했다. 이런 울분은 훗날 1929년 광주학생운동의 시발점이 되었다.

해방 후 호남선 열차는 근대 산업화 시대, 가난을 모면하려고 무작정 상경하는 사람들을 실어 나르는 이별열차였다. 목포행 완행열차(비둘기호)는 1998년 12월 1일 노선이 폐지될 때까지 서민들의 애환과 수많은 사연을 담아 달렸고, 호남선 복선화 사업은 호남선이 개통된 지 90년, 복선화 공사가 시작된 지 36년 만인 2004년에야 완성되었다.

⇒ 『매혹의 질주, 근대의 횡단』, 박천홍 지음, 산처럼, 2003

애치슨라인

하버드대학교 로스쿨 출신의 골수 민주당원 딘 애치슨 (1893~1971)은 프랭클린 루스벨트 정부의 재무차관으로 입각해 뉴딜 정책을 추진하는 데 기여했고, 2차 세계대전 중에는 국무부와 국방부를 거치며 전후 유럽 부흥 계획인 마셜플랜과 북대서양조약기구NATO 출범에 주도적으로 참여했다. 철저한 유럽 중심주의자였던 딘 애치슨은 마셜플랜과 북대서양조약기구를 추진하는 동안 유럽을 8번이나 방문했지만, 같은 기간에 동아시아 지역은 단 한 차례도 방문하지 않았다.

1950년 1월 12일, 당시 미국 국무장관이었던 애치슨은 미국언론클럽에서 '아시아의 위기: 미국 정책의 시험대'라는 제목의 연설을 통해 미국의 새로운 지역 정책을 제시했다. 주된 내용은 태평양의 미국 방위선은 "알류샨열도에서 일본으로 이어지며, 다시 류큐군도에 다다른다. 우리는 류큐군도의 방위상 요지를 장악하고 있으며, (……) 앞으로도 이곳을 유지하지 않으면 안 된다. 이 방위선은 류큐군도에서 필리핀 군도로 연결된다"라는 것이었다. 애치슨의 연설은 미국의 방위 계획에서 대만과 한국을 제외했고, 그로부터 채 6개월이 지나지 않아 한반도에서 전쟁이 발발했기 때문에 현재까지 다양한 논쟁을 불러일으키고 있다. 그중 하나가 미국의 한반도 전쟁 유발설이다.

이런 내용에 지나치게 주목하면 애치슨의 연설 가운데 간과하게 되는 부분이 발생한다. 그는 연설에서 "외부로부터의 침략에 대해 자기의 독립을 지키려는 결의"라는 표현을 통해 '소련과 사회주의 이념'을 손쉽게 외부로 단정 짓고 있다. 이것은 애치슨과 미 행정부가 2차 세계대전 이후 아시아 각지에서 벌어지고 있던 아시아민족해방운동을 소련의 재식민화 과정으로 인식하는 냉전적 사고에 사로잡혀 아시아 민족주의가 지닌 특수성을 이해하지 못했을 뿐 아니라 "저 문명세계가 유엔헌장 아래서 맺은 약속"이라는 표현에서 알 수 있듯 미국과 소련, 자유민주주의와 사회주의의 대립을 제국주의 시대의 문명과 야만의 대립으로 단순하게 인식했음을 보여 준다.

그는 이 연설을 전후한 시기 동아시아 지역에서 일어난 중대한 전략적 변화에 둔감했고 아시아에 대해 무지했다. 1949년 8월 29일 소련이 원폭 실험에 성공하면서 미국의 핵독점 체제가 붕괴되고, 1949년 10월 1일 마오쩌둥이 베이징 톈안먼에서 중화인민공화국 수립을 선포하는 상황에서 애치슨은 태평양 지역 내 군사적 위협은 가장 긴급한 것이 아니라는 의미로 '방위선'을 언급했다. 훗날 이 연설에서 그가 말한 방위선은 '애치슨라인'이라는 이름을 얻었다.

선언 이후 그의 발표와 달리 애초에 이 방위선 안에 포함되지 않았던 인도차이나 지역에 대한 미국의 개입은 오히려 증대되었고, 오랫동안 미뤄 왔던 '한미상호방위원조협정'(1950년 1월 26일)을 체결했다는 점 등을 볼 때 애치슨의 당시 연설은 아시아에 대한 경시와 무지의 반증이었다고 추측하게 된다.

⇒ 『냉전 아시아의 문화풍경 1』, 성공회대 동아시아연구소 엮음, 현실문화, 2008

세계인 환영 권순도

조선은 개항이 의미하는 바를 정확히 이해하지 못한 채 개항을 실시(1876)한 탓에 개항장이 갖춰야 할 시설과 제도는 물론 관세를 징수하고, 수출입을 관리할 인력조차 없었다. 1883년 고종은 해관 설립에 필요한 자금 조달과 해관 요원 확보를 위해 민영익과 묄렌도르프를 상하이에 보내 당시 청국 해관에 근무하던 외국인 30명 정도를 초빙해 고용했다. 이것이 우리나라 관세 업무의 시작이다. 1883년 5월 12일 인천 해관이 설립되었고, 뒤이어 10월에 원산과 부산에 해관이 설립되어 관세 및 통관 업무를 개시했다.

부산 해관은 용미산 근처의 일본인 가옥을 빌려 문을 열었는데, 세 번째로 부임한 해관장이 영국인 G.H. 헌트였다. 그는 조선에 대해 애정이 있었는지 조선어 이름을 하문덕이라 지었다. 당시 관사는 부산의 복병산과 영선산 사이의 영국 조차지에 있었다. 그가 출근하고 나면 집에는 아내와 외동딸 리즈, 조선인 가정부 셋만 남게 되어 정원을 관리하고 집안의 허드렛일도 보살필 남자 직원이 필요했다. 이 소식을 듣고 달려온 사람이 경남 양산군 상북면 대석리에 살던 23세의 권순도였다.

그는 새로운 근대 문물과 영어를 배우고 싶은 마음에 관사에서 일하기를 자청했다. 관사에서 일하기 시작한 지 1년여가 흐를 즈음, 권순도와 해관장의 외동딸 리즈는 서로 뗄 수 없는 사이가 되고 말았다. 두 사람의 관계가 언제부터 시작되었는지는 정확히 알 수 없지만, 리즈는 이미 임신한 상태였고 더 이상 부모에게 숨길 수 없게 되었다. 이 사실을 알게 된 해관장은 권총을 꺼내 휘두르며 권순도를 쏘아 죽이려고 했지만, 리즈가 몸으로 그 앞을 가로막았다. 두 사람은 부모 몰래 권순도의 고향으로 야반도주를 단행한다. 다음 날 이 사실을 알게 된 헌트는 외교관 특권까지 내세워 동래감리서에 딸의 수색과 권순도의 체포를 요청했다.

권순도는 당시의 조혼 풍속에 따라 이미 아내와 자식이 있었는데, 아들이 임신한 서양인을 데리고 집으로 돌아왔으니 그의 집안과 고향 마을도 발칵 뒤집히긴 마찬가지였다. 그런 상황에 나졸들이 갑자기 들이닥쳐 권순도를 포승줄로 꽁꽁 묶어 다시 부산으로 끌고 갔다. 권순도는 감영에 갇히고, 헌트는 소중한 딸을 되찾았지만, 리즈는 식음을 전폐하고 애인을 그리워했다. 참다못한 헌트는 10여 년 동안 살아오던 조선을 떠나 홍콩 해관으로 옮겨 갔다. 리즈 헌트는 홍콩에서 아들을 낳았다. 헌트는 그를 옥살이시킨 것이 미안했던지 권순도에게 출산 소식과 함께 돈을 보내 주었다.

　권순도는 그 돈으로 부산에 영국제 면직물을 취급하는 '권순도 상회'를 열어 큰돈을 벌었지만, 한일병탄이 일어나자 실의에 빠져 사업을 접고 고향으로 돌아갔다. 고향 양산 대석리로 돌아간 권순도는 그곳에 집을 짓고 면암 최익현 선생 추모 사업을 하며 여생을 보내다가 1931년 1월 13일 세상을 떠났다. 그가 고향 마을에 세운 비석에는 "세계인 환영 권순도"라고 쓰여 있는데, 우연히 마을 곁을 지나가는 외국인이 있으면 집으로 모셔다가 숙식을 제공하며 영어로 대화를 나누었다고 한다.

⇒　영화 『리즈 헌트』, 허종식 감독, 2004

박종철 고문치사 사건

발터 벤야민은 『일방통행로』에서 "즉흥적인 것이 강하다. 앞으로는 결정적인 타격이 있다면 모두 왼손으로 이루어지게 될 것이다"라고 말했다. 벤야민 읽기의 매력은 직설이 아니라 그 상징과 은유에 있다지만, 그가 이야기하는 '왼손으로 이루어지는 결정적 한 방'이란 무엇일까.

1987년 1월 14일 새벽, 서울대학교에 다니던 22세의 한 청년이 치안본부 대공 분실 수사관 6명에게 연행되었다. 주변 사람들은 그가 흔히 말하는 운동권 학생도 아니었고, 지극히 상식적이었으며, 그 나이 또래 젊은 대학생 정도의 현실적 균형감각을 가진 '착한' 학생이었다고 증언했다. 아마도 그가 정말 착한 젊은이였기에 경찰의 수배를 피해 도망 다니던 선배 박종운이 자신의 하숙방에 찾아들었을 때 모질게 내치는 대신 하룻밤 숨겨 주고 가진 돈을 모두 털어 주었을 것이다.

그 선량함 때문에 그는 바로 경찰에 연행되었고, 다음 날 치안본부 대공수사단 남영동 분실 509호 조사실에서 사망했다. 당시 치안본부장 강민창은 "냉수를 몇 컵 마신 후

심문을 시작, 박종철 군의 친구 소재를 묻던 중 책상을 '탁' 치니 갑자기 '억' 소리를 지르며 쓰러져, 중앙대 부속 병원으로 옮겼으나, 12시경 사망하였다"라고 공식 발표했다. 그의 시신은 가족의 허락도 없이 벽제에서 화장되었다. 사건 수습을 위해 내무부 장관에 임명된 정호용은 "사람이 사람을 어떻게 때리느냐"라며 고문 사실을 부정했다. 책상을 탁 치니 억 하고 죽었다는 말도 안 되는 주장이었지만, 손바닥으로 하늘을 가리던 시대였으니 박종철의 죽음 역시 그렇게 가려질 뻔했다.

그러나 천주교정의구현사제단은 그해 5·18 추모미사에서 박종철 고문치사 사건의 진상을 낱낱이 폭로했고, 이 사건은 6월 9일 경찰이 쏜 최루탄에 맞아 결국 죽음에 이른 이한열 열사와 더불어 1987년 6월항쟁의 도화선이 되었다. 죽은 박종철은 말이 없는데, 밀실에서 일어났던 일들을 정의구현사제단은 어떻게 그처럼 소상하게 알 수 있었을까. 사제단은 끝내 침묵했지만 훗날 밝혀진 바에 따르면 다음과 같다.

박종철을 고문한 혐의로 구속된 두 경관은 구치소에서 매일같이 울었다. 뭔가 이상했다. 두 경관의 옆방에는 5·3 인천 민주화운동의 배후 조종 혐의로 구속된 민통련 이부영 사무처장이 수감돼 있었다. 이상한 낌새를 눈치챈 한재동 교도관은 날마다 그런 상황을 이부영에게 알려 주었다. 가족과 면회 중이던 두 경관은 계속 억울하다고 주장했다. 아니나 다를까, 이후 고위급 경찰인사들이 날마다 이 경관들에게 면회를 왔다. 그들을 입막음하고, 회유하려는 면회였다. 이부영은 마침내 이 사건이 은폐·조작되었다는 것을 확인했다. 그는 이 내용을 화장지에 깨알 같은 글씨로 적어 한재동 교도관을 통해 외부로 내보냈다. 이 화장지 쪽지가 우여곡절 끝에 정의구현사제단의 손에 들어갔다. 불의한 권력을 넘어뜨린 '결정적인 한 방'이었다.

⇒　『민주주의 잔혹사』, 홍석률 지음, 창비, 2017
⇒　영화 『1987』, 장준환 감독, 2017

로자 룩셈부르크

1919년 1월 15일 밤 9시경. 카를 리프크네히트와 로자 룩셈부르크와 빌헬름 피크는 함께 빌메르스돌프의 만하이더 거리에 있는 그들의 마지막 피신처에서 린드너 중위가 지휘하는 군인들과 지역의 시참사회 소속 첩자였던 하숙집 주인 메링에 의해 체포되었다. 투숙할 때 가명을 댔지만 그들은 카를의 얼굴을 알아보았다. 카를은 시 참사회 본부로 끌려갔다가 이웃의 에덴호텔로 옮겨졌다. 호텔에는 주모자 중 한 사람인 파브스트의 지시 아래 카를과 로자를 암살할 만반의 준비가 되어 있었다.

　카를이 방에 들어서자마자 개머리판이 날아들어 그의 머리를 피투성이로 만들었다. 잠시 후 로자 역시 다른 방으로 끌려가 심문을 받았다. 그들은 쓰러져 있는 카를을 호텔 밖으로 끌어냈고, 호텔 문 앞에 서 있던 오토 룽게는 소총 개머리판으로 다시 그의 머리를 두들겨 팼다. 암살자들은 이미 축 늘어진 카를을 차에 실은 뒤 인근의 모아바트 감옥으로 이송하라는 명령을 수행하는 척했다. 차량이 티에르가르텐 인근 호수에 도달했을 때 그들은 차에서 그를 끌어내렸고, 앞서 걷도록 명령했다. 그가 앞으로 몇 걸음을 힘겹게 옮기자 하인츠 대위, 리프만 중위, 하르퉁 소위, 폰 뤼트겐, 슈티게슐츠 등 6명이 등 뒤에서 일제 사격을 가했다. 그는 마치 도주 중 사살당한 것처럼 꾸며졌다.

카를이 끌려 나가고 잠시 후 로자는 포겔 소위에게 붙잡힌 채 호텔 밖으로 끌려 나왔다. 밖으로 나서자마자 역시 룽게의 소총 개머리판이 날아들었고, 로자는 피투성이가 되었다. 축 늘어져 저항도 할 수 없는 로자를 트럭에 실은 병사들은 머리가 짓이겨지도록 두들겨 팼다. 마지막으로 포겔 소위는 피투성이가 된 로자의 머리에 대고 권총을 발사했다. 로자 룩셈부르크의 주검은 티에르가르텐의 리히텐슈타인 다리 위에서 포겔의 명령에 따라 란츠베르크 운하의 검은 물속으로 던져졌다. 그녀의 시신은 1919년 5월 31일까지 물속에 잠겨 있었다. 세상은 '마르크스 이래 최고의 두뇌'로 불렸던 혁명가를 잃었고, 이후 독일은 2차 세계대전의 불구덩이 속으로 서서히 빨려 들어갔다.

⇒ 『레드 로자』, 케이트 에번스 지음, 폴 불 엮음, 박경선 옮김, 산처럼, 2016

백과사전

인류 역사상 최초의 기술 복제품은 '책'이었다. 인쇄된 책은 근대의 산물이자 동시에 근대를 만든 발명품이었고, 표준화된 최초의 상품이었다. 15세기 중엽 유럽에서 일어난 인쇄혁명 덕분에 새로운 유형의 인간이 등장했다. 근대 인쇄술이 발명한 인간은 '표준의 인간, 합리의 인간, 과학의 인간'이었다. 지식과 정보를 분류하고 조직하는 데 능한 새로운 인간들과 더불어 근대 국민국가의 맹아가 싹텄다.

계몽주의자 드니 디드로(1713~1784)가 책임편집을 맡았던 『백과전서』는 프랑스혁명의 사상적 배경이 되었다. 어떻게 그럴 수 있었을까? 어째서 유럽 최고의 지식인 150여 명이 참여한 어마어마한 지적 산물인 『백과전서』에 대해 당시 교회와 귀족 등 반대파 진영의 공격과 탄압이 쏟아졌을까? 그 이유는 이 책이 구사상(종교·편견·구습)과 구체제를 비판하며 당대의 지식과 학문, 기술 등을 종합하여 근대 이성의 시각으로 재구성한 '지식의 바벨탑'이었기 때문이다.

인류의 진보는 하늘의 뜻이 아니라 인간 이성의 작용

에 의한 것이며, 미래의 진보 역시 이성에 의해 이루어질 것이라는 지적 선언을 담은 것이 바로 『백과전서』였다. 이성의 시대에 사전의 유용함과 그 권위는 앙시앵레짐을 상징하는 『성경』의 권위에 버금가는 것이 되었다. 국가 권력은 사전을 통해 표준어를 정의하고, 이를 통해 표준적 사고의 틀을 과점할 수 있게 되었다.

디드로는 『백과전서』에 들어갈 '백과사전' 항목을 본인이 직접 집필했는데, 이 항목은 『백과전서』를 통틀어 가장 길고 상세한 항목이었다. 그는 백과사전의 주제어를 '지식의 연쇄'로 정의한 뒤, 이 단어의 그리스어 어원을 밝히는 것으로 시작해서 "백과사전의 목적은 지구상에 흩어져 있는 지식을 모아 우리와 함께 살아가는 사람들에게 그 지식의 일반 체계를 제시하고, 이를 우리 다음에 올 후손에게 물려주는 것"이라고 적었다.

그러나 오늘날 백과사전은 디지털미디어와 인터넷 웹사이트에 밀려 급격하게 몰락하고 있으며, 최근 한국에서는 새로운 사전 편찬 작업이 거의 중단된 상태이다. 백과사전의 대명사였던 『브리태니커 백과사전』은 1768년 스코틀랜드 에든버러에서 처음 출판되었고, 이후 해마다 새로운 증보판을 펴냈다. 그러나 2012년 3월 15일 더 이상 종이책은 출판하지 않겠다고 발표했다. 이는 『브리태니커 백과사전』이 출판된 지 224년 만의 일이다. 과연 백과사전은 이대로 소멸의 길을 걷게 될 것인가?

　오늘날 오픈소스 웹 기반 온라인 백과사전의 대명사인 '위키백과사전'은 2001년 1월 16일 지미 웨일스와 래리 생어에 의해 처음 시작되었다. 위키백과사전은 전문가만 편집할 수 있었던 이전의 백과사전과 달리 위키라는 개념과 기술을 사용해 전 세계에서 3100만 명 이상의 참여자와 익명의 다수가 참여하는 백과사전이 되었다. 그럼에도 불구하고 종이로 된 훌륭한 사전의 제작은 질 높은 검색을 위한 변함없는 필수조건이다.

⇒　『검색, 사전을 삼키다』, 정철 지음, 사계절, 2016

알로하오에

하와이 전통 민요로 널리 알려진 「알로하오에」는 하와이왕국의 마지막 여왕 릴리우오칼라니(1838~1917)가 1878년 이별하는 연인의 슬픈 마음을 담아 작사·작곡한 곡으로 전해진다. 하와이어로 '알로하오에'는 '사랑하는 이여, 안녕'이라는 뜻이다. 태평양의 낙원이라는 하와이는 하와이, 카우아이, 마우이 그리고 주의 수도 호놀룰루시가 있는 오아후를 포함한 네 개의 큰 섬과 주변의 작은 섬으로 구성되어 있다. 하와이의 원주민은 대략 750년경 폴리네시아에서 건너온 것으로 추측된다.

1778년 제임스 쿡 선장이 도착할 무렵, 하와이는 몇 개의 작은 부족국가로 분열되어 있었다. 카메하메하는 그로부터 서구 근대 문물과 발전된 군사기술을 확보해 왕국을 통일했고, 1810년 영국식 입헌군주제를 받아들여 하와이왕국의 초대 군주가 되었다. 19세기의 하와이왕국은 근대적 입헌군주제와 전통적 토지공유제가 조화를 이룬 국가로, 국제사회의 인정을 받았다. 그러나 태평양 한가운데 위치한 지리적 이점 때문에 영국, 프랑스, 미국, 일본 등이 호시

탐탐 하와이왕국을 자신들의 영향력 아래 두고 싶어 했다.

1883년에는 미국 자본으로 운영되는 사탕수수 플랜테이션이 90여 개에 달했고, 하와이 땅의 3분의 2가 미국인 손에 들어가 하와이의 전통적인 토지공유제를 위협했다. 때마침 1874년까지 이어지던 카메하메하 왕조의 적통이 끊어지면서 방계 칼라카우아 왕조(1874~1889)로 이어졌다. 이 과정에서 반란이 일어났고, 왕은 미국의 도움을 얻어 반란을 진압한 뒤 더욱더 친미적인 정책을 추진했다. 그가 죽고 왕위를 계승한 릴리우오칼라니 여왕은 미국 자본에 의한 종속이 심화되는 것을 방치하는 것은 매우 위험한 일이라 여겼기 때문에 플랜테이션 농장을 국유화했다.

미국 이민 2세대로 1844년 호놀룰루에서 출생한 샌퍼드 돌은 이에 불만을 품고 1893년 1월 17일 다른 미국계 이주민들과 함께 미국 해병대를 불러들여 이올라니 궁전을 포위하고 여왕을 겁박하여 강제 퇴위시켰다. 여왕을 폐위하고 하와이공화국을 선포한 샌퍼드 돌은 초대 대통령이 되었다. 하와이는 1898년 미국의 50번째 주로 병합되었고, 샌퍼드 돌은 초대 총독이 되었다.

오늘날 세계 최대의 다국적 기업 중 하나인 '돌'Dole은 1851년 하와이에서 창업한 회사로 이 회사의 창업자인 제임스 돌은 샌퍼드 돌의 사촌 형제다. 당시 농장주들이 주인 없는 땅으로 간주해 몰수한 토지는 현재까지 법적·정치적 논란의 대상이며, 하와이 원주민은 아메리칸 원주민과 달리 원주민 자격을 인정받지 못하고 있다. 「알로하오에」는 사랑하는 연인과의 이별을 슬퍼하는 노래이자 망국의 한을 담은 노래다.

⇒ 『지오그래피』, 케네스 C. 데이비스 지음, 이희재 옮김, 푸른숲, 2003

블러드 다이아몬드

아프리카 시에라리온은 인구 500만 명의 작은 나라로 수도 프리타운은 1787년 영국의 노예제 폐지론자들이 노예의 송환과 구출을 위한 자유의 땅으로 마련한 곳이었지만, 1808년 영국은 이곳을 식민지로 삼았다. 1961년 독립한 시에라리온은 다이아몬드와 철광석 등 풍부한 지하자원을 바탕으로 발전 가능성이 높은 나라였지만 조지프 사이두 모모 대통령과 그 측근들의 부패로 발전이 정체되었고, 4만 명에 이르는 레바논 정착민과 소수의 세네갈인이 다이아몬드 광산 채굴권과 무역, 상업 등을 장악하고 있었다.

시에라리온 내전은 1991년 3월 23일 라이베리아의 찰스 테일러가 이끄는 라이베리아애국전선NPFL의 지원을 등에 업은 포데이 산코의 혁명연합전선RUF에서 비롯되었다. 이들은 부정부패 척결을 주장하며 1985년 쿠데타로 집권한 모모 정권을 공격했고, 이후 11년간 내전이 지속되어 약 5만 명 이상의 사망자와 450만 명의 난민이 발생했다. 다이아몬드가 반군의 돈줄이었기 때문에 내전은 시간이 지날수록 다이아몬드 광산을 차지하려는 싸움이 되었다. 혁명연합전선의 포데이 산코는 시에라리온 동부의 다이아몬드 광산들을 장악하고, 이를 자금원으로 무기를 사들여 세력을 넓혀 갔다. 내전 초기부터 혁명연합전선 반군은 공포의 대상이었다. 그들은 가는 곳마다 마을에 불을 지르고 비전투원인 민간인들을 공격해 죽이거나 도끼로 손목이나 발목을 자르는 등 잔혹 행위를 저질렀다.

포데이 산코는 "손이 없다면 투표도 못할 것"이라며 1997년 대통령선거에서 티잔 카바의 시에라리온인민당 SLPP을 지지한 이들의 손목을 잘랐다. 그러나 실제로 가장 많은 피해를 입은 것은 투표와 무관한 어린이들이었다. 서부영화에서 흔히 묘사되는 머리 가죽 벗기기가 사실은 백인들의 아메리칸 원주민 사냥의 증표로 시작되었던 것처럼 아프리카의 손목 절단 역시 콩고를 식민 지배하던 벨기에가 저항하는 현지인의 손목을 절단하던 만행에서 비롯된 것이었다. 시에라리온 내전은 여러 우여곡절 끝에 2000년 영국 정부가 800여 명의 공수부대를 투입하여 카바 정부를 지원하고 포데이 산코를 체포함으로써 막을 내렸다. 2002년 1월 18일, 시에라리온의 카바 대통령은 내전이 끝났다고 선언했다.

⇒ 영화 『블러드 다이아몬드』, 에드워드 즈윅 감독, 2006

극동국제군사재판

태평양전쟁이 끝난 뒤 맥아더는 일본 통치의 전권을 위임받았다. '푸른 눈의 쇼군'이라 불렸던 맥아더는 일본에 대한 점령 정책을 통해 일본을 다시는 전쟁을 할 수 없는 국가로 개조하려고 했다. 맥아더의 일본 점령 정책에 대해서는 긍정적·부정적 시각이 혼재할 수밖에 없지만, 그의 초기 점령 정책은 일본 내에서 군국주의를 일소하고 민주주의를 뿌리내리게 하려는 것이었다.

　일본 점령 개시와 더불어 이전부터 준비되었던 일본에 대한 전범 재판이 본격적으로 시작되었다. 연합국은 전쟁이 한창이던 1943년 10월 런던에서 중국, 호주, 미국, 뉴질랜드 등 17개국으로 구성된 연합국전범위원회를 설립했다. 연합국전범위원회는 일본의 전쟁범죄 개시 시기를 1937년 7월 7일 노구교 사건으로 잡았고, 100명의 일본군 장교를 전범 명단에 올렸다. 중국·호주·뉴질랜드·소련·네덜란드 등은 히로히토 천황을 전범 재판에 회부해야 한다는 입장이었던 반면, 프랑스와 영국은 결국 미국이 결정할 문제라는 유보적인 입장을 취했다.

독일 패망 이후 일본의 항복을 둘러싸고 미국 내 정책 결정자들은 천황제 존폐 여부를 둘러싸고 강경파와 온건파로 나뉘었다. 강경파는 천황제를 폐지한 뒤 국가 정치체제의 변혁을, 온건파는 군부를 제거하는 수준에서 천황제를 존치하는 입헌군주제를 주장했다. 일본이 무조건 항복하자 미국의 삼부조정위원회SWNCC는 천황에 대해 어떠한 조치도 취해서는 안 된다는 특별 지령을 내렸기 때문에 천황의 이름은 전범 명단에서 처음부터 빠져 있었다.

맥아더는 1946년 1월 19일 극동국제군사재판소에 대한 특별 포고(조례)를 통해 극동국제군사재판소(또는 도쿄전범재판소)를 설치했고, 2차 세계대전(태평양전쟁)과 관련된 동아시아(일본)의 전범 재판은 1946년 5월 3일부터 1948년 11월 12일까지 약 2년 반에 걸쳐 진행되었다. 전쟁 기간에 총리대신을 지낸 도조 히데키(1884~1948)는 1945년 9월 11일 전범으로 체포되기 직전에 자살하려 했다. 그는 총리 시절 "살아 포로가 되는 치욕을 당하지 말라"라는 이른바 전진훈戰陳訓을 만들어 낸 장본인이었지만, 자살 시도가 실패하는 바람에 살아났다.

극동국제군사재판에서 도조 히데키는 "천황이 가진 평화에 대한 의지에 반해 행동한 적이 있느냐?", 다시 말해 천황이 전쟁에 반대했지만 전쟁을 강행했는가를 묻는 국제전범재판소 수석 검찰관 조지프 키난의 질문을 받고 "결코 그런 일은 없었다"라고 증언했다. 하지만 그는 얼마 뒤 증언을 번복했다. '천황은 결코 전쟁을 원하지 않았다'는 도쿄 전범 재판의 각본에 어긋난 답변이었기 때문이다. 그는 주변의 압력에 못 이겨 증언을 바꿨고, 그 덕분에 히로히토 천황은 전쟁 책임에서 구원받을 수 있었다. 도조 히데키는 전쟁의 모든 책임을 지고 형장의 이슬로 사라졌지만, 기소된 전범 중 상당수는 냉전이 격화되면서 전격 석방되었다. 아베 전 총리의 정치적 스승이자 외조부인 기시 노부스케도 그중 한 명이었다.

⇒ 『도조 히데키와 천황의 시대』, 호사카 마사야스 지음, 정선태 옮김, 페이퍼로드, 2012

용산참사

'용산참사'의 정식 명칭은 용산4구역 철거 현장 화재 사건이다. 2009년 1월 20일 새벽 5시 33분, 서울 용산구 한강로2가에 위치한 건물 옥상에서 점거농성을 벌이던 세입자와 전국철거민연합회 회원들, 경찰과 용역 직원들 사이에 충돌이 벌어졌다. 이 사건으로 경찰특공대 1명, 철거민 5명이 목숨을 잃었고, 23명이 크고 작은 부상을 입었다. 이 사건은 이명박 대통령이 서울시장 시절부터 추진했던 뉴타운 및 도시 정비 사업의 결과지만, 진정한 원인은 세입자의 안전과 생계에 대한 권력의 무관심이다.

도시 재생 사업이 벌어지는 현장마다 아수라장이 되는 이유 중 하나는 일반인은 쉽게 이해할 수 없을 만큼 법률체계가 복잡하기 때문이다. 법의 틈새를 이용해 공공연한 불법행위가 자행되지만, 행정 권력은 토지소유주와 세입자 사이에서 공정하게 법을 집행하는 것이 아니라 스스로를 도시 정비 사업의 주체로 인식한다. 서울시와 용산구는 도시 정비를 통한 땅값 상승과 이를 통한 세비 증대 등을 이유로 사업을 강력하게 추진했다. 서울시와 용산구는 토지보상법에 규정된 주거이전비를 철거 지역 세입자들에게 지급하지 않고 강제로 내쫓으려 했으며, 저항하는 이들을 범법자로 몰았다. 국가권력은 세입자들을 내쫓으려 폭력을 행사하는 용역은 관대하게 대했고, 이에 대항하는 세입자는 범법자로 대했다. 범법자가 된 세입자 가운데 생계를 위협받는 이들이 건물 옥상에 망루를 설치하고, 경찰과 용역 철거반에 맞서기 위해 화염병과 시너, 돌을 준비했다.

경찰은 사전에 이런 사실을 충분히 인지하고 있었지만 최소한의 안전 대책이나 협상 절차 없이 곧바로 경찰특공대를 진입시켰고, 그 과정에서 불법적으로 용역을 대동했다. 화재 발생의 직접적인 요인이 농성자들이 던진 화염병이라는 주장도 있었지만 공판에 나온 경찰특공대원은 "진압 당시 화염병 던지는 것을 보지 못했다"라고 증언했다. 유엔사회권규약위원회는 "퇴거를 당하는 사람들이 원치 않을 경우 겨울철과 같은 악천후에는 퇴거를 수행해선 안 된다"라고 규정하고 있다. 검찰은 수사기록 등의 열람 및 등사를 거부했고, 법원이 요구한 수사기록 3천 쪽 역시 변호인단에게 공개하지 않았다.

⇒ 영화 『두 개의 문』, 김일란·홍지유 감독, 2011
⇒ 영화 『공동정범』, 김일란·이혁상 감독, 2016

루이 16세의 취미

믿기지 않을 수도 있지만, 프랑스의 루이 16세는 개혁 군주에 계몽 군주였다. 비록 실패했지만, 그는 선대 왕인 루이 14세와 루이 15세의 실패가 프랑스에 어떤 파멸적 위기를 불러들였는지 자각하고 있었다. 18세기 내내 프랑스의 물가가 상승했다. 물가 상승은 투자를 위한 자본을 마련해 준 측면도 있었지만, 농민과 도시 수공업자, 노동자의 삶은 한층 더 어려워졌다. 게다가 1780년대 연이은 흉작 때문에 1788년 프랑스의 기층 계층은 빵을 구입하는 데 수입의 절반을 썼고, 이듬해에는 그 비율이 80퍼센트에 이르렀다. 도시의 실업률 역시 절반에 이르렀다.

루이 16세는 이런 상황에서 비효율적인 세금 제도를 개선하여 국가 재정을 개선하고, 빈민을 구제하고, 고문을 폐지하려고 시도했다. 무엇보다 그는 세제 개혁을 추진해 부유한 계급에도 세금 부담을 지우려 했다. 당시 프랑스의 세금 제도는 사회적 신분뿐만 아니라 거주 지역에 따라서도 달랐다. 프랑스는 선대 제왕들의 탐욕스러운 영토 전쟁과 무분별한 개입(미국혁명 동참) 등으로 인해 파산 직전에 이르렀다. 루이 16세는 중농주의 개혁사상가 튀르고와 네케르 등을 재무장관으로 임명해 일련의 개혁을 추진했다. 그러나 궁정 안에서는 왕비 마리 앙투아네트의 무분별한 관직 판매(주로 자신의 친구들에게 관직을 팔거나 임명했다)로 인해 암투가 잦아졌고, 밖으로는 새로운 권력 집단으로 성장한 고등법원의 트집으로 개혁이 좌절되었다.

18세기 내내 고등법원은 '계몽주의'를 명분으로 내세우며 그들의 헌법적 권리를 행사하는 방식으로 영향력(권리 또는 특권)을 확대했고, 개혁을 추진한 루이 16세 정부와 잦은 마찰을 일으켰다. 대표적인 사례가 7년전쟁 이후 국민과 마찬가지로 귀족도 새로운 세금을 내야 한다는 개혁을 좌절시킨 것이었다. 이후로도 재무장관 튀르고가 법정 비용을 삭감하여 부채를 줄이고 노동 부역에 대해 지주들에게 소액의 세금을 부과하여 대체하려 한 시도, 특정 길드에 대한 제한을 폐지하여 제조업 성장을 이끌려 한 시도 모두 파리 고등법원에 의해 좌절되었다. 잇따른 실패와 권력 투쟁에서 밀린 튀르고는 물러나야 했다. 그러나 이 모든 책임은 결국 루이 16세에게 있었다.

만약 그에게 보다 확고부동한 결의와 의지가 있었다면 과연 특권 계급이 얼마나 버틸 수 있었을까. 개혁이 한계에 봉착할 때마다 루이 16세는 우유부단했고, 개혁 추진자들에 대한 확실한 지지를 표명하지 않고 머뭇거렸다. 결국 유순하고 다정하여 백성들을 전쟁터로 내모는 대신 자물쇠 만드는 것을 취미로 삼았던, 나름대로 선한 의지를 가졌던 국왕은 1793년 1월 21일 단두대에서 목이 잘렸다.

⇒　영화 『마리 앙투아네트』, 소피아 코폴라 감독, 2006

3당 야합

1987년 6월 민주화 항쟁의 결과, 대통령 직선제를 골자로 하는 9차 개헌이 이루어졌다. 새로운 헌법에 따라 현재까지 이어지고 있는 제6공화국이 성립되었고, 대통령 직선제로 헌법이 개정된 연도에 따라 이를 '1987년 체제' 또는 '87년 체제'라고 부른다. 그러나 13대 대통령 선거는 민주적 정권 교체라는 국민의 기대와 열망에도 불구하고 김대중·김영삼 양김 세력의 분열로 민주정의당 노태우 후보가 36.6퍼센트의 지지율로 대통령에 당선되는 결과를 빚었다.

만약 김영삼과 김대중이 후보 단일화에 성공했다면 5·18과 12·12 반란의 주역 중 한 명이었던 노태우의 당선은 불가능했을 것이다. 이후 1988년 4월 26일에 치러진 총선에서 국민들은 전체 의석 299석 가운데 여당(민정당)에는 125석, 야당에는 174석의 표를 주어 여소야대 정국이 형성되었다. 여소야대 정국은 민주화 열기와 5공 비리, 광주특위 구성 등과 맞물려 노태우 정부의 국정 운영에 커다란 부담이 되었다.

1990년 1월 22일 집권여당이자 5공 세력인 민주정의당은 여소야대 정국을 무력화하고 국정 주도권을 장악하기 위해 김영삼의 통일민주당(제2야당), 김종필의 신민주공화당(제3야당)과 합당했다. 그 결과 거대 여당인 민주자유당이 탄생했다. 김영삼은 "호랑이를 잡으려면 호랑이 굴에 들어가야 한다"라며 3당 합당을 통해 5공 세력을 내부에서 심판하겠다고 주장했지만, 이들과 야합했다는 점에서 민주화운동 진영을 크게 자극했다. 이들의 저항을 탄압하는 과정에서 공안 정국이 조성되었고, 1991년 명지대 학생 강경대의 죽음 뒤 대학생 분신이 잇따랐지만 이미 견고한 지배 연합이 형성된 상황에서 학생 시위는 정치적 영향력을 발휘하지 못했다.

언론은 이런 상황을 조소하며 '죽음의 굿판을 걷어치우라'는 냉소적인 반응을 보였고, 공안 당국은 유서 대필이라는 희대의 조작 사건을 터뜨렸다. 때마침 정원식 국무총리에게 달걀을 투척한 사건이 벌어지면서 학생운동권은 이른바 '패륜아'로 몰리게 되었다. 이런 분위기 속에서 치러진 1992년 총선에서 민자당은 압승을 거뒀다.

이후 1980년대 운동권 중 일부는 '386세대'란 이름으로 일찌감치 정계에 진출해 민주화의 영광을 누리며 현재에 이르고 있지만, 1990년대 운동 세대, 이른바 '경대 친구'들은 패륜아라는 낙인과 함께 버려졌다. 이들이 사회에 진출할 무렵에 터진 IMF 경제위기는 더욱 큰 어려움이 되었고, 3당 야합으로 만들어진 민주자유당의 후신은 지금까지도 보수 진영에서 가장 큰 지분을 차지하고 있다.

⇒　『1991, 봄』, 권경원 지음, 이강훈 그림, 너머북스, 2021

프랑크푸르트 키친

1897년 1월 23일 오스트리아 빈에서 태어난 마가레테 쉬테 리호츠키(1897~2000)가 빈 상업미술학교 건축과에 진학하겠다고 하자 그의 아버지는 "어떤 인간이 여자한테 집을 지어 달라고 하겠느냐"라며 반대했다. 그러나 마가레테는 고집을 꺾지 않았고, 대학을 졸업한 뒤 1926년에서 1930년 사이 1만여 채의 주택과 집단 주택에 20세기의 표준이 된 현대식 주방, 이른바 '프랑크푸르트 키친'Frankfurt kitchen을 설치했다.

1차 세계대전이 끝나고 바이마르 공화국은 도시화로 인한 주거 문제를 해결할 목적으로 대규모 사회주택 건설 사업을 시작했다. 마가레테는 1917년 빈 노동자들의 주택난을 목격했다(당시엔 한방에 8~9명이 자는 경우도 많았다). "계급을 초월하여 엘리트로 인정받는 사람들과 시민계급 지식인 주위에는 엄청난 숫자의 민중이 살고 있었다. 물론 나는 그들이 왜 가난한지 알지 못했지만, 그들의 고통을 조금이나마 덜어 줄 수 있는 직업을 선택하고 싶었다." 대량 주택은 노동자 계급 가족이 거주하는 공간이었고, 당시는 여성들이 노동 현장에 투입되기 시작하던 때였다. 그러나 여성이 노동 현장에 참여한다고 해서 가사노동이 줄어드는 것은 아니었다.

　마가레테는 가정에서 노동 시간이 절감되면 가족과 자녀, 특히 여성에게 유익하리라 보았다. 과거의 재래식 주방에서 주부가 감자를 삶기 위해 움직이는 거리는 평균 18미터였는데, 열차 식당 칸에 설치된 주방은 매우 협소했지만 그 안에서 요리사 두 명이 여섯 가지 코스의 50인분 식사를 준비할 수 있었다. 마가레테는 이 점에 착안하여 과거 20평방미터였던 주방을 6.5평방미터로 줄이는 대신 식기건조대를 갖춘 이중 개수대와 레인지 후드가 장착된 가스레인지를 설치했고, 양념을 비롯한 생필품을 저장할 수 있는 가볍고 부서지지 않는 알루미늄 재질의 서랍이 18개나 달린 붙박이장을 배치했다. 밀가루 보관용 서랍은 별도로 참나무로 만들었는데, 그 이유는 밀에 기생하는 벌레가 참나무에 함유된 탄닌산을 싫어하기 때문이다. 이외에도 주방 가구 색상을 코발트블루로 했는데, 그 이유는 파리가 이 색을 싫어한다는 지극히 실용적인 이유에서였다.

⇒　『부엌의 문화사』, 함한희 지음, 살림, 2005

매킨토시 128k

애플의 신화가 된 스티브 잡스(1955~2011)는 마이크로소 프트의 전 회장 빌 게이츠와 마찬가지로 1955년에 태어났 다. 그러나 잡스는 부모가 변호사와 대학 이사였던 빌 게이 츠와 달리 입양아였다. 스티브 잡스가 그 사실을 알게 된 건 고교 시절이었다. 친부모가 자신을 버렸다는 사실을 알게 되자 반항적이고 집요한 성격은 더욱 강해졌다. 그는 스스 로의 가치를 입증이라도 하려는 듯 일에 몰두했다.

이 무렵 그는 취미로 컴퓨터를 조립하는 천재적인 엔 지니어 스티브 워즈니악을 만났다. 워즈니악은 대학 홈페 이지를 해킹하다 콜로라도대학교에서 퇴학당한 괴짜 천재 였고, 잡스보다 다섯 살 연상이었다. 1975년 가을, 워즈니악 은 컬러 화면을 구동할 수 있는 회로기판을 만들어 그에게 보여 주었다. 워즈니악이 만든 회로기판을 본 순간 스티브 잡스는 이것으로 개인용 컴퓨터를 만들어 팔면 성공을 거 두리라 직감했다. 그는 이듬해 워즈니악을 설득해 자신의 집 창고에서 컴퓨터 회사 '애플'을 창업했다. 이들이 합작한 결과 '애플 I'이라고 불린 최초의 제품이 탄생했다. 이 제품은 지역 소매업자를 통해서 500달러에 팔렸다. 이들은 자신들만으로는 다음 단계로 성장하기 어렵다고 느껴 인텔 출신의 전기 엔지니어 마이크 마쿨라를 끌어들였다.

워즈니악이 기술적인 문제를 해결하기 위해 골몰해 있는 동안 두 사람은 자금을 마련하려고 백방으로 뛰었다. 마침내 1977년 애플은 정식 법인으로 출범했고, 애플 최초의 정식 컴퓨터 '애플 II'가 만들어졌다. 스크린과 키보드, 전원 장치, 그래픽 기능을 결합한 '애플 II'는 1978년 웨스트코스트 컴퓨터박람회 관람객들을 매료시켰다. 그러나 세상은 여전히 마이크로소프트의 Ms-Dos 소프트웨어가 설치된 '빅 블루'Big Blue IBM의 제국이었다. 스티브 잡스에게는 거대한 IBM 제국에 도전할 만한 신병기가 필요했다. 애플컴퓨터는 1984년 1월 24일 당시 유행하던 키보드 명령식 인터페이스 대신 그래픽 사용자 인터페이스GUI와 마우스를 적용한 '맥' 시리즈의 첫 번째 모델 '매킨토시 128k'를 출시한다.

스티브 잡스는 이 컴퓨터가 출시되기 직전인 1983년 시즌 슈퍼볼 경기에서 리들리 스콧 감독을 기용해 파격적인 60초짜리 TV 광고를 선보였다. 이 광고에서 애플은 IBM을 '빅브라더'로 묘사하고, 자신들을 그 아성에 도전하는 젊은 구원자로 묘사해 큰 반향을 이끌어 냈다. 애플의 신화가 시작된 것이다. 스티브 잡스와 그의 친구들은 억만장자가 되었다. 하지만 서른 살의 스티브 잡스는 자신이 설립한 회사에서 쫓겨났고, 마흔둘이 되어서야 다시 애플 CEO로 복귀할 수 있었다. 오늘날 애플은 '아이폰'이라는 하드웨어와 앱의 결합(즉 코드와 아키텍처의 결합)으로 한때 넷 세계의 자유로운 시민(네티즌)이었던 이들을 애플 앱스토어와 아이튠즈의 소비자로 가둬 두며 새로운 빅브라더로 거듭났다.

⇒　『아이폰과 아이패드 애플의 전략』, 최용석 지음, 아라크네, 2010

넬리 블라이의 세계일주

17세기 중반부터 영국을 중심으로 유럽의 상류층 자제들이 사회에 나가기 전 프랑스나 이탈리아를 돌아보며 세계 문물을 익히는 '그랜드투어'Grand Tour가 유행했다. 당시만 하더라도 영국은 유럽의 변방이었기 때문에 선진 문화와 예술을 자랑한 프랑스나 서구 고전문화의 뿌리가 된 이탈리아 등지를 여행하며 견문을 넓히려는 것이었다.

그랜드투어에 나선 이들은 주로 젠트리 계급 이상의 젊은 남성이었고, 전체 여행을 책임지고 수행하는 가정교사가 동행해 평균 2~3년 정도 소요되었다. 그로부터 200여 년이 지날 때까지도 여행은 남성의 몫이었고, 대부분의 여성은 결혼하기 전에는 자신이 태어난 곳을 거의 벗어나지 못했다.

미국의 탐사보도 전문 저널리스트이자 모험적인 스턴트 저널리즘을 실천한 작가 넬리 블라이의 본명은 엘리자베스 코크런(1864~1922)으로 미국 펜실베이니아주 암스트롱에서 출생했다. 1880년의 어느 날, 코크런은 『피츠버그 디스패치』에 실린 성차별적인 칼럼을 읽고 이를 반박하는 분노 어린 칼럼을 써서 신문사에 보냈다. 코크런의 편지를 읽은 편집인은 신문에 공고를 내서 그를 찾았고, 기사 쓰는 일을 맡겼다. 이후 퓰리처가 발행하는 『뉴욕 월드』로 자리를 옮긴 넬리 블라이는 1887년 가을 정신병자로 위장하여 블랙웰스섬의 정신병원에 잠입했다. 블라이가 쓴 잠입 취재 기사는 그곳의 환자 학대 실태를 널리 알리며 미국의 의료 시스템을 개선하는 데 이바지했다.

쥘 베른의 『80일간의 세계일주』를 읽고 영감을 받은 넬리 블라이는 자신이 몸소 세계일주를 떠나 기사를 쓴다면 흥미롭고 새로운 기삿거리가 될 것이라 생각했다. 여성의 몸으로 너무 위험한 일이라는 만류에도 불구하고 그는 고집을 꺾지 않았고 1889년 11월 14일 뉴욕을 떠나 영국, 프랑스, 이탈리아의 수에즈운하를 거쳐 스리랑카의 콜롬보, 홍콩, 페낭반도, 일본을 거쳐 다음 해 1월 25일 뉴욕으로 돌아왔다. 세계일주에 걸린 시간은 72일 6시간 7분 14초였다. 잠시 스치듯 세계를 돌아보며 남긴 블라이의 글에는 미국 중심주의와 서구 우월주의가 뚝뚝 묻어나지만, 이것이 넬리 블라이만의 문제는 아니었다.

⇒　『넬리 블라이의 세상을 바꾼 72일』, 넬리 블라이 지음, 김정민 옮김, 모던아카이브, 2018

차이니즈 고든

조지 버나드 쇼는 말했다. "이성적인 사람은 자신을 환경에 적응시킨다. 비이성적인 사람은 환경을 자신에게 적응시킨다. 그러므로 진보는 비이성적인 사람들에게 달려 있다." 이성적인 사람(현실주의자)들은 자신들이 살고 있는 현실이 불가능한 꿈을 꾸었던 비이성적인 사람(이상주의자)들이 만든 세상이라는 사실을 자주 망각한다. 그런 의미에서 제국주의 시대 영국에는 두 사람의 이상주의자가 있었다. 한명은 아랍의 독립을 꿈꾼 '아라비아의 로런스' 토머스 에드워드 로런스(1888~1935), 다른 한 명은 '차이니즈 고든'으로 불렸던 찰스 조지 고든(1833~1885)이다.

고든은 몇 대에 걸친 군인 가문 출신으로 가업을 잇기 위해 다섯 살에 군사학교에 입학했지만, 주관이 또렷하고 고집 센 반골이라 상관의 부당한 명령을 거부하는 바람에 남들보다 2년 늦게 사관학교를 졸업했다. 크리미아전쟁에 참전했던 고든은 2차 아편전쟁(1860) 무렵 중국에 파견되었다. 그는 영국·프랑스 연합군이 청 왕조의 여름별장 위안밍위안을 약탈하고 가져갈 수 없는 보물들을 불태워 버리는 야만적인 모습에 분노했다. 그는 중국 문화와 예술에 빠져들었고, 중국인들을 동정했다.

청 조정은 태평천국의 난에 대처할 능력이 없어 향신층이 군비를 갹출해 '상승군'이라는 민병대를 조직했지만, 그 이름과 달리 훈련조차 제대로 받지 못한 상승군은 번번이 패했다. 리훙장은 고든에게 훈련과 지휘를 부탁했는데, 그는 훈련만 반복할 뿐 쉽사리 전투에 나서지 않았다. 조급해진 서태후가 사람을 보내 전투를 독려했지만, 고든은 그 명령도 거절했다. 1863년 훈련과 장비를 갖추자 전투를 개시했고, 이후 그 이름에 걸맞게 연전연승을 거뒀다. 감격한 서태후는 고든에게 은 1만 냥을 상금으로 내렸지만, 고든은 쑤저우 전투에서 리훙장이 투항한 병사들을 죽였다는 이유로 상금을 거절했다. 청 조정은 그에게 황족이 입는 관복과 제독 관직을 내렸고, '과등'戈登이라는 중국식 이름도 지어주었다.

고든의 활약상은 당시 영국에 크게 보도되었고, 이때부터 '차이니즈 고든'이라 불렸다. 유명인사가 된 그는 1884년 1월 글래드스턴 내각의 요청으로 수단 총독에 임명되었다. 그 무렵 수단은 무하마드 아흐마드가 이끄는 이슬람 원리주의 세력이 수도 하르툼을 함락하려 노리고 있었다. 고든은 이곳의 민간인들을 안전한 곳으로 대피시킨 뒤 철수하라는 명령을 받았다. 그는 민간인들을 안전하게 철수시킨 뒤에도 하르툼을 떠나지 않았다. 영국 정부는 포위된 고든을 구출하라는 여론의 압력에 시달렸다.

320일간 하르툼을 지켜 낸 고든은 영국 원정대가 도착하기 이틀 전인 1885년 1월 26일 총독관저 앞까지 쳐들어온 반군 세력에 의해 잔인하게 살해당한다. 당시 그의 나이 51세였다. 고든은 이상주의자로서 자신의 소명을 위해 죽었지만, 결과적으로 그의 죽음은 19세기 영국의 제국주의 팽창에 이바지했다.

⇒　영화 『하르툼 공방전』, 바실 디어슨 감독, 1966

처치위원회와 코인텔프로

워터게이트 사건(1972)은 전직 FBI 요원 고든 리디와 CIA 요원 하워드 헌트가 총지휘를 맡고, 국가기관이 개입한 민주주의 파괴 사건이었다. 닉슨이 사임한 뒤 1975년 1월 27일 아이다호주 상원의원이었던 프랭크 처치(1924~1984)는 국가 정보기관의 불법적 정치 개입과 시민권리 침해 등 권력 남용의 실체를 규명하고 이를 개혁하기 위해 '처치위원회'Church Committee를 구성한다.

　　처치위원회는 미 정부기관의 정보 활동이 미국 시민의 권리를 위협할 수 있다는 사실에 주목했고, 비록 국가안보가 중요하기는 하지만 정보기관에 대한 강력한 통제 수단이 강구되지 않는다면 민주주의가 위협받고, 미국 사회의 본질이 근본적으로 바뀔 수 있는 위험에 노출된다고 밝혔다. 1년 3개월여의 조사 끝에 1976년 4월 처치위원회가 발표한 최종 보고서에 의해 이른바 '코인텔프로'COINTELPRO, Counter Intelligence Program의 실체가 드러났다.

　　코인텔프로는 미국 국내의 민권운동과 베트남전 반대 시위가 절정에 이른 1971년 FBI가 국내의 저항 세력을 파괴할 목적으로 수립한 프로그램이었다. 이들은 저항운동의 지도자들을 색출하고 처단하기 위해 온갖 거짓 정보를 유포하거나 언론에 악의적인 정보를 흘리는 방식의 흑색선전을 통해 이들을 제거하려고 시도했다. FBI는 코인텔프로를 통해 마틴 루서 킹 목사를 비롯해 알베르트 아인슈타인, 영화배우 진 세버그 등 유명·무명의 미국 시민들을 불법적으로 도청하는 등 비밀리에 사찰했다. 경우에 따라서는 이들이 관계하고 있는 조직에 프락치를 잠입시켰다. 또한 이렇게 불법적으로 취득한 정보를 이용해 협박하거나 가정을 파괴하거나 조직을 붕괴시키는 공작을 폈다.

FBI는 물론 국내 활동을 금지하고 있는 CIA 역시 '카오스'CHAOS라는 계획명의 국내 사찰 활동을 벌여 왔음이 드러났다. 이들 정보기관들은 마피아를 동원해 쿠바의 피델 카스트로 암살 계획을 세우거나, 미국 시민을 대상으로 비밀리에 심리 통제 약물 실험을 실시했다. 처치위원회가 폭로한 이들 국가 정보기관의 더럽고 비밀스러운 작업 내용은 미국 시민을 경악시켰다. 미국의 국가 정보기관이 미국 헌법이 보장하는 시민권의 기본 조항을 모조리 위반했던 것이다.

닉슨의 뒤를 이은 포드 대통령은 1976년 처치위원회의 요구에 따라 대외 정보기관에 대한 의회의 감독을 강화하는 한편 제3국에 대한 비밀 개입을 금지하는 '대통령 명령 11905' 조치를 취하도록 했다. 1978년 지미 카터 대통령은 '대통령 명령 12036'을 통해 정보기관 감독을 더욱 강화했다. 그러나 레이건과 부시 정권 들어 신보수주의(네오콘) 세력이 정권을 장악하면서 이 같은 대통령 명령은 무력화되었고, 9·11 사건 이후 미국은 정보기관의 권력을 더한층 강화하는 애국자법USA Patriot Act을 제정했다. 처치위원회가 발표한 보고서에는 이렇게 적혀 있다. "권력에 대한 '영구적인 감시'가 '자유를 위해 치러야 하는 대가'라는 것을 망각하는 순간, 권력기관은 불법을 저지른다."

⇒ 『촘스키, 세상의 물음에 답하다』(전3권), 노엄 촘스키 지음, 피터 R. 미첼·존 쇼펠 엮음, 장봉군 그림, 이종인 옮김, 시대의창, 2021

디지털 프라이버시

대한민국 주민등록번호는 개인에 대한 거의 모든 신상을 기록하고 있는 개인정보이다. 아이러니하게도 주민등록번호는 나 개인의 것이 아니라 '사회적 공공재'라는 웃을 수 없는 농담이 공공연하다. 인터넷 세계와 디지털 미디어를 외면하고 살 수 없는 현실에서 해마다 전 세계적으로 적게는 수천만, 많게는 수십억 명에 달하는 개인정보가 유출되지만, 이러한 사고의 뒷수습은 언제나 개인의 몫이다. 신용카드를 해지해야 하고, 휴대폰 번호를 변경해야 한다. 그나마 주민등록번호는 변경조차 쉽지 않다. 유출되더라도 변경할 수 없는 홍채, 얼굴, 지문 인식 같은 개인 생체 정보의 디지털화는 더욱 큰 문제다. 이처럼 개인 신상이 노출되고 유출되는 까닭은 개인정보가 돈이 되기 때문이다.

웹2.0 시대가 되면서 IT기업의 수익에서 가장 큰 몫을 차지하는 것은 이용자들의 개인정보다. 우리가 이름만 대면 알 만한 IT 공룡기업들은 이를 통해 수익을 거두면서도 고객들의 개인정보를 안일하게 다뤄 왔고, 유출 사태가 발생할 때마다 발뺌으로 일관했다. 세계 최대의 소셜네트워크 서비스인 페이스북은 2014년부터 사용자의 개인정보를 수집해 왔는데, 2016년 미국 대선 당시 도널드 트럼프 캠프에 5천만 건에 달하는 개인 신상 정보를 판매했다.

페이스북 CEO 마크 저커버그는 미국 의회 청문회에 참석하기까지 했고, 영국과 미국의 주요 일간지에 사과 성명을 발표했다. 미국의 대형 유통업체인 타깃은 해커들의 타깃이 되어 2013년 추수감사절에 고객 1억1천만여 명의 신용카드, 계좌, 보안코드, 유효기간 등이 담긴 개인정보를 유출시켰다. 이 사건으로 당시 타깃의 CEO였던 그레그 스타인하펠이 책임지고 사퇴했다.

국내에서도 헤아리기 어려울 만큼 많은 개인정보 유출 사건이 발생하고 있다. 1999년에 시작된 싸이월드는 세계적으로도 가장 앞선 소셜네트워크 서비스였지만 2011년 7월 SK커뮤니케이션즈 해킹 사건이 발생하면서 회원의 이름, 주민등록번호, 비밀번호, 휴대폰, 메일 주소, 혈액형 정보까지 3500만 건의 정보가 유출되었다.

피해자 모임에서 피해보상 소송을 제기했을 때 당시 재판부는 중립 원칙을 지키기 위해 이 사건과 관련 없는 판사를 배정해야 했는데, 개인정보 유출 피해를 당하지 않은 판사를 찾기가 쉽지 않았다고 한다. 지금까지 알려진 바에 따르면 역대 최대의 개인정보 유출사고는 2016년 야후에서 발생한 10억 개 가량의 사용자 계정 정보 유출 사고였다.

	1월 28일은 유럽의회가 정한 '사이버 개인정보 보호의 날'Data Protection Day이다. 한국은 IDI(ICT 발전지수) 기준으로 세계 1, 2위를 다툴 만큼 IT 기술 수준이 높은 나라지만, 개인정보 유출 사고에서 기업에 책임을 묻는 일이 극히 드물다. 개인정보 유출을 방지하기 위해 개인이 할 수 있는 일이 거의 없음에도 불구하고 그 중요한 일을 개인의 보안 의식에 맡겨 두고 있는 것이다.

⇒　『난독화, 디지털 프라이버시 생존 전략』, 핀 브런튼·헬렌 니센바움 지음, 배수현·이정표 옮김, 에이콘출판, 2017

강도 귀족

기후위기와 기상이변에 따른 재난을 다룬 영화 『투모로우』
에서 해일과 강추위를 피해 뉴욕공립도서관으로 대피한 일
행은 생존을 위해 도서관 장서들을 땔감으로 사용한다. 이
런 광경을 본 사서가 깜짝 놀라 "지금 뭐 하는 거죠!"라고 외
쳤지만, 젊은이들은 "얼어 죽을 일 있습니까!"라며 책을 불
태운다. 그러자 다른 사서가 한 권의 책을 품에 꼭 끌어안고
"이건 구텐베르크 성경이에요. 저는 신을 믿지 않지만, 이
책만큼은 지키고 싶어요. 이건 최초로 인쇄된 성경인데 그
덕분에 우리는 이성의 시대를 맞이하게 된 거죠. 나는 서구
문명이 끝장난다고 하더라도 이 책 하나만은 지키고 싶어
요." 어떤 책을 태우든 무슨 상관이냐는 듯한 청년들의 태도
에 실망한 사서를 위로하듯 서가 아래에서 주인공의 친구
가 큰 소리로 외친다. "이리 오세요. 여기 태울 만한 것이 많
이 있어요. 세무회계, 마케팅, 회계학."

영화의 배경이 된 뉴욕공립도서관은 1895년에 세워진
곳으로 미국 연방의회도서관 다음으로 장서가 많은 곳이
다. 무엇보다 뉴욕공립도서관의 특별한 점은 까다로운 보

안 절차가 없으며, 외국인에게도 편리하게 도서를 대출해 준다는 점이다. 스코틀랜드에서 이민 온 지 얼마 안 된 한 젊은이가 도서관의 장서들을 읽고 공부한 덕분에 훗날 어마어마한 거부가 되었기 때문이다. 그 이름은 바로 앤드루 카네기(1835~1919)다. 오늘날 철강왕 또는 자선과 기부의 대명사로 알려진 그였지만 생전에 그에 대한 평가는 그리 너그럽지 못했다. 그 까닭은 그가 부를 축적한 과정 때문이었다.

육로 교통이 발달하지 못했던 천여 년 전 라인강은 유럽의 주요 운송로였다. 운하를 이용하거나 다리를 지날 때마다 상인들은 그 주변을 영지로 거느린 귀족에게 통행세를 내야만 했다. 상인들은 아무 일도 하지 않으면서 영지를 가지고 있다는 이유만으로 통행세를 거두는 불한당 같은 귀족을 가리켜 '강도 귀족'Robber Baron이라 불렀다. 이 말의 어원이 중세 유럽에서 비롯된 것이긴 하지만 이 표현이 실제로 유명해진 것은 19세기 말부터 20세기 초, 미국에서 카르텔을 조직해 활동한 대기업가들 때문이다. 이 시기를 풍미한 존 D. 록펠러, 제이 굴드, J.P. 모건, 앤드루 카네기 같은 이들이 자금력을 동원해 경쟁자를 고사시키는 방식이 총만 안 들었지 강도나 진배없다고 해서 붙여진 별명이 바로 강도 귀족이었다.

대부호가 된 앤드루 카네기는 젊고 가난했던 시절 자

신에게 지혜를 선사해 준 도서관에 특별한 감사를 전하기 위해 900만 달러를 기부했고, 그 돈으로 세워진 도서관이 앞서 말한 오늘날의 뉴욕공립도서관이다. 카네기는 1902년 1월 29일 당시로서는 천문학적인 금액인 2500만 달러를 쾌척해 미국 전역에 공공도서관 건립을 지원하는 카네기협회를 설립했다. 카네기협회의 도서관 기부 운동으로 미국 전역에 약 2500개에 달하는 공공도서관이 건립되었다. "부자인 채로 죽는 것은 정말 부끄러운 일"이라고 말했던 카네기는 실제로 죽을 때까지 전 재산의 90퍼센트에 이르는 엄청난 금액을 사회에 환원했다.

⇒ 『앤드류 카네기 부의 복음』, 앤드류 카네기 지음, 박별 옮김, 예림북, 2014

타공전선의 일인자

1월 30일 오전 7시 30분, 김창룡(1920~1956) 특무부대장을
태운 차가 원효로 삼거리에 모습을 드러내자 갑자기 지프 한
대가 길 앞을 막아섰다. 차에서 뛰어나온 군인 두 명이 45구
경 권총을 발사했다. 총에 맞은 운전기사가 급하게 차를 몰
아 서대문 적십자병원으로 달려갔지만 이승만 정권 아래에
서 '일인지하 만인지상'이라던 그는 이미 절명한 뒤였다. 생
전의 김창룡에게는 많은 별명이 있었다. 숙군을 여러 차례
감행해 '숙군의 마왕', 교활하기 그지없다 하여 '스네이크',
냄새를 잘 맡고 한 번 물면 놓질 않는다 하여 '진돗개', 포악
하기가 네로 같다 하여 '폭군 네로' 등등.

　　1947년 대한민국 정부 수립 이래 그가 암살되던 1956
년 1월까지 10여 년간 일어났던 큼직한 사건 가운데 그의 손
길과 입김이 닿지 않은 것이 없었다. 이승만 대통령의 오른
팔로 활동했던 김창룡은 일제강점기 함경남도 영흥에서 출
생했다. 그는 1940년 관동군 소속 헌병보조원으로 입대하
여 일제가 패망할 때까지 50여 개에 이르는 항일 조직을 적
발했다. 해방 후 고향으로 돌아왔다가 전범으로 체포되어

두 차례나 사형선고를 받았지만 1946년 월남한 뒤 국군에 입대해 육군 소위로 임관했다.

군에 입대한 그는 관동군 시절의 경력을 살려 이른바 타공전선打共戰線의 1인자가 되어 동료들을 정탐하고, 군부 내 좌익 인사들을 색출하는 작업에 앞장섰다. 그의 손에 남로당 거물이었던 김삼룡·이주하가 체포되었다. 숙군 과정에서 숱한 사람들이 공산당으로 내몰렸는데, 그중에는 광복군 출신이거나 중국군에서 항일 투쟁을 전개했던 이들도 다수였다. 1948년 11월 11일 김창룡은 박정희 소령을 체포해 심문했고, 박정희는 남로당 조직원들을 밀고하여 살아남았다. 불과 4개월 동안 1,500명을 숙청했다. 이때 박정희를 구명한 것이 당시 정보국장이자 같은 만주군 출신의 백선엽 대령이었다.

1949년 김창룡은 방첩대장에 부임했고, 그해 6월 백범 김구가 암살당했다(1992년 안두희는 김창룡의 지시를 받았다고 증언한 바 있다). 특무대장 시절 김창룡은 이른바 '빨갱이' 수사에 앞장섰다. 없는 빨갱이도 만들어 내는 수사였다. 그는 1950년 9월 군·검·경 합동수사본부장이 되어 인민군 점령 시기 부역자를 색출·처벌한다며 1950년 말까지 15만 3,825명을 검거했고, 서울에서만 1,298명을 처형했다. 인민군 패잔병이 남겨 놓은 무기를 삼각산 뒤편의 주민들에게 나눠 준 뒤 서울을 습격하려 한 공산분자로 몰아 모두 학살한 '삼각산 사건', 수형자들을 임시수도였던 부산 금정산에 풀어놓고 공비로 몰아 학살한 '부산 금정산 공비 사건' 등 여러 사건을 조작해 악명을 떨쳤다.

김창룡의 조작과 공작 덕분에 이승만은 다음날 부산 일원에 계엄령을 선포하고 5월 26일 야당국회의원들이 탄 버스를 통째로 납치하는 부산 정치 파동을 일으키며 재선에 성공할 수 있었다. 이승만의 총애를 받은 김창룡은 점점 더 안하무인이 되었고, 참모총장도 그 앞에서는 몸을 사려야 했다. 그의 눈 밖에 난 사람은 간첩으로 몰려서 죽거나 숙청되어 사라질 판이었다. 김창룡이 암살된 것에는 그런 배경이 있었다. 김창룡이 사망하자 이승만은 즉각 담화를 발표해 애도의 뜻을 표한 뒤 범인 체포를 요구하는 성명을 세 차례나 발표했다. 김창룡이 별도로 관리하던 캐비닛은 그의 후임 특무대장은 물론 누구도 접근할 수 없었고, 오로지 경무대의 직접 명령에 따라서만 처리될 수 있었다. 김창룡은 현재 국립대전현충원 장군 묘역에 묻혀 있다.

⇒ 『야만시대의 기록』(전3권), 박원순 지음, 역사비평사, 2006

스탈린그라드 전투

할리우드에서 제작된 미국 영화들을 보면 2차 세계대전의
주인공은 언제나 미국이다. 물론 2차 세계대전을 통해 미국
이 세계 최고의 패권국가로 등극했지만 전쟁의 희생자들을
놓고 보면 이 전쟁의 주인공은 소련이었다. 2차 세계대전의
전체 희생자를 5300만 명으로 추산하는데, 그중 절반 가량
인 43퍼센트(2300만 명)는 소련인이고, 이 중 760만 명이
군인, 나머지는 민간인이었다. 이런 수치는 미군 전사자의
26배, 영국의 19배에 달한다. 이외에도 약 1500만 명의 소련
인들이 전쟁으로 불구자가 되었다. 이는 당시 소련 인구를
2억 명으로 추산했을 때, 서너 사람 중 한 명이 직접적인 전
쟁 피해자였다는 뜻이다. 그럼에도 2차 세계대전에서 소련
의 역할은 언제나 과소평가된다.

전후 시작된 냉전으로 인해 동부전선에서 소련의 전공
이나 피해에 대한 평가가 인색할 수밖에 없었기 때문이다.
그러나 만약 히틀러의 나치가 동부전선에서 승리했다면,
승리까지는 아니더라도 코카서스 유전 지대를 차지했다면
전쟁의 향방은 그 누구도 쉽게 가늠할 수 없었을 것이다. 독

일군 50만 명과 추이코프 휘하의 소련군 170만 명 등 200만 명에 이르는 병사들이 고작 859.4제곱킬로미터(참고로 대구 광역시 면적이 884.10제곱킬로미터이다)인 스탈린그라드(오늘날의 볼고그라드) 도시 하나를 두고 1942년 8월 21일부터 이듬해 1월 31일, 독일 6군 사령관 파울루스가 항복할 때까지 6개월여 동안 피비린내 나는 사투를 벌였다.

스탈린그라드는 볼가강을 따라 동서로 길게 뻗은 공업도시이자 볼가-돈 운하의 기점으로 교통의 요지였다. 그러나 베를린에서 2,715킬로미터나 떨어져 있는 이 도시가 중요했던 이유는 전략적 요충지여서가 아니라 그 이름이 지닌 상징성 때문이었다. 히틀러는 스탈린의 이름을 딴 도시라는 이유에서 이 도시의 함락에 집착했다. 1941년 6월 22일 바르바로사 작전을 개시해 소련을 침공한 독일의 빠른 진격은 볼가강에 도달하면서 늘어지기 시작했다. 폐허가 된 도시의 무너진 잔해 속에 웅크린 소련군은 독일군의 거센 포화를 악착같이 버티며 독일군을 생쥐처럼 갉아먹었다.

동장군이 밀어닥치자 한때 무적을 자랑하던 독일 6군은 부대를 남서쪽으로 후퇴할 수 있도록 해 달라고 요청했다. 히틀러는 단호히 거절했고, 공중 지원을 약속했다. 그러나 제대로 된 지원은 이루어지지 않았고, 볼가강이 얼어붙자 병력과 물자를 보강할 수 있게 된 소련군은 역으로 독일군을 포위했다. 군수 지원은커녕 식량마저 바닥난 독일군은 혹독한 추위와 굶주림 속에서 싸웠다. 더 이상 버틸 수 없게 된 파울루스 장군은 항복 허가를 요청했지만, 히틀러는 그를 원수로 승진시켰다. 이것은 항복하는 대신 자결하라는 의미였다.

파울루스는 자결 대신 항복을 택했다. 그를 포함한 24명의 장군과 2,500명의 장교, 9만1천 명에 이르는 병사가 포로가 되었다. 스탈린그라드에서 승리한 소련은 이후 베를린까지 진격했다. 항복 3개월 만에 포로가 된 독일 병사 중 7만5천여 명이 사망했다. 전후 독일로 귀환한 병사는 고작 6천 명에 불과했다.

⇒ 영화 『스탈린그라드』, 요제프 필스마이어 감독, 1993

2월 ◦ *February*

고대 로마에서는 2월 15일에 제물을 모아 불태우는 '페브루아'February라는 정화 의식을 치렀다. 일 년 열두 달 중 가장 짧은 달인 2월의 영어 이름 February는 라틴어로 '정결의 달'이라는 뜻을 지닌 '페브루아리우스'Februarius에서 왔다. 로마에 존재했던 많은 축제와 종교 의식은 대체로 농경과 깊은 관련을 맺고 있다. 겨우내 묵혀 두었던 밭을 정리하여 잡초를 모아 태우고, 포도나무 가지를 살폈다. 아메리칸 원주민은 2월을 '홀로 걷는 달'이라고 불렀다.

카세트테이프 혁명

망명 중이던 이란의 최고 종교 지도자 호메이니(1900~1989)가 1979년 2월 1일 에어프랑스 특별기 편으로 테헤란 공항에 도착했다. 평생의 숙적이던 팔레비(1919~1980) 국왕은 1979년 1월 16일 독재 타도를 외치는 시민들에게 쫓겨 해외로 망명했지만 혁명은 아직 완성되지 않았고 권력의 향배는 아무도 알 수 없었다. 1941년 즉위한 팔레비는 급진적인 서구 근대화 정책을 펴 나갔다. 석유 개발로 매년 9퍼센트의 경제성장률을 유지했고, 관개 사업과 보건·교육 사업으로 기근과 문맹이 사라지기 시작했다. 팔레비의 서구화 정책은 외형적으로는 이란의 발전을 이끌었지만, 다른 한편으로 그는 수십억 달러의 사유재산을 흥청망청 써 댔고, 독재 정권 유지를 위해 고문·암살을 자행하는 비밀경찰 사바크를 운용했다.

　에어프랑스 특별기가 테헤란 공항에 무사히 착륙할 수 있을지도 알 수 없었지만, 호메이니는 돌아왔다. 그가 검은 사제복을 입고 테헤란에 등장하자 그를 반기는 600만 인파가 일제히 "알라는 위대하다"라며 환호성을 질렀다. 팔레비 국왕의 종교 탄압과 서구화 정책에 맞서다 1964년에 추방되어 터키·이라크·프랑스 등지에서 망명 생활을 한 지 15년 만의 귀국이었다. 그가 테헤란 공항에 도착하는 순간 이란의 무슬림혁명이 완성되었다. 2월 9일 호메이니를 지지하는 군인들이 봉기했고, 임시정부가 수립되었으며, 그해 연말 국민투표를 통해 새로운 헌법이 제정되었다.

새로운 헌법은 호메이니에게 최고 정치·종교 지도자의 지위를 부여했다. 정권을 장악한 호메이니는 혁명재판소를 설치하고 비공개 약식재판을 통해 팔레비 정권의 고위 관리 600명 이상을 총살한 것으로 알려져 있다. 이란은 남녀공학이 폐지되고, 술과 담배와 서양음악을 금지하는 이슬람 율법에 의해 통치되는 국가가 되었다. 팔레비의 폭정과 급격한 서구화에 대한 반발이 그 원인이었지만, 호메이니는 어떻게 고국을 떠나 머나먼 나라에서 15년의 망명 생활을 하는 내내 국민들의 마음을 사로잡을 수 있었을까? 그의 육신이 고국을 떠나 있는 동안에도 그의 목소리는 고국을 떠난 적이 없었기 때문이다.

1963년 네덜란드의 엔지니어 루 오텐스(1926~2021)는 필립스에 입사한 지 8년 만에 신제품 카세트테이프를 개발했다. 카세트테이프는 릴 테이프에 비해 휴대성이 뛰어났고, 누구나 자신의 육성을 기록하거나 자신만의 음악을 녹음할 수 있었다. 카세트테이프의 녹음 기능은 20세기 중반 이후 대중의 음악 청취 방식을 바꾸어 놓을 만큼 혁명적이었다. 이라크를 거쳐 터키, 프랑스 파리 교외에 정착한 호메이니는 이곳에서 자신의 육성을 녹음한 테이프를 제작해 비밀리에 이란으로 보냈다.

그의 목소리가 담긴 테이프는 전국 곳곳의 모스크에서 울려 퍼졌는데, 수도 테헤란에만 천여 곳이 넘는 모스크가 있었다. 1978년 12월 10일 시아파 전통 명절인 '아슈라'를 맞아 시민 150만 명이 호메이니의 대형 사진을 앞세워 시위에 나섰고, 이 시위를 진압하는 과정에서 수천 명이 사망했다. 이란 전역에서 율법학자와 무슬림 시민들은 봉기를 요구하는 호메이니의 음성을 들었다.

⇒ 『이란 도시 젊은이, 그들만의 세상 만들기』, 구기연 지음, 서울대학교출판문화원, 2017

아파르트헤이트

리처드 아텐보로 감독의 1982년 영화 『간디』의 첫 장면은
인도가 아닌 남아프리카공화국에서 시작한다. 영국에서
변호사 면허를 취득한 간디는 24세 때인 1893년 소송 사건
을 담당하기 위해 남아공에 도착한다. 그는 일등칸 표를 들
고 기차에 탔다. 한 백인 승객이 일등칸에 탄 간디를 보고
역무원을 불렀다. 당시 남아공은 악명 높은 '아파르트헤이
트'Apartheid 법에 따라 유색인종은 일등칸에 탈 수 없었다.
역무원은 간디에게 삼등칸으로 가라고 명령했지만, 그는
당당하게 일등칸 차표를 보여 준다. 역무원은 코웃음을 치
더니 경찰을 불렀고, 경찰은 그를 기차 밖으로 내던져 버렸
다. 간디는 1915년까지 남아공에서 인도인들의 권리 신장을
위해 싸우다가 인도로 귀국했다. 이미 그의 명성은 세계적
이었다. 간디의 비폭력 평화운동은 남아공의 폭력적인 인
종분리 정책에 저항하면서 단련되었다.

　위대한 성인, 즉 '마하트마'였지만 그가 남아공에서 했
던 활동은 불합리한 처우를 받던 인도인의 권익 신장을 위
한 것일 뿐 흑인까지 아우르는 보편적인 인권운동은 아니

었다. 결국 남아공의 인종분리 정책은 차별받던 당사자인 남아공 흑인들이 떨쳐 일어난 뒤에야 폐지될 수 있었다. 남아공의 흑인들을 위해 투쟁한 지도자의 이름은 '롤리흘라흘라', 오늘날 우리가 넬슨 만델라(1918~2013)라고 부르는 사람이었다. 1912년에 결성된 아프리카민족회의ANC는 초기에는 사보타주, 게릴라전, 테러, 혁명 등 폭력 투쟁을 통해 백인 지배를 종식시키려 했지만 네덜란드 출신 이민자들이 남아공에 정착한 지도 어느덧 300여 년이 흘렀다.

변호사 출신의 무장 혁명가였던 넬슨 만델라는 폭력 투쟁 전략 대신 공존의 길을 택했다. 그는 1956년 내란죄 혐의로 구속되었다가 무죄를 선고받았지만, 다른 죄목으로 결국 종신형을 선고받고 '466/64'라는 수인번호를 달고 로벤섬에 갇혔다. 27년에 이르는 복역 기간 중 그는 끊임없이 인류 보편의 권리와 아파르트헤이트 정책의 부당함을 세계인에 호소했다. 마침내 1990년 2월 2일 데 클레르크 남아공 대통령은 공식적으로 아파르트헤이트 정책의 폐지를 선언했고, 남반구의 여름이 끝나가던 2월 11일 오후 4시 무렵 넬슨 만델라는 마침내 자유를 찾았다.

⇒ 『만델라 자서전』, 넬슨 만델라 지음, 김대중 옮김, 두레, 2006

후쿠자와 유키치

"하늘은 사람 위에 사람을 만들지 않고 사람 밑에 사람을 만들지 않는다고 한다." 일본 근대 최고의 사상가로 손꼽히는 후쿠자와 유키치(1835~1901)가 쓴 『학문의 권장』 첫 머리에 나오는 구절이다. 페리 제독의 내항(1853)에서 이와쿠라 사절단 파견(1871~1873)에 이르는 20년은 일본사를 통틀어 가장 급박하게 전개된 변화와 충격의 시간이었다. 막부는 1839년에 발발한 아편전쟁의 실상을 비교적 소상하게 파악하고 있었고, 미국 함대가 다가온다는 정보 역시 네덜란드 상인들을 통해 접하고 있었지만 알고 있다고 해서 대책이 마련되는 것은 아니었다. 중화 체제의 붕괴는 아시아의 일대 판도 변화를 의미했다.

아편전쟁에서 중국이 서양 오랑캐에게 패배한 것은 수세기 전 명이 북방 오랑캐에게 중원의 패권을 넘겨준 것과는 질적으로 다른 사건이었다. 더군다나 지금의 변화는 대륙에서 한반도를 거쳐 서서히 다가오는 것이 아니라 바다 건너 일본을 향해 곧장 다가오고 있었다. 막부도 아무런 대비를 하지 않은 것은 아니었다. 얼마 전까지 엄격하게 통제하던 난학 연구를 활성화했고, 서양 지식을 전문적으로 다루는 기관을 세웠다. 대표적인 것이 요쇼시라베쇼洋書調所였는데, 이곳이 훗날 도쿄대학이 되었다. 수많은 인재가 해외에 나가 서양 지식을 공부하고 돌아왔다. 그중에서 영향력이 가장 큰 인물은 후쿠자와 유키치로, 막부 말기에 이미 세 차례나 미국과 유럽을 경험하고 돌아왔다.『학문의 권장』『서양사정』『문명론의 개략』은 그의 사상을 대표하는 3대 저서이다. 특히『학문의 권장』은 발표 당시 인구가 3500만 명이던 일본에서 70만 부 넘게 팔린 베스트셀러였다.

문제는 급격한 변화의 시대를 살던 후쿠자와 유키치의 입장이 이 책의 첫 머리를 쓰던 이상적인 국제주의자에서 급격하게 변모했다는 것이다. 후대로 갈수록 그는 서구의 문명개화론에 입각해 역사를 미개·반개화·야만으로 파악했고, 아시아를 버리고 서양을 모방할 것을 주장했다. 그의 관점은 자연도태, 적자생존, 생존 경쟁을 주장한 사회진화론에 의해 과학이라는 이름으로 정당화되었다. 대내적으로는 현실적인 점진적 문명 개화를 주장했지만, 대외적으로는 강력한 내셔널리스트로서 일본이 약육강식의 국제 정세에 대응하면서 문명국의 지위에 도달하려면 주변 국가들에 무력으로 개입해야 한다며 아시아 국가들을 멸시하였다. 그는 1901년 2월 3일 67세의 나이로 사망했다.

⇒ 『학문의 권장』, 후쿠자와 유키치 지음, 남상영 옮김, 소화, 2003

토건 국가의 쇼군

다나카 가쿠에이(1918~1993)는 총리 재임 중이던 1972년 중일 국교를 수립하는 데서 결정적 역할을 했다. 그는 초등학교만 졸업한 학력으로 고향 니가타에서 상경해 정·재계에서 큰 성공을 거뒀다. 정치인으로서 그는 일본의 도로·항만·공항 등의 정비에 앞장섰고, 행정 공무원을 능가하는 방대한 지식과 실행력으로 '컴퓨터를 단 불도저'라는 별명을 얻었다. 도요토미 히데요시에 비견될 만한 입지전적인 성공을 거뒀다는 의미에서 '서민 재상'으로 불리기도 했다. 자수성가한 인물로서 그는 유권자들에게 청렴한 이미지를 어필해 취임 당시 지지율이 70퍼센트에 육박할 정도로 대중적인 인기를 누렸다.

그러나 1976년 2월 4일 미국 상원의원 프랭크 처치에 의해 시작된 다국적기업소위원회에서 록히드의 회계 담당자가 'F-104 스타파이터'를 비롯해 신형 항공기 '트라이스타 L1011'의 판매를 위해 일본·독일·프랑스·이탈리아 등 우호적인 국가의 정치 지도자들에게 2200만 달러에 달하는 뇌물을 주었다고 증언하면서 다나카 가쿠에이 신화가 무너지기 시작했다.

이 사건은 일본은 물론 서독·이탈리아·네덜란드·사우디아라비아 등 미국의 동맹국가 정치 지도자들의 도덕성에 큰 상처가 되었고, 당시 여당이던 자민당은 전후 최대의 위기를 맞이했다.

미 상원위원회의 증언과 수사 자료가 일본 측에 전달되면서 7월 27일 다나카 가쿠에이가 전격적으로 체포되었다. 검찰은 그가 총리로 재직하던 중 일본 항공사인 젠니쿠 ANA가 록히드의 트라이스타 항공기를 구입하는 대가로 현금 5억 엔을 수수하고, 이후에도 네 차례에 걸쳐 5억 엔을 건네받았다는 이유로 다나카 전 총리를 비롯해 현역 정치인 3명과 젠니쿠 회장 등 기업 간부 16명을 기소했다. 검찰의 록히드 사건 수사가 진행될수록 정치인, 고위 관료, 대기업이 제각기 이익을 챙기는 정경유착이라는 일본 정치의 구조적 모순과 문제점이 드러났다. 그는 체포되기 전 자민당에서 탈당했지만, 여전히 당내에서 가장 큰 파벌의 실질적인 지배자로 군림하며 절대적인 영향력을 행사했다.

이후 당 밖에서 오히라, 스즈키, 나카소네가 총리가 되는 데 결정적인 영향력을 행사했기 때문에 언론에서는 그를 가리켜 '그림자 쇼군'闇將軍이라 불렀다. 그가 이처럼 엄청난 능력을 발휘할 수 있었던 배경에는 고향 니카타현을 중심으로 조직된 정치 후원 단체 에쓰잔카이越山會가 있었다. 한때 회원 수가 9만5천여 명에 이르렀던 에쓰잔카이는 지역 주민의 민심을 반영하고 생활 향상을 위해 활동했지만, 다른 한편으로 지방 건설업자에 의한 공공사업 수주와 선거 표심을 교환하는 창구 역할을 하며 지역사회를 지배했다. 이처럼 왜곡된 정치 구조는 일본을 공공사업에 과도하게 의존하는 토건 국가로 만들었다. 그 결과 선거에서 자민당이 참패하더라도 다나카 가쿠에이가 지지하는 후보들은 지역 선거에서 승리할 수 있었다. 세기의 정치 스캔들이었던 록히드 사건은 1974년 당시 젊은 언론인이었던 다치바나 다카시(1940~2021)가 『분게이슌주』文藝春秋에 쓴 특종 기사로 시작되었다.

⇒ 『일본의 굴레』, R. 태가트 머피 지음, 윤영수·박경환 옮김, 글항아리, 2021

그레이트 게임

1885년 3월 1일부터 1887년 2월 5일까지 영국은 러시아의 조선 진출을 견제할 목적으로 거문도를 불법 점령했다. 사건은 1885년부터 1887년 사이에 벌어졌지만, 당시 세계 최고의 열강이던 영국은 이미 훨씬 전부터 러시아의 진출을 봉쇄하기 위해 거문도 점령 계획을 세워 두고 있었다. 유럽의 패권을 두고 경쟁했던 나폴레옹이 실각(1815)한 이후부터 1907년까지 약 90년에 걸쳐 영국과 러시아는 세계 곳곳에서 치열하게 경합했다. 러시아는 유럽에서 부동항을 찾아 보스포루스와 다르다넬스 해협을 통과해 중앙아시아와 동아시아로 진출하고자 했다. 흑해에서 지중해를 통과해 아시아로 진출하려는 러시아의 남진 루트는 영국의 인도 루트를 크게 위협했고, 양국은 사활을 걸고 크리미아반도에서 격돌했다. 이것이 크리미아전쟁(1853~1856)이었다.

우리가 흔히 애로호 사건이라 부르는 2차 아편전쟁 역시 그 배후에는 중국 진출을 꾀하는 러시아와 이를 견제하려는 영국의 갈등이 있었다. 이 전쟁을 통해 영국은 중국의 내륙 항로와 해안을 차지했고, 러시아는 신장성의 이리伊犁

분쟁에 개입해 중국의 변경 지역을 탈취했다. 중국이 서북 변경의 분쟁으로 혼란해지자 영국의 외교 동맹이자 아시아 지역의 파트너였던 일본은 중국의 동북 변경인 조선을 강제 개항했고, 류큐(오키나와)를 병합했다. 당시 조선의 고종 황제와 대신들은 세계를 무대로 펼쳐지는 열강의 '그레이트 게임'great game에 대해 미처 알지 못했다.

거문도를 불법 점령당한 사실을 알게 된 고종은 먼저 미국에 도움을 청했다. 그러나 미국은 이를 거절했고, 조선은 러시아와 밀약을 맺었다. 중국의 영향력으로부터 벗어나기 위한 조선의 몸부림은 결과적으로 부동항 획득이라는 러시아의 오랜 숙원을 달성시켜 줄 절호의 기회가 될 뻔했다. 이런 분위기를 감지한 영국은 때마침 아프가니스탄을 둘러싸고 러시아와 전쟁을 준비하고 있었기 때문에 러시아의 남하를 막고자 조선에 아무런 사전 통보 없이 거문도를 점령했다는 것이 이른바 거문도 사건의 전말이다. 세계를 장기판처럼 바라보면서 열강의 이해관계에 따라 불법 점령도 마다하지 않던 시대로부터 우리는 얼마나 멀리 와 있는가?

⇒ 『그레이트 게임』, 피터 홉커크 지음, 정영목 옮김, 사계절, 2008

에이전트 오렌지

다이옥신이라는 말은 본래 산소 원자 2개를 포함하고 있는 분자를 부르는 보통명사이지만, 염소가 결합된 벤젠 두 개가 두 개의 산소 원자로 연결된 구조의 '폴리클로로다이벤조-파라-다이옥신'PCDD은 "인간이 만든 최악의 물질"로 불린다. 다이옥신의 독성은 치사량이 0.15그램인 청산가리의 1만 배, 비소의 3천 배에 달하며, 다이옥신 1그램이면 2만 명을 죽일 수 있을 만큼 치명적이다. 또한 이 물질은 자연적으로 잘 분해되지 않고, 용해되지도 않기 때문에 인체에 극히 적은 양만 흡수되어도 점차 몸에 축적돼 각종 후유증을 일으킨다.

1976년 이탈리아 밀라노 근방 농촌마을 스베토의 화학 공장에서 약 1킬로그램 정도의 다이옥신이 유출 되었다. 이 사고로 인근 마을과 농장에서 약 3,300마리의 가금류와 토끼가 폐사했고, 26명의 임신부가 낙태 수술을 받았다. 이 사고로 다이옥신의 독성이 대중에 널리 알려지기 시작했다. 이처럼 치명적인 다이옥신 성분이 포함된 고엽제가 베트남 전쟁 기간에 대량으로 살포되었다.

사실 고엽제가 전쟁에서 사용되기 시작한 것은 1950년 대 말레이시아 비상사태(내전)와 한국전쟁까지 거슬러 올라가야 한다. 영국이 말레이시아 반군을 고립시키기 위해 고엽제를 사용한 것에 영감을 받은 미국은 1962년부터 1971년까지 계속된 '랜치 핸드 작전'Operation Ranch Hand을 통해 베트남 전역에 10여 종에 이르는 다양한 제초제(고엽제)를 살포했다. 군인들은 제초제 용기에 두른 띠 색깔에 따라 '에이전트 오렌지' '에이전트 블루' '에이전트 화이트' 등으로 불렀다.

작전 초기에는 주로 베트콩의 식량 공급을 차단하기 위해 일부 지역에서만 살포되었으나, 1976년 2월 6일부터는 비행기와 헬리콥터로 7만6천 세제곱미터나 되는 대량의 고엽제가 2만 회에 걸쳐 무차별적으로 살포되었다. 이 작전으로 남베트남 산림의 약 20퍼센트인 2만 제곱킬로미터가 훼손되었고, 2천 제곱킬로미터에 이르는 농경지가 파괴되었다. 베트남 외무부는 2008년까지 480만 명의 베트남인이 고엽제에 노출되어 40만 명의 사망자와 장애인이 나왔고, 50만 명의 아이들이 기형으로 태어났다고 밝혔다.

베트남전에 참전했던 한국 역시 공식적으로 12만여 명이 고엽제 후유증을 앓고 있다. 베트남전이 진행 중이던 지난 1968년 4월부터 미군과 한국정부는 서부전선에서 동부전선에 이르는 휴전선 비무장지대DMZ 남방한계선 지역 철책선 양쪽 100여 미터와 전술적으로 중요하다고 판단한 지역 그리고 주요 도로 양쪽 30여 미터 지점에 고엽제를 집중적으로 살포했다. 당시 사용된 고엽제 역시 '에이전트 오렌지'로, 원액 2만1천 갤런(약 315드럼)을 경유와 3대 50의 비율로 섞어 살포한 분량이 무려 140만 리터, 드럼통으로 7천여 개에 이른다. 살포 작업에서 주한미군은 감독만 하고 주로 한국군이 동원되었는데, 대략 2년여 동안 7만여 명이 작업에 참여한 것으로 추정된다. 문제는 이들 병사가 고엽제의 독성에 대해 전혀 알지 못하는 상태에서 아무런 보호장비 없이 맨손으로 살포 작업에 동원되었다는 것이다.

⇒ 영화 『괴물』, 봉준호 감독, 2006

비틀스와 BTS

영국 출신의 전설적인 밴드 비틀스의 멤버였던 폴 매카트니는 한 방송에 출연해 "요즘 즐겨 듣는 밴드나 그룹의 음악이 있느냐?"라는 질문에 "우리가 걸어왔던 길을 걷고 있는 몇몇 젊은이가 있다. 한국 친구들인 방탄소년단이 그렇다. 여러분도 알고 있듯, 그들은 훌륭하다. 나는 그들의 노래를 따라 부르지는 못하지만 좋아한다. 나는 그들을 지켜보는 게 좋다"라고 답했다. 실제로 2018년 10월 BBC 방송은 BTS(방탄소년단)를 "21세기의 비틀스"라고 불렀다.

　1964년 2월 7일 1시 30분, 비틀스는 미국 진출의 꿈을 품고 케네디 공항에 도착하는 순간까지도 과연 자신들이 미국에서 성공할 수 있을지 불안해하고 있었다. 그러나 공항에는 영국에서 온 더벅머리 청년들을 보기 위해 3천여 명의 팬들이 운집했고, 그들이 모습을 드러내는 순간 열광적인 함성이 공항을 뒤덮었다. 비틀스는 미국 젊은이들의 정치적 희망이자 영웅이었던 존 F. 케네디가 암살당하고 로큰롤이 상징하는 성장과 낭만을 기대할 수 없게 된 시대, 청년들을 위한 새로운 문화와 음악을 가지고 미국에 도착했다.

같은 해 2월 9일 미국의 인기 프로그램 『애드 설리번 쇼』에 출연한 비틀스를 보기 위해 7300만 명의 시청자가 TV 앞에 모여 앉았다. 영국 출신 가수는 미국 시장에서 성공할 수 없다는 징크스가 깨지는 순간이었다. 2019년 5월 15일 미국 CBS의 심야 코미디 토크쇼 『더 레이트 쇼 위드 스티븐 콜베어』에 출연한 BTS는, 이날의 비틀스 공연을 오마주 했다. BTS는 아시아권 남성 뮤지션은 미국 시장에서 성공할 수 없다는 징크스를 깼고, 1960년대의 비틀스가 그 시대의 청년들, '히피 세대'를 대변했던 것처럼 이른바 '밀레니얼 세대'(1990년대 후반부터 2000년대 중반에 태어난 세대)를 대변하고 있다.

BTS라는 그룹명은 방탄복이 총알을 막아 내는 것처럼 21세기를 살아가는 청춘들이 겪어야 하는 고뇌와 삶을 위로하고, 자신들의 음악적 가치를 지켜 내겠다는 의미를 담고 있다. 인류 역사상 최초의 '디지털 네이티브'인 밀레니얼들은 이전 세대와 다른 방식으로 BTS를 만났다. BTS 역시 디지털 미디어를 활용해 그들의 팬들과 직접 소통하고 있다. BTS가 미국 대중음악 시장에 진출할 수 있었던 것은 「쩔어」Dope가 유튜브를 통해 소수의 팬들에게 발견되면서부터였다. 그 뒤를 이어 발표한 「불타오르네」Fire가 유튜브를 통해 확산되며 BTS 팬덤 '아미'가 전 세계로 급속하게 확장되었다. BTS의 팬들은 과거 비틀스 팬들이 그랬듯 이른바

'팝 히스테리' 현상, 공연을 보기 위해 며칠씩 밤을 새우고 열광하는 모습을 보여 주었다. 그 결과 BTS는 자연스럽게 비틀스에 비견되기 시작했지만, 비틀스가 미국 진출과 동시에 엄청난 인기를 끌었던 것과 달리 BTS는 2013년 무명의 신인 그룹으로 출발해 몇 년에 걸쳐 서서히 빌보드 순위를 끌어올렸다.

비틀스는 아직까지도 도달하기 어려운 다양한 기록을 세웠다. 비틀스가 전 세계에서 가장 많은 앨범을 판매한 그룹이고, 빌보드 싱글차트 최다 1위, 빌보드 최장 1위 등등 셀 수 없이 많은 기록을 세운 대중음악 역사의 신화라는 사실에는 변함이 없다. 그런 의미에서 BTS에게 '21세기의 비틀스'라는 표현은 다소 과분할 수도 있지만, 확실한 점은 BTS가 비틀스와 다른 시공간을 살아가는 누군가의 시대를 대변하고, 그들의 상처를 위로하는 음악인이며 그들만의 음악을 들려 줄 시간이 아직 많이 남아 있다는 점이다. 우리는 비틀스와 BTS 모두를 동시에 사랑할 수 있다. 음악이란 그런 것이니까.

⇒ 『BTS: THE REVIEW』, 김영대 지음, 알에이치코리아, 2019
⇒ 『The Beatles 비틀스』, 헌터 데이비스 지음, 이형주 옮김, 북스캔, 2003

러일전쟁

황준헌은 『조선책략』을 통해 청의 입장에서 조선에 러시아를 경계하라고 조언했지만, 실제로 러시아를 극도로 경계한 국가는 일본이었다. 일본은 러시아의 남하 정책을 두려워했고, 언젠가 맞붙어야 할 가상의 적국으로 러시아를 상정하고 있었다. 청일전쟁에서 승리하며 조선을 독점하려던 일본의 계획이 러시아가 주도한 삼국 간섭으로 좌절되면서 일본은 본격적으로 러시아를 다가올 전쟁의 주적으로 삼아 군비를 확장하고 훈련을 강화했다.

1902년 1월, 일본 아오모리현 핫코다산에서 일본 육군 제8사단 보병 5연대가 동계 설중 행군 훈련 중 조난당해 훈련 참가자 210명 중 199명이 동사한 '설중 참사'가 발생한 것도 장차 치르게 될 러일전쟁을 대비하는 동계 작전 훈련의 일환이었다. 핫코다산은 폭설이 자주 내리기로 유명한 지역인 데다, 작전 당시 기온은 영하 22도에 눈보라는 풍속 30미터로 거세게 불어 당시 일본군의 빈약한 동계 장비로는 도저히 극복할 수 없는 수준이었다. 악화된 기상에도 불구하고 훈련은 예정대로 강행되었고, 지휘관의 준비 소홀과 잘못된 판단 등이 겹치면서 악천후 속에 대참사가 벌어졌다.

그러나 당시 일본 육군은 그런 잘못과 실수는 빼놓고, 악천후 속에서도 군기가 엄정한 병사들이 상관의 명령에 따라 경계 근무를 서다가 선 채로 꼿꼿하게 얼어 죽었다는 식으로 이들의 죽음을 미화했다. 우리에게는 신소설 『혈의 누』를 쓴 것으로 유명한 이인직은 이 무렵 일본에서 기자로 활동하고 있었는데, 『미야코신문』 1902년 2월 6일 자(5144호) 1면에 '비상한 충용'을 발휘했다며 일본군의 엄정한 군기에 대해 "죽음의 행렬을 이탈하지 않고, 마지막 순간까지 명령에 따르다 마침내 얼어 죽었다"라고 썼다. 비록 이처럼 말도 안 되는 일들이 벌어지긴 했지만, 일본은 러시아와 일전을 벌이려고 치밀한 전략을 세웠다. 그중 하나는 언제 전쟁을 시작하느냐는 문제였다.

일본은 아시아 진출을 위해 러시아가 건설 중이던 시베리아 횡단철도가 완공되기 전에 러시아와 일전을 벌이기로 했다. 그 시점이 바로 1904년 2월 8일이었다. 진주만 기습(1941년 12월 7일)으로 태평양전쟁이 발발했던 것처럼 일본은 1904년 2월 8일 선전포고 없이 러시아의 뤼순항을 기습 공격했고, 그다음 날인 9일 제물포항의 러시아 전함 바략호와 코리에츠호를 공격해 침몰시킨 뒤 10일에 가서야 선전포고했다. 이처럼 오랫동안 전쟁 준비를 했음에도 뤼순 요새를 함락해 러시아를 굴복시키기까지는 장장 155일간의 혈투를 벌여야 했다.

이 전투에서 러시아군 사상자는 2만8,200명, 일본군 사상자는 그 두 배에 이르는 5만7,789명에 달했다. 러일전쟁은 여러 의미에서 이후 일본이 벌일 전쟁의 미래를 보여주었고, 이 전쟁의 결과로 조선은 일본의 식민지가 되었다.

⇒ 『러일전쟁의 세기』, 야마무로 신이치 지음, 정재정 옮김, 소화, 2010

도스토옙스키

편집자는 다른 어떤 독자보다 먼저 작가의 작품을 읽는 특권을 누리지만, 검열이 일상화된 시대에는 검열관들이 편집자의 이런 특권을 침해하기도 했다. 푸시킨(1799~1837)과 톨스토이(1828~1910), 도스토옙스키(1821~1881)가 살았던 시대는 러시아 문학의 전성기이자 '유럽의 헌병'이란 별명으로 불렸던 니콜라이 1세(1796~1855)의 시대였다.

니콜라이 1세는 특히 푸시킨의 열렬한 애호가로 그의 모든 작품을 누구보다 먼저 읽기를 열망했다. 아이러니하게도 푸시킨은 출판 검열에 맞선 죄로 머나먼 유형지에서 수형 생활을 해야 했다. 1826년 그가 유형지에서 풀려났을 때 차르는 푸시킨의 작품은 인쇄되기 전에 반드시 자신이 먼저 읽고 검열할 수 있도록 하라고 명령했다. 니콜라이 1세가 푸시킨의 개인 검열관을 자처한 것이다.

이 시기의 러시아는 작가보다 검열관 수가 더 많았다. 1804년부터 1855년까지 러시아에서는 교육부, 군대, 교회, 대학교, 황제원의 담당 부서, 교통부, 경찰부, 철도국 등에서 출판물을 검열했다. 심지어 말을 관리하는 국가 마사부

馬事部 산하에도 자체 검열 기구를 두었다. 검열로 악명이 높았던 1970년대 한국의 만화사전심의기관에 종사했던 심의위원이 불과 9명이었던 것과 비교해 보면 대륙의 검열 열기는 우리와 비교가 안 될 정도였다. 게다가 잘못된 검열의 결과로 나오지 않았어야 할 책이 나와 차르의 심기를 불편하게 만들면 그 검열관은 시베리아 유형이나 처형을 당할 수도 있었다. 그런 탓에 톨스토이의 『부활』은 1936년까지도 작가가 처음에 썼던 그대로 출판할 수 없었다. 검열관이 무려 500여 군데나 손을 본 탓이었다. 그럼에도 불구하고 니콜라이 1세가 문학 애호가였던 것은 틀림없어 보인다.

젊어서 혁명가를 꿈꿨던 28세의 도스토옙스키는 1849년 12월 21일 사형대 위에 섰다. 차르는 이처럼 재능 있는 젊은이를 체제 전복 같은 일에 참여한 죄로 죽이는 대신 다시는 그런 일에 나서지 못하도록 겁만 주기로 했다. 이제 막 사형이 집행되려는 찰나, 저 멀리서 한 병사가 흰 수건을 흔들며 차르의 특별사면령을 가지고 달려왔다. 사형 직전에 죽다 살아난 도스토옙스키는 4년간 시베리아 유형에 처해졌고, 유형에서 돌아온 뒤에는 다시 사병으로 군 복무까지 마쳐야 했다. 그가 페테르부르크로 귀환할 수 있었던 것은 차르가 죽고 난 뒤인 1859년의 일이었다. 극적인 구명 뒤에 도스토옙스키는 차르의 바람대로 더 이상 혁명 같은 목숨을 걸 만한 일에 관심을 두지 않았고, 그 대신 도박에 빠져들었다.

도스토옙스키가 그토록 많은 작품을 쓴 까닭은 도박으로 탕진한 빚을 갚기 위해서였다. 빚을 갚기 위해 출판사와 무리한 일정 속에 여러 작품을 계약했고, 불리한 원고료를 감수했다. "이 세상에서 숨 쉴 수 있는 시간은 5분뿐이다. 그중 2분은 동지들과 작별하는 데, 2분은 삶을 되돌아보는 데, 나머지 1분은 이 세상을 마지막으로 한 번 보는 데 쓰고 싶다"라던 생전의 말대로, 도스토옙스키는 도박과 마감을 위해 분초를 다퉈 가며 『죄와 벌』같은 작품을 남겼고, 1881년 2월 9일에 사망했다.

⇒　『죄와 벌』, 표도르 도스토옙스키 지음, 홍대화 옮김, 열린책들, 2009

국보 1호

대한민국 국보1호인 숭례문은 조선 왕조 태조 5년(1396)에 축조하기 시작해 1398년 2월에 준공된 조선의 도성 한양의 정문이다. 숭례문은 애초부터 불과 인연이 깊었다. 그 까닭은 이 성문에 '예'禮 자는 오행에 따르면 불火이 되고 오방五方에 배치하면 남쪽을 지칭하는 말이기 때문이다. 도성의 다른 문에 걸린 편액은 가로로 쓰였지만, 숭례문만 세로로 쓰여 있는 까닭 역시 '숭례' 두 글자가 불꽃 염炎을 의미하여 경복궁을 마주보는 관악산의 화산火山에 대처하는 의미였다고 한다. 숭례문이 국보 1호가 된 데 특별한 의미가 있었던 것은 아니었다. 국보의 일련번호는 1962년 '문화재보호법'이 제정되고 1963년 이에 따라 국보와 보물로 구분해 지정한 순서일 뿐 가치의 높고 낮음을 표시한 것은 아니었다.

그 의미야 어찌되었든 숭례문은 서울에 남아 있는 목조 건물 중 가장 오래된 것이었고, 국보 1호였다. 2008년 2월 10일 오후 8시 40분쯤 화재가 발생했다는 신고를 받은 지 6분 만에 소방차가 도착해 화재 진압에 나섰다. 문화재를 보호하며 안전하게 화재를 진압하는 데 필수적인 실측 도면은 화재 발생 두 시간이 지나서야 뒤늦게 소방 당국에 전달되었다. 그사이 숭례문 2층 누각이 붕괴하고, 1층 누각에까지 불이 번졌다. 초기 진압에 실패했기 때문에 숭례문은 다음날 새벽 1시 54분, 석축을 제외한 나머지 건물이 붕괴하는 것을 막지 못했다.

화재 진압에는 모두 5시간 이상이 걸렸다. 화재 사건 이후 밝혀진 사실에 따르면, 숭례문 경비는 예산 절감을 이유로 2008년 1월부터 무료 경비를 자처한 KT텔레캅으로 넘겨졌고, 그 이후 경비 인원과 경비 횟수가 대폭 감소했다. 화재 대책은 숭례문 내에 배치된 소화전과 소화기뿐이었고, 화재감지기와 경보 설비 등은 전혀 없었던 것으로 드러났다. 소방 당국은 숭례문이라 적힌 현판이 불에 탈 것을 우려해 톱을 이용해 떼어내는 데 성공했지만, 사전에 현판을 보호하기 위한 장치나 대비책 없이 무작정 떼어낸 현판은 무게를 견디지 못하고 바닥으로 곤두박질쳐 깨지고 말았다.

숭례문 화재 초기에는 전기 시설 누전이 원인으로 추정됐지만, 수사 결과 당시 69세의 채종기 씨가 경비 펜스를 넘어가 직접 방화한 것으로 드러났다. 그는 2006년 창경궁 문정전에도 방화를 저질렀던 것으로 알려졌다. 방화 사건 직후 당시 문화재청장 유홍준이 사임했고, 대통령 당선자였던 이명박은 숭례문 복원을 국민 성금으로 충당하자고 주장했다가 정부의 문화재 관리 소홀과 부실 경비로 일어난 사건의 책임을 국민과 지자체에 전가한다는 비판을 받았다.

　2006년 6월 28일 당시 서울시장 이명박은 문화재청의 반대에도 불구하고 숭례문을 개방했고, 숭례문 개방 사업은 청계천 복원 사업과 더불어 시장 재임 시절 그의 치적으로 홍보되었다. 화재로 소실된 숭례문은 이후 5년 3개월여 동안 연인원 3만5천 명, 245억 원의 공사비를 들여 복구했다. 2013년 5월 4일 박근혜 대통령이 참석한 가운데 준공식을 가졌지만, 같은 해 10월 18일 단청의 일부가 훼손된 것으로 드러나면서 '총체적 문화재 부실 복원'이라는 비판을 받았다.

⇒　『국보순례』, 유홍준 지음, 눌와, 2011

아관파천

김홍집은 조선의 마지막 영의정이자 최초의 총리대신이었다. 그는 국가가 위기에 처할 때마다 일종의 '태스크포스'처럼 불려 나왔다. 임오군란, 갑신정변, 갑오개혁을 비롯한 각종 국가 변란 상황이나 외세와 교섭이 필요한 상황마다 고종은 김홍집을 불러내 어려운 일을 맡겼다. 비록 적극적인 개화파라고 할 수는 없었지만 내각을 책임지면서 홍범 14조, 단발령, 서기 양력을 도입하는 등 개혁을 위해 노력한 인물이었다.

청일전쟁이 예상을 뒤엎고 일본의 승리로 돌아가자 일본은 요동반도를 할양 받아 대륙 진출의 교두보를 마련하는 데 성공했다. 그러나 국제 사회는 일본의 독주를 달가워하지 않았고, 일본은 러시아·프랑스·독일 세 나라의 간섭에 밀려 청에 요동반도를 돌려주어야 했다. 러시아의 남하 정책에 힘을 얻은 고종과 민씨 일족은 '인아거왜책'引俄拒倭策, 러시아를 끌어들여 일본을 제거한다는 책략을 구사했다. 다급해진 일본은 원조금을 제시하는 등 분위기 반전을 꾀했지만, 이미 조선은 러시아 쪽으로 기운 뒤였다.

일본은 그 배후에 명성황후가 있다고 생각했고, 예비역 육군 중장 미우라를 보내 '여우 사냥'에 착수했다. 여우 사냥이란 명성황후 제거 작전의 암호명이었다. 1895년 8월 20일 새벽, 명성황후가 시해되었다. 미우라는 고종을 협박해 내각 수반에 다시 김홍집을 임명하도록 했다.

김홍집은 이 직분을 간곡히 거절했으나 고종이 눈물을 흘리며 권하자 더 이상 거절하지 못했다. 이것이 바로 '제3차 김홍집 내각'이었다. 을미사변으로 명성황후를 잃은 뒤 고종은 두려움에 떨며 이듬해 2월 11일, 러시아 공사관으로 도피했다. 이것이 아관파천이다. 주변에서는 김홍집에게 몸을 피하라고 했지만, 그는 고종을 알현하기 위해 러시아 공사관으로 향했다. 러시아 공사관으로 들어간 고종은 이미 김홍집, 유길준, 정병하, 조희연, 장박 등 다섯 대신을 역적으로 몰아 포살하라는 어명을 내린 상황이었다.

나라를 위해, 백성을 위해 무엇보다 고종 황제를 위해 일신의 안위를 돌보지 않았던 김홍집은 난신적자亂臣賊子로 몰려 참살당했다. 그의 시신은 백주에 여기저기 끌려 다니다 종각 주변에서 효수되어 사흘 동안 방치되었다. 일본 공사관으로 몸을 피신하라는 주위의 제안에 김홍집은 "나는 조선의 총리대신이다. 다른 나라 군대의 도움을 받아 목숨을 부지하느니 차라리 조선 백성의 손에 죽는 것이 떳떳하다. 그것이 천명이다"라고 말했다. 당시 대표적인 친러파 인사가 바로 이완용이었다. 김홍집 같은 사람은 죽임을 당하고, 이완용 같은 사람이 중하게 쓰였다.

⇒　『대한제국아 망해라』, 윤효정 지음, 박광희 엮음, 다산초당, 2010

영어공용화론

모리 아리노리(1847~1889)는 사쓰마번의 사무라이 집안에서 출생해 1865년 19세의 나이로 영국 유학을 떠났다가 중도에 미국으로 건너갔다. 1868년 귀국하여 외교관으로 활동했다. 그는 이토 히로부미의 강력한 지지를 얻어 1885년 일본 최초의 문부대신이 되었다. 두 사람은 당시 발흥하던 자유민권운동에 위기를 느꼈고, 일본이 서구와 대등해지려면 국가주의 교육과 학문이 필요하다고 보았다. 모리는 충군애국정신을 배양하기 위해 집체 훈련과 체조, 행군 여행 등 군대식 교육을 학교에 도입했다. 또한 학교에 천황 사진을 걸어 놓고 배례 의식을 거행하도록 했다. 이처럼 일본에 국가주의 교육을 도입한 모리였지만, 미국 공사로 재직하던 시절(1873) 『일본의 교육』이라는 저서에서 "야마토 말에는 추상어가 없기 때문에, 야마토 말을 가지고서는 도저히 서양 문명을 일본 것으로 만들 수 없다. 그러므로 이 기회에 차라리 영어를 국어로 채용"하자는 영어공용화론을 펼쳤다.

그의 주장에 대해 역시 영국에서 유학하고 돌아온 자유민권운동의 투사 바바 다쓰이(1850~1888)는 『기초 일본어 문법』 서문에서 "언어가 달라지면 하나의 나라를 이룰 수 없을뿐더러, 하층 계급의 대다수가 국사라는 중대 문제로부터 배제당하고 말 것"이라며 반박했다. 모리의 주장은 크게 두 가지였다. 우선 일본어는 영토 밖에서는 통용될 수 없는 빈약한 언어이기에 결국 '국제 공용어'로서 영어의 지배에 굴복할 수밖에 없는 운명에 처해 있고, 다른 하나는 일본어가 오랫동안 한자(한문)에 지배당한 언어였기에 결코 자립적인 언어가 아니며 일본어에 녹아 있는 중국어의 요소가 국민 교육의 어려움을 배가시키는 등 근대화에 장애가 된다는 것이었다.

서구열강과 겨룰 수 있는 국가를 만들고자 했던 그는 근대에 도달하려면 모국어를 버려야 한다는 합리적(?)인 결론에 이르렀다. 하지만 지켜야 할 것이 없다면 싸울 이유도 없는 법이다. 결국 일본이 택한 것은 영어공용화 대신 일본어였고, 그들은 영어를 공용화하는 대신 번역의 길로 나아갔다. 그것은 일본어라는 모어가 국가와 동일한 차원이라는 사실을 자각한 결과였다. 모리 아리노리는 1889년 2월 12일 일본제국 헌법이 선포되던 날, 그가 '천황을 받드는 일본의 기초를 무너뜨리려 한다'고 여긴 국수주의자 니시노 분타로의 칼에 찔려 죽었다.

⇒ 『번역과 일본의 근대』, 마루야마 마사오·가토 슈이치 지음,
   임성모 옮김, 이산, 2000

제5도살장

1945년 5월 8일은 나치독일이 패망하고 연합국이 승리한 전승기념일이다. 그러나 미국과 영국은 독일의 패망이 머지 않았던 1945년 2월 13일부터 15일까지 네 차례에 걸쳐 드레스덴에 대규모 폭격을 가했다. 독일에서 일곱 번째로 크고 65만 명이 사는 도시였던 드레스덴은 '엘베강의 피렌체'라 불리던 아름답고 유서 깊은 도시였다. 2차 세계대전 중 드레스덴이 폭격당한 것이 처음은 아니었지만 2월 13일에 시작된 공습은 군사적 목적으로 철도 조차장이나 군수품 저장소 등에 단행되었던 이전의 폭격과는 개념이 완전히 다른 것이었다. 민간인을 전면 살상하고 도시 전체를 파괴하는 '무차별 폭격'이었기 때문이다.

영국 공군 소속 중폭격기 722대와 미국 육군 항공대 소속 중폭격기 527대는 3,900톤 이상의 고폭탄 및 소이탄을 투하했다. 마치 융단을 깔듯이 한 지역 전체를 궤멸한다 하여 '융단폭격'이라고도 불리는 무차별 폭격의 원조는 독일이다. 스페인시민전쟁에서 파시스트 프랑코 정권을 지원한다는 명목으로 참전했던 독일 공군의 콘도르 군단은 1937

년 4월 26일 아무런 사전 경고 없이 스페인 북부의 작은 마을 게르니카를 무차별 폭격했다. 이 폭격으로 약 7천 명의 게르니카 시민 중 1,600명 이상이 목숨을 잃었다. 민간인과 시설을 구분하지 않는 무차별 폭격 개념은 무솔리니 정권에서 공군 장관을 맡기도 했던 줄리오 두에로부터 나왔다. 그는 『제공권』The Command of the Air이라는 책에서 전략폭격의 중요성에 관해 "하늘의 새들을 모두 잡는다고 그 새를 멸종시킬 수 있는 것은 아니다. 둥지와 알들이 남아 있기 때문이다"라고 설명했다. 영국의 공군 참모총장 프레더릭 사이크스 역시 "장차 다가올 문명국 사이의 전쟁은 전 국민과 산업 자원을 걸고 벌이는 생사의 대결이 될 것"이라며 미래의 전쟁은 총력전total war이 될 것임을 예견했다. 총력전 개념에서 전략폭격이란 '둥지와 알'이란 표현이 보여 주듯 전쟁 수행에 도움이 될 수 있는 적국의 모든 경제 수단과 인적 자원을 궤멸하는 것을 의미한다. 식량을 불태우고, 섬유공장을 파괴하며, 남녀노소를 구분할 것 없이 미래의 병력 자원이자 생산력이 될 수 있는 모든 민간인을 대상으로 하는 전략이며 최종적으로 적국의 전쟁 수행 능력뿐만 아니라 정신적 의지까지 파괴하는 것을 목표로 삼는다. 전략폭격은 사실상 전쟁범죄이자 테러 행위에 가깝다.

'도살자'라는 별명을 가진 아서 해리스는 드레스덴을 완전히 파괴하고 보다 많은 인명을 살상하기 위해 네 차례의 폭격을 주도면밀하게 계획했다. 1차 폭격 때는 주로 건물을 파괴할 수 있는 고폭탄을, 그 뒤의 폭격은 화재를 유발하는 소이탄을 투하했다. 드레스덴은 폭격과 더불어 도심을 중심으로 일어난 화염폭풍으로 도심 반경 40제곱킬로미터가 파괴되었고, 대략 2만2,700~2만5천 명이 사망한 것으로 추정된다. 후세의 역사가들은 드레스덴이 무차별 폭격 대상으로 선택된 것은 군사적 가치 때문이 아니라 정치적 이유였을 것으로 본다. 동부전선에서 진격하고 있던 소련군이 얼마 뒤면 드레스덴에 입성할 것으로 예상되었기 때문이다. 전후에 전개될 소련과의 경쟁에서 자신들이 가진 힘을 과시하기 위한 전시 효과로 미국과 영국이 드레스덴에 본보기를 보였다는 것이다. 실제로 드레스덴은 전후 소련이 점령해 동독의 일부가 되었다. 폭격이 끝나고 60년이 흐른 2005년 10월 30일 드레스덴 시민들은 폭격으로 무너진 드레스덴 성모교회를 복원했다. 미국의 소설가 커트 보니것은 폭격 당시 전쟁포로로 드레스덴에 수용되어 있었다. 구사일생으로 살아남은 그는 이때의 경험을 바탕으로 『제5도살장』을 썼다. 그는 평생 동안 '외상 후 스트레스 장애'PTSD에 시달렸다.

⇒ 『제5도살장』, 커트 보니것 지음, 정영목 옮김, 문학동네, 2020

밸런타인데이

밸런타인데이의 유래는 사실 확실하지 않다. 다만 5현제 시대가 끝나 혼란한 시기였던 3세기 무렵(269) 로마제국의 황제가 군인의 결혼을 금지했음에도 성인 밸런타인이 황제의 뜻을 거스르고 젊은이들의 사랑을 맺어 준 죄로 순교했기 때문에 이날을 연인들의 날로 기념했다는 통설이 있다. 사실 우리나라에서 전통적인 연인의 날이라고 하면 사랑하는 처녀 총각들이 은행나무 열매인 은행(암수 열매가 있다)을 나눠 먹는 풍속이 있었다고 전해지는 경칩이나 견우와 직녀가 만난다는 칠월칠석을 꼽을 수 있겠지만, 오늘날에는 1980년대 중반 일본을 거쳐 유입된 밸런타인데이가 연인 간에 사랑을 고백하는 날로 정착되었다.

　일각에서는 이런 기념일이 상혼과 겹친다고 비판한다. 우연의 일치겠지만, 밸런타인데이가 안중근 의사의 사형선고일과 겹친다는 이유로 해마다 그날이 오면 여러 곳에서 여러 사람들이 외래문화 풍속을 지탄하면서 안중근 의사를 이야기한다. 2월 14일을 둘 중 어느 날로 기념해야 할지를 굳이 따질 필요는 없을 것이다. 그것은 개인이 알아서 선택할 문제다. 다만 그날 하루 연인끼리 고백하고 즐거운 시간을 가졌다고 해서 안중근 의사가 우리 역사나 마음에서 사라지는 건 아닐 것이다. 인간은 하루에도 수만 가지 정체성을 가지고 살아가기 때문이다. 그럼에도 불구하고 해마다 이날이 돌아오면 누군가는 안중근 의사를 떠올리라고 요구할 것이다.

우리가 안중근 의사의 사형선고일을 기억해야 한다면, 실제로 안중근 의사의 사형이 집행된 날도 알아야 한다. 안중근 의사는 1910년 3월 26일 뤼순 감옥에서 사형당했다. 만약 사람들에게 10월 26일이 어떤 날이냐고 물어보면, 많은 사람들이 김재규가 "야수의 심정으로 유신의 심장을 쏘았다"라던 1979년의 10월 26일을 떠올릴 것이다. 아이러니하게도 1909년 10월 26일, 안중근 의사는 하얼빈 역에서 이토 히로부미를 저격해 죽였다. 앞으로도 2월 14일 무렵엔 늘 안중근 의사의 사형선고일 이야기가 나오겠지만, 누군가는 밸런타인데이로 기억하고 싶은 날을 굳이 안중근 의사의 사형선고일로 기억하라고 떠미는 주장이 어쩐지 안중근 의사를 밸런타인데이에 더부살이시키는 기분이 든다. 그렇지 않다면 안중근 의사의 사형선고일을 기억하라는 사람은 많아도 정작 그의 사형집행일을 아는 사람이 적은 이유가 설명되지 않는다.

우리가 어떤 역사를 기억하고 기념할 것인가라는 문제

는 우리 사회의 역사관과 가치관을 드러내는 중요한 일이지만, 그 선택을 강제하는 것은 시대착오적인 발상일 수밖에 없다. 우리는 안중근 의사의 유해 매장지를 뤼순 감옥 내 공동묘지로 추정할 뿐 아직 그의 무덤도 찾지 못하고 있다.

⇒　『안중근 옥중 자서전』, 안중근 지음, 열화당, 2019

메인호를 기억하라!

1898년 1월 25일, 스페인 식민지였던 쿠바의 아바나 항에 미 해군 전함 메인호가 도착했다. 미국 정부는 공식적으로 '우호적인 방문'이라고 밝혔으나 실제 방문 목적은 그리 우호적이지 않았다. 미국은 독립을 희망하는 쿠바 게릴라들에 대한 스페인의 전쟁 수행 방식에 찬성하지 않는다는 정치적 표현을 우회적으로 드러내기 위해 군함을 파견한 것이었다. 그 의도를 스페인 정부도 모르지 않았지만 겉으로 드러난 적대적인 징후는 전혀 없었다. 하지만 2월 15일 저녁 아바나 항구에 정박해 있던 메인호는 도시 전역의 유리창을 박살낼 정도로 엄청난 굉음과 함께 순식간에 폭발하며 침몰해 버렸다. 이 폭발로 메인호 승무원 중 3분의 2에 해당하는 268명이 숨졌다.

　　그해 3월 미 해군 군사위원회는 배가 기뢰에 의해 폭발했다는 증거를 가지고 돌아왔고, 윌리엄 랜돌프 허스트의 신문은 "메인호를 기억하라! 스페인을 지옥으로!"라는 선정적인 슬로건을 내세워 스페인에 대한 선전포고를 부르짖었다. 결국 전쟁이 벌어졌고, 미국이 승리했다. 미국이 의도한 것은 아니었지만 스페인의 패배는 군주정의 몰락을 재촉했고, 1912년 결국 군주정이 폐지되었다. 그런 뒤에도 스페인의 정치적 혼란은 계속되어 1930년대 내전으로 이어졌다. 쿠바에서 거둔 미국의 작지만 찬란한 승리는 이후 푸에르토리코를 합병하고, 쿠바를 보호국 조치하고, 필리핀을 식민지로 삼는 일로 이어졌다. 그러나 미국의 제국주의화 경향은 미서전쟁 이전으로 최소한 50년은 소급해야 하는 일이었다.

미국의 국가 건설, 즉 새로운 영토와 토지를 원하는 북아메리카 백인의 열망은 북아메리카 원주민 학살, 1840년대 멕시코와의 전쟁 등으로 이어졌다. 19세기 말 미국과 스페인의 충돌 역시 쿠바인에 대한 스페인 제국의 잔인한 수탈과 반란이 원인이라기보다 새롭게 건조된 미 해군의 힘을 과시하여 미국의 경제적 이해관계를 보호하고, 미국과 태평양 해상무역로의 안전을 보장하려는 의도가 컸다. 미국은 라틴아메리카에 계속 정치적으로 개입했다. 이후 100여 년이 흐르는 동안 모두 네 차례에 걸쳐(가장 최근의 조사는 1998년) 조사가 이루어졌지만, 메인호의 폭발 원인은 여전히 밝혀지지 않았다.

⇒　『의도하지 않은 결과』, 케네스 헤이건·이안 비커튼 지음, 김성칠 옮김, 삼화, 2013

김수환 추기경

1969년 3월 28일 김수환 추기경은 47세의 나이로 당시 가톨릭교회 역사상 최연소 추기경에 임명되었다. 그가 추기경으로 머물렀던 시절은 영광보다 고통이 깊었던 시대였다. 그는 1971년 전국으로 생중계된 성탄 강론에서 "비상대권을 대통령에게 주는 것이 왜 나라를 위해 유익한 일입니까?"라며 박정희 정권을 정면으로 질타했다.

이후 김수환 추기경은 민청학련, 인혁당 사건, 장준하 선생의 추락사 등 역사의 중요한 고비마다 대통령 박정희의 가장 강력한 비판자였다. 그럼에도 1979년 10·26으로 대통령 박정희가 암살당하자 추기경은 "인간 박정희가 이제 주님 앞에 섰습니다"라고 직접 추모사를 낭독했다. 비록 세속에서는 최고의 권력자에 세상 무서울 것 없는 독재자였지만, 김수환 추기경에게는 그저 하느님 앞에 선 불쌍한 인간이었다.

이런 그였기에 12·12 쿠데타로 정권을 탈취한 전두환 소장이 인사차 찾아온 자리에서 "서부 활극을 보는 것 같습니다. 서부영화를 보면 총을 먼저 빼든 사람이 이기잖아요"

라며 그의 권력욕을 비판할 수 있었고, 박종철 고문치사 사건이 발생했을 때는 시종일관 모르쇠로 일관하던 정부 당국자들을 향해 그것이 "바로 카인의 대답"이라며 질타할 수 있었을 것이다. 6월항쟁 당시에는 명동성당으로 몸을 피한 학생들을 체포하려 공권력을 투입하겠다는 정부에 맞서 "학생들을 체포하려거든 먼저 나를 밟고, 그다음 신부와 수녀들을 밟고 지나가라"라고 말했다. 이처럼 독재권력 앞에서 두려움 없이 맞섰던 김수환 추기경조차 일생일대의 고민에 빠진 적이 있었다.

그가 아직 젊은 신학생이던 시절 성당에서 봉사하던 한 젊은 여성의 청혼을 받고 "정말 사제가 될 것인가?"를 두고 적잖이 마음이 흔들렸다는 것이다. 김수환 추기경은 "한 여인을 온전히 사랑할 자신이 없고, 그보다 많은 사람을 위해 도움을 주는 일"을 하겠다며 결국 청혼을 거절했다. 만약 그때 김수환 추기경이 그 청혼을 받아들였더라면 오늘 우리가 기억하는 김수환 스테파노 추기경의 인자하고 겸손한 미소는 없었을지도 모르겠다. 2009년 2월 16일, "서로 밥이 되어 주십시오!"라던 김수환 추기경이 선종하였다.

⇒　『아, 김수환 추기경』, 이충렬 지음, 김영사, 2016

가깝고도 먼 이웃

가까운 나라끼리 친하기도 어렵지만, 서로 잘지내지 못한다면 국가적 패착이 될 수 있다. 한일 관계가 그러하듯, 중월 관계 역시 수많은 우여곡절을 겪었다. 미국을 굴복시킨 나라답게 베트남은 역사적으로 중국과 스스로 대등하다는 인식을 갖고 있다. 베트남은 기원전 111년 한나라에 복속되었고, 938년까지 천 년에 걸쳐 중국의 지배를 받았다. 938년 중국의 지배에서 벗어난 뒤에도 일곱 차례에 걸친 중국의 침략을 이겨 냈다. 1804년 베트남의 마지막 왕조였던 응우옌 왕조는 중국의 책봉을 받아 국명을 베트남越南으로 짓는 등 타협하기도 했지만, 얼마 지나지 않아 국명을 다시 '다이비엣'大越으로 변경했다. 청프전쟁(1884~1885)으로 베트남에 대한 종주권을 빼앗긴 중국이 다시 베트남 문제에 개입할 수 있게 된 것은 프랑스의 식민 지배에 저항해 베트남민주공화국을 선포(1945년 9월)한 직후부터였다.

1949년 중화인민공화국을 건국한 중국은 베트남의 독립을 가장 먼저 승인(1950년 1월 18일)한 국가였다. 중국은 베트남과 수교 이후 약 30년간 200억 달러 상당액의 원조와 연인원 2만 명의 고문단 및 30만 명의 군인을 파견해 북베트남을 지원했다. 그러나 1978년 12월 베트남이 캄보디아를 침공하고, 1979년 2월 17일 중국이 베트남을 침공하면서 양국의 관계는 단절되었다.

오랫동안 동남아 문제를 연구하던 베네딕트 앤더슨이 『상상된 공동체』를 통해 내셔널리즘을 새롭게 정의하려는 시도에 나서게 된 계기도 바로 '같은 사회주의 국가인 베트남, 캄보디아, 중국 간에 어째서 전쟁이 일어난 것일까'라는 의문에서 비롯된 것이었다. 베트남전쟁 기간 중 중국과 북베트남의 관계가 항상 밀월은 아니었다. 국공내전 당시 소련이 그러했듯 중국 역시 베트남전쟁 기간에 베트남의 전략에 관여했고, 이것은 때로 베트남의 의도와 배치됐다. 게다가 통일 이후 베트남은 베트남 내 중국 화교 120만명의 재산을 강제로 환수했다. 중국은 1970년대 중반부터 캄보디아의 크메르 루즈에 대한 지원을 늘려 가고 있었기 때문에 이웃한 베트남으로서는 중국을 경계할 수밖에 없었다. 또 두 나라는 남중국해에서도 여러 차례 마찰을 빚었다. 1991년 11월 양국 관계를 정상화한 뒤에도 이런 갈등은 지속되고 있다.

두 차례에 걸쳐 영국 총리를 역임한 파머스턴Palmerston은 '팜'Pam이라는 애칭으로 불렸지만, 그에게 붙은 또다른 별명은 '포함 외교의 원조'였다. 23세이던 1807년 하원

의원으로 출발해 1865년 81세의 나이로 세상을 뜰 때까지 해군성 차관, 전쟁성 장관, 외무부 장관을 역임하며 걸핏하면 함대를 파견하는 힘의 외교를 추구했기 때문이다. 파머스턴이 남긴 말 가운데서 오늘날까지 자주 인용되는 것이 있다. "우리에겐 영원한 동맹도 없고 영원한 적도 없다. 우리의 이익은 영원하고 영원하며, 그 이익을 따르는 것이 우리의 의무이다." 평화가 어려운 것은 평화로운 시기에는 항상 평화보다 국익이 우선시되기 때문이다.

⇒ 『상상된 공동체』, 베네딕트 앤더슨 지음, 서지원 옮김, 길, 2018

메르세데스 소사

메르세데스 소사(1935~2009)가 태어난 투쿠만은 안데스 산맥과 평야가 만나며 다채로운 지형과 기후를 선사하는 라틴아메리카 전통음악의 보고였다. 자신이 음악의 길을 걷게 될 줄 몰랐던 소사는 1950년 친구들과 라디오 방송국 구경을 갔다가 얼떨결에 노래 경연대회에 참가했고, 이것이 그의 운명을 바꿨다. 경연대회에서 상을 받고 곧바로 출연 계약을 맺은 소사는 이후 가수로 활동하면서 1963년 라틴아메리카의 새로운 음악을 천명한 노래 운동인 '누에보 칸시오네로Nuevo Cancionero 선언'에 참여하면서 진정한 노래꾼으로 거듭났다.

청중의 열광 속에서 소사의 인기는 날로 높아졌고, 그의 노래는 아르헨티나를 대표하는 목소리가 되었다. 그러나 좌우 갈등이 심화되어 가던 시대에 대중의 인기는 위험한 것이었다. 소사는 공산당에 가입했던 전력 때문에 우익 테러 단체의 각종 위협과 공연 방해에 시달렸다. 군부 쿠데타 이후 1983년까지 무려 3만 명에 이르는 사망자와 실종자가 발생한 국가 테러, 이른바 '추악한 전쟁'La guerra sucia이 시작되었다. 목숨의 위협을 당하고 있었지만 소사는 끝까지 조국 아르헨티나에 남아 노래를 부르기로 마음먹었다. 그러나 독재 정권은 소사를 내버려 두지 않았다. 공연 도중 청중과 함께 연행되거나 공연이 강제 취소되는 등 더 이상 노래할 수 없는 상황이 되었고, 소사는 결국 추방당해 유럽 망명길에 올랐다.

유럽에서 소사는 월드뮤직의 신화가 되었지만, 한순간도 독재 치하에서 신음하는 아르헨티나 시민들을 잊지 않았다. 3년여의 망명생활 끝에 위험을 무릅쓰고 귀국한 소사는 1982년 2월 18일 밤 부에노스아이레스 오페라 극장 무대에 섰다. 극장은 소사를 만나러 온 청중으로 가득했다. "저는 메르세데스 소사, 아르헨티나인입니다." 청중은 무대 위로 붉은 카네이션을 던졌고, 무대는 꽃으로 뒤덮였다. 소사의 노래가 울려 퍼지는 청중 가운데 한 사람이 소리쳤다. "이제 끝이야. 군사독재는 끝날 거야." 청중은 모두 하나가 되어 그 말을 외쳤고, 독재체제는 얼마 지나지 않아 무너졌다. 아르헨티나는 이듬해인 1983년 자유선거를 치렀다.

⇒ 『바람의 노래 혁명의 노래』, 우석균 지음, 해나무, 2005

덩샤오핑

중국이 이룩한 놀라운 경제성장을 이야기할 때, '개방·개혁의 아버지'라 불리는 덩샤오핑을 빼놓을 수 없다. "검은 고양이든 흰 고양이든 쥐를 잘 잡는 고양이가 좋은 고양이다" "가난한 것은 사회주의가 아니다" "일부 사람을 먼저 부자가 되게 하라" 등 덩샤오핑은 자신의 정치·경제 정책을 누구나 쉽게 이해할 수 있는 말로 명쾌하게 설명했다. 마오쩌둥과 함께 대장정을 경험하고 수많은 정치적 위기를 경험하면서도 결코 쓰러지지 않았던 덩샤오핑이 아니었다면 과연 '중국 특색의 사회주의' 이론이 실현될 수 있었을까?

　마오의 뒤를 이어 4인방을 제압하고 권력을 장악한 덩샤오핑의 말년은 개혁개방을 통한 중국의 도약이 이루어진 시기와 정확히 일치한다. 사실 덩이 개혁안을 구체적으로 구상한 인물이라고 단언할 수는 없지만, 장기적인 안목과 유연한 외교력을 발휘한 것은 사실이다. 그는 미국 및 일본과의 국교 정상화, 홍콩 반환 등을 통해 4개 현대화 노선에 필요한 기술과 자본을 끌어들이는 데 공헌한 최고 영도자이자 교활한 정치인으로서 베트남·소련과의 국경 분쟁, 톈안먼 민주화운동 진압 등 피를 보는 순간에도 흔들림이 없었다.

1904년 8월 22일 쓰촨성의 지주 가문에서 태어난 덩샤오핑은 1920년 프랑스로 건너갔다. 파리의 르노자동차에서 노동자로 일하며 노동운동과 사회주의를 경험한 그는 모스크바에서 공부한 뒤 귀국하여 공산당 지하운동에 참여한다. 1933년 당시 비주류였던 마오쩌둥을 지지했던 그는 대장정에 참가했고 팔로군 정치위원으로 활동하며 중화인민공화국 수립 과정에 큰 공헌을 한다. 신중국 건국 이후 한국전쟁이 한창이던 무렵 그는 쓰촨성 일대에서 저항하는 국민당 잔당을 토벌하는 한편 충칭 시장을 역임하면서 토지개혁을 밀어붙였다. 이 과정에서 저항하는 세력을 무자비하게 처리하여 10만 명 이상을 처형했다고 알려져 있다. 그는 1952년 정무원 부총리를 비롯해 공산당의 요직을 두루 거쳤다.

이후 덩은 류샤오치와 함께 물질적 보상을 통한 경제발전을 도모하는 등 실용주의 노선을 취했는데, 1965년 문화대혁명 와중에 실용주의자로 몰려 실각하게 된다. 1973년 3월 저우언라이의 추천으로 다시 복권되었다가 저우언라이의 죽음으로 다시 실각했지만, 마오의 죽음 이후 복권된 그는 이후 1981년부터 중국의 실질적인 최고 지도자가 되었다. 이 시기 덩은 이른바 '삼보주'三步走라는 경제개발 계획을 통해 시장경제를 도입했는데, 1981~1990년까지 중국 인민의 의식衣食을 해결하는 제1보, 1991~20세기 말까지 인민의 생활수준을 중류 이상으로 만드는 제2보, 대동사회를 실현해 국민총생산액을 중진국 수준으로 이끌어 부유한 생활을 향유하게 만드는 제3보가 그것이었다.

1997년 2월 19일 세상을 떠난 덩샤오핑은 오늘날 미국과 함께 세계의 패권을 다투는 중국의 토대를 일구었지만, 경제발전을 공산당의 정당성에 복무시키고 말았다. 그 결과 당원들의 부정부패, 복지 시스템의 해체와 서구 자본주의를 능가하는 극심한 빈부격차, 열악한 노동조건, 산업화와 도시집중화로 인한 환경 파괴 등 다양한 문제를 유산으로 남겼다. 즉 덩은 중국이 부유해지는 길을 놓았지만, 그렇게 얻은 부를 어떻게 인민을 위해 재분배할지에 대해서는 아무런 준비도 하지 못한 것이다.

⇒ 『덩샤오핑 평전』, 에즈라 보걸 지음, 심규호·유소영 옮김, 민음사, 2014

애국가

애국가란 '나라를 사랑하는 뜻으로 온 국민이 부르는 노래'라는 의미다. "동해물과 백두산이 마르고 닳도록"이라고 시작하는 가사는 1900년대 초에 만들어진 것으로 알려져 있다. 국사편찬위원회의 공식 입장은 미상이지만, 이 노랫말을 지은 이에 대해서는 크게 독립운동가 안창호와 친일파 윤치호 설로 나뉘고 있다.

윤치호 설은 그가 1907년 『애국가』 가사를 써서 자신의 이름으로 출판했다는 것에, 안창호 설은 그가 애국가 보급에 앞장섰다는 데 중점을 두고 있다. 1908년에 출판된 가사집 『찬미가』를 비롯해 일제강점기의 애국가 출판물들이 윤치호를 작사자로 밝히고 있는 경우가 많은 데 비해 안창호 설을 실증해 보일 자료는 부족한 상태다. 이 같은 논란은 상하이 임시정부 시절에도 있었으나, 1940년에 발표된 대한민국 임시정부 공보 제69호(대한민국 23년 2월 1일)에 안익태 작곡의 애국가 신곡조 사용을 허가한다는 내용이 있는 것으로 보아 설령 윤치호가 작사했다고 하더라도 당시 상황에서 묵인되었을 수 있다. 그러나 이것이 임시정부가 「애국가」를 정식 국가로 채택했다는 의미로 보기는 어렵다는 주장도 있다.

사실 안익태(1906~1965) 작곡의 「애국가」는 광복 이전까지는 국내에 잘 알려져 있지 않았기 때문에 국내에서는 여전히 「올드 랭 사인」 멜로디에 맞춰 불렀고, 한국전쟁 시기 북한에 진주한 국군을 환영하며 평양 시민이 부른 「애국가」도 그랬다. 2010년 7월 27일 제정된 국민의례규정(대통령훈령 제272호) 제4조 제2항에 따르면 "애국가 제창: 1절부터 4절까지 모두 제창하거나 1절만 제창"한다는 규정이 있다. 이를 통해 「애국가」가 법적으로 공인된 것이라 생각할 수도 있지만, 이는 관습에 의해 불리는 것으로 법정 국가로 지정된 것은 아니다. 문제는 작사가가 누구인지 알 수 없을 뿐만 아니라 작곡가 안익태의 친일·친나치 논란과 더불어 불가리아 군가를 표절(58~72퍼센트 정도 유사)했다는 주장이 제기되고 있다.

1906년 평양에서 출생한 안익태는 1921년 일본에 유학해 국립고등음악학원에서 첼로를 전공한 뒤, 1930년 미국으로 건너가 신시내티 음악학교와 필라델피아 음악대학, 커티스 음악학교 등에서 작곡과 지휘를 배웠다. 1937년에 유럽으로 건너간 그는 1938년 2월 20일 아일랜드 더블린에서 『코리아 판타지』(한국환상곡)를 초연했다. 그러나 당시 안익태(일본식 이름 '에키타이 안')가 가장 많이 지휘한 곡은 일본 궁중음악 선율을 활용한 「에텐라쿠」越天樂였다. 추축국 일본의 식민지 출신이었기에 어쩔 수 없었겠지만, 그가 주로 활동했던 국가들 대부분이 독일과 그 점령지 그리고 파시스트 프랑코가 통치하던 스페인이었다.

그는 일본 외교관이자 첩보원이었던 에하라 고이치의 후원을 받아 유럽에서 활동했고, 자신과 부모의 종교를 '신도'神道라고 적는 등 친일·친나치 행적으로 인해 2009년 민족문제연구소가 펴낸 『친일인명사전』에 등재되었다. 안익태는 독일 패망 직전이던 1944년 6월 스페인 바르셀로나로 건너가 1945년 가톨릭으로 개종했고, 1946년 현지 여성과 결혼한 뒤 스페인에 귀화했다. 1955년 '이승만 탄신 경축 음악회'에서 『코리아 판타지』를 연주하기 위해 귀국했고, 현재는 국립현충원 독립유공자 묘역에 묻혀 있다.

⇒　『애국가 논쟁의 기록과 진실』, 임진택 지음, 한국학중앙연구원출판부, 2020

아사마 산장의 뉴스

전공투란 '전학공투회의'全學共鬪會議의 약자로 1968년에서
1969년 사이에 주로 활동한 일본의 학생운동 세력을 지칭
하는 말이다. 그들은 겉으로 보기엔 패전의 잿더미 속에서
민주주의와 경제성장이라는 두 마리 토끼를 잡은 것처럼
보이는 일본의 내면이 근본적으로 변하지 않았다는 사실을
깨우친 순수한 젊은이들이었다. 이들을 이른바 '단카이團塊
세대'라고도 부르는데 태평양전쟁 직후인 1946~1949년에
태어난 일본의 전후 베이비붐 세대로 대략 800만 명에 이
르는 것으로 알려져 있다.

　　한국의 학생운동(민주화운동)이 합법적 지위를 얻지
못한 채 비합법·반합법 투쟁을 통해 합법 공간을 지향해 간
반면 일본의 학생운동은 합법 공간에서 반복되는 무기력을
경험하면서 비합법·반합법 투쟁으로 변모했다. 이 차이로
인해 훗날 한국의 학생운동권은 제도정치로 포섭되었고,
일본의 학생운동권은 사회로부터 격리되는 결과를 빚었다.
이들 중 자기부정의 논리를 극단적으로 밀고 나가 '세계 동
시 혁명'이라는 슬로건 아래 무장 투쟁을 부르짖었던 세력

이 바로 일본 적군파赤軍派이다.

　적군파는 극단적인 테러 행위로 세계를 경악시켰는데, 북한에 혁명 기지를 건설하겠다며 여객기를 납치한 '요도호 납치 사건', 공항에서 총기를 무차별 난사한 '텔아비브 공항 습격 사건' 등이 그 예다. 특히 1972년 2월 19일 발생한 '아사마浅間 산장 사건'은 실제 상황이 TV로 생중계되면서 일본인에게 큰 충격을 주었다. 사건 종료(28일) 후 아사마 산장을 조사하던 경찰은 연합적군이 사상 단결을 구실로 29명의 대원 중 12명을 같은 동료가 구타 등 끔찍한 방법으로 살해했다고 발표했다. 연합적군의 동료 살해 사건이 적군파가 해체된 제일 큰 원인이었지만, 적군파가 소멸된 또 다른 이유가 있었다.

　2월 21일 오후 7시 여전히 경찰과 격렬하게 대치하던 적군파 청년들은 TV 뉴스를 보다가 커다란 충격을 받았다. 미국의 리처드 닉슨 대통령이 중국을 방문했다는 것이었다. 당시 산장에 있었던 가토 미치노리는 그 뉴스를 접하고 "여기서 결사항전을 한들 무슨 의미가 있을까. 이제 이 싸움에 미래가 없다고 생각하니 마음이 아팠고 지금까지 해 온 일들에 후회가 밀려 왔다"라고 고백했다.

⇒　『적군파』, 퍼트리샤 스테인호프 지음, 임정은 옮김, 교양인, 2013

백장미

히틀러가 권력을 잡았을 때 숄 가족은 울름에 살고 있었다. 숄 가족은 세무사로 일하던 로베르트와 마그달렌 사이에 한스, 잉게와 엘리자베스, 소피, 베르너 등 5남매를 둔 화목한 집안이었다. 아버지 로베르트는 나치가 등장할 무렵 이미 위험성을 느끼고 있었지만, 한스는 어릴 적 히틀러유겐트 단원으로 활동해 17세였던 1936년 뉘른베르크 경축 행사에 기수로 선발되기도 했었다. 막내딸 소피 역시 12세 무렵 나치가 청소년들에게 제공한 캠프파이어, 조국애, 자연을 즐길 수 있는 공동체 모임과 신비한 의식에 흠뻑 빠져들었다.

훗날 이들의 수기를 집필한 언니 잉게는 고등학생 시절 "우리는 조국을 사랑합니다. 누구나 느끼고 있는 것처럼 히틀러는 조국에 위대함과 행복과 번영을 가져다 줄 것이며, 모든 사람이 직업을 갖고 배불리 먹을 수 있게 해 줄 것입니다"라고 썼다. 당시 독일인들은 히틀러가 가져다 준 놀라운 경제 부흥에 취해 그들에게 드리워진 억압의 사슬을 미처 인식하지 못했다. 그러나 숄 집안의 자녀들은 나치가

장애인을 살해하고, 유대인을 박해하며 차별과 폭력이 일상화되기 시작하자 회의를 품었다. 오빠 한스와 함께 뮌헨대학교에 재학 중이던 소피는 히틀러와 나치, 전쟁에 반대하기 위해 무언가 해야 한다고 느꼈다. 특히 소피는 소수라도 함께 공포와 두려움을 극복하고 반대의 목소리를 낸다면 점차 큰 힘을 얻을 수 있으리라고 믿었다.

솔 남매를 중심으로 크리스토프 프롭스트와 다른 학생들이 모여 '백장미'die Weiße Rose라는 비밀 그룹을 만들었고, 극비리에 전단지를 만들어 뿌렸다. 나치의 비밀경찰은 눈에 불을 켜고 이들을 찾아내려 했다. 소피와 한스는 1943년 2월 18일 뮌헨대학교에서 여섯 번째 전단지를 뿌리다가 체포되었고, 2월 22일 악명 높은 롤란트 프라이슬러의 재판정에서 국가 전복을 기도한 죄로 참수형을 언도받았다. 판결은 즉각 집행되었다. 소피는 마지막 순간까지 의연함을 잃지 않았고, 조만간 독일 국민이 일어나 독재 정권을 무너뜨릴 것이라 확신했다. 비록 소피의 믿음은 이루어지지 않았으나 전후 독일인들은 자신과 다른 종류의 독일인이 존재했으며 이들이 목숨을 걸고 저항했다는 사실에 위안을 얻었다.

⇒　『아무도 미워하지 않는 자의 죽음』, 잉게 솔 지음, 송용구 옮김, 평단, 2012

관타나모

1898년 2월 쿠바 아바나항에 정박 중이던 군함 메인호 폭발 사고를 계기로 벌어진 미서전쟁의 결과, 쿠바는 스페인의 식민 지배에서 벗어났다. 미국은 쿠바의 독립(1902년 5월 20일)을 허용하는 대신 쿠바 관타나모에 미국 본토 방어를 위한 군사기지를 할양할 것을 요구했다.

　　쿠바 남동쪽 끝에 위치한 관타나모만은 카리브해의 허리케인으로부터 비교적 안전한 천혜의 항구였다. 1903년 2월 23일, 미국과 쿠바 사이에 관타나모 임대 협정이 체결되었다. 관타나모만의 주권은 쿠바에 있으며 급탄과 연료 공급 기지 설치 이외의 용도로는 사용하지 않는다는 조건이 달려 있긴 하지만, 사법 통제권이 미국에 있고 기지 임대료가 2천 달러에 불과(1934년 4,085달러로 인상)한 데다 양국이 협정 내용 변경·폐기에 합의할 때까지 유효하다는 단서 조항이 있어 사실상 반영구적인 불평등조약이었다.

　　1959년 혁명에 성공한 쿠바 정부는 임대료 수령을 거부한 채 협정 파기를 요구했지만, 미국은 응하지 않았다. 쿠바와 국교를 단절한 뒤 미국은 27킬로미터에 달하는 국경에 5만5천여 개의 지뢰를 매설했다. 면적 160제곱킬로미터의 관타나모 기지는 냉전의 첨예한 대립을 상징하는 공간이 되었다. 2001년 9·11 테러 직후인 2002년부터 관타나모 미군 기지는 아프가니스탄에서 사로잡은 탈레반 포로들을 처음 수용한 이래 테러 용의자들을 미국 법망의 바깥에서 임의로 구금하고 고문하는 수용소가 되었다.

관타나모 수용소는 부시 행정부 시절 최대 800여 명까지 수용되었던 것으로 알려져 있으나 정확한 인원과 시설, 수용소 내부에서 발생한 일에 대해서는 철저하게 비밀이다. 관타나모에 수용된 수많은 사람들이 이 수용소에서 고문 및 여러 부당한 인권 침해를 당했다고 주장해 왔지만, 미국 정부는 인권 침해에 대해 책임지지 않았고 침해 사례를 바로잡고자 하는 구금자들의 시도를 체계적으로 봉쇄했다. 2006년 6월 10일, 관타나모에 수용되어 있던 수감자 세 명이 스스로 목숨을 끊으면서 이곳의 비참한 상황이 널리 알려졌다. 2002년에 체포된 무사브 오마르 알 마드하니는 구금되고 10년이 지나는 동안 미 당국에 의해 어떠한 범죄로도 기소되지 않은 채 수용소에 갇혀 지냈다. 관타나모 수용소는 알렉상드르 뒤마의 소설 『철가면』처럼 아무런 법적 보호도 없이 무작정 수감되어 있어야 하는 법이 만든 지옥이었다.

2008년 대통령에 당선된 오바마는 관타나모 수용소

폐쇄를 공약으로 내세웠지만 2015년 7월 쿠바와 국교를 정상화했음에도 수용소 폐지에는 이르지 못했다. 이후 트럼프 정부가 들어서면서 수용소 폐지는 더욱 어려워졌다. 트럼프 정부 시절 주한 미국대사를 지내며 잦은 망언으로 구설수에 올랐던 해리 해리스는 수용자들에 대한 가혹 행위가 문제시되었던 2006년 당시 쿠바 관타나모 기지의 책임자였다.

⇒   영화 『모리타니안』, 케빈 맥도널드 감독, 2020

소록도

시인 고은은 한국전쟁 직전에 다니던 군산중학 시절 학교
를 파하고 집에 가는 길에 우연히 한하운(1920~1975) 시인
의 시집을 주웠다. 그날 밤 시 "죄명은 문둥이 (……) / 이건
참 어처구니없는 벌이올시다"를 읽으며 자신도 시인이 앓
고 있는 '한센병'에 걸리더라도 시인이 되겠다는 꿈을 꾸었
다고 회고한 적이 있다.

　한하운 시인의 본명은 한태영으로, 함경남도 함주에
서 부유한 양반 집안의 2남3녀 중 장남으로 태어났다. 함흥
공립보통학교를 우등생으로 졸업한 그는 함경남도의 명문
이리농림학교에 입학했는데, 키도 커서 육상선수로 활동
했다. 1936년 졸업반이 된 그의 몸에 두드러기가 일어나 경
성대 부속병원을 찾아갔더니 일본인 의사는 "소록도에 가
서 치료하면 나을 것이니 걱정하지 말라"라고 말했다. 조선
총독부령 제7호에 따라 1916년 2월 24일 전라남도 소록도에
한센병(나병) 환자들의 격리·치료 시설인 자혜의원이 설립되
었다.

　소록도란 어린 사슴이 누워 있는 형상을 닮았다고 해

서 붙여진 이름으로 이 섬이 선정된 까닭은 온화한 기후와 풍부한 물, 섬이지만 육지와 인접한 특성 때문이었다. 자혜 의원이 한센병 전문 병원으로 설립되기 전에는 상당수 환 자들이 유리걸식하며 떠돌았다. 자혜의원은 섬 주민들의 맹렬한 반대에도 불구하고 섬 전체 면적의 20퍼센트에 해 당하는 4.3제곱킬로미터를 강제 매입하여 주민들을 이전시 키고 설립되었는데, 당시 이곳에 세워진 건물 대부분은 수 용된 환자들의 노동력을 이용한 것이었다.

자혜의원은 1934년 소록도갱생원이 되었다. 당시 갱 생원장은 조선총독부 국장급에 해당하는 수호 마사토였다. 1933년 갱생원장으로 부임한 그는 환자들에게 벽돌 굽기, 가마니 짜기, 숯 굽기 등 고된 노역을 시켰다. 1940년 8월 20일에는 환자들에게 갹출한 돈으로 자신의 동상을 세우 고는 매월 20일을 '보은감사일'로 정해 6천여 명의 환자들 을 동상 앞에 세워 놓고 절을 시켰다.

1942년 6월 20일 보은감사일 행사에 참석하기 위해 수 호 마사토 원장이 차에서 내려 연단으로 향하는 순간 한센 병 환자 이춘상(당시 27세)이 "너는 환자들에게 너무 무리 한 짓을 했으니, 이 칼을 받아라!"라는 외침과 함께 그를 칼 로 찔렀다. 원장은 곧 숨졌고, 두 달 뒤 광주지법에서 열린 재판에서 이춘상은 "갱생원의 부정을 사회에 폭로하여 6천 여 환자의 처우를 개선할 방법은 원장을 죽이는 길밖에 없다고 여겼다"라고 범행 동기를 밝혔다. 이춘상은 이듬해 사형당했다.

광복 이후에도 소록도의 비극은 끝나지 않았다. 1945년 8월 20일을 전후해 소록도갱생원의 일본인 직원들이 물러나면서 갱생원 운영을 두고 원생들과 직원들 간에 다툼이 일어 환자 대표 등 84명이 살해당한 '84인 학살 사건'이 벌어졌다. 2018년에 출간된 『소록도 100년, 한센병 그리고 사람, 백년의 성찰』에서는 다음과 같이 정리하고 있다. "어떠한 시각에서 사건을 해석하든 적어도 8월 22일의 총격과 학살은 무장한 직원들에 의해 계획적으로 일어난 집단학살"이었으며, 이 사건은 "일제의 강제 격리 정책에 의한 비인간적인 멸시와 억압, 뿌리 깊은 차별 의식과 이에 대한 저항의식이 광복 직후의 정치적 상황과 맞물려 발생한 비극이었다." 정부 수립 이후 1990년까지 한센병 환자들에 대해 아무런 법적 근거도 없이 강제 단종 및 낙태 등 반인권적 행위가 자행되었다.

2017년 2월 15일 대법원은 한센인 단종·낙태 국가배상 청구소송에서 이런 반인권적 행위는 법률상 근거가 없고, 인간으로서의 존엄과 가치, 인격권 및 자기결정권을 침해하거나 제한하는 행위로서 대한민국은 국가배상책임을 부담하는 것이 옳다고 밝혔다. 해방 이후 월남한 시인 한하운은 인천에 한센병 환자 요양소 2곳을 설립해 운영하는 등

한센인 구제 사업을 펼치다가 1975년 인천에서 간경화로
생을 마쳤다.

⇒ 『한하운 전집』, 한하운 지음, 인천문화재단 한하운전집편집위원회
엮음, 문학과지성사, 2010

하미 마을 학살

한국 정부는 아프가니스탄 수도 카불이 탈레반에게 함락된 직후인 2021년 8월 26일 군용기 3대를 투입한 '미라클 작전'을 통해 아프가니스탄에서 한국을 위해 일한 아프간인 391명을 이송해 왔다. 1971년 남베트남에서 출생한 작가 비엣 타인 응우옌은 남베트남의 수도 사이공이 함락된 뒤 부모를 따라 1975년 보트피플(해상 난민)로 떠돌다가 미국에 정착했다. 그의 부모가 난민캠프에 수용되어 있는 동안 그는 미국인 위탁가정에 맡겨졌고, 그곳에서 미국 문화와 언어를 습득하며 성장했다.

훗날 그는 이와 같은 자신의 경험과 정체성의 혼란을 녹여 낸 소설 『동조자』를 펴내 2016년 퓰리처상을 받았다. 응우옌은 『아무것도 사라지지 않는다』에서 할리우드 영화, 드라마, 다큐멘터리 등 기억 (관련) 산업은 전쟁에 정당성을 부여하고 미국이 영원히 결백한 나라라는 상상의 기억을 제공한다며 "기억과 역사는 공정한가?"라고 묻는다. 마야 린의 베트남 참전용사 추모비는 '상처를 치유하는 기념비'라는 평가를 받고 있다. 검은색 화강암을 V자로 배치한

이 기념비에는 베트남전쟁에서 숨진 미국인 병사 5만8천여 명의 명단이 빼곡하게 새겨져 있다. 이 추모비의 길이는 137미터에 이른다. 그러나 이 추모비에는 미국을 위해 싸운 베트남 내 소수 부족 희생자들의 명단은 새겨지지 않았다. 사진작가 필립 존스 그리피스는 이 추모비와 "같은 간격으로 베트남인 희생자들의 이름을 새겨 넣은 비슷한 추모비를 만든다면, 아마도 15킬로미터에 이를 것"이라며 이 전쟁기념비가 기억하지 않는, 침묵당하고 있는 또 다른 희생자들에 대해 말했다.

오늘날 한국인들도 즐겨 찾는 베트남의 관광도시 다낭 해안 남서쪽에 위치한 하미Ha My 마을에는 학살 희생자 위령탑이 서 있다. 이 추모비는 2000년 12월 월남참전전우복지회가 기부한 돈으로 세운 것이다. 하미 마을 학살 사건은 1968년 2월 25일(음력 1월 26일), 대한민국 해병대 청룡부대가 베트남 꽝남성 디엔반현에 위치한 하미 마을에서 비무장 민간인 135명을 학살하고 가매장한 사건을 말한다. 이 추모비에는 그날 살해당한 135명의 이름이 새겨져 있는데, 이 추모비에서 가장 나이 많은 희생자는 1880년에 태어난 여성이고, 가장 나이 어린 세 명의 희생자는 1968년에 죽었다고 적혀 있다. 어쩌면 태어나지도 못한 아이였을 것이다. 왜냐하면 그들의 이름은 '보 자인'Võ Danh, 즉 무명無名이라는 뜻이기 때문이다.

그러나 이 추모비는 누가 이들을 죽였는지 말하지 못한다. 비문에는 "1968년 이른 봄 음력 1월 26일 청룡병사들이 와서 미친 듯이 양민을 학살했다. 하미 마을 30가구 중에 135명이 죽었다. 피가 이 지역을 물들이고, 모래와 뼈가 뒤엉켜 섞이고 (……) 과거의 전장이었던 이곳에 이제 고통은 줄어들고 있고, 한국인들은 다시 이곳에 찾아와 과거의 한스러운 일을 인정하고 사죄한다. 그리하여 용서의 바탕 위에 이 비석을 세웠다"라고 적혔다. 그러나 월남참전복지회 측은 비문을 지워 달라고 요청했다. 마을 주민들은 비문을 지우는 대신 연꽃 모양의 대리석으로 덮어 놓았다. 베트남정치국 전쟁범죄 조사 보고서는 베트남전쟁 기간에 한국군에 의해 학살된 민간인 희생자는 5천여 명이 넘는 것으로 추정하고 있다.

⇒ 『아무것도 사라지지 않는다』, 비엣 타인 응우옌 지음, 부희령 옮김, 더봄, 2019

쇼와 국가주의

일본을 대표하는 그림 양식 중 하나인 목판화 '우키요에'浮世
繪는 서구 인상파에 '자포니즘'이라는 영향을 준 것으로 널
리 알려져 있다. 그중 가장 유명한 것이 가쓰시카 호쿠사이
(1760~1849)의 『가나가와 해변의 높은 파도』이다. 이 작품
은 높고 거친 파도가 밀려오는 가운데 작은 목선을 탄 어부
들이 필사적으로 노를 젓는 모습을 담고 있다. 호쿠사이가
살던 시대에 서구는 이미 일본의 인후에 다다르고 있었다.
이 작품에서 거친 파도를 표현한 짙푸른 색채의 안료는 서
구에서 개발된 합성염료 프러시안블루였다.

그가 세상을 뜨고 3년 뒤 페리 함대가 일본에 도착한
다. 거칠게 밀려오는 서구 근대의 파도 앞에 놓인 일본에는
세 가지 선택지가 있었다. 파도에 맞서거나 파도를 타거나
파도 속으로 가라앉는 것이었다. 처음 일본은 파도에 맞서
보려고 했으나 그랬다간 금세 파도 속으로 가라앉게 될 것
임을 깨우쳤다. 일본은 파도를 타기로 했다. 서구 열강들이
강제한 불평등조약의 굴욕을 맛보면서 일본은 자신들도 열
강들처럼 식민제국을 수립하고 유지하려면 강력한 군사력

이 필요하다고 판단했다. 이는 메이지 천황을 거쳐 쇼와 천황에 이르러 오늘날 우리가 '군국주의' 또는 '천황제 파시즘'이라고도 부르는 '쇼와 국가주의'로 수렴되었다.

쇼와 국가주의란 태평양전쟁 패전에 이를 때까지 일본의 정치를 주도한 사상적 흐름으로, 그 무게 추가 민간(정당)에서 군대로 전이된 사건이 바로 1936년 2월 26일에 발생한 이른바 '2·26 사건'(쿠데타)이다. 당시 일본 육군 내부에는 이른바 통제파와 황도파라는 두 개의 파벌이 존재했다. 군부가 주도해 부국강병을 추구해야 한다고 생각했다는 점에서 두 파벌 사이에 이념적 차이는 크지 않았지만, 그 방법을 두고는 이견이 있었다.

통제파가 육군 대신을 통해 기존의 체제를 유지하면서 군부의 요구를 실현하길 원했다면, 황도파는 부패하고 무능한 정당(의회)정치를 타파하고 천황 친정 체제의 군국국가로 나아가야 한다는 급진적인 노선이었다. 통제파가 사족 계급 출신으로 유신에 참여한 중앙 정치 무대의 원로·고위급 장성들이었다면, 황도파는 가난한 농민 출신의 위관급 청년 장교들이 주축이었다. 황도파는 급격한 산업화·도시화·서구화로 고향의 농민과 서민이 고통받는 현실을 보다 직접적으로 느끼고 있었다. 이들은 통제파와 고위 관료들을 썩어빠진 기득권 세력으로 간주했고, 시시때때로 암살이나 쿠데타 음모를 꾸몄다.

1932년 2월 9일 전 재무장관 이노우에 준노스케가 군비를 축소했다는 이유로 도쿄 노상에서 살해되었고, 같은 해 5월 15일 해군 및 육군 사관 후보생으로 구성된 9명이 이누가이 쓰요시 총리 관저에 난입해 총리를 권총으로 쏴 죽였다. 정부의 재가도 없이 관동군이 만주 일대를 침략해 수립한 괴뢰 국가인 만주국의 건국 승인을 내주지 않는다는 불만 때문이었다. 군부가 정부 고위 관료들을 암살하고 쿠데타를 획책했지만, 국민들 사이에서는 이들이야말로 위기에 빠진 국가를 바로 세우고 도탄에 빠진 민중을 구원할 수 있는 세력이라 여기거나 동정하는 분위기마저 있었다.

이런 분위기 속에 22명의 황도파 청년 장교들이 병사 1,400여 명을 동원해 천황을 앞세워 국가의 전면적 개조와 군국주의 정부 수립을 요구하며 일으킨 쿠데타가 2·26 사건이다. 이들은 내각을 습격해 다카하시 고레키요 대장상과 사이토 마코토 내무대신(전 조선총독), 와타나베 교육총감 등을 살해하고 총리 관저와 의사당, 육군성을 포위했다. 그러나 천황은 이들을 궐기군이 아닌 반란군으로 규정해 즉각 해산을 명령했다. 정치적 명분이 사라지자 반란을 이끈 장교 중 두 명이 자결하고, 나머지 장교와 병사 들은 사건 4일 만인 29일에 자진해산했다. 몇몇 주모자들과 이들의 사상적 배후로 주목된 기타 잇키 등이 사형됐지만, 이 사건 이후 군부는 어떤 내각이든 마음대로 구성하고 어떤 정책이든 추진할 수 있었다. 일본에서 군대는 정부이자 국가 그 자체가 되었다.

⇒　『만들어진 나라 일본』, 마쓰오카 세이고 지음, 이언숙 옮김,
프로네시스, 2008

강화도조약과 심행일기

중국에서 화이華夷 체제와 서구 근대라는 두 질서가 충돌한 역사적 사건이 아편전쟁이었다면, 조선에는 '운요호 사건'이 있었다. 운요호 사건의 결과로 조선은 일본과 조일수호조규, 즉 강화도조약(1876년 2월 27일)을 맺었다.

　일본에게 1868년 메이지유신에서 1876년 강화도조약에 이르는 8년은 메이지 정부의 사활이 걸린 고비의 시간이었다. 일본은 메이지유신 이후 1871년 중국과 수호조약을 체결했다. 양국이 수호조약을 체결하는 데에는 아무런 장애가 없었다. 일본은 임란 이후 사대 질서의 외부에 있었기 때문이다. 그러나 조선과 일본은 달랐다. 두 나라는 임란 이후에도 조일무역에 의존해야 했던 쓰시마번의 외교 노력 덕분에 수백 년간 외교관계를 단절하지 않고 왕래하며 교섭해 온 제도와 관례가 있었다. 조선은 사대교린의 질서 속에서 일본을 대했고, 새로운 근대국가가 된 일본은 이 질서를 깨뜨려야 했다. 이 무렵 대원군이 물러나고 고종의 친정 체제가 수립되었지만 국교 재개는 생각보다 지지부진했다. 일본은 군함 운요호를 강화도에 접근시키는 군사적 도발을 감행했다.

19세기의 난중일기라 부를 만한 『심행일기』를 쓴 신헌(1810~1884)은 강화도조약을 주관한 조선 측의 대관大官이었다. 주무자이자 당사자인 그가 조약 체결의 전말과 여기에 임했던 양측 대표들의 입장을 대화체로 상세하게 기록해 놓은 것이 『심행일기』이다. 그는 일기에서 쇄국으로 시간을 끌다가 전란에 휩싸이기보다 먼저 개방을 하고 일본을 비롯한 외세의 침략에 대비할 시간을 벌어야 한다고 보았다. 그는 한 달간의 밀고 당기는 협상 끝에 조약이 체결되자 전란을 막았다고 기뻐했다.

영국의 사례를 보자. 네빌 체임벌린은 오늘날까지도 뮌헨협정의 당사자로 비판받고 있다. 독일의 야욕을 알면서도 유화적으로 대처했다는 것이다. 결과론이긴 하지만 체임벌린의 타협이 없었다면 영국은 전쟁에 대비할 시간을 얻지 못했을 것이고, 본토 항공전에서 승리하지 못했을 것이다. 문제는 타협이 아니라 타협을 통해 얻은 시간을 어떻게 활용할 것인가이다. 영국은 대비했고, 조선은 시간을 허비했다.

⇒　『심행일기』, 신헌 지음, 김종학 옮김, 푸른역사, 2010

2·28 사건

중국 본토의 남동 해안에서 160킬로미터 떨어진 대만은 17세기 중엽부터 대륙의 한족들이 이주해 정착하는 등 역사적으로 중국에 귀속되어 있었지만, 근대 초기 청의 지배력은 거의 미치지 못했다. 청일전쟁(1894~1895) 이후 50년간 일제의 지배를 받았던 대만 주민들이 중화민국 정부에 걸었던 기대와 희망이 무너지기까지는 오랜 시일이 걸리지 않았다. 당시 국민당 정부는 공산당과 치열한 국공내전을 치르는 중이었기 때문에 대만을 안정적으로 통치할 적절한 준비와 조치를 할 수 없었다.

장제스 총통은 천이를 대만의 행정장관 겸 경비총사령관으로 임명해 수복 지구도 아닌 군사점령 지역으로 관리했다. 10월 17일 대만에 상륙한 국민당 정부의 통치는 본토와 다르지 않았을 뿐만 아니라 일제의 식민통치보다 가혹했다. 대만의 한족은 일찌감치 대륙에서 이주해 온 본성인本省人(대만인)과 1949년을 전후해 장제스의 국민당 정권과 함께 건너온 외성인外省人으로 구분되는데, 외성인은 대만 전체 인구 중 대략 13~14퍼센트에 불과했다. 인구 비례상

본성인이 압도적으로 많았지만, 정부 요직은 외성인이 차지했고, 국민당 정부는 본성인을 준일본인으로 간주해 멸시하고 차별했다.

1947년 2월 27일 밤 타이베이에서 담배 노점을 운영하는 여성이 정부 전매품인 담배를 허가받지 않고 팔았다는 이유로 단속반원에게 심하게 구타당하는 사건이 발생했다. 주변에서 이에 대해 항의하면서 가벼운 충돌이 벌어졌는데, 경찰이 항의하는 군중에 발포하여 학생 한 명이 사망하는 등 사태가 걷잡을 수 없게 커지고 말았다. 다음 날 사망 소식을 접한 군중은 발포한 경찰을 처벌할 것을 주장하며 시위를 벌였다. 그러나 국민당 정부는 시민들의 분노를 달래고 무마시키는 대신 시위를 빌미로 타이베이에 임시 계엄을 선포한다. 격분한 시민들이 경찰서에 난입해 경찰을 구타하여 죽이는 상황이 벌어지자 군이 출동해 시위 군중에게 무차별 사격을 가했다.

시위는 타이베이에서 대만 전역으로 번졌고, 분노한 시위대가 방송국을 점거해 대만 전 주민이 총궐기할 것을 주장했다. 그제야 사태를 파악한 행정장관 천이는 한편으로 대화를 시도하면서 다른 한편으로 대륙에 국민당군의 증파를 요청했다. 증원군이 도착한 1947년 3월 8일부터 대대적인 유혈 진압이 시작되었고, 3월 21일이 되자 진정되었다. 그러나 진압 과정에서 무자비한 학살과 약탈로 인해 외성인 700~800명을 포함해 최대 2만8천여 명의 희생자가 발생했다.

이 사건은 1988년 리덩후이 총통에 의해 정부 차원의 조사가 진행되기 전까지 누구도 입에 담을 수 없는 금기였다. 정부 차원의 조사가 이루어지고 기념공원까지 조성되었지만, 가해자 처벌은 이루어지지 않았다. 본토의 중화인민공화국 정부는 이에 대해 애도를 표하며 2·28 사건 역시 큰 의미에서 중국 인민 해방 투쟁의 한 부분이라고 주장했지만, 독립을 희망하는 대만인(본성인)은 대만 독립의 역사적 근거로 제시되는 사건마저 '하나의 중국'을 위한 상징으로 써먹으려는 것은 아닌지 우려한다.

⇒   영화 『비정성시』, 허우샤오셴 감독, 1989

리프 이어 데이

지구가 태양의 둘레를 한 바퀴 도는 데 걸리는 시간을 1년으로 삼는 태양력(양력)을 기준으로 1년은 365일이지만, 4년에 한 번씩 1년은 366일이 된다. 왜 그럴까? 사실 지구가 태양을 한 바퀴 도는 데 걸리는 정확한 시간은 365일 5시간 48분 46.08초이기 때문이다. 그래서 365.2422일을 '1태양년'이라고 부른다. 이 자투리 시간을 그대로 두면 4년에 하루씩 늦어지게 되고, 결국 달력이 맞지 않게 된다. 그래서 4년에 한 번씩 2월 29일이라는 윤일閏日을 두게 되었다. 기원전 46년 율리우스 카이사르가 '율리우스력'을 만들면서 처음으로 윤년閏年을 만들었는데, 이때는 4년에 한 번씩 2월 24일을 이틀로 계산했다.

　로마가 그리스도교를 공인하면서 정확한 날짜 계산이 더욱 중요해졌다. 그 이유는 325년에 제정된 그리스도교 최대 축일 '부활절' 때문이었다. 325년 이후 1300여 년이 흐르면서 부활절의 오차가 10일이나 되자 이 문제를 해결하기 위해 4로 나눠서 떨어지는 해를 윤년으로 하되, 그중 100으로 나눠떨어지는 해는 평년으로 하고, 다시 400년에 한 번은 윤년으로 하도록 개선한 것이 1582년 교황 그레고리우스 13세가 제정한 '그레고리우스력'이다.

우리는 1895년 양력(그레고리우스력)을 공식 역법으로 채택했지만, 지금도 음력을 병행해서 사용한다. 그렇다면 4년에 한 번씩 돌아오는 2월 29일은 윤달閏月일까, 윤일일까? 정답은 그때마다 다르다는 것이다. 한국 속담 중에 "윤달에는 송장을 거꾸로 세워도 탈이 안 난다"라는 말이 있는데, 윤달에는 '하늘과 땅을 감시하는 신이 없는 달'이어서 불경한 일을 하더라도 동티나는 일을 피할 수 있다고 여겼다. 이 때문에 윤달에 이장을 하거나 묘지를 새로 단장했으며 이때 수의를 만들면 장수한다고 여겨 수의를 만들었다. 이처럼 동양의 풍속에서 중요하게 여겨지는 윤달을 정확히 이해하려면 태양을 기준으로 삼는 양력과 달의 주기를 기준으로 삼는 태음력(음력)의 차이를 알아야 한다.

앞서 말한 것처럼 태양력은 지구가 태양을 한 바퀴 도는 데 걸리는 주기를 12개월로 나눈 역법이지만, 태음력의 달month은 달moon이 지구를 한 바퀴 돌면서 변하는 주기, 즉 약 29.53059일을 1개월(1삭망월)로 본다. 음력에서는 29일 달과 30일 달로 날짜와 달의 모양을 맞추고, 나머지 0.0305일을 33개월간 모았다가 29일인 달에 하루를 더한다. 이런 방식(음력)으로 하면 1년이 354일이 되기 때문에 매년 양력과 약 11일의 차이가 발생하게 된다. 이런 오차를 줄이려고 음력은 2~3년에 한 번씩 윤달을 두고 있다. 윤달이 있는 해의 음력 개월 수는 '13월'로 한 달이 더 많아진다. 다시 말해 2월 29일이 들어 있는 해는 양력으로 '윤년'이고, '윤일'이지만, 2월 29일이 있다고 해서 저절로 '윤달'이 되는 것은 아니다.

양력을 쇠는 영미권에서는 윤년을 'Leap year'라고 부르는데, 2월 29일에 태어난 아기를 '리플링'leaplings 또는 '리퍼'leaper라 부른다. 영국과 아일랜드에서는 이날에 한 해 여성이 먼저 청혼할 수 있도록 했는데, 스코틀랜드의 마거릿 여왕이 1288년에 제정한 법에 따르면 이날 여성의 청혼을 거절한 남성은 벌금을 물도록 했고, 핀란드에서도 이날 여성의 청혼을 거절한 남성은 그 여성에게 질 좋은 치마나 옷감을 사 줘야 하는 여성의 '프러포즈 데이'로 기념되어 왔다. 또한 2월 29일에 태어난 사람들만 가입할 수 있는 '아너 소사이어티 오브 리프 이어 데이 베이비스'The Honor Society of Leap Year Day Babies라는 자선단체가 있다. 역사적으로는 1752년 2월 29일, 벤자민 프랭클린이 연을 날려 번개가 전기 현상이라는 사실을 증명했다. 이날 번개 맞을 확률과 프러포즈 받을 확률 중에 어느 것이 더 높을지는 알 수 없다.

⇒　영화 『프로포즈 데이』, 아넌드 터커 감독, 2010

3월 ○ *March*

3월의 영어 이름 'March'는 그리스·로마 신화에 나오는 난폭한 전쟁의 신 '마르스Mars의 달'이라는 뜻이다. 행군·행진을 뜻하는 영어 'March'와 무술을 뜻하는 마셜아츠martial arts도 같은 어원에서 비롯되었고, 화성 역시 '마르스'라고 부른다. 3월에 이와 같은 이름이 붙은 까닭은 봄이라고는 하지만 여전히 변덕스러운 날씨 때문일지도 모른다. 그런 까닭에 아메리칸 원주민들은 3월을 '한결같은 것이 아무것도 없는 달'이라고 부른다. 서양에서는 봄이지만 여전히 차가운 바람을 가리켜 '3월의 바람'이라고 일컫는다.

3·1 만세운동

1919년 3·1 만세운동은 국내외적 차원에서 그 발생 원인을 찾을 수 있다. 주권강탈 이후 일본은 '사유지임을 입증하지 못하면 국유화한다'는 원칙 아래 조선 민중의 토지를 약탈하여 국유화하였고, 이를 일본인에게 값싸게 불하했다. 지주의 소유권은 크게 강화하면서도 오랫동안 농민이 누려 온 경작권이나 영구 소작권은 인정하지 않았다. 또한 일제는 조선인이 기업을 설립하려면 총독의 허가를 받아야 하고, 그렇게 해서 설립한 회사도 총독의 명령에 따라 해산시킬 수 있다는 내용의 '회사령'(1910)을 제정했다. 조선의 근대화를 명분으로 국권을 침탈했지만 실제로는 조선을 수탈 대상으로 삼았던 것이다. 이런 상황에서 민중의 불만은 나날이 쌓여 갔다.

1차 세계대전에서 연합국이 승리하면서 1919년 1월 프랑스 파리에서 전후 처리를 위한 강화회의가 개최되었다. 이 회의에서 미국의 윌슨 대통령은 세계 여러 민족은 자신의 운명을 스스로 결정해야 한다는 민족자결주의를 제창했다. 윌슨의 민족자결주의는 당시 식민 지배를 받던 세계 여러 민족에게 큰 희망이 되었다. 그러던 중 1919년 2월 8일, 일본 도쿄에서 이광수를 비롯한 조선 유학생들이 '2·8 독립선언서'를 발표하는 사건이 일어났다. 이는 국내의 독립운동가와 민중에 큰 용기를 주었고, 때마침 1월 21일에 발생한 고종 독살 사건과 맞물리면서 독립을 향한 민족의 의지가 더한층 고조되었다. 국내외에서 애국계몽운동을 전개하던 민족 지도자들을 중심으로 독립선언이 준비되었고, 3월 1일을 거사일로 잡아 독립선언서를 대량으로 인쇄해 전국에 배포했다.

3·1 만세운동은 일본의 식민 지배에 저항해 우리 민족이 평화적으로 봉기한 최대 규모의 항일 독립운동이었고, 1차 세계대전 이후 전승국 식민지에서 일어난 최초의 대규모 독립운동이었다. 또한 3·1 운동은 이전에 일어났던 의병운동과 달리 이후 우리 민족의 국가 체제를 공화정체로 규정한 최초의 운동이라는 점에서 훗날 상하이 임시정부의 탄생을 뒷받침한다.

3·1 운동 이후 왕정 복권을 주장하는 민족운동은 일어나지 않았다. 또한 민족 대표 33인 가운데 다수가 변절해 훗날 친일파가 되었던 것도 아니다. 민족 대표 33인 가운데 이후 26년간 일제의 강압과 회유를 이기지 못하고 친일로 돌아선 사람은 최린·정춘수·박희도 단 세 사람뿐이었고, 나머지 인사들은 옥사하거나 이후 국내에 잔류해 민족 계몽운

동을 지속하거나 만주 등 해외로 망명했다.

두 달여에 걸쳐 평화적으로 진행된 만세운동에 대해 일본은 시위대를 향해 무차별 사격하거나 남녀노소를 불문하고 총검을 휘두르며 무자비하게 진압했으며, 지역에 따라 대규모 민간인 학살이 자행되었다. 당시 외국인 선교사들이 직접 확인한 곳만 제암리를 제외하고도 16곳이었다. 이처럼 무자비한 탄압에도 불구하고 만세운동은 두 달여 동안 계속되었고, 전국적으로 알려진 것만도 1,921건에 이른다. 이 운동의 결과로 조선이 일본에 의해 행복한 근대화 과정을 밟고 있다는 일본의 선전이 허구라는 사실이 드러났고, 조선은 2차 세계대전 이후 독립할 수 있었다.

⇒　『1919』, 박찬승 지음, 다산초당, 2019

신고식

새 학기가 시작되면 종종 대학가의 신고식 이야기가 전파를 타고 뉴스가 된다. 동서고금의 역사에는 다양한 신고식 풍속이 전해지는데, 나름대로 들어가기 어려운 학교, 그 분야의 명문이라 알려진 곳일수록 통과 의식이 심한 편이다. 신고식이란 원시부터 존재해 온 성인식처럼 일종의 진입장벽 역할을 하는데, 이 의식을 통과해야만 비로소 동료로 받아들인다는 점에서 배타적 동료애의 상징이기도 하다. 이런 신고식은 외국도 크게 다르지 않다. 특히 악명이 높은 건 프랑스의 명문 고교와 대학에서 신입생을 학대하고 구박하는 '비쥐타주'bizutage다.

　우리도 고려 말 우왕 때부터 신고식이 존재했다고 하니 그 뿌리가 매우 깊다고 할 수 있다. 다만 고려에서 시작된 당시의 신고식은 특혜에 저항하는 형태였다. 고려시대 문벌귀족은 과거를 치르지 않고 임용되는 음서 제도의 특혜를 받았는데, 요즘 말로 '금수저'를 입에 물고 태어난 덕분에 관리가 된 신참내기의 콧대를 꺾어 놓기 위해 시작된 것이었다. 조선시대 성균관 신입생들도 입학식을 치른 뒤 오늘날의 기숙사에 해당하는 재사齋舍에서 선배들과 따로 '신방례'新榜禮라는 신고식을 치렀다. 성균관에서 공부하고 과거에 급제한 뒤라도 신고식은 계속되었다. 새로 임용된 신참들을 사람 취급 하지 않고 '새 귀신'이라 부르며 온갖 방법으로 괴롭혔기 때문에 율곡 이이처럼 벼슬도 마다하고 고향으로 돌아가 버리는 일마저 있었다.

이처럼 혹독한 진입장벽을 넘어선 사람들은 자신이 관문을 통과한 사람이라는 것을 뽐내고 싶어 하기도 한다. 대표적인 것이 학과 단체복을 의미하는 이른바 '과잠' 문화인데, 과잠은 1865년 미국 하버드대학교 야구팀에서 팀워크를 다지기 위해 동일한 디자인의 점퍼를 제작해 입고 다닌 것이 계기가 되어 독특한 대학 문화로 널리 퍼졌다. 사회학자 오찬호는 『우리는 차별에 찬성합니다』에서 때늦은 과잠의 유행을 학벌주의의 변화와 관련지어 설명했다. 학벌이 취업을 보장해 주고 동문이 이끌어 주던 과거의 '공동체적 학벌주의'는 쇠락했지만, 역설적으로 그렇기 때문에 더욱더 대학 서열에 집착하게 된다는 것이다. 무한 경쟁사회에서 살아남기 위해 자신이 그나마 확보한 비교우위를 놓치고 싶지 않아 하는 서글픈 차별 전략인 셈이다.

⇒ 『우리는 차별에 찬성합니다』, 오찬호 지음, 개마고원, 2013

설국열차

영화 『설국열차』는 기상 이변으로 모든 것이 꽁꽁 얼어붙은 지구에서 살아남은 소수의 사람들을 태운 기차가 순환하는 무한궤도를 끝없이 달린다는 설정이었는데, 1차 세계대전이 한창이던 시베리아에서도 피압박 민족의 설움을 담은 채 정치적 격변의 소용돌이 속을 달리는 열차가 있었다.

1차 세계대전 무렵만 하더라도 체코슬로바키아는 독립국가가 아니라 오스트리아-헝가리 제국의 일부였다. 1914년 1차 세계대전이 벌어지자 체코인은 자신의 의지와 상관없이 오스트리아군의 일원으로 전쟁에 참전했다. 러시아는 체코 출신 망명 정치인들의 도움을 얻어 포로와 탈주병, 체코 독립을 위해 러시아군에 자발적으로 합류한 체코인을 규합해 '체코군단'Czechoslovak Legion을 만들었는데 그 숫자가 최대 10만 명에 이르렀다. 이들은 체코슬로바키아의 독립을 위해 오스트리아에 총부리를 겨눴지만, 문제는 1917년 러시아에서 볼셰비키 혁명이 일어났다는 것이다.

1918년 3월 3일 브레스트-리토프스크 조약으로 독일 및 그 동맹국과 단독 강화에 나선 러시아에서 체코군단은 더 이상할 일이 없었다. 연합국은 이들 체코군단 병사들을 고국으로 귀환시켜 줄 것을 요청했지만, 이들을 돌려보낼 방법이 없었다. 또한 이들을 어떻게 처리하느냐에 따라 큰 손실을 감수하며 강화를 맺은 독일을 자극할 수도 있었다. 혼란의 와중에 적백내전까지 벌어지자 볼셰비키 정부는 1918년 5월 체코군단을 무장해제하기로 결정했다. 그런데 체코군단을 무장해제하려 했던 적군이 도리어 이들에게 간단히 제압당하는 상황이 발생하고 말았다. 이들은 29량에 달하는 열차를 탈취해 시베리아를 횡단하기 시작했다.

전투를 벌이며 도피하는 과정에서 획득한 무기로 더욱 강력한 무장 열차가 되었고, 열차 안에는 은행·우체국은 물론 체코어로 발행하는 신문까지 있었다. 현지 여성들과 열차 안에 살림을 차리기도 했다니 이들에게 열차는 작은 나라였던 셈이다. 적백내전의 혼란 속에 시베리아를 횡단해 마침내 극동의 블라디보스토크에 도착한 체코군단은 당시 만주와 연해주 일대에서 세력을 확장해 나가던 조선 독립군에게 여분의 무기를 판매했다. 이때 구입한 무기 덕분에 김좌진과 홍범도가 이끄는 독립군은 청산리에서 일본군을 크게 무찌를 수 있었다.

⇒   영화 『설국열차』, 봉준호 감독, 2013

무가베

짐바브웨와 잠비아 사이의 자연 국경이 된 빅토리아폭포는 나이아가라폭포(55미터)보다 두 배(108미터)나 높은 곳에서 분당 5억5천만 리터의 물을 쏟아내 물보라가 500미터까지 솟구치는 장관을 이룬다. 흔히 빅토리아폭포는 1885년 잠베지강을 탐사하던 스코틀랜드 출신의 선교사 데이비드 리빙스턴이 처음 발견했다고 이야기하지만, 아프리카인들은 이미 그전부터 '포효하는 연기'라는 뜻에서 '모시-오아-투니아'라고 불렀다. 11세기 무렵 짐바브웨에는 쇼나족이 중심이 되어 세운 짐바브웨 왕국이 존재했다. 이들은 여러 개의 석조 도시를 건설하는 등 국력을 자랑했지만, 이후 짐바브웨 왕국이 멸망하면서 역사 저편으로 사라졌다.

　실종된 리빙스턴을 찾으려고 헨리 모턴 스탠리가 이 지역 일대를 조사한 것이 계기가 되어 이후 제국주의자로 악명 높았던 세실 로즈가 진출해 대영제국남아프리카회사를 세웠다. 그는 이 지역의 왕국들을 영국의 보호령으로 식민지화했다. 세실 로즈는 1898년 잠비아와 짐바브웨 지역 일대의 '영국령 중앙아프리카'(훗날 중앙아프리카연방)를 자신의 이름을 따서 로디지아라고 명명했다. 1923년부터 자치 식민지가 되었지만, 정치적·경제적 실권을 모두 장악한 백인 이주민은 원주민의 참정권을 허용하지 않았다. 2차 세계대전 이후 중앙아프리카 일대에서도 민족해방의 기치를 내건 독립운동이 거세게 일었고, 영국은 1963년 중앙아프리카연방을 해체할 수밖에 없었다. 해체된 중앙아프리카연방에 각각 말라위와 잠비아라는 아프리카인 정부가 수립되었지만, 백인 이주민이 권력을 장악하고 있던 남부 로디지아는 아프리카인의 참여를 배제한 채 1965년 독립했다. 로디지아의 아프리카인은 백인 정부에 맞서 격렬하게 저항했다.

쇼나족 출신의 로버트 가브리엘 무가베(1924~2019)는 가난한 가정에서 태어나, 쿠타마대학교와 포트하레대학교를 졸업하고 학교에서 교사로 일했다. 소수 백인 이주민이 다수의 아프리카인을 통치하는 현실에 분개한 그는 아프리카 민족주의자들과 합류해 아프리카인의 독립국가 건설을 요구하는 시위에 앞장섰다. 무가베는 1964년부터 1974년까지 10년간 투옥되었고, 점차 쇼나 민족해방운동의 지도자가 되었다. 아프리카인들의 거센 저항과 국제사회의 비판에 내몰린 로디지아 정부는 평화회담을 제안했다.

1980년 3월 4일 총선거에서 무가베가 압승을 거두며 짐바브웨(로디지아에서 국명 변경)의 첫 번째 흑인 총리가 되었다. 이 시기 무가베는 국민의 기대와 희망을 한몸에 받았고, 만델라·은크루마와 더불어 아프리카 대륙에서 가장 존경받는 지도자였다. 그는 국가적 화해를 이루겠다던 공약을 지키기 위해 과거 자신을 수없이 암살하려 했던 켄 플라워를 보안기구 수장에 유임시켰고, 총부리를 맞대고 싸웠던 피터 월스를 참모총장에 임명했으며, 내각에 두 명의 백인 장관을 지명했다. 그러나 정부 출범 이후 의료와 교육을 확대하는 등 사회주의 사회를 건설하겠다던 공언은 지켜지지 못했다.

탈식민지화에 필수적인 토지개혁에 실패했고, 기근과 경기 침체가 이어졌다. 국민은 가난과 기아에 허덕였지만, 무가베와 그의 아내는 사치를 일삼았다. 국민의 반감이 커지는 가운데서도 무가베는 폭력과 부정선거를 통해 2017년 쿠데타로 쫓겨날 때까지 권좌에서 내려오지 않았다. 무가베는 짐바브웨를 식민주의와 제국주의, 백인 소수 지배로부터 해방시킨 혁명가이자 영웅이었지만 이후 거의 40년간 통치하면서 자신의 명성을 모두 잃고 말았다.

⇒　『아프리카의 운명』, 마틴 메러디스 지음, 이순희 옮김, 휴머니스트, 2014

스탈린

휴전선 일대에서 일진일퇴의 치열한 고지전이 벌어지던 1953년 2월 28일, 스탈린과 측근들은 크렘린궁에서 함께 영화를 본 뒤 근처 별장으로 옮겨 새벽까지 술을 마셨다. 그 자리에는 스탈린의 최측근 베리야, 말렌코프, 불가닌, 흐루시초프가 있었다. 다음 날 새벽, 거나하게 취한 스탈린은 홀로 자기 방으로 건너갔다.

스탈린(1879~1953)은 조지아에서 가난한 구두수선공의 아들로 태어났다. 잔인하고 폭력적인 성향의 소년은 가난에서 벗어나기 위해 한때 러시아정교회 성직자가 되려고 했지만, 무신론과 마르크스주의를 접한 뒤 공산주의 혁명가가 되었다. 그는 혁명 조직에서 활동하며 투옥되고 추방되길 반복했고, 혁명을 위해 은행강도 짓도 마다하지 않았다. 1917년 러시아혁명이 시작될 무렵, 스탈린은 볼셰비키 내부에서 가장 뛰어난 혁명가는 아니었지만 가장 유능한 관리자였다. 혁명이 한창 진행되던 1917년 3월에서 10월 사이 스탈린이 대중연설을 한 것은 세 번뿐이었고 대중에게는 무명이나 다름없었다. 1922년 병으로 죽어 가던 레닌이

다른 볼셰비키 지도자들에게 "서기장이 된 스탈린에게 너무 많은 권한이 집중돼 있다. 그가 이 권한을 언제나 매우 신중하게 사용할 능력이 있는 사람인지 나는 믿을 수가 없다"라며 경고할 만큼 당내 지배력을 높였다.

레닌 사후 그는 트로츠키를 비롯한 강력한 경쟁자들을 제압했고, 1922년부터 1953년 사망할 때까지 소련공산당 서기장과 국가평의회 주석을 지냈다. 이 시기에 스탈린은 낙후된 농업국가였던 소련을 핵무기를 보유한 산업국가로 탈바꿈시켰지만, 그 대가는 너무나 컸다. 소비에트에 대한 반혁명과 전복 위협에 맞서고 나치의 침략으로부터 소련을 지켜 낸 대신 비밀경찰의 공포에 의존하는 독재국가로 만들었다. 전후 스탈린은 개인 숭배에도 열을 올려 '빛나는 태양, 인민의 아버지'가 되었다.

평소 규칙적인 생활을 하던 스탈린이 다음 날 아침 10시까지 일어날 기미가 없자 경비병들은 두려움에 떨며 방문을 열었다. 스탈린은 의식을 잃은 채 침대 밑에 쓰러져 있었다. 깜짝 놀란 경비병들은 후계자로 유력시되었던 말렌코프에게 연락을 취했고, 말렌코프는 비밀경찰 엔카베데NKVD(내무인민위원회)의 수장 베리야에게 알렸다. 급히 달려온 베리야는 경비병들에게 이 사실을 함구하도록 명령했다. 스탈린의 최측근이 모였으나 아무도 그의 몸에 손을 대지 못했고, 의사도 부르지 않았다. 사실 당시 모스크바에는 쓸 만한 의사가 없었다.

　　얼마 전의 음모 사건으로 죄다 숙청당해 악명 높은 루뱐카 감옥에서 죽거나 고문당하던 중이었기 때문이다. 나중에서야 의사들을 불러들여 치료를 시작했지만, 스탈린은 3월 5일 결국 숨졌다. 그가 죽자 지지부진하던 한국전쟁 휴전 협상이 급물살을 탔고, 비밀경찰을 두려워한 흐루시초프·주코프·말렌코프가 합심해 베리야를 처형했다. 스탈린이 죽고 3년이 지난 1956년 2월 제20차 공산당 대회에서 흐루시초프는 스탈린 격하 운동을 시작했다.

⇒　영화 『스탈린이 죽었다』, 아만도 이아누치 감독, 2017

명백한 운명

원주민 언어로 친구를 뜻하는 '테하스'Tejas에서 유래한 텍사스는 미국에서 두 번째로 큰 주로 전체 영토의 7.4퍼센트, 미국의 석유 생산량 중 35퍼센트를 차지하고 있다. 텍사스는 본래 미국이 아닌 멕시코 영토였다. 멕시코 정부는 북동부에 위치한 코아우일라주 소속의 미개척지 테하스를 개발하기 위해 식민지 개척자들에게 토지를 양도해 주었다. 대략 2만5천 명의 미국 출신 이주자들이 텍사스에 거주하였는데, 이들은 1831~1832년 사이 무력을 동원해 멕시코 정부의 세관과 요새들을 파괴하고 1836년 2월 텍사스공화국 Republic of Texas 독립을 선언한다.

영화『알라모』는 개척 시대의 영웅들이 압제자 멕시코군에 대항해 싸운 전투로 묘사하지만, 멕시코 입장에서 보면 이주민이 땅을 갈취한 뒤 벌인 반란이었다. 멕시코 정부의 산타안나 장군은 1836년 3월 6일 텍사스의 알라모 요새를 점령하는 데 성공하지만, 4월 21일 산하신토 전투에서 패배하여 미국으로 끌려갔다. 그는 미국의 잭슨 대통령에게 텍사스의 독립을 약속하고서야 멕시코로 귀환할 수 있었다.

1836년 독립을 성취한 텍사스공화국은 남북전쟁이 끝난 1845년 미국으로 편입되었다.

헨리 데이비드 소로가 부당한 전쟁으로 지목하며 멕시코전쟁 비용으로 충당될 세금 납부를 거부해 투옥된 것도 이 무렵의 일이었다. 하지만 대다수 미국인은 이때부터 이전의 세계 패권 국가들이 그러했던 것처럼 자신들이 신에 의해 선택 받은 민족이며, 장차 세계의 미래에 영향을 미치고 인류의 모든 행위를 제어해야 할 '명백한 운명'manifest destiny을 짊어지고 있다고 여기기 시작했다. 공화주의 전통 아래 생겨난 자부심이 칼뱅주의적 소명의식과 결합하여 미국은 선택받은 나라라는 도덕적 우월주의 또는 미국 예외주의를 만들어 냈다. 트루먼 대통령은 "나는 신이 우리 미국인을 만들었으며, 어떤 위대한 목적을 달성하기 위해 우리에게 이처럼 힘을 주었다는 느낌이 든다"라고 고백했다. '명백한 운명'에 깃든 기독교 근본주의(복음주의)는 살아 있는 신화로 군림한다.

⇒　『미국의 엔진, 전쟁과 시장』, 김동춘 지음, 창비, 2004

MK-울트라

태평양전쟁 당시 중국이나 소련에 포로로 잡혔다가 귀국한 이들을 일본은 '히키아게샤', 즉 '인양자'引揚者라고 불렀다. 침략 전쟁에 대해 반성하지 않았던 일본에서 유독 인양자 가운데 일본의 침략 행위를 고발하고 비판하는 증언이 많이 나왔고, 한국전쟁 당시 북한과 중국에 포로로 잡힌 미군 중에서도 미국의 전쟁을 비판하는 이들이 많았다. 미국은 이것이 공산 진영의 악명 높은 사상 공작과 세뇌의 결과라고 추측했다.

당시 CIA 국장 앨런 덜레스는 귀환한 병사들을 대상으로 모르핀을 이용한 심문과 최면 조사를 실시했다. 한국전쟁이 끝나고 냉전이 치열해지던 1953년부터 1964년까지 CIA는 인간의 기억·행동을 조작하는 비밀프로젝트 'MK-울트라'에 착수한다. 'MK'란 비밀 작전에 필요한 소형 장비 개발과 변장, 암호 해독 등을 주관하는 CIA 과학기술국 기술부의 승인 코드였고, 울트라Ultra는 특급 기밀을 뜻했다.

이 프로젝트의 책임자는 헝가리 출신 유대인 이민자의 아들로 뉴욕에서 출생해 캘리포니아공과대학에서 생화학으로 박사학위를 취득한 시드니 고틀리브(1918~1999)였다. 2차 세계대전에 참전하고 싶었으나 발이 안쪽으로 휘는 내반족 때문에 입대를 거부당한 그는 1951년 CIA에 들어가 과학기술국 기술부의 책임자가 되었다. 영화 007 시리즈에서 첨단 스파이 장비를 만드는 Q와 같은 역할이었다.

그는 이곳에서 록히드사의 첩보기 U-2 개발에 참여하는 한편, 인간의 의식과 무의식을 조작·통제하기 위한 모든 비밀 실험을 기획하고 추진했다. 그에게 냉전은 소비에트와의 전쟁이었으며 2차 세계대전의 연장이었다. 그는 죄수, 정신질환자, 약물중독자, 매춘부 등을 상대로 LSD와 헤로인 등 마약을 포함한 약물과 전기·빛·음향·방사능 자극을 통해 세뇌와 역세뇌, 기억 조작 등 다양한 심리행동 실험을 실시했다. 때로는 평범한 시민도 자기도 모르는 사이 실험 대상이 되었다. 이 실험에는 컬럼비아, 스탠퍼드 등 대학교와 연구소 80여 곳이 직간접적으로 함께 했다. 이런 실험들 탓에 조직 내부에서도 그를 가리켜 '흑마법사'라고 불렀다.

1960년 CIA는 아이젠하워 대통령의 승인 아래 쿠바의 피델 카스트로 암살 계획을 수립했다. 작게는 카스트로의 상징인 수염을 말려 죽이는 것부터 독극물을 주입한 쿠바산 시가와 치약으로 독살하는 것, 만년필에 폭약을 설치해 폭사시키는 것 등 수많은 계획을 입안하고 추진했다. 물론 그의 이와 같은 노력 대부분은 그리 효과적이지 못했지만,

실험 대상이 되었던 이들에겐 치명적이었을 것이다.

1972년 은퇴한 그에게 CIA는 정보명예훈장을 수여했다. CIA의 리처드 헬름스 국장은 관련 문건 일체를 파기했지만, 1974년 12월 『뉴욕타임스』가 특종 보도하면서 이런 엽기적인 실험의 일부가 폭로되었다. 그럼에도 불구하고 시드니 고틀리브는 버지니아의 아름다운 마을에서 염소를 키우고 유기농 요거트를 만들어 먹으며 환경운동에 관심을 기울였고, 아내와 함께 봉사활동을 하는 등 평화로운 말년을 보내다가 1999년 3월 7일 숨졌다.

⇒　영화 『MK 울트라』, 조셉 소렌티노 감독, 2022

세계 여성의 날

존 레논은 "여성은 세상의 흑인이다"라고 했고, 밥 말리는 「여자여, 울지 말아요」No Woman No Cry라고 노래했다. 여성은 아직도 세계의 마지막 식민지이다. 우리나라 전체 비정규직 노동자들 중 70퍼센트가 여성이며, 이들 중 많은 수가 실제 가족의 생계를 책임져야 하는 생계형 노동자다.

초기 자본주의와 산업화 과정에서 노동자, 특히 미숙련 저임금 여성은 더더욱 비참하고 열악한 노동조건 속에서 일했다. 하루 14시간 노동에 시달렸고, 환기조차 되지 않는 더러운 작업장의 출입문과 창문을 모두 잠근 상태에서 반강제적으로 일해야만 했다. 19세기 중반 방직공장 노동자 중 남성은 23퍼센트였고, 나머지는 여성과 아동이었다. 이들의 임금은 남성 임금의 절반이었다.

1908년 3월 8일 미국의 여성 노동자들이 이런 비참한 현실에 항의하기 위해 궐기했다. 1만5천여 명의 방직공장 여성 노동자가 루저스 광장에 모여 10시간 노동제, 안전한 작업 환경, 성·인종·재산·교육수준 등과 관계없이 모든 이들에게 평등한 투표권을 요구하며 투쟁했다. 정부는 군대까지 동원하여 이들을 해산시키려 했지만 든든한 자매애로 결집한 여성 노동자들의 대오를 깨뜨릴 수는 없었다. 이날의 투쟁은 의류 노동자 총파업으로 이어졌고, 1910년 마침내 의류 노동자연합이 출범하게 된다.

여성운동의 선구자였던 클라라 체트킨과 알렉산드라 콜론타이는 여성의 단결과 발전을 위해 3월 8일을 '세계 여성의 날'로 기념할 것을 제안했다. '메이데이'(5월 1일)가 만국의 노동자들이 연대하는 날이라면, 세계 여성의 날은 세계의 모든 여성이 하나 되는 연대의 날이며 평등한 사회를 희망하는 이들의 축제일이다. 1908년 이래 전쟁, 파시즘과 군부독재, 성차별에 반대하고 여성 노동자의 인권과 노동조건 개선을 위해 이날 온 세계 여성들이 뭉쳤다.

⇒　『콜론타이의 여성 문제의 사회적 기초·세계 여성의 날』,
　　알렉산드라 콜론타이·블라디미르 일리치 레닌 지음, 서의윤 옮김,
　　좁쌀한알, 2018

그랜드투어

차종을 분류하는 방법은 다양하지만, 간혹 자동차 브랜드
와 무관하게 차량 후면에 'GT'라는 엠블럼이 붙어 있는 것
을 볼 수 있다. 이때의 GT란 무슨 의미일까? GT는 이탈
리아어로 '그란 투리스모'Gran Turismo, 영어 '그랜드 투어
러'Grand Tourer의 약자다.

   인류의 역사 자체가 거대한 방랑과 모험의 역사이긴
했지만, 근대 이전까지 인류의 대부분은 자신이 태어난 근
방을 평생 한 번도 벗어나지 못한 채 살다가 죽었다. 17세기
중반부터 19세기에 이르기까지 근대 초 유럽, 특히 영국의
귀족은 자식을 프랑스와 이탈리아 등 유럽 대륙으로 보내
몇 년에 걸쳐 해외 문화를 체험하고, 외국어, 세련된 매너와
외교술, 고급 취향을 배워 오도록 했다. 이것이 바로 '그랜드
투어'다. 17세기 후반 종교분쟁이 가라앉고 영국이 경제적
안정을 누리면서 시작된 관행이었다.

   부유한 귀족은 여행 기간에 자식의 교육과 안전을 책
임져 줄 가정교사 겸 동반자로 유명 학자를 초빙했다. 애덤
스미스(1723~1790)는 당시 글래스고대학교의 교수였는

데, 스코틀랜드의 젊은 귀족 버클리 공작은 그가 펴낸『도덕감정론』을 읽고 자식의 가정교사 겸 그랜드투어의 동반자로 고용했다. 버클리 공작은 그에게 프랑스 여행 비용 외에 연간 300파운드, 임무가 완료된 뒤에는 종신연금 300파운드를 지급하겠다고 제안했다. 이것은 연금이 없는 대학교수의 수입(당시 고정 급여 44파운드 10실링)을 훨씬 넘어서는 수준이었다. 평소 애덤 스미스는 이런 방식의 교육에 대해 회의적이었으나 가정교사를 맡기로 한다. 스코틀랜드 출신의 가난한 평민 지식인으로서는 거절하기 어려운 두둑한 보수도 매력적이었지만, 무엇보다 학교 행정까지 담당하는 과중한 업무 속에서는 자신의 연구를 지속하기 어려웠기 때문이다. 또한 자신의 눈으로 직접 프랑스 계몽주의의 현장을 보고, 그곳의 지식인들과 교유할 수 있다는 유혹을 뿌리치기 어려웠다.

애덤 스미스는 1764년 2월부터 1766년까지 대륙을 여행하면서 프랑스에서 중농주의를 펼친 계몽주의자 프랑수아 케네(1694~1774)를 만났고, 이 만남이 훗날『국부론』을 저술하는 계기가 되었다. 그와 거의 같은 시기에 영국 부유한 상인의 자식이었던 에드워드 기번(1737~1794)도 유럽에서 그랜드투어 중이었다. 1764년 10월 이탈리아 로마에 도착한 그는 캄피돌리오 언덕에서 석양에 물든 포로 로마노의 폐허를 바라보며『로마제국쇠망사』를 집필할 결심을 했다고 자서전에 적었다. 그랜드투어에서 돌아온 에드워드 기번은 1776년 2월 17일 『로마제국쇠망사』의 제1권을 발간했고, 애덤 스미스는 1776년 3월 9일 『국부론』을 출간했다.

오늘날 그랜드투어는 해외유학이 되었고, 그랜드투어리즘은 매스투어리즘이 되었지만, 그 명칭만큼은 넓은 휠베이스로 동급 차량 대비 넓은 실내와 넉넉한 수납공간을 확보하고 높은 수준의 주행 성능을 자랑하는 자동차 GT로 남았다.

⇒ 『그랜드 투어』, 설혜심 지음, 휴머니스트, 2020

피청구인 대통령 박근혜를 파면한다

2014년 11월 28일 『세계일보』는 청와대공직기강비서관실이 2014년 1월 6일 작성한 '청와대 비서실장 교체설 등 VIP 측근(정윤회) 동향'이라는 감찰 보고서를 근거로 단독 기사를 게재했다. 기사 내용은 당시 아무런 직함도 없었던 정윤회가 이른바 '문고리 3인방'(이재만 총무비서관, 정호성 제1부속비서관, 안봉근 제2부속비서관)을 비롯한 청와대 내부 인사 6명 및 정치권 인사 4명과 매월 두 차례 정기적으로 모여 청와대 인사를 좌지우지했다는 것이었다. 그러나 비선실세로 지목된 정윤회는 즉각 사실이 아니라며 부인했고, 이후 수사가 진행되면서 대한민국 권력 서열은 정윤회의 부인 "최순실(이후 '최서원'으로 개명)이 1위, 정윤회가 2위이며 박근혜 대통령은 3위에 불과"하다는 주장이 흘러나왔다.

2016년에는 이화여대에서 대학 특성을 고려하지 않은 채 미용·건강 관련 미래라이프대학 사업을 무리하게 추진하다가 학생들의 항의에 직면하는 이른바 '이화여대 사태'가 불거졌다. 처음에는 정부 사업 수주에 욕심을 부린 총장 개인의 문제로 여겨졌으나 그 과정에서 최순실의 이름이 또다시 등장했고, 딸 정유라의 특혜 입학 의혹이 불거졌다. 이화여대 사태가 여론의 주목을 받을 무렵, TV조선은 박근혜 정부에 대한 새로운 의혹을 제기했다. '미르'라는 문화재 단이 설립 두 달여 만에 여러 대기업으로부터 500억 원에 이르는 돈을 모았는데, 이 과정에 안종범 청와대 정책조정수석이 깊이 개입했다는 것이다. 이와 더불어 케이스포츠 재단 역시 대기업으로부터 380억여 원을 모금한 것이 드러났다.

두 신생 재단이 900억 원 가까운 자금을 모으는 과정에서 청와대의 개입이 있었고, 이를 배후에서 조정한 것이 최순실이라는 의혹이 연이어 터져 나왔다. 국정 개입 의혹, 이화여대 사태, 미르·케이스포츠 재단 등 일련의 사건 배후에 최순실이라는 공통분모가 있다는 의문이 제기되던 2016년 10월 19일 최순실이 운영하던 비밀 회사 더블루케이의 전 이사 고영태가 JTBC와의 인터뷰에서 최순실이 박근혜 대통령의 연설문 고치는 일을 가장 좋아했다며 국정 농단이 사실임을 증언했다.

최순실은 박근혜 대통령의 후견인을 자처했던 최태민 목사의 딸로 박근혜가 영애이던 시절부터 매우 친밀했던 것으로 드러났다. 정치권은 대통령의 하야를 촉구했지만 대통령은 묵묵부답으로 일관했고, 2016년 10월 29일을 기점으로 시민들이 촛불을 들고 거리로 나섰다. 대통령에 대한 탄핵은 국회의 탄핵소추와 헌법재판소의 탄핵 심판으로 확정되는데, 국회는 12월 8일 대통령 탄핵소추를 결정하고 그다음 날 표결에 들어가 투표자 299명 중에 찬성 234명, 반대 56명, 기권 2명, 무효 7명으로 가결시켰다. 헌법재판소는 2017년 3월 10일 오전 11시, 이정미 헌법재판관이 헌법재판소의 결정을 통보했다. "재판관 전원의 일치된 의견으로 주문을 선고합니다. 피청구인 대통령 박근혜를 파면한다." 이로써 대한민국의 제18대 대통령이었던 박근혜는 대한민국 역사상 최초의 여성 대통령이자 동시에 최초로 탄핵된 대통령이 되었다.

⇒ 『대한민국을 발칵 뒤집은 헌법재판소 결정 20』, 김광민 지음, 현암사, 2019

후쿠시마

2011년 3월 11일 오후 2시 46분, 일본 미야기현 센다이 동쪽 179킬로미터 해역에서 규모 9.0의 강진이 발생했다. 이 지진은 근대적인 지진 관측이 시작된 이래 네 번째 규모이자 일본 관측 사상 최대 규모의 지진으로 도호쿠와 간토 지방은 물론 멀리 홋카이도 등지에서도 진동이 느껴질 정도였다. 지진 피해도 컸지만 지진의 여파로 발생한 쓰나미가 후쿠시마 핵발전소를 덮치며 최악의 상황이 발생했다. 비상용 디젤 발전기를 포함한 모든 외부 전력이 끊긴 상황에서 지진 발생 5시간 만인 오후 7시 반쯤 1호기의 연료봉이 손상되기 시작했다. 오후 9시에는 원자로 내부 온도가 2,800도까지 상승했지만, 후쿠시마 핵발전소 운영을 책임지고 있던 도쿄전력 측은 원자로를 식힐 해수를 끌어오는 것을 망설이며 시간을 허비했다. 결국 다음 날 새벽 6시, 연료봉이 녹아내리기 시작했다.

　지진 발생 16시간 만에 발생한 노심용융meltdown으로 원전 건물 4개가 폭발했고, 방사능 유출로 태평양을 포함한 주변 지역이 오염되었다. 후쿠시마는 1986년 체르노빌처럼 유령도시가 되었다. 체르노빌 사태가 최악의 핵발전소 사고로 기억되지만, 동시에 다수의 원자로가 녹아내린 사고는 후쿠시마가 사상 처음이었다. 그럼에도 도쿄전력과 일본 정부는 제대로 된 대처는커녕 사태의 심각성이 외부로 새어 나가는 것을 막으려고 피해 지역 주민을 방치했다.

이듬해인 2012년부터 원전 반경 20킬로미터 이내를 제외한 지역의 건물에 대한 방사능 제염 작업과 수리·재건축이 진행되기 시작했다. 일본 정부는 2040년까지 후쿠시마 원전의 완전 해체를 목표로 작업 중이지만, 방사능으로 오염된 건물 잔해와 오염수 등을 어떻게 처리할 것인지를 두고 여전히 논란을 빚고 있다. 도쿄전력 측은 방사능 오염수를 정화(?)해 바다에 버리는 방법을 고려하고 있지만, 현지인은 물론 주변 국가의 반대도 극심해 제대로 실행되기 어려운 상황이다. 문제는 오염 지역에서 나온 방사능 쓰레기를 보관할 마땅한 중간 저장 시설조차 없다는 것이다. 세계적으로 원전을 축소하려고 노력 중이지만 한·중·일 3개국이 운영 중인 핵발전소는 전 세계 20퍼센트에 이르며, 현재 건설 중인 것까지 포함하면 전 세계 핵발전소의 52퍼센트가 한반도를 중심으로 밀집해 있다.

⇒　『희생의 시스템 후쿠시마 오키나와』, 다카하시 데쓰야 지음, 한승동 옮김, 돌베개, 2013

노변정담

프랭클린 D. 루스벨트가 제32대 대통령에 취임하던 1933년 무렵의 미국은 대공황으로 엄청난 위기에 직면하고 있었다. 1932년 7월 시카고에서 열린 민주당 전당대회에서 대통령 후보로 선출된 루스벨트는 후보 수락연설에서 "미국 국민을 위해 새로운 대응new deal에 나설 것임을 여러분에게, 그리고 나 자신에게 약속합니다"라고 말했다. 이때만 하더라도 새로운 대응이 '뉴딜 정책'으로 나타날 것이라고 예측한 사람은 아무도 없었다. 그러나 루스벨트는 이날의 연설에서 지금까지 미국에서 시행된 적 없는 새로운 정치철학, 국가가 국민의 보호자가 되어 국가의 부를 재분배하는 정책을 펼칠 것이라 이미 약속하고 있었다. 대통령에 당선된 그는 실제로 새로운 정책을 펼치기 시작했다.

　　루스벨트가 대통령이 되기 전까지만 하더라도 공화당과 민주당은 정치 노선 측면에서 보면 별다른 차이가 없는 정당이었다. 다만 공화당은 전통적으로 북부 공업 지대를, 민주당은 남부를 기반으로 하는 정당이었다. 루스벨트는 이러한 지역 대결 구도를 뉴딜 정책을 통해 경제 정책과 사회(복지) 정책의 대결 구도로 바꿔 놓았다. 뉴딜 정책은 국가가 직접 나서 자본주의의 모순으로 위기에 빠진 국민의 삶을 보호한다는 점에서 지금까지의 자유방임주의와는 달랐다. 이런 정책은 국민에게 희망을 주었지만, 다른 한편으로 커다란 반발을 불러일으켰다.

루스벨트는 '계급의 배신자'니 '공산주의자'라는 비난을 들어야 했다. 취임 직후 불황과 실업이 장기화될 조짐을 보였고, 금융 시스템도 마비 상태였다. 취임하자마자 루스벨트가 내놓은 충격 처방 가운데 하나가 연방준비제도에 가맹한 모든 은행의 영업을 중단하는 조치였다. 그는 재무 건전성 보장과 예금보험공사 설립을 통해 은행의 파산을 방지하는 '긴급은행법'을 만들었다.

루스벨트는 정책의 추진력을 얻기 위해 국민 여론에 직접 호소하기로 했다. 1933년 3월 12일, 루스벨트 대통령은 법안을 국민들에게 설명하기 위해 라디오 마이크 앞에 앉았다. 그는 담담하고 솔직한 어조로 현재의 위기 상황에 대해 말했고, 어려운 전문용어 대신 쉽고 대중적인 언어로 위기에 맞서는 정부 정책을 설명했다. 그는 국민들을 '나의 친구들'이라 불렀고, 자신을 대통령이 아닌 '나'로 호명했다. 라디오 방송을 듣는 사람들은 누구나 대통령이 곁에서 편한 어조로 말을 건네고 있다고 느꼈다. 그의 담화는 경제 위기에 지친 국민들을 진정시켰고, 그 덕분에 다시 은행 문이 열렸을 때 발생할지 모를 '뱅크런'bank run(대규모 인출 사태) 위기를 무사히 넘길 수 있었다.

　루스벨트 대통령은 담화문 초안을 당시 언론 담당 비서관 스티브 얼리를 비롯한 측근들과 벽난로 앞에서 대화를 나누며 다듬었는데, CBS 방송의 해리 부처는 대통령의 라디오 담화를 '노변정담'爐邊情談이라 불렀다. 루스벨트 대통령은 1944년 2차 세계 대전 중 세상을 떠날 때까지 30여 차례에 걸친 노변정담으로 대공황과 전쟁의 위기 앞에 놓인 국민들을 위로하고 용기를 북돋았다.

⇒　『파워게임의 법칙』, 덕 모리스 지음, 홍수원 옮김, 세종서적, 2003

클래런스 대로

1925년 7월 10일 주민 1,800명이 사는 미국 테네시주의 작은 마을 데이턴에서 미국은 물론 세계인의 관심사가 집중되는 역사적인 재판이 시작되었다. 5천여 명의 취재진이 몰려들었고, 재판 소식을 전하기 위해 대서양 횡단케이블의 전보 사용량이 평소보다 두 배나 늘었다. 1925년 3월 세계기독교근본주의협회 테네시주 지부 회장이자 하원의원이던 존 W. 버틀러는 주의회에서 '공립학교에서 인간이 신의 피조물임을 부인하거나 동물로부터 진화했다는 어떤 이론도 가르쳐서는 안 된다'는 내용의 '반反진화론법', 일명 '버틀러법'Butler Act을 제정했다.

　　데이턴에서 축구코치 겸 생물교사로 일하던 존 토머스 스콥스(1900~1970)는 이 법에 문제가 있다고 느꼈다. 그는 이 법의 문제점을 알리기 위해 일부러 다윈의 진화론을 가르쳤다. 그는 버틀러법 위반 혐의로 주 경찰에 체포되어 재판에 기소되었다. '원숭이 재판'이라는 별명이 붙은 '스콥스 재판'은 단순히 교사의 일탈적 범법행위에 대한 재판이 아니라 미국의 기독교 원리주의(창조론)와 진화론을 옹호하는 세속주의 사이의 대리전이었다.

이 재판에서 창조론을 옹호하는 원고 측 변호는 미국 민주당 대통령 후보였던 윌리엄 제닝스 브라이언이 맡았고, 진화론을 옹호하는 피고 측 변호는 노동·인권 변호사 클래런스 대로(1857~1938)가 맡았다. 대로는 할리우드 법정 영화에 종종 등장하는 다소 거칠지만 양심적이고 정의감에 불타 굽힐 줄 모르는 촌뜨기 변호사 캐릭터의 원형이었다. 변호사로 승승장구하던 그는 1894년 풀먼객차회사 파업을 주도한 죄로 연방정부에 기소된 미국철도노동조합 유진 데브스를 변호했다. 그는 이 재판에서 유진 데브스를 구했지만, 부유한 고객(철도회사)을 잃었다. 토지공유제를 옹호하기도 했던 대로는 이후 미국에서 가장 진보적인 노동·인권 변호사로 활동하며 노동자와 유색인종을 비롯한 정치적 소수자들을 수없이 대변했다.

스콥스 재판에서 그에 맞섰던 윌리엄 제닝스 브라이언은 서민을 위한 정책을 추구한 진보적 정치인으로 '위대한 평민'이라 불릴 만큼 대중적인 인기가 높았다. 다른 한편으로 그는 종교적 주제로 몇 권의 책을 출간한 열렬한 신앙인이자 뛰어난 웅변 솜씨로 대중적인 성경 강의를 하는 종교인이었다. 두 사람의 대결을 보기 위해 너무나 많은 방청객이 몰려든 나머지 이 재판은 재판정이 아닌 야외 잔디밭에서 진행되었고, 라디오를 통해 미국 전역으로 중계되었다.

두 사람의 대결은 말도 안 되는 우스꽝스러운 광경이기보다 열띠고 진지한 토론이었다. 대로의 날카로운 추궁에 브라이언은 마침내 성경에서도 설명할 수 없는 부분이 있음을 시인했지만, 재판에서는 대로가 패배했다. 1925년 7월 21일, 재판부는 창조론과 진화론의 옳고 그름을 떠나 스콥스가 테네시주 법률이 금지한 진화론을 교육했다는 이유로 법정 최저형인 벌금 100달러를 선고했다. 비록 기독교 근본주의가 승리한 것처럼 보였지만 이후 미국의 여러 주에서 이와 비슷한 판결이 이어졌고, 1967년 5월 18일 테네시 주의회는 마침내 버틀러법을 폐지했다. 이 재판 이후로도 대로는 불합리한 제도와 법률에 맞서 싸우다 1938년 3월 13일 심장병으로 숨졌다. 일설에 따르면 죽기 전에 그는 만약 사후세계가 존재한다면 자신이 죽은 날 시카고 하이드파크 남쪽의 작은 다리(현재 클래런스 대로 기념다리)에 나타날 것이라고 말했다고 하는데, 어떤 이들은 그날이 오면 대로의 유령을 만날지 모른다는 기대를 품고 다리 일대를 서성거린다고 한다.

⇒　영화 『신들의 법정』, 스탠리 크레이머 감독, 1960

낙동강 페놀 오염 사건

1990년대 한국사회에는 놀라운 변화가 일어났다. 민주화가 진척되어 5·16 쿠데타 이후 32년 만에 처음으로 김영삼 문민정부가 들어섰고, 영원할 것 같았던 동구 사회주의가 몰락했다. 그런 와중에도 경제성장이 지속되어 1인당 GNP 1만 달러 시대에 들어섰다. 고도 경제성장 시대에 태어나 성장한 신세대(X세대)가 출현하며 새로운 삶의 양식을 추구했다. '서태지와 아이들'이 1990년대의 문화적 아이콘이라면 낙동강 페놀 오염 사건은 한국사회에 새로운 시민운동이 출현하는 계기가 되었다.

　　1991년 3월 14일 대구 시민들은 수도꼭지에서 흘러나오는 수돗물 악취에 깜짝 놀랐다. 놀란 시민들은 대구시 상수도사업본부에 문의했다. 대구시를 비롯해 영남 지역 1천만 시민의 식수를 책임지던 상수도본부는 세균 오염을 막고자 염소 소독을 과하게 한 탓일 뿐 안심하고 마셔도 된다는 해명을 내놓았다. 그러나 조사 결과는 이들의 해명과 많이 달랐다. 구미산업단지 내에 위치한 두산전자에서 3월 14일 밤 10시부터 다음날 새벽 6시 사이에 30톤의 페놀이 유출되었다.

페놀은 염료나 수지를 만들 때 사용하는 특유의 냄새를 지닌 무색의 결정으로, 수돗물 소독용으로 사용하는 염소와 결합하면 클로로페놀이 된다. 클로로페놀은 농도가 1ppm을 넘으면 인체에 피부암, 생식 이상, 중추신경 장애를 일으킬 뿐 아니라 태아에 영향을 미칠 정도로 치명적인 물질이다. 당시 대구시 취수장은 이런 상황을 모르고 염소 투입량을 늘렸고, 그 결과 다량의 클로로페놀이 생성되어 심한 악취가 발생했던 것이다. 이 물을 마신 일부 주민은 두통과 구토 증세까지 보였는데, 당시 수돗물에서 검출된 클로로페놀 농도는 세계보건기구 허용치 0.001ppm의 110배에 달하는 0.11ppm이었다.

이 사건으로 대구 환경처 직원 7명과 두산전자 관계자 6명 등 13명이 구속되고, 두산전자는 30일 영업정지 처분을 받았지만 고의성이 없다는 이유로 사고 발생 20일 만인 4월 9일 조업이 재개되었다. 그러나 조업 재개 후 얼마 지나지 않은 4월 22일 부실 보수공사로 페놀 탱크 파이프 이음새 부분이 파열되면서 페놀 원액 1.3톤이 또다시 낙동강으로 유입되었다. 대구 지역은 식수 공급이 중단되었다. 페놀 오염 사건으로 두산그룹의 박용곤 회장이 물러나고 허남훈 환경처 장관이 경질되면서 수돗물에 대한 극심한 불신이 발생했다.

이 사태의 근본 원인은 30여 년에 걸쳐 성찰 없이 진행된 박정희의 근대화·산업화 정책이었다. 1982년 창립된 한국공해문제연구소를 대한민국 환경운동의 시초로 손꼽지만, 성장주의의 폐해를 극복하기 위한 생태주의운동은 어느 날 갑자기 출현한 것이 아니라 우리 역사에 면면이 이어져 온 전통 생태 사상과 깊은 관련을 맺고 있었다. 1989년 원주의 시민운동가 장일순 선생이 이끈 한살림모임 등도 그런 역사 위에 있다. 낙동강 페놀 오염 사건은 1991년 6월 녹색연합, 1991년 10월 격월간 『녹색평론』 창간, 1993년 4월 환경운동연합 창립 등으로 이어지며 한국 사회에서 생태주의 확산에 커다란 영향을 미쳤다.

⇒ 『개발주의를 비판한다』, 홍성태 지음, 당대, 2007

알파고

신화는 인간이 지혜를 획득하는 과정이 결코 순탄치 않았음을 보여 준다. 그리스 신화에서 지혜는 프로메테우스가 천상의 불을 훔쳐 인간에게 나눠 주면서 시작된다. 그 벌로 프로메테우스는 날마다 독수리에게 간을 쪼아 먹힌다. 『성경』에서 지혜는 아담과 이브가 신이 금지한 선악과를 취한 벌이었다. 인간에게 지혜란 그처럼 가혹한 대가를 치른 뒤에 얻은 능력이었다. 그러나 이제 인간은 그 능력을 인공지능AI에게 넘겨주려 하고 있다. 사실 인공지능의 탄생은 1950년대부터 이미 예견되고 있었다.

컴퓨터의 아버지 앨런 튜링은 1951년 논문 「지능형 기계, 이단의 역사」에서 "사고하는 기계가 만들어지기 시작하면 우리의 미약한 능력을 앞지르는 건 오래 걸리지 않을 것"이라고 예측한 바 있다. 구글의 엔지니어링 이사이자 미래학자 레이 커즈와일(1948~)은 2014년 12월호 『타임』 인터넷 판에 기고한 글에서 "인류는 1950년대부터 핵무기, 바이오 테러 등 생존의 위협"에 잘 대처해 왔고 "기술은 항상 양날의 검"이었다면서 인공지능을 두려워하지 않아도 된다고 강조했다. 인간은 이미 여러 차례 금기의 영역에 도전해 왔다. 대표적인 것이 핵무기와 유전공학이다. 기술 발전을 막을 수 있는 방법은 없지만 핵무기는 감축 협정과 IAEA의 감시로, 유전공학은 아실로마 가이드라인에 의해 연구 안전성 확보를 위한 최소한의 제한을 두고 있다. 이제 인공지능 개발도 가이드라인이 필요한 시점이지만 이런 조치만으로 인류의 안전이 확보될 수 있을까?

경제학자 케인스는 2028년엔 기술이 비약적으로 발전해 인간은 더 이상 노동할 필요가 없으며 누구나 돈 버는 걱정 없이 여가를 즐기게 될 것이라고 예견했다. 이제 그런 시대가 다가오고 있지만 오늘날 인류는 미래를 두려워한다. 로봇과 인공지능이 노동을 대신하는 날이 올지도 모르지만 이를 통해 얻어진 수익과 여유를 인류의 공동 자산으로 만들기 위해서는 시민의 감시와 합의가 필요하다. 2016년 3월 9일부터 다섯 차례 이어진 인간과 AI의 대결에서 인간은 3월 15일 알파고에 4대 1로 패배했다. 패배 후 가진 기자회견에서 바둑기사 이세돌은 말했다. "오늘의 패배는 이세돌의 패배일 뿐 인간의 패배는 아니다."

⇒ 『특이점이 온다』, 레이 커즈와일 지음, 장시형·김명남 옮김, 김영사, 2007

두순자 사건

베트남전에 참전했던 작가 황석영은 소설 『무기의 그늘』에
서 주인공 안영규 병장을 포함한 다양한 인간 군상을 통해
베트남전의 본질을 조명했다. 할리우드 전쟁영화들이 보여
주는 휴머니즘은 이 전쟁을 정당화하기 위한 위장일 뿐 그
내면에는 백인 중심주의가 깃들어 있으며, 이 전쟁이 결국
미국의 거대한 전쟁 비즈니스에 불과했다는 사실을 폭로한
것이다. 안영규 병장은 자신이 하수인으로 이용한 베트남
인 토이가 살해당하자 비참하게 죽은 토이와 이 전쟁에 용
병으로 끌려온 자신의 처지가 "주인의 지시에 따라 노획물
을 향해 달려가는 사냥개"에 불과하다는 사실을 확인한다.
슬픔과 분노에 사로잡힌 그는 토이를 죽인 팜민을 죽인다.
이런 안영규의 모습은 전쟁의 피해자이자 동시에 가해자였
던 한국인의 자의식을 상징한다. 미군은 베트남 사람들을
'슬로프 헤드'나 '국'이라는 멸칭으로 불렀는데, 아시아 인종
에 대한 미군의 멸칭이 시작된 곳이 바로 한국이었다.

1968년 3월 16일 미군이 베트남에서 민간인 347명을 학
살한 미라이 학살 사건이 벌어지고, 23년이 흐른 1991년 3월

16일 LA 남부 지역의 한인상점 엠파이어마켓에서 15세의 흑인 소녀 라타샤 할린스가 가게 주인 두순자(당시 51세) 씨의 총격으로 숨지는 사건이 발생했다. 당시 가게를 지키고 있던 두 씨는 손님으로 들어온 흑인 소녀가 가방에 오렌지주스 한 병을 집어넣는 것을 보고 도둑이라 생각했다. 두 씨가 소녀의 책가방을 낚아채자 깜짝 놀란 소녀는 주먹으로 두 씨의 얼굴을 때렸다. 바닥에 넘어진 두 씨는 카운터 뒤에 숨겨 두었던 권총을 들어 소녀를 향해 쐈고, LA 검찰은 두 씨를 일급 살인죄로 기소했다.

재판 과정에서 두 씨는 소녀가 자신을 가격하는 순간 동양인을 비하하는 '황인종 년'Gook bitch이라 불렀고, 흑인 빈민 지역에서 가게를 운영하며 그간 30차례 넘게 강도를 당했기 때문에 이 소녀가 자신을 죽일 수도 있다고 생각했다고 증언했다. 조사 결과 라타샤 할린스는 독실한 기독교 신자에 우등생이었고, 범죄 경력이 없었을 뿐 아니라 손에는 주스 값을 지불할 지폐를 쥐고 있었던 것으로 드러났다.

이 사건에 대해 배심원은 유죄 평결을 내렸고, 검사는 흑인 사회의 반발을 고려해 무기징역을 구형했지만 판사는 재범 가능성이 적다는 이유로 400시간의 사회봉사 명령과 함께 집행유예 판결을 내렸다. 이후 한인과 흑인 시민단체는 공동성명서를 발표하는 등 사건의 파문을 진정시키려고 노력했지만, 이 사건은 1년 뒤인 1992년 4월 29일 발생한

LA 폭동에서 흑인들이 코리아타운을 목표로 삼은 요인 중 하나로 평가받는다.

1966년 미국의 사회학자 윌리엄 피터슨은 일본을 비롯한 아시아계 이민자의 성공을 흑인과 비교하며 '모범적 소수'Model Minority라는 말로 표현했다. 미국의 전 대통령 트럼프는 정부의 초기 방역 실패를 모면하고자 코로나19 바이러스를 굳이 '차이나 바이러스'라 부르며 미중 갈등을 코로나 팬데믹 상황에 덧씌웠고, 이는 중국뿐만 아니라 아시아인에 대한 혐오를 불러일으켰다. 모범적 소수라는 표현은 결국 백인 중심 사회 질서에 순응한 2인자라는 의미로 미국 내 소수 인종 사이의 반목과 경쟁을 부추겼다. 이처럼 모범적 소수의 신화를 내재화한 아시아인이 자신을 백인과 동일시하여 다른 소수계 이민자들을 차별하고 멸시한다면, 반대로 다른 소수계 이민자들이 아시아계 소수인종을 차별하고 멸시한다면 주인의 지시에 따라 움직이는 사냥개가 되는 것이다.

⇒   『무기의 그늘』, 황석영 지음, 창비, 2006

둥지를 더럽힌 자

두 차례의 세계대전과 홀로코스트로 인해 독일은 스스로 세계사의 죄인을 자처한다. 1970년 12월 7일 폴란드를 방문한 빌리 브란트 총리가 바르샤바의 게토 봉기 희생자 기념비에 헌화한 뒤 무릎을 꿇은 사건 이래 앙겔라 메르켈에 이르기까지 독일은 자신의 부끄러운 과거사를 외면하지 않고 정면으로 마주했다. 물론 독일 내부에도 네오나치처럼 인종차별과 아시안 혐오 등을 일삼는 세력을 비롯해 과거사 문제에 대한 다양한 목소리가 존재하기 때문에 독일 국민들에게 나치 역사에 대한 직시와 성찰을 요구해 온 긴터 그라스에게는 종종 '둥지를 더럽힌 자'Nestbeschmutzer라는 속어가 따라 붙는다. 'Nestbeschmutzer'는 가족·동료·고향·조국에 대해 험담하는 자를 의미하니, 매국노라는 비난인 셈이다.

　1999년 노벨문학상을 수상한 그는 2006년 자전적인 소설 『양파껍질을 벗기며』의 출간을 앞두고 2차 세계대전 말기(17세 무렵) 친위대ss 전투병으로 복무한 적이 있다는 충격적인 사실을 고백했다. 긴터 그라스는 작가로서 주목받기 시작한 이래 중요한 시기마다 사회민주주의 좌파로서 일관된 목소리를 내 왔기 때문에 살아 있는 양심이라 불렸다. 그랬던 그가 어린 시절 악명 높은 나치 친위대에 복무한 것도 모자라 그와 같은 전력을 60년 넘게 숨겼다는 사실은 독일은 물론 전 세계에 커다란 충격을 주었다. 그러나 대중에게 덜 알려졌을 뿐 귄터 그라스 자신은 이런 사실을 부정한 적이 없었다.

귄터 그라스, 페터 바이스, 마르틴 발저 등과 함께 전후 독일의 폐허문학을 대표하는 '47그룹'의 작가 하인리히 뵐역시 참전 병사였다. 뵐은 참전 경험과 독일어로 말하고 글을 써야 하는 자신의 위치가 주는 도덕적 괴로움 사이에서 번민했고, 그에 대한 문학적 응답으로 『아담, 너는 어디에 있었느냐』를 집필했다. 홀로코스트라는 인류에 대한 가공할 범죄를 막지 못했던 독일 국민의 한 사람으로서 하인리히 뵐은 "1차 세계대전 후 독일의 혼란이 히틀러라는 괴물을 만들었다. 나치독일에 대한 철저한 반성 없이 올바른 독일을 세울 수 없다"라고 말했다. 귄터 그라스보다 두 해 먼저 노벨문학상을 수상한 이탈리아의 극작가 다리오 포 역시 전쟁 말기 무솔리니의 친위대에 자원병으로 복무한 적이 있다. 다만 이들이 작가 생활 초기에 그런 사실을 고백한 것에 비해 귄터 그라스는 너무 늦게 고백했기에 비난을 받았다.

같은 47그룹 작가로 활동했고, 우리에게도 『생의 한가운데』로 널리 알려진 루이제 린저(1911~2002)는 생전에 전후 독일의 가장 뛰어난 산문 작가로 명성이 높았다. 그 같은 명성의 일부는 교사로 재직하던 시절 나치당 입당을 거부하여 교직을 떠나게 되었고, 히틀러에 반대했다는 이유로 1944년 10월 사형선고를 받았으나 종전으로 석방되었다는 삶의 이력에서 비롯된 것이었다. 그러나 2002년 3월 17일 린저가 사망한 후 친구이자 가톨릭 사제인 호세 무리요가 린저의 장남에게 도움을 받아 펴낸 평전 『루이제 린저: 모순의 삶』(2011)을 통해 드러난 린저의 삶은 충격적이었다.

린저는 20대 시절부터 히틀러와 나치를 찬양하는 시를 발표했고, 출세를 위해 동료 교사를 밀고했으며, 나치 여성동맹과 교원동맹에 가입해 적극적으로 활동했다는 것이다. 귄터 그라스는 그단스크시의 시장에게 젊은 시절의 과오에 대해 부끄러움 때문에 그동안 말하지 못했지만 "잊지는 않고 있었다"라며, 이와 같은 자신의 행동 때문에 명예시민권을 문제 삼는다면 그것도 받아들이겠다는 편지를 보냈다.

⇒   『양파 껍질을 벗기며』, 귄터 그라스 지음, 장희창·안장혁 옮김,
     민음사, 2015

파리코뮌

1870년 9월 1일 스당 전투에서 패해 독일군의 포로가 된 나폴레옹 3세는 비스마르크에게 칼을 바치며 "마침내 모든 것을 잃었다"라고 말했다. 피비린내가 진동했던 하루 사이에 프랑스제국이 사라지고, 독일이 민족국가로 탄생했다. 그러나 이날의 사건으로 탄생한 것은 독일만이 아니었다.

역사상 최초로 노동자 중심의 자치정부 파리코뮌이 1871년 3월 18일 수립되었다. 나폴레옹의 항복은 무능한 제2제정의 항복이었을 뿐 프랑스의 항복은 아니었다. 파리 시민은 프로이센과의 굴욕적인 강화 협정에 반대했다. 반대에도 불구하고 베르사유에 임시정부를 세운 티에르가 1871년 1월 28일 강화 협정을 강행하자 분노한 파리 시민이 궐기해 반정부-반프로이센 투쟁을 전개했다. 시청 앞에 운집한 20만 민중이 목이 터져라 "코뮌 만세"를 외쳤다. 노동자와 시민들은 시청을 점거하고 중앙위원회를 결성해 노동자 최저생계 보장, 정교 분리, 전쟁 기간 주택 임대료 면제, 사유재산의 국유화 등 세계사 최초로 사회주의적 정책을 실행에 옮겼다.

혁명의 상징으로 붉은 깃발이 등장한 것도 이때가 처음이었다. 승리에 도취한 시민과 노동자 들은 잔인한 압제의 상징인 기요틴을 부쉈고, 방돔 광장의 원주 등 황제와 부르주아지의 기념물을 파괴했다. 승리에 도취한 이들은 자신이 파괴한 기념물 앞에서 이 무렵 대중화되기 시작한 사진기로 기념사진을 찍었다. 프랑스 정부군과 프로이센은 무리하게 진압 작전을 펼치기보다 파리를 포위하고 굶주림에 지친 파리코뮌이 스스로 몰락하길 기다렸다. 식량을 비롯한 모든 생필품 공급이 끊긴 파리 시민은 동물원의 동물들까지 잡아먹어야 할 정도로 굶주림에 시달렸지만, 외부에서 지원이 오리라 믿으며 버텼다.

포위 고사 작전이 효과를 거두자, 5월 21일 베르사유 정부군이 파리로 진군하기 시작했다. 코뮌을 지키기 위해 무기를 든 시민들이 바리케이드를 설치하고 정부군에 대항했지만 역부족이었다. 시민군이 2만 명이나 희생되는 동안 정부군 전사자는 700여 명에 불과했을 정도로 일방적인 전투였다. 파리를 함락한 정부군은 그로부터 일주일 동안 잔혹한 박해와 학살을 자행했다. 약 3만8천 명이 체포되었는데, 이들 대부분은 사형·투옥·추방 등의 징벌을 받았다. 센강 다리 밑으로 강물 대신 시신이 흘렀다. 정부군이 코뮌 가담자를 색출하기 위해 노동자와 시민들이 촬영한 기념사진을 이용했기 때문에 이때의 학살을 '사진 학살'이라고 부른다.

1878년 파리경시청의 서류정리원으로 취직한 사진가 알폰소 베르티옹은 사진으로 범죄자 색인을 만드는 새로운 시스템을 만들어 내기로 결심했고, 1882년 마침내 사진을 통한 인체측정법을 창안했다. 오늘날에도 경찰은 시위에 나선 군중을 채증하기 위해 사진을 찍는다.

⇒　『박상우의 포톨로지』, 박상우 지음, 문학동네, 2019

비전향 장기수

남아공의 넬슨 만델라를 흔히 '세계 최장기 복역수'라 부르
지만, 대한민국은 오랫동안 세계 최장기수의 나라였다. 분
단이 낳은 또 하나의 비극, 비전향 장기수는 전향을 거부한
채 수십 년간 복역한 인민군 포로나 남파간첩 등을 말한다.
오늘날 제도적으로 민주주의가 정착된 국가에서는 헌법으
로 사상과 양심의 자유를 보장하고 있지만, 사상전향 제도
는 수많은 양심수를 만들어 냈다.

사상전향 제도는 1933년 일본에서 사상범과 조선의 독
립운동가에게 석방을 조건으로 천황에 대한 충성 서약을
시켰던 '사법 당국 통첩'이 뿌리였다. 반인권적·반민주적 속
성으로 악명 높은 이 제도는 보안감호 처분과 불가분의 관
련을 맺고 있었다. 미전향자들은 거의 예외 없이 보안감호
처분을 받았다. 보안감호 제도는 1936년 '조선 사상법 보호
관찰령'으로 법제화되었고, 정부 수립 직후 이승만 정부는
이 제도를 물려받아 1949년 국가보안법(제12조 보도구금)
을 제정했다. 박정희와 5공 정권 들어 사상전향과 보안감호
처분은 민주화운동을 옭죄는 수단으로 활용되었다.

1972년 10월 유신헌법을 제정한 대통령 박정희는 유신에 저항하는 국민운동이 계속되자 1975년 긴급조치 9호 발령과 동시에 사회안전법을 제정했다. 이 법이 제정된 이유 중 하나는 한국전쟁 전후에 투옥된 사상범들이 1970년대 전반이면 형기를 마치고 만기출소하게 되었기 때문이다. 박정희는 이들이 출소해 반독재·민주화 운동에 참여할 것을 염려했고, 복역 중인 사람은 물론 이미 출소한 이들도 재구금할 수 있도록 규정을 만들었다.

1973년 6월부터 법무부와 중앙정보부는 대전·광주·전주·대구 등 4개 교도소에 사상전향 공작반을 설치해 비전향 장기수들에게 고문 등 가혹행위를 불사하는 전향 공작을 실시했다. 그 과정에서 대전교도소에 복역 중이던 최석기·박융서·손윤구 등 비전향 장기수가 옥중에서 의문의 죽음을 맞았다. 고문과 학대를 견디지 못한 이들이 전향에 동의하면 당국은 성명서를 작성해 대북방송에서 낭독하도록 했다. 그러나 전향자로 분류되었다고 해서 보안감호를 면제받은 것도 아니었다. 사상전향과 보안감호 처분은 1989년 민주화 이후 보안관찰법으로 대체되었고, 1998년 김대중 정부 들어 전향서 대신 준법서약서를 제출하도록 했지만 이 역시 사상과 양심의 자유를 침해하는 변형된 형태의 사상전향 제도라고 비판받았다.

이 제도가 폐지된 것은 2019년 10월의 일이었다. 북한은 1991년부터 남북고위급회담 등을 통해 비전향 장기수의 송환을 요구했고, 1993년 3월 19일 인민군 기자 출신의 리인모(1917~2007)가 판문점을 통해 북한으로 송환되었다. 이후 두 차례에 걸쳐 송환이 이루어졌으나 어쩔 수 없는 상황에서 전향했던 장기수들은 전향했다는 이유로 그들의 희망과 달리 송환의 기회가 주어지지 않고 있다.

⇒ 영화 『송환』, 김동원 감독, 2003
⇒ 영화 『선택』, 홍기선 감독, 2003

찬탁 반탁

해방을 전후한 시기 한반도 상황에 대해 이해하려면 일국
적 관점을 넘어 세계적 관점이 필요하고, 이념적 차원을 넘
어 다차원적인 사유가 필요하다. 그런 의미에서 우리는 이
웃한 베트남뿐만 아니라 저 멀리 오스트리아의 사례를 생
각해 볼 필요가 있다. 조선은 패전국 일본의 식민지로 전쟁
에 참여했지만, 임시정부를 수립해 대일 선전포고를 하는
등 오랫동안 일본에 투쟁한 나라였다. 베트남은 승전국 프
랑스의 식민지였기에 전후 독립선언을 했음에도 불구하고
완전한 민족국가 건설에 이르기까지 오랫동안 피를 흘렸
다. 오스트리아는 거의 자발적으로 독일 제3제국의 일부가
되어 전쟁과 홀로코스트에 적극적으로 참여했지만, 독일의
패망이 확실시되는 시점에 결별했다.

　　엘베강의 만남 이후 연합국은 동서 냉전 진영으로 분
리되었고, 미국과 소련은 세계 패권을 두고 경쟁했다. 이런
상황에서 미국·소련·영국·중국 등은 여러 차례 만나 조선을
어떻게 할지, 즉 전후 세계를 어떻게 할지 논의했다. 종전 직
후 한반도는 삼팔선을 기준으로 남측은 미군이, 북측은 소

련군이 점령(해방)했다. 비록 분단은 되었으나 이때만 하더라도 한반도의 미래는 아직 결정된 것이 아니었다. 1945년 12월 16일 미국·소련·영국은 모스크바에서 전후 문제를 처리하기 위해 외무장관회의(이른바 모스크바 삼상회의)를 개최했고, 논란 끝에 12월 27일에 이르러 다음과 같은 4개항의 합의문을 발표했다. "1) 민주주의 원칙에 의해 임시정부를 건설한다. 2) 임시정부 수립을 돕기 위해 미소공동위원회를 설치한다. 3) 미국과 소련, 영국, 중국은 임시정부 수립을 돕기 위해 최대 5년간의 신탁통치를 실시한다. 4) 2주일 이내에 미·소 사령부의 대표회의를 개최한다."

당시 석간이던 『동아일보』는 제목을 "소련은 신탁통치 주장, 미국은 즉시 독립 주장"이라고 붙여 1면에 실었다. 이 제목만 본다면 미국은 한반도 독립을 위해 애쓰는 데 반해 소련은 식민지로 만들려 한다는 추측을 하게 되지만, 실제로 소련은 즉시 독립을 주장했고 신탁통치는 처음부터 미국의 주장이었다. 결정적 오보였다. 이 오보 이후 한반도는 해방 이후 민족의 미래를 결정할 수 있는 중요한 시기에 서로를 민족 반역자, 매국노라 부르며 무의미하고 격렬한 갈등에 빠져 허우적댔다.

미국과 소련이 분할 통치를 실시하고 있었다는 점에서 오스트리아는 조선과 같았다. 원로 정치인 카를 레너(1870~1950)를 중심으로 수립된 임시정부가 독일로부터 분리를 선언한 것은 수도 빈에 연합군이 진주한 뒤였고, 독일이 항복하기 불과 열흘 전이었다. 레너는 전쟁 전 온건 좌익 사회민주당SPO 소속이었고, 임시정부는 보수적인 국민당OVP과 공산당KPO이 모두 참여한 좌우 합작 정부였다. 소련은 오스트리아 임시정부를 즉각 승인했는데, 이것이 연합국의 의심을 받아 승인을 얻기까지 반년의 시간이 걸렸다.

조선과 오스트리아 중 독립에 대한 열망이 누가 더 강했을까 물을 수는 있겠지만, 1934년 내전에 가까운 상황을 경험했을 만큼 오스트리아의 좌우 갈등도 결코 덜하지 않았다. 그러나 오스트리아는 1955년 5월 완전한 독립을 이루기까지 신탁통치 10년 동안 좌우 정당의 연정이 지속되었고, 이는 신탁통치가 종결 후에도 10년 이상 지속되었다. 우리는 분단의 원인을 외부에서 찾으려는 경향이 강하지만, 분단을 극복하기 위해서라도 우리 스스로를 냉정하게 돌아볼 필요가 있다. 1946년 3월 20일 제1차 미소공동위원회를 시작으로 남북은 2년여에 걸쳐 논의했지만 아무 성과도 거두지 못했다. 남북한 양쪽 진영에는 아기의 반쪽이라도 차지하겠다는 어미만 있었을 뿐, 레너도 솔로몬도 없었다.

⇒　『해방일기』, 김기협 지음, 너머북스, 2011

로버트 팰컨 스콧

대항해시대, 아메리카 신대륙 발견 이후 서구에서는 국가와 개인의 명예를 건 오지 탐험이 대유행했다. 19세기 말에 이르면 그들의 발길이 미치지 못한 곳은 극지를 제외하곤 남아 있지 않았다. 그러나 영국은 극지 탐험에서 그다지 성공적이지 못했다. 가장 먼저 북극점에 도달한 사람은 미국의 로버트 피어리(1856~1920)였고(1996년에 발견된 피어리의 새로운 일지를 검토해 본 결과 북극점에서 40킬로미터 못 미친 지점까지만 도달한 것으로 밝혀졌다), 남극점은 노르웨이의 아문센(1872~1928) 차지가 되었다. 아문센과 경쟁을 벌였던 영국 해군 대령 로버트 팰컨 스콧(1868~1912)의 비극적인 최후는 특히 널리 알려져 있다.

1912년 1월 17일, 스콧이 이끄는 탐험대원 5명이 갖은 고생 끝에 남극점에 도착해 발견한 것은 34일 전 아문센 탐험대가 꽂아 놓고 떠난 노르웨이 국기였다. 스콧은 "우리가 지향하는 건 임무 그 자체이지 뒤따르는 갈채가 아니다"라는 말을 남기고 발길을 돌려야 했다. 이들의 불운은 귀환 길에서도 끝나지 않았다. 에드거 에반스가 추락사하고, 로런스 오츠 대령을 비롯한 나머지 대원 두 명은 동상과 괴저병에 시달렸다. 3월 17일 오츠는 자신 때문에 다른 대원들까지 위험에 처했음을 깨닫고 "밖에 좀 나갔다 올게. 그런데 시간이 좀 걸릴지도 모르겠네"라는 한 마디를 남기고 스스로 실종되는 길을 택했다. 마침 그날은 그의 서른두 번째 생일이었다. 스콧, 에드워드 윌슨, 헨리 바우어스 등 생존자 셋의 운명도 크게 다르지 않았다. 7개월 뒤 수색대는 텐트 안 순록 가죽 침낭 속에서 얼어 죽은 세 사람을 발견했다. 그곳에는 3월 21일자로 마무리된 일기와 편지 그리고 남극 탐험 도중 발견한 고생대 후기의 잎과 줄기 화석이 박힌 지질학 표본석이 있었다. 그들은 몸조차 가누기 어려운 상황에서도 화석 표본을 버리지 않고 650킬로미터나 되는 장거리를 이동하며 힘겹게 끌고 온 것이었다.

만약 이들이 중도에 화석을 버렸더라면 죽지 않았을지도 모른다. 그들이 숨진 곳은 물자 보급소로부터 불과 20킬로미터 거리였기 때문이다. 스콧 일행이 가지고 돌아온 화석은 훗날 대륙이동설의 중요한 근거가 되었고, 지구의 과거와 미래를 상상할 수 있는 지식의 보고가 되었다. 신농씨이래 인간의 지식이란 이처럼 수많은 사람과 동물의 희생에 빚진 것들이다.

⇒　『탐험가의 눈』, 퍼거스 플레밍·애너벨 메룰로 지음, 정영목 옮김, 북스코프, 2011

내부고발자

역사의 중요한 고비마다 내부고발whistle-blowing이 있었다. 1990년 10월 5일, 한국기독교협의회KNCC 사무실에서 윤석양 이병이 보안사의 민간인 사찰을 고발하는 양심선언을 했다. 1985년 대학에 입학해 학생운동에 참여했다가 1990년 5월 현역병으로 입대한 윤석양 이병은 강원도 철원의 한 부대에 배치 받아 소대원으로 병역을 수행하고 있었다.

어느 날 갑자기 보안사 서빙고 분실로 끌려간 그는 학생운동 조직원을 대라는 심문을 당한 이후 국군보안사령부(보안사)에서 근무하게 되었다. 이곳에서 근무하며 윤석양은 보안사가 독재 정권 시절과 다를 바 없이 여전히 민간인 사찰을 자행하고 있다는 사실을 알게 되었다. 그는 이 사실을 세상에 알려야 한다고 느껴 민간인 사찰 내용이 담긴 컴퓨터 플로피디스켓을 가지고 부대를 이탈했다. 그가 제시한 증거물에는 그동안 보안사가 개인별 고유번호를 매겨 사찰해 온 1,300여 명의 신상 정보가 담겨 있었다. 보안사는 개인의 인적사항은 물론 교우 관계와 집 담장 높이, 예상 도주로 등까지 조사해 두고 있었다.

양심선언 이후 국방부는 비상시에 주요 요인들을 보호하기 위해 만든 인명록이라고 변명했지만, 서울대 앞에 현역 군인을 동원해 위장 술집까지 운영한 사실까지 드러나자 마침내 악명 높은 보안사를 해체하고 명칭을 기무사로 변경하기에 이르렀다. 1992년 3·24 총선을 한 달여 앞둔 어느 날, ROTC 출신으로 육군 9사단에서 소대장으로 복무하던 이지문 중위의 대대에 연대장이 방문했다. 연대장은 전 부대원 앞에서 지난 대선 때 대통령이 20퍼센트 정도밖에 지지를 못 받고 당선된 것이 문제라며 장교와 직업 하사관은 이번 총선 때 여당을 찍어야 하고, 사병들도 그렇게 할 수 있도록 교육을 실시하라는 명령을 내렸다. 군대에서 실시하는 선거에서 여당 표가 많이 나온다는 것은 모두가 아는 공공연한 비밀이었다. 그 사건 이후 부대에는 여당 득표율이 장교의 인사에 반영된다거나 사병의 투표용지를 서신 검열기로 확인한다는 소문이 돌았다. 실제 다른 중대에서는 정신 교육뿐만 아니라 심한 경우 공개투표까지 벌어졌다.

이지문 중위는 동료들에게 부당함을 호소했으나 군대에서 벌어지는 일이니 어쩔 수 없다는 반응뿐이었다. 이 같은 부정선거가 소속 부대만의 일이 아닐 것이라고 생각한 이지문 중위는 1992년 3월 22일 공명선거실천협의회에 군 내부 투표 부정행위를 고발했다. 그는 특수군무이탈 혐의로 긴급 체포되어 2년여의 옥살이 끝에 1994년 11월 이등병으로 불명예 전역을 당했다. 불법적이고 부당한 행위에 대해 모두가 알면서도 침묵하던 시절 이지문의 용기 있는 내부고발 덕분에 군 부재자 투표가 영외 투표로 개선되었다. 윤석양에 이어 터져 나온 이지문의 내부고발은 무엇보다 민주화의 도도한 흐름을 되돌릴 수 없으며 부당한 명령에 복종하지 않겠다는 시대의 증거였다. 이지문은 1995년 2월 대법원으로부터 파면 취소 판결을 받아 중위로 명예 전역한 뒤, 현재까지 청렴하고 투명한 사회를 만들기 위해 활동 중이다.

⇒　『내부고발자, 그 의로운 도전』, 박흥식·이지문·이재일 지음, 한울, 2019

엘리베이터

시인 윌리엄 쿠퍼(1731~1800)는 "신은 자연을 만들었고, 인간은 도시를 만들었다"God made the country, and man made the town라는 구절을 남겼다. 그의 말대로 도시는 인간이 만든 최고의 걸작이다. 유엔 경제사회국DESA의 '2018 세계 도시화 전망' 보고서에 따르면 전 세계적으로 점점 더 많은 사람이 도시로 몰리면서 2050년에 이르면 지구촌의 도시인구 비율은 68퍼센트에 이를 것으로 전망됐다. 약 30년 뒤면 세계인구 10명 중 7명이 도시에 살게 되는 것이다. 이처럼 많은 사람이 도시에 살 수 있게 된 것은 도시 자체의 팽창도 있지만, 수평적 팽창이 한계에 다다르자 수직적 팽창을 이룬 덕분, 다시 말해 고층건물 덕분이었다.

　　중세에서 근대로 넘어오던 시기 유럽의 주요 도시들이 부유함의 상징으로 광장에 시계탑을 세워 경쟁했듯이 오늘날 현대의 도시들은 보다 높은 건물, 마천루를 세우는 것으로 경쟁하고 있다. 마천루란 그 이름 뜻 그대로 하늘을 찌를 듯이 높이 솟은 초고층 건물을 의미하는데, 한국에서 초고층 건물이란 건축법 시행령 제2조 18에 따라 높이 200미터 이상 또는 50층 이상의 건축물을 말한다. 그런데 이처럼 50층 이상의 건물을 걸어서 올라가야 한다면, 과연 수직적 팽창이 가능했을까?

전 세계에서 가장 높은 빌딩은 아니지만, 가장 유명한 빌딩 중 하나인 엠파이어스테이트 빌딩은 해마다 '계단 오르기 대회'를 개최하는 것으로도 유명하다. 이 대회에서 우승하려면 86층 전망대까지 1,576개의 계단을 올라야 한다. 2020년까지 대회 최고기록은 남자 9분 33초, 여자 11분 23초이다. 엘리베이터(승강기)가 없었다면 고층빌딩이 없었을 것이고, 고층빌딩이 없었다면 오늘날의 현대 도시는 존재하지 않았거나 그 풍경이 매우 달랐을 것이다.

해마다 3월 23일은 '세계 엘리베이터의 날'이다. 버몬트주 출신의 발명가이자 기업가 엘리샤 오티스(1811~1861)가 1857년 뉴욕 브로드웨이의 유명 도자기 상점인 하우워트 빌딩(5층)에 세계 최초로 추락하지 않는 안전한 승객용 승강기를 설치한 날이기 때문이다. 사실 엘리베이터는 기원전 236년경 그리스의 아르키메데스가 개발한 도르래의 원리에 의해 만들어진 것이지만, 문제는 종종 엘리베이터를 끌어올리고 내리는 줄이 끊어지는 사고가 발생한다는 것이었다. 이 문제를 해결한 것이 오티스였다.

그는 1854년 뉴욕 세계박람회에서 자신이 개발한 엘리베이터에 탑승해 관람객들 앞에서 줄을 끊어도 추락하지 않는 엘리베이터를 직접 시연해 보였다. 오늘날 세계 최대의 엘리베이터 기업 오티스가 출현하게 된 계기였다. 초고층 건물을 안전하고 빠르게 오갈 수 있는 엘리베이터의 발명은 오늘날 초거대 도시를 탄생시킨 밑바탕이 되었다. 오늘날 한국엔 인구 100명당 1대꼴의 엘리베이터(세계 3위)가 있고, 세계적으로 하루에 10억 명 이상이 엘리베이터를 사용한다.

⇒　『창조자들』(전3권), 대니얼 J. 부어스틴 지음, 이민아·장석봉 옮김, 민음사, 2002

더러운 전쟁

신자유주의와 세계화 이후 근대 서구가 만들어 낸 정치제
도로서의 정당정치가 급격하게 몰락하고 있다. 제도권 정
치 내부에서 좌와 우의 이념 대신 '좌도 아니고 우도 아닌'
정치 노선을 내걸면서 주로 국민주의적·인종주의적 정서와
서민 대중의 피해의식에 호소하는 정치 세력이 등장했다.
이런 현상을 포퓰리즘populism이라고 부른다.

　한 사회를 이해하기 위해서는 복잡한 과정이 필요한
법이지만, 아르헨티나를 이해하려면, 페론(1895~1974)과
페론주의라는 문화적·정치적 현상을 이해해야 한다. 1943
년 군사 쿠데타에 참여하며 정계에 입문한 페론은 1945년
10월 정권을 획득해 이후 10년 동안 권좌에 머물며 노동자
우대 정책을 펼쳤다. 이는 보수 세력의 반발을 불러일으켜
1955년에 일어난 군부 쿠데타에 의해 실각하고 망명길에
오르게 된다. 페론은 하층민(노동자와 민중)에게는 포퓰리
즘적 진보주의자로, 부르주아 계층에는 국가주의에 빠진
파시스트 독재자로 간주되었다.

　군부는 1930년부터 1943년, 1955년, 1962년, 1966년,

1976년에 이르기까지 끊임없이 쿠데타를 일으켰고, 아르헨티나의 가장 중요한 정치 세력이었다. 군부의 거듭되는 철권통치에 신음하던 사람들이 군 출신이었던 페론에게 희망을 걸었다는 것은 역사의 아이러니다. 아르헨티나에는 1968년부터 군사정권에 저항해 온 혁명군FAR, 페론주의 군대FAP, 해방군FAL, 몬토네로스Montoneros, 민중혁명군ERP 등 다섯 개의 주요 무장 단체가 존재했는데, 이들은 점차 몬토네로스와 민중혁명군의 양대 진영으로 재결집했다. 몬토네로스는 가톨릭교회를 뿌리로 했고, 민중혁명군은 마르크스주의 세력이었지만 군부 통치를 종식시킨다는 목표를 공유했다. 1973년 선거에서 이들이 연합 전선을 펼친 덕분에 65퍼센트의 지지로 페론은 권좌에 복귀했다. 페론은 18년 동안의 망명생활 끝에 혼란을 수습해 줄 마지막 영웅으로 기대를 받으며 돌아왔지만 1년 만에 세상을 뜨고 말았다. 그의 사후 좌우 연합은 깨졌고, 경기 침체는 통제 불능이었으며, 정치 폭력의 수위는 나날이 높아졌다.

1976년 3월 24일 비델라가 이끄는 군부가 쿠데타를 일으켰다. 군사정권은 만성화된 정치·경제 위기 같은 '아르헨티나 병'을 극복하기 위해 '국가 재건 사업'을 구호로 내세웠다. 극심한 혼란의 와중이었기에 쿠데타는 도리어 시민들의 은근한 기대와 환영을 받았다. 그때까지만 해도 이것이 국민을 향한 국가의 폭력, 즉 '더러운 전쟁'의 시작이라는 사실을 몰랐던 것이다. 군사정권은 군대·경찰·정보기관 등 공식적인 국가기구도 모자라 '아르헨티나 반공동맹'으로 대표되는 극우 무장 세력들까지 모든 수단을 총동원해 자신들의 입맛에 맞지 않는 수많은 사람(주로 노동계층과 청년)들을 납치·고문·살해 했는데, 그 숫자는 약 2만 명에 달했다. 이것도 최소로 추산한 수치이다. 심지어 국가폭력으로 부모를 잃은 영·유아들을 탈취해 강제 입양하는 희대의 범죄행위를 저질렀다.

그로부터 반세기가 지난 지금까지도 실종자 가족 모임 '오월광장 어머니회'는 잃어버린 아기들을 찾고 있다. 아르헨티나 군사정권은 1983년 포클랜드(말비나스)전쟁에서 패배할 때까지 권력자를 바꿔 가며 이어졌다. 같은 해 치러진 선거에서 인권 변호사 출신의 라울 알폰신(1927~2009)이 대통령에 당선되면서 '실종자 진상조사 국가위원회'를 설치해 군부 집권기 만행을 조사했고, 의회는 3월 24일을 '진실과 정의 기억의 날'로 제정했다. 유엔은 2010년 9월, 이 날을 '포괄적 인권 침해에 대한 진실을 알 권리와 희생자 존엄을 위한 국제 기념일'로 정했다.

⇒   『남미 인권 기행』, 하영식 지음, 레디앙, 2009

트라이앵글 셔츠웨이스트 화재

맨해튼 남부에 위치한 '아시빌딩'은 10층짜리 건물이었는데, 이 건물의 8층부터 10층까지는 트라이앵글 셔츠웨이스트 공장이 입주해 있었다. 당시 세계의 공장으로 성장하던 미국에는 이른바 '스웨트 숍'sweatshop이라고 하여 아메리칸 드림을 찾아 이주한 가난한 유럽 국가 출신 여성들이 열악한 환경에서 저임금을 받으며 노동하는 작업장이 많았다.

트라이앵글 셔츠웨이스트 공장 역시 그런 곳이었다. 1911년 3월 25일은 토요일이었지만 12세의 어린 소녀를 비롯해 독일, 이탈리아, 동유럽 등지에서 건너 온 가난한 이민자 여성들이 초과수당을 받기 위해 바쁘게 일하고 있었다. 퇴근을 20여 분 앞둔 오후 4시 40분 무렵 재단 기계 밑 자투리 천을 모아 놓은 통 근처에서 불꽃이 튀었다. 8층에서 시작된 화재는 곧 9층과 10층으로 번졌다. 이 건물엔 두 개의 비상구가 있었지만, 공장주는 노동자들이 옷가지를 훔쳐 가거나 몰래 숨어서 휴식을 취한다는 이유로 출입문 두 곳 중 하나를 언제나 잠가 두었다.

공업용 재봉틀과 옷감들, 자투리천이 산더미처럼 쌓인 공장 안에는 소화 장치라고는 하나도 없었다. 공장 관리자 두 사람은 화재가 발생하자 가장 먼저 안전한 옥상으로 피신했으면서도 노동자들이 빠져나올 수 있는 출입구를 열어 주지 않았다. 화재를 알리는 경보 벨은 울리지 않았고 뒤늦게서야 소방차가 출동했지만 사다리는 6층이 한계였다. 화재가 발생한 것을 깨달은 노동자들은 불길을 피해 뛰어내리다 추락사하거나 유독성 연기에 질식해 숨졌다. 화재는 15분 만에 진화되었지만 이 사건으로 모두 146명의 여성 노동자가 사망했다.

트라이앵글 셔츠웨이스트 공장 화재는 9·11 테러 이전까지 미국 역사상 단일 사건으로 최대 희생자를 낸 사건이었다. 사건이 발생하기 2년 전 노동조건 개선을 요구하는 노동자들이 13주에 걸친 대규모 파업을 전개했음에도 정부와 기업은 응하지 않았다. 이 화재 사건은 오늘날까지도 미국 노동운동과 근무 조건 개선의 전환점으로 평가받는다. 사건 이후 2년이 흐르며 근무시간에 비상구를 잠그는 것이 법으로 금지되었고, 소화전·화재경보기·스프링클러 설치, 화재 예방 훈련이 의무화되는 등 60여 건의 법령이 만들어졌다.

⇒　『가자! 아메리카로』, 리오 휴버먼 지음, 박정원 옮김, 비봉출판사, 2001

기적의 일꾼

"만약 내가 멀리 보았다면, 그것은 거인들의 어깨 위에 서 있었기에 가능했다." 1676년 2월 5일 뉴턴이 경쟁자 로버트 훅에게 보낸 편지에 적혀 있는 말이다. 문맥을 떼어 놓고 읽으면 자신이 코페르니쿠스·케플러·갈릴레이 같은 거인의 업적 덕분에 성과를 거둘 수 있었다고 겸손하게 말하는 것 같지만 속내를 보면 '나는 당신(훅)의 연구(아이디어)에서 영향을 받은 것이 아니다, 당신이 감히 저런 위인들과 어깨를 나란히 할 만한 위인이라고 스스로 생각하느냐'는 뉴턴의 조롱이 담긴 것이었다. 전후 맥락이야 어찌됐든 뉴턴의 말은 지식 축적이란 천재적인 어느 한 사람의 성과가 아니라 인류가 오랜 세월 쌓아 올린 결과물이라는 사실을 보여 주는 사례로 자주 인용된다.

오늘날 지식정보산업사회에서 지적재산권(특허권)은 이윤 창출의 주요한 원천으로 간주된다. 그러나 2003년에 저작권이 소멸될 예정이었던 디즈니의 미키마우스에 대한 저작권이 법 개정을 통해 저작자 사후 50년에서 70년으로 연장되는 등 과도한 지적재산권의 보호와 배타적 규제 때문에 발생하는 지식의 사유화에 대한 비판의 목소리도 결코 적지 않다. 실제로 에이즈 치료제를 둘러싸고 벌어졌던 복제 약물의 생산 및 특허 분쟁처럼 인간의 생명과 관련된 분야에서 논쟁이 더욱 뜨겁다.

소아마비Polio는 폴리오바이러스가 뇌 또는 척수신경에 침입해 신경 기능에 이상을 초래하는 질병으로 뇌성 소아바미일 경우 사지마비와 지능 장애, 시력·청력 장애 등이 수반된다. 척수성 소아마비는 운동이나 근육 기능 장애, 사지마비 등을 동반하는 무서운 질병이다. 코로나19 바이러스 사례에서 알 수 있듯 바이러스성 질병의 백신과 치료제를 개발하기까지는 수많은 어려움이 발생한다. 소아마비는 20세기 중반까지 미국에서도 해마다 5만 명의 환자가 발생했고, 잘 알려진 것처럼 루스벨트 대통령도 소아마비 장애를 앓았다. 그런 까닭에 소아마비 백신 개발은 인류의 소망이기도 했다.

인류가 소아마비를 극복할 수 있게 된 것은 1953년 3월 26일 미국의 조나스 소크(1914~1995) 박사가 소아마비 백신(이른바 '소크 백신')을 개발한 덕분이다. 소크 백신이 나온 지 25년도 안 되어 미국에서 소아마비가 사라졌고, 1950년대까지 매년 2천여 명의 환자가 발생했던 한국 역시 백신 접종이 시작된 1960년대 후반부터 감소하여 1984년 이후엔 발병 사례가 없다. '기적의 일꾼'으로 칭송받는 소크 박사는 1914년 정규교육을 제대로 받은 적 없는 가난한 이민 가정에서 태어났다. 그의 가족은 이스트 할렘과 브롱크스의 빈민가에 살았다. 소크는 빈민 가정 출신들을 위해 설립된 공립교육 과정 덕분에 의사가 될 수 있었다.

백신 개발 직후 가진 인터뷰에서 방송인 애드 머로는 그에게 "누가 이 특허를 소유하게 됩니까?"라고 물었다. 소크는 "글쎄요, 특허는 없습니다. 태양에 특허를 주실 수 있나요?"라고 되물었다. 만약 이 백신에 대해 특허권을 신청했다면 당시 가치로 70억 달러에 이르렀을 것으로 추산된다. 평생 유명해지기를 원치 않았던 소크는 죽을 때까지 에이즈 치료제 개발을 위해 헌신했다.

⇒　『아이디어의 미래』, 로런스 레식 지음, 이원기 옮김, 민음사, 2011

38명의 목격자

1964년 3월 13일의 금요일, 뉴욕주 퀸스 지역의 한 바에서 웨이트리스로 일하던 캐서린 제노비스가 늦은 일과를 마치고 퇴근 중이었다. '키티'라는 애칭으로 불리던 이 28세의 여성은 집 근처 롱아일랜드 레일로드 역 주차장에 자신의 자동차를 주차한 뒤 집으로 돌아가고 있었다. 등 뒤로 누군가 다가오는 인기척을 느끼는 순간 뒤쫓아 온 괴한에게 수차례 등을 찔린 키티는 큰 목소리로 구조를 요청했다. 그러자 건너 편 아파트 7층에서 "그 여자를 내버려 둬!"라는 고함소리가 들려왔고 괴한은 도망쳤다. 아파트 주민들이 불을 켜고 사건을 지켜보았지만, 거리로 내려와 그를 도와주는 이는 없었다. 제노비스는 힘겹게 기어서 어느 아파트 건물 현관에 다다랐지만 아무도 도와주러 나오는 낌새가 없자 몇 분 뒤 범인(윈스턴 모즐리)이 다시 나타나 제노비스를 강간했고 그는 목숨을 잃었다.

최초의 피습 시각으로부터 제노비스가 목숨을 잃을 때까지 대략 30분여의 시간이 흘렀고, 그가 살해당하는 장면을 목격한 사람이 모두 38명에 이르렀지만, 이 가운데 누구도 직접 사건 현장으로 내려와 제노비스를 구하지 않았다. 사건이 모두 끝난 뒤에야 주민 한 명이 경찰에 신고했으나, 경찰이 현장에 도착했을 때 제노비스의 몸은 싸늘하게 식어 가고 있었다. 사건 발생 2주 후인 1964년 3월 27일 『뉴욕타임스』는 '누가 살인을 목격하고도 경찰을 부르지 않았나'Who Saw Murder Didn't Call The Police라는 제목으로 이 이야기를 1면에 실었다. 여론이 크게 격앙되었고 매스컴은 제노비스의 살해를 목격했다는 시민들을 찾아내려고 샅샅이 탐문했다. 이 사건으로 '방관자 효과'bystander effect라는 새로운 사회심리학 용어가 만들어졌다. 위기에 처한 사람을 구하는 것을 법적 의무조항으로 규정한 이른바 '착한 사마리안 법'이 제정되기도 했다.

그러나 2016년 키티의 남동생 윌리엄 제노비스가 다큐멘터리 감독 제임스 솔로몬과 함께 진실을 추적하는 내용을 다룬 다큐멘터리 『목격자』가 개봉되면서 이 보도가 과장 및 왜곡되었다는 사실이 드러났다. 실제로 사건을 목격한 사람은 극히 소수였고 그들 중 두 명은 곧바로 경찰에 신고했으며, 심지어 소피아 파라라는 이름의 여성은 비명을 듣고 즉시 달려와 경찰이 도착할 때까지 제노비스를 끌어안고 보호했다.

⇒ 다큐멘터리 『목격자』, 제임스 솔로몬 감독, 2016

스페인 전역, 하늘은 맑음

로버트 O. 팩스턴은 『파시즘』에서 "이데올로기는 단순한 이념 이상의 의미를 지니며, 세계를 개조하는 원대한 계획을 갖춘 총체적 사상적 체계"라고 말하면서 보수주의·자유주의·사회주의와 같은 전통적인 이데올로기들은 정치가 교양인의 일이었던 시대에 만들어져 끈질기고 학구적인 토론을 통해 구체적인 형태를 갖추었다면, 이와 대조적으로 파시즘은 대중 정치 시대에 새로이 급조된 것이었다고 말한다. 1936년부터 1939년 사이에 벌어졌던 스페인시민전쟁(내전)은 파시즘과 민주주의 진영 사이에서 벌어진 최초의 이데올로기 전쟁이었고, 다가오는 2차 세계대전의 전조였다.

17세기 한때 유럽을 호령했던 스페인은 이후 19세기까지 서서히 몰락해 갔다. 1873년 잠시 왕정이 폐지되고 공화정이 들어섰지만 이내 왕정으로 복귀했다. 국민들로부터 민주적 선거를 실시하라는 강력한 압박을 받은 알폰소 13세(재위 1887~1931)는 어쩔 수 없이 동의했고, 선거 결과 1936년 4월 새로운 의회가 구성되면서 중도파 성향의 인민전선 정부가 수립되었다. 반가톨릭 성향의 인민전선은 정교 분리, 농지 개혁 등 진보적 정책을 펼치며 중산층과 노동자·농민 대중의 광범위한 지지를 받았다. 그러자 스페인의 전통적인 기득권 세력이었던 교회와 지주·자본가들이 불안에 떨었다.

1936년 7월 17일 "스페인 전역, 하늘은 맑음"이라는 말이 여러 라디오 방송을 통해 동시에 울려 퍼지는 것을 신호로 군부를 중심으로 공화정을 전복하기 위한 우파 세력의 반란이 스페인 전역에서 일제히 일어났다. 전통적으로 가톨릭 세력이 강했던 남부와 서부, 시골에서의 봉기는 성공하는 듯 보였지만 마드리드와 바르셀로나 같은 북부 주요 산업도시에서는 공화파에 저지당했다. 그러나 스페인의 아프리카 식민지 모로코에 주둔하고 있던 프란시스코 프랑코의 부대가 독일의 히틀러와 이탈리아 무솔리니의 지원을 등에 업고 이베리아반도에 상륙하면서 전세는 백중지세로 변했다.

스페인시민전쟁은 국제적인 이데올로기 전쟁이었으나 프랑코는 우익 파시즘을 신봉하는 사람이 아니었고, 보수주의든 자유주의든 사회주의든 모든 이념과 대중정치를 혐오했다. 다만 그는 군대와 가톨릭을 국가 그 자체라 여기는 인물이었다. 프랑코는 피도 눈물도 없는 냉정한 전쟁 기계로, 필요하다면 비무장 상태의 여성과 어린이들의 머리

위로 폭격을 가했다. 1937년 4월 26일 게르니카 폭격이 그 예다. 2년 8개월여에 걸친 전투 끝에 프랑코는 마침내 1939년 3월 28일 마드리드에 입성했다.

영국과 프랑스는 마드리드가 함락되기 한 달 전인 2월 27일 프랑코 정권을 정식으로 승인했다. 전쟁 기간에 이미 100만 명 가까이 죽었고, 공화파 역시 전쟁 중에 주교 13명을 포함해 6천 명의 사제를 처형하고 7만5천여 명에 이르는 팔랑헤 당원을 처형한 것으로 알려져 있지만, 프랑코는 승리 이후에도 학살을 멈추지 않았다. 프랑코는 공화파 지지자로 분류된 교사, 정치인, 기자들을 거리에서 즉결 처분했다. 살아남은 사람들은 체포해 수용소로 보냈는데, 그들 대부분도 총살당했다. 1940년대 초반까지 이 수용소에 갇힌 사람들은 200만 명에 이르는 것으로 추정된다.

⇒ 『카탈로니아 찬가』, 조지 오웰 지음, 정영목 옮김, 민음사, 2001

국민방위군 사건

압록강 물을 수통에 담는 한 장의 사진이 보여 주듯 당장이라도 전쟁이 끝나고 통일이 이루어질 것 같았던 한국전쟁은 '항미원조전쟁'이라는 명분으로 만주를 건너 참전한 중국군의 개입으로 다시 원점으로 돌아가 버렸다. 중국의 참전으로 전장 상황이 악화되자 이승만 정부는 예비 병력을 양성하고 신속하게 병력을 동원하기 위해 '17세 이상 40세 이하의 남자는 제2국민병에 편입시키고, 제2국민병 중 학생이 아닌 자는 지원에 의해 지방 단위로 편입시킨다'는 내용의 국민방위군설치법을 1950년 12월에 통과시켰다.

초등교사로 일하다가 단국대 사학과에 입학한 시인 신동엽은 한국전쟁이 발발하자 고향 부여로 피난 갔다가 그곳에서 인민군에게 붙들려 7월부터 9월 인천상륙작전이 성공할 때까지 강제노역에 시달렸다. 인민군을 피해 부산으로 내려온 신동엽은 12월 국민방위군에 징집되었다. 그해 겨울은 유난히 추웠다. 그러나 국민방위군으로 소집된 장정들에게는 동계 장비는커녕 피복과 식량조차 제대로 지급되지 않았다.

엄동설한에 소집된 장정들에게 지급되었어야 할 물품들이 모조리 사라진 것이었다. 살인적인 추위 속에서 국민방위군으로 소집된 장정들은 두 사람당 하나씩 지급된 가마니 한 장으로 배고픔과 추위를 견뎌야 했다. 점령지에 남겨진 청년들이 인민군에 끌려갔던 일이 되풀이되도록 하지 말아야겠다는 욕심에 급조한 정책과 아무런 준비 없이 정책을 수행한 국방부, 그 사이에서 자신의 잇속만을 챙긴 군인과 그 뒤를 봐주던 정치인의 먹이사슬이 연결된 비리였다.

소집 이후 100여 일 동안 총 한 번 잡아 보지 못한 50만 명의 장정 중 최소 천여 명에서 수만 명(제대로 된 통계조차 없었다)이 후방에서 굶어 죽고 얼어 죽었다. 살아남은 이들도 80퍼센트가량이 폐인이 되다시피 했다. 국민방위군으로 소집되었다가 만신창이가 되어 돌아온 신동엽도 이때 상한 간이 회복되지 않아 1969년 39세의 나이에 간암으로 요절한다. 국민방위군 참사가 알려지면서 여론이 들끓었다. 수사가 진행되어 관련자들이 군사재판에 회부되었지만 대부분 솜방망이 처벌을 받고 풀려났다. 그래도 여론이 잠잠해지지 않자, 1951년 3월 29일 전쟁이 한창이던 임시수도 부산에서 열린 국회에서 국민방위군 의혹 사건을 조사하기 위한 진상조사단 구성안이 통과되었다.

재조사 결과 5명의 국민방위군 간부에게 사형이 선고

되었지만, 그 이후 사건은 흐지부지 종결되었다. 사건은 일단락됐지만 부정 유출된 자금이 이승만 정부에 유입되었다는 항간의 의혹은 영원히 은폐되고 말았다. 휴전 이후 총성은 멎었지만, 국민의 4대 의무 중 하나인 병역의 의무를 다하기 위해 입대한 병사들 가운데 지금도 해마다 평균 백여 명의 젊은이가 집으로 돌아가지 못한다.

⇒ 『돌아오지 않는 내 아들』, 군의문사진상규명위원회 지음, 삼인, 2008

꽃을 든 남자

2차 세계대전이 발칸반도로 확대될 무렵, 그리스는 독재자이자 파시스트였던 메탁사스(1871~1941) 정권의 통치 아래 있었다. 이탈리아는 1940년 10월 그리스를 침공했다. 비록 독재자이긴 했지만 메탁사스는 침공에 맞서 5개월여 동안 잘 싸웠고, 심지어 이탈리아군을 거의 몰아낼 뻔했다. 문제는 그리스가 너무 잘 싸웠기 때문에 보다 못한 히틀러가 직접 그리스 침공에 나섰다는 것이다. 독일·이탈리아·불가리아 연합 추축군의 침공에 더 이상 버틸 수 없었던 그리스는 1941년 항복했다. 메탁사스 정권의 급작스러운 붕괴는 그의 독재정치에 맞서다 투옥당했거나 망명했던 그리스 내 좌파 세력에게는 새로운 기회였다. 이들은 그리스로 돌아와 독일의 지배에 맞서 조직을 재건했다.

1941년 9월 그리스공산당KKE과 기타 소규모 좌파 세력이 연합해 민족자유전선EAM과 자유군대ELAS를 결성했다. 좌파 연합이었던 민족자유전선은 '점령 세력에 저항하고 새로운 민주 정권을 수립하여 그리스 국민의 주권을 옹호하는 정치체제를 수립'한다는 헌장을 제정하며 나치 점령하의 그리스에서 임시정부로 기능했다. 자유군대는 전쟁 기간 내내 산악지대를 중심으로 독일군을 괴롭혔고, 민족자유전선은 그때까지 방치되다시피 했던 산간 촌락 지역의 낙후된 도로망을 재건하고 통신 시설을 건설하는 한편 마을 단위로 학교와 인민위원회를 조직하는 등 지방정부를 수립하여 기초적인 사회보장 제도를 마련했다.

좌파 연합이 통치하는 지역에는 다양한 청년 조직이 만들어졌고, 소규모 공장이 건설된 것은 물론 극장을 비롯한 문화 활동까지 전개되었다. 이들은 독일 점령 기간에 발생한 권력 공백 상태를 극복하고 행정 질서를 회복함으로써 국민 대다수의 지지를 받았다. 그러나 전후 그리스에 공산당 정부가 수립될 것을 두려워한 미국과 영국은 우파 세력을 지원했다. 미국과 영국의 후원 아래 과거 나치에 동조했거나 파시스트로 활동했던 우익 세력이 정권을 장악했다. 그 결과 나치에 맞서 함께 싸웠던 그리스 저항 세력은 1944년 10월 독일이 철수한 뒤에 우파 세력과의 본격적인 내전에 빠져들었다. 그리스를 포기하는 대신 루마니아를 차지한 소련은 그리스 공산당에 대한 지원을 포기했고, 좌파 세력은 1949년 패배했다.

호텔을 소유한 부유한 가정에서 태어난 니코스 벨로야니스(1915~1952)는 부모의 뜻에 따라 법률 학교에 진학했다. 그는 독재자에 맞서 투쟁했기 때문에 학교를 졸업하기도 전에 투옥되었다. 그리스가 패전하자 감옥에서 탈출해 그리스의 자유군대에서 영웅적인 레지스탕스로 활동했다. 전후 내전과 탄압을 피해 그리스를 떠났던 그는 1950년 6월 그리스로 다시 귀국했다가 공산당 재건 혐의로 체포되었다.

1952년 3월 1일 재판정으로 향하는 벨로야니스 앞으로 한 여성이 다가와 붉은 카네이션 한 송이를 건넸고, 이 모습이 사진에 담겼다. '꽃을 든 남자'The Man with the Carnation라는 사진은 널리 퍼져 유명해졌고, 피카소는 이 모습을 벨로야니스의 초상으로 그렸다. 그를 구명하기 위해 채플린, 피카소, 사르트르, 엘뤼아르, 나짐 히크메트 등이 앞장섰고 세계 전역에서 구명을 호소하는 수만 통의 전보와 편지가 그리스 정부로 쏟아졌다. 그리스 정부는 이에 아랑곳하지 않고 1952년 3월 30일 오전 10시 벨로야니스에 대한 총살형을 집행했다. 이후 그리스는 이른바 '대령들의 정권'이라 불릴 만큼 잦은 군부 쿠데타에 시달리다가 1974년 민주화에 성공했다.

⇒　『그리스와 제주, 비극의 역사와 그 후』, 허호준 지음, 선인, 2014

달라이 라마

달라이 라마라는 말에서 '달라이'Dalai는 몽골어로 '큰 바다', '라마'Lama는 티베트어로 '스승'이라는 뜻이다. '바다와 같이 넓고 큰 덕을 가진 스승'이라는 뜻의 달라이 라마는 1959년 중국이 티베트를 침공하기 전까지 티베트의 정신적 지도자인 동시에 실질적 통치자였다. 티베트 사람들이 관세음보살의 화신이라 믿는 달라이 라마는 오늘날 티베트 불교의 수장일 뿐 아니라 세계적인 정신적 지도자로 존경받는다.

불교가 티베트에 들어온 것은 640년경의 일로, 당시 티베트는 왕정국가였다. 이후 불교의 영향력이 확대됨에 따라 왕의 영향력이 축소되었고, 11세기경 달라이 라마가 통치하는 신정국가가 되었다. 제2대 달라이 라마 겐둔 갸초는 네 살 때 제1대 달라이 라마 겐둔 둡빠의 환생이라는 것이 밝혀졌다. 제1대 달라이 라마는 자신의 환생을 예언한 뒤 앉은 채로 입적했다. 이처럼 달라이 라마는 죽기 전 자신이 환생할 장소를 예시하기 때문에, 예시된 곳에서 찾거나 예시가 없으면 신탁에 의존해 후대 달라이 라마를 찾는다. 그렇게 찾아낸 아이들 중 달라이 라마를 가려내는 의식을 통해 '진짜'임이 확인되는 이는 이후부터 달라이 라마가 되는 교육을 받고, 18세가 되면 정식으로 달라이 라마에 즉위한다. 달라이 라마가 즉위하기 전까지는 승려 중 가장 덕이 높은 이가 그 역할을 대행한다.

1912년 신해혁명으로 청의 속박에서 벗어난 티베트의 제13대 달라이 라마 둡텐 갸초는 청의 영향력을 몰아내고 티베트를 주권국가로 독립시켰다. 1940년 텐진 갸초가 제14대 달라이 라마에 올랐지만, 1949년 중화인민공화국이 된 중국은 이후 티베트가 자국 영토라고 선언했다. 중국은 제국주의의 압제로부터 300만 티베트 인민을 해방하고 서부 변경에 대한 방위를 공고히 한다는 명분으로 1950년 10월 11일 티베트를 침공했다. 티베트군은 침공에 맞서 저항했지만, 국공내전으로 단련된 데다 근대적 무기로 무장한 중국에 저항할 힘이 없었다. 티베트는 이듬해 5월 중국의 소수 민족 자치구 중 하나로 강제 편입되었다.

이후 중국은 중국과 티베트를 잇는 2천 킬로미터의 도로를 건설하는 한편 수도 라사 부근에 비행장을 건설하는 등 티베트에 대한 지배력을 높여 갔다. 1954년 중국은 달라이 라마를 베이징에서 열린 전국인민대표자대회에 참석시킴으로써 티베트가 독립된 국가가 아니라 중국 내 소수 민족 중 하나라는 사실을 천명했다. 민주 개혁이라는 명분으로 중국 정부는 티베트의 역사와 문화를 중국화하기 시작했고, 한족의 티베트 이주를 감행했다. 1959년 3월 잠무카슈미르에서 발생한 시위에 대한 무자비한 탄압에 이어 달라이 라마가 폐위될지 모른다는 소식을 접한 티베트 사람들은 전국적인 봉기를 일으켰다.

3월 17일 중국은 달라이 라마가 머물던 라사의 궁에 포격을 가했다. 달라이 라마는 히말라야를 넘어 2,600킬로미터의 대장정 끝에 인도로 망명해 3월 31일 히말라야 산맥의 고지대 다람살라에 티베트 망명정부를 세웠다. 달라이 라마의 망명 이후에도 봉기는 1962년 3월까지 계속되어 수만 명이 숨졌고, 13만 명의 티베트인이 달라이 라마를 따라 망명했다. 티베트 망명정부의 주장에 따르면 오늘날까지 티베트 전역에서 6,200여 개에 달하는 불교 사찰과 문화 유적이 파괴되었고, 티베트 인구의 5분의 1에 해당하는 120만 명이 죽임을 당했으며, 이보다 더 많은 수가 감옥과 강제 노동수용소에 감금된 것으로 추정된다. 달라이 라마는 비폭력 노선을 견지하며 지속적으로 독립운동을 전개했고, 1989년 노벨평화상을 받았다.

⇒ 『티베트 말하지 못한 진실』, 폴 인그램 지음, 홍성녕 옮김, 알마, 2008

4월 ○ *April*

춘분이 지나고 맞이하게 되는 4월은 완연한 봄기운을 느낄
수 있는 달이다. 4월의 시작이 세상 사람 누구나 알고 즐기
는 만우절이 된 까닭도 길었던 겨울의 해방을 즐기기 위한
것이었다. 4월에 내리는 비는 농사에 도움이 되는 고마운
비로, '4월의 소나기'April Shower라고 한다. "4월의 비가 5월
의 꽃을 가져온다"라는 말도 있지만, 아메리칸 원주민에게
4월은 '머리맡에 씨앗을 두고 자는 달'이다.

4월 1일의 남자

거짓말로 시작된 전쟁이 있었다. 2003년 미국은 이라크가 대량살상무기WMD의 개발과 보유를 금지하는 국제사회의 원칙을 어겼다는 명분으로 이라크를 침공(3월 20일~5월 1일)했지만, 이라크 어디에서도 대량살상무기는 발견되지 않았다. 미국과 영국의 전투폭격기들이 이라크 하늘을 뒤덮고 있던 2003년 만우절 저녁 뉴스에는 거짓말처럼 홍콩의 영화배우 겸 가수 장국영(1956~2003)의 부고가 전해졌다.

　　장국영은 1956년 '홍콩 직물왕'이라 불리던 부유한 아버지 밑에서 10남매 중 막내로 태어났다. 부친은 가정을 잘 돌보지 않았고, 첩까지 거느리고 있어 어린 시절 장국영은 몹시 외로운 성장기를 보냈다. 1976년 가수로 데뷔한 장국영은 26년간 배우로 활약하며『영웅본색』『천녀유혼』등 40여 편의 영화에서 주연과 음악을 맡아 1980년대 중반 홍콩 영화의 전성기를 대표하는 상징이 되었다. 그의 거짓말 같은 죽음을 둘러싸고 애인이 그의 재산을 탐내서 살해했다는 둥 당시 출연 중이던 영화『이도공간』異度空間에서 배역에 너무 깊이 몰입한 나머지 헤어 나오지 못해 결국 죽음에 이른 것이라는 둥 수많은 추측과 루머가 떠돌았다. 우리는 그가 죽음을 선택한 정확한 이유를 알 수 없다.

1990년 한때 영화계 은퇴 선언을 했던 장국영은 복귀 후 홍콩 뉴웨이브를 이끌었던 왕자웨이 감독의 『아비정전』(1990), 첸카이거 감독의 『패왕별희』(1993) 등 작품성이 뛰어난 작품에 출연하며 전성기를 이어 갔다. 왕자웨이 감독은 시나리오 작업을 할 때 항상 장국영을 염두에 두고 작업한다고 말할 만큼, 그가 품은 탐미와 허무의 느낌을 가장 잘 살려 낸 감독이었다. 어린 시절 자신을 버린 생모를 찾아 나섰다가 허무한 죽음을 맞이하는 '아비'의 모습은 1997년 홍콩 반환을 앞둔 홍콩인들의 마음이기도 했다.

장국영은 도쿄 콘서트 자리에서 '톈안먼 6·4 항쟁'에 대한 중국 정부의 유혈 진압과 폭력 조직 삼합회의 영화계 진출 등을 공개적으로 비판하여 어려움을 겪었다. 거짓말로 시작된 추악한 전쟁과 중국의 민주화를 짓밟는 폭력이 백주 대낮에 벌어지는 세상, 탐미와 허무 사이의 경계에 서 있던 장국영은 2003년 4월 1일 발 없는 새가 되어 날아갔다. 그날, 장국영이 남긴 유언은 "마음이 피곤하여 더 이상 세상을 사랑할 수 없다"感情所困無心戀愛世였다.

⇒ 『그 시절 우리가 사랑했던 장국영』, 주성철 지음, 흐름출판, 2013

포클랜드전쟁

영국은 한때 '해가 지지 않는 대제국'이었고, '팍스 브리태니카'Pax Britannica의 영광이 저문 지 오래된 현재까지도 일부는 여전히 그렇다. 전라남도만 한 면적(1만2,173제곱킬로미터)의 포클랜드제도는 아르헨티나로부터 680킬로미터, 영국으로부터는 1만3천 킬로미터 떨어져 있다. 전쟁이 시작될 무렵 포클랜드제도에는 영국 이주민 1,800명과 영국 해병 84명, 양 60만 마리가 살고 있었다.

　1982년 4월 2일 이른 아침 아르헨티나 해병 2,500명이 포클랜드의 수도 포트스탠리를 침공했다. 아르헨티나는 오랜 기간 지속된 군부독재와 경기 침체로 신음하고 있었다. 1981년 정권을 물려받은 갈티에리는 경제 위기와 군부독재 종식을 바라는 민중의 관심을 외부로 돌리기 위해 영국과 150년 동안 영유권 분쟁 중이던 포클랜드(아르헨티나 지명 '말비나스')제도를 되찾아 오기로 마음먹었다. 갈티에리는 고작 60만 마리의 양을 지키기 위해 영국이 전쟁을 벌이는 일은 없을 것이며, 설령 전쟁이 일어나더라도 아르헨티나 영해 근방이니 손쉽게 승리할 것이라고 믿었다.

포클랜드제도는 제국주의 시대가 남긴 식민 잔재였으며, 아르헨티나 입장에서 영유권을 주장할 만한 충분한 역사적 근거도 있었다. 칠레를 제외한 라틴아메리카 국가 대부분은 아르헨티나를 지지했고, 미국 역시 아메리카 대륙의 맹주로서 공개적으로 영국을 편들기 어려운 입장이었다. 그러나 마거릿 대처 총리 역시 밀리면 안 되는 상황이었다. 당시 영국은 수에즈전쟁에서 미국의 외교적 압력에 굴복(1956)한 이래 강대국의 위상을 회복하지 못하고 있었고, 대처가 이끄는 보수당 내각은 강력한 구조 조정과 민영화 정책으로 지지율이 바닥을 치고 있었다(18퍼센트). 대처는 끈질기고 집요하게 레이건 대통령을 설득했고 은밀한 지지를 약속받았다.

침공 3일째 되는 4월 5일, 영국은 항공모함 2척을 포함한 43척의 기동함대를 편성해 포클랜드를 향한 46일간의 항해를 시작했다. 상륙 작전을 성공시켜야 하는 영국과 상륙을 저지해야 하는 아르헨티나는 포클랜드제도 인근 해상에서 일진일퇴의 치열한 공방을 벌였다. 5월 3일 영국 잠수함 콩커러의 어뢰 공격으로 아르헨티나 해군 순양함 제너럴 벨그라노호가 격침당했고, 다음 날에는 영국 구축함 셰필드호가 아르헨티나 전투기 쉬페르 에탕다르에서 발사한 엑조세 대함미사일에 피격된 후 침몰했다. 5월 21일 새벽 4시에 시작된 영국의 상륙작전은 총검을 사용하는 치열한 백병전까지 치른 뒤 마침내 6월 14일 포트스탠리가 함락되면서 아르헨티나군의 항복으로 종결되었다.

74일간의 전쟁에서 영국군은 전사자 256명에 부상자 2,600명, 아르헨티나군은 전사자 670명에 부상자 994명이라는 손실을 입었다. 아르헨티나의 기습 침공으로부터 74일 만의 일이었다. 자존심을 지키려고 치른 전쟁에서 영국은 인명 외에도 함정 17척과 항공기 21대까지, 총 22억 달러의 전비를 소모했다. 아르헨티나는 전사자 및 부상자 외에 10,951명이 포로가 되었고, 함정 11척 및 항공기 100대를 잃어 총 60억 달러를 전쟁 비용으로 치러야 했다. 포클랜드 전쟁에서 승리한 덕분에 마거릿 대처는 다음 선거에서 기사회생하며 65퍼센트에 이르는 높은 인기를 얻었고, 패전한 아르헨티나에서는 군부독재가 종식되었다. 21세기 동아시아의 독도, 녹둔도, 이어도를 비롯해 간도, 쿠릴열도(북방 4개 도서), 센가쿠(조어도), 파라셀제도(시사군도), 스프래틀리군도(남사군도), 우수리강의 진보도(다만스키섬) 등에서 첨예한 영유권 분쟁이 발생하고 있다.

⇒ 『독도 1947』, 정병준 지음, 돌베개, 2010

4·3 사건

"그 시간이면 이 집 저 집에서 그 청승맞은 곡성이 터지고 거기에 맞춰 개 짖는 소리가 밤하늘로 치솟아 오르곤 했다. 한날한시에 이 집 저 집 제사가 시작되는 것이었다." 유신 말기였던 1978년 『창작과비평』 가을호(통권49호)에 실린 제주 출신 작가 현기영의 단편소설 「순이 삼촌」의 한 대목이다. 4·3 사건을 정면으로 다룬 최초의 문학 작품을 발표한 뒤 현기영은 여러 차례 정치적 고초를 겪고 작품은 판매 금지 조치를 당했다. 이산하 시인은 1987년 장편 연작시 「한라산」으로, 인권운동가 서준식은 1997년 4·3 항쟁 관련 다큐멘터리 영화 『레드 헌트』를 인권영화제에서 상영했다는 이유로 국가보안법 위반 혐의로 기소되었다. 4·3 사건이 무엇이기에 이 사건을 다뤘다는 것만으로 탄압의 대상이 되었을까?

　　세계 모든 나라가 근대국가 건설 과정에서 수많은 폭력을 경험했고, 한반도 역시 예외가 아니었다. 남북한 모두 국가 만들기에 몰두하던 1947년 3월 1일, 제주도는 콜레라와 극심한 흉년으로 처참한 지경이었다. 그런 와중에도 삼일절을 기념하기 위해 제주읍 관덕정 마당에서 기념대회가 열렸다. 기마경찰이 질서를 잡던 중 구경하던 어린이가 말 발굽에 치이는 사고가 발생했다. 이를 본 주변 사람들이 격분해 돌을 던지며 항의하자 경찰서 습격으로 오인한 경찰은 시위 군중에게 총을 쐈다. 주민 6명이 사망한 '3·1 발포사건'에 항의하기 위해 제주도에서는 '3·10 총파업'이 일어났다. 남로당이 주도한 당시 총파업은 학생과 교사는 물론 관공서 직원들까지 참여한 대규모 파업이었다. 이 사건을 계기로 미군정은 제주를 남로당이 지배하는 '붉은 섬'으로 규정하고, 제주 인구의 70퍼센트가 좌익 동조자라고 보았다. 3·10 총파업 이후 이듬해 4·3 사건이 발발하기까지 1년여에 걸쳐 파업 주모자를 색출하는 검거 작전이 진행되었고 2,500명이 체포되어 잔혹한 고문을 당했다.

제주도의 남로당원들은 경찰과 서북청년단의 무자비한 탄압을 중지하고 단독정부 수립에 반대한다는 요구를 내세우며, 1948년 4월 3일 새벽 2시, 무장대 350명으로 제주도 내 12개 경찰지서와 우익단체를 공격했다. 사태가 걷잡을 수 없이 커지자 미군정은 경비대에 진압 작전을 명령하지만, 연대장 김익렬은 선무 공작을 펼친 뒤 진압해도 늦지 않는다며 유지들의 협조를 얻어 귀순 활동을 펼치는 등 이른바 '4·28 평화협상'을 성사시켰다. 그러나 회담 사흘 만인 5월 1일 제주시 오라리 연미마을에 일단의 청년들이 쳐들어와

12채의 민가를 불태우고 달아나는 '오라리 사건'이 발생하며 협상은 무위로 돌아갔다. 오라리 방화 현장은 처음부터 끝까지 미군 선전반원에 의해 지상과 항공에서 촬영되었고 '제주의 메이데이'라는 이름으로 공산주의자 폭동을 선전하는 영화가 되었다. 사실 이 사건은 평화협상을 결렬시키기 위해 경찰의 지시를 받은 서북청년단과 대동청년단이 자행한 방화였다.

남한 단독 정부 수립 직후 이승만은 11월 17일 계엄령과 함께 중산간 지역 소개령을 내렸다. 해안선으로부터 5킬로미터 이상 떨어진 중산간 지대를 통행하는 사람은 누구나 폭도로 간주해 총살하겠다는 것이었다. 이후 중산간 지역 마을 중 95퍼센트 이상이 진압군에 의해 불탔고, 가족 중 한 명이라도 없는 경우 도피자 가족으로 분류해 부모와 형제자매를 대신 죽이는 이른바 '대살'代殺이 자행되기도 했다. 1954년 9월 21일 한라산 금족령이 풀릴 때까지 7년 7개월 동안 제주도민 28만 명 중 5만여 명이 죽고, 10만여 명의 이재민이 발생했다. 2003년 10월 노무현 대통령은 4·3 사건 55년 만에 희생자에 대한 추모 사업과 명예회복 등을 약속했다. 정부 차원의 첫 공식 사과였다.

⇒ 『제주 4·3을 묻는 너에게』, 허영선 지음, 서해문집, 2014

기업 지배 사회

국가 권력과 대중의 자발적 복종이 결합된 사회가 권위주의 독재(파시즘, 군국주의)로 흐른다면, 기업 권력과 대중의 자발적 복종이 결합하면, 물질주의와 자기계발 담론이 지배하는 '기업 지배 사회'corpocracy가 된다.

신자유주의가 득세하기 전까지 재정적자와 무역적자라는 쌍둥이 적자에 시달렸던 미국은 지난 25년간 엄청난 경제성장을 달성했다. 그 원인 중 하나는 미국이 기술 경쟁력을 가지고 있는 IT·금융 산업 분야가 세계 경제성장을 주도했기 때문이다. 해마다 대부호 명단을 발표하는 『포브스』의 100억 원 이상을 보유한 '슈퍼리치' 명단을 살펴보면, 제조업 및 석유산업 분야에서 배출되었던 부자들이 점점 첨단기술과 금융업 분야에서 더 많이 배출되고 있음을 알 수 있다. 과거 텍사스 유전 지대와 디트로이트의 공장에서 배출되었던 부자들이 오늘날에는 월스트리트와 실리콘밸리에서 출현하고 있다. 이런 흐름 탓인지 이건희 삼성그룹 회장은 2002년 한 언론과의 인터뷰에서 "한 명의 천재가 10만 명을 먹여 살리는 인재 경쟁의 시대"라고 말했다. 실제로 한 명의 천재가 10만 명을 먹여 살리는지는 알 수 없지만, 같은 기간 일본 CEO 임금이 평균 4.4배 오르는 동안 미국 CEO 임금은 평균 22배나 상승했다. 그렇다고 해서 이 기간에 미국의 국부가 일본에 비해 22배 증진된 것은 아니었다. 인구가 3억 명에 이르는 세계 최강대국 미국은 대부호 400명이 국가의 연간 총수입 중 10분의 1을 차지하는 불평등한 나라이지만, 이런 주장이 '부자 되기' 열풍 속에 사회 일반으로 먹혀들면서 기업 CEO들은 자본주의 체제에서 누구나 부러워하고 심지어 존경받는 '슈퍼 히어로'가 되었다.

예를 들어 1975년 4월 4일 미국 앨버커키에서 마이크로소프트MS를 창업한 빌 게이츠는 자본가로서의 명성을 지녔을 뿐 아니라 기부에 앞장서는 위대한 인물로 비친다. 기술 혁신의 대명사로 상찬되는 MS도 사실 인터넷 시대에 접어들면서 경쟁업체에 뒤처졌지만 인터넷 브라우저인 익스플로러를 윈도 운영체제에 끼워 팔아 경쟁업체들을 시장에서 무자비하게 도태시킨 기업이었다. 이를 통해 시장 독점에 성공한 익스플로러 브라우저는 한때 시장 점유율 95퍼센트에 이르렀지만, 파이어폭스 같은 대체 브라우저가 등장할 때까지 5년여에 걸쳐 업그레이드조차 하지 않았다. 이외에도 MS는 정규직원 외에 명목상 독립사업자(프리랜서)와 임시직 파견근로자를 악용하는 기업으로 유명하다.

일부 대기업의 근로소득세 납부 실태가 저조하다고 판

단한 미국 국세청이 조사한 결과, MS에서 일하는 여러 노동자가 독립사업자로 잘못(?) 분류되었고, 이들이 제공하는 용역 형태로 볼 때 고용주-종업원 관계를 구성하므로 소득세를 징수·납부하는 것이 마땅하다고 결정한 사례(1990)도 있었다. 그러자 MS는 일부만 정규직으로 재분류하고, 나머지 대부분은 임시직 파견근로로 전환하거나 고용 관계를 끊을 것을 강요했다.

만약 이들이 정규직 노동자였다면 굳이 빌 게이츠가 베푸는 기부를 통한 복지 혜택이 아니더라도 의료보험 등 다양한 사회보장 서비스를 제공받을 수 있었을 것이다. 다시 말해 빌 게이츠는 기업이 정규직으로 채용해 합당한 사회보장 비용으로 지불했어야 할 비용을 절감해 얻은 수익으로 사회봉사를 해 온 셈이다. 카네기에서 빌 게이츠로 이어지는 부의 사회적 환원 전통은 매우 부러운 현상이지만, 정부와 정치의 역할을 기업과 자본에 맡긴 결과, 국가는 국민을 위해 아무것도 제공할 수 없는 텅 빈 컨테이너 같은 모습으로 전락한 것이 기업 지배 사회가 된 미국의 진면목이다.

⇒ 『슈퍼 브랜드의 불편한 진실』, 나오미 클라인 지음, 이은진 옮김, 살림Biz, 2010

343선언

시민권이란 국가로부터 구성원으로 인정받은 개인에게 부여되는 법적·형식적 권리 개념이다. 나폴레옹이 1804년에 펴낸 나폴레옹 법전은 세계 최초의 성문법이자 서구 근대법 제도의 효시로 평가받는다.

그러나 나폴레옹 법전은 혁명 사상과 구체제의 권위적인 전통이 결합된 절충안이었다. 이 법전은 여성, 특히 결혼한 여성의 법적인 권리를 사실상 박탈했다. 나폴레옹 법전은 민법 제213조에서 "남편은 자기 아내를 보호할 의무가 있으며, 아내는 복종할 의무가 있다"라고 규정했고, 제1124조는 "미성년자, 결혼한 여성, 범죄자, 정신박약자는 법적 권리가 없다"라고 규정했다. 혁명의 결과로 제정된 법에 따라 남성은 시민권을 얻었지만, 여성은 법률적 인격체로 인정받지 못하는 법적 무권리 상태에 놓이게 된 것이다. 이 법에 따라 남편은 아내의 육체와 재산을 차지할 수 있었고, 아내는 법적 보호자인 남편의 허가 없이는 취업, 여행, 거주지 이전 등을 할 수 없었다.

프랑스에서 낙태는 나폴레옹 시대 이래 불법이었고,

1차 세계대전으로 극심한 인구 감소를 경험한 1920년엔 더욱 엄격하게 강화된 낙태금지법이 도입되었다. 이 법은 낙태 행위뿐만 아니라 방조 및 피임까지 제한했다. 1942년 비시 정부 들어서 낙태는 공공의 안전을 위협하는 중죄가 되었고, 낙태 시술자를 사형에 처할 수 있도록 했다. 1943년에는 실제 사형이 집행되었다. 1958년 미국에서 경구피임약이 발명되었음에도 프랑스에서는 1969년에야 시중에서 판매할 수 있게 되었다. 해마다 수천 명의 여성이 불법적인 낙태 수술로 생명을 잃거나 영구불임 같은 후유증에 시달렸다.

1971년 4월 5일 프랑스의 주간지 『르 누벨 옵세바튀르』에 시몬 드 보부아르를 비롯해 마르그리트 뒤라스, 프랑수아즈 사강, 카트린 드뇌브, 잔 모로 등 여성운동가·작가·영화감독·배우·가수·무용가 등 343명의 여성이 참여한 「343선언」Manifeste des 343이 실렸다. 보부아르가 쓴 선언문에는 "프랑스에선 매년 백만 명의 여성이 낙태를 한다. 의사가 집도하는 정상적 의료 행위라면 단순한 절차에 불과하지만, 비밀리에 이루어지기에 낙태 시술은 위험하다. 사회는 수백만 여성에 대해 침묵해 왔다. 나 역시 그들 중 한 명이다. 나는 낙태를 한 적이 있다. 우리에게 피임할 자유가 있는 것처럼, 낙태할 자유를 요구한다"라고 쓰여 있었다. 이들은 2,700만 프랑스 여성의 이름으로 낙태금지법의 완전한 폐지와 낙태 수술에 대한 의료보험 혜택을 요구했다.

이들의 행동은 법을 위반했다고 스스로 고백했다는 점에서 시민불복종 선언이었다. 이듬해 성폭행을 당해 원치 않는 임신을 한 16세 소녀와 딸의 낙태를 도운 엄마를 법정에 세운 보비니 재판이 열렸다. 343선언에 참여했던 인사들과 수많은 여성들이 자신들도 처벌하라며 법정 앞에서 시위를 벌였고, 낙태 시술을 집도한 의사 331명의 양심선언이 뒤따랐다. 마침내 1974년 시몬 베유 보건부장관은 피임약에 대한 의료보험 혜택과 미성년자들도 부모의 동의 없이 피임약을 구입할 수 있도록 법을 개정했다. 1979년 프랑스에서 낙태죄가 폐지되었고, 그로부터 40년이 흐른 뒤 한국에서 낙태죄는 헌법불합치 판정을 받았다.

⇒　『만화로 보는 성차별의 역사』, 솔르다드 브라비·도로테 베르네르 지음, 맹슬기 옮김, 한빛비즈, 2019

마라톤

한국인에게 마라톤은 유별난 감정을 불러일으키는 종목이
다. 1936년 베를린 올림픽 다큐멘터리 제작자 레니 리펜슈
탈(1902~2003)은 8월 9일에 열린 베를린 올림픽 마라톤에
서 27개국에서 온 56명의 선수를 꺾고 우승 단상에 오른 손
기정(1912~2002) 선수에 대해 "정말 묘한 느낌이었다. 그
토록 영광스러운 순간 승자가 어떻게 그렇게 세상에서 가
장 슬픈 표정을 지을 수 있는지……"라고 말했다. 3위에 오른
남승룡(1912~2001) 선수는 "손기정이 1등을 한 것보다 가
슴에 단 일장기를 가릴 수 있는 올리브나무를 갖고 있어서
부러웠다"라고 했다. 두 선수는 일장기가 게양되는 동안 시
상대에서 고개를 떨궜다.

에티오피아의 아베베 비킬라 데미시에(맨발의 아베
베)는 1960년 로마 올림픽 마라톤에서 우승을 차지했다.
아베베의 나이 세 살 무렵, 이탈리아가 에티오피아를 침공
(1935)했다. 1941년 영국의 도움으로 이탈리아를 몰아내기
까지 6년 동안 그의 조국은 무솔리니의 군홧발 아래에 짓
밟혔다. 조국을 침공했던 적국의 수도 한복판을 맨발로 달

려 우승한 아베베는 아프리카 출신 선수 최초로 올림픽 마라톤 금메달을 땄을 뿐만 아니라, 올림픽 마라톤을 2연패한 최초의 선수였다.

올림픽을 '평화의 제전'이라 하지만 고대 올림픽은 잘 알려진 대로 여성을 배제한 경기였고, 전쟁도 불사하던 폴리스 간에 벌어진 국가대항전이었다. 근대 올림픽도 국가대항전의 성격이 사라지지 않았고, 때로 인종차별이 발생하고 테러 등이 일어나기도 했다. 잘 알려진 것처럼 이란은 마라톤 경기를 좋아하지 않는다. 기원전 490년 4월 6일 마라톤 벌판에서 벌어진 전투가 이 경기의 유래가 되었기 때문이다. 이오니아 지역의 그리스 식민지에서 일어난 반란을 진압한 페르시아의 다리우스 1세는 이웃한 그리스가 이들의 반란을 후원했다는 사실에 분노했다. 이후 페르시아는 대군을 이끌고 여러 차례 그리스를 침공했지만, 전쟁에서 최종적인 승리를 거두지 못했다. 마라톤 전투에서 패배한 페르시아는 기원전 330년 알렉산드로스 대왕에게 정복당하는 치욕을 맛봤다.

페이디페데스가 마라톤에서 승리를 알리기 위해 아테네까지 단숨에 달려간 거리는 42.195킬로미터가 아니라 240킬로미터였다. 오늘날 마라톤 경기 거리는 런던 올림픽에서 편의를 위해 임의로 정한 것이다. 이유야 어찌 되었든 쿠베르탱 남작이 제1회 올림픽(1896)을 그리스 아테네에서, 그것도 굳이 4월 6일에 개막식을 치른 것을 보면 그가 근대 올림피즘Olympism의 아버지인 동시에 제국주의, 서구 중심주의, 백인·남성 우월주의자였다는 비판을 피하기 어려워 보인다.

이란은 1974년 테헤란 아시아경기대회에서 마라톤을 종목에서 제외해 비판받았지만, 2017년 4월 7일 테헤란에서 제1회 국제 페르시안 런 대회를 개최해 현재까지 마라톤 대회가 열리고 있다. 물론 같은 대회라도 남녀는 다른 시간대, 다른 장소에서 달리고 여성은 반드시 히잡이나 스포츠 스카프를 착용하도록 되어 있다.

⇒　『한 권으로 읽는 국제 스포츠 이야기』,
　　유승민·박주희·임상아·정유진 지음, 가나출판사, 2021

연못이 수련으로 뒤덮이는 날

저명한 학자와 기업가, 유력 정치인 등 지도자들이 참여해
인류와 지구의 미래에 대해 연구하고 그 결과를 보고서 형
식으로 발간하는 로마클럽The Club of Rome은 로마가 아니
라 스위스 취리히에 있다. 이 클럽의 명칭이 로마클럽이 된
까닭은 1968년 4월 7일, 이탈리아의 기업가 아우렐리오 페체
이(1908~1984)가 주도한 첫 번째 모임이 로마에서 개최되었
기 때문이다.

　　페체이는 급속한 공업화의 이면에 가려진 환경오염 문
제의 심각성을 느끼고 있었다. 1967년 그는 경제협력개발
기구OECD의 과학기술국장이었던 알렉산더 킹 박사의 호
출을 받았다. 킹 박사는 페체이가 쓴 연설문을 읽었고, 함께
지구환경문제에 대처하기로 의기투합했다. 두 사람은 현재
세계 각지에서 벌어지는 복잡한 문제를 해결하려면 세 가
지가 필요하다고 느꼈다. 첫째는 장기적인 안목, 둘째는 지
구 규모의 사고방식, 셋째는 문제를 개별적 사안으로 바라
보는 것이 아니라 복합적으로 파악하는 것이었다. 이들은
각자의 능력과 인맥으로 학자와 사회 지도층 30명을 모아

로마클럽을 결성했다.

이 단체의 명성을 세계적인 수준으로 끌어올린 것은 MIT의 시스템공학팀에 의뢰해 만든 『성장의 한계』라는 한 권의 책이었다. 이미 많은 사람들이 지구의 유한성과 그 한계에 대해 어느 정도 자각하고 있었지만 어렴풋한 짐작일 뿐이었다. 로마클럽은 그에 대한 연구를 MIT 조교수 데니스 L. 메도즈 팀에 맡겼다. 이 팀은 이후 2년간 이 연구에 매달렸고, 마침내 1972년 『성장의 한계』에 그 결과를 담았다. 처음부터 세계의 평범한 시민 독자를 겨냥해 집필한 대중서였던 이 책은 출간과 동시에 커다란 충격과 논란을 불러일으켰다.

지구 환경이 직면한 파국에 대한 이 책의 가장 충격적인 경고는 다음과 같다. 만약 연못의 수련이 하루 만에 2배로 자라 연못 수면을 다 덮는 데 30일이 걸린다면 연못의 반이 수련으로 메워지는 데는 며칠이 걸릴까? 29일째 되는 날 연못의 반이 수련으로 덮였다. 아직 반이 남았다고 태연하게 지낼 수 있을까? 연못이 수련으로 뒤덮이는 날은 바로 내일이다. 지구라는 연못을 구할 수 있는 시간은 하루밖에 남지 않았다.

⇒ 『성장의 한계』, 도넬라 H. 메도즈·데니스 L.메도즈·요르겐 랜더스 지음, 김병순 옮김, 갈라파고스, 2012

딩동, 마녀가 죽었다

마거릿 대처(1925~2013)는 영국 보수당 소속 정치가이자 유럽 최초의 여성 총리로, 1979년부터 1990년까지 무려 12년 동안 집권하면서 역대 총리 중 유일하게 3연임의 기록을 남겼다. 또한 내부적으로는 이른바 '영국병'을 걷어 냈다는 평가를 얻었고, 포클랜드 영유권 분쟁에 단호하게 대처함으로써 쇠락해 가던 대영제국을 당당하게 세계 강대국의 일원으로 복귀시켰다. 그럼에도 불구하고 2013년 4월 8일 대처 전 총리가 별세했을 때 영국 국민들은 "딩동, 마녀가 죽었다"라며 환호했다. 영국 정부는 국장을 적극적으로 검토했으나 영화감독 켄 로치는 『가디언』에 "장례식을 민영화합시다. 경쟁 입찰에 맡겨 가장 싼 업체를 받아들입시다. 그는 그런 걸 원했을 것"이라며 국장에 반대했다. 그의 발언은 SNS를 통해 널리 알려졌고, 수만 명이 이에 찬동하여 지지 서명을 했다.

　　대처가 총리로 재임하는 동안 '신자유주의, 보수주의, 반공주의, 반노동조합주의'에 입각해 추진한 정책이 '대처리즘'이었다. 대처리즘은 정부의 재정지출 삭감, 공기업 민영화, 자본에 대한 규제 완화와 경쟁 촉진, 노동조합 권한 축소 등으로 압축할 수 있다. 영국은 "요람에서 무덤까지"를 표방하며 복지의 모범으로 칭송받았지만, 실업률이 증가해 복지정책이 사회 전체의 부담을 가중시키는 상황이 되자 대처가 영국병을 치료할 의사로 권력을 잡았다. 대처는 의사인 동시에 장의사였다. 대처는 1970년 교육부장관 시절에 이미 어린이 우유 급식을 중단해 '우유 도둑'이라는 별명을 얻은 전적이 있었다. 결국 대처가 퇴임할 무렵이던 1990년대 초반 영국 어린이 중 28퍼센트가 빈곤선 아래 놓이게 되었다.

대처가 사망한 직후 거리에 "당신은 우유와 우리의 희망까지 날치기 했다"라는 포스터가 나붙었던 것도 이런 이력 때문이다. 『미러』가 실시한 온라인 설문조사에서 국장 반대 의견이 75퍼센트에 달하는 등 실제로 국장에 대한 영국인의 반응은 매우 부정적이었다. 결국 정부도 애초 계획과 달리 국장보다 한 단계 낮은 '공식 장례'로 치를 수밖에 없었다. 대처 역시 생전에 자신의 장례식으로 국고가 낭비되지 않기를 바랐다고 한다. 그럼에도 불구하고 장례비용으로 1천만 파운드(171억 원)가 사용된 것으로 추정된다.

⇒   『대처리즘의 문화정치』, 스튜어트 홀 지음, 임영호 옮김, 한나래, 2007

사법 암흑의 날

박정희 대통령 재임 기간(1963~1979)에 수많은 공안 사건
이 일어났다. 쿠데타 직후 일어난 『민족일보』 사건(1961)
을 시작으로 민정 이양(1963) 후 한일회담 반대 시위가 거
셀 무렵엔 인혁당 사건(1964), 6·8 부정선거 직후에는 동
백림 사건(1967), 김대중 후보와의 치열한 대선 경쟁 중에
는 학원 침투 재일동포 형제간첩단 사건(1971)이 벌어졌다.
1인 영구집권을 위한 공포정치의 막을 연 유신 체제(1972)
이후 김대중 납치 사건을 무마하기 위해 간첩단 사건을 조
작하던 중 최종길 교수 고문치사 사건(1973)이 터졌고, 긴
급조치에도 불구하고 학생 시위가 확산되자 울릉도 간첩단
사건(1974)을 터뜨렸다. 거듭되는 유신 반대운동에 위기의
식을 느낀 박정희는 1974년 4월 '민청학련'이라는 지하조직
이 불순 세력의 배후 조종을 받아 사회 각계각층에 침투해
인민혁명을 기도한다'는 요지의 특별담화와 함께 긴급조치
제4호를 공포한다.

　　1964년 중앙정보부는 "북한노동당의 지령을 받아 국
가 변란을 기획한 인민혁명당을 적발해 일당 57명 중 41명

을 구속하고 16명을 수배 중"이라고 발표했다. 당시 사건을 송치 받은 서울지검 공안부 이용훈 부장검사와 김병리·장원찬·최대현 검사는 "양심상 도저히 기소할 수 없으며 공소를 유지할 자신이 없다"라며 공소장 서명을 거부해 결국 이 중 세 명이 사표를 내고 법복을 벗었다. 당시 중앙정보부장 김형욱과 검찰총장 신직수는 그럼에도 불구하고 국가보안법상 반국가단체 결성 혐의로 무리하게 기소했다. 국회에서 혐의자들에 대한 고문 조작 의혹이 제기되는 등 조작 사건임이 드러나자 국가보안법이 아닌 반공법으로 재소했다. 즉 반국가단체로서의 인혁당은 애초부터 존재하지 않았다. 김형욱은 훗날 회고록에서 "검찰의 살아 있는 양심에 판정패"를 당했다고 고백했다. 그러나 박정희는 이런 결과에 크게 분노했다. 그는 사법부를 장악하기 위해 유신헌법에 국회 해산권 및 모든 법관에 대한 임명권을 대통령이 갖도록 정했고, 1971년 3월 대법원 판사 15명 중 9명을 재임명에서 탈락시켰다.

'제1차 인혁당 사건'으로부터 10년이 흐른 1974년 무렵 검찰과 사법부에서는 더 이상 양심을 찾아볼 수 없었다. 1974년 7월 민청학련 사건 결심공판에 나선 강신옥 변호사는 사법부의 변질을 비판하며 "법은 권력의 시녀"가 되었다고 변론했고, 그 죄로 구속되었다. 인혁당 재건위 관련 혐의자들은 무지막지한 고문을 당했고, 변호사 접견도 철저하게 통제되었다. 공판조서마저 조작되었으나 이런 사실은 법정에서 전혀 인정받지 못했다. 대법원은 이런 사실에도 불구하고 상고를 기각해 사형 확정 판결을 내렸다. 그리고 1975년 4월 9일 새벽, 대법원 판결 18시간 만에 피의자 8명에 대한 사형이 집행되었다. 판결 직후 채 하루가 지나기도 전에 이루어진 사형 집행에 대해 국제법학자협회는 이날을 '사법사상 암흑의 날'로 선포했다. 2002년 9월 의문사진상규명위원회는 이 사건이 국가권력에 의해 조작된 사건이라 밝혔고, 2007년 대법원에선 사형당한 8명에 대해 무죄 선고가 내려졌다.

2009년 법원은 인혁당 재건위 사건 피해자와 가족들에게 국가가 손해배상금을 지급하라고 판결했다. 그러나 박근혜 정부가 들어선 직후인 2013년 7월 국가정보원은 인혁당 재건위 사건 피해자를 상대로 선지급된 금액의 일부가 과하다면서 16건의 부당이득 반환 청구 소송을 냈고, 법원은 국정원의 손을 들어 줬다. 인혁당 재건위 사건 피해자 유족들은 국가의 잘못으로 억울하게 가족을 빼앗긴 것도 모자라 빚 독촉을 당하고 있다.

⇒ 『재판으로 본 한국현대사』, 한승헌 지음, 창비, 2016

아얄라 강령

스페인과 프랑스의 식민통치에서 벗어난 19세기의 멕시코는 새로운 희망에 부풀어 있었다. 그러나 독립 전쟁의 영웅 포르피리오 디아스 대통령은 공정한 선거와 토지개혁(재분배)을 거부하고 포악한 독재자가 되었다. 그는 멕시코에 절실하게 필요했던 정치적 안정을 가져오긴 했지만, 그 안정은 독재를 통해 이루어졌고, 처음 약속했던 4년의 임기는 35년으로 길어졌다. 그 기간에 멕시코 농민들은 몇몇 대가문과 외국 자본에 토지를 수탈당하고 비참한 가난으로 빠져들었다. 1910년 미국에서 돌아온 변호사 프란시스코 마데로는 1910년 11월 20일 멕시코 전역에서 디아스 정권 독재 타도를 위해 봉기할 것을 호소했다. 이후 1920년까지 지속될 멕시코혁명의 시작이었지만 호응하는 이가 너무 적어 첫 번째 봉기는 실패하고 말았다.

이듬해 5월 멕시코 북부에서 한때 산적이었던 판초 비야(1878~1923)가 목장의 일꾼과 무장한 카우보이 들을 이끌고 봉기해 디아스 정부의 전초기지와 병기고를 기습했다. 이들은 '빌리스타'Villistas라 불렸다. 또한 남부 모랄레스주에서 대대적인 토지개혁을 희망하는 농부들을 이끌고 에밀리아노 사파타(1879~1919)가 봉기했다. '땅과 자유!'를 외친 이들 부대는 '사파티스타'Zapatistas라고 불렸다. 비야가 이끄는 혁명군이 사우다드후아레스를 점령하자 위기를 느낀 디아스는 유럽으로 망명했고, 그해 10월에 치러진 선거에서 마데로가 새로운 대통령에 선출되었다. 혁명군 지도자 사파타는 아얄라에서 식민지 시절 지배자들과 대농장주들이 사실상 강탈해 간 원주민과 농민의 토지를 즉각 재분배하며 자생력을 갖춘 전통 공동체의 자치를 요구하는 '아얄라 강령'을 내놓았다.

마데로는 사파타의 급진적인 개혁안을 받아들이지 않았다. 1913년 2월 9일, 마데로 정권에 맞선 새로운 혁명이 시작되었다. 그 와중에 마데로 정부의 장군이었던 우에르타가 마데로를 암살하고 정권을 장악했다. 우에르타는 판초 비야도 암살하려 했지만, 탈출에 성공한 비야가 우에르타를 공격했다. 비야와 알바로 오브레곤, 베스티아노 카란사의 협공을 당한 우에르타는 더 이상 버티지 못하고 스페인으로 망명했다. 뒤를 이어 정권을 장악한 카란사는 사파타에게 카란사 정부를 인정하라고 요구했지만, 사파타는 멕시코 민중에 의해 선출된 정부가 아니라는 이유로 거부했다.

사파타와 비야는 동맹을 맺고 5만5천여 명에 이르는

혁명군을 동원해 지주와 자본가 진영의 카란사와 오브레곤을 몰아내고 멕시코시티에 입성하는 데 성공한다. 그러나 북부와 남부의 두 사람은 개인적 성향도 달랐고, 일치된 정치적 비전도 없었기 때문에 이 동맹은 오래가지 못했다. 비야는 사파타에게 대통령이 되라고 권유했지만, 사파타는 인상을 찌푸린 채 "나는 이 자리에 앉기 위해 싸운 게 아니라 땅을 돌려받기 위해 싸운 것이오. 이 의자를 태워 버립시다"라고 말했다. 두 사람은 헤어져 각자의 근거지로 돌아갔다.

사파타는 1919년 4월 10일 카란사의 함정에 빠져 허무하게 암살당했고, 비야 역시 1923년 7월 20일 오브레곤의 매복에 걸려 살해당했다. 실패한 혁명의 대가로 두 사람의 목숨뿐 아니라 더 많은 희생을 치렀다. 이후 오랫동안 멕시코에서 민주주의는 사라졌고, 혁명 기간에 100만 명 이상의 농민이 희생되었다. 만약 사파타의 강력한 혁명적 이상과 비야의 군사력이 결합할 수 있었더라면, 멕시코혁명은 완수될 수 있었을지도 모른다. 비록 이들은 실패했지만, 이들의 정신은 이후 사파티스타 민족해방군EZLN으로 이어졌다.

⇒ 『멕시코 혁명사』, 백종국 지음, 한길사, 2000

서태지

서태지와 아이들은 1992년 4월 11일 MBC『특종 TV연예』 '신인 무대'라는 오디션 형식의 코너를 통해 데뷔했다. 훗날 이들이 슈퍼스타가 되자 이 자리에서 그들을 심사했던 작곡가 하광훈, 작사가 양인자, 연예평론가 이상벽, 가수 전영록의 박한 점수와 심사평이 구설에 오르기도 했다. 예수 탄생 이전을 B.C.(Before Christ), 탄생 이후를 A.D.(Anno Domini)라고 하는데, 한국 대중음악의 역사도 서태지 이전과 이후로 나뉜다.

사실 서태지 이전에도 열광적인 팬은 존재했다. 클리프 리처드의 내한 공연(1969년 10월) 이후 우리나라 최초로 팬클럽이 생겼고, 서태지와 아이들이 데뷔하기 직전이던 1992년 2월엔 미국 인기그룹 뉴키즈온더블록의 내한 공연 중 고등학생이 사망하는 사고가 발생하기도 했다. 이 시기 한국 대중음악의 슈퍼스타는 김완선, 주현미, 소방차, 김종서, 신승훈 등이었다. 멤버 이주노는 "처음 우리가 음반 취입할 때 사장도 듣고 있다가 중간에 꺼 버렸어요. '이게 무슨 노래냐'는 거예요"라며 회고했다. 기성세대는 서태지와 아이들의 음악을 듣고 집단 최면이나 광란에 가깝다고 비판했다. 물론 서태지가 들려준 음악은 발라드와 트로트, 댄스음악이 주종이던 기존 시장에서는 듣기 어려운 음악이었다. 하지만 서태지가 기존 가수들보다 뛰어난 뮤지션이었던가를 묻기에 앞서 우리가 생각해 볼 점은 '서태지는 무엇을 가져왔나?'라는 물음이다.

서태지와 아이들은 대한민국에 랩뮤직과 화려한 춤뿐 아니라 새로운 문화를 가져왔다. 'X세대'는 이들의 노래와 춤뿐 아니라 이들이 입는 옷, 모자, 신발 등 모든 것을 모방했다. 그들은 서태지를 통해 풍요로운 사회의 이면에 가려진 기성세대의 권위와 세상의 압박감에서 벗어나 자유와 해방감을 만끽했다.

다른 측면에서 서태지는 "음악 활동을 하는 사람이라면 사회적인 참여를 해야 한다, 노래 속에 메시지를 좀 더 담아야 한다"라고 주장했다. 실제로 3집에 수록된 「교실이데아」 「발해를 꿈꾸며」 등을 통해 교육·통일 등 사회적으로 민감한 문제를 제기했고, 그 결과 4집 『시대유감』은 공연윤리위원회의 사전검열에서 노래 가사 일부를 고치라는 지시를 받기도 했다. 서태지와 아이들은 가사를 모두 삭제하는 방식으로 이에 항의했다. 이렇듯 문화적 전선을 형성한 팀이었으나 1996년 1월 '창작의 고통과 음악에만 몰두할 수 없는 음악 외적인 상황'을 이유로 팀 해체를 결정했다.

이후 서태지는 미국에서 자신의 음악적 뿌리를 찾는 작업을 계속했고, 1998년 솔로 음반을 들고 복귀했다. 오늘날 한국에서 가수가 된다는 것은 단지 음악만 잘한다는 의미가 아니다. 인기 있는 가수, 스타가 되려면 각종 오락 프로그램에 출연해야 하고, 오지 탐험에 나서야 하고, 때로 '아이돌 체육대회'에 출전해 자신을 드러내야 한다. 서태지는 정반대의 길을 걸었다. 그는 대중의 인기를 얻을수록 대중으로부터 멀어졌고, 점점 더 비밀스러운 베일 뒤의 인물이 되었다. 서태지는 그렇게 한 시대를 상징하는 기호가 되었다.

⇒ 『세시봉, 서태지와 트로트를 부르다』, 이영미 지음, 두리미디어, 2011

4·12 정변

신해혁명(1911)으로 청 왕조가 붕괴되고 이듬해 중화민국 임시정부가 수립되어 쑨원(1866~1925)이 임시 대총통이 되었지만 혁명정부는 재정이나 군사력이 형편없었다. 쑨원은 눈물을 머금고 황제의 퇴위와 공화정 실시 등을 조건으로 북양 군벌 위안스카이(1859~1916)에게 대총통 자리를 내주어야 했다. 그러나 위안스카이는 약속을 지키지 않았고, 스스로 황제에 오르려 했기 때문에 이에 반발한 각 성이 독립을 선언하며 청의 붕괴 이후 중국의 군벌 시대가 열리게 되었다. 재정과 군사력에서 지방 군벌을 제압할 수 없었던 쑨원은 1924년 1월 중국 국민당 제1회 전국대회에서 '연소용공'聯蘇容共 강령을 채택해 소련의 원조와 공산당의 협조를 구했다. 제1차 국공합작의 시작이었다.

황푸군관학교는 지방 군벌에 맞설 강력한 직할군의 필요성을 절감한 쑨원의 강한 의지였고, 국공합작은 공산당 지도자 리다자오(1889~1927)와 마오쩌둥(1893~1976)이 국민당 중앙집행위 후보에 오르고, 저우언라이(1898~1976)가 황푸군관학교 정치부 주임에 임명되는 방식으로 구체화되었다. 외세 열강에 침탈당한 봉건적 중국을 극복하고 서구 근대를 수용해 신중국 건설을 지향했다는 점에서 국민당과 공산당은 공통의 목표를 가지고 있었다. 쑨원은 소련의 도움을 받아 중산대학과 황푸군관학교를 세워 대륙 북부의 군벌을 타도하고 통일과 혁명을 달성할 군인과 혁명 지도자를 양성했다.

문제는 쑨원 사후 장제스(1887~1975)가 군권을 장악하고 실질적인 후계자가 되면서 국공합작에 반대했다는 것이다. 근대에 도달하는 길을 두고 사회주의적 경로를 추구했던 공산당과 자본주의 국가 건설을 목표로 한 국민당은 서로 갈등했다. 하지만 장제스와 국민당에게는 북벌이 가장 시급한 과제였기에 갈등은 잠시 미뤄 두었다. 국민혁명군 총사령관이 된 장제스는 1926년 7월 북벌을 개시했다. 북벌이 진행되는 동안 공산당은 상하이에서 노동자 파업과 무장봉기를 일으켜 도시를 장악했다. 북벌군은 1927년 3월 26일 상하이에 무혈 입성했다. 장제스는 서구 열강 및 국내 부르주아지 세력과 결탁해 공산당 세력을 당내에서 축출하고 상하이를 장악하기로 결심했다.

4월 12일 날이 밝기 전에 국민당군은 파업 중이던 노동자들을 무장해제하고 이에 맞서는 공산당원과 당원으로 의심받은 젊은이들을 무자비하게 학살했다. 며칠 사이 300여 명이 죽고 5천여 명이 실종된 학살에는 상하이의 악명 높은 폭력 조직들까지 동원되었다. '4·12 반혁명 정변' 또는 '상하이 반공 쿠데타' '청당'淸黨이라 불린 이 사건을 통해 장제스는 당내 권력 체제를 강화했다.

겉으로 보면 장제스가 승리한 것처럼 보였지만, 당시 북벌은 다른 세력의 기득권을 인정한 상태에서 이루어진 타협의 결과였기에 이후에도 지방 권력은 그대로 유지되었다. 국민당 정부는 일부 제한된 지역에서만 지배력을 유지할 수 있었다. 공산당을 몰아냈지만, 국민당 정부는 토지개혁을 단행하거나 지방 군벌을 해체해 통일된 군대를 만드는 등 새로운 정치 구조를 만들어 내지 못했다. 또한 국민당 정부는 선거를 통해 선출된 정부가 아니었기 때문에 정책에 대해 대중에게 지지나 반대를 확인받을 수 있는 제도적 장치가 존재하지 않았다. 견제 장치조차 없는 상태에서 장제스는 각 파벌의 갈등을 조장·견제·중재하는 방식으로 자신의 권력을 유지했다. 대중을 위한 비전이나 정책을 제시할 수도, 지방을 장악할 수도 없는 상황에서 내부 권력 유지와 획득을 위한 정쟁에만 골몰했기에 국민당은 인민의 마음을 얻는 전쟁에서 결국 패배했다.

⇒　『장제스 평전』, 조너선 펜비 지음, 노만수 옮김, 민음사, 2014

카틴 숲 학살 사건

1939년 9월 1일 독일의 히틀러가 폴란드를 침공하자 사전에 독일과 불가침조약을 맺은 소련 역시 9월 17일 공식적인 선전포고도 없이 폴란드를 침공했다. 더 이상 버틸 수 없게 된 폴란드는 9월 27일 항복한다. 당시 소련은 베리야 내무장관이 직할하는 내무인민위원회NKVD 산하에 '포로·억류자관리국'을 극비리에 신설해 포로가 된 13만여 명의 폴란드 장병들을 관리했다. 이 기관은 포로에 대한 철저한 신상조사와 더불어 사상 교육을 진행했다. 이듬해 3월 스탈린과 베리야 등이 참석한 수뇌부 회의에서 이들 포로에 대한 매우 중요한 결정이 내려졌다.

1992년 구소련 붕괴 이후 공개된 문서에 따르면 스탈린은 폴란드가 다시는 소련에 대항할 수 없도록 폴란드의 엘리트들을 모두 처형하라는 지시를 내렸고, 이 명령서에는 베리야를 비롯한 소련 수뇌부가 함께 서명했다. 이 문서에 포함된 명단에는 포로들 가운데 선별된 군 장교와 변호사 천여 명을 비롯해 의사·교수·정치인·작가·저널리스트·성직자 등 모두 2만1,768명의 이름이 기록되어 있었다.

전쟁 중이던 1943년 4월 13일 독일군은 러시아 스몰렌스크 근교의 카틴 숲에서 집단 학살된 것으로 보이는 4,100여 구의 시신을 발견했다. 이들은 포로로 잡혀갔다가 이후 행방이 묘연해진 폴란드군의 장교와 경찰·대학교수·성직자·의사 등이었다. 나머지 사람들 역시 카틴 숲 이외의 여러 곳에서 집단 처형된 것으로 드러났다. 나치 선전상이었던 괴벨스는 이 사건을 연합군을 분열시키는 선전 수단으로 활용했지만, 소련은 이 만행이 독일군 소행이라고 우겼다.

영국 역시 공식적으로 독일의 소행이라며 소련을 편들었다. 그러나 1995년 6월에 공개된 문서에 따르면 당시 영국은 물론 미국도 이 학살이 소련군에 의해 자행되었음을 이미 알고 있었지만 국민 여론이 동맹국인 소련에 적대적인 방향으로 전환될 것을 두려워해 진실을 은폐한 것으로 밝혀졌다. 러시아는 이 사건이 구소련에 의해 자행되었다는 사실은 인정했지만, 여전히 국가적으로 책임질 일은 아니라고 부정하고 있다. 학살 70주년을 맞은 2010년 4월 10일 폴란드의 레흐 카친스키 대통령을 비롯해 정부 주요 관리와 유력 인사 들이 추모 행사에 참석하러 가는 길에 비행기 사고로 사망했다.

⇒　영화 『카틴』, 안제이 바이다 감독, 2007

한신교육투쟁

한신교육투쟁은 재일조선인이 1948년 4월 14일부터 같은 해 4월 26일까지 오사카부와 효고현에서 벌인 민족교육투쟁 사건을 말한다. 당시 일본을 점령하고 있던 연합군최고사령부는 이 사건으로 전후 일본에서 유일하게 비상사태를 선포했다. 1945년 무렵 일본에는 200만 명의 재일조선인이 거주했다. 이들 가운데 140만 명이 해방 직후 귀국했다. 일본의 패망 직전까지 국적상 일본인이었던 재일조선인은 연합군최고사령부의 방침에 따라 일본 국적을 상실했다. 이들은 귀국을 서두르는 한편 일제에 빼앗겼던 우리말과 글을 통해 민족교육을 실시하기 위해 국어 강습소를 설치했다. 그해 연말까지 일본 전역에 500여 곳에 이르는 국어 강습소가 세워졌고, 학생 수는 6만여 명에 이르렀다. 그러나 해방 직후 한반도는 열강에 의해 남북으로 분단되었고, 정부 수립 중에 남북한 모두에서 혼란과 학살, 추방이 자행되었다.

일본에 있던 재일조선인들은 대한민국 또는 조선민주주의인민공화국 중 어느 하나의 국적을 취득해야만 했다. 조국의 분단을 거부했던 수많은 이들이 어느 국적도 선택하지 않았고, 재일조선인 또는 '자이니치'在日라는 이름으로 현재까지 살고 있다. 1947년 10월 연합군최고사령부 사령관 더글라스 맥아더는 일본 정부에 재일조선인도 일본의 교육기본법과 학교교육법에 따르게 하라고 지시했다. 이듬해 1월 24일 일본 문부성 학교국장은 「조선인 설립 학교 취급에 대해서」라는 통지를 보내 조선인학교를 폐쇄하고 학생을 모두 일본인학교로 편입시키라는 '조선학교 폐쇄령'을 내렸다. 재일본조선인연맹은 폐쇄령에 반대해 민족교육을 지키기 위한 투쟁을 전개하자고 호소했다.

1948년 4월 10일 효고현 지사가 마침내 조선인학교 봉쇄 명령을 내렸고, 경찰과 헌병은 4월 23일 조선인학교를 봉쇄했다. 이후 오사카와 효고 등지에서 재일조선인은 '학교 폐쇄령 철회, 조선인학교 폐쇄 가처분 취소, 조선인학교 존속 승인, 체포된 조선인 석방' 등을 외치며 격렬한 시위를 전개했다. 일본 정부와 미군은 무장 경관을 동원해 시위를 진압했다. 오사카공원에서 열린 시위에서 일본 경찰은 시위대를 향해 20발 이상의 총격을 가했다. 시위에 나섰던 당시 16세 소년 김태일이 경찰이 쏜 총에 머리를 맞아 숨졌다. 하지만 당시 연합군최고사령부는 총기를 발사한 경찰관에게 표창장을 수여했다. 상황이 점차 심각해지자 일본 정부는 한발 물러나 조선학교의 자주적 교육을 인정했다.

이 과정에서 김태일이 숨지고, 재일조선인 20여 명이 부상당했으며, 7천여 명이 검거되었다. 체포된 이들 가운데 23명이 군사재판에 회부되었다. 이것이 한신교육투쟁 또는 4·24 교육투쟁이라 불리는 사건이다. 그러나 이후에도 조선학교에 대한 일본 정부와 민간의 차별은 끊이지 않았다. 한반도에 긴장 상황이 고조될 때마다 조선학교와 조선인 학생들에게 위협이 쏟아졌으나 일본 정부는 이를 암묵적으로 방조하고 있다. 또한 조선학교 학생에 대해서는 일본철도JR의 정기통학권 할인율 차별, 전국 학원 스포츠 참가자격 제한, 대학입시 제한 등은 물론 스쿨존조차 설치해 주지 않는 등 제도적 차별이 심각하다. 2009년에는 '재일의 특권을 허락하지 않는 시민모임'(재특회)가 이런 재일조선인 혐오 시위에 앞장서고 있는 상황이다. 북한은 1957년부터 조선학교에 대해 교육 원조와 장학금, 교과서 등을 보내 민족교육을 지원했으나 한국 정부는 오랫동안 이들을 외면해 왔다.

⇒ 영화 『우리학교』, 김명준 감독, 2006

재키 로빈슨

2차 세계대전 종전 직후인 1945년 8월 28일 뉴욕 브루클린 몬태규가 215번지에 위치한 다저스 건물에서 흑인 리그 캔자스시티 모나크 소속 야구선수 재키 로빈슨(1919~1972)과 브루클린 다저스(현 LA다저스)의 단장 브랜치 리키(1881~1965)가 만났다. 메이저리그MLB는 미국에서 가장 인기 있는 프로스포츠 리그였지만, 1876년 내셔널리그 창립 이래 흑인 선수에게 문호를 개방한 적은 없었다. 리키 단장은 다른 팀 단장들에게 흑인 선수 영입을 제안했지만 아무도 제안을 받아 주지 않았다. 그는 1943년부터 홀로 메이저리그에서 인종차별의 벽을 허물 수 있을 만한 역량을 지닌 적임자를 찾아다녔다.

단장이 로빈슨에게 메이저리그에서도 잘할 자신이 있는지 물었다. 그는 답했다. "리키 씨! 내 피부색이 문제만 안된다면 다른 어떤 선수 못지않게 잘할 자신이 있습니다." 리키는 고개를 가로저으며 말했다. "사람들은 자넬 보면 빈정거리고 못살게 굴걸세. 자네를 쫓아내기 위해 무슨 짓이든 할 테지. 어떤 부당한 일을 당하더라도 참을 수 있겠나?" 로빈슨은 "당신의 선수가 맞서 싸우는 걸 두려워하길 바랍니까?"라고 반문했다. "아닐세. 그 반대야. 인정사정없이 괴롭힘을 당해도 절대 앙갚음해서는 안 되네. 주먹 들어서도 안 돼. 활기가 넘쳐야지. 자네는 저들에게 '분노 없는 승리'가 무엇인지 보여 줘야만 해." 리키는 자신이 하는 일의 의미를 정확하게 알고 있었다. 다만 로빈슨도 그 의미를 아는 사람인지 궁금했다.

로빈슨은 1919년 미국 조지아주에서 가난한 소작농의 아들로 태어났다. 그의 부친은 로빈슨이 어릴 때 가족을 버리고 떠났다. 홀로 남겨진 어머니는 가족을 부양하기 위해 온갖 궂은일도 마다하지 않았지만, 그는 어린 시절 한때 폭력 조직에 가담할 만큼 방황했다. 그에게 위안이 된 것은 미식축구, 야구, 육상, 농구 등의 스포츠였다. 학창 시절 다양한 재능을 보인 그는 대학교에 진학해 본격적으로 야구선수의 길을 걸었다. 그러나 로빈슨은 대학교에 다니던 1938년에 이미 경찰의 인종차별에 항의하다 체포되었고, 군에 있던 1944년에도 흑백 분리에 항의해 군법 재판을 받았다.

그는 훗날 자서전 『정해진 운명에 만족하지 않다』I Never Had It Made에서 썼다. "내가 정말 다른 쪽 뺨을 내놓을 수 있을지, 어찌해야 좋을지 몰랐지만, 반드시 그렇게 해야만 했다. 흑인 청년을 위해, 어머니를 위해, 아내를 위해 그리고 나 자신을 위해, 무엇보다도 리키 단장을 위해 반드시."

1947년 4월 15일 재키 로빈슨은 1만4천 명 이상의 흑인을 포함해 2만6,623명의 관중이 지켜보는 가운데 메이저리그 에베츠필드에 섰다. 예상대로 그는 메이저리그 데뷔 첫해부터 차별에 직면했다. 원정 경기에서 호텔은 숙소 제공을 거절했고, 팬들은 그가 타석에 들어설 때마다 야유를 보냈으며, 시시때때로 협박 편지가 배달되었다. 같은 팀 선수들조차 그와 탈의실을 함께 사용하길 거부했다. 그러나 로빈슨은 첫 시즌에 타율 0.297, 12홈런, 29도루를 기록해 내셔널리그 신인왕이 됐다. 1949년에는 0.342의 타율과 124타점을 올려 내셔널리그 MVP에 선정되었고, 1955년에는 다저스 사상 첫 월드시리즈 우승을 이끌었다.

은퇴 후 그는 흑인 인권 신장 운동에 매진했고, 1962년 메이저리그 명예의 전당에 이름을 올렸다. 메이저리그는 그의 등번호 42번을 전 구단 영구 결번으로 지정했고, 재키 로빈슨의 메이저리그 데뷔일인 4월 15일을 '로빈슨 데이'로 기념한다. 그는 약속을 지켰다.

⇒　영화 『42』, 브라이언 헬겔랜드 감독, 2013

세월호

안개 때문에 출발이 2시간 30분 지연된 세월호는 2014년 4월 15일 오후 9시 수학여행에 나선 경기도 안산 단원고 2학년생 325명, 교사 14명, 일반 승객 104명, 선원 33명 등 476명을 태우고 인천에서 제주로 향하던 중 침몰했다. 이 사고로 단원고 학생 246명을 포함해 모두 304명이 사망하거나 실종되었다. 선박 자동 식별 장치의 항적 자료와 생존자 증언에 따르면, 4월 16일 오전 8시 30분경 맹골도와 서거차도 사이를 최고 속도로 진입한 세월호는 오전 8시 49분 선체가 급격히 오른쪽으로 기울어지기 시작해 101분 만인 10시 30분 침몰했다. 오전 8시 52분 32초, 전남소방본부 119상황실에 최초의 신고 전화가 걸려 왔다. 최초 신고자인 학생 최덕하 군이 던진 첫마디는 "살려 주세요"였다. 6분 뒤 해경 경비정이 현장을 향해 출동했지만 최군은 구조선에 탈 수 없었다. 그는 참사 여드레 만인 4월 24일 4층 선미 객실에서 발견됐다.

"1년 전부터 널 몰래 좋아했어. 사랑한다고 고백하려고 기다리고 있는데 왜 안 오는 거야. 내 고백 받아 주지 않아도 괜찮으니까 어서 돌아와. (……) 진작 사랑한다, 말할걸. 진작 좋아한다, 고백할걸. 너무 후회가 돼. 보고 싶어, 차웅아."

당시 단원고 2학년이던 정차웅 군을 짝사랑하던 친구의 고백이다. 해경이 도착했지만 구조에 나서지 못하고 우왕좌왕하고 있을 때, 정 군은 입고 있던 구명조끼를 벗어 친구에게 주고, 다른 친구를 구하려고 바다에 뛰어들었다. 그는 16일 오전 10시 25분 구명조끼를 입지 않은 채 발견되었다. 2학년 9반 담임 최혜정 선생님은 학생들과 단체대화방에 "걱정하지 마. 너희부터 나가고 선생님 나갈게"라는 메시지를 남겼다. 그는 10여 명의 학생들을 탈출시켰지만, 자신은 빠져나오지 못했다. 오전 9시 11분, 전수영 선생님은 탈출이 가장 손쉬운 5층에서 어머니의 전화를 받았다. "아이들에게 구명조끼를 입혀야 한다"라는 말과 "배터리가 얼마 남지 않았는데 아이들에게도 연락해야 하고 학부형한테도 연락해야 하니까 얼른 끊자"라며 다급하게 전화를 끊고 제자들을 구하기 위해 4층 객실로 내려갔다. 마지막 순간, 남자친구에게 "배가 침몰해. 구명조끼 없어. 미안해. 사랑해"라는 문자메시지를 남기고 돌아오지 못했다.

당시 세월호 승무원 양대홍 사무장에겐 고등학교와 중학교에 다니는 두 아들과 아내가 있었다. 그는 아내에게 "배가 많이 기울어져 있어. 수협 통장에 모아 둔 돈이 있으니까 큰아이 등록금으로 써. 지금 아이들 구하러 가야 해. 길게 통화 못해, 끊어"라는 말을 남겼다. 박지영 승무원은 학생들이 "누나는 왜 조끼를 입지 않느냐"라고 묻자 "너희들 다 구하고 나도 따라 나갈게"라고 말했다. 이들이 승객의 탈출을 도우려고 마지막까지 배에 남았던 단 두 명의 승무원이었다. 선원 33명 중 양대홍 사무장과 당시 23세였던 박지영 승무원을 제외한 선장 이준석과 나머지 선원들은 승객을 버리고 먼저 탈출했다. 선장을 비롯한 선원들은 '선내에 대기하라'는 지시 방송을 했을 뿐, 자신들이 탈출할 때까지 40여 분간 대피 및 퇴선 유도 등 승객 구호를 위한 아무런 조치도 취하지 않았다.

세월호 참사 당시 단원고 교사 중 11명이 희생되었고 순직으로 인정받았다. 그러나 김초원·이지혜 씨는 기간제 교사라는 이유로 2017년 5월, 사건 발생 3년여 만에야 뒤늦게 순직자로 인정받을 수 있었다. 안토니오 그람시는 "선장은 배가 난파되었을 때 자신의 배를 떠나는 최후의 사람이 되어야 하며 배를 탄 모든 사람이 무사한 후에야 배를 떠날 수 있다. (……) 그러한 규범 없이 집단생활은 불가능하다. 왜냐하면 그것 없이는 아무도 자신의 생명을 남의 손에 맡겨야 하는 책무를 지거나 수행하려 하지 않을 것이기 때문이다"라고 말했다.

⇒ 『세월호, 그날의 기록』, 진실의힘 세월호 기록팀 지음, 진실의힘, 2016

배달의 민족

한국 사람을 일러 '배달의 민족'이라고도 한다. 그런데 '배
달'이란 말이 고대부터 전해져 오는 전통적 표현인지 한국
사회의 많은 전통이 그러하듯 근대 이후 발명된 것인지 사
실 정확하지 않다. 심지어 순우리말인지 한자어 배달倍達에
서 유래한 말인지에 대해서도 여러 가지 설이 있다. 저 용어
에 대한 학문적 의미에는 여러 이견이 존재하지만, 오늘날
한국을 방문하거나 한국에 거주하는 외국인들에게 한국을
기억하게 만드는 문화 중 하나가 배달delivery 문화인 것은
틀림없는 사실이다. 배달 또는 택배 서비스가 한국만의 것
은 아니지만 한국의 배달 문화만이 가진 독특한 특징과 요
소가 있기 때문이다.

　　한국의 배달 문화는 외국과 많은 차이가 있다. 음식 배
달 비용을 주문자가 별도로 부담하지 않는 경우가 많으며
팁이 없다. 무엇보다 배달시켜 먹을 수 있는 음식 종류가 외
국과 비교해 엄청나게 다양하다. 여기에 더해 신속한 배달
서비스가 가능하며 일부 음식은 밤늦은 시간 또는 24시간
배달이 가능하다. 전단지를 이용해 음식점에 직접 주문을

하는 것은 물론 IT 선진국답게 다양한 스마트폰 배달 애플리케이션(앱)이 있어 주문과 결제를 한 번에 해결할 수 있다. 한국의 배달 문화는 인터넷 쇼핑 택배와 또 다른 개념으로 거의 실시간으로 원하는 곳까지 원하는 음식을 가져다주는 한국만의 독특한 문화다. 이것은 한국인의 급한 성격을 그대로 반영한 '빨리빨리 문화'가 사물인터넷 기술과 결합된 결과이기도 하다.

우리 역사에 기록된 최초의 배달음식은 '효종갱'曉鐘羹이다. 효종갱이란 '새벽 통금 해제를 알리는 종이 울릴 때 먹는 해장국'이란 뜻으로 1766년(영조 42)에 유중림이 펴낸 『증보산림경제』에 따르면 국물이 많은 국을 '탕'이라 하고, 건더기가 많은 국은 '갱'으로 구분해서 불렀다. 이런 역사가 있는 나라답게 대한민국은 세계 최초로 배달 전문 앱을 만든 나라다. '배달통'이 2010년 4월 17일부터 서비스를 개시했다. 그러나 중개업체가 중간에 끼어 높은 수수료를 챙기는 꼴이기 때문에 영세 요식업체의 이윤을 저하시킨다는 비판을 받고 있다. 무엇보다 배달 앱을 이용한 24시간 배달 서비스 플랫폼은 과거라면 매장이 직접 고용했을 배달 노동자를 앱에 접속한 일종의 프리랜서 자영업자로 변환시켰다.

플랫폼에 종속된 노동자들은 형식상 자영업자이기 때문에 노동법의 보호를 받을 수 없고, 노동조합을 만들기도 어렵다. 또한 매 순간 다음 일이 있을지 없을지 알 수 없는 대기 상태로 만든다. 디지털 알고리즘은 이들의 노동을 매 순간 보이지 않는 알고리즘으로 통제하고 평가하지만, 노동자들은 보이지 않는 통제와 감독에 저항할 수 없다. 만약 앱이 보이지 않는 알고리즘을 이용해 호출을 조금이라도 늦춘다면 0.5초를 다투는 호출 경쟁에서 그나마 완전히 배제될 수도 있다. 이처럼 열악하고 불리한 노동 상황에서 배달 앱 업체(플랫폼)는 디지털 정보기술을 통해 노동자들이 자신의 임금을 가장 낮은 가격에 판매하도록 강제하는 일종의 경매 시장으로 작동한다.

⇒　『배달의 민족은 배달하지 않는다』, 박정훈 지음, 빨간소금, 2020

그대의 사진은 보냈소?

야마모토 이소로쿠(1884~1943)는 1905년 러일전쟁 중 쓰 시마 해전으로 최초의 실전을 경험했다. 1919년 당시 35세 였던 그는 하버드대학에 파견되어 영어를 배우는 한편 미 국의 발전된 모습을 직접 체험했다. 1935년 런던군축회 의에 참여하고 돌아온 뒤에는 보수적인 전함파 제독들의 반대를 무릅쓰고 항공모함 건조를 강력히 요구해 관철시 켰다.

일본은 1937년 루거우차오 사건을 일으켜 중국을 침략 (중일전쟁)했지만, 이때까지만 해도 유럽 열강의 식민지에 는 손을 대지 않았다. 그러나 1939년 유럽에서 2차 세계대 전이 벌어지자 동아시아의 상황도 급변했다. 프랑스와 네 덜란드가 독일에 항복했고, 영국은 독일과 치열한 전쟁을 벌이고 있었다. 이제 아시아·태평양 지역에서 일본의 걸림 돌이 되는 서구 열강은 미국뿐이었다. 미국을 잘 알았던 야 마모토는 미국과의 전쟁에 반대했으나 전쟁이 결정되자 특 유의 과감한 승부사적 기질을 발휘해 항공모함을 통한 단 기 결전을 계획한다.

1941년 12월 7일, 진주만 기습 작전 성공 이후 야마모토 제독은 일본의 국민적 영웅으로 떠올랐다. 하지만 그는 "전함을 4척이나 5척 격침시켰다고 해서 특별히 축하할 일이 아니다. 이길 때도 있고 질 때도 있는 법"이라며 승리에 기뻐하지 않았다. 무엇보다 진주만에서 미국의 항공모함들을 놓치고 유류 저장 시설을 공격하지 않은 것은 커다란 실책이었다. 1942년 6월 비록 미드웨이에서 패전했지만 그 이후로도 일본 해군은 전쟁이 끝날 때까지 적지 않은 전과를 올렸다.

1943년 4월 18일, 야마모토 제독은 남태평양 부건빌섬의 일본군 전선을 시찰하기 위해 라바울 기지에서 미쓰비시 1식 G4M 11형 폭격기(연합군 코드네임 '베티')에 탑승해 출격했다. 일본에서는 육상 공격기로 분류되는 이 폭격기는 항속거리가 길고 비교적 경쾌한 기동성을 가지고 있었지만, 연합군 전투기 조종사 사이에서는 "하늘을 나는 라이터" 또는 "원샷 라이터"the one-shot lighter라고 불릴 만큼 방어력에 치명적인 약점이 있었다.

당시 일본군은 이 지역이 미국 전투기의 항속거리로 도달할 수 없는 작전 반경 바깥이었기 때문에 미국 전투기가 나타날 수 있으리라 생각하지 않았지만, 보조 연료탱크를 장착하고 출격해 미리 대기하고 있던 미 육군항공대 소속 P-38 라이트닝 전투기에 의해 격추당하고 말았다. 미국은 이 무렵 일본의 암호 체계를 해독할 수 있었다.

그는 죽기 2주 전 애인 가와이 치요코에게 "각계각층의 사람들에게 수많은 편지를 받지만 내가 기다리는 건 오직 그대 편지뿐이오. 그대의 사진은 보냈소? 발신인: 야마모토, 발신지: 세상에서 가장 큰 전함"이라는 편지와 함께 머리카락 한 묶음을 동봉했다. 야마모토 제독은 해군 소좌이던 1918년 8월 야마모토 레이코와 결혼해 슬하에 2남 2녀를 두고 있었다. 그가 전사하자 일본 해군은 가와이 치요코에게 자결할 것을 권했지만, 그는 권고를 따르지 않고 살아남아 11년 뒤 언론에 죽은 연인의 편지 중 일부를 공개했다.

⇒　영화 『도라 도라 도라』, 리처드 플레이셔·마스다 토시오·후카사쿠 긴지 감독, 1970

이심전심 유언비어 유포죄

유신 시대는 긴급조치의 시대였다. 독재에 대한 저항이 거세지자 박정희 대통령은 여러 긴급조치를 발령했다. 그중에서도 긴급조치 9호는 대통령을 체육관에서 뽑기로 결정한 유신헌법에 대해 집회·시위 또는 신문·방송 기타 통신을 이용해 부정하거나 폐지를 청원·선포하는 행위를 금지했다. 그와 관련한 일체의 집회나 시위 행위도 금지이며 이를 금지하려고 만든 조치에 대해 비방하는 것도 금지이고, 금지 사항을 위반한 사건이 발생했을 때 이 내용을 보도하거나 알리거나 표현하는 행위도 모두 금지이며, 이런 명령과 조치는 사법적 심사의 대상이 되지 않으며 위반자는 영장 없이 체포할 수 있다는 것이 그 내용이었다. 모든 것이 금지된, 금지의, 금지를 위한, 금지에 의한 시대였지만 저항은 사라지지 않았다.

긴급조치 시대였던 1977년 4월 19일 낮 12시쯤 연세대 교정에 갑자기 유인물이 흩날렸다. 당시 연세대 철학과 3학년 김철기, 물리학과 3학년 김성만, 경영학과 2학년 강성구, 토목과 2학년 우원식 등 네 학생이 뿌린 유인물이었다. 이들은 학내에 상주하고 있던 기관원들에게 즉각 체포되어 신촌역 앞 대현파출소로 압송되었다. 이들을 압송하고 보니 문제는 이들이 뿌린 유인물의 내용이었다. 분명 이들이 유신 체제를 비판하는 유인물을 뿌렸을 것으로 판단해 잡아다 놓긴 했으나 압수한 유인물을 살펴보니 아무 내용도 없는 백지白紙였다.

　아무리 코에 걸면 코걸이, 귀에 걸면 귀걸이라는 전능한 긴급조치 9호조차 그 죄를 물을 수 없었다. 이들은 도리어 사복형사들에게 "우리가 뭘 잘못했습니까?"라며 따지고 들었다. 답변이 궁색해진 형사는 "백지를 돌린 이유가 있겠지?"라며 이들을 추궁했다. 하지만 이들은 "중간고사 기간이라 공부할 때 연습지로 사용하라는 건데……"라며 천연덕스럽게 답했다. 답이 궁색해지자 형사가 화난 목소리로 외쳤다. "잔소리 마. 너희들 죄목은…… 이심전심 유언비어 유포죄야." 형사들은 이들이 뿌린 유인물이 첩보원들처럼 비밀 잉크를 썼거나 오렌지(귤)즙으로 글씨를 쓴 건 아닐까 하여 다리미로 다려도 보고, 물에 적셔도 보고, 심지어 국립과학수사연구원에 정밀조사를 의뢰했다는 설도 있었지만 정말 아무것도 나오지 않았다. 정말 백지 유인물이었기 때문이다. 이들은 명색이 4·19인데 아무것도 할 수 없는 처지가 안타까워 백지라도 뿌렸던 것이다.

⇒　『유신』, 한홍구 지음, 한겨레출판, 2014

파잔 의식

2005년 4월 20일, 서울 어린이대공원에서 퍼레이드를 하던 코끼리 6마리가 갑자기 동물원 밖 시내로 탈출하는 사건이 발생했다. 공연 도중 비둘기 떼가 갑자기 날아오르자 깜짝 놀란 코끼리들이 공원 밖으로 뛰쳐나간 것이다. 초식동물인 코끼리는 육중한 덩치에 비해 매우 예민하고, 무리 지어 살며 활발하게 감정을 교류하기 때문에 한 마리가 느끼는 두려움은 순식간에 전염된다. 조련사들이 뛰어나가 상황을 수습하고자 했지만, 신고를 받고 출동한 경찰차 사이렌 소리와 몰려온 기자들이 카메라를 들이대면서 상황이 더욱 악화되었다. 거대한 몸집을 자랑하는 코끼리들이 거리를 활보하며 가정집과 식당 입구를 부수고 들어가 소동을 빚기는 했지만, 다행히도 코끼리들이 노점상과 행인, 자동차를 피해 가며 달린 덕분에 큰 인명 피해는 발생하지 않았다.

동남아에서는 드물지 않게 코끼리 트레킹을 경험할 수 있다. 코끼리 트레킹은 거대한 코끼리를 타고 밀림을 살펴보는 프로그램으로, 해설사는 관광객의 무분별한 발걸음으로부터 자연을 보존하는 친환경 트레킹이라고 설명하지만 정작 이때 동원된 코끼리들은 전혀 친환경적이지 않은 방법으로 포획된다. 자연 상태에서 코끼리는 수백 킬로미터를 자유롭게 이동하며 살아간다. 코끼리 쇼나 트레킹에 이용당하는 코끼리는 대부분 자연 상태에서 포획한 것이다.

사냥꾼은 무리를 발견하면 먼저 어미 코끼리를 쏴 죽이고, 공황 상태에 빠진 아기 코끼리의 귀와 발 등을 뾰족한 송곳이나 갈고리 등으로 찔러 생포한다. 이렇게 포획된 아기 코끼리는 자기 몸집보다 작은 나무틀에 발과 몸통이 모두 묶인 채 밤낮없이 칼과 몽둥이에 찔리고, 매질을 당하는 이른바 '파잔 의식'Phajaan Crushing을 치른다. 이 의식은 코끼리의 야생성을 없애고 정신을 파괴하여 길들이기 위한 것으로 이 과정에서 많은 코끼리들이 죽는다.

이후로도 트레킹이나 퍼레이드 쇼에 동원하기 위해 '불훅'Bullhook이라는 쇠갈고리를 이용해 예민한 부위를 반복적으로 찔러 고통을 준다. 반복 훈련을 통해 공포를 학습한 코끼리는 이후 맨손이나 발로 해당 부위를 조금만 자극해도 사람의 지시에 유순하게 따른다. 그러나 이렇게 사육된 아기 코끼리는 어른 코끼리가 되어서 자연 상태에서라면 결코 일어나지 않을 심각한 정신질환을 앓아 유아 살해, 자식 거부, 자해 등을 하기도 한다.

⇒ 『달려라 코끼리』, 최종욱·김서윤 지음, 반비, 2014

사북항쟁

1970년대 후반은 오일쇼크를 비롯해 여러 가지 이유로 암울한 시대였다. 해방이 도둑처럼 왔듯, 박정희 유신 시대의 종말도 급작스럽긴 마찬가지였다. 1979년 초부터 개헌 운동이 거세게 일어났고, YH여공 사건이 터졌고, 김영삼 총재 제명 사태, 부마 민주화운동이 일어났다. 그런 와중에 박정희 대통령 시해 사건이 발생했다. 유신독재의 종말은 새로운 봄을 기대하게 만들었다. 김영삼·김대중·김종필 3김이 모여 여러 차례 회담을 가졌고, 유신 정권에 억눌려 있던 사회 각계각층의 요구가 쏟아지기 시작했다.

당시 서민 물가와 관련이 깊은 에너지원은 석유와 석탄이었다. 사북읍에 위치한 동원탄좌는 연간 채탄량이 160만 톤에 달했고, 종업원 수가 3천 명도 넘는 국내 최대의 민영 탄광으로 전국 채탄량의 9퍼센트를 담당하고 있었다. 그러나 탄광 산업은 경제개발 시대의 열악한 노동조건 중에서도 최악의 조건을 자랑했다. 탄광 붕괴 사고가 잦고 진폐증을 앓는 등 힘들고 위험한 작업 성격상 광부들은 도시 노동자들보다 조금 더 높은 임금을 받긴 했지만, 겨울철 온수 공급은커녕 방음조차 제대로 안 되는 열악한 주거환경과 다른 지역보다 30퍼센트 정도는 더 높은 물가에 시달렸다. 그런 탓에 탄광 노동자들은 스스로를 '막장 인생'이라고 불렀다. 막장은 갱도의 가장 막다른 곳을 의미한다.

출구 없는 막장 같다는 면에서는 유신 시대의 대한민국 어디나 마찬가지였다. 하지만 탄광촌은 여기에 더해 사장의 측근으로 구성된 '암행독찰대'가 광부와 그 가족들의 사생활까지 감시했다. 1979년 이후 찾아온 민주화 분위기 속에 광부들은 노조를 중심으로 임금 인상을 요구했다. 그러나 사북탄광의 어용노조 지부장이 사측과 담합해 노조원들의 요구 사항인 42.75퍼센트가 아닌 20퍼센트에 서명한 사실이 뒤늦게 알려졌다. 이에 분노한 광부들이 1980년 4월 17일부터 농성에 들어갔다. 유신 시대에는 어디에나 눈과 귀가 있었다.

4월 21일 오후 5시쯤 광부를 가장해 농성장에 잠입해 있던 경찰이 신분이 발각돼 쫓기다가 광부 4명을 차로 치고 도망쳤다. 다행히 숨진 사람은 없었지만 광부들 사이에서 동료가 숨졌다는 소문이 퍼졌고, 흥분한 노동자들이 몰려와 경찰과 충돌하는 사태가 벌어졌다. 정선과 이웃 장성·영월 경찰서 병력이 총동원되고 서울에서 500여 명의 기동경찰이 급파되었지만, 악에 바쳐 저항하는 6천여 명의 시위대를 당해 내지 못했다. 결국 경찰 1명이 숨지고 경찰과 광부 160여 명이 부상당하는 등 인명 피해가 발생했다.

박정희 정부 시절 이미 부산과 마산 일원에서 일어난 민주화운동에 공수부대를 투입한 적이 있었기 때문에 사북에도 조만간 공수부대가 투입될 거라는 흉흉한 소문이 돌았다. 23일 강원도지사와 도경국장이 노동자 대표들과 협상을 하던 시간에 공수부대는 원주에서 작전 대기 중이었다. 노동자 지도부는 동원탄좌 예비군 무기고에 소총 1천여 정과 다이너마이트 60톤이 있다며 필사적인 저항을 예고했다. 밤샘 협상 끝에 경찰은 일절 책임을 묻지 않겠다고 합의했고, 광부들은 일터로 돌아갔다.

사태는 일단락되는 듯 보였지만, 전두환의 합동수사본부는 2주 후인 5월 6일부터 140명의 광부와 부녀자들을 연행했고, 5월 17일 전국으로 확대된 계엄령 기간에 무자비하게 고문하여 28명을 군법회의에 회부했다. 그중 3명이 고문 후유증으로 사망했다. 2008년 4월 진실·화해를 위한 과거사 정리위원회는 "계엄 당국이 과도한 공권력으로 노사정 합의를 일방적으로 무시함으로써 지역 공동체를 파괴하고 공권력에 대한 불신을 초래했다. 국가는 당시 연행·구금된 관련자와 가족들에게 인권침해와 가혹행위에 대해 사과하라"라고 권고했다.

⇒　『사북항쟁과 국가폭력』, 황인욱·박다영·한정원 지음, 지식공작소, 2021

새마을운동

"잘 살아 보세, 잘 살아 보세, 우리도 한번 잘 살아 보세!"

새마을운동은 1970년 4월 22일, 전국지방장관회의에서 박정희 전 대통령이 농촌 부흥을 위한 '새마을 가꾸기'를 제창하면서 시작되었다. 새마을운동은 잘살기 운동으로 시작되었지만 더 나아가 생활환경 개선, 국민의 의식 개혁에도 힘썼다. 새마을운동의 3대 신조는 근면·자조·협동이었는데, 이 중에서 '자조'는 1859년 새뮤얼 스마일스가 펴낸 『자조론』Self-Help에서 비롯됐다. 오늘날까지도 성공학의 고전이자 스마일스의 4대 복음 중 첫손에 꼽히는 『자조론』은 때로 역사의 현장에서 중요한 역할을 담당했다.

이 책은 19세기 프로이센과의 전쟁에서 패하고 국토의 노른자위를 빼앗긴 덴마크의 그룬트비가 펼친 국가부흥 운동의 사상적 기반이 되었고, 그의 성공에 감명 받은 우치무라 간조는 『덴마크 이야기』(1911)를 썼다. 그리고 이 책은 다시 그의 제자 김교신을 통해 일제치하의 조선에 전해졌다. 김교신의 제자 류달영은 분단과 전쟁 이후 한국을 동양의 덴마크로 만들자며 재건 운동을 일으켰다. 이때 그가 내

걸었던 '자조'는 이후 새마을운동의 3대 슬로건 중 하나가 되었고, 외환위기 이후 신자유주의 시대에 이르러서는 자기계발론의 뿌리가 되었다. 그러나 이 논리는 외환위기 이후 각자도생 사회에서 물질적 부를 성취하는 데 실패한 사람들을 자기계발에 실패한 사람으로 낙인찍는 결과를 가져왔고, 이들이 실패한 사회구조적 원인은 소거된 채 전적으로 노력이 부족했던 자기 책임이라는 논리로 귀결되었다.

긴 시간과 먼 길을 돌아 한국 사회에서 자조론은 결국 자기책임론이 되었고, 이에 상처받고 시달리던 사람들이 자신을 확인하고 위로받고 싶어서 찾아낸 말이 '자존감'(자기존재감 또는 자기효능감)이다. 그런데 자존감의 방점이 또다시 '자기'에만 찍힌다면 그것은 자기계발론의 악순환을 반복하는 꼴이 되고 말 것이다. '자존감'이 자기만의 긍정, 자기만의 만족을 넘어 위안과 변화의 길로 가려면 사회적 관계와 구조의 변화를 위해 노력하는 가운데 자신의 존재를 확인할 수 있어야 한다.

⇒　『대한민국의 설계자들』, 김건우 지음, 느티나무책방, 2017

한성 임시정부

임시정부의 정통성은 대한제국에서 대한민국 정부로 이어지는 법통 계승의 중요한 문제이다. 국가승인은 국제법상 가장 복잡한 문제 중 하나로 새로운 국가는 기존 국가들로부터 국제법의 주체로 자격을 인정받아야 한다. 법적 주체에 따라 국가state, 정부government, 교전 단체belligerent, 반란 단체insurgency 등으로 구분할 수 있는데, 국제법상 국가로 승인받는 것과 정부로 승인받는 것 사이의 차이는 사실 명확하지 않다. 실효적이고 독립적인 정부의 존재 자체가 국가의 법적 지위를 획득하기 위한 전제 조건이라 국가승인은 곧 정부에 대한 승인의 형식을 띠기 때문이다.

　그러나 소말리아나 미얀마의 경우처럼 내전 상황이거나 2차 세계대전 중의 프랑스나 폴란드, 최근의 티베트처럼 외국에 영토를 점령당해 본국을 떠나 해외에 수립된 망명정부의 경우에는 해당 영토에서 주권을 행사하지 못하거나 제한받는다. 임시정부는 이와 유사한 개념으로, 기존 정부가 무너졌거나 다른 국가의 침략으로 해외에서 임시로 구성한 정부를 말한다. 영토 밖에서 현지 정권을 전복하거나 교체하기 위해 활동하는 반대 집단의 경우 법적 지위가 전무하거나 취약함에도 불구하고 사실상 국제적 행위자로 존재한다. 두 차례의 세계대전 기간 중 해외에 수립된 각국 망명정부의 국가 행위에 대한 합법성, 망명정부와 맺는 외교 관계의 정당성을 뒷받침할 필요 때문에 임시정부 개념이 마련되었다.

1919년 3·1 만세운동으로 독립의 열기가 뜨거웠음에도 일제의 감시와 탄압이 지속되었기 때문에 통일된 임시정부를 수립하기 어려웠다. 그 결과 상하이, 시베리아, 서울 등 국내외에서 7~8개의 임시정부가 수립되었다. 그 가운데 조선민국임시정부, 고려공화국, 간도 임시정부, 신한민국정부는 누가 어떻게 추진하고 수립한 것인지 정확히 알 수 없는 상태에서 전단으로 발표된 것에 불과했다. 그러나 국내의 독립지사들이 주체가 됐던 한성 임시정부는 타 지역에서 조직된 임시정부와 비교하여 국민대회 등 상당한 절차를 밟아 조직된 임시정부였다.

3·1운동 직후 홍진(본명 홍면희), 이규갑, 한남수, 김사국 등은 전국 각지에서 벌어지고 있는 독립만세운동의 통일을 위해 국민대회를 조직하고, 각계의 독립운동 세력을 망라한 임시정부를 수립하자는 데 의견을 같이했다. 3월 중순부터 동지들을 규합하기 시작한 이들은 4월 2일 인천 만국공원(오늘날의 자유공원)에서 13도 대표자회의를 열었

다. 이후 경성의 한성오 집에 모여 '국민대회 취지서' '임시정부 선포문' '임시정부령 제1호와 2호' 등 유인물 수천 장을 인쇄하는 등 국민대회를 준비했다.

1919년 4월 23일 서울에서 전국 13도를 대표하는 25명이 모여 국민대회를 개최하였고, 한성 임시정부 수립을 선포했다. 이 소식을 접한 학생과 시민대표 들이 정오를 기해 독립만세를 외치며 임시정부 수립을 알리는 전단을 뿌렸다. 이날 한성 임시정부가 발표한 약법 제1조와 2조는 장차 이 땅에 세워질 정부가 민주공화국이라는 사실을 명확하게 밝혔다. 한성 임시정부는 정부 수립 직후부터 상하이 임시정부와의 통합을 도모하였고, 같은 해 9월 11일 상하이에서 대한민국 임시정부 임시헌법이 공포되면서 한성 임시정부는 상하이 대한민국 임시정부와 통합되었다. 상하이 임시정부가 과연 실효성을 지닌 국제법상의 망명정부로서의 지위를 갖는지에 대해서는 여러 의견이 있지만, 당시 임시정부의 소재지 국가인 중국으로부터 승인을 받았다는 사실은 대한민국 임시정부가 망명정부로서의 법적 지위를 지녔다고 간주할 수 있는 중요한 요인 중 하나다.

⇒　『대한민국 임시정부의 현대사적 성찰』,
　　신용하·정윤재·전상숙·쑨커지·고정휴·윤대원·김주용·마쓰다
　　토시히코·정상우·홍용표 지음, 나남출판, 2010

라나플라자 붕괴 사건

2013년 4월 24일 아침 8시 45분 방글라데시 수도 다카에 있는 9층짜리 의류 공장 라나플라자 건물이 주저앉아 노동자 1,140여 명이 죽고 2,500여 명이 부상당하는 사상 초유의 대참사가 발생했다. 세계 패션 산업의 하부 구조를 지탱하는 수백 대의 재봉틀이 동시에 돌아가자 잠시 후 지붕과 기둥이 거짓말처럼 내려앉았고, 쇠창살로 막힌 창문과 이중 철제문, 좁은 계단과 원단으로 막힌 출구 안에서는 아무도 도망칠 수 없었다.

물론 이 참사의 직접적인 원인은 기준 이하의 자재를 사용한 부실시공이었다. 이 건물은 비용 절감을 위해 시멘트보다 모래를 더 많이 사용했고, 콘크리트 건물에 반드시 필요한 강화철근 역시 거의 사용하지 않은 것으로 드러났다.

사건 발생 전날부터 7층 내벽에 금이 가고 물이 새는 등 붕괴 징후가 있었음에도 공장주가 작업장에 들어가길 거부하는 노동자들에게 폭력을 가해 강제로 작업대에 앉힐 만큼 노동자의 안전에 무심했던 것이 참사의 더욱 큰 원인이었다.

사실 방글라데시 공장 사고는 이번이 처음도 아니었다. 2006년부터 2010년 사이에만 230여 개의 공장에서 사고가 발생해 500여 명의 노동자가 사망했고, 붕괴 사고가 발생하기 직전인 2012년 11월에도 다카 인근 공장에서 불이 나 110여 명이 사망했다. 이렇듯 잇따르는 사고는 인재를 넘어서는 구조적인 경제 문제라 할 수 있다.

봉제 의류 산업은 방글라데시 수출의 77퍼센트를 차지하는 핵심 산업으로 저임금 노동력을 찾아 나선 서구 '패스트 패션'의 선두주자인 에이치앤드엠H&M, 자라, 베네통 등을 비롯한 유럽 브랜드와 갭 같은 미국 기업이 주요 고객이다. 사고가 일어날 당시 방글라데시의 시간당 임금은 24센트로 중국의 1달러 26센트는 물론 캄보디아(45센트), 파키스탄(52센트) 등 다른 개발도상국들보다도 현저히 낮았다.

패스트 패션은 소비자로선 최신 트렌드의 옷을 저렴하게 구입할 수 있고, 업체로선 빠른 회전으로 재고 부담을 줄일 수 있다는 장점이 있다. 하지만 빠른 유통과 빠른 소비로 폐기물을 발생시켜 불필요한 옷을 대량으로 낭비하는 문화를 조성하고, 저임금 노동자의 열악한 노동조건을 방치한다는 윤리적 문제를 안고 있다. 라나플라자 붕괴 사건 이듬해인 2014년 4월 24일부터 세계 100여 개국 시민단체가 "당신이 입은 옷은 누가 만들었습니까?" "옷을 뒤집어 라벨을 확인하자"라며 저임금과 열악한 노동환경 속에서 노동자를 착취하는 패션 기업을 고발하는 캠페인을 벌였다. 그리고 희생자들을 기리며 이날을 '패션 혁명의 날'로 기념하고 있다.

⇒ 『나는 왜 패스트 패션에 열광했는가』, 엘리자베스 L. 클라인 지음, 윤미나 옮김, 세종서적, 2013

3F 정책

대한민국 축구 국가대표팀은 2002년 6월 14일, 인천 문학 경기장에서 FIFA 랭킹 4위의 포르투갈을 상대로 골을 넣으며 월드컵 사상 최초의 16강을 확정 지었다. 비록 이날 한국에게 패배하긴 했지만 포르투갈은 에우제비오, 루이스 피구, 크리스티아누 호날두로 이어지는 세계적 축구 스타를 보유한 축구 강국이며, 축구는 포르투갈의 국민 스포츠이다. 포르투갈이 이처럼 세계적인 축구 강국이 된 것은 1932년부터 1968년까지 포르투갈을 지배했던 살라자르(1889~1970)의 역할이 컸다.

해양 강국 포르투갈이었지만, 1822년 브라질 독립 이후에는 더 이상 과거의 위세를 회복하지 못했다. 코임브라 대학교의 경제학 교수였던 살라자르는 재무장관 시절 대공황 속에서 성공적인 경제 정책을 추진해 높은 평가를 받았지만, 1932년 총리에 임명되자 무솔리니 체제를 모방한 국민동맹 1당의 '신국가'Estado Novo 독재 체제를 구축한다. 살라자르 독재정권은 1974년 4월 25일 포르투갈 좌파 청년 장교들의 쿠데타로 막을 내릴 때까지 40여 년간 지속되었다. 젊은 장교들의 쿠데타는 오늘날 쿠데타가 아니라 '카네이션혁명'으로 기억된다. 청년 장교들이 쿠데타 이후 국민의 뜻을 받들어 정권을 민간에 이양하고 군대로 돌아갔다.

한편 살라자르의 독재 체제가 이토록 오래도록 지속될 수 있었던 이유는 대중의 정치 혐오와 무관심 때문이었다. 살라자르는 경제개발이라는 미명 아래 노동조합과 사회주의를 탄압하고, 국민의 정치혐오와 무관심을 부추기며, 비밀경찰PIDE을 동원해 반대자들을 수감했다. 한편으로는 Futebol(축구), Fatima(파티마로 상징되는 종교), Fado(파두, 포르투갈 음악)에 재정 지원을 아끼지 않았다. 그것이 이른바 '3F 정책'으로, 악명 높은 우민화 정책이다. 살라자르 정권은 포르투갈에 축구, 종교, 파두와 함께 유럽 최고의 빈곤과 문맹률을 남겼다. 무엇보다 그는 세계 거의 모든 독재자들에게 '3F 정책'을 알려 주었다. 5월 광주를 짓밟고 집권한 전두환 정권은 살라자르의 3F 정책을 모방한 이른바 '3S 정책'(sex, screen, sports)을 추진했던 것으로 악명이 높다.

⇒　『혁명의 현실성』, 이언 버철·마이크 곤살레스·콜린 바커·마르얌 포야·피터 로빈슨 지음, 김용민 옮김, 책갈피, 2011

다시는 안 돼

1954년 6월 18일 미국의 지원을 약속받은 480명의 쿠데타 군이 온두라스 접경 지역을 넘어 과테말라로 쳐들어가는 것으로 쿠데타가 시작되었다.

　　합법적 선거로 수립된 과테말라의 아르벤즈 정부는 미국 유나이티드프루츠컴퍼니 소유의 바나나 공화국이었던 과테말라의 토지와 산업시설을 국유화하여 토지 없는 인디오 농부들에게 농지를 분배하고, 다국적 자본의 종속에서 벗어나 국내 자본을 육성하려 했다. 하지만 1954년 미국과 공모한 과테말라 군부의 쿠데타로 개혁 정부는 무너졌다.

　　쿠데타 이후 군부의 억압과 착취에 대항해 반정부 무장 단체가 결성되었고, 국민 대다수를 차지하는 소작농과 원주민의 지지를 받아 군사 정부에 도전하면서 내전이 시작되었다. 이후 내전이 이어진 36년 동안 669건의 민간인 학살이 벌어졌고, 이 중 626건이 국가폭력이었다. 20만 명 이상이 살해되고 10만 명 이상의 난민이 발생했다. 학살 피해자의 83.33퍼센트가 마야족이라 불리는 원주민이었다.

　　가톨릭 교회의 적극적인 중재 노력으로 내전이 종식

되고 치러진 선거에서 좌파정당UNE 소속의 알바로 콜롬 대통령이 52.8퍼센트의 지지를 받아 대통령에 취임했다. 1995년부터 후안 헤라르디 코네데라 주교는 진정한 화해 는 진실 규명으로부터 비롯된다는 신념으로 '역사적 기억 의 회복' 프로젝트에 박차를 가했다. 전국 방방곡곡에 자원 활동가 800명을 파견해 5천여 명의 증언을 모아서 피해자 5만5천 명의 사례를 문서로 정리하는 방대한 작업이었다. 그렇게 해서 나온 결과물이 바로 1998년 4월 24일 주교회 의가 발표한 네 권 분량의 진실 보고서 『과테말라, 다시는 안 돼』Guatemala: Nunca Mas였다.

그러나 이 보고서가 나온 지 이틀 만인 4월 26일 헤라 르디 주교는 자신이 살던 성당 차고 안에서 무참하게 구타당 해 숨진 채 발견되었다. 이후에도 여러 증인들이 살해되었고, 재판을 책임진 판사의 집에 수류탄이 투척됐다. 수사를 맡 은 검사는 살해 위협을 견디다 못해 해외로 망명을 떠났다. 전쟁의 세기라는 지난 20세기, 전쟁보다 집단 학살(제노사 이드) 등 국가폭력으로 희생된 민간인의 숫자(1억7500만 명으로 추정)가 훨씬 더 많았다.

1970년대 이후 한국을 비롯해 세계 여러 나라에서 50여 개 이상의 과거사 청산 기구가 활동해 왔으나 진실 규 명을 위한 노력은 정치적 타협이나 가해 세력에 의한 침묵 의 강요 때문에 사면이나 면책을 허용하는 것으로 종결되곤 했다. 많은 나라에서 과거 가해자였던 세력은 여전히 강고한 권력 기반을 가진 반면, 진실 규명을 원하는 세력은 여전히 구조적으로 취약하기 때문이다. 그러나 목숨을 걸고 진실을 밝히기 위해 노력하는 사람들 덕분에 역사는 단순히 흘러간 과거가 아니라 미래를 밝히는 등불이 될 수 있었다.

⇒ 『세계의 과거사 청산』, 김남섭·노서경·안병직·임호준·송충기·
   이용우·유진현·이남희·박구병·이성훈·김원중 지음, 푸른역사, 2005

한글 간소화 정책 파동

"중공군 50만 명에 해당하는 적"이라고 힐난 받은 한국 최
초의 베스트셀러, 정비석의 『자유부인』(1954) 첫머리는 R
대학 동창회 모임 '화요회'에 가기 위해 아내 오선영이 대학
교수이자 소장파 한글학자인 남편 장태연에게 말을 붙이
는데 아내가 부르는 소리도 알아채지 못할 정도로 신문기
사에 몰두하고 있는 남편의 모습으로 시작한다. "마침 신문
에는 철자법 간소화 문제에 대한 문교 당국의 담화가 발표
되어 있어서 장 교수는 그 기사를 읽기에 여념이 없었던 것
이다. 육이오사변이 일어났다는 신문 호외에도 별로 놀랄
줄 모르던 그였건만, 한글에 관한 일이라면 일단짜리 신문
기사에도 천하가 뒤집히는 듯한 중대성을 느끼는 장 교수
였다."

　　소설의 배경이 되는 1953년은 한국전쟁 막바지로 당시
한국은 1인당 GNP가 67달러에 불과한 세계 최빈국이었다.
전쟁 통에 남은 건물조차 없어 천막 학교 교실에 100명씩
모여 앉아 교과서 한 권을 6~7명씩 나눠 봐야 하는 상황이
었지만, 배움에 대한 열의만큼은 엄청나서 2부제 수업은 물

론 3부제, 4부제로 공부하고 있었다. 당시 학생들이 공부하던 한글 맞춤법은 일제강점기였던 1933년 10월 조선어학회가 일제의 탄압 속에서도 한글을 지키기 위해 우리말의 원형을 밝혀 적는 방식으로 『한글 맞춤법 통일안』을 만들어 표준으로 정한 것이었다.

1948년 정부 수립 이후 남한은 소리 나는 대로 적는 표음주의를 기본으로 하되 형태주의를 절충했고, 북한은 원형을 밝혀 적는 형태주의를 중심으로 표음주의를 절충하는 방식을 따랐다. 그러나 이승만 대통령은 1949년부터 한글 맞춤법에 대한 불만을 감추지 않았다. 해외에서 오래 망명 생활을 하는 동안 변화한 한글 맞춤법에 익숙하지 못했던 그는 자신이 알던 구한말 시대의 한글 맞춤법으로 돌아가려고 했다. 선교사들이 『성경』을 한글로 번역하며 사용했던 맞춤법 체계로 말이다. 한글학자들은 물론 국민의 호응도 없었지만, 이승만은 한국전쟁 막바지였던 1953년 4월 27일 "정부의 문서와 교과서 등에 현행 철자법을 폐지하고 구식 기음법記音法을 사용"하자는 안을 국무총리 훈령 제8호로 공포했다.

일제강점기에도 목숨을 걸고 한글을 지켜 냈던 한글학자들은 이 방안을 격렬하게 반대했다. 이승만 대통령의 맞춤법 개정 시도는 한글학회는 물론 대한교육연합회, 전국문화단체총연합회, 국어국문학회, 대학국어국문학교수단 등 여러 단체의 반발에 부딪혔고 당시 문교부의 편수국장이었던 한글학자 외솔 최현배는 같은 해 12월 21일 사임한 뒤 전국을 순회하며 반대운동을 펼쳤다. 이듬해에는 김법린 문교부 장관도 사임했다. 만약 이승만 대통령의 한글 간소화 정책이 시행되었더라면 교과서 갱신 비용만 당시 돈으로 5억 환이 소요됐을 것이고, 맞춤법을 다시 공부해야 할 학생 수는 330만 명에 이르렀다. 대통령 한 사람의 불편함을 해소하기 위해 추진되었던 한글 간소화 정책은 결국 1955년 9월 19일 이승만 대통령이 "민중들이 원하는 대로 하도록 자유에 부치고자 한다"라고 발표하며 철회되었다.

⇒   『우리말의 탄생』, 최경봉 지음, 책과함께, 2019

양심에 따른 병역 거부

켄터키주 루이빌 출신의 한 흑인 청년이 1967년 4월 28일 휴스턴 징병국에서 실시한 신체검사에 합격하고도 자신은 무슬림 선교사이며 정부는 기독교 목사의 병역을 면제하고 있기 때문에 징병을 거부한다고 선언했다. 그의 이름은 캐시어스 마셀러스 클레이 주니어, 1960년 로마 올림픽에서 금메달을 딴 복싱 선수 출신이자 당시 WBA 세계 헤비급 챔피언이었던 무하마드 알리(1942~2016)다. 사실 무하마드 알리는 1966년 징병 검사에서 이미 한 차례 떨어진 적이 있었지만, 징병 규정이 완화되면서 징병 대상인 1A급이 되었다. 올림픽에서 금메달을 따고 고향으로 돌아왔지만, 동네 식당에서조차 흑인이라는 이유로 쫓겨난 알리는 메달을 오하이오강에 던져 버렸다.

  1964년 헤비급 챔피언에 오른 그는 맬컴 엑스 등이 이끄는 블랙 무슬림 운동에 가담하며 클레이란 이름 대신 무하마드 알리로 개명했다. 챔피언 시절 알리는 흑인 선수는 백인들 앞에서 말을 적게 해야 한다는 스포츠계의 불문율을 깨고 특유의 입담을 과시하여 '루이빌의 입'The Louiville

Lip이니 '떠벌이 알리'라는 별명으로 불렸다. 말 때문에 여러 구설에 오르내리긴 했지만, 강펀치를 주고받는 기존의 헤비급 복싱 스타일과 달리 나비처럼 날아서 벌처럼 쏘는 새로운 복싱 스타일로 대중의 사랑을 받았다.

미국의 베트남전 개입이 본격화되던 1967년 알리는 "베트남 사람들은 나를 깜둥이라고 부르지도 않고 해를 끼치지도 않는다. 나는 그들에게 총을 들이댈 이유가 없다"라며 죄 없는 젊은이들을 죽음으로 내모는 전쟁에 반대했다. 명분 없는 전쟁이었던 베트남전은 역사상 어느 전쟁보다도 반전운동과 양심에 따른 병역 거부가 활발했다. 종교적 신념에 따라 '모든' 전쟁을 거부하는 사람들을 위한 대체 복무가 인정되었지만, 알리의 병역 거부는 종교적 신념보다 '특정' 전쟁의 정당성을 문제 삼아 병역을 거부하는 새로운 사례였다. 베트남전은 미국 내에서 '징병을 추진하는 정부'와 전쟁의 정치적 정당성을 이유로 '병역을 거부하는 새로운 세대'의 전쟁이기도 했다.

흑인 최초로 메이저리그에 입성해 인종차별 반대운동을 전개했던 재키 로빈슨은 베트남전을 지지했고 알리를 비난했다. 1960년대의 흑인 청년들은 재키 로빈슨을 '엉클톰'이라 부르며 비난했다. 알리 이외에도 수많은 병역 거부자가 있었지만, 그만큼 유명하고 곤혹스러운 처지에 있는 사람은 없었다. 그는 대법원까지 가는 법정 투쟁 끝에 결국

무죄 판결을 받았지만, 챔피언 벨트를 빼앗기고 선수 자격을 박탈당해 무려 3년 6개월간 링에 오르지 못했다. 알리는 자신의 선택이 가져온 결과를 감수했고, 수많은 젊은이들에게 양심을 따를 수 있도록 용기를 주었다. 논란이 한창일 당시 알리는 기자들에게 이렇게 말했다. "내게는 두 가지 선택지가 있다고들 합니다. 감옥에 가거나 군대에 가거나, 둘 중 하나라는 거죠. 하지만 저는 세 번째 선택이 있다고 말하고 싶어요. 그것은 바로 정의입니다." 국제 앰네스티는 무하마드 알리를 "세계에서 가장 위대한 양심적 병역 거부자"라고 불렀다.

1965년부터 1975년까지 300만 명 이상의 미국인이 베트남전에 참전했고, 이 가운데 150만 명이 직접 전투를 치렀다. 베트남전에 참전한 병사 가운데 83만 명이 외상 후 스트레스 장애로 고통 받았다. 12만5천여 명의 젊은이들이 징병을 거부했고, 탈영병도 5만여 명에 달했다. 2013년 6월 유엔인권위원회가 발표한 자료에 따르면 '양심에 따른 병역 거부'를 이유로 군복무를 거부해 수감 중인 사람은 전 세계에서 723명인데 그 중 669명이 한국인이었다. 이후 2018년 6월 헌법재판소는 대체복무제 규정이 없는 것을 헌법불합치로 판결하여 대체복무제가 신설되었지만, 대체복무제 자체에도 여전히 징벌적 성격이 남아 있다.

⇒　『평화의 얼굴』, 김두식 지음, 교양인, 2007

친일인명사전

함석헌 선생은 『뜻으로 본 한국역사』에서 8·15 해방에 대해 "이 해방에서 우리가 첫째로 밝혀야 하는 것은, 이것이 도둑 같이 뜻밖에 왔다는 것이다. 해방 후 분한 일, 보기 싫은 꼴이 하나둘이 아니지만, 그중에도 참 분한 일은 이 해방을 도둑해 가려는 놈들이 많은 것"이라고 말했다. 도둑처럼 온 해방이었기에 광복이 왔지만, 참 해방은 아니었다. 문학평론가 임헌영 선생은 "8월 15일을 맞아 광복된 것은 우리 민족이 아니라 친일파들"이었다고 말했다. 해방 전까지 친일파는 일본이란 상전을 모시고 한반도를 지배했지만, 광복 후에는 그나마 상전조차 없는 그들만의 세상이 되었다는 것이다.

1948년 9월 7일 제헌국회는 국권 강탈에 적극 협력한 자, 일제 치하의 독립운동가나 그 가족을 악의로 살상·박해한 자 등을 처벌할 목적으로 반민족행위처벌법을 통과시켜 반민족행위특별조사위원회(약칭 '반민특위')를 만들었다. 친일 세력을 등에 업은 이승만 정부는 반민특위의 활동에 반대했고, 1949년 6월 6일 반민특위 산하 특별경찰대를 강제 해산했다. 반민특위는 사실상 기능을 상실했고, 같은 해 6월 완전히 해체되었다. 이후 오랫동안 대한민국에서는 '친일파'라는 말 자체가 금기시되었다.

한국사회에서 친일파 문제가 다시 부각되기 시작한 것은 1965년 6월 굴욕적인 한일협정에 분노한 재야 사학자 임종국(1929~1989)이 펴낸『친일문학론』(1966) 덕분이었다. 시인이자 문학평론가이기도 했던 임종국은 이 책을 통해 문단의 살아 있는 권력이자 자신의 선배인 문인들을 역사의 법정에 세웠다. 문학사를 연구하던 임종국은 선배 문인들의 친일 행각에 대해 알게 되었고 커다란 충격을 받았다. 그는 자신을 그토록 천치로 만든 세상에 분노하며 한일협정 이후 8개월 동안 하루 10시간씩 사과 궤짝으로 만든 책상에 앉아 2천 매에 달하는 원고를 집필했다.

서론부터 부록까지 모두 7부로 구성된 이 책에 임종국은 자신이 친일문학에 대해 글을 쓰게 된 경위와 일제강점기 당시 활동했던 김동인, 김동환, 김문집, 김사랑, 김소운, 김안서, 김용제, 김종한, 김팔봉, 노천명, 모윤숙, 박영희, 백철, 유진오, 이광수, 이무영, 이석훈, 이효석, 장혁주, 정비석, 정인섭, 정인택, 조용만, 주요한, 채만식, 최남선, 최재서, 최정희 등 한국 문단의 대가들이 남긴 친일 작품과 활동, 문학단체의 행위에 대해 담았다.

임종국의『친일문학론』은 모두가 암흑기라 치부하며

금기시하던 일제 시기 문인들의 친일문학 실태를 실증적으로 정리한 최초의 책이었다. 이 책이 당시 사회에 던진 파장은 어마어마했다. 임종국은 『친일문학론』을 시작으로 다른 분야의 친일파 연구까지 범위를 확장했는데, 그가 행적을 파헤쳐 친일파로 지목한 인물 가운데에는 자신의 아버지 임문호도 포함되어 있었다. 그는 1989년 11월 12일 세상을 떠날 때까지 친일파 연구에서 손을 떼지 않았다. 장례식장에 모인 사람들이 임종국이 남긴 자료를 물려받은 것을 계기로, 1991년 2월 27일 반민족문제연구소를 설립(1995년 민족문제연구소로 개칭)했다.

민족문제연구소와 친일인명사전편찬위원회는 2008년 4월 29일 윤봉길 의사가 상하이 훙커우 공원(현 루쉰 공원)에서 폭탄 의거를 결행한 날(1932년 4월 29일)을 맞아 『친일인명사전』 수록 대상자의 명단을 공개했다. 일제 식민지배에 협력한 박정희 전 대통령을 비롯해 장면 전 국무총리, 무용가 최승희, 음악가 안익태·홍난파, 언론인 장지연, 소설가 김동인 등의 친일 행각과 광복 전후 행적을 담은 『친일인명사전』은 2009년 11월 8일 발간되었다.

⇒　『친일문학론』, 임종국 지음, 민족문제연구소, 2013

1만 일의 전쟁

20세기의 가장 길었던 전쟁이 1975년 4월 30일, 남베트남의 수도 사이공이 함락되면서 끝났다. 조선이 청의 속박에서 벗어나 문명 개화의 길로 나아가기를 희망하며 김옥균과 박영효를 비롯한 개화파 인사들이 갑신정변을 일으켰던 1884년 무렵, 중국(청)과 프랑스는 베트남의 종주권과 식민 지배를 놓고 청불전쟁(1884~1885)을 치렀다. 전쟁의 결과 타이와 미얀마를 제외한 인도차이나반도가 프랑스의 식민지가 되었다. 2차 세계대전이 끝나고 독립을 선언한 베트남에 대한 식민 지배 야욕을 버리지 못한 프랑스가 재식민지화 전략을 추구하는 바람에 1차 인도차이나전쟁(베트남독립전쟁, 1946~1954)이 벌어졌다.

　베트남은 이후 통일을 달성하기까지 장장 30년에 이르는 기나긴 전쟁을 치렀다. 1954년 디엔비엔푸에서 프랑스군을 물리치고 독립을 쟁취할 뻔했던 베트남을 방해한 것은 미국이었다. 1954년 4월 26일 스위스 제네바에서 소련·미국·프랑스·영국·중국(당시 중공)이 모여 '한국전쟁의 공식적인 종료를 위한 한반도 평화협정 체결과 재통일에 관한 건'과 '프랑스령 인도차이나의 평화 유지 가능성'을 토의했다. 미국은 이 자리에서 한반도 평화협정에 관한 논의 자체를 거부했고, 그 결과 베트남 문제만 논의의 대상이 되었다. 제네바협정에 따라 베트남은 북위 17도선을 경계로 남북으로 분단되지만, 1956년 7월까지 보통선거를 실시해 통일 정부를 수립하기로 결정했다. 만약 그대로 선거를 치른다면 독립 투쟁을 전개해 왔던 호치민의 승리가 확실시되었다. 그러나 냉전 시기 도미노 이론에 심취했던 미국은 남베트남에 직접 개입했다.

1964년 8월 통킹만 사건을 계기로 베트남전쟁에 직접 개입하기 시작한 미국은 이후 대통령이 5명이나 바뀌는 동안 상대가 지닌 독립에 대한 열망과 의지를 이해하지 못했으며, 이 전쟁의 성격이 이념 전쟁이 아니라 식민(제국)주의에 대항한 전쟁이었다는 사실도 인식하지 못했다. 미국은 호치민을 마오쩌둥의 꼭두각시라 여겼지만 실상은 전혀 달랐다. 한국전쟁에 종군기자로 참전했던 저널리스트 데이비드 핼버스탬은 호치민을 "한쪽은 간디의 모습을 또 다른 한쪽은 레닌의 모습을 가진 완전한 베트남인"이라고 묘사했다. 그러나 미국의 주류 언론은 그를 경멸적으로 묘사하여 "모스크바에서 기술을 익힌 염소수염의 선동가"라 불렀다. 미국은 베트남에 700만 톤 이상의 폭탄을 투하했는데, 이는 2차 세계대전 당시 투하된 폭탄량의 2배가 넘는 것이었다. 이 폭탄들은 베트남 전역에 2천만 개 이상의 폭탄 구덩이를 만들었다.

미군은 전투에서는 항상 승리했지만, 전쟁에서 패배하고 있었다. 미국은 패배를 인정할 수 없었다.

1975년 4월 30일 사이공 주재 미국 대사관 지붕에서 헬기를 타고 마지막 미국인(해병대 하사관 존 J. 밸디즈)이 떠나는 순간, 북베트남군 탱크가 대통령궁 문을 부수고 진입했다. 전쟁 기간에 5만8천여 명의 미군 병사와 300만 명의 베트남인이 희생되었다. 미국의 베트남 정책 입안자 중 한 명이었던 딘 러스크는 1975년 남베트남 패망 직후 이렇게 말했다. "개인적으로 나는 두 가지 실수를 했다. 나는 북베트남 사람들의 불굴의 의지를 과소평가했고 미국인의 인내력을 과대평가했다."

⇒ 『베트남 10,000일의 전쟁』, 마이클 매클리어 지음, 유경찬 옮김, 을유문화사, 2002

5월 ∘ *May*

5월은 축제의 달이다. 실제로 이 기간에 많은 축제가 열리기도 하지만, 역사적으로도 고대 그리스와 로마, 켈트인은 5월에 신성한 숲에서 큰 불을 피워 놓고 축제를 즐겼다. 영어로 5월을 뜻하는 'May'는 어머니 여신 '마이아Maia의 달'을 의미하는 라틴어 'Maium'에서 비롯되었다. '3월의 바람과 4월의 비가 5월의 꽃을 데리고 온다'는 말이 있지만, 아메리칸 원주민에게 5월은 '들꽃이 시드는 달'이다.

메이데이

21세기를 살아가는 우리는 급격한 변화를 감지하고 있지만, 앞으로의 미래가 어찌 될지 알 수 없는 가운데 불안에 떨고 있다. 1830~1840년대를 살았던 사람들도 자신이 사는 세계에서 특이한 변화가 일어나고 있음을 알아차렸다. 선거권을 요구하는 대중이 등장했고, 산업 현장에서 정치혁명에 필적할 만한 혁명이 일어나고 있었다. 훗날 사람들은 이것을 '산업혁명'이라 불렀다. 산업혁명은 1780년대 이후 100여 년에 걸쳐 진행되었다. 산업혁명은 수천 년간 지속된 농촌 공동체를 해체하고, 대규모 제조업으로 상징되는 자본집약적인 산업 발전과 도시화를 초래했다. 모든 변화 중에서도 가장 혁명적인 변화는 인간 활동의 근원에서 일어났다. 산업혁명의 원천은 대규모로 자본과 노동을 동원하는 새로운 경제체제, 즉 자본주의의 성장에 있었다.

　자본주의 혁명은 부·영향력·권력 등을 재분배했고, 새로운 사회계급을 만들어 냈다. 대중 또는 노동자계급이라 불리는 이들이었다. 새로운 사회계급의 성장은 새로운 사회적 긴장을 불러일으켰다. 노동절Mayday의 유래는 자본주의가 급격히 발전한 1800년대 중반의 사회적 긴장과 갈등에서 비롯되었다. 자본주의와 함께 성장한 기업은 국가 권력과 결탁해 노동자들을 착취했고, 노동자들은 열악한 노동환경과 적은 보수로부터 스스로를 지키기 위해 역량을 키우고 연대했다. 당시 노동자들은 저임금에 시달리면서 하루 평균 12~14시간 동안 일했다. 제1차 인터내셔널은 1866년에 8시간 노동의 법제화를 강령으로 채택했다. 이는 19세기 후반 세계 노동운동의 가장 중요한 문제였다. 1884년 5월 1일, 미국의 방직 노동자가 8시간 노동제를 요구하며 쟁의를 시작했다. 이에 각처의 노동단체가 호응하여 총파업을 단행했다.

1886년에는 미국노동조합총연맹이 설립되어 5월 1일 하루 8시간 노동제 쟁취를 위한 총파업을 단행했다. 8만 명의 노동자와 그 가족들이 시카고 미시간 거리에서 파업 집회를 열었다. 이날 미국 전역에서 30만~50만 명의 노동자들이 파업에 참여했다. 5월 3일 시카고 인근의 한 공장에서 경찰 총격으로 사상자가 나왔고, 이에 항의하기 위해 5월 4일 헤이마켓 광장에서 집회가 열렸다. 평화롭게 시작한 집회였지만 경찰이 시위대를 해산하려 하자 누군가 경찰을 향해 폭탄을 던졌고, 경찰 한 명이 그 자리에서 숨지는 등 사상자가 발생했다. 경찰이 즉각 발포하여 70여 명의 사상자가 발생했다. 집회를 주도한 노조 지도자 8명은 아무 증거도 없이 폭동죄로 체포되었고, 그중 7명에게 사형이 선고되어 5명이 죽었다. 이것이 '헤이마켓 사건'이다.

1889년 7월 프랑스 파리에서 프랑스혁명 100주년을 기념해 열린 제2차 인터내셔널 창립대회에서 8시간 노동제 쟁취와 유혈 탄압에 맞선 미국 노동운동을 기념하기 위해 5월 1일을 노동절로 결정했다. 이후 메이데이는 전 세계적으로 노동자의 연대와 단결을 보여 주는 날이 되었다. 세계화 시대에도 국가는 여전히 사회적 재화 분배에서 가장 중요한 역할을 수행한다. 기업과 자본이 노동뿐 아니라 지구를 수탈하고 있다는 사실에도 변함이 없다. '메이데이'는 프랑스어 'M´aider'(도와주세요)에서 나온 항공 조난 신호이기도 하다. 미래는 불확실하고 알 수 없지만, 억압이 있는 곳에 저항의 꽃이 핀다. 메이데이의 진정한 의미는 도움을 요청하는 이의 손을 잡고 함께 투쟁하는 것이다.

⇒ 『메이데이』, 피터 라인보우 지음, 박지순 옮김, 갈무리, 2020

게릴라

혁명 이후 한때 프랑스군은 유럽에서 전제왕정의 압제와 구체제를 몰아내는 해방군이자 혁명 전사였다. 그러나 발미전투(1792)에서 승리하고 10여 년이 흐르는 사이 새로운 탄압의 주체가 되었다. 나폴레옹이 트라팔가해전에서 영국에 패배한 뒤 대불 동맹의 주도국인 영국을 경제적으로 봉쇄하려고 내린 대륙봉쇄령(1806)은 도리어 유럽 각국을 어려움에 빠뜨렸다. 이 중에서 포르투갈은 대륙봉쇄령을 정면으로 거부했고, 나폴레옹은 포르투갈을 공격하려고 수만 명의 군대를 스페인으로 이동시켰다. 나폴레옹의 간계에 빠져 프랑스군의 입성을 허용한 스페인 국왕 카를로스 4세가 폐위되었다. 나폴레옹은 그를 대신해 자신의 형 조제프 보나파르트를 왕위에 앉혔는데, 스페인 민중은 조제프를 정식 칭호인 '호세 1세'가 아니라 '주정꾼 조제프'라고 불렀다.

스페인인은 1808년 5월 2일 마드리드에서 일제히 봉기했고, 당시 유럽 최강이었던 나폴레옹 군대는 이를 잔인하게 진압했다. 곳곳에서 체포된 스페인 민중은 재판도 없이 거리 곳곳에서 수백 명씩 즉결 처형당했다. 화가 프란시스코 데 고야는 이들의 학살 장면을 자신의 그림 『1808년 5월 3일 마드리드 방어군의 처형』이라는 작품을 통해 고발했다. 프랑스군의 만행은 스페인과 포르투갈 전역에서 격렬한 저항을 불러일으켰다. 영국은 이를 지원하려고 군대를 파병했지만, 나폴레옹이 직접 지휘한 군대에 패해 쫓겨났다. 영국에 승리를 거둔 나폴레옹이 포르투갈을 떠나자 영국은 또다시 군대를 파병했고, 이베리아반도 전역에서 민중이 들고 일어나 프랑스군을 공격했다.

스페인의 비정규 전투원들, 민중이 프랑스 정규군을 상대로 곳곳에서 소규모 전투를 벌이면서 반도전쟁은 '작은 전쟁들로 이루어진 전쟁'Guerra de guerrillas이라는 이름으로 불리게 되었고, 여기에서 '게릴라'라는 말이 만들어졌다. 게릴라들은 치고 빠지는 전법으로 프랑스군을 괴롭혀, 1813년 나폴레옹이 옹립한 국왕 호세 1세를 축출하는 데 성공했다. 이들의 게릴라 전법은 훗날 스페인이 식민 통치하던 라틴아메리카 사람들이 스페인의 압제에 저항하는 훌륭한 전술이 되었다.

⇒　『고야, 영혼의 거울』, 프란시스코 데 고야 지음, 이은희·최지영 옮김, 다빈치, 2011

68혁명

전후 프랑스는 정부 주도로 경제성장과 유럽 열강으로서의 자부심 회복이라는 두 가지 목표를 향해 나아가고 있었다. 경제성장의 혜택으로 과거에 비해 교육 기회가 확대되고, 대학생 수가 폭발적으로 증가했다. 그러나 대학 수는 여전히 부족했고 비싼 등록금에 비해 교육 시설의 수준 역시 기대에 못 미치는 상황이었다. 다른 한편으로 억압적인 사회 구조에 대한 불만이 팽배해져 갔고, 베트남전 등으로 인한 반전주의와 미국에 대한 반감이 확산되고 있었다. 1968년 3월 22일 파리 근교의 낭테르대학교(10대학) 학생 8명이 대학 시설 과밀화와 행정 당국의 권위주의에 항의하고자 학장실과 대학 본부 건물을 점거했다. 대학 측은 주동자 징계에 나섰다.

5월 3일 학생 8명은 징계위에 출두하는 대신 학내 시위의 선두에 섰다. 경찰이 학내에 진입했고, 소르본대학교는 개교 700년 이래 나치 점령기 이후 두 번째로 대학을 폐쇄했다. 대학이 폐쇄되자 시위대는 거리로 진출했다. 3일 뒤 열린 시위에는 학생 20만 명이 거리로 나서 진압 경찰과 충돌해 600여 명이 부상당했다. 대학과 거리에는 마르크스와 레닌, 마오쩌둥, 체 게바라의 사진이 걸리고 무수한 표어들이 나붙었다. 장 뒤비뇨가 만든 "현실주의자가 되자. 불가능한 것을 요구하라"를 비롯해 "상상력을 권좌로" "금지하는 것이 금지된다" "자유 없는 사회주의는 병영이다" "소비사회를 타도하자" "더 많이 섹스할수록 더 많이 혁명하고 싶다" "더 많이 혁명할수록 더 많이 섹스하고 싶다" "모든 권력은 썩는다" 등은 68혁명을 상징하는 슬로건이었다. 13일에는 학생 20만 명을 비롯해 80만 명이 시위에 참가했고, 천만 명에 이르는 노동자가 총파업에 참여해 사실상 프랑스를 마비시켰다.

그러나 프랑스공산당을 비롯한 구좌파와 노동조합은 학생들과 목표하는 바가 달랐다. 권위 실추를 우려한 공산당과 노동조합은 드골의 조기 총선 실시 약속과 최저임금 인상 등을 두고 협상을 벌였고, 22일부터 학생들과의 연대를 단절했다. 27일 프랑스 노동조합총연맹CGT은 임금 10퍼센트 인상 등을 골자로 하는 '그르넬협약'을 체결했다. 30일 드골 대통령은 국회 해산을 발표했고, 대통령을 지지하는 보수파 50만 명이 모여 시위를 벌였다. 결국 6월 5일부터 시위는 중단되었고, 드골 정권은 6월 총선에서 승리해 권좌에 복귀했다.

68혁명 당시 미국 컬럼비아대학교 학생이었던 사회학

자 이매뉴얼 월러스틴은 말했다. "이제까지 세계 혁명은 단 두 개밖에 없었다. 하나는 1848년에, 또 하나는 1968년에 일어났다. 둘 다 역사적 실패로 끝났지만 둘 다 세계를 바꾸어 놓았다." 68혁명에 참여한 학생들은 낡은 기성 질서에 저항했고, 나아가 반권위주의, 반자본주의, 반제국주의를 외치며 체제에 대한 거부를 선언했지만 권력 장악에 실패했다. 프랑스 사회의 정치·경제 시스템은 전혀 변하지 않았다. 그러나 68혁명은 이후의 사회와 세계를 변화시켰다.

가정·학교·직장의 권위주의를 허물었고, 삶에 대한 태도의 변화를 초래했다. 개인의 가치와 정체성, 생태적 환경, 삶의 질을 강조하는 가치관이 확산되었다. 페미니즘이 대두하면서 1974년 간통죄가 폐지되고, 임신중절을 허용하는 법이 통과되었다. 생태주의운동, 인권운동, 제3세계의 빈곤과 저개발 문제를 해결하려는 신좌파운동이 출현했다. 68혁명은 하위문화가 지배문화에 도전한 상징적 사건이었지만, 다른 한편으로 유럽의 경제 회복과 성장이 이끈 풍요로운 소비자본주의 사회의 산물이었다.

⇒ 『세계를 뒤흔든 1968』, 크리스 하먼 지음, 이수현 옮김, 책갈피, 2004

지구를 반으로 쪼갠 교황

역사상 가장 부패했던 교황으로 알려진 알렉산데르 6세는
1493년 5월 4일 칙서 '다른 것들 사이에'Inter Caetera를 반포
해 스페인과 포르투갈이 소유할 신대륙의 경계를 나누어 주었
다. 이 칙서에 따르면 스페인과 포르투갈은 아조레스군도
와 카보베르데군도를 기준으로 경계를 나눠 지구상에 존재
하는 "누구에게도 속하지 않은 땅"Terra nullius, 다시 말해 주
인이 없는 땅을 마음대로 차지할 수 있게 되었다. 그 결과 포
르투갈은 아프리카 희망봉을 돌아 인도·인도네시아를 거쳐
일본에 이르렀고, 스페인은 멕시코 아카풀코항에서 출발해
태평양을 건너 필리핀에 이르렀다. 필리핀이라는 나라 이
름은 펠리페 2세 국왕의 이름을 딴 것이다.

　한반도에 다다른 서양 선박들은 처음에는 우연히 표류
해 오거나 식량과 물을 찾아 잠시 상륙하는 경우가 대부분
이었다. 하지만 만남이 잦아질수록 점차 탐험과 측량, 통상
요구, 기독교 선교의 자유 확보 등을 목표로 하게 되었다. 이
양선의 통상 요구에 대해 조선 정부는 상국으로 받들고 있
는 청(중국)의 승인 없이는 사사로이 외교 관계를 맺을 수

없다는 '인신무외교'人臣無外交(남의 신하된 사람은 외교를 할 수 없다)의 원칙을 내세워 거절했다. 서구 근대는 이처럼 우리에게 거대한 악령처럼 다가왔다.

우리 스스로 주체적인 선택을 하고, 그것을 새로운 가능성과 기회로 만들 수 있었더라면 어땠을까 생각하면 그 안타까움이 더욱 커진다. 낯선 세계와의 만남은 언제나 설렘과 두려움을 품고 있기 마련이다. 이방인을 뜻하는 라틴어 호스티스hostis는 환대해야 할 '손님'인 동시에 '적'을 의미하며, 이 말에서 '환대'hospitality와 '적대'hostility라는 개념이 갈라져 나왔다.

낯선 세계와 만난다는 것은 나에게 좋은 어느 한 가지만 선택하는 것이 아니라 두 가지 모두를 내 품으로 끌어안는 일이다. 어떤 경우든 만남 자체를 외면하는 사회는 성장도, 변화도 꿈꿀 수 없다. 저명한 미술사 연구자 루스 멜린코프는 "한 사회의 정수와 그 심리 상태를 꿰뚫어 볼 수 있는 한 가지 방법은 그 사회가 내부인과 외부인 사이의 경계를 어떻게 어디에 긋고 있는가를 묻는 것"이라고 말했다.

⇒   『악령이 출몰하던 조선의 바다』, 박천홍 지음, 현실문화, 2008

향수

무엇이 우리를 사람답게 만들까? 작가 파트리크 쥐스킨트
는 소설 『향수』를 통해 그것은 '냄새'라고 말한다. 1738년 무
더운 여름 어느 날, 생선을 팔던 젊은 여자가 생선 비린내가
진동하는 좌판 밑에서 아이를 낳는다. 엄마는 아무렇지 않
은 듯 생선 자르던 칼로 탯줄을 자르고, 아기를 생선 내장이
버려지는 쓰레기장에 던져 버린다.

　생선 썩는 내가 가득한 쓰레기장에서 아기는 울음을
터뜨렸고, 엄마는 영아유기죄로 처형당한다. 아기는 여러
사람의 손을 거쳐 고아원에 보내져 '장 바티스트 그르누이'
란 이름을 얻지만, 어디에서도 환영받지 못한다. 그에게서
는 사람에게 마땅히 있어야만 할 냄새가 나지 않았기 때문
이다. 사람들은 그에게 냄새가 없는 까닭이 영혼이 없거나
악마이기 때문이라며 저주하고 두려워했다. 향수쟁이(조
향사) 그르누이는 태어나 죽는 날까지 사랑은커녕 한 번도
사람대접을 받아 본 적이 없었다.

　그가 조향사가 된 까닭도 '사람 냄새'를 만들어 인간적
인 존재로 받아들여지길 간절히 원했기 때문이다. 그르누

이가 고양이 똥과 치즈, 식초 등을 섞어 사람 냄새가 나는 향수를 뿌리자 사람들은 비로소 그에게 인간적인 미소를 보냈다. 그러나 그 향은 오래가지 않았다.

'향수'perfume는 '~를 통해서'라는 뜻의 라틴어 '퍼'per와 '연기'를 의미하는 '푸무스'fumus가 합쳐진 단어로, 흔히 프랑스 귀족들이 몸에서 나는 불쾌한 냄새를 감추기 위해 만든 것이라고 하지만 사실 향수의 역사는 기원전 메소포타미아와 이집트 문명까지 거슬러 올라가야 한다.

인류에게 향은 신과 교감할 수 있는 성스러운 제물인 동시에 인간의 감각을 자극하고 충족시켜 주는 욕망의 원천이었다. 인간의 미각은 다섯 가지에 불과하고, 인간의 후각은 동물처럼 멀리 떨어진 냄새를 감지하지 못하지만, 그 대신에 향을 구별하는 능력만큼은 탁월하다. 세상에 그토록 수많은 음식과 요리가 만들어지는 까닭은 인간의 식욕이 맛이 아니라 향으로 자극받은 결과이다. 인간의 후각 수용체는 대략 1조에서 10조 개의 향을 구별할 수 있다고 한다.

지금도 전 세계에서 55초에 하나꼴로 팔린다는, 세계에서 가장 유명한 향수 '샤넬 No 5'는 1921년 5월 5일에 처음 출시되었다. 향수 이름에 '5'라는 숫자가 붙은 까닭은 그 자체가 마케팅 기법일지 모르겠지만, 코코 샤넬이 숫자 5를 행운의 숫자로 여겼기 때문이라고 한다. 실제로 해마다 5월 5일 샤넬의 중요한 컬렉션이 발표된다. 겔랑과 샤넬, 디올과 에르메스 등 글로벌 패션·화장품 제조사 일부를 제외한 대부분의 업체는 전속 조향사를 두지 않고 외부의 전문 업체에 맡긴다.

향수를 일러 '보이지 않는 옷'이라고들 한다. 우리는 흔히 사람 냄새라는 말에서 인간적인 매력을 떠올리지만, 누군가에게는 기이한 괴담에 불과할지 모를 이야기를 통해 쥐스킨트는 나와 다른 타인을 어떻게 인간적인 존재로 받아들일 수 있을까 질문하고 있다.

⇒ 『향수』, 파트리크 쥐스킨트 지음, 강명순 옮김, 열린책들, 2020

조선 도공 이삼평

"신석기, 빗살무늬토기, 청동기, 민무늬토기, 고려청자, 조선백자"라고 외우고, 임진왜란 때 일본이 조선 도공들을 강제로 끌고 갔다고 배우지만 이것이 왜 중요한지에 대해서는 가르치지 않고 배우지 않는다. 고전 물리학처럼 역사의 모든 변수를 이해한다고 해서 그 결과를 모두 예측할 수는 없을지라도 '왜?'라는 질문을 던지는 것은 매우 중요하다.

　역사는 항상 원인과 그에 따른 결과가 있는 세계다. 신석기·청동기 시대의 토기가 중요한 이유는 토기의 등장으로 잉여 생산물을 비축할 수 있게 되었고, 그 결과 잉여 생산물을 차지하기 위한 갈등과 투쟁이 역사에 등장했기 때문이다. 송나라가 유독 청자를 귀하게 여긴 것은 5대10국의 혼란 끝에 나라를 세운 송이 스스로의 정통성을 주나라의 전통에서 찾으면서 왕실 도자기 역시 주 왕실에서 사용하던 청동기 빛깔을 추구했기 때문이다.

　실크로드라는 이름 때문에 비단만을 동서 교역의 주요 물품으로 생각하기 쉽지만, 기원전 1세기 무렵부터 사마르칸트 지역에서는 이미 질 좋은 비단이 생산되었다. 그러나 스스로 비단과 종이를 생산할 수 있게 된 후에도 서역의 상인들은 중국을 찾았다. 바로 도자기 때문이다. 도자기란 도기, 자기, 사기, 토기, 질그릇 따위를 통틀어 말한다. 이 중에서 토기와 도기는 섭씨 600~800도 정도면 생산할 수 있지만, 자기는 가마의 온도를 1,000~1,300도까지 올려야만 얻을 수 있는 그릇이었다. 자기 생산에는 단지 흙을 잘 다루는 것뿐만 아니라 가마의 온도를 이 정도까지 끌어올리고 유지할 수 있는 기술이 절대적이었다. 또한 일반적인 점토질의 흙으로 빚은 그릇은 1,000도 이상의 온도를 견디지 못하고 허물어지기 때문에 고령토라는 특수한 흙이 필요했다.

당시 전 세계에서 이런 자기를 생산할 수 있는 조건을 모두 갖춘 나라는 단 두 곳, 중국과 조선뿐이었다. 오늘날 반도체 생산이 그러하듯 당시 자기 생산 기술은 최첨단 과학 문명의 결정체였다. 자기 그릇은 포르투갈과 스페인, 북아프리카는 물론 유럽 왕실과 귀족이 탐내는 최고의 사치품이었다. 17~18세기에 자기를 소유하는 것은 그들에게 최고의 사치이자 부와 권력의 상징이었기에 중국풍 의상을 입거나 중국산 도자기를 전시하는 '차이나 룸'을 만드는 것이 유행이었고, 이런 유행을 '시누아즈리'chinoiserie라 불렀다. 일본은 조선 도공을 납치해 도자기를 생산하도록 했지만, 일본 땅에서 고령토를 찾기는 쉽지 않았다.

조선의 도공 이삼평(?~1655)은 왜란 당시 일본군 장수로 참전한 아리타의 영주 나베시마 나오시게의 포로가 되었다. 그는 일본에서 조선 고령토만큼 품질 좋은 흙을 찾아 영지를 누볐고, 마침내 1616년 좋은 흙을 찾아내 새로운 가마에서 질 좋은 도자기를 구워 낼 수 있었다. 영주는 크게 기뻐하며 그에게 가네가에 산베라는 이름을 주었다.

1916년부터 아리타 주민들은 이삼평이 처음 가마를 열고 도자기를 구워 낸 1616년 5월 6일을 아리타 자기의 시작으로 기리는 도조陶祖 축제를 열고 있다. 정유재란 때 끌려가 규수 남단 가고시마에 가마를 연 조선 도공 심당길 역시 오늘날 '심수관요'라 불리는 '사쓰마 도기'薩摩燒의 전통을 열었다. 명·청 교체기의 혼란 속에 중국산 자기를 구하기 어렵게 된 네덜란드 상인들은 수입 대체품으로 일본산 자기를 수입했고, 19세기 유럽은 일본산 자기에 열광했다. 이 일본 자기를 포장한 종이가 우키요에였다. 유럽에서는 일본풍을 따라하는 '자포니즘'japonism 현상이 빚어졌다. 일본이 우리보다 먼저 근대와 맞닥뜨릴 수 있었던 계기였다.

⇒ 『학교에서 가르쳐 주지 않는 일본사』, 신상목 지음, 뿌리와이파리, 2017

디엔비엔푸 전투

근대 시기 식민 지배에 고통받은 이들은 조선 외에도 필리핀, 인도네시아, 인도차이나 등 아시아 여러 지역과 민족에 걸쳐 있었다. 하지만 한반도 상황은 독특했다. 한반도를 제외한 나라들은 네덜란드·프랑스·영국·미국 등 백인종의 식민지가 되었지만, 조선은 같은 황인종(일본)의 식민지가 되었다. 그런 까닭에 전후 민족해방을 받아들이는 감각 역시 큰 차이가 있었다. 우리에게는 전후(태평양전쟁)가 '해방'이었으나, 아시아의 다른 민족에게는 식민지 종주국의 귀환, 즉 '재점령'이었다.

1945년 9월 2일 호치민은 미국 독립선언서를 차용하여 "모든 사람은 평등하게 태어났다. 사람들은 모두 생명, 자유, 행복을 추구할 천부의 권리를 조물주로부터 부여받았다"라는 베트남민주공화국 독립선언을 발표했다. 그러나 프랑스는 베트남의 독립을 인정하지 않았다. 1946년 11월 하이퐁 폭격으로 시작된 1차 인도차이나전쟁은 압도적인 화력을 자랑하는 프랑스군에게 유리하게 전개되었다. 프랑스의 무차별 함포 사격으로 하이퐁에서만 8천여 명의 민간인이 사망했고, 다음 달엔 수도 하노이를 점령당했다. 그러나 1949년 중국 공산당이 베트남을 지원하기 시작했고, 1950년부터 베트남 월맹군이 반격했다.

프랑스는 1950년 7월 일곱 번째 참전국으로 한국전쟁에 참전했다. 2차 세계대전의 참화를 미처 극복하지 못했고, 인도차이나와 알제리 등 식민지 상황이 만만치 않았기 때문에 파병 결정을 내리기 매우 어려운 상황이었다. 그러나 프랑스는 유엔안전보장이사회 상임이사국이었으며, 전후 재편되는 세계 질서 속에서 강대국 지위를 유지하고자 했고 식민지 전쟁에서 미국의 지원을 절실히 받아야 할 상황이었기에 해군 구축함 한 척과 대대 병력 규모의 지상군을 파병했다.

한국전쟁에 참전한 프랑스군은 '유엔군 프랑스 대대'라고 불렸다. 이 부대를 지휘한 이는 나치독일에 맞서 레지스탕스로 활동한 랄프 몽클라르(본명은 라울 샤를 마그랭 베르느레) 중장이었다. 그는 대대 병력을 지휘하기 위해 스스로 계급을 중령으로 낮췄다. 프랑스 대대는 1951년 2월 지평리 전투를 비롯한 여러 전투에서 다수의 사상자를 내며 용맹을 과시했다. 프랑스가 이처럼 어려운 상황에서 한국에 파병한 까닭을 굳이 폄하할 이유는 없지만, 프랑스는 전쟁 기간에 전장 관찰을 위한 특별 참모진을 파견해 현대전과 미군의 전술 교리를 익혔고, 다수의 최신 무기 체계와 전투 장비를 획득했다. 무엇보다 전후 인도차이나에서 벌어진 식민지 전쟁에서 미국의 지원을 받을 수 있었다.

휴전 협정 직후였던 1953년 10월 프랑스 대대 소속 병사들 중 상당수가 한반도를 떠나 프랑스의 또 다른 전쟁터인 인도차이나반도로 파견되었다. 프랑스군이 난공불락을 자랑하던 디엔비엔푸 요새는 1954년 3월 13일부터 월맹군의 집중 공격을 받기 시작했다. 프랑스군은 56일간 버텼지만, 인도차이나전쟁 종전을 위한 제네바회담이 진행 중이던 1954년 5월 7일 디엔비엔푸 요새가 함락되면서 월맹군의 승리로 종결되었다. 이 전투에서 월맹군 8천 명이 전사했고, 프랑스군도 6천여 명의 사상자를 냈다. 우리에게 그들은 '자유의 십자군'이었겠지만, 베트남 사람들에게 그들은 무엇이었을까?

⇒ 『디엔비엔푸』, 보응웬지압 지음, 강범두 옮김, 길찾기, 2019

라부아지에

어떤 분야가 전문 직업화하기 위해서는 체계적인 학문 지식의 습득을 전제로 한 정규 교육기관의 조직적 교육이 필요하다. 과학자라는 전문 직업이 출현하기 위해서도 전문적인 과학 교육이 필요했다. 18~19세기 이전에도 대학에서 과학이 교육되긴 했지만, 대개 교양과목이거나 의사 양성을 위해 시행되었다. 18세기까지도 과학자란 라부아지에(1743~1794)처럼 직업은 세리이지만, 부업이나 취미로 과학 하는 사람을 의미했다.

특히 당시 프랑스에서는 국가가 공무원을 직접 고용해 세금을 거두지 않고 '징세청부인'tax farmer 제도를 운영했는데, 오늘날 이 제도는 현대적 원천징수제의 시조로 평가받는다. 이들은 국가로부터 징세권을 위임받아 세금을 거뒀는데, 문제는 이들이 위임받은 금액보다 훨씬 많은 금액을 거둬 중간에서 착복하거나 세금을 대납한 뒤 시민들에게 고리를 뜯어냈다는 것이다.

당시 프랑스 시민들은 이들을 공공의 적으로 여겼다. 질량불변의 법칙을 수립한 뛰어난 과학자이자 화학혁명의 선구자로 평가받는 라부아지에는 혁명에 찬동했고, 혁명정부에 참여해 몽주·라그랑주·라플라스 등과 더불어 신도량형 설정 위원(1790), 이어서 국민 금고 역원(1791) 등으로 일했지만 과거 젊은 시절(1779) 한때 징세청부인으로 일했던 전력이 드러나 '반혁명분자'로 몰려 투옥되었다. 동료 과학자 라그랑주가 "이 머리를 베어 버리기에는 일순간으로 충분하지만, 프랑스에서 같은 두뇌를 만들려면 100년도 넘게 걸릴 것이다"라며 탄원했음에도 혁명정부는 "프랑스공화국은 과학자를 필요로 하지 않는다"라며 라부아지에를 단두대로 보냈다.

1794년 5월 8일 라부아지에의 목이 떨어진 뒤 뒤늦게 과학기술의 중요성을 깨달은 프랑스 정부는 교육 제도를 혁신했다. 핏줄에 따라 자동적으로 사회 엘리트가 되던 '앙시엥레짐'이 타파되고, 능력에 의한 엘리트주의가 도입되었다. 프랑스 국가 엘리트 교육기관인 그랑제콜을 비롯해 세계 최초의 전문적인 과학 교육기관으로 오늘날까지 가장 수준 높은 이공계 명문대학으로 명성을 떨치는 에콜폴리테크니크도 1794년에 설립되었다. 국방부 산하 교육기관인 이 학교의 슬로건은 "조국, 과학 그리고 영광을 위하여"이다.

⇒　『교양으로 읽는 서양 과학사』, 김성근 지음, 안티쿠스, 2009

가스파르 몽주와 에콜폴리테크니크

나폴레옹이 황제로 등극한 날은 1804년 12월 2일이었다. 그
날 몽주가 교장으로 있던 에콜폴리테크니크 학생들은 동맹
휴학으로 마침내 황제가 된 나폴레옹에게 저항했다. 전 유
럽을 제패한 황제 나폴레옹은 잔뜩 화가 나서 교장 가스파
르 몽주(1746~1818)를 불러 크게 질책했다.

　　몽주는 육군 공병학교 재학 중 축성築城 문제를 자신이
고안한 기하학적 방법으로 단시간에 풀어냈을 정도로 뛰어
난 수학자였다. 이것이 오늘날 화법기하학畵法幾何學의 기원
인데 당시 프랑스는 이를 군사기밀로 취급해 15년간이나 공
개하지 않았다. 프랑스혁명이 일어나자 적극적으로 혁명에
동참했던 몽주는 군수품 생산기술과 조직화에 진력했고,
새로운 도량형 제정 위원으로 활동하였으며 1792년에는 해
군성 장관으로 일했다.

　　세계 최초의 과학기술 전문 교육기관 에콜폴리테크니
크 역시 몽주의 제안으로 창설된 것이었다. 그는 나폴레옹
의 각별한 인정을 받아 이집트 원정에도 참여하였는데, 이
때 사막의 더운 공기로 인해 빛의 굴절이 나타나는 신기루

현상을 과학적으로 설명하기도 했다.

나폴레옹의 진노를 접한 몽주는 이렇게 답했다. "황제 폐하! 지금까지 학생들을 공화주의자로 만드는 데 오랜 시간이 걸렸습니다. 이제 그들을 다시 왕정주의자로 되돌려 놓는 데도 다소 시간이 걸릴 수밖에 없습니다. 그런데 폐하의 전향은 어찌 그리도 빠르신 것입니까?" 나폴레옹은 자신의 황제 즉위에 동맹휴학으로 저항한 학생들에게 보복하기 위해 기숙사비 지급 제도를 폐지했지만 몽주는 자신의 월급으로 이들의 기숙사비를 대신 내 주었다.

훗날 나폴레옹이 러시아 침공에 실패한 뒤 몰락해 마침내 유럽연합군이 프랑스를 침공했을 때, 몽주는 67세의 노구를 이끌고 혁명 수호를 위해 방위군을 조직해 싸웠다. 그러나 나폴레옹이 축출되고 프랑스혁명이 좌절되어 부르봉 왕가가 복원되자, 몽주 교장은 나폴레옹 지지자였다는 이유로 모든 명예와 권리를 박탈당한 채 에콜폴리테크니크에서 추방당했다. 몽주는 충격을 받고 치매에 걸려 파리 빈민가를 방황하다가 71세를 일기로 세상을 등졌다. 당시 프랑스 왕정은 그의 장례에 학생들이 조문하는 것조차 금지했다. 프랑스의 과학기술 교육에 헌신했던 가스파르 몽주는 1746년 5월 9일에 태어났다.

⇒ 『현대수학사 60장면』(전3권), 제임스 이오안 지음, 노태복 옮김, 살림, 2008

골든 스파이크

19세기 중엽의 미국인들에게 '서부'는 경계를 알 수 없는 상상 속 공간이었다. 미국은 새로운 변경, 미개척지와 접촉할 때마다 새로운 힘을 얻었다. 캘리포니아에서 황금이 발견되었다는 소식이 전해지자 '골드러시'가 일어났고, 더욱 많은 사람들이 기회를 찾아 서부로 향했다. 그러나 서부에 이르는 길은 너무나 멀고 험했다. 남북전쟁이 한창이던 1862년 미국 의회는 유니온퍼시픽과 센트럴퍼시픽 철도회사 설립을 승인했다. 전쟁이 끝나자 유니온퍼시픽은 아이오와 카운실블러프스에서 시작해 서쪽으로, 센트럴퍼시픽은 캘리포니아의 새크라멘토에서 시작해 동쪽으로 마주 보며 철도를 건설하기 시작했다.

철도는 전후 미국 경제 발전의 성장 동력이었다. 미국 정부는 철도회사에 막대한 대출과 엄청난 특혜를 주었다. 정부는 철도 노선 1킬로미터당 약 2만 5천 달러의 자금을 대출해 주었고, 노선 사용권과 선로 인근의 토지 소유권까지 주었다. 1871년까지 미국 정부가 철도회사에 넘겨준 토지는 1억 7500만 에이커에 이르렀다. 이 토지는 홈스테드법에 따라 정부가 이주민에게 분배한 땅의 1.5배에 해당했다. 그러나 이런 엄청난 특혜와 출자에도 불구하고 철도가 건설될 수 있었던 것은 이민 노동자 덕분이었다.

서부에서 시작한 센트럴퍼시픽은 시에라네바다산맥을 만났다. 당시 기술력으로는 산맥에 터널을 뚫을 수 없었기 때문에 험준한 산맥을 타고 넘을 수밖에 없었다. 이 공사는 자재 운송부터 진행에 이르기까지 어렵고 위험한 일이었기에 부상자가 속출했다. 수많은 인부들이 공사장을 떠났다. 센트럴퍼시픽은 이제 막 항구에 도착해 말도 통하지 않는 중국 이민자를 데려다 공사에 동원했다. 당시 철도 공사에 동원된 노동자의 80퍼센트가 중국인이었다. 유니온 퍼시픽은 주로 아일랜드·독일·이탈리아 이민자를 동원했다. 훗날 캘리포니아에서는 자신의 일자리를 중국인에게 빼앗겼다고 여긴 백인 이주자들이 중국인을 공격하는 사건이 자주 벌어졌지만, 당시 캘리포니아 중국인 이민자 수는 10만 명 정도로 매우 적었다.

1869년 5월 10일, 동과 서에서 시작한 두 선로가 마침내 유타주의 프로몬토리Promontory Summit에서 역사적인 만남을 가졌다. 금으로 만든 '골든 스파이크'(또는 라스트 스파이크)가 두 철도를 연결하는 침목에 박혔고, 공사 참가자들이 모여 기념사진을 촬영했다. 대략 1,200여 명의 중국인 노동자가 철도 건설 과정에서 희생되었지만, 사진 속에 중국인의 모습은 없었다. 최초의 노선이 완성되면서 대륙횡단에 걸리는 시간이 7일로 단축되었다. 1865년 5만6천 킬로미터에 불과하던 철도망은 1900년에 이르면 거의 32만 킬로미터에 이르렀고, 당시 미국이 건설한 철도 길이는 유럽 전체를 합친 것보다 많아서 세계 철도의 40퍼센트를 차지했다.

철도망이 팽창하는 과정에서 '크레디트 모빌리에 사건'(1872)처럼 자본과 정치의 부정한 결탁이 이루어졌고, 철도회사 간의 경쟁이 치열해졌다. 살아남기 위해 운임 인하와 리베이트 등 과도한 출혈 경쟁이 벌어졌다. 이 과정에서 자본력이 약한 수많은 회사들이 밴더빌트, 제이 굴드, J.P. 모건, 록펠러 같은 거대 자본가의 수중으로 떨어졌다. 1900년경 미국 철도의 3분의 2 이상이 이들 소유가 되었다. 앤드루 카네기는 철도 건설에 필수적인 강철 시장을 완전히 독점하지는 못했지만 사실상 지배했다. 그는 철도회사들로부터 리베이트를 받아 내는 등의 야비한 방식으로 경쟁 회사들을 통합해 1892년 전국 강철 생산량의 4분의 1 이상을 차지했다. 대륙횡단철도의 완성은 미국의 정치권력에 본격적인 제국주의의 길을 열어 주었고, 자본에게는 트러스트와 카르텔을 통한 독점과 합병의 시대를 열어 주었다.

⇒　영화 『옛날 옛적 서부에서』, 세르지오 레오네 감독, 1968

오쓰 사건

19세기 러시아는 차르가 지배하는 전제 왕정국가였다. 차르가 모든 사안을 최종 결정했기 때문에 장차 그 뒤를 이을 황태자는 견문을 넓히고 교분을 쌓기 위해 여행을 다녔다. 1891년 4월 27일 황태자 니콜라이(훗날의 니콜라이 2세, 1868~1918)는 세계일주 여행의 마지막 목적지인 일본 나가사키항에 도착했다. 이 여행은 본래 부친의 뜻에 따른 것으로 인도와 중국을 방문하고 돌아오는 길에 아메리카대륙을 빙 돌아오거나 시베리아를 거쳐 본국으로 귀환하는 일정이었다. 황태자 일행은 오스트리아 빈을 시작으로 그리스, 이집트, 인도를 거쳐 세계일주의 마지막 목적지로 일본을 선택했다. 황태자가 일본으로 향하던 무렵 러시아에서 시베리아 횡단철도를 건설한다는 발표가 있었다. 러시아 공사 셰비치는 1890년 10월 일본 정부에 황태자의 신변 안전을 보장해 달라고 요청했다.

당시 일본에서는 1889년 문부대신 모리 아리노리가 암살당하고, 외상 오쿠마 시게노부가 테러를 당해 한쪽 다리를 잃는 사건이 발생한 터였다. 신변 안전 요청은 의례적인 절차였지만 때마침 1890년 11월 29일 일본 제국의회 개회일에 맞춰 천황이 귀족원으로 행차하면서 작은 사건이 발생했다. 천황이 행차하는 길가에 러시아 공사관이 있었는데, 천황의 행차를 구경하기 위해 공사관의 부인들이 나와 있었다. 천황이 공사 부인을 알아보고 모자를 벗고 허리를 숙여 예를 갖췄다. 천황이 사라지자 군중 속의 누군가 공사 부인을 향해 돌을 던졌고, 공사관에서 일하는 하인 한 명이 경솔하게도 돌을 던져 응수했다. 성난 군중이 러시아 공사관을 향해 돌을 던지기 시작했고, 일부는 공사관 내부까지 침입하려고 시도했다. 경찰이 출동해 군중을 해산시켰다. 차르 알렉산드르 3세는 공사에게 "이와 같은 반외국인적이고 악의적인 행위는 황태자의 일본 방문과 관련해 짐을 조금 불안하게 한다"라고 말했다.

당시 일본 외상 아오키 슈조는 만반의 준비가 되어 있다며 차르를 안심시켰다. 황태자 일행은 샴왕국(오늘날의 태국)을 거쳐 1891년 4월 27일 나가사키에 입항했다. 황태자 니콜라이는 즐겁고 편한 마음으로 일본 여행을 이어 갔지만, 일본에서는 러시아 황태자의 방문이 장차 침략을 위한 정탐이라는 풍설이 널리 퍼져 있었다. 일부에서는 세이난전쟁에서 패한 사이고 다카모리가 사실은 죽지 않고 러시아의 비호를 받아 시베리아에 있다는 소문까지 나돌았다.

5월 11일 황태자 니콜라이가 수행원들과 함께 인력거를 타고 교토를 돌아본 뒤 오쓰大津를 지나고 있을 때, 경호 경관이 갑자기 군도(사브르)를 뽑아 들어 황태자를 내리쳤다. 다행히 황태자의 목숨에는 지장이 없었지만 그 일격으로 머리가 찢어져 피가 흘렀다. 붙잡힌 범인은 36세의 시가현 순사 쓰다 산조(1855~1891)였다. 재판에서 그는 황태자가 일본을 방문하고 있으면서도 천황을 알현하지 않고 관광만 다니는 데 분노했기 때문에 공격했다고 진술했다.

일본 정부는 경악했고 국민들 사이에서 러시아에 대한 공포심이 극에 달했다. 하타케야마 유코라는 젊은 여성은 쓰다의 행위에 대한 일본인의 마음을 표하기 위해 러시아와 일본 정부 앞으로 두 통의 유서를 보낸 뒤 자결했다. 야마가타현의 한 마을은 앞으로 촌민들은 '쓰다'라는 성과 '산조'라는 이름을 붙일 수 없다는 조례를 제정했고, 황태자를 위로하는 편지 1만 통이 쏟아졌다. 메이지 천황은 이틀 뒤 직접 황태자에게 병문안을 갔다. 블라디보스토크로 돌아온 황태자는 5월 30일 시베리아 철도 기공식에 참석했다. 과연 두 사람은 13년 뒤 러일전쟁(1904~1905)으로 일전을 겨루게 될 줄 알았을까?

⇒　『러일전쟁』(전2권), 와다 하루키 지음, 이웅현 옮김, 한길사, 2019

사나차운동

1차 세계대전 이후 미국의 윌슨 대통령이 주장한 민족자결주의는 모든 피압박 민족에게 해당하는 것이 아니라 패전국 통치하의 피지배 민족에게만 해당하는 것으로, 실제로는 패전국에게 주어지는 일종의 벌칙(패널티)이었다. 18세기 말 프로이센·오스트리아·러시아에 분할되어 사라졌던 폴란드는 이들 나라가 모두 패전국이 되거나 전쟁에서 빠진 덕분에 1918년 11월에 다시 독립국이 되었다. 물론 폴란드가 150여 년 만에 독립할 수 있었던 것은 폴란드 국민들의 끈질긴 저항과 투쟁 덕분이었다.

유럽 국가 대부분이 그러하듯 폴란드 역시 다양한 민족이 혼재되었고, 강대국 독일과 러시아 틈바구니에서 영국과 프랑스의 지원에 힘입어 독립을 주도했던 세력은 중앙집권적 정부가 지배하는 폴란드 민족국가를 구상했지만 독립 이후 폴란드는 주변 국가들과의 국경 분쟁과 정치적 혼란에 시달려야 했다. 그런 와중에 폴란드 내부에서는 '사나차'Sanacja라는 정치이념이 등장한다. 폴란드어로 '치유'를 의미하는 사나차는 의회민주주의를 부정하고 강력한 권위주의 독재 체제를 통해 과거 중부 유럽의 강국이었던 폴란드의 영광을 회복하겠다는, 유제프 피우수트스키가 주도한 운동이었다.

피우수트스키는 1926년 5월 12일 마침내 쿠데타를 일으켜 정부를 전복하고 실권을 장악했다. 군국주의적 성향이 강했던 피우수트스키는 폴란드(민족)가 주도하는 폴란드대연방주의를 주장했다. 한마디로 오스트리아–헝가리제국같은, 폴란드가 주도하는 다민족 국가 체제를 주장한 것이다. 그는 그곳이 어디든, 다수이든 소수이든 상관없이 폴란드 민족이 살고 있으면 어디든 폴란드 영토로 간주하겠다고 선언했고 실제로 주변의 여러 국가들과 무력을 이용해 영토 분쟁을 벌였다. 결과적으로 폴란드는 비록 소규모이긴 했지만 영토 확장에 어느 정도 성공할 수 있었다. 그러나 주변 국가를 모두 적으로 돌려세우고 말았다.

문제는 폴란드가 쿠데타와 쓸데없는 국경 분쟁으로 정체되어 있던 1920년대 중반 이후부터 소련이 강대국으로 급성장했고, 1930년대가 되자 독일 역시 더 이상 패전국이 아니었다는 점이다. 폴란드가 믿을 수 있는 것은 독립 당시 후견인 역할을 해 주었던 영국과 프랑스뿐이었지만, 이 두 나라는 폴란드로부터 너무 멀었고 가까이 있는 나라들은 모두 폴란드를 원수 보듯 했다. 만약 폴란드가 1차 세계대전 이후 내실 있는 민족국가로 성장했더라도 전 유럽을 불태운 2차 세계대전의 참화를 비켜 가기란 어려웠겠지만, 최소한 전쟁의 도화선이 되는 꼴을 자초하지는 않았을지도 모른다. 1939년 9월 1일 독일과 소련의 침략이 시작되자 폴란드는 독립한 지 불과 20년 만에 독일과 소련에게 다시 한 번 분할 점령당하는 신세가 되고 말았다.

⇒ 『폴란드 근현대사』, 브라이언 포터-슈치 지음, 안상준 옮김, 오래된생각, 2017

살리카법

중세에서 근대로 이어지는 동안 유럽의 유력한 왕가는 다국적 기업의 CEO들처럼 민족이나 출생과 무관하게 다양한 지역과 여러 민족을 통치했다. 여러 가문 중 가장 영향력 있었던 건 합스부르크가였다. 합스부르크가는 1438년부터 1806년까지 신성로마제국의 제위를 계승했고, 오스트리아를 거의 600년에 걸쳐 지배했으며, 프랑스를 제외한 거의 대부분의 유럽 왕실과 연결되어 있었다.

마리아 테레지아(1717~1780)는 오스트리아, 헝가리, 크로아티아, 보헤미아, 만토바, 밀라노, 갈리치아와 로도메리아, 오스트리아령 네덜란드와 파르마 등의 통치자였고 합스부르크 왕가의 마지막 군주이자 유일한 여성 군주였다. 마리아 테레지아는 1717년 5월 13일 신성로마제국 황제이자 오스트리아 국왕을 겸한 카를 6세의 맏딸로 태어났다. 공주가 출생했지만 왕의 마음은 편치 않았다. 바로 직전 해에 레오폴트 왕자가 태어난 지 7개월 만에 죽었기 때문이다. 제위를 이을 아들을 바랐지만 황제에겐 더 이상 아들이 태어나지 않았고 딸만 셋을 두었다.

장차 오스트리아 왕국의 왕위 계승자가 될 수도 있는 마리아 테레지아의 결혼은 전 유럽의 관심사였다. 왕가의 결혼은 영토 합병으로 이어져 유럽의 세력 판도를 일거에 바꿀 수 있는 중차대한 일이었다. 1740년 10월, 아버지 카를 6세가 숨지자 23세였던 마리아 테레지아가 왕위에 올랐다. 마리아 테레지아의 왕위 계승은 곧장 주변국들과의 갈등으로 이어졌다. 당시 유럽은 국가를 왕가의 사유재산으로 간주했기 때문에 왕위를 이을 왕자가 없을 경우 상속권 분쟁 차원에서 전쟁이 빈발했기 때문이다. 왕위를 계승한 마리아 테레지아는 개혁을 통해 오스트리아를 근대적 국가로 변모시키는 등 계몽 군주로서 큰 업적을 남겼지만, 재위 내내 거듭되는 전쟁으로 고통받았다. 특히 마리아 테레지아의 숙적은 프로이센의 프리드리히 2세였다. 두 군주는 재위 기간 내내 독일, 나아가 유럽의 패권을 두고 전쟁을 벌였다. 1756년 무렵에는 유럽의 거의 모든 국가가 참전한 7년전쟁을 치러 국력을 소진했다.

5~9세기 말 유럽을 통치한 프랑크 왕국의 '살리카법전'Lex Salica은 로마법의 영향을 거의 받지 않은 게르만족의 전통적인 관습법으로, 이 법은 여성의 왕위 계승을 인정하지 않았으나 오랜 세월 동안 사실상 사문화死文化되어 있었다. 이 법률을 부활시킨 것은 필리프 5세였다. 1316년 프랑스 카페 왕조의 루이 10세가 사망하고, 유복자로 태어난 아

들 장 1세마저 출생 5일 만에 숨지자 섭정이자 장 1세의 삼촌이었던 필리프가 왕위에 오른다. 그러나 루이 10세의 딸 공주 잔이 살아 있었기 때문에 그의 정통성이 문제가 되었다. 필리프 5세는 자신의 지위를 강화하기 위해 오래된 법전에서 '여성은 왕위를 계승할 수 없다'는 조항을 찾아내 조카의 왕위 계승권을 박탈했다.

이후 영국과 달리 프랑스의 발루아·부르봉 왕조에서는 여왕이 즉위할 수 없게 되었고, 이 법전은 이후 백년전쟁을 비롯해 유럽에서 일어난 숱한 왕위 계승 전쟁의 원인이 되었다. 종종 왕위를 계승할 왕자가 없어서 먼 촌수의 듣도 보도 못한 왕실 남성이 왕위에 올라 왕조가 교체되는 경우마저 있었다. 나바르의 앙리 4세가 부르봉 왕조의 기원이 된 것이나 독일 하노버공국 출신이 영국의 윈저 왕가가 된 것도 살리카 법 때문이었다. 오늘날 유럽의 왕가에서 이 법률은 유명무실해졌지만, 룩셈부르크·리히텐슈타인 등 몇몇 왕가는 여전히 이 법을 유지하고 있으며 일본과 아랍의 왕가들은 이 법과 무관하게 여성의 왕위 계승을 금지한다.

⇒　『법의 정신』, 샤를 드 몽테스키외 지음, 이재형 옮김, 문예출판사, 2015

선민

1948년 5월 14일 오후 4시, 라디오에서 유대인 민족국가 이스라엘의 건국을 선언하는 벤구리온(1886~1973)의 음성이 흘러나왔다. 기원후 70년경 로마제국에 반란을 일으켰다가 실패하여 강제 이주당했던 디아스포라 이래 거의 1800년 만의 귀환이었다.

시인 셸리는 『헬라스』(1822) 서문에 이렇게 썼다. "우리는 모두 그리스인이다. 우리의 법, 우리의 문학, 우리의 종교, 우리의 예술은 모두 그리스에 그 뿌리를 두고 있다." 흔히 서구 문명의 기원을 헬레니즘과 헤브라이즘에서 찾는다. 무력으로 그리스를 점령한 로마제국은 문화적으로는 헬레니즘에 점령당했고, 르네상스 이후 유럽의 근대 문명은 로마제국의 법률과 문화를 계승했다. 독일·오스트리아·러시아가 로마제국의 독수리 문장을 사용하고, 미국이 독수리를 국가 문장으로 사용하는 것 역시 로마제국의 계승자임을 자처하기 때문이다.

로마제국이 기독교를 받아들인 이래 역대 서구의 강대국들은 모두 자신들이 선민選民, 즉 신에게 선택받은 민족이라고 주장해 왔다. 기독교를 수용한 로마제국의 기독교 신자와 교회는 유대 민족이 구세주로 재림한 예수를 십자가에 못 박았기에 신의 은총을 잃었고, 이제 자신들이 신의 선택을 받은 선민이 되었다고 믿었다. 대체주의 또는 대체신학이란 하느님이 모세에게 약속했던 구약(오래된 약속)이 예수 재림 이후 새로운 하느님의 백성으로 선택받은 교회로 대체되었다는 주장이다. 이 같은 선민주의적 역사(성경) 해석은 이후 패권국가 사이에서 '레짐 체인지'regime change 가 일어날 때마다 여러 형태로 반복되었다.

18세기 세계 패권 국가였던 영국의 극우주의자들은 유대 민족의 12지파 중 잃어버린 지파가 유럽과 미국인의 조상이 되었다는 '브리티시 이스라엘리즘'을 주장했다. 이 주장에 따르면 가나안의 이스라엘은 회복할 수 없을 만큼 타락했지만, 영국은 해가 지지 않는 제국을 건설해 세계에 복음과 문명을 전달하는 사명을 수행하고 있기에 그들이야말로 하느님이 선택한 '진짜 이스라엘'이라는 것이다. 20세기 초 미국의 근본주의 개신교 목사 조지프 와일드 역시 '진실한' 이스라엘은 가나안의 타락한 이스라엘이 아닌 바로 미국이라는 선민주의적이고 종족주의적인 담론을 널리 퍼뜨리기도 했다.

2007년 이명박 정부 출범 이후 광화문 광장에는 성조기와 더불어 이스라엘 국기가 등장하기 시작했다. 그 무렵 한국 교회 일부의 극우적인 개신교 집단에서 한민족이야말로 새로운 '선민'이라는 주장이 등장하기 시작했다. 노아의 세 아들 중 하나 또는 이스라엘 12지파 중 하나가 한민족의 조상이라는 것이다. 함석헌 선생은 『뜻으로 본 한국역사』에서 '가시면류관'의 주인공이 바로 우리 한민족이라고 이야기한 바 있지만, 그 의미가 한국이 또 하나의 이스라엘이란 의미는 아니었을 것이다.

⇒　『대형교회와 웰빙보수주의』, 김진호 지음, 오월의봄, 2020

나크바

1948년 5월 14일 오후 4시, 이스라엘이 건국했다. 유대 민족의 디아스포라가 끝난, 이스라엘의 건국기념일 '욤하츠마우트'Yom Ha'Atzmaut, 히브리어 יום העצמאות 바로 다음 날인 5월 15일은 '나크바Nakba, 아랍어 يوم النكبة의 날'이다. '나크바'는 아랍어로 '대재난' 또는 '재앙'을 의미한다. 팔레스타인 중앙통계청의 자료에 따르면 1947~1948년 건국 당시 이스라엘 영토에 살고 있던 총 140만 명의 팔레스타인인인 중 약 80만 명이 서안, 가자 지구 및 이웃 아랍 국가로 추방당했다. 비슷한 기간에 시온주의 민병대 조직에 의해 70건 이상의 팔레스타인 민간인 학살이 자행되어 약 1만5천 명이 살해당했다. 나크바 이전까지 1,300여 개에 이르는 팔레스타인 마을과 도시가 있었지만 이스라엘군은 이 중 774개를 강제 점령했고, 531개 마을이 완전히 파괴되었다. 이스라엘 건국 직전이던 4월부터 한 달여 동안 집중된 '플랜 다레트'는 사실상 인종 청소였다. 유대인이 이스라엘 국민이 될 즈음, 팔레스타인 사람들은 난민이 되었다.

  팔레스타인계 미국인으로 평생 동안 아랍과 서구의 경

계에서 살았던 망명자 에드워드 사이드(1935~2003)는 영국령 예루살렘에서 태어났다. 그의 나이 13세 때인 1948년 이스라엘이 건국되자 그의 가족은 모든 재산을 빼앗긴 채 예루살렘에서 쫓겨나 카이로로 피난을 떠나야 했다. 자신의 당연한 권리를 박탈당한 채 망명자가 되어야 했던 사이드에게 이때의 기억과 경험은 평생 동안 그의 사유를 지배한 원체험原體驗이 되었다.

　　사이드가 쫓겨난 집은 유대인 철학자 마르틴 부버(1878~1965)에게 주어졌다. 훗날 사이드는 "그때 우리 집을 접수해 살았던 사람은 유대인 철학자 마르틴 부버였습니다. 내 집을 빼앗은 사람이 『나와 너』라는 책의 저자라는 사실은 그 후 오랫동안 저를 괴롭혔습니다"라고 고백했다. 마르틴 부버는 나치의 유대인 박해를 피해 여러 나라에서 망명 생활을 한 뒤 이스라엘로 돌아온 오스트리아 출신의 종교철학자였다. 그는 『나와 너』에서 이렇게 썼다. "온갖 참된 삶은 만남이다. 이 만남의 의의와 가치는 사람이 너를 통하여 하나의 나가 되는 데 있다." 에드워드 사이드는 『오리엔탈리즘』을 통해 서구가 어떻게 동양을 '타자'로 취급해 왔으며, 동양의 상위 개념으로 서구를 놓았는지 역사적·체계적으로 탐색했다. 서구인은 동양인을 늘 자신과 다른 타자로 취급했으며, 다름을 다양성이 아닌 우열로 파악했다는 것이다.

욤하츠마우트가 이스라엘 사람들에게 '빛'이자 '기쁨'이었다면 나크바의 날은 팔레스타인 사람들에게 '어둠'이자 '슬픔'이었다. 문제는 이것이 과거의 흘러간 역사이거나 기억이 아니라 세대를 초월해 현재까지 계속되고 있는 사건이라는 점이다. '약속의 땅'에 갇힌 가자 지구의 팔레스타인 사람들은 계속되는 이스라엘의 봉쇄 조치로 경제활동은 물론 교육에 어려움을 겪고 있고, 식량과 의약품 등 필수 물자 반입조차 쉽지 않다. 게다가 팔레스타인 무장 단체 하마스와 이스라엘군 사이에는 분쟁이 계속되고 있다. 나크바의 날은 끝나지 않았다.

⇒ 『울지 마, 팔레스타인』, 홍미정·서정환 지음, 시대의창, 2016

5·16 군사정변

1961년 5월 16일 새벽, 장교 250여 명과 사병 3,500여 명 정도에 불과한 쿠데타 세력이 한강을 건너 수도의 주요 기관들을 점령하여 국가권력을 장악한 사건이 있었다. 이들은 군사혁명위원회를 조직하여 입법·사법·행정의 3권을 통합 및 장악한다고 선언했고, 방송국을 점령한 뒤 군사혁명이 성공했다고 발표했다. 이것이 이후 32년간 이어진 군부 정권의 시작이었다.

최승자 시인은 「언어가 어언」이라는 작품에서 이 시대의 언어에 대해 이렇게 썼다. "희망의 언어가 어언 절망의 언어가 되었다./ 절망의 언어가 어언 죽음의 언어가 되었다." 오늘날 일간베스트(일베)에서 '민주화'는 부정적 의미로, '산업화'는 박정희 시대의 고도성장을 의미하는 긍정의 의미로 사용되고 있다. 어쩌다 희망의 언어는 절망의 언어가 되고, 절망의 언어는 다시 죽음의 언어가 되었을까?

일베의 주요 구성원들은 박정희 유신 체제를 직접 경험한 세대가 아니다. 어떤 시대든 빛과 그늘이 있는 법이지만 어째서 이들은 박정희 시대를 좋았던 시대, "우리가 원하는 대한민국"으로 기억하게 되었을까?

아이러니하게도 박정희 신드롬이 출현하기 시작한 것은 민주화 직후의 일이었다. 박정희 유신 정권의 정치적 후계자라 할 수 있는 전두환 신군부 정권은 부마항쟁, 5월 광주를 경험하면서 박정희를 직접 계승하는 것이 얼마나 위험한 일인지 잘 알았다. 신군부는 과거 그들의 상사였던 박정희 유신 세력이 부상하기를 원치 않았다. 전두환 신군부 정권은 박정희 시대와 차별화하기 위해 많은 정책을 추진했다. 예를 들어 1980년 7월 과외 금지, 1982년 1월 야간통행금지 해제, 1983년 두발 및 교복 자율화 조치 등이 그것이다. 또한 5공 정권은 헌법에서 '5·16 혁명' 정신을 삭제했고, 유신 세력의 잔재라 할 수 있는 구 공화당 세력을 부정부패 및 권력형 비리 혐의로 제거하면서 박정희 시대를 부정부패와 비리의 시대로 규정했다. 자신들이 정의 사회를 구현하는 세력이 되기 위해서라도 박정희와 결별하지 않을 수 없었던 것이다.

박정희는 자신이 친위 세력으로 키운 신군부에게 배신당하고 부정당했다. 이런 상황에 대해 박근혜 전 대통령이 품었던 섭섭함과 구원舊怨은 2012년 대선 기간 중 이미 언론에 의해 충분히 소개된 바 있다. 박근혜 후보가 18대 대한민국 대통령에 당선된 것은 박정희 부활 프로젝트의 완성이나 마찬가지였다. 신군부에게 부정당한 박정희를 도리어

민주화 세력이 부활시킨 꼴이라 한다면 그야말로 한국 정치의 아이러니일 것이다. 서구 근대에 뒤처진 결과가 식민지 근대였다는 사실은 대한민국의 오래된 상처였다.

IMF 외환위기와 세계화는 그 오래된 상처를 현재화했다. 경제위기 이후 계속되는 고용 불안과 양극화 현상은 청년 세대 입장에서는 민주화운동 세대가 원인을 제공한 것으로 보일 수 있다. 이런 결과가 빚어진 까닭에 대해서는 여러 분석이 있지만, 경제위기 이후 정부·기업·사회 어디에서도 구원의 메시지를 받을 수 없었던 청년들이 '경제 난민'이 되어 각자도생의 길을 모색했다는 것이 중요하게 지적된다. 2013년 '청소년 정직지수와 윤리의식 조사'는 누구나 부자가 되는 것을 인생의 목표로 삼은 사회의 현실을 잘 보여준다. 이 조사에 따르면 고등학생의 47퍼센트가 '10억이 생긴다면 1년 정도는 감옥에 갈 수 있다'고 답했다.

과거는 선택적으로 기억된다. 오늘의 불평등한 경제현실 속에서 인권 탄압과 끔찍한 노동조건, 민주주의의 상실은 쉽게 망각된 반면 '한강의 기적'으로 상징되는 각종 경제지표는 부각된다. 그사이 박정희는 과오보다 공로가 더 많은 사람이 되었다.

⇒ 『박정희 노스탤지어와 한국 민주주의』, 강우진 지음, 아연출판부, 2019

강남역 살인 사건

민주화된 1990년대 이후 우리 사회에 여성운동과 여성학의 시대가 열렸다. 대학을 중심으로 페미니즘과 젠더 연구가 시작되었고, 대학생들에게 가장 인기 있는 학문으로 떠올랐다. 이 시기 우리 사회의 법적·제도적 측면에서 괄목할 만한 변화도 있었다. 여성가족부가 신설되었고, 성폭력·성희롱 특별법이 제정되었으며, 호주제가 폐지되었다. 여성목표채용제와 성별영향평가제가 만들어진 것도 이 무렵이었다. 남존여비의 사회에서 성평등 사회로의 진입이 코앞에 온 것처럼 느껴졌다. 실제로 1990년대 이후 여성의 대학 진학률이 급격히 높아졌고, 남성의 전형적인 출세 코스로 여겨지던 사법·행정·외무고시 합격자 중 여성 비율이 절반에 이르렀다. 최고 득점자가 여성인 경우도 많았다.

그러나 이런 풍경의 이면에서 인터넷 사이버 공간을 중심으로 이른바 '백래시'back-lash 현상이 출현하기 시작했다. IMF 외환위기 이후 청년 실업 문제가 장기화되고, 1999년 군가산점제 폐지 논란을 기점으로 각종 온라인 커뮤니티에서 여성 비하와 조롱, 혐오와 공격이 나타나기 시작했다. 이른바 '된장녀'와 '김치녀'라는 신조어가 출현한 것도 이 무렵이었다. 그로부터 한 세대가 흘러 여성혐오 현상은 남성들이 주로 이용하는 '남초 사이트'에서 광범위하게 나타났다.

2016년 5월 17일 새벽, 강남역에 위치한 화장실에서 23세의 여성이 조현병을 앓던 남성 김 씨에게 무참히 살해되는 사건이 발생했다. 주점 직원으로 일하던 남성은 "평소 여자들이 자신을 무시"했기 때문이라고 살해 동기를 밝혔다. 경찰은 5명의 프로파일러를 투입해 두 차례 심리 분석을 진행했고, 이 사건을 "조현병 환자의 우발적인 단순 살해", 즉 '묻지마 범죄'로 결론지었다. 하지만 젊은 여성들을 중심으로 다수의 시민들은 이 사건을 여성혐오 범죄로 생각했다.

한 네티즌의 제안으로 사건 현장과 가까운 강남역 10번 출구에 피해자 추모 구역이 만들어졌고, 많은 여성들이 "우리는 운 좋게 살아남았다"라며 여성혐오 문제를 지적하는 내용의 쪽지를 붙었다. 잘 알려져 있다시피 범인은 일면식도 없는 피해 여성을 살해하기 전까지 6명의 남성을 보냈다. 피해자 추모 운동을 둘러싸고, 세월호 참사 때 그러했듯 일베를 중심으로 '피해의식 있는 여자들이 사건을 지나치게 확대한다'라거나 '남자라는 이유만으로 잠재적 범죄자 취급을 받아야 하나'라는 반박이 등장했다. "남자라서 죽은 천안함 용사들을 잊지 맙시다"라는 문구가 적힌 일베 명의

의 화환을 배달해 추모 현장에서 충돌이 빚어지기도 했다. 이후 촉발된 젠더 갈등은 '젠더 전쟁'이라 일컬어질 만큼 우리 사회를 뜨겁게 달군 화두가 되었다.

경제위기 이후 한국사회의 여성은 과연 남성을 압도할 만큼 진학, 취업, 임금, 결혼에서 우위를 차지하게 되었을까? 2020년 세계경제포럼에서 발표한 성별격차지수GGI에 따르면 한국은 153개 조사 대상국 중 108위로 필리핀이나 라오스보다 성평등 수준이 낮은 것으로 드러났다. 한국은 이 조사가 시작된 2006년보다 2020년에 오히려 성별 격차가 더욱 악화된 것으로 나타났다. 한국은 '경제 활동 참여 기회'와 '정치적 권한' 부분에서 특히 성별 격차가 높은 것으로 드러났다. 경제 활동 중인 남성은 78.6퍼센트인 데 비해 여성은 59.4퍼센트이고, 기업 임원급에 진입한 남성 비율이 90.2퍼센트에 이르는 반면 여성은 9.8퍼센트(세계 142위)에 불과해 세계에서 가장 강력한 '유리천장'을 가진 국가로 분류된다. 강력 사건의 희생자 비율은 여성이 남성에 비해 8배 높다.

⇒ 『강남역 10번 출구, 1004개의 포스트잇』, 경향신문 사회부 사건팀 지음, 나무연필, 2016

그날

5월의 장미가 한창이던 1980년 5월 17일은 토요일이었다. 그날 낮 1시부터 백호기쟁탈 고교야구대회가 중계될 예정이었다. 잠실을 비롯해 강남의 아파트 분양이 큰 인기를 누린 덕에 가구 업체들까지 덩달아 호황을 누렸다. 8월부터는 컬러TV 방송이 시작될 거란 뉴스도 있었다. 이틀 전 5월 15일 서울역 광장에는 서울 지역 30개 대학 학생 10만여 명이 모여 전두환 신군부에 계엄령 해제와 민주화를 요구하는 대규모 시위를 벌였고, 군 투입 소식이 전해지면서 자진 해산했다. 이를 '서울역 회군'이라고 부른다. 10·26으로 시작한 서울의 봄이 저물고 있었다. 신문 1면에 정치인 김대중·김영삼이 계엄령을 해제하고 학생들 역시 자제해 달라며 정부에 6개항의 요구사항을 전달했다는 기사가 실렸다. 5공 정권은 두 번의 쿠데타로 만들어졌다. 12·12가 구군부와 신군부 사이의 권력 투쟁이었다면, 5·17은 신군부의 본격적인 정권 장악이었다.

17일 밤 24시, 18일 0시부터 전국으로 비상계엄이 확대되었다. 정당 및 정치 활동 금지, 국회 폐쇄, 대학 휴교명령이 내려졌다. 국보위가 설치되었다. 영장 없이 김대중, 김종필, 김동길, 문익환, 리영희, 인명진, 고은 등 학생·정치인·재야 인사 2,699명이 구금되었다. 전두환과 신군부 세력은 확대 계엄의 밤이 지나면 모두가 잠잠해지리라 생각했을지 모른 다. 계엄군은 등교하는 학생들을 전남대학교 정문에서 막 아 세웠고, 학생들이 항의하자 진압봉으로 무자비하게 구 타한 뒤 마구잡이로 연행했다. 보다 못한 시민들이 만류하 자 이번엔 시민들까지 폭행했다. 학생들은 계엄군의 잔인 한 폭력을 알리기 위해 전남도청으로 진출했다. 소식을 접 한 이들이 하나둘 도청으로 몰려들었다.

당시 전남도경 경찰청장 안병하(1928~1988) 경무관 은 육사 8기생 출신으로 한국전쟁(춘천전투)에서 큰 공을 세워 화랑무공훈장을 받은 인물이었다. 그는 신군부로부터 군 병력 투입을 요청하라는 강요를 받았고, 시민을 향해 발 포하라는 명령을 받았지만 끝내 거부했다. 그는 시민의 생 명과 안전을 보호하기 위해 노력하다 계엄군에게 연행되어 고문당했다. 실제로 5·18 항쟁을 전후해 광주 시민들은 "경 찰은 우리의 적이 아니다"라는 구호를 외치기도 했다. 신 군부의 의도와 달리 광주의 상황이 풀리지 않자 19일 새벽 3시경부터 계엄군이 증파되었다. 장갑차와 헬기까지 동원 한 계엄군은 결국 광주·전남 지역 일대에서 무자비한 진압 을 강행했다. 피해자가 속출했다. 20일 오후 6시 40분경 광주 금남로에는 버스·화물차·택시 등으로 구성된 200여 대의 차량 시위대가 출현했다. 계엄군은 이들을 향해 일제히 집중사격 했다. 수많은 시민이 거리에 붉은 피를 쏟아 내며 숨졌다. 곳곳에서 계엄군에 의해 처참하게 살해된 시신이 발견되었다.

계엄군은 부상자를 옮기려는 시민을 향해서도 조준사격을 가했다. 계엄군이 발포하기 시작하자 국가폭력에 맞서 시민들이 무장하기 시작했다. 무기를 확보한 시민들은 '시민군'이라 불렸다. 21일, 광주 전역에 전화가 끊겼고 광주로 통하는 모든 도로가 차단되었다. 21일 오후 5시 30분경, 계엄군이 전남도청에서 철수했고 도청을 장악한 시민들은 그날부터 26일까지 7일 동안 시민자치제를 실시했다. 시민들은 부상자를 병원으로 옮기고, 사건의 진실을 알리기 위한 궐기대회를 열어 성명서와 투사회보 등의 유인물을 배포했다. 도청 광장에서는 누구나 자유롭게 발언했고, 위기를 극복하기 위해 모두의 지혜를 모았다. 고립된 광주 시민들은 아무 대가 없이 주먹밥을 지어 날랐고, 부상자를 위해 헌혈에 참여했다. 너와 나가 따로 없는 절대 공동체, 해방 광주였다. 그러나 당시 신문과 방송은 광주를 무법천지로 묘사했다. 26일, 계엄군이 탱크를 앞세워 도청으로 향했다. 김성용 신부를 비롯한 시민 대표들이 맨몸으로 계엄군의 진입을 막아섰다.

27일 화요일 새벽 3시, 세상 모두가 잠에 빠져들었을, 아니 애써 잠든 척 숨죽였을 시간에 한 여성이 끊길 듯 끊길 듯 애절한 목소리로 가두방송에 나섰다. "계엄군이 쳐들어옵니다. 시민 여러분, 우리를 도와주십시오." 탱크를 앞세운 공수부대가 들어 오고 있었다. 새벽 4시 계엄군은 도청을 완전 포위했고, 10분 뒤 계엄군 특공대가 도청에 진입하기 시작했다. 상황이 모두 종료된 것은 한 시간 뒤인 5시 10분이었다. 그날 오전 8시 50분 광주 시내 전역의 전화가 재개통되었다. 그날, 도청에는 많은 시민군이 남아 있었다. 윤상원(1950~1980) 열사를 비롯해 마지막까지 도청을 사수하기로 결심한 이들은 모두 패배할 거란 사실을 알았고, 자신들이 죽더라도 당장 민주주의가 실현되지 못하리란 사실도 알았다. 그들은 자신을 희생시켰고, 그날 우리 역사가 다시 시작되었다.

⇒　『오월의 사회과학』, 최정운 지음, 오월의봄, 2012

슈거베이비

"졸업생 여러분들의 학자금 빚을 내가 대신 전부 갚아 주겠습니다."

2019년 5월 19일, 사모 펀드 기업을 운영하는 미국의 억만장자 로버트 F. 스미스는 조지아주 애틀랜타에 있는 사립대학인 모어하우스칼리지 졸업식에 참석해 연설 중 2019학년도 졸업생 전원의 학자금 융자액을 몽땅 갚아 주겠다고 선언했다. 경제 불평등은 다양한 형태의 불평등으로 이어진다. 그중 하나가 교육 기회를 박탈당하는 교육 불평등이다.

경제협력개발기구OECD는 36개 회원국의 교육 여건을 파악할 수 있는 교육지표를 발표하고 있다. 2021년 9월에 발표된 2018~2020년 사이의 교육지표에 따르면 OECD 회원국 중 대학등록금이 가장 비싼 나라는 사립대 등록금이 3만1,875달러(2769만 원)인 미국이다. 스페인, 호주, 에스토니아, 이스라엘, 일본에 이어 8위가 한국이다. 한국은 최근 몇 년간 대학등록금이 사실상 동결되면서 4위에서 8위로 떨어졌지만, 초·중·고교와 대학 공교육비 모두 OECD 평균보다 높으며 민간(가정)에서 부담해야 하는 비율 역시 OECD 평균보다 높았다.

　신자유주의의 종주국 미국은 살인적인 대학등록금으로 유명하다. 2017년 졸업생을 기준으로 미국에서 대학생 1명이 4년제 대학을 졸업하기까지 들어가는 평균 비용은 12만 5천 달러(약 1억 4천만 원)가량이다. 미국 중산층 가정의 연간소득이 6만 달러(약 7100만 원) 수준이므로, 대학생 자녀 1명을 키우는 건 보통의 가정이라면 커다란 부담이다. 그 결과 미국 공립대학생 중 77퍼센트, 사립대학생의 86퍼센트가 학자금 대출을 받는다.

　문제는 이들 중 상당수가 졸업할 무렵엔 빚쟁이가 된다는 것이다. 2019년 12월 16일 자 『뉴욕타임스』보도에 따르면, 미국 내 전체 학자금 부채는 1.6조 달러(한화 약 1848조 원)에 달하는 것으로 나타났다. 대학을 졸업하는 이들 중 상당수가 자기 아이들이 대학에 진학할 때까지 자신의 학자금 대출 부채를 갚아야 하는 상황이다. 결국 대학생들은 최대한 빚을 적게 지기 위해 대학에 다니는 내내 쉬지 않고 아르바이트를 한다. 그럼에도 상황은 나아지지 않는다.

　그 결과 일부 대학생들은 '슈거대디' 또는 '슈거마미'를 만나 성적인 내용이 포함된 서비스를 제공한 뒤 재정 지원을 받는 '슈거베이비'가 된다. 미국에는 이들을 서로 연계해주는 사이트인 '시킹어레인지먼트, 마이슈거대디, 슈거데이터스, 슈거데이트, 슈거대디, 슈거대디포미' 등이 성업 중이다. 슈거베이비는 이들을 만나 대화를 나누는 것부터 성관계에 이르는 다양한 역할을 수행하고, 역할에 따라 한 달에 1만~2만 달러(약 1200만~2400만 원)를 받거나, 한 번 만날 때마다 별도로 100~500달러(약 10만~50만 원)를 받는다. 2006년에 시작해 규모가 가장 큰 시킹어레인지먼트에 따르면 이곳 회원 중 42퍼센트인 140만 명이 슈거베이비로 활동하길 희망하는 대학생이다.

촘스키는 "학교를 다니는 중에 많은 빚을 지게 되는 학생들은 사회를 변화시킬 생각을 하기 어렵게 된다. 사람들을 빚이라는 덫에 걸리게 만들면 생각할 시간과 여유가 없어진다. 높은 등록금은 일종의 노예를 훈련시키는 기술이다. 대학생들은 졸업할 즈음엔 빚의 무게에 짓눌릴 뿐만 아니라, 이러한 문화를 내면화하게 된다. 이것이 소비 경제에 있어서는 그들을 아주 효과적으로 만들어 준다"라고 말했다. 미국과 영국, 호주 등 등록금이 비싼 나라에서 슈거베이비로 등록된 여성은 무려 400만 명에 이른다.

⇒　『불평등의 이유』, 노엄 촘스키 지음, 유강은 옮김, 이데아, 2018

브랜드

어떤 이들은 자기 소유의 가축에 찍었던 낙인을 브랜드의
시초로 보기도 하지만, 엄밀히 말해서 가축에 새긴 낙인은
생산품이 아니라 소유물임을 나타내기 때문에 브랜드로 보
기 어렵다. 브랜드란 생산품의 상징, 즉 상표이기 때문이다.
1266년 영국에서 상표권과 관련한 최초의 법률이 만들어졌
지만, 브랜드가 보호할 만한 값어치가 있는 상징으로 인정
받기 시작한 것은 19세기에 들어서였다.

청바지의 대명사 '리바이스'는 경쟁 업체들이 자사 제
품을 모방하는 통에 큰 고통을 겪었다. 잘 알려진 것처럼 청
바지는 미국의 황금광 시대, 광부들의 모직 바지가 쉽게 닳
는 것에 착안한 리바이 스트라우스(1829~1902)가 돛과 포
장마차 천을 이용해 질긴 바지를 만든 것이 시초였다. 리바
이스는 경쟁에서 승리하기 위해 옷감과 염료를 바꾸는 등
여러 가지 시도를 했지만 그럴 때마다 경쟁 업체들 역시 리
바이스를 모방했다.

리바이스는 1873년 5월 20일 바느질 솔기가 터지는 일
이 없도록 바지 주머니에 구리 리벳을 박아 고정시키는 특허를

냈다. 특허 덕분에 경쟁 업체들은 더 이상 리바이스를 모방할 수 없게 되었지만 특허에는 시효 만료가 있었다. 청바지 뒷주머니에 구리 리벳을 박는다는 특허는 오래전에 시효가 만료되었어도 리바이스는 여전히 청바지의 대명사로 살아남았다. 특허에는 시효가 있지만 브랜드에는 시효가 없기 때문이다. 리바이스Levi's를 상표로 등록한 건 1928년이었다.

제품의 품질이 균일해진 시대, 기업은 치열한 경쟁에서 살아남기 위해 소비자에게 스스로 만들어 낸 브랜드 스토리와 이미지를 판매한다. 예를 들어 리바이스는 해마다 5월 20일을 '리바이스 501 데이'로 정해 '오리지널 501데님' 청바지를 기념하고 있다. 소비자는 브랜드가 유포한 이미지를 통해 자신이 특별한 존재라는 환상을 소비한다.

⇒   『브랜드 인문학』, 김동훈 지음, 민음사, 2018

수하르토

인도네시아는 세계 4위의 인구와 자바·수마트라·보르네오·
셀레베스 등 크고 작은 1만3,677개의 섬으로 이루어진 방대
한 영토를 보유하고 있다. 또한 1965년 이전까지 비공산권
국가 중 가장 많은 300만 명의 공산당원이 존재한 나라였
다. 17세기에 네덜란드의 식민지가 되었던 인도네시아는 태
평양전쟁 기간 중 일본에 점령당했다. 수카르노는 일본군에
의해 석방될 때까지 10년 이상 네덜란드 식민 당국에 의해
구금되어 있었다. 그는 전후 네덜란드의 재식민지화 정책에
맞서 투쟁해 1949년 인도네시아의 독립을 이끌어 냈고, 초
대 대통령이 되었다.

수카르노는 인종적 다양성과 종교·문화의 차이로 통합
은 물론 생존마저 어려운 신생 독립국가를 이끌기 위해 교
도적敎導的 민주주의를 주창하며 권위주의 통치 체제(1963
년 종신대통령이 됨)를 수립하는 한편, 농민과 인도네시아
공산당PKI를 지지 기반으로 권력을 유지했다. 인도네시아
의 반체제 작가였던 프라무댜 아난타 투르Pramoedya Ananta
Toer는 "수카르노는 한 방울의 피도 흘리지 않고 이렇게나

다른 인종, 문화, 종교적 배경을 가진 사람들을 통합할 수 있는 근대의 유일한 아시아 지도자"였다고 평가했다. 국제적으로는 반제적·반서방적 비동맹 노선을 추구해 소련과 중국의 지원을 받았다. 1965년 4월 수카르노는 PKI의 제안에 따라 농민과 노동자로 구성된 '제5의 군대'를 창설하기로 했고, 이런 정책들은 군부와 이슬람 세력으로부터 두려움과 반감을 샀다.

1965년 9월 30일, 훗날 군부가 기록한 공식 역사에 따르면 PKI가 6명의 장성을 암살하고 수카르노 정부를 전복하기 위한 친위 쿠데타를 일으켰다(공식적인 역사에서 주장하는 것과 달리 이 사건의 전모는 여전히 밝혀지지 않았다). 제대로 된 계획도, 무장 병력은커녕 쿠데타 세력의 실체도 제대로 알려지지 않은 9·30 쿠데타는 결국 실패했다. 그 과정에서 군부의 실력자 수하르토 장군이 권력을 장악했다. 권력을 빼앗긴 수카르노는 1970년 사망할 때까지 가택에 연금되었다.

수하르토가 이끄는 군부는 10월부터 인도네시아 전역에서 이슬람 학생 조직과 반공 극우 단체를 동원해 공산당 숙청을 시작했다. 당시 미국은 군부에 당원 명부와 자금을 지원한 것으로 알려져 있는데, 이 사건으로 약 50만 명에서 100만 명이 학살당했다. 그는 냉전 기간에 반공주의적 중립을 유지하여 서구의 경제적·외교적 지지를 획득하며 상당한 산업화와 경제성장을 성취했다. 그러나 인도네시아의 경제 성장은 수하르토의 가족에게 가장 좋은 일이었다.

1980년대 초부터 수하르토 일가는 인도네시아의 주요 기업을 차지했고, 엄청난 부동산을 소유했으며, 외국 기업들은 수하르토의 가족 기업과 제휴를 맺어야 했다. 수하르토는 중국계 인도네시아인에게 강력한 동화 정책을 추진하는 등 차별했고, 민주화를 요구하는 시민들을 탄압하고 조직적으로 살해했다. 그의 권력 기반이던 군부는 1983~1985년 사이에는 범죄 용의자 1만여 명을 살해하는 등 인도네시아 곳곳에서 일어나는 반발을 강력하게 탄압했고, 언론에 재갈을 물렸다. 특히 1991년에 일어난 동티모르 대학살은 전 세계적으로 규탄의 대상이 되었다.

수하르토 정권의 권위주의 독재 체제와 부정부패는 1997년 아시아 금융위기 이후 광범위한 저항을 불러왔고, 그는 결국 1998년 5월 21일 사임했다. 국제투명성기구에 따르면 수하르토는 재임 기간 중 국가 재산을 150억~350억 달러나 횡령한 현대 역사상 가장 부패한 지도자였지만, 2008년 1월 사망 이후 국장을 치렀다. 1965년의 대학살에 대해 현재까지 인도네시아 정부의 누구도 사과하지 않았다.

⇒ 영화 『액트 오브 킬링』, 조슈아 오펜하이머 감독, 2012

대멸종

에콰도르의 갈라파고스제도는 찰스 다윈 이래 대륙에서는 볼 수 없는 다양한 생물종이 서식하는 생태 낙원으로 알려져 있다. 그러나 2012년 6월 24일 갈라파고스제도의 마지막 핀타섬 거북 '외로운 조지'Lonesome George가 숨졌다. 갈라파고스거북은 15개 아종이 있는 것으로 알려져 있는데 현재 10종만 남았다. 핀타섬 거북은 코끼리거북이라 불릴 정도로 몸집이 크고, 1년 정도를 굶어도 버틸 정도로 생명력이 강해 긴 항해에 나서는 선원들의 비상식량으로 애용되었다. 그러나 1950년대 들어 인간이 섬에 염소를 방목해 키우면서 핀타섬 거북의 먹이가 부족해지고, 서식 환경이 파괴되면서 종수가 급격하게 줄어 멸종위기종으로 알려졌다.

　　1971년 11월 헝가리의 한 생물학자에 의해 발견된 외로운 조지는 이후 인근의 산타크루스섬에 위치한 찰스다윈연구소로 옮겨져 보살핌과 관리를 받았다. 종을 이어 가기 위해 유사종의 암컷 거북과 합사를 추진하기도 했지만, 대를 잇는 데 성공하지 못했다. 갈라파고스거북의 평균 수명은 약 180~200년으로 알려져 있는데, 노화에 따른 심장 이상으로 자연사한 외로운 조지의 정확한 나이는 알지 못한다.

20세기가 막 시작되던 1900년 세계 인구는 대략 16억3천만 명이었다. 그로부터 120여 년이 지난 오늘날 인류는 80억 명에 육박하고 있다. 지구상에서 인류가 번성하는 동안 바바리사자, 캄차카자이언트불곰 등 덩치 큰 짐승부터 극락잉꼬, 초승달발톱꼬리왈라비, 불혹주머니찌르레기처럼 작은 생명체들까지 인간에 의해 멸종되었다. 『시튼동물기』에 등장했던 커럼포의 늑대 왕 '로보' 같은 네브라스카늑대도 멸종당했다. 멸종한 생명체들은 때로 인간의 영역을 침범하고 위협이 된다는 이유로 사냥당했고, 때로는 단순히 깃털 모자가 유행했기 때문에 멸종되었다.

기술 발전은 현생 인류에게 지구상에 살았던 그 어떤 생명체보다 월등한 힘과 지위를 부여했다. 사회생물학자 에드워드 윌슨이 주장한 사회생물학은 다른 학자들로부터 '유전자결정론'이라는 비판을 받기도 했지만, 세상을 인간 중심으로 해석하고 지구상에 존재하는 모든 것을 착취의 대상으로 간주하는 인간의 독선에 대한 가장 탁월한 독설 중 하나로 기억할 만하다. 그는 『생명의 다양성』(까치, 1995)이라는 책에서 30억 년에 이르는 생명의 역사에서 6번째 대멸종기의 시작을 경고하고 있다.

그 대멸종의 속도는 '인류 이전'의 속도에 비해 110배 빨리 진행 중이다. 앞선 다섯 차례의 대멸종에도 불구하고 지구는 때로 수천만 년의 시간이 걸렸지만 원래 수준의 생명 다양성을 회복했다. 아마도 인류에 의해 촉발된 6번째의 대멸종도 지구는 극복할 수 있을 것이다. 다만 6번째의 대멸종 이후 지구의 회복을 지켜볼 수 있는 인간이 존재할 수 없을 뿐이다. 국제자연보전연맹IUCN의 2020년 조사 결과에 따르면 지구상에 서식하는 동식물 중 3만2,441종이 멸종 위기에 내몰린 것으로 확인됐다. 5월 22일은 '생물종 다양성 보존의 날'이다.

⇒ 『6도의 멸종』, 마크 라이너스 지음, 이한중 옮김, 세종, 2014

바보 노무현

국어사전에 따르면 "지능이 부족하여 정상적으로 판단하지 못하는 사람을 낮잡아 이르는 말"이 바보지만, 한국 사람들은 사랑하는 이도 가끔 '바보'라고 부른다. 모자라서 바보 소리를 듣는 사람도 있지만, 때 묻지 않은 인간, 인간의 이기적 본성을 넘어 세속적 이해를 초탈하여 아무도 가지 않는 고생스러운 길을 스스로 선택한 사람들도 역시 바보라고 부르는 것이다. 생전의 함석헌 선생도, 김수환 추기경도 스스로를 바보라고 불렀다. 이들이 세속을 초월한 종교인이었다면, 대한민국 16대 대통령을 지낸 노무현(1946~2009)은 세속적 정치인이었음에도 불구하고 그를 아끼고 지지하던 많은 이들에게 '바보'로 불렸다.

　　경남 김해에서 출생한 노무현은 부산상업고등학교를 졸업하고 막노동에 뛰어들었다가 1974년 4월 30세의 나이로 17회 사법시험에 통과했다. 대전지방법원에서 판사로 1년간 재직하다가 부산에서 변호사로 개업한 그는 영화『변호인』(2013)에서 다뤄진 것처럼 1981년 3월 '부산의 학림學林 사건'이라는 의미에서 '부림 사건'으로 불린 부산양서협동조합 사건의 변호를 맡으면서 이른바 인권변호사가 되었다. 1988년 김영삼 당시 통일민주당 총재의 권유로 13대 총선에 출마해 당선된 노무현은 5공 청문회에서 날카로운 논리와 질문으로 일약 청문회 스타가 되었다. 그러나 1990년 1월의 3당 합당에서 김영삼 총재의 권유를 뿌리치고 3당 합당을 거부하며 "이의 있습니다, 반대 토론 해야 합니다"를 외친 뒤, 비주류 정치인의 가시밭길을 걷기 시작했다. 이후 노무현은 지역주의 선거의 벽을 넘지 못하고 여러 차례 낙선하는 고배를 맛보아야 했지만, 자신이 선택한 길을 끝까지 포기하지 않았다.

2002년 민주당 경선에서 노무현은 이인제 대세론을 꺾고 대선 후보가 되었다. 후보 단일화 등 여러 어려움 속에서 이회창 당시 한나라당 후보를 57만 표(2.3퍼센트포인트 차)라는 근소한 차이로 누르고 대통령에 당선되었다. 당선 뒤에도 고난은 끝나지 않았다. 2004년 3월 12일 한나라당이 다수를 차지하던 국회는 찬성 193표, 반대 2표로 노무현 대통령 탄핵소추안을 가결시켰고, 그는 헌정 사상 최초로 국회에 의해 탄핵된 대통령이 되었다.

그를 지켜 낸 것은 국민들이었다. 12일부터 27일까지 보름 동안 서울을 중심으로 전국 각지에서 노무현 대통령 탄핵 소추 무효를 주장하는 집회와 시위가 일어났고, 5월 14일 헌법재판소는 대통령 탄핵 심판 사건을 기각했다. 그의 집권 기간 중 이라크전쟁 파병, 한미FTA 추진 등 다양한 사건이 있었다. 검찰과는 갈등을 빚었으며, 언론의 집중적인 비난과 공격을 받았다.

2008년 2월 퇴임한 노무현 전 대통령은 경남 김해 봉하마을에 사저를 짓고 은둔했으나 이후 박연차 전 태광실업 회장으로부터 600만 달러의 뇌물을 받은 혐의로 2009년 4월 30일 검찰의 소환 조사를 받았다. 그의 부고가 들려온 것은 2009년 5월 23일 오전이었다. 노무현은 짧은 유서에 "너무 슬퍼하지 마라. 삶과 죽음이 모두 자연의 한 조각 아니겠는가? 미안해하지 마라. 누구도 원망하지 마라. 운명이다"라고 적었다.

그에 대한 역사적 평가는 앞으로 좀 더 시간이 필요한 일이겠으나 인간 노무현은 초선의원이던 1988년 7월 8일 국회 본회의장에서 "제가 생각하는 이상적인 사회는 더불어 사는 사람 모두가 먹는 것, 입는 것, 이런 걱정 좀 안 하고 더럽고 아니꼬운 꼬라지 좀 안 보고 그래서 하루하루가 좀 신명나게 이어지는 그런 세상이라고 생각합니다. 만일 이런 세상이 좀 지나친 욕심이라면 적어도 살기가 힘이 들어서 아니면 분하고 서러워서 스스로 목숨을 끊는 그런 일은 좀 없는 세상"이라고 말했다.

⇒　『노무현의 사람 사는 세상』, 노무현 지음, 사람사는세상노무현재단, 2018

아부그라이브

아부그라이브는 이라크 바그다드주에 위치한 도시로 바그다드에서 서쪽으로 32킬로미터쯤 떨어진 곳에 위치하고 있다. 아부그라이브 감옥은 1960년대 말 사담 후세인 정권 시절 이라크 최대의 정치범 수용소로 건설되었다. 총 면적은 34만 평 정도로 교도소 주변에는 사방 4킬로미터 안에 모두 24개의 감시탑과 장벽, 철조망이 설치되어 있다.

1984년 한 해에만 이 감옥에서 4천여 명 이상이 처형되었고, 1990년대 후반에는 감옥을 청소한다는 명분으로 2,500명 이상이 처형되는 등 중동 지역에서 가장 악명 높은 교도소였다. 2003년 4월 미군이 바그다드를 함락하고, 후세인이 축출된 뒤 바그다드 주민들이 몰려와 감옥을 파괴했다. 2003년 5월 1일 조지 W. 부시 대통령은 승리를 선언했다. 그러나 미군은 바그다드 함락 직후인 4월부터 수용 시설을 재건하여 이듬해 3월 말까지 불심 검문 등으로 체포한 이라크 민간인과 이라크군 포로 8천여 명을 수용했다.

이라크전쟁 승리 선언 후 1년이 경과한 5월 24일, 『뉴요커』에 충격적 사진과 함께 아부그라이브 수용소에 수감된 이라크군 포로와 민간인들에게 끔찍한 고문과 학대가 가해졌다는 뉴스가 실렸다. 미국의 탐사저널리스트 시모어 허시가 밝힌 사실에 따르면, 아부그라이브 수용소에서 벌어진 일들은 미국이 수행한 여러 비밀 작전 프로그램 중 하나로 '코퍼그린'Copper Green이라는 코드네임으로 불렸다. 이 프로그램은 당시 국방장관 도널드 럼스펠드의 직접 승인 아래 구성되었으며 스티브 캠본 차관이 운영했다. 아랍의 무슬림 남성들에게 신체적·성적 압박을 가해 굴복하거나 수치심을 느끼게 하여 정보를 수집하고, 그들을 협박해 정보원이 되도록 설계한 프로그램이다.

이곳에서 미군 병사들은 남성 포로 여럿을 발가벗겨 바닥에 쓰러뜨리는 것은 물론 알몸인 상태의 포로 머리에 두건을 씌운 채 전기고문, 성고문을 했다. 또 군견으로 위협을 가하는 등의 장면을 디지털카메라로 촬영해 고향의 가족과 친구들에게 이메일로 전송했다. 결국 이런 사진들이 인터넷에 유포되면서 미군의 가혹 행위와 고문의 실태가 널리 알려졌다. 보도에 따르면 이 작전 계획은 콘돌리자 라이스 당시 백악관 국가안보보좌관의 승인을 받았고, 대통령 조지 W. 부시도 사실을 알고 있었다고 한다.

⇒　영화 『아부그라이브 수용소의 영혼들』, 로리 케네디 감독, 2007

어느 병사의 죽음

헝가리 출신의 가난한 유대인 망명자였던 로버트 카파 (1913~1954)는 오늘날 포토저널리즘의 살아 있는 신화로 평가받는다. 다큐멘터리 사진가로서 그에게 최초로 세계적 명성을 안겨 준 사진은 스페인내전을 취재하며 남긴 「어느 병사의 죽음」(1936)이다. 하지만 이 사진은 로버트 카파가 이후 다섯 차례의 전쟁에 종군 기자로 참여하고,『라이프』의 요청으로 인도차이나전쟁을 촬영하던 중 지뢰를 밟아 1954년 5월 25일 41세의 젊은 나이에 생을 마감한 이후에도 오랫동안 진위 여부를 놓고 뜨거운 논쟁에 휩싸여 있다. 우선 사진 속 장면이 너무나 극적이고, 총에 맞아 쓰러지는 병사에게 유혈 흔적이 보이지 않기 때문에 연출 논란이 끊이지 않은 것이다. 카파도 연출 논란에 대해 적극적으로 변명하지 않았기 때문에 사람들의 의혹은 더욱 커졌다.

카파의 사후 스페인내전을 함께 취재했다는 한 기자가 사진이 촬영될 당시 카파와 함께 프랑스 국경 부근의 한 호텔에 묵고 있었다고 하여, 사진을 촬영한 사람이 카파가 아닌 그의 연인이자 최초의 여성 종군 사진작가 게르다 타로

(1910~1937)라는 주장도 제기되었다. 카파의 지인들은 카파가 이 사진에 대해 적극적으로 변호하지 않았던 사연에 대해 카파와 나눴던 대화를 공개했다. 사진 촬영 당시 전선이 교착되어 있었기 때문에 병사들과 카파는 참호 안에서 빈둥거리며 시간을 때우다가 서로 친해졌다. 총격전 같은 것도 없었기 때문에 오랫동안 아무 일도 없이 지내는 것에 지친 병사들은 반 장난 삼아(아마도 카파의 부추김이 있었고) 참호를 박차고 나가 언덕 아래로 달려 나갔다. 그 순간 갑자기 총격전이 벌어졌고 몇몇 병사들이 목숨을 잃었다. 카파가 이 사진에 대해 함구했던 것은 죄책감 때문이었다는 것이다. 사진의 진위 여부를 둘러싼 논쟁은 1990년대 중반 사진 속 병사가 24세의 공장 노동자 페데리코 보렐 가르시아이며, 1936년 9월 5일 스페인 북부에서 전사한 사실이 입증되어 일단락되는 듯 했지만, 이후 멕시코에서 카파의 네거티브 필름이 발견돼 논란은 여전히 진행 중이다. 진실은 알 수 없지만, 그럼에도 불구하고 카파는 여전히 살아 있는 신화다.

⇒ 『그때 카파의 손은 떨리고 있었다』, 로버트 카파 지음, 우태정 옮김, 필맥, 2006

인종 청소

흔히 민족주의라고 번역하지만, 사실 내셔널리즘은 민족주의와 국가주의, 인종주의 등등을 모두 내포하는 개념이다. 이처럼 번역하기 어려운 용어 중 하나가 '인종 청소'라고 번역되는 'Ethnic Cleansing'이다. 이 말은 세르보-크로아트어 'etnicko ciscenje'를 영어로 옮긴 것을 다시 '인종 청소' 또는 '민족 청소'라고 번역한 것이다. 영어로 인종을 뜻하는 '레이스'race는 "공통적인 조상을 두었기에 공유하는 비슷한 물리적·형태적 특성을 주로 기준으로 하여 분류한 집단"을 의미하는 말로, '인종·민족'이 아니라 '가계·혈족·씨족'에 가까운 의미였다. 'race'가 인종을 뜻하는 단어가 된 것은 18세기 인류학자(유전학자)들이 지리적 위치와 피부색 같은 외모적 특징을 바탕으로 인종을 분류하면서부터다. 물론 그 이전에도 외모를 기준으로 인간을 구분하는 일은 있었지만, 이른바 전문가들이 과학의 이름으로 인간을 인종으로 구별하기 시작한 것은 최근의 일이다.

　　뉴턴과 다윈 이래로 과학은 인간 세상에 철학과 종교만큼이나 보편타당하고 근본적인 도덕률을 제공해 왔다.

초기의 생명과학자들은 인종 간에 본질적인 차이가 있다고 생각하지 않았지만, 점차 인종 연구는 어떤 인종이 보다 우수하고 어떤 인종이 열등한가를 구분해 우수 인종이 열등 인종을 지배하는 것이 당연하다는 논리, 즉 제국주의(식민주의)의 이론적 기반이 되었다. 인종과 인종(차별)주의 개념은 사실 과학적 개념이 아니어서 역사적 맥락, 무엇보다 경제적 맥락을 벗어나서는 이해되지 않는다. '민족성' 또는 '종족성'으로 번역되는 'ethnicity'란 그리스어로 '국가 또는 국민'을 의미하는 '에스노스'ethnos에서 유래했다. 'race' 가 생물학·유전학적 개념이라면 'ethnicity'란 언어·문화·역사·종교 등의 개념이다. 즉 같은 언어를 사용하거나 같은 나라 출신이거나 같은 종교를 믿거나 서로 동일한 사회문화적 요소를 공유하는 사람들은 같은 'ethnicity'를 공유한다고 말할 수 있다. 'race'가 타고나는 것이라면 'ethnicity' 는 본인의 생각(정체성), 후천적 요소가 중요하다. 'race'가 흔히 인종주의를 연상시키는 반면 'ethnicity'는 덜 배타적인 것으로 생각하기 쉽지만, 홀로코스트나 르완다의 후투족과 투치족 사이에서 벌어진 대학살은 인종적 차이가 아니라 바로 'ethnicity'의 문제였다.

요시프 브로즈 티토는 전후 유고슬라비아라는 '국가'state를 만들었지만, 유고슬라비아 '국민'nation을 만드는 데는 실패했다. 진정한 의미에서 유고슬라비아인은 티토한 사람밖에 없었고, 나머지 사람들은 스스로를 슬로베니아, 크로아티아, 세르비아, 보스니아–헤르체고비나, 몬테네그로, 코소보 사람으로 생각했다. 그가 사망하자 유고슬라비아는 산산이 해체되었고, 슬로보단 밀로셰비치는 세르비아 민족주의를 앞세워 잔혹한 인종 청소를 자행했다. '발칸의 도살자'로 불렸던 그는 현직 국가원수 최초로 1999년 5월 26일 국제전범재판소에 기소되었다. 법정에서 그는 이 재판이 승리자의 재판에 불과하며 자신은 "조국과 국민을 보호하기 위해 내가 한 모든 일들이 자랑스럽다"라며 잘못을 인정하지 않았다.

⇒ 『인종, 국민, 계급』, 에티엔 발리바르·이매뉴얼 월러스틴 지음, 김상운 옮김, 두번째테제, 2022

백호주의

바스쿠 다 가마(1469~1524)는 유럽의 대항해시대를 개막한 인물로 희망봉을 돌아 최초로 인도에 도착한 항해자였다. 1998년 포르투갈의 수도 리스본에서는 1498년 그의 인도 상륙 500주년을 기념하는 대대적인 행사가 벌어졌지만, 인도 현지에서는 바스쿠 다 가마의 인형을 만들어 불태우는 것으로 기념식을 대신했다. 대항해시대 이후 유럽이 비유럽 세계를 지배하게 되자 그리스도교 유럽 문명만을 문명으로 인정하고, 나머지는 자기들 마음대로 해도 되는 야만으로 규정했다. 이에 따라 야만으로 규정된 지역은 무주지無主地가 되었다.

1788년 1월 26일 영국 해군 제독 아서 필립(1738~1814)은 영국 함대에 주로 범죄자로 구성된 이주민들을 이끌고 오스트레일리아의 시드니 근방의 록스 지역에 상륙해 영국 국기를 게양했다. 오스트레일리아 사람들은 해마다 이날을 '오스트레일리아의 날'이라 하여 국경일로 성대하게 기념하고 있다. 그러나 오스트레일리아 원주민은 이날을 유럽인이 오스트레일리아를 침공한 날로 규정하여 '추모의 날' '침략의 날' '생존의 날'이라고 부른다. 아메리카 대륙에 상륙한 유럽인이 원주민에게 잔혹했던 것처럼, 오스트레일리아에 상륙한 유럽인 역시 원주민에게 예외 없이 잔인했다. 영국인이 상륙하던 무렵 오스트레일리아에는 대략 75만 명 정도의 원주민이 수만 년에 걸쳐 살고 있었다. 이 날 영국 함대와 함께 상륙한 천연두·수두 같은 전염병과 성병은 원주민에게 치명적이었고, 이후 가혹한 박해와 차별로 인해 원주민의 90퍼센트 가량이 죽었다.

오스트레일리아의 백인 지배자들은 '백호주의'White Australia Policy, 즉 백인의 호주를 만들자는 사상을 앞세워 본토의 에보리진은 물론 이웃한 토레스제도, 태즈메이니아인을 아예 사람이 아니라 토착 동물의 일종으로 간주해 선거권은커녕 오랫동안 인구조사에서도 배제했다. 그뿐만 아니라 1915년부터 1969년까지 악명 높은 원주민 동화 정책과 문명화 정책을 실시했다. 오스트레일리아 정부는 10만 명의 원주민 어린이를 강제로 부모로부터 떼어내 백인 가정 및 선교기관에 위탁했다. 이들 대부분은 농장 일꾼으로 전락했고, 상당수 어린이들은 신체적·성적 학대를 받았다. 이들 대부분이 백인 사회에도 원주민 사회에도 적응하지 못해 마약과 알코올에 의존하게 되었다. 이들을 일러 '빼앗긴 세대'라 부른다. 이런 정책의 결과로 원주민의 거주지와 정체성이 박탈당했고, 가정이 파괴되었다.

1967년 5월 27일 오스트레일리아 정부는 원주민에게도 투표권을 부여하는 헌법개정안을 국민투표에 부쳤다. 유권자의 90.77퍼센트가 찬성해 원주민에게도 오스트레일리아 국민으로서의 의무 및 권리 일부가 부여되었지만, 오스트레일리아 헌법은 캐나다나 뉴질랜드와 달리 이들을 국민의 범주에 명시적으로 포함하지 않았고 원주민의 문화와 역사도 공식 문화나 역사로 인정받지 못했다. 백호주의는 1970년대 들어 철폐되었지만, 이들은 여전히 낮은 진학률과 높은 실업률, 사회적 차별 속에 약물 및 알코올 중독에 시달리며 사회의 최하층으로 살아가고 있다.

⇒　『지구별 토종 원주민 이야기』, 홍석화 지음, 귀거래, 2019

차우파디와 쿠마리

네팔 카트만두의 더르바르 광장에 위치한 쿠마리 사원은 수많은 신자와 관광객들이 찾는 명소다. 산스크리트어로 '처녀'를 의미하는 '카우마르야'에서 유래한 쿠마리는 네팔 국민에게 살아 있는 여신으로 숭배된다. 사람들은 쿠마리 사원 앞에서 온종일 쿠마리가 창가에 나타나길 기다리며 소원을 빈다. 네팔 전역에는 모두 10명의 쿠마리가 존재하는데, 쿠마리는 석가모니와 같은 샤카족 출신으로 32개에 이르는 신체 기준을 통과한 초경 이전의 3~6세의 소녀 중 대단히 엄격한 과정을 거쳐 선발된다.

　쿠마리로 선발된 소녀는 이후 가족과 떨어져 사원에서 거주한다. 수많은 부모들이 딸이 쿠마리로 선발되길 희망한다. 그 가족에게 엄청난 축복과 함께 국가로부터 평생 연금이 지급되기 때문이다. 쿠마리의 발이 땅에 닿으면 영험함이 사라진다고 여기기 때문에 쿠마리는 스스로 걸을 수 없고, 아무리 짧은 거리도 가마를 타고 다닌다. 어린 소녀가 오랫동안 가족으로부터 격리된 채 학교는커녕 외부로부터 완전히 단절된 상태로 살아가기 때문에 전 세계적으로 아동학대라는 비판을 받는다. 이처럼 신으로 숭배되던 쿠마리가 초경을 시작하면 그 자격을 잃게 된다. 여성이 초경을 시작하면 신성이 사라지고 오염된 존재가 된다고 여기는 힌두교 관습 때문이다. 어려서부터 땅을 딛고 걸어 본 적이 없는 쿠마리가 사원에서 쫓겨나면 퇴화된 근육 탓에 보행 장애를 겪기도 하고, 가족에게조차 외면당하기 일쑤다. 쫓겨난 쿠마리와 함께 하면 남성의 정기가 빨려 나가 1년 안에 죽는다는 속설 때문이다.

쿠마리뿐만 아니라 네팔의 수많은 여성이 월경으로 고통을 받는다. 산악 국가 네팔에서는 일회용 생리대를 구입해 사용하기 어렵고, 생리 자체를 숨겨야 하는 혐오스러운 일로 간주하기 때문이다. 여성의 월경을 불결하고 오염된 것으로 여기는 '차우파디' 관습에 따라 네팔 여성은 생리 기간에 가족은 물론 타인과 접촉이 금지되어 학교에 갈 수도 없고, 헛간 등 위생상 불결한 곳에 머물게 된다. 또한 물이나 음식을 만지면 그것도 오염된다고 여기기 때문에 부엌은 물론 우물에도 갈 수 없다. 네팔은 2018년부터 법으로 차우파디를 금지했지만, 불결한 환경에 격리된 여성이 사망하는 사건은 완전히 사라지지 않고 있다. 여성은 평균적으로 11세부터 49세에 이를 때까지 평생 500회 정도의 생리를 하며, 생리 기간은 3~7일 정도, 그동안 흘리는 피는 40리터 정도이다. 지금 이 순간에도, 인류의 절반인 여성 중 약 15~20

퍼센트는 생리 중이다.

2016년 한국에서도 초등학교 고학년 소녀가 빈곤한 집안 형편으로 생리대를 사지 못해 신발 깔창을 대용으로 사용했다는 사연이 알려져 큰 충격을 주었다. 이 사건으로 생리 빈곤과 월경권이 중요한 사회 문제가 되었다. 생리 빈곤이란 빈곤 여성이 기본적인 생리용품조차 구매할 수 없는 상황에 처하는 것을 말한다. 실제로 2011년 미국의 한 기관에서 실시한 조사에 따르면, 여성은 평생 생리대를 비롯해 진통제나 생리혈이 묻어 새로 구입해야 하는 속옷 등 생리 관련 물품 구매에 약 2천만 원을 지출하는 것으로 알려져 있다. 5월 28일은 월경에 대한 사회적 금기를 깨고 공감대를 형성하기 위해 제정된 '세계 월경의 날'이다. 이날을 월경의 날로 제정한 것은 여성의 월경이 평균 5일간 지속하고 28일을 주기로 돌아온다는 의미를 담고 있다.

⇒ 『남자가 월경을 한다면』, 글로리아 스타이넘 지음, 이현정 옮김, 현실문화, 2002

세계에서 가장 높은 쓰레기통

영국은 한때 세계 최강대국이었지만, 북극은 미국의 피어리에게 남극은 노르웨이의 아문센에게 '최초'의 영광을 내주어야만 했다. 지구상에서 인간의 발이 닿지 않은 곳은 거의 없었기 때문에 마지막 남은 해발 8,849미터의 에베레스트는 영국의 자존심을 세울 수 있는 유일한 극지였다(지각 이동 때문에 에베레스트는 1년에 5센티미터씩 높아지고 있다). 우리가 아는 에베레스트란 이름은 1830년부터 1843년까지 영국 지배하의 인도 측량국 장관을 역임한 지리학자이자 측량사, 모험가였던 조지 에버리스트(1790~1866) 경의 이름에서 따 온 것이다. 그의 조사로 에베레스트가 세계 최고봉으로 확인된 것은 1852년의 일이었다. 티베트는 '세계의 여신'이란 뜻에서 '초모랑마', 네팔은 '하늘의 우두머리'란 뜻의 '사가르마타'라 불러 왔지만, 영국은 1865년 '에베레스트'로 명명했다. 중국과 네팔 정부는 원칙적으로 이 명칭을 사용하지 않는다.

영국은 1907년 영국산악회 창립 50주년을 기념해 에베레스트 등정을 계획한 이래 여러 차례 에베레스트에 도전했으나 모두 실패했다. 1922년 제2차 등반대는 해발 8,326미터까지 도달해 인류 최초로 해발 8천 미터에 도착한 기록을 세웠지만, 정상 등정에 실패하고 셰르파 7명이 눈사태로 희생당했다. 에베레스트 등반사상 최초의 인명 희생이었지만 결코 마지막은 아니었다. 조지 맬러리(1886~1924)는 이 참사가 자기 탓이라고 생각했다. 그는 아내 루스에게 보낸 편지에서 "아무것도 할 수 없다니⋯⋯ 내 실수요"라며 자책했다.

인명이 희생됐기 때문에 3차 원정을 준비하는 과정은 쉽지 않았다. 맬러리는 원정 비용을 마련하려고 여러 곳을 돌아다니며 순회 강연을 했다. 3차 원정에 앞서 『뉴욕타임스』와 가진 인터뷰(1923년 3월 18일 자)에서 "왜 에베레스트에 가려고 하는가?"를 묻는 기자에게 맬러리는 "산이 거기 있기 때문에"Because it's there라고 답했다. 맬러리와 어빙은 3차 원정에서 에베레스트 정상 부근 200미터까지 오른 것이 확인되었지만, 두 사람은 끝내 돌아오지 못했기 때문에 이들의 정상 도달 여부는 오늘날까지 확인되지 않았다.

1953년 5월 29일, 당시 런던은 엘리자베스 2세 여왕의 대관식을 4일 앞두고 도시 전체가 흥분에 사로잡혀 있었다. 세계 각국에서 몰려온 귀빈과 관광객 때문에 지하철과 버스는 24시간 운행에 들어갔고, 거리 곳곳에 대관식을 알리는 장식물이 화려하게 펼쳐져 있었다. 런던에서 1만 킬로미터 떨어진 네팔과 중국 국경에서는 대관식 행사를 더욱 돋보이게 할 인간의 도전이 진행되고 있었다. 조지 헌트가 이끄는 영국 원정대에 소속된 뉴질랜드 출신의 산악인 에드먼드 힐러리(1919~2008)와 네팔 출신의 셰르파 텐징 노르가이(1914~1986)는 이날 오전 11시 30분 인간의 끊임없는 도전에도 그 품을 허락하지 않아 신의 영역으로 여겨지던 에베레스트 정상에 올랐다. 두 사람은 더 이상 오를 곳이 없는 땅에 서서 서로의 모습을 카메라에 담고, 초콜릿 하나, 비스킷 한 통, 사탕 한 줌과 예수상이 붙은 십자가를 정상에 묻었다.

2019년 네팔 정부는 셰르파 20명을 동원해 6주간 에베레스트 일대의 쓰레기를 치우는 작업을 벌인 결과 11톤의 쓰레기와 시신 7구를 발견했다. 이런 노력에도 불구하고 에베레스트에는 여전히 쓰레기 30톤 정도가 더 있는 것으로 추정된다. 네팔 정부는 2014년부터 등반 팀에게 보증금을 받았다가 쓰레기를 가지고 내려오면 환급해 주는 제도를 시행하고 있지만, 보증금을 환급해 가는 등반 팀은 절반이 못 되기 때문에 에베레스트는 '세계에서 가장 높은 쓰레기통'이 되고 있다.

⇒ 『에베레스트에서의 삶과 죽음』, 셰리 B. 오트너 지음, 노상미 옮김, 클, 2018

국경없는의사회

낡은 기성 질서와 자본주의 체제에 저항한 프랑스 68혁명
은 결과적으로 실패했지만, 수많은 젊은이들의 가치관을
변화시켰고 이는 다른 삶을 추구하게 만들었다. 그린피스,
옥스팜, 국경없는의사회 같은 단체는 그런 의미에서 68혁
명이 인류에게 남긴 선물이었다. 비록 정치권력 장악에는
실패했지만, 이를 통해 인권과 생태적 환경, 제3세계의 빈
곤과 저개발 문제에 도움이 되는 삶을 꿈꾼 이들은 인권·평
화·생태주의 운동에 나섰다. 한국에도 지부가 있는 국경없는
의사회MSF, Médecins Sans Frontières는 1967년 5월 30일 나이
지리아 남동부 3개 주가 비아프라공화국으로 독립을 선언하면
서 시작된 비아프라 내전의 결과로 만들어졌다.

　　비아프라의 독립을 승인할 수 없었던 나이지리아 정부
는 곧 비아프라에 대한 공격을 개시했고, 1970년 1월 15일까
지 2년 7개월여 동안 계속된 내전으로 100만에서 200만 명
이 전쟁과 기아, 질병 등으로 사망했다. 국제적십자사가 나
섰지만 나이지리아군은 병원도 계속 공격했기 때문에 비
아프라 지역에서 긴급 구호는 생명을 내건 위험한 활동이

었다. 프랑스 적십자사가 현장에서 직접 비아프라 주민들을 도울 자원봉사자를 찾았을 때 응한 사람이 의사 막스 레카미에와 베르나르 쿠슈네르였다. 두 사람은 다른 임상의 2명, 간호사 2명과 한 팀을 이뤄 비아프라로 향했다. 유혈이 난무하는 교전 지역에서 병원은 곧잘 군과 반군의 표적이 되었지만, 이들은 목숨을 걸고 부상자와 환자들을 치료했다. 자칫하면 어느 한쪽을 지원하는 것으로 비칠 수도 있었다.

13명의 설립자 중 한 사람인 베르나르 쿠슈네르는 국경없는의사회라는 명칭을 만든 것은 이런 경험 때문이라고 밝혔다. "국경없는의사회의 설립 이념은 단순합니다. '환자가 있는 곳으로 간다.' 지금은 당연해 보일지 모르지만 당시로서는 정말 혁신적인 개념이었습니다. 국경이 방해가 되었기 때문입니다. 국경없는의사회로 이름을 정한 것은 결코 우연이 아니었습니다." 1971년 12월 22일, 의사와 언론인으로 구성된 13명의 설립자를 중심으로 300여 명의 지원자가 뜻을 함께 하는 국경없는의사회가 공식적으로 탄생했다. 이들은 인종·성별·민족·국가·종교·정치 성향을 초월해 인간은 누구나 의료 서비스를 받을 권리가 있으며, 사람들에게 필요한 지원이 국경보다 중요하다는 인류 보편의 안녕과 복지를 추구하는 인도주의를 바탕으로 긴급 구호의 개념을 새롭게 정립했다.

이후 국경없는의사회는 특정 국가(정부)나 국제기구를 비롯해 어떤 정치적·종교적·경제적 힘에 영향을 받지 않는 독립적인 단체로 전체 후원금의 95퍼센트 이상을 민간 후원금으로 충당하고 있다. 또한 분쟁 상황에서 치료가 필요한 사람은 누구나 똑같은 환자이며, 환자의 인종·종교·성별·정치 성향과 무관하게 오로지 환자의 의료적 필요에 의해서만 지원을 제공한다는 원칙을 준수하고 있다. 현재까지 국경없는의사회 소속 의료진과 현지 활동가들은 완전 비무장 상태에서 경호 없이 활동하는 것을 원칙으로 한다.

⇒ 『국경없는 의사회』, 데이비드 몰리 지음, 조준일 옮김, 파라북스, 2007

로맨스 스캠

정비석의 소설 『자유부인』이 출간된 이듬해였던 1955년 한 국 사회를 떠들썩하게 만든 '한국판 카사노바' 박인수 사건 이 터졌다. 박인수는 한국전쟁이 발발하자 대학을 중퇴하 고, 해병대에 입대해 헌병으로 복무하다가 1954년 4월 불명 예 제대했다. 이후 그는 당시로서는 매우 큰 176센티미터의 키에 훤칠한 외모를 이용해 해군장교 구락부, 국일관, 낙원 장 등 당시 서울의 유명 댄스홀을 무대로 여성들을 유혹해 농락하기 시작한다. 잘생긴 외모에 대위 신분증을 갖고 다 니며 여성들을 유혹했다고 하는데, 1954년 4월부터 1955년 5월 31일 검거될 때까지 14개월 동안 여대생을 비롯해 국회 의원과 고위 관료의 딸 등 그 피해자가 70여 명에 이르렀다.

피해자의 고소로 구속된 박인수는 법정에서 피해자 70여 명 중 미용사 직업을 가진 여성 단 한 명만이 순결을 유지하고 있었다고 주장해, 그 진술 때문에 '여자가 순결할 확률은 70분의 1'이라는 유행어를 낳기도 했다. 당시 언론 은 피해자의 이름과 학교 등 신상을 버젓이 공개했고, 재판 정에는 피고인 박씨와 피해 여성의 얼굴을 보려는 방청객이 연일 7천여 명이나 몰려 장사진을 쳤다. 기마경찰대까지 출동해 통제하고자 했지만, 아우성치는 군중에 밀려 판사는 공판을 연기했다. 피해 여성 대부분은 재판에 출석하기를 거부하고 잠적했다. 이 사건은 일종의 문화적 충격이었다. 검찰은 공무원 사칭과 지금은 사라진 혼인빙자간음죄를 적용해 징역 1년 6개월을 구형했지만, 박인수는 혼인빙자간음을 한 사실이 없다고 주장했다. 자신은 결혼을 약속한 적이 없으며 여성들이 원했다는 것이었다.

논란 속에 권순영 판사는 공무원 사칭죄는 유죄로 인정하면서도 혼인빙자간음에 대해서는 무죄를 선고했다. "댄스홀에서 만난 정도의 일시적 기분으로 성교 관계가 있었을 경우 혼인이라는 언사를 믿었다기보다 여자 자신이 택한 향락의 길이라고 인정하는 것이 타당할 것이며 법은 보호 가치가 있는 정조를 보호한다." 그러나 2심과 3심에서는 일부 피해자들의 혼인빙자간음을 인정했고 박씨는 징역 1년형을 받았다. 당시 여론은 가해자 박인수보다 여성의 정조 관념이 무너진 것을 더 한탄하는 등 여자들을 더 크게 질책했다.

일본에서는 1970년대부터 1990년대까지 스즈키 가즈히로라는 한 남성이 자신을 조너선 엘리자베스 쿠히오 대령이라고 속이고 여성들에게 1억 엔의 금품을 갈취한 결혼사기 사건이 있었다. 2009년 10월에 이 사건을 소재로 만든

『쿠히오 대령』クヒオ大佐이라는 영화가 제작되기도 했다.

오늘날엔 SNS 등에서 상대방에게 친근하게 접근하여 이성에게 호감을 얻어 경계심을 허문 뒤 결혼 등을 빌미로 금전을 갈취하는 '로맨스 스캠'romance scams 범죄가 유행이다. 이들은 피해자의 애정과 신뢰를 얻기 위해 가짜 온라인 신분을 만들고, 자신이 해당 분야의 전문직 종사자인 것처럼 비추도록 노력하며, 진실하고 믿을 수 있는 사람처럼 행세한다. 이들은 결혼을 제안하거나 직접 만날 계획을 세울 수도 있지만 그런 일은 결코 일어나지 않는다. 긴급한 응급 상황이나 예상치 못한 법적 비용이 든다며 결국 돈을 요구한다. FBI는 로맨스 스캠을 방지할 수 있는 방법 중 하나로 "온라인이나 전화로만 연락하는 사람에게 절대로 돈을 보내지 마세요"라고 권고하고 있다. 코로나19 팬데믹은 한국을 비롯해 세계의 범죄율을 크게 줄였지만, 보이스피싱을 비롯한 온라인 사기 범죄가 급증하고 있는 것으로 알려졌다.

⇒ 『온라인 그루밍 성범죄』, 엘레나 마르텔로조 지음, 탁틴내일 옮김, 한울림, 2019

6월 ○ *June*

6월은 절기상 낮이 가장 긴 하지가 있기에 전통적으로 '젊음의 달'로 여겨졌고, '6월의 신부'라는 관용적인 표현이 있다. 영어 'June'에는 크게 세 가지 기원설이 있다. 첫 번째는 왕정을 폐지하고 로마공화정을 세운 유니우스 브루투스 Junius Brutus를 기리기 위해, 두 번째는 제우스(주피터)의 아내 헤라(주노)에서 유래했다는 것이다. 세 번째는 젊은 세대를 뜻하는 라틴어 'iuniores'(영어로는 junior)에서 유래했다는 설이다. 체로키족은 6월을 '말없이 거미를 바라보는 달'이라고 불렀다.

난학

난학蘭學이란 네덜란드를 지칭하는 '화란'和蘭의 상인들과 교류하면서 네덜란드어를 통해 일본이 주체적으로 수용한 서구의 근대 학문을 가리키는 말이다. 난학은 일본 근대의 바탕 이념이 된 학문으로 우리가 흔히 말하고 아는 것처럼 일본의 개항이 단순히 1853년 페리의 흑선 도래로 이루어졌다는 단편적인 상식 이전의 역사를 이해할 열쇠가 된다. 난학의 개척자인 스키타 겐파쿠(1733~1817)는 오바마번의 의사였다. 그는 네덜란드어로 된 의학서의 인체 해부도가 그간 자신이 알고 있던 중국 의학서와 비교해 얼마나 정확한지 알고자 1771년 처형된 죄인의 인체 해부에 입회한다. 아오차바바青茶婆라 불린 노파의 시체를 해부해 살펴본 결과, 그는 서구의 해부서가 얼마나 정확한지 알 수 있었다. 해부 현장에서 돌아오는 길에 그는 네덜란드어로 된 책을 일본어로 번역할 것을 맹세했다. 스키타와 그의 동료들이 1774년에 출간한 『해체신서』가 바로 그것이다.

　미국의 대표적인 일본 연구자인 마리우스 잰슨은 이 책의 출판으로 일본의 근대가 시작되었다고 평가한다. 일본 근대의 사상적 대부로 손꼽히는 후쿠자와 유키치는 난학이 펼쳐지게 된 전말을 밝힌 스키타의 「난학사시」를 읽으며 "일본은 아시아를 벗어나 서구를 지향한다"라는 탈아입구에 대한 이론적·역사적 정당성을 찾아냈다. 다시 말해 난학은 일본에 있어서 조공책봉의 중화적 정치 질서뿐 아니라 사물의 질서를 상징했던 중화 체제와 결별하고 서구를 지향하는 모험의 출발점이었다.

일본은 도쿠가와 막부가 들어서면서부터 이미 동남아시아 무역 경쟁에 본격적으로 뛰어들었다. 막부로부터 허가를 받은 선박과 상인들은 이른바 주인선朱印船 무역을 통해 해상 실크로드의 중심지였던 말라카, 바타비아, 테르나테 등으로 영역을 넓혀 나갔다. 대동아공영권이란 어느 날 갑자기 근대 일본의 제국적 욕망에 의해 창안된 것이 아니라 일찍이 난학자들이 구상했던 지리적 상상 공동체에 근거해 만들어진 영토적 공간이었던 것이다. 우리는 일본을, 아시아를 그리고 세계를 얼마나 알고 있을까. '세계에서 일본을 우습게 보는 유일한 나라가 한국'이란 우스개가 있는데, 우리가 일본을 우습게 보는 이유가 잘 몰라서 그런 것은 아니길 바란다. 스키타 겐파쿠는 1817년 6월 1일 사망했다.

⇒ 『난학의 세계사』, 이종찬 지음, 알마, 2014

메갈리아

중동호흡기증후군, 이른바 메르스MERS 검사 결과 국내 최
초로 양성 반응이 확인된 환자가 발생한 것은 2015년 5월
20일이었다. 이후 6월 7일까지 확진 환자가 87명으로 늘어
났고, 그중 5명이 사망했다. 한국 보건 당국의 안이한 대처
에 대한 여론의 질타가 쏟아지던 무렵, 한국인 남성 K씨가
메르스 환자인 가족과 접촉했으면서도 홍콩을 거쳐 중국
에 도착한 직후 메르스 확진 판정을 받았다. 중국 네티즌은
K씨의 도덕적 해이를 비판했다. 그 와중에 K씨 근처 좌석에
앉아 역시 격리 대상자로 지정된 두 한국인 여성 여행객이
한때 격리를 거부했다는 6월 1일 자 보도가 나왔다.

　문제는 그 두 한국인 여성이 격리 조치를 거부했다는
뉴스가 전해지자 다음날인 6월 2일부터 디시인사이드 메르
스 갤러리에 '김치녀가 그럴 줄 알았다'는 식의 여성혐오 글이
여럿 등장한 것이다. 이때 여성 사용자들이 대거 등장해 여
성혐오를 '미러링'mirroring 하는 욕설과 댓글을 달며 젠더
간의 격렬한 키보드 배틀이 벌어졌다. 6월 3일 디시인사이
드 메르스 갤러리 측은 욕설 및 음란성 게시물 등록을 자제

하라는 공지를 띄웠다. 이것이 여성혐오에 대해 동일한 혐오의 언어로 대응하는 여성 집단의 등장 비화이다.

이후 '메갈리아'Megalia라는 여성 커뮤니티 사이트가 생겼고, 그 커뮤니티는 2015년 11월 남성 동성애자에 대한 인식 문제를 둘러싼 논쟁 이후 2016년 말 '워마드' '래디즘' 등으로 분화되어 사라졌다. 메갈리아는 노르웨이의 페미니즘 소설가 게르드 브란텐베르그(1941~)의 풍자소설 『이갈리아의 딸들』(1977)과 메르스의 합성어이다. 작가 브란텐베르그는 '이갈리아'라는 가모장제 사회에서 벌어지는 전통적인 성별 불평등을 보여 줌으로써 가부장제 사회의 전통과 인식을 전복하려 시도한다.

예를 들어 이갈리아의 모든 언어는 여성중심적이라 여성은 움wom, 남성은 맨움manwom이라 불린다. 움은 일반적인 인간을 지칭하며, 인류라고 할 때는 보통명사 움카인드 womkind 또는 휴움huwom이라 쓰고, 사람들이 놀라면 '하느님 어머니'를 찾는다. 세상을 구원하고자 왔던 구세주 역시 하느님의 딸 '도나 제시카'이다. 이 세계의 보통 맨움(남성)은 움(여성)에게 강간당할까 두려워하고, 설령 그런 일이 생기더라도 가족에게 고백조차 할 수 없으며, 섹스의 선택권조차 없다. 작가는 이런 세계에서 남성(맨움)으로 태어나 스스로의 신세를 한탄하는 주인공 소년 페트로니우스의 모습을 통해 가부장제 사회에서 살아가는 여성의 모습을 보여 준다. 맨움(남성)들은 자녀를 양육하고, 파티의 음식 준비 등 뒷바라지를 하며 부엌에 둘러앉아 "우린 그저 주방용 기구처럼 집에 있을 뿐이지 인생이 무슨 가치가 있는지 의심스럽다"라는 푸념이나 늘어놓는 신세다. 브란텐베르그가 남성혐오를 부추기려고 이런 소설을 쓴 것은 아니다. 작가는 이갈리아의 진정한 악은 여성이 남성에게 권력을 행사하는 것도, 남성이 여성에게 권력을 행사하는 문제도 아닌 권력 그 자체의 문제라는 사실을 보여 준다.

메갈리아가 여성혐오에 대한 대응으로 미러링을 택한 것에 대해 '혐오는 혐오를 불러온다'는 염려와 비판이 있다. 일견 타당한 주장이지만, 이것이 여성과 페미니즘에 대한 비판이나 공격에 정당성을 부여하는 것은 아니다. 혐오의 무한 반사를 끝내기 위해서라도 먼저 여성과 페미니즘에 대한 납작한 이해에서 벗어나야 한다.

⇒　『이갈리아의 딸들』, 게르드 브란튼베르그 지음, 히스테리아 옮김, 황금가지, 1996

얄마르 샤흐트와 인플레이션

인플레이션이란 화폐 가치가 하락해 물가가 전반적·지속적으로 상승하는 경제 현상을 일컫는 말이다. 화폐 공급이 늘어나는 원인은 다양하지만 일반적으로 경제가 침체됐을 때 경기 부양을 위해 통화 공급을 확대하는 경우와 정부의 재정 건전성이 취약해 통화 정책을 통해 화폐 공급을 확대하는 경우가 많다.

인플레이션에 관한 최초의 기록은 기원전 4세기 시라쿠스의 왕 디오니시오스가 신하들에게 진 채무를 상환하기 어렵게 되자 유통되는 주화를 회수해 두 배의 액면가로 재발행하면서 100퍼센트의 인플레이션 현상이 나타난 것이다. 인플레이션은 16세기 스페인을 비롯해 남북전쟁 시기의 미국 등 인류의 역사와 함께해 왔다.

역사상 가장 심각한 인플레이션(하이퍼인플레이션)은 1920년대 초 1차 세계대전에서 패배한 독일에서 발생했다. 1921년 6월부터 1924년 1월 사이 독일의 월간 물가 상승률은 300퍼센트를 웃돌았다. 2년 남짓한 기간에 물가는 10억 배가 상승해 1923년 11월 1일 빵 1파운드의 가격이 30억 마르크, 소고기 1파운드의 가격은 360억 마르크였다. 상품 가격이 시간 단위로 변경될 만큼 물가가 가파르게 상승했고, 사람들은 엄청난 가격을 지불하기 위해 지갑이 아니라 수레가 필요했다. 독일의 중앙은행인 제국은행(라이히스방크)은 1조 마르크짜리 초고액권 지폐를 발행했다. 그러나 당시 독일의 문제는 단지 인플레이션만이 아니었다. 인플레이션이 광범위한 초과 수요가 존재하는 상태라면 디플레이션은 광범위한 초과 공급이 존재하는 상태로, 이론적으로는 두 가지 현상이 동시에 나타날 수 없다. 그러나 세계를 덮친 대공황기에는 두 가지 현상이 동시에 나타났다.

히틀러 치하에서 제국은행 총재에 임명된 얄마르 샤흐트(1877~1970)는 정반대 성격의 살인적인 경제 위기를 모두 해결했다. 그는 34퍼센트에 달하던 실업률을 5퍼센트 수준으로 떨어뜨렸고, 산업 생산은 60퍼센트, 국민총생산은 40퍼센트 증가시켰다. 샤흐트가 내놓은 대공황 처방전은 히틀러가 정치적 비상대권을 차지한 것처럼 경제에서 자신이 비상대권을 차지하는 것이었다. 샤흐트는 '신계획'Neo-plan이라 불린 비상대권을 통해 상거래·무역·관세·자본시장·외환거래 등을 직접 통제했다. 그는 '정책 실탄'을 통해 자금 지원 대상을 생산적인 곳과 비생산적인 곳으로 구분해 지원했다. 최우선 지원 대상은 히틀러가 야심차게 추진한 산림 녹화, 주택 개량, 아우토반(고속도로) 건설, 황무지

개간 등 일자리 창출이 가능한 부문이었다. 이런 정책은 오늘날 경제학자들이 관치금융이라 부르는 것이다. 만만치 않은 폐해를 불러일으키기도 했지만, 전후 일본과 박정희 시대의 한국이 이룩한 경제성장의 핵심 정책이었다.

샤흐트가 독일 경제를 부흥시킨 덕분에 히틀러는 2차 세계대전을 일으킬 경제적 기반을 다질 수 있었다. 그는 전후 뉘른베르크 법정에 섰지만 나치당원도 히틀러의 지지자도 아니었기에 무죄 판결을 받았다. 샤흐트는 독일의 경제성장을 위해 전쟁에 반대했고, 그 때문에 결국 총재 자리에서 쫓겨났다.

2008년 금융 위기 이후 양적 완화 정책으로 촉발된 인플레이션이 전 세계적으로 지속되고 있다. 코로나19 팬데믹 상황에서 각국 중앙은행들은 경기 부양을 위해 시중의 화폐 공급을 늘렸다. 화폐 가치가 나날이 떨어지는 상황에서 부동산과 주식, 비트코인에 투자하는 사람은 늘어만 간다. 얄마르 샤흐트가 추구한 경제 정책의 핵심은 불로소득이 아니라 일자리 창출을 통한 근로소득 증대에 있었다. 반복되는 위기 속에서 어떠한 소득 형태를 지원하고 추구해가야 할지 정책 입안 자들의 고민이 필요한 때이다. 얄마르 샤흐트는 1970년 6월 3일 뮌헨에서 사망했다.

⇒ 『세계를 뒤흔든 경제 대통령들』, 유재수 지음, 삼성경제연구소, 2013

6·4 톈안먼 사태

덩샤오핑은 1984년 일본의 나카소네 총리를 만나 "5년 뒤에도 현직에서 활동할 수 있을지 자신이 없다. 실제 업무는 후야오방(1915~1989)과 자오쯔양(1919~2005)의 도움을 받고 있다. 하늘이 무너져도 두 사람이 있는 한 끄떡없다"라고 말했다. 덩샤오핑은 문화대혁명(1966)을 비롯해 몇 차례에 걸쳐 정치적 위기를 맞아 실각했지만, 그때마다 복귀하는 데 성공했다. 1977년 마오쩌둥 사후 복귀해 화궈펑(1921~2008)을 몰아내고 당내 최고 실권자가 되었다. 덩샤오핑을 1인자에 오르도록 도운 오른팔이 후야오방이었다. 이후 덩은 강력한 개혁개방 정책을 추진했다. 당의 보수파 원로들은 그의 정책을 내심 못마땅하게 여기면서도 감히 도전하지 못했다. 후야오방은 정치적·사회적 자유화를 개혁개방에 뒤따르는 자연스러운 현상으로 여겼지만, 덩은 급진적 자유화가 공산당의 몰락과 중국의 붕괴로 이어질 수 있다고 여겨 보수파와 개혁파 사이에서 중심을 잡았다.

　　1986년 12월 안후이성 허페이공업대학교에서 학내 문제로 시작된 대학생 시위는 곧 민주화 요구로 이어지며 전국으로 확산되었다. 당 총서기 후야오방은 당내 보수파로부터 집중적인 비판과 견제를 받았고, 1987년 1월 총서기직 사임 의사를 밝혔다. 그의 사임은 승인되었지만 덩의 방침에 따라 정치국 위원직은 유지되었다. 전국인민대표회의(전인대)에서는 정치적·사회적·문화적 민주화와 경제개혁이 결합된 '사회주의적 민주주의가 가장 좋은 해결책'이라는 제안이 나왔다. 1989년 4월 8일 중난하이 근정전에서 열린 공산당 정치국 월례회의 중 후야오방이 갑자기 심장마비로 쓰러졌다. 응급처치를 하고 구급차가 달려왔지만, 후야오방은 일주일 만인 4월 15일 숨지고 말았다. 그의 사망 소식을 접한 덩샤오핑은 깜짝 놀라 피우던 담배를 떨어뜨리고 한참을 말없이 있었다고 한다.

1989년은 중국에 특별한 해였다. 5·4 운동(1919) 70주년, 중화인민공화국 건국 40주년(1949), 미국과 외교관계를 복원한 지 10주년이 되는 해였다. 중국 내외의 수많은 지식인들은 이 무렵 중국 정치의 유연성과 개방성이 한층 더 진전되길 기대했다. 학생들은 중국의 학문적·경제적 진보를 뒷받침하려면 지적 교류가 필요하고, 그러기 위해서는 표현의 자유를 보장하고 국가 발전을 위해 교육에 더 많이 투자해야 한다고 여겼다. 개혁개방 이후 공산당의 부정부패가 문제로 지적되었지만, 후야오방은 청렴하고 유능한 이미지로 대중적 인기와 신망을 받았다. 그의 사망 소식이

전해지자 학생과 시민들은 톈안먼 광장의 인민영웅기념비로 몰려들기 시작했고, 대학생을 중심으로 인민대회당 근처에서 연좌 농성이 시작되었다. 그들은 후야오방의 서거를 애도하는 한편 공산당 정부의 부정부패와 연고주의를 비판하며 민주화를 요구했다. 정부는 4월 22일을 후야오방의 장례일로 선포한 뒤 시위를 금하고 광장 전체의 교통을 통제하기로 했다. 그러나 학생들은 광장을 비우지 않았고, 『인민일보』는 대학생·노동자·농민공 시위를 '반혁명 폭란'으로 규정했다. 시위는 전국으로 확산되어 광장에 100만 명의 시위대가 모여들었다. 시위대는 미국의 자유여신상에 빗대 '민주의 여신상'을 세웠다.

5월 18일 베이징 일부 지역에 계엄령이 선포되었다. 오전 11시 인민대회당에서는 공산당 원로들과 학생 대표의 면담이 이루어졌다. 협상은 결렬되었다. 덩샤오핑이 계엄군 출동 명령을 내렸지만, 인민해방군 제38집단군 사령관 쉬친셴(1935~2021)은 "인민해방군이 인민에게 총부리를 돌릴 수는 없다. 시민과 학생들을 유혈 진압해 역사의 죄인이 될 바엔 내 목이 잘리는 것이 낫다"라며 출동을 거부했다. 이후 그는 명령불복종죄로 군사재판에 회부되어 5년간 복역했다. 5월 19일 총서기 자오쯔양이 광장을 방문해 단식 농성 중이던 학생들에게 이제 집으로 돌아가라고 눈물로 호소했지만 시위대는 이를 거부했다. 그는 민주화운동에 동조했다는 이유로 실각당해 17년간 가택에 연금당하는 신세가 되었다. 덩샤오핑이 그의 마음을 돌려보려고 여러 차례 시도했으나 그는 죽을 때까지 자신의 뜻을 꺾지 않았다. 5월 20일 마침내 계엄령이 선포되었다. 시위대의 저항이 예상외로 거세 계엄군은 광장에 쉽게 진입하지 못했다.

마침내 6월 3일 밤 10시 인민해방군 제38집단군과 제17집단군은 시위대의 저항을 장갑차로 밀어붙이며 광장 한복판에 진입했고, 다음 날 새벽까지 이른바 '광장 청소 작업'을 마무리했다. '6·4 톈안먼 사태'였다. 공식적으로 민간인은 사망자 875명에 부상자 1만4,550명, 군인은 사망자 56명에 7,525명이 부상당한 것으로 집계되었지만 정확한 숫자는 알 수 없다. 덩샤오핑은 자신이 원했던 후계자를 모두 잃었고, 이후 오늘에 이르기까지 중국에서 톈안먼 사태는 '폭란'으로 규정되어 언급 자체가 금기시되는 역사의 공백으로 남았다. 중국은 민주화를 향해 나아갈 역사적 기회를 놓쳤고, 연고에 의한 권력 세습과 경제적 양극화가 심화되고 있다.

⇒ 『중국현대사를 만든 세 가지 사건』, 백영서 지음, 창비, 2021

마셜플랜

2차 세계대전 종전 후 세계는 전쟁을 통해 탄생한 두 초강대국 미국과 소련이 자본주의와 공산주의의 이념을 내걸고 시작한 냉전 속으로 빠져들었다. 트루먼 대통령은 공산주의의 확산을 저지하겠다는 트루먼 독트린을 앞세워 그리스와 터키에 긴급 군사 지원금 명목으로 4억 달러에 이르는 대규모 군사원조를 실시했다. 또한 그는 서유럽이 공산주의의 팽창을 막아 내는 냉전의 방패가 되기 위해서라도 유럽의 경제부흥을 촉진하는 것이 시급한 과제라고 보았다. 1947년 6월 5일 조지 C. 마셜(1880~1959) 국무장관은 하버드대학교 졸업식 연설을 통해 경제 위기에 직면한 유럽 각국을 구제하기 위한 유럽경제부흥계획을 제창했다. 훗날 '마셜플랜'이라 불린 이 계획으로 미국은 1948년부터 1951년까지 유럽 각국에 125억3,490만 달러를 원조했다.

　이날의 연설에서 마셜은 경제원조가 "유럽의 모든 국가에 대해 열려 있다"라고 말했지만, 실제로는 '반소-반공'을 전제로 한 것이었기 때문에 소련과 동유럽 국가들을 배제한 가운데 서유럽 16개국이 참여한 '유럽경제협력위원회'가 출범했다. 이에 반발한 소련은 마셜플랜이 유럽의 자주권을 침해하는 미국의 제국주의적 내정 간섭이라며 강력히 비난했고, 서베를린 봉쇄(1948~1949)에 나서는 한편 대항 조치로 '몰로토프 플랜'을 발표했다. 이는 소련을 중심으로 하는 상호원조 체제로 공산권의 독자적인 경제부흥과 공동 방어를 위한 조치였다. 이를 기초로 1947년 9월 코민포름(1947~1956)이 만들어졌고, 미국은 1949년 8월 북대서양조약기구를 만들어 응수했다.

　　마셜플랜은 결과적으로 대성공을 거뒀다. 이 기간 동안 미국의 해외공보처USIA는 자동차와 기차를 동원해 유럽 각국을 돌며 대대적인 순회 전시회를 개최하여 문화적 이념 공세를 강화했다. 유럽의 산업과 농업 생산이 회복되고, 재정이 안정되면서 영국·프랑스·이탈리아·서독 등은 국민총생산이 15~25퍼센트까지 증가했다. 또한 미국과 유럽 간 무역도 급증했다. 유럽 국가들은 원조 자금의 대부분을 미국에서 새로운 생산 설비와 물품을 구입하는 데 사용했기 때문에 미국 역시 전례 없는 호황을 누렸다.

　　또한 마셜플랜은 유럽의 통합을 촉진하는 결과를 가져왔다. 베네룩스 3국·프랑스·이탈리아·서독은 유럽 경제 동맹을 맺고 통화·관세 등 상호 무역 증진과 산업 발전을 위해 노력했고, 정부와 정부 간의 협력을 경험한 이들 국가는 '유럽경제협력기구'OEEC를 상설화했다. 이 기구는 1961년

9월 미국과 캐나다를 가입시켜 오늘날의 경제협력개발기구OECD로 발전했다. 이처럼 마셜플랜은 유럽의 경제를 부흥시키는 데 성공했지만, 동시에 냉전을 제도화하고, 미국의 패권을 강화하는 데에도 크게 기여(?)했다.

⇒　『미국과 냉전의 기원』, 김정배 지음, 혜안, 2001

반민족행위특별조사위원회

6월 6일은 현충일이다. 현충일은 나라를 위하여 싸우다 숨진 순국선열을 기리기 위해 지정된 날이다. 1949년 6월 6일 어떤 일이 있었는지 생각한다면 '현충'顯忠의 진정한 의미와 무엇을 위한 현충이어야 하는지 다시 생각하지 않을 수 없다. 그날 아침 윤기병 중부경찰서장이 지휘하는 경찰 50여 명은 실탄을 장전한 권총으로 무장한 채 서울 남대문로에 있는 한 사무실을 급습했다. 사무실로 난입한 경찰들은 총을 빼들고 "여기 있는 놈들은 빨갱이들이니 모조리 끌고 가라"라며 사람들을 닥치는 대로 붙잡아 두들겨 패면서 끌고 갔다. 경찰은 이날 35명의 직원과 이들이 사용하는 호신용 무기, 통신 기기, 서류 등 일체를 압수했다. 이날 잡혀간 사람들은 심한 고문을 당해 그중 22명이 입원 치료를 받아야 했다. 과연 이들은 얼마나 무서운 죄를 저질렀기에 이토록 혹독한 일을 당했던 것일까?

　　1948년 9월 7일 제헌국회는 일제에 적극적으로 협조한 악질적 반민족행위자를 처벌하기 위해 반민족행위처벌법을 만들고 '반민족행위특별조사위원회', 이른바 '반민특위'를 설치했다. 반민특위 산하의 특별경찰대(특경대)는 일제에 적극적으로 협력했던 악질 기업가 박흥식을 비롯해 최남선·이광수 등을 검거하여 재판에 회부하는 등 활발하게 활동했다. 위기를 느낀 친일 경찰 노덕술 등은 테러리스트 백민태를 고용해 대법원장(김병로), 검찰총장(권승렬), 국회의장(신익희)을 비롯해 반민특위 위원들을 납치해 38선 인근으로 끌고 가 살해할 음모를 꾸민 것이 발각되기도 했다.

1949년 6월 4일 반민특위는 친일 경찰 최운하를 체포했지만, 내무차관 장경근이 그의 석방을 요구했다. 최운하는 일본 고등계 형사 출신으로 노덕술 등과 함께 대한민국 경찰이 된 대표적인 친일파였다. 반민특위가 그의 석방을 거부하자 정부는 경찰을 동원해 반민특위를 공격했다. 국회는 이날 오후 반민특위의 원상 복귀와 책임자 처벌을 요구했으나, 이승만 대통령은 반민특위 습격은 자신이 직접 지시한 것이라면서 특위의 활동으로 인해 민심이 혼란하므로 부득이하게 특경대를 해산한다는 담화문을 발표했다. 이후 백범 김구마저 암살당하면서 반민특위 활동은 사실상 막을 내리게 되었고, 현재에 이르기까지 친일파 역사 청산은 우리에게 가장 큰 숙제로 남았다.

⇒　『반민특위전』, 조남준 지음, 한겨레출판, 2019

스테이션 X

독일은 2차 세계대전을 벌이기 전, 거의 모든 산업 분야에서 비밀리에 전쟁을 준비하기 시작했다. 루프트한자 항공사를 위한 민항기를 제작한다는 명목으로 폭격기를 개발했고, 농업용 트랙터를 제작한다며 신형 전차를 준비했다. 그리고 또 하나의 비밀무기로 '에니그마'Enigma를 발명했다. 작전을 원활하게 수행하려면 원활한 통신이 필수인데, 당시는 상대방의 통신을 도청해서 통신 암호를 해독하는 기술까지 놀라울 만큼 발전해 있었다. 이에 독일군은 적국이 절대로 풀 수 없을 복잡한 수학적 암호 체계를 개발했다. 에니그마는 통신할 때마다 글자와 숫자를 이용해 수천 가지 조합의 암호를 생성해 내는 무선통신 장비였다.

에니그마를 이용한 전격전으로 서유럽을 장악한 독일과 영국 사이에는 도버해협만이 남아 있었다. 독일의 암호 체계를 풀기 위해 영국은 최고의 천재들을 런던 근교의 블레츨리 파크로 불러 들였고, 누구에게도 공개되지 않는 그 특급 기밀 공간은 '스테이션 X'라는 암호로 불렸다. 그들은 누구도 해독할 수 없을 것이라 여겨졌던 독일의 에니그마를 해독하는 데 성공했다. 연합군 총사령관이었던 아이젠하워는 그들이 암호를 해독한 덕에 2차 세계대전을 2년 앞당겨 승전으로 마무리할 수 있었다고 말했다. 암호 해독에 성공한 연합군은 1941년 독일의 크레타 침공 계획과 북아프리카 독일군의 지원 병력 수송 계획을 알아 내고 대서양 전투에서 독일군 유보트 잠수함 전단의 항로를 추적할 수 있었다.

에니그마 암호를 해독해 2차 세계대전을 승리로 이끄는 데 기여한 인물 중에는 수학자이자 과학자이며 세계 최초의 해커, 컴퓨터와 인공지능의 아버지라 불리는 앨런 튜링(1912~1954)이 있었다. 1938년 미국 프린스턴대학교에서 수학박사 학위를 받은 튜링은 27세에 이미 오늘날 현대 컴퓨터의 모델이라 할 수 있는 '튜링머신'을 수학적으로 고안해 냈다. 튜링머신은 구멍 뚫린 종이테이프에 필요한 명령어를 입력하면 프로그램에 의해 움직이는 일종의 컴퓨터였다.

프린스턴대학교의 폰 노이만(1903~1957) 교수는 그의 천재적인 아이디어에 감복해 함께 일하자고 제안했지만, 2차 세계대전이 벌어지자 튜링은 서둘러 영국으로 돌아갔고 블레츨리 파크에서 에니그마 암호 해독 작전 '울트라'에 참여했다. 1943년 12월 튜링은 2,400개의 진공관을 이용해 '콜로서스'라는 세계 최초의 연산 컴퓨터를 만들었다. 이런 모든 사실은 1970년대까지도 일급 기밀로 분류되어 대외적으로 공개되지 않았다. 그 때문에 오랫동안 세계 최초의 컴퓨터는 펜실베이니아대학교의 '애니악'ENIAC(1946년 2월)으로 알려져 있었다.

전후 앨런 튜링은 동성애자라는 이유로 기소되었으며, 호르몬 치료를 강요받았다. 수치심과 모멸감을 견딜 수 없었던 튜링은 1954년 6월 7일 스스로 목숨을 끊었다. 그가 친구에게 보낸 유서에는 "배척의 원리는 자유롭게 사귀도록 내버려 둔다면 타락할지도 모를 사람들에게만 적용된다"라는 암호가 적혀 있었다.

⇒　『앨런 튜링』, 잭 코플랜드 지음, 이재범 옮김, 지식함지, 2014

회의는 춤춘다

베스트팔렌 조약(1648)이 30년전쟁의 마무리를 위해 열렸던 것처럼 빈회의(1814년 9월 ~ 1815년 6월)는 유럽을 뒤흔든 프랑스혁명과 나폴레옹전쟁의 결과를 수습하기 위해 열렸다. 이 회의의 주최자는 당시 오스트리아 외상이자 훗날 재상이 된 메테르니히(1773~1859)였다. 나폴레옹이 엘바섬으로 쫓겨난 뒤 그는 파리조약에 따라 프랑스가 포기한 영토 처리 문제 등 산적한 과제들을 해결해야 했다. 빈회의는 유럽의 영토를 나폴레옹 이전으로 되돌리는, 다시 말해 나폴레옹이 자신의 일족과 공신들에게 나누어 주었던 프랑스 이외의 영토를 재분배한다는 무거운 숙제를 짊어지고 있었다. 유럽의 크고 작은 90개의 왕국과 53개 공국의 군주, 정치가 들이 참가하는 유럽 역사상 최대 규모의 회의였기 때문에 회의를 주최한 오스트리아는 이들을 접대하는 데 어마어마한 비용을 들였다.

빈에 도착한 각국 대표를 접대하는 실무 책임은 오스트리아의 장군 샤를 조제프 라모랄 리뉴(1735~1814) 공이 맡았다. 이처럼 많은 왕국과 지역 대표가 모이긴 했지만 실제 회의는 대프랑스 전쟁에서 주축을 이루었던 오스트리아·영국·러시아·프로이센의 4대 열강과 그 적대자였던 프랑스까지 5개국을 중심으로 운영되었다. 프랑스는 비록 패전국이었으나 여전히 열강이었다.

나폴레옹 정부에서 외무장관을 지낸 탈레랑(1754~1838)은 "악마처럼 검고, 지옥처럼 뜨거우며, 천사처럼 순수하고, 사랑처럼 달콤하다"라며 커피에 대한 찬사를 남긴 바 있는데, 그의 노련한 외교술과 책략 덕분에 승전국에 버금가는 발언권과 지위를 누렸다. 이외의 국가들은 강대국이 내리는 결정이 자국의 손실로 돌아오지 않을까 전전긍긍하며 회의의 추이를 살펴보는 정도에 그쳤고, 실제로도 참가국 전체가 한 자리에 모이는 전체 회의는 한 번도 열리지 않았다. 할 일이 없으니 이들은 매일 회의장 주변에서 무도회와 성대한 연회에 참석했다. 탈레랑은 하루 일과 중 4분의 3이 연회와 즐거운 왈츠로 채워졌다고 회고했다. 회의가 지지부진할수록 연회와 무도회는 더욱 성대해졌다. 그 이면에는 영토를 둘러싼 각국의 이전투구가 더해졌다.

빈 회의가 이처럼 지리멸렬해진 까닭은 나폴레옹이란 거대한 적이 사라진 뒤 열강들이 서로를 견제하며 조금도 손해를 보지 않으려고 했기 때문이다. 진전 없이 계속 늘어지기만 하는 회의에 인내력과 체력이 바닥난 늙은 장군 리뉴 공은 친구들에게 "회의는 춤춘다. 그러나 진전은 없다"

라고 편지를 썼다. 실무 책임자였던 그는 이 회의가 끝나는 것을 보지 못하고 1814년 12월 13일 세상을 떠났다. 1815년 6월 8일에 종결된 빈회의는 프랑스혁명으로 몰락한 부르봉 왕가를 프랑스와 스페인에서 부활시키는 등 프랑스혁명이 선사한 자유주의와 민족주의의 씨앗을 제거하고 유럽 열강 사이에 이른바 세력 균형을 유지하는 복고주의와 보수주의 체제로서 빈체제를 만들어냈지만, 이 중 어느 하나도 성공하지 못했다.

⇒ 『처음 읽는 유럽사』, 데이비드 메이슨 지음, 김승완 옮김, 사월의책, 2012

존 B. 켈리의 복수

올림픽은 그리스 도시국가 간의 화합과 평화를 도모하기 위한 신들의 제전에서 출발했기 때문에 로마제국이 그리스 도교를 국교로 채택하며 폐지(393)되었다. 조상이 로마의 귀족이라고 주장했던 쿠베르탱 남작이 1896년 아테네에서 근대 올림픽을 시작해 오늘에 이른다. 비록 세계 평화와 인류애를 부르짖지만, 올림픽 자체가 그리스에서 기원한 만큼 서구 중심주의와 귀족주의, 엘리트 스포츠 제전이라는 비판도 끊이지 않는다. 다른 한편으로 이제 올림픽에서 쿠베르탱이 주창했던 아마추어리즘의 순수성을 찾아볼 수 없다는 비판도 있다. 스포츠에서 아마추어리즘이란 사실 귀족주의의 반영이기도 했다.

올림픽의 정신과 규칙을 만드는 데 큰 영향을 주었던 '헨리 로열 레가타'Henley Royal Regatta는 1839년 이래 해마다 7월이 되면 세계 각국의 아마추어 선수들이 템스 강변에 모여 8개의 우승컵을 다투는 세계 최고의 경조競漕 대회로 영국 왕실이 개최하고 있다. 1920년 제7회 앤트워프 올림픽 싱글 스컬과 더블 스컬에서 우승한 바 있는 미국인 존 B.

켈리(1889~1960)는 같은 해 이 대회에 출전 신청을 했지만 거부당했다. 왜냐하면 당시 이 대회에는 "출전 자격은 신사에 한하며 노동자는 인정하지 않는다"라는 규칙이 있었기 때문이었다. 당시 존 켈리의 직업은 벽돌공이었다. 1936년에도 6명의 호주 노동자가 출전을 거부당했다.

존 켈리는 훗날 누구보다 멋진 복수를 한다. 그의 아들 존 B. 켈리 주니어(1927~1985)가 1940년 이 대회에 참가해 우승 트로피를 거머쥐었고, 1956년 멜버른 올림픽에 출전해 3개의 금메달을 획득했기 때문이다. 게다가 훗날 그의 손녀이자 존 켈리 주니어의 딸, 그레이스 켈리(1929~1982)는 모나코의 대공 레니에 3세의 대공비가 되었다. 1937년 6월 9일, 이 불쾌한 규칙이 마침내 사라졌다. 비록 대회에 참가할 수 없었다 하더라도 당시 이 대회에 도전장을 내밀었던 그들은 이미 승자이며 우리는 부당한 규칙에 도전한 사람들에게 감사해야 한다.

⇒　『스포츠의 탄생』, 볼프강 베링거 지음, 강영옥 옮김, 까치, 2021

6월항쟁

시인 김수영(1921~1968)은 「거대한 뿌리」에서 "버드 비숍 여사를 안 뒤부터는 썩어빠진 대한민국이/ 괴롭지 않다 오 히려 황송하다 역사는 아무리/ 더러운 역사라도 좋다/ 진창 은 아무리 더러운 진창이라도 좋다"라고 말했다. 4월 혁명 에 바치는 헌사였다.

1987년 두 개의 대한민국이 있었다. 1980년 광주 학살 을 통해 정권을 잡고 남영동 밀실에서 꽃다운 젊은이의 목 숨을 아무렇지 않게 앗아 간 겨울공화국이 있었고, 그 겨울 의 냉기 밑에서 민주공화국의 미래를 위해 새로운 봄을 준 비하는 대한민국이 있었다. 엄혹한 현실과 예측할 수 없는 미래 속에 놓인 서로 다른 두 개의 대한민국이 지닌 엄청난 간극과 비동시성은 1987년 6월 극적인 균열을 만들어 냈다.

6월항쟁은 죽음으로 시작되었다. 1월 14일, 치안본부 대공 분실에서 조사를 받던 박종철 열사가 죽었다. 경찰은 책상을 '탁' 치니 '억'하고 쓰러졌다고 발표했다. 그의 죽음 을 추도하기 위한 추모 대회를 2월 7일에 개최하기로 했으 나 경찰은 이틀 전부터 검문검색을 강화하는 한편 민주 인사들을 연행하고 가택 연금을 실시했다. 추모 대회장은 물론 인근 도로까지 통제했다. 그러나 전국에서 6만여 명의 시민과 학생들이 경찰 봉쇄를 뚫고 추모 대회를 강행했다. 5공 정권 출범 이후 열린 최대 규모의 반정부 투쟁이었다. 그러나 보도 지침으로 정권의 앵무새가 된 언론은 이날 모인 군중이 고작 700여 명에 불과하다고 보도했다.

1961년 5·16 군사정변으로 시작되어 1972년 유신 독재, 1980년 광주 학살을 거치며 온 나라에 재갈이 물린 듯했지만 민중과 야권은 대통령직선제를 주장하기 시작했다. 전두환은 이른바 '4·13 호헌 조치'를 발표하며 일체의 개헌 논의를 금지했다. 이 조치는 끓는 물에 기름을 부은 꼴이 되어 전국적으로 "호헌 철폐! 독재 타도!"라는 구호와 함께 정권 퇴진 운동이 시작되었다. 민중의 바람이 직선제 개헌으로 모이는 가운데 신한민주당의 이민우 총재와 이철승 등은 정부의 내각제 개헌을 지지하고 나섰다. 이에 반발한 김영삼·김대중 등은 70여 명의 의원과 함께 탈당해 통일민주당 창당을 추진했다. 그해 4월 20일부터 24일까지 전국의 20여 개 통일민주당 지구당에 조직폭력배가 난입해 기물을 부수고 당원들을 폭행하는 정치 테러가 발생했다. 이른바 '용팔이 사건'이었다. 5월 18일, 천주교정의구현전국사제단은 박종철 고문치사 사건의 진상이 조작·은폐·축소 되었다는 성명을 발표했다. 진실이 밝혀지자 국민의 분노가 끓어올랐고, 5월 27일 서울에서 '민주헌법쟁취국민운동본부'(국본)가 결성되었다. 국본은 다가오는 6월 10일 전국에서 '박종철 군 고문살인 은폐 조작 규탄 및 민주헌법 쟁취를 위한 범국민대회'를 개최하겠다고 밝혔다. 그 전날인 6월 9일 이한열을 비롯한 연세대 학생 2천여 명이 국본이 주최하는 6·10 대회에 참가하기 위해 궐기대회를 열었다. 오후 5시, 교문 밖으로 행진하던 학생 행렬 맨 앞에 있던 이한열이 경찰이 쏜 최루탄에 머리를 맞고 피를 흘리며 쓰러졌다.

6월 10일 오전 10시, 잠실 체육관에서 민정당 전당대회가 열렸고 대통령 후보로 노태우가 선출되었다. 같은 시각 전국 22개 도시에서 시위가 열렸다. 진압 경찰은 최루탄을 무차별 난사하고, 백골단이라 불리는 사복 체포조를 동원해 6월 10일 하루에만 3,831명의 시민과 대학생을 검거했다. 진압 경찰에 몰린 시위대는 그날 저녁 명동성당에 집결했다. 국본은 집회 종료를 선언했지만, 성당에 모인 사람들은 해산을 거부한 채 투쟁을 이어가기로 했다. 시위는 끝나지 않고 전국적으로 계속되었다. 전국 247개 장소에서 150만여 명 시민이 참여했다. 참가 인원이 늘자 경찰은 더 이상 시위를 막을 수 없었다. 마침내 6월 29일 민정당 대선후보 노태우는 전두환에게 직선제 개헌을 골자로 하는 8개 항의 시국 수습 방안(6·29 선언)을 제안하고, 전두환은 이를 전격적으로 수용했다. 훗날 밝혀진 바에 따르면 정권 연장을 위한 치밀한 계획 아래 사전에 합의한 결과였다.

6월항쟁의 열기가 식기 전, 7·8월 노동자 대투쟁이 일어났다. 석 달여 동안 전국에서 3,300여 건의 노동쟁의가 발생했고, 120만 명의 노동자가 참가했다. 이 투쟁은 건국 이래 최대 규모의 집단적인 저항운동이었고, 노동운동의 역사를 하루에 1년씩 앞당기는 대단한 사건이었지만 6·29 선언 이후 잠시 열렸던 하늘은 곧 봉합되었다. 사람들은 다시 평온한 일상으로 돌아갔고, 그해 연말 대선에서 노태우가 당선되었다. 1987년 6월항쟁을 경험하지 못한 사람들이 나날이 새롭게 태어나고 있지만, 김수영이 "나에게 놋주발보다도 더 쨍쨍 울리는 추억이/ 있는 한 인간은 영원하고 사랑도 그렇다"라고 노래했던 것처럼 이 사건은 우리 역사의 거대한 뿌리가 되었다.

⇒　『100℃』, 최규석, 창비, 2017

무술육군자

청일전쟁의 패배(1895)와 독일의 교주만 점령(1897) 등의
시련을 겪으며 중국(청)은 제도의 개혁 없이 단지 서구의
물질문명만 수용하는 방식中體西用의 한계를 깨닫는다. 이때
캉유웨이가 개혁의 시급함을 역설하며 올린 상서가 청의
11대 황제 광서제(재위 1874 ~ 1908)의 마음을 움직여 캉유
웨이·량치차오·탄쓰퉁 같은 개혁 인사(변법파)를 등용해
급진적 개혁 정책을 추진한 것이 이른바 '변법자강운동'이
다. 무술년인 1898년 6월부터 9월까지 100여 일에 걸쳐 벌
어졌기에 '무술변법'이라고도 한다.

　　1898년 6월 11일, 광서제는 조정의 실권자였던 서태후
(1835~1908)의 동의를 받아 새로운 개혁 지향을 표명하는 국
시明定國是를 발표했다. 변법파는 일본의 메이지유신에 주목
했다. 그들은 중국의 유교적 질서를 기반으로 서구의 신문
물을 도입한다는 양무운동의 한계를 뼈저리게 절감했기에
정치·교육·법 등 사회 전반을 근본적으로 개혁하고자 했다.
우선 과거시험에서 사서오경을 중심으로 한 팔고문을 폐지
하고 새롭게 책론策論을 도입했다.

팔고문이란 명·청 시대 과거시험의 답안 작성에 사용하도록 규정된 특수한 문체를 일컫는 말로, 1902년 폐지될 때까지 지식인들의 사유를 옭죄는 족쇄로 작용했다. 변법파는 서원 대신 베이징에 경사대학당을 설치하고 지방에 중·소 학당을 설립하게 했다. 열강의 산업 침탈에 대항하기 위해 농공상총국·광업철로총국을 설치하여 농업의 자본주의적 경영, 민족 자본에 의한 공장 및 철도의 설립을 유도하고자 했다. 언로를 개방해 신문사를 설립하도록 했고, 역서국을 설립해 서구의 신식 학문과 지식이 빠르게 유입되도록 했다.

변법파의 개혁은 전제군주정 내의 개혁에 불과했지만, 서태후를 비롯한 청 조정의 수구파들은 이 개혁이 자신의 특권을 위협한다고 느꼈다. 서태후는 자신의 심복 룽루榮祿를 북양육군에 임명해 반혁명을 추진했다. 다가오는 위험을 예감한 변법파 역시 실권 없는 광서제의 신임만으로는 개혁이 좌절될 위기를 느껴 육군을 통솔하고 있는 위안스카이에게 탄쓰퉁을 보내 지원을 호소했다. 위안스카이는 겉으로는 변법파를 지원하는 척하면서 이 같은 사실을 룽루에게 밀고했다. 1898년 9월 21일 아침 서태후는 광서제의 침실로 나아가 이제부터 모든 정사를 자신이 직접 담당하겠다며 황제를 유폐하고, 변법파에 대한 체포령을 내렸다.

변법파의 핵심 인물이었던 캉유웨이는 상하이의 영국

공사관으로 피신해 보호를 받다가 일본의 개화파 인사인 미야자키 도텐, 우사기 오기히코의 도움으로 제자 량치차오와 함께 홍콩을 경유해 일본으로 망명하는 데 성공했다. 그러나 이들과 뜻을 함께 했던 탄쓰퉁을 비롯해 린쉬林旭, 양루이楊銳, 캉광렌康廣仁, 류광디劉光第, 양선슈楊沈秀 등 6인은 서태후에 의해 처형당했다. 이들을 무술육군자라 부른다. 무술변법의 실패 이후 중국은 근대와 전제 왕정은 도저히 함께 할 수 없는 제도이며 무장하지 않은 혁명가는 결코 성공할 수 없다는 사실을 깨달았다.

⇒   『현대 중국을 찾아서』(전2권), 조너선 스펜스 지음, 김희교 옮김, 이산, 1998

러빙데이

'사랑에는 국경도 없다'고 하지만, 인종의 벽은 존재하던 시절이 있었다. 24세의 젊은 남성 리처드 러빙은 당시 18세의 여성 밀드러드를 만나 사랑에 빠졌다. 그는 밀드러드와 결혼할 돈을 마련하기 위해 농장과 건설 현장에서 열심히 일했다. 그 덕분에 집 지을 땅을 마련한 리처드는 밀드러드에게 청혼했다. 밀드러드의 태중에는 이미 사랑의 결실이 자라고 있었다. 두 사람은 1958년 6월 2일 미국 워싱턴DC에 가서 결혼했다.

당시 버지니아주는 '인종순결법'Racial Integrity Law으로 타인종 간 결혼을 금지하고 있었다. 신혼여행을 마치고 고향 버지니아주 리치먼드시 캐럴라인카운티로 돌아온 부부는 새벽 2시에 갑자기 체포된다. 두 사람이 결혼하고 5주 만에 생긴 일이었다. 밀드러드는 임신한 몸으로 구치소에서 며칠을 보내야 했다. 집행유예를 선고한 판사는 "리처드 페리 러빙은 백인으로서 유색 인종인 밀드러드 돌로리스 지터와 불법 결혼을 목적으로 버지니아주를 벗어나 컬럼비아특별구로 가서 1958년 6월 2일 비밀리에 혼인한 뒤 버지니아주에 돌아와 캐럴라인카운티에서 남편과 아내로 동거함으로써 연방의 평화와 존엄을 위배했다"라며 결혼을 무효로 하든지 버지니아주를 떠나라고 명령했다. 판사는 "신은 백인·흑인·황인·말레이인·홍인을 창조해 각기 다른 대륙에 살게 했다. (……) 인종을 따로 둠으로써 서로 섞이지 않게 하려는 뜻"이었다고 판결문에 적었다.

사랑을 지키기 위해 두 사람은 태어나서 한 번도 떠난 적 없는 고향 마을과 애써 지은 신혼집을 등진 채 워싱턴 DC로 떠나야 했다. 리처드는 벽돌공으로 일하며 가족을 부양했고, 그 사이 세 명의 자녀를 두었지만 부부는 일가친척이 살고 있는 고향을 잊을 수 없었다. 사랑한 죄밖에 없음에도 고향을 떠나 추방된 삶을 살아야 했던 밀드러드는 미국시민자유연맹ACLU을 찾아가 젊은 변호사 버나드 코언을 만났다.

러빙 부부는 특별히 시민권이나 시민운동에 관심 있는 사람들이 아니었기 때문에 재판으로 사람들의 시선을 끌길 원치는 않았다. 그러나 아들이 복잡한 도심에서 자동차 사고를 당할 뻔하자 한적한 시골 마을인 고향으로 돌아가기로 결심한다. 이렇게 해서 유색인과 백인 간 결혼 합법화를 이끌어 내며 미국 인권운동사에 새로운 이정표를 세운 '러빙 대 버지니아주' 소송이 시작되었다. 이 소송은 연방대법원까지 올라갔고, 1967년 6월 12일 연방대법원은 "개인은 인종 차이를 떠나 자유롭게 혼인 여부를 결정할 권리가 있다. 또한 국가는 이러한 개인의 권리를 침해할 수 없다"라며 만장일치로 러빙 부부의 손을 들어 주었다.

러빙 가족은 고향 캐럴라인카운티로 돌아갔다. 이곳에서 평범한 삶을 살다가 남편 리처드는 1975년 교통사고로 숨졌고, 아내 밀드러드는 2008년 5월 8일 68세를 일기로 세상을 떠났다. 이들 부부는 2남 1녀의 자녀와 8명의 손자, 11명의 증손자를 두었다. '러빙 대 버지니아주' 소송 이후 미국 중남부의 여러 주에서 유사한 소송이 잇따랐다. 지난 2000년 가장 완강하게 저항하던 앨라배마주에서도 타인종 간 혼인이 합법화되었다. 부부의 고향에서는 매년 6월 12일을 인종 간 결혼합법화 판결을 기념하는 '러빙데이' 행사를 개최하고 있다.

⇒　영화 『러빙』, 제프 니콜스 감독, 2016

미군 범죄

경기도 양주군 광적면 효촌2리에 살던 조양중학교 2학년 신효순과 심미선 두 소녀(당시 14세)는 국도 제56호선을 따라 걷고 있었다. 다음 날이 마침 효순의 생일이라 친구들과 함께 의정부로 놀러 가던 중이었다. 이 길은 인도가 따로 없는 폭 3.3미터의 편도 1차선 도로로 주민들은 평소에도 갓길을 인도 삼아 통행해 왔다. 두 사람 뒤로 주한미군 보병 2사단 44공병대대 소속 부교 운반용 장갑차가 언덕으로 막 올라오고 있었다. 이때 맞은편에서는 브래들리 장갑차 5대가 무건리 훈련장으로 이동하고 있었다. 사고 차량은 마주 오는 차량을 피하기 위해 방향을 틀었고, 갓길로 걷던 두 소녀는 장갑차량에 깔려 목숨을 잃었다. 2002년 6월 13일 전국이 한일월드컵 열기로 뜨거웠던 무렵 일어난 '미군 장갑차에 의한 중학생 압사 사건'이다.

유족들은 사고 당일 차량 너비가 도로 폭보다 넓은데도 불구하고 충분한 안전 조치도 없이 무리하게 교행을 시도했다는 점에서 이번 사고는 처음부터 예견된 살인 행위와 마찬가지였다고 주장했다. 사고 당일 미8군 사령관은 유감을 표했고, 다음 날 미 보병2사단 참모장 등이 분향소를 방문해 유가족에게 각각 위로금 100만 원을 전달하는 등 사고 수습에 나섰다. 미군 측은 15일 장례식을 치르고 나면 사단장과 면담할 수 있도록 조치하겠다고 약속했으나 장례식 이후 통역 실수였다며 면담을 취소했다. 미군 당국은 7월 3일 운전병과 관제병을 과실치사죄로 미 군사법원에 기소했지만, 유족 측은 이들을 포함해 미2사단장 등 미군 책임자 6명을 업무상 과실치사 혐의로 의정부지청에 고소했다.

미군을 비난하는 시위가 계속되자 대한민국 법무부는 7월 10일 미군 측에 재판권 포기를 요청했다. 사상 최초의 일이었지만 미군은 신변 위협 등의 이유를 들어 검찰 소환 조사에 응하지 않았다. 재판권 포기 요청에 대해서도 공무 중 발생한 사고이기 때문에 재판권이 미군에 있으며, 지금까지 미국이 재판권을 포기한 전례가 없다는 이유를 들어 거부했다. 캠프케이시(동두천) 군사법정은 기소된 미군 2명에 대해 공무 집행 중 과실치사라는 이유로 무죄를 선고했다.

1945년 미군이 인천에 상륙한 이래 1967년 SOFA가 발효되기 전까지 한국은 미군 범죄에 대해 재판권은커녕 단속할 권한조차 없었기 때문에 미군 범죄에 관한 통계 자료조차 없었다. 다만 언론 보도를 통해 일부 확인된 바에 따르면 미군 범죄는 연간 최소 2천 건 가까이 되었고, 이 중 살인·강도·강간 등의 강력범죄 비율이 상당히 높았다. SOFA 발효 첫해인 1967년 2월 9일부터 연말까지 발생한 미군 범죄만 총 1,710건에 이르렀지만, SOFA 발효 이후에도 미군은 재판권을 포기하지 않았다. 그러나 미군 장갑차에 의한 여중생 압사 사건 이후 미군 범죄에 대한 사회적 관심이 높아지면서 한국 정부의 재판권 행사 비율이 꾸준히 증가하기 시작했다. 그럼에도 2019년 주한미군의 야간통행 금지 조치가 단계적으로 해제되면서 미군 관련 범죄는 전년 대비 26퍼센트(351건에서 444건으로)로 꾸준히 증가하고 있는 추세다.

2007년 정부와 기업의 비윤리적 행태를 담은 기밀 문서를 폭로한 위키리크스 사건이 있었다. 노무현 대통령의 임기 말이던 2007년 8월 6일 한국의 가장 영향력 있는 3대 일간지 소속 선임 기자는 당시 주한미국 대사관 공보참사관과 함께한 자리에서 조·중·동으로 대표되는 주류 언론사들이 2002년 한국 대선을 앞두고 발생한 두 여중생 사망 사건에 대해 적절하게 대처하지 못했기 때문에 그들이 반대한 인물이 대통령이 되었으며 앞으로 다시는 이런 일이 발생하지 않도록 주의할 것이라 다짐하는 내용이 공개된 바 있다.

⇒ 『평화의 불씨 26년의 기록』, 주한미군범죄근절운동본부 지음, 민중의소리, 2018

금서 목록

냉전 시대, 미국과 소련으로 대표되는 양대 진영이 자본주의와 사회주의라는 이념을 앞세워 전 세계 민중의 마음을 얻으려고 치열한 이데올로기 전쟁을 치렀던 것처럼, 보편 기독교의 세계였던 유럽도 신·구교로 분열되면서 치열한 종교전쟁을 치렀다. 이데올로기처럼 신앙 역시 신념과 양심의 문제였기에 이 시기는 냉전 못지않은 잔인함과 불관용不寬容의 시대였다. 피가 피를 부르는 갈등이 절정에 다다른 상황에서 구텐베르크 인쇄술에 의해 대량으로 생산되고 유포되기 시작한 '책'은 자신의 신앙을 널리 주장하고 전파하며 상대 신앙에 대한 적대감과 불신을 실어 나르는 매체였으며, 권력자들을 불안하게 만드는 위협이었다.

유럽 대부분의 국가에서 책의 발행·인쇄·배포 등 전 과정을 법률로 통제했고, 책과 관련한 모든 직업과 산업 전반에 대한 검열이 행해졌다. 도서 검열에 대해서는 특히 가톨릭교회의 잣대가 엄격했는데, 그것은 중세 이래 가톨릭교회가 이단적 견해로부터 교회를 보호하는 역할을 자임해 왔기 때문이다. 1542년 교황 바오로 3세는 로마에 종교재판소를 설립해 이단 심판을 시작했고, 1546년 트리엔트공의회는 대략 1천여 권의 책을 "신앙을 순수하게 유지하고 신도의 구령救靈을 위해 신앙·도덕을 위협하는 것으로서 금지한" 금서 목록을 발표했다. 또한 1572년에는 '금서성'이라는 별도의 기구를 설립해 해마다 금서 목록을 개정해 발표했다. 금서 목록이 금지하는 것은 단순히 책의 출판뿐 아니라 읽고 소유하고 판매하고 번역하는 행위 모든 것을 아울렀고, 심한 경우에는 그런 책이 존재한다는 사실을 누군가에게 알리는 행위도 처벌의 대상이었다.

유신 시대와 5공화국 시대에 우리나라가 그러했던 것처럼 16세기 종교개혁과 17세기 종교전쟁 시기에 금서는 읽거나 소지한 것으로서 이적과 악행의 증거물이 되었다. 음심과 음행을 조장하는 책은 물론 천동설을 부정하거나 교회의 권위를 의심하거나 비판하는 내용, 권력의 질서를 부정하는 내용을 담았다는 이유 등으로 금서가 되었다. 마키아벨리, 에라스무스, 라블레의 책을 포함해 브루노, 케플러, 단테, 볼테르, 몽테뉴, 디드로, 위고, 루소, 지드, 스피노자, 칸트, 흄, 베이컨, 로크, 사르트르에 이르는 근현대 유럽 지성사의 빛나는 저작 대부분이 금서 목록에 등재되었다.

제2차 바티칸 공의회(1959~1965)의 결과로 1966년 6월 14일 교황청 금서 목록이 공식적으로 폐지될 때까지 420년

동안 40여 차례에 걸쳐 금서 목록이 발표되었고, 위반자는
종교재판에 회부되어 파문당하거나 처형되었다.

⇒   『100권의 금서』, 니컬러스 J. 캐롤리드스·마거릿 볼드·돈 B. 소바
     지음, 손희승 옮김, 예담, 2006

옴진리교

출근하려는 사람들로 만원이었던 러시아워의 도쿄 지하철이 치명적인 신경 가스 테러의 표적이 되었다. 마치 영화의 한 장면 같은 사건이 1995년 3월 20일 오전 8시경에 벌어졌다. 5개의 전동차가 역에서 막 출발하려고 문을 닫는 순간 사린가스가 든 비닐봉지가 터지면서 승객과 승무원 등 13명이 사망하고, 5,510명이 중경상을 입었다. 이 사건은 전후 일본 최대의 무차별 테러였다. 범인은 '옴진리교'라는 신흥 종교의 신도들이었다. 옴진리교는 1984년 아사하라 쇼코의 명상 단체로 시작해 이후 10년간 교세가 괄목할 정도로 확대되었다. 이들은 1995년 도쿄 지하철 테러를 일으키기 9개월 전인 1994년 나가노현 마쓰모토시에서도 사린가스를 유포하는 테러를 일으켰다. 1990년대 초 옴진리교는 일본 헌법에 전쟁을 선포하고 재래식 무기를 자체 제작하려 시도하는 것은 물론 화학 무기와 생물학 무기까지 직접 생산하려 들었다.

어째서 일본의 젊은이들은 옴진리교 같은 사이비 종교 집단에 빠져들었을까? 일본은 전후 폐허의 잿더미에서 한국전쟁과 베트남전쟁을 거치며 1960년대 민주주의와 고도 성장, 평화헌법의 삼박자를 두루 갖춘 국가로 발전했다. 그러나 1990년대 버블 경제가 끝나고 불황이 심화되면서 이른바 '일억총중류'一億總中流 신화가 붕괴했고, 패전 이후 일본 사회를 지탱해 오던 전후 민주주의를 둘러싼 사회적 합의가 깨졌다.

우리에게도 『살게 해 줘!: 프레카리아트, 21세기 불안정한 청춘의 노동』(미지북스, 2011)의 저자로 잘 알려진 아마미야 가린은 전후 베이비붐 세대의 자녀 세대, 이른바 '잃어버린 세대'로 사춘기에 이지메를 경험하면서 등교 거부, 가출, 자살 미수를 반복하며 대학 입시에 두 번 실패한다. 그는 불안정한 아르바이트로 생계를 유지하며 평화와 번영을 구가하는 일본과 자신의 한없는 격차를 실감한다. 나는 이렇게 힘들게 살고 있는데 평화라니.

그에게 남은 선택지는 두 가지였다. 하나는 자신의 실패를 인정하는 것, 다른 하나는 사회가 잘못했다고 생각하는 것이었다. 그는 후자를 선택했지만 이것이 좌파적인 선택을 의미하지는 않았다. 평화헌법 사수를 주장하는 기존 좌파 단체는 현 체제를 사수하려는 기득권 집단으로 보였던 것이다. 그와 같이 잃어버린 세대에게는 헌법에 대한 전쟁을 선포한 옴진리교가 평화를 외치는 진보 단체보다 더 매력적이었다.

전후란 아직 새로운 전쟁이 일어나기 전까지의 시간이기도 하다. 일본의 전후 붕괴와 우경화는 노력해도 아무것도 변하지 않고, 나아지지 않는 세상에 대고 전쟁이라도 일어나라고 외치는 아우성일지 모른다. 2012년 6월 15일 옴진리교가 일으킨 독가스 테러 사건의 마지막 수배자 다카하시 가쓰야가 테러 사건이 일어난 지 17년 3개월 만에 도쿄의 한 만화카페에서 체포되었다.

아마미야 가린은 앞의 책에서 이렇게 썼다. "우리는 반격을 시작한다. 젊은이들을 싼값의 일회용품처럼 쓰고 버리고, 또 그렇게 해서 이익을 얻으면서 도리어 젊은이들을 맹공격하는 모든 이에게. 우리는 반격을 시작한다."

⇒　『일본 전후의 붕괴』, 권혁태 지음, 제이앤씨, 2013

아프리카의 어린이날

남아프리카공화국의 소웨토는 '세계에서 새벽이 가장 빨리 오는 곳'이라는 별명을 가지고 있다. 소웨토라는 지명은 얼핏 아프리카 현지어 같지만 사실은 'South Western Township'의 약자로 남아공 흑인 노동자들의 집단 거주지였다. 남아공은 악명 높은 아파르트헤이트(인종분리주의) 정책 때문에 흑인과 백인의 거주지가 분리되어 있었다. 소웨토에 거주하는 흑인 노동자들이 백인의 도시 요하네스버그로 일하러 가려면 새벽 3시 반에 출근을 시작해야 했다.

그러나 1976년 6월 16일 새벽은 조금 달랐다. 2년 전 남아공 정부가 흑인 중·고교의 수업에도 백인의 언어인 아프리칸스어(네덜란드어를 기초로 하는 남아공 공용어)를 도입하기로 결정하면서 이에 반대하는 흑인 학생의 반대 시위와 수업 거부가 빈발했다. 이날은 한 달 전부터 수업 거부를 이어 온 소웨토 학생들이 아침 일찍부터 모여 대규모 시위를 벌이기로 한 날이었다.

오전 8시가 되자 학교 주위에 수백 명의 소년소녀들이 현수막을 들고 모여들었다. 그들이 들고 있는 피켓에는 "지배자의 언어를 거부한다, 아프리칸스어를 몰아내자"라고 적혀 있었다. 오전 10시가 넘어서자 광장으로 통하는 거리에 장갑차를 배치한 경찰과 1만여 명의 학생들이 서로 대치하게 되었다. 정오 무렵 백인 경찰 쪽에서 먼저 돌을 던지면서 격렬한 투석전이 전개되었다. 갑자기 한 발의 총성이 울렸고, 잠시 후 일제사격이 이어졌다.

일제사격이 멈추고 얼마쯤 지났을까? 피를 흘리며 축 늘어진 소년을 안고 달려오는 사람이 있었다. 그의 팔에 안겨 있는 소년은 당시 12세의 초등학생 헥터 피터슨이었고, 그 옆에서 누나 앙투아네트가 울부짖고 있었다. 사진가 샘 은지마가 이 장면을 사진에 담았고, 이 사진은 다음 날 현지 신문인 『더 월드』 1면에 실렸다. 이때까지 남아공의 흑인들은 백인의 폭력에 대한 공포심에 억눌려 있었다. 그러나 자신의 아이들까지 총에 맞아 죽는 상황에서 더 이상 침묵할 수는 없다는 사실을 깨우쳤다. 그날 이후 9개월에 걸쳐 민중 봉기가 이어졌고, 1976년 한 해에만 약 700명의 흑인 학생과 민간인이 숨졌다. 1991년 아프리카단결기구OAU는 소웨토 학생들이 봉기한 6월 16일을 '아프리카의 어린이날'로 지정했다.

⇒　영화 『사라피나』, 대럴 루트 감독, 1992

워터게이트 사건

1968년 11월 대선에서 간발의 차로 승리한 닉슨(1913~1994)이 뉴욕의 한 호텔에서 쉬고 있을 때 그를 찾아온 사람이 있었다. 그는 막후에서 미국의 모든 정보를 틀어쥐고 있는 것으로 알려진 FBI의 존 에드거 후버(1895~1972) 국장이었다. 당시 닉슨의 수석보좌관이었던 H.R. 홀더만의 회고에 따르면 이때 후버는 선거 기간에 닉슨 진영이 모두 도청되고 있었다며, 대통령 집무실에도 비밀 녹음기를 설치하라고 은근히 제안했다고 한다. 1972년 5월 2일 후버 국장이 사망하자 닉슨 대통령은 그다음 날로 FBI에 자신의 측근이자 법무부 차관보였던 패트릭 그레이 3세를 보내 그동안 후버 국장이 권력을 남용해 비밀리에 수집해 온 정치인과 정부 요인의 극비 자료의 제출을 요구했다. FBI는 자료 제출을 거부했고, 몇 시간 뒤 닉슨은 패트릭 그레이 3세를 FBI 국장 대리로 임명했다.

백악관과 FBI의 힘겨루기가 진행되던 6월 17일 새벽 2시, 수도 워싱턴DC에 있는 워터게이트호텔 경비원의 신고를 받고 출동한 경찰이 미국 민주당 전국위원회본부 사무소에 불법 침입한 남자 5명을 현행범으로 체포했다. 이들은 백악관이 비밀리에 운영하던 '배관공'이라는 이름의 특수 조직이었고, 체포된 조직원 중에는 전직 CIA 요원도 있었다. FBI는 조직의 사활을 걸고 이 사건의 수사에 착수했지만 백악관은 "3류 절도에 불과하다"라며 관련을 부인했다. 수사는 지지부진해졌고, 대중의 관심도 시들해진 가운데 치러진 대선에서 닉슨은 압도적인 표차로 재선되었다.

이 사건을 취재하던 『워싱턴포스트』의 신출내기 기자 밥 우드워드와 칼 번스타인에게 한 남자가 연락을 취해 왔다. 그는 '깊숙한 목구멍'Deep Throat이라는 별칭으로 불리길 원했고, 두 사람에게 닉슨 대통령이 수사를 왜곡시키고 있다고 제보했다. 이들에 의해 백악관 비밀 녹음기의 존재가 알려졌다. 더 이상 버틸 수 없게 된 닉슨은 대통령직을 사임했다. 2005년 5월 31일 FBI 부국장을 지냈던 마크 펠트가 '깊은 목구멍'이라 불린 제보자였다는 사실을 스스로 밝혔다.

프랑스의 포스트모더니즘 사상가 장 보드리야르는 저서 『시뮬라시옹』에서 "워터게이트는 스캔들이 아니다. 무슨 일이 있어도 꼭 이렇게 말해야 한다. 왜냐하면 모든 이가 이러한 도덕의 강화를 가장하는 은폐, 우리가 자본주의의 핵심 장면에 다가감으로써 발생하는 윤리의 공황 상태를 숨기는 데 관련되어 있다는 점을 드러내는 것이 워터게이트"라고 말했다. 장 보드리야르에 따르면 진짜 '워터게이트 사건'은 사건이 폭로되고 닉슨 대통령이 이를 은폐하려던 순간에 발생한 것이 아니라, 닉슨이 사임하고 부패한 사람들이 해임되어 미국의 민주주의가 회복되었다고 믿는 순간 발생한다. 그러한 믿음이 '미국 정부가 구조적으로 무원칙하고 법을 준수하지 않는다'는 진실을 은폐한다는 것이다.

⇒　영화 『닉슨』, 올리버 스톤 감독, 1995

반공 포로 석방

2차 세계대전 종결 후 일본의 전쟁포로 학대 문제와 소련이 독일과 일본군 포로를 전후 복구 사업에 동원하기 위해 장기간 강제로 억류하는 문제가 발생했다. 이러한 사태 재발을 방지하기 위해 1949년 제네바에서 '전쟁포로의 대우에 관한 협약'을 제정했다. 이 협약18조는 포로의 신속한 본국 송환을 규정하고 있었다. 한국전쟁(1950)은 제네바협약의 가혹한 데뷔 무대가 되었다. 제네바협약은 "본국으로의 송환(귀환)을 거부하는 포로가 있다면 어떻게 할 것인가?"라는 예외적 상황에 미처 대비하지 못했다. 냉전 이후 최초의 이념 전쟁이자 내전이었던 한국전쟁 중 발생한 포로 문제는 협약 규정만으로는 다루기 어려울 만큼 복잡했다. 무조건 송환 원칙에 따라 유엔군과 공산군은 포로 교환을 위한 명부를 교환했는데, 명부상 포로의 차이가 10:1로 극심한 불균형을 보였고, 유엔군은 무조건 송환 원칙에 따라 포로 교환을 추진할 수 없는 상황에 처했다.

정규군뿐만 아니라 남한 출신의 북측 전시 자원, 강제 동원, 피난민 포로 등등 전쟁 기간에 발생한 북한군 포로는 약 16만 명에 이르렀고, 중공군 포로도 2만 명에 달했다. 미국은 자원(자의) 송환 원칙을 내세우고, 포로 교환 문제를 사상 심리전 차원으로 끌고 갔다. 이는 전투에서 승리하지 못하더라도 명분에서 승리하겠다는 차원에서 고안된 새로운 전쟁의 시작이었다. 1951년 12월 11일에 시작한 포로 송환 협상은 1953년 6월 8일에야 가까스로 합의에 도달할 만큼 치열한 쟁점이었다. "포로의 송환 여부는 포로 자신의 뜻에 따라 결정되어야 한다"는 유엔군과 "협약에 따라 포로는 본국으로 돌려보내야 한다"는 북측의 이견이 좀처럼 좁혀지지 않았다.

반공 포로 '석방'이라는 용어 때문에 평화롭게 진행된 사건으로 여기기 쉽지만, 1953년 6월 18일 새벽 2시 10분부터 6월 21일까지 부산·마산·대구·영천·논산·광주·인천·부평 등 한국군이 경비를 맡았던 포로수용소에서 2만7천여 명의 포로가 탈출해 61명의 포로가 사망했고 100여 명이 부상을 입었다. 간혹 이승만 대통령의 반공 포로 석방 결정을 두고 한미상호방위조약 체결을 위한 외교술이라고 평가하는 이들도 있지만, 조약 체결은 사건 이전에 이미 결정된 사안이었다. 이승만의 반공 포로 석방은 포로 문제가 해결되면서 급물살을 탄 정전협정 체결에 반대하기 위해 일방적으로 벌인 돌출 행동이었다. 이 사건으로 공산 진영은 정전회담을 중단시켰고, 이후 유엔군이 정전협정 준수 보장을 확약하면서 가까스로 회담이 재개되었다. 아이젠하워를 비롯해 윈스턴 처칠 같은 이들은 이승만의 행위를 격렬하게 비난했다.

과거 소련은 적군에게 포로로 잡혔다가 귀환한 병사들을 숙청해 큰 비난을 받았다. 그러나 미국 역시 적군에게 포로로 잡혔던 병사들이 사상적으로 세뇌되었을 것으로 의심했고, 한국 역시 귀환 포로 처리 과정에서 많은 문제점을 보였다. 판문점 '자유의 문'을 통과해 자유 대한의 품으로 돌아온 7,862명의 국군 귀환 포로들은 대한부인회 소속 여성들의 따뜻한 환영과 보살핌을 받았지만, 육군 총참모장 백선엽 장군은 "전우들 중 적의 강압에 못 이겨 본의 아닌 행동이 있었다 하여도 충심으로 반성하고 대한민국에 충성을 맹세"하라는 일장연설을 했다. 이들은 곧바로 경남 통영시 한산면의 용초도로 보내졌다. 그들에게 이 섬은 북한의 포로수용소보다 잔혹한 지옥도였다. 귀환 포로들은 빨갱이로 간주돼 심문당했고, 그 과정에서 같은 동료를 고발하도록 했으며 '부역자' 색출이 진행되었다. 포로들은 사상 검증을 통해 군대로 복귀시킬 갑, 처단해야 할 을, 고향으로 돌려보낼 병으로 분류되었다. 탈출한 반공 포로들 역시 재입대를 강요받았고, 이후에도 위험 인물로 간주되어 지속적으로 감시받았다.

⇒　『작은 '한국전쟁'들』, 강성현 지음, 푸른역사, 2021

로젠버그 부부

줄리어스와 에델 로젠버그 부부는 원자폭탄 제조와 관련한 기밀을 소련에 넘긴 혐의로 사형당했다. 미국과 소련은 2차 세계대전 중 동맹국이었지만, 미국은 핵폭탄 개발을 위한 비밀 프로젝트인 맨해튼 계획과 로스알라모스 기지에 관해 소련과 어떤 정보도 공유하지 않았다. 미국이 히로시마와 나가사키에 핵폭탄을 떨어뜨린 지 불과 4년 만인 1949년 8월 29일 소련은 첫 번째 핵실험에 성공해 미국을 충격에 빠뜨렸다.

핵 독점 체제가 무너진 미국은 모종의 간첩 행위가 있지 않고서는 소련이 이처럼 빨리 핵무기 개발에 성공할 수 없다고 믿었다. 그러나 1967년 노벨물리학상을 수상한 독일의 물리학자 한스 베테는 1945년 당시 소련이 5년 안에 자체적으로 핵폭탄을 개발할 능력이 있다고 예측했고, 1950년 무렵엔 미국 정부도 이런 사실을 알고 있었다. FBI의 방첩 수사가 진행되었고, 1950년 1월 맨해튼 프로젝트에 참여한 독일 출신의 망명 과학자 클라우스 푹스가 전쟁 기간에 해리 골드를 통해 소련에 정보를 제공해 온 사실이 밝혀졌다. 같은 해 6월 로스알라모스 기지에서 핵폭탄 기폭장치 제조팀 기계공으로 일하던 에델의 동생 데이비드 그린글래스 부부가 체포되었다. 그는 매형 줄리어스를 통해 간첩으로 포섭되었고, 골드를 통해 소련에 비밀 정보를 전달했다고 자백했다.

줄리어스는 그의 증언에 따라 간첩 혐의로 체포되었고, 뒤따라 에델도 자료를 타이핑한 혐의로 체포되었다. 줄리어스는 소련 측 요원과의 연계를 증명해 줄 중요한 축이었지만, 그는 스파이 혐의를 완강히 거부했다. 검찰은 그를 압박하기 위해 아내 에델을 체포했고, 재판이 열리기 전 "로젠버그 부부의 혐의점이 뚜렷하지는 않지만 본보기로 무거운 형을 내리는 것이 중요하다"라고 말했다. 부부는 노동운동을 하다 만났고, 줄리어스는 미국공산당에 입당한 전력이 있었다. 로젠버그 부부는 1939년에 결혼해 두 명의 아들을 두었다. 부실한 증거에도 불구하고 로젠버그 부부는 스파이 혐의에 대한 유죄가 인정되어 사형을 선고받았다. 매형과 누나를 고발한 그린글래스는 15년형을 선고받고 9년 뒤인 1960년 가석방되었다.

사건이 발생하고 수십 년이 흐른 2001년 그는 "솔직히 제 아내가 타이핑했던 것 같지만, 저는 기억이 나지 않습니다. 저와 아내 루스를 보호하기 위해 거짓 증언을 했고 검찰로부터 그렇게 하도록 권유받았습니다. 제게는 아내가 누나보다 더 중요했습니다. 제 아이들의 어머니였고요"라며 아내를 보호하기 위해 거짓 증언을 했다고 털어놓았다.

유죄 판결 이후 전 세계적으로 장 콕토, 아인슈타인을 비롯해 수많은 사람들이 로젠버그 부부에게 관용을 베풀길 요구하며 시위를 벌였다. 하지만 한국전쟁 중이었고, 매카 시즘 선풍이 불던 미국에서 여론과 언론의 지지를 등에 업 은 아이젠하워 대통령은 이 같은 요구를 묵살했다. 로젠버 그 부부는 1953년 6월 19일 '국방 관련 정보를 외국정부에 전 송하거나 전송하려 한 죄로 유죄 판결을 받은 사람은 무기징역 또는 사형에 처할 수 있다'고 규정한 간첩법 제2조에 따라 전 기의자에 앉은 첫 번째 미국인이 되었다. 1995년 미국 정부는 적성국의 암호 체계를 비밀리에 도청하고 해독하는 '베노 나 프로젝트'와 관련한 문건들을 비밀 해제했다. 이에 따르 면 줄리어스가 스파이 활동을 했던 것은 사실이지만, 아내 에델의 암호명은 존재하지 않았다. 줄리어스의 연락책이었 던 소련 요원 알렉산더 페클리소프는 이들 부부가 "소련에 유용한 정보를 제공한 적이 없으며, 그들 부부는 핵폭탄에 대해 아무것도 이해할 수 없었기 때문에 우리에게 도움이 되지 않았다"라고 증언했다.

⇒　『세기의 재판』, 박원순 지음, 한겨레출판, 2016

난센 여권

인간으로 태어나 한 가지 일도 제대로 성취하기 어렵건만,
노르웨이 출신의 프리드쇼프 난센(1861~1930)은 탐험가,
해양학자, 인도주의 활동가로 인류사에 커다란 족적을 남
겼다. 노르웨이 오슬로 인근에서 태어난 난센은 1882년 그
린란드 해역을 여행하기 위해 바다표범잡이선 바이킹호에
승선했다. 이때 그린란드의 광활한 얼음 대륙을 본 난센은
언젠가 이 거대한 만년설 위의 대륙을 횡단해 보리라 다짐
했다. 6년의 준비 끝에 1888년 5월 노르웨이를 떠난 난센 탐
험대는 아이슬란드에서 동부 그린란드 해역으로 향하는 탐
험을 시작해 9월 26일 서부 그린란드의 아메랄리크 피오르
드에 도착한다. 고드호브라는 작은 마을에서 겨울을 지내
며 난센은 이곳 원주민(이누이트)들의 일상생활에 대해 연
구해 훗날 『에스키모의 생활』(1891)을 출간한다. 1890년 난
센은 북극해 대장정을 계획한다.

　　오늘날에도 북극해를 항해하는 것은 매우 위험한 일
이지만, 당시 북극해에 갇힌 선박들은 바다가 얼면서 팽창
하는 압력 때문에 선체가 파손되거나 심하면 난파당했다.

배가 파손되면 광대한 해빙 벌판에 갇혀 죽음을 기다릴 수밖에 없었다. 과학에 대한 이해가 깊었던 난센은 탐험선이 바다에 갇히더라도 선체가 해빙 위로 떠올라 파손되지 않는 특수 선박을 건조했다. 이 탐험선의 이름은 '전진'이라는 뜻의 노르웨이어 '프람'Fram이었다. 탐험선 프람은 난센의 예상대로 압력을 견뎌 냈고, 난센은 1895년 3월 얼음에 갇힌 탐험선을 떠나 동료 요한센과 함께 북극 탐험을 개시했다. 1895년 4월 8일 난센과 그의 동료는 북위 84도4분 지점에 도달했다. 이는 당시까지 인간이 도달한 가장 높은 위도였다. 이후 난센은 베르겐 박물관의 동물학 관장(1882)으로 동물학에 관한 수많은 연구논문을 집필했고, 1887년 크리스티아니대학교에서 박사학위를 받았다. 이후 연구 분야를 동물학에서 해양학으로 바꾼 그는 1900년부터 북대서양 해양 탐사 연구에 몰두해 1908년에는 해양학 교수가 되었다.

1905년 노르웨이가 스웨덴으로부터 독립하는 일에 참여한 난센은 독립국가 노르웨이의 초대 런던 대사로 활동했고, 1차 세계대전 와중에는 외교관으로 활동하며 국제연맹의 탄생에 이바지했다. 1차 세계대전은 수많은 전쟁포로와 난민을 탄생시켰다. 1920년 4월 국제연맹 고등판무관으로 임명된 난센은 전쟁포로 송환 문제를 해결하는 일을 맡아 러시아로부터 독일-오스트리아 포로 42만7,886명을 성공적으로 송환시켰다. 이를 계기로 전후 국제적인 구호 사업에 큰 관심을 갖게 된 난센은 이듬해 8월 국제적십자사로부터 난민 구호 사업을 의뢰받았다. 당시 러시아는 적백내전의 결과로 최대 100만 명에 이르는 국제 난민이 발생했지만 국적을 박탈당한 이들에게는 여권과 같은 신분증명서가 없었기 때문에 어느 나라에서도 입국은 물론 체류·노동 등이 불가능한 상황이었다.

난센은 이들 난민에게 여권을 대신할 국제적 효력을 지닌 신분증명서를 교부하기 위한 국제회의 소집을 호소했고, 1922년 7월 5일 제네바에서 열린 '난민을 위한 신분증명서에 관한 국제협정'에 52개국의 승인을 얻어 냈다. 이 증명서는 난민이 체재한 나라에서 교부하도록 했는데, 이 증명서를 '난센 여권'이라 불렀다. 이 공로로 1922년 노벨평화상을 수상한 난센은 상금 전액을 국제 구호 기금으로 사용했다. 국제연맹의 후속기구인 국제연합UN은 1955년부터 매년 6월 20일 '난민의 날'에 난민 문제 해결에 기여한 개인 또는 단체에게 '난센상'을 수여하고 있다.

⇒ 『난센 여권』, 최소연 지음, 북노마드, 2014

토지개혁

국제연합무역개발회의UNCTAD는 선진국과 후진국 사이의
무역 불균형을 시정하고 남북 문제를 해결하기 위해 설치
된 유엔 직속 기구 중 하나로 1964년 처음 설립되었다. 2021
년 국제연합무역개발회의는 대한민국을 개발도상국에서
선진국으로 지위를 격상시켰다. 이 국제기구가 출범한 이
래 개도국에서 선진국으로 격상한 유일한 국가가 대한민국
이다. 국제 원조 없이는 생존조차 어려웠던 나라가 어떻게
해서 이렇게 발전할 수 있었을까? 물론 그 원인에 대해서는
여러 가지 조건과 해석이 따라붙을 수 있지만, 한국은 이미
1993년 세계은행으로부터 찬사를 받은 적이 있다. 당시 개
발도상국 중 한국이 높은 경제성장을 이룩했을 뿐만 아니라
공평한 성장을 성취했기 때문이었다.

　　『동아시아 부패의 기원』의 저자 유종성(호주 국립대)
교수는 한국의 놀라운 발전은 박정희와 '한강의 기적'으로
상징되는 어떤 한 개인의 뛰어난 지도력 덕분에 어느 날 갑
자기 만들어진 것이 아니라 해방 이후 정부 수립 초기에 이
루어진 토지개혁이라는 엄청난 사회적·경제적 구조 변혁의

바탕 위에서 산업화를 추진한 덕분이라는 연구 결과를 발표했다. 건국 초기 비슷한 조건이었거나 한국보다 나은 조건이었던 대만과 필리핀을 비교사적으로 분석한 결과 3개국 모두 가난하고 불평등했으며 부패가 극심했지만, 독립 당시 필리핀은 다른 두 나라에 비해 상대적으로 1인당 소득과 교육 수준이 높았다. 하지만 필리핀은 독립 이후 한국·대만과 달리 토지개혁에 실패했기 때문에 식민지 시기 이래 지속된 경제적 불평등이 건국 이후까지 구조화되었다. 그 결과 몇몇 가문이 토지·산업·금융을 독점적으로 지배하게 되어 결과적으로 이들에게 포획된 국가는 제대로 된 산업 정책을 수립하고 집행할 수 없었고, 이는 민간과 공공 부문에서 부패를 양산하는 결과를 초래했다.

당시 남한의 약 70퍼센트가 농민이었고, 그중 80퍼센트가 소작농이었다. 이러한 상황이었기에 해방 후 토지개혁은 가장 시급하고 절박한 과제였다. 일본에서와 달리 한국에 주둔하던 미군정은 토지개혁에 대해 미적지근한 입장을 취했고, 그 사이 북한에서는 1946년부터 토지 및 농지 개혁이 실시되었다. 1948년 8월 15일, 정부 수립 이후 이승만 정부는 토지개혁을 더 이상 늦출 수 없는 상황이었다. 대통령 이승만은 해방 후 지속적으로 토지개혁의 필요성을 역설해 온 조봉암(1899~1959)을 농림부 장관, 농업경제학자 강정택(1907~?)을 차관에 임명했다. 차관에 임명된 강정택은 취임 후 한 달여 만에 '호당 농지 소유 상한선 2정보, 지주에 대한 보상은 연평균 생산량의 150퍼센트를 3년 거치, 10년 분할 상환으로 하고 보상 증권을 발행, 농민은 120퍼센트를 연 20퍼센트씩 6년간 현물 상환, 차액은 정부 부담'이라는 농지개혁 실무 초안을 작성해 1948년 11월 22일에 공표했다. 이 초안은 당시 북한의 '무상 몰수, 무상 분배' 주장을 견제하는 한편 내용상으로는 일본 농지법보다 더욱 혁신적인 것이었다.

여러 어려움과 견제가 있었지만 이들을 중심으로 1949년 6월 21일 남한에서 농지개혁법이 공포되었고, 1950년 5월 한국전쟁 발발 직전에 농지개혁법이 실시되었다. 그 덕분에 전후 한국보다 비교적 나은 조건을 가지고 출발한 필리핀에 비해 상대적으로 평등한 조건을 가진 사회를 조성할 수 있었다. 토지개혁은 전근대적인 기득권 세력을 해체하고, 부와 소득 분배에 있어 대단히 평등한 기초를 만들었으며, 그 덕분에 교육을 통한 능력주의를 통해 새로운 사회 엘리트들을 육성할 수 있었다. 이 같은 개혁의 성공과 실패는 이들 국가에 이후 불평등과 부패의 극명한 차이를 낳았을 뿐만 아니라 정치·경제·사회 구조에 심대한 영향을 미쳤다.

⇒   『동아시아 부패의 기원』, 유종성 지음, 김재중 옮김, 동아시아, 2016

프리덤 서머

'프리덤 서머'Freedom Summer 또는 '미시시피 서머'Missis-sippi Summer라 불린 프로젝트는 흑백 차별이 심각한 이른바 '딥사우스'deep south 중 하나였던 미시시피주에 등록된 흑인 유권자들의 투표권을 보장하기 위한 선거인 등록 운동이었다. 1960년 미국 대법원은 식당과 버스 등에서 유색인을 차별하지 말라고 판결했지만, 남부에선 여전히 인종 차별이 지속되었다. 1961년 5월 4일 남부의 인종 분리 정책을 규탄하기 위해 흑인 7명과 백인 6명이 나눠 탄 두 대의 버스가 미국 워싱턴을 출발했다. 이 버스는 '프리덤 라이더스'Freedom Riders라는 이름을 달고 버지니아, 미시시피 등을 거쳐 5월 17일 루이지애나 뉴올리언스에 도착하는 것을 목표로 출발했다.

1830년대 백인 코미디언 토머스 다트머스 라이스는 얼굴에 검댕을 칠하고 흑인을 희화화한 '짐 크로'를 연기해 큰 인기를 누렸다. 그 후 '짐 크로'라는 말은 흑인을 경멸하는 대명사가 되었다. 남북전쟁의 전후 처리 과정에서 화합과 재건을 위한다는 명분으로 연방정부는 많은 것을 남부에 양보했고, 미국 정부는 새롭게 시민권을 획득한 유색인을 위한 교육과 복지 정책에 소극적이었다. 1876년에는 흑백 인종 분리를 목적으로 흑인의 투표권을 빼앗는 법안마저 제정되었고, 이를 '짐크로법'이라 불렀다. 이후 인종차별 종식, 자유투표권 보장, 인종 간 동등한 지위와 기회 보장 등의 요구가 있었지만, 미국 사회, 특히 남부는 변하지 않았다. 그 사이 흑인들은 인간 이하의 삶을 감내해야 했다.

1923년 미국 플로리다의 작은 흑인 마을 로즈우드에서는 150여 명에 이르는 흑인들이 백인 거주민에게 집단 학살당하는 사건이 발생했다. 이 마을에 살던 한 백인 부부의 아내가 자신의 정부에게 구타당한 뒤 외도 사실이 알려질까 두려워 흑인에게 강간당했다고 거짓말을 했기 때문에 벌어진 사건이었다. 당시는 흑인 남성이 백인 여자를 똑바로 쳐다봤다는 이유만으로도 죽임을 당할 수 있었던 시대였기에 이 사건은 70여 년 동안이나 진상이 드러나지 않았다. 그런 시대였으니, 흑인은 감히 투표하러 투표소에 갈 엄두조차 낼 수 없었다. 그럼에도 가능한 한 많은 아프리카계 미국인 유권자들이 자유롭게 투표할 수 있도록 도우려 700여 명의 자원봉사자(대부분 백인)들이 살해 협박과 린치에 맞서 1964년 여름 무더운 날씨의 미시시피로 향했다.

그해 6월 22일 미시시피에서 세 명의 젊은이가 실종되었다. 이들은 짐크로법에 대항해 흑인 유권자의 선거 등록을 돕기 위해 이곳에 온 자원봉사자였다. 백인 앤드루 굿먼, 마이클 슈워너 그리고 흑인 제임스 체이니. 이들은 납치 직후 잔인하게 살해당했고, 그들의 시신은 흙으로 만든 댐에 숨겨졌다. 실종 직후부터 가족과 친구들이 수사를 촉구했지만, 지역 경찰은 수사는커녕 제대로 수색에 나서지도 않았다. 민권운동가와 시민단체의 독려에 못이긴 FBI가 수사에 나섰다.

수사 결과 현지 경찰관들까지 잔혹한 범죄에 연루되었다는 사실이 드러났다. 수색 과정에서 그동안 근방에서 실종되었던 다른 흑인 희생자의 시신도 잇따라 발견되었다. 그들 가운데 몇몇은 손이 뒤로 묶인 채 살해당했고, 일부는 발목이 잘려 있었으며, 부검 결과 몇몇은 산 채로 강물에 던져졌다. 그동안 이들의 실종 사건은 제대로 수사된 적이 없었다. 아무도 이들의 실종에 주목하지 않았고, 실제 수사에 임하지 않았기 때문이다. 1965년 미국의 존슨 대통령은 흑인들의 정치적 권리를 보장하는 민권법을 통과시켰다. 1964년 여름 그들이 죽음을 각오하고 남부로 향한 결과였다.

⇒ 『프리덤 서머, 1964』, 브루스 왓슨 지음, 이수영 옮김, 삼천리, 2014

고쿠센야의 전투

1715년 첫 공연 이래 일본 서민층에게 큰 인기를 끌었던 지카마쓰 몬자에몬의 가부키 공연 가운데 『고쿠센야의 전투』國性爺合戰라는 것이 있었다. 이 공연의 주인공은 중국인 아버지와 일본인 어머니 사이에서 태어나 명말청초 대만을 점령하고 있던 네덜란드 세력을 격퇴한 정성공(1624~1662)이다. 정성공은 남명의 황제 융무제에게 명나라 황실의 성씨인 '주'朱를 하사받았기 때문에 주성공, 또는 천자의 성을 하사받은 어른이란 의미에서 '국성야'國性爺라 불렸다. 네덜란드 사람들은 그를 '콕싱아'Koxinga라고 불렀다. 이것이 일본으로 건너가 '고쿠센야'가 되었다.

절반은 중국인, 절반은 일본인의 피를 받은 정성공은 명의 멸망 이후 중원을 장악한 청에 굴복하길 끝까지 거부했다. 그는 어머니의 나라 일본의 도쿠가와 막부에 지원을 요청했지만, 임진왜란 이후 안정을 찾아가던 막부는 중국과 새로운 갈등에 말려들길 원치 않았다. 정성공은 1650년 샤먼과 진먼을 근거로 광둥·저장 등 중국 남방 연근해를 공격했다. 청나라 조정은 명의 충신을 자처하는 정성공을 회유하기 위해 노력했지만, 남해 무역을 통해 경제적인 자립을 이룩한 정성공은 청에 굴복하지 않았다.

정성공은 병력을 이끌고 난징을 공격했으나 실패했고, 청은 해안가 주민들을 강제로 이주시키는 해금 정책으로 바다를 봉쇄했다. 난징 공격에 실패한 정성공은 대만을 점령하고 있던 네덜란드를 몰아냈지만, 1662년 6월 23일 39세의 나이로 갑자기 세상을 떠나고 말았다. 훗날 청은 대만의 정씨 왕국을 멸망시키는 데 성공하고도 정성공 일가의 충절을 기려 시호를 내렸다.

어째서 18세기 일본에서 갑자기 그의 일대기를 다룬 가부키가 만들어지고 인기를 끌게 되었을까? 임란 이후 일본은 정치적으로는 중국의 사대 질서 외부에 있었지만, 문화적으로는 중화 세계의 일부였으며 스스로를 소중화라 자처했다. 일본의 지식인들에게 명의 멸망은 조선 못지않은 충격이었고, 중화문명을 유지하고 발전시킬 수 있는 책임이 오로지 자신들에게 있다고 여겼다. 청나라에 끝까지 저항했고 네덜란드로부터 대만을 해방시킨 영웅 고쿠센야에게 당시 일본인들은 화이질서의 진정한 계승자는 바로 자신들이라는 문화적 우월감을 투사했다.

⇒　영화 『척화영웅』, 오자우 감독, 2001

히틀러의 사서

1933년 5월 10일, 독일 베를린 훔볼트대학교에서 세계적 고전과 문학 작품을 비롯해 2만여 권의 책들이 불태워지는 베를린 분서 사건이 발생했다. 당시 분서 목록을 작성한 사람은 29세의 사서 볼프강 헤르만(1904~1945)이었다. 세상에서 가장 은밀하고 신비로운 침묵의 세계에서 일하는 사서가 역사에 이름을 남기는 경우는 극히 드물지만, 그는 분서 사건을 통해 악명을 남기게 된다.

그는 주변 사람들에게 잘 알려지지 않은 조용하고 꼼꼼한 인물이었다. 때로 실직자가 되기도 했지만 볼프강 헤르만은 독일을 사랑했고, 독일어를 사랑했고, 독일 정신을 사랑했다. 그는 자신과 비슷한 처지였던 히틀러를 만났고, 그의 사상에 깊이 공명했다. 그는 자신의 위치에서 자신이 할 수 있는 일을 했다. 그때부터 독일 정신에 해악을 끼친다고 생각하는 책의 목록을 쉬지 않고 수집해 기록했다. 헤르만은 훗날 자신의 노고가 개인적인 집착을 넘어 업적의 차원으로 승화되리라 믿었다. 그의 노력에 주목한 사람은 거의 없었다. 아돌프 히틀러가 집권할 때까지는 말이다.

정권을 잡은 히틀러와 나치당은 도서관의 장서들을 검열하기 위해 '정화위원회'를 설치했고, 헤르만은 단숨에 자신이 평소 '문학적 매음굴'이라 불렀던 것들을 정리할 수 있는 지위를 얻었다. 때마침 독일대학생연합회의 의뢰에 따라 그는 3월 26일 처음으로 오랫동안 수집하고 정리해 온 서지 목록, 즉 블랙리스트를 공개했다. 무명의 사서에 불과했던 볼프강 헤르만은 몇 달 만에 독일 전역의 모든 도서관을 장악해 검열했다.

문학·역사·예술·정치 등 분야별로 수집되고 작성되었던 금서 목록은 이후로도 계속해서 보완·확대되었다. 1년 뒤에는 3천 종의 도서가 금지되었고, 1935년부터는 아예 정기적으로 '해롭고 바람직하지 않은 저술 목록'이 발간되어 사상적으로 불온하고 인종적으로 불순한 저자로 분류된 이들의 저술 1만2,400종이 금서로 등재되었다. 마녀를 화형시키려면 장작이 필요했지만, 책을 불태우는 데는 장작도 필요 없었다. 베를린 분서 사건에 이어 6월 24일 프라이부르크대학교에서 열린 분서 행사에는 당시 이 대학의 신임 총장이던 마르틴 하이데거(1889~1976)가 단상에 올라 지지 연설을 했다.

괴벨스는 "극단적 유대 지성주의의 시대는 이제 종말을 고했다. (……) 미래의 독일인은 단순한 책벌레가 아닌 인격자일 것"이라고 선언했다. 책을 불태웠던 훔볼트대학교

맞은편 광장에는 당시 작품이 불태워졌던 작가들을 위한 기념탑이 서 있고, 그 옆 작은 청동판에는 시인 하인리히 하이네의 글이 새겨져 있다. "이것은 서막일 뿐이다. 책을 불태우는 곳에서는 결국 인간도 불태운다."

⇒ 『금서의 재탄생』, 장동석 지음, 북바이북, 2012

전쟁의 이름

남북한 사람 모두 전쟁이 일어난 6월 25일을 전쟁의 이름으로 사용하는 데 익숙하다. 전쟁이 발발한 날을 구태여 전쟁의 이름으로 사용하는 까닭을 두고 오랫동안 다양한 해석과 논란이 있었다. 아직까지 명칭이 통일되지 않는 까닭은 그 의미가 복잡하고, 여전히 진행 중인 전쟁이기 때문이다. 북한의 김일성(1912~1994)은 죽을 때까지 전쟁을 먼저 일으켰다는 사실을 공식적으로는 인정한 적이 없다. 민족과 인민에 방점을 찍는 북한은 6·25를 '미 제국주의와 이승만의 반역적 행동'으로 촉발된 '조국 해방 전쟁' 또는 '조선전쟁'이라고 부른다. 실제로 분단 이후 38선 부근에서는 남북한 누가 먼저랄 것도 없이 소소한 무력 분쟁이 빈발했지만 그날 먼저 방아쇠를 당긴 것은 북한이었다. 남한은 이 전쟁을 북한의 불법 기습 남침, 즉 침략 전쟁으로 규정해 '6·25 동란' '6·25 사변' '6·25 남침' '6·25 전쟁'으로 불렀다.

사변이란 명칭은 1973년에 제정된 '각종 기념일에 관한 규정'에서 이날을 '6·25 사변일'로 지칭했기 때문에 파생된 것으로 보이지만, 이 명칭은 북한의 유엔 가입과 남북한 화해 분위기 조성 등 여러 변화를 거치며 2000년대 들어 '6·25 전쟁'으로 바뀌어 가고 있는 추세다. 국립국어원 표준 국어대사전 역시 '6·25 전쟁'으로 규정하고 있다.

미국은 이 전쟁을 '한국전쟁'Korean War이라 부르고, 북한을 도와 군대를 파견한 중국은 '항미원조전쟁'이라 부른다. 미국의 'Korean War'라는 명칭은 2차 세계대전 이후 발생한 최초의 이데올로기 전쟁, 동서 냉전의 대리전이자 국제전이었던 이 전쟁의 성격과 발발 원인과 책임을 한국인 사이에 발생한 내전으로 축소시킨다. 전쟁의 발발 원인에 미국과 소련의 책임은 없는가. 전쟁 초기 미국은 '전쟁'War 대신 군사적 충돌이라는 의미에서 'Korean Conflict'라고 불렀다. 중국은 기본적으로 이 전쟁을 '중국이 조선을 도와 미국에 맞서 싸운 전쟁'으로 규정한다. 이런 시각은 남한은 물론 북한 입장에서도 불편하고 불쾌한 것일 수밖에 없다.

그 까닭은 청일전쟁을 떠올려 보면 된다. 청일전쟁은 한반도를 차지하기 위해 중국(청)과 일본이 벌인 전쟁이었으나 한반도가 주요 전장이었다. 한반도에서 벌어진 전쟁이었음에도 당시 우리는 이 전쟁의 구경꾼이자 피해자였지 당사자일 수 없었다. 중국이 최근 들어 새삼 강조하는 '항미원조'라는 문구에는 중국이 남한을 적대시한 것이 아니라 다만 미국을 적으로 생각하여 싸운 것이란 의미가 담겨 있을지는 모르지만, 이 전쟁의 가장 큰 피해자이자 당사자가 누구였는지를 망각하고 있는 것이다. 항미원조전쟁이란 명칭은 전쟁의 주체이자 피해 당사자였던 남북한을 동시에 조연으로 전락시키거나 배제한다.

1953년 7월 27일 판문점에서 유엔군 총사령관 마크 W. 클라크와 북한인민군 최고사령관 김일성 그리고 중공인민지원군 사령원 펑더화이는 '국제연합군 총사령관을 일방으로 하고 조선민주주의인민공화국 최고사령관 및 중공인민지원군 사령원을 다른 일방으로 하는 한국 군사정전에 관한 협정', 다시 말해 휴전협정에 공동 서명했다. 협정문은 영문·한글·중문으로 작성되었지만 대한민국 정부는 포함되지 않았다. '행위로서의 전쟁'은 종료되었지만 '상태로서의 전쟁'은 여전히 진행 중이다. 전쟁은 분단과 적대, 입대와 병영 체험, 군비 지출 등 전쟁의 내재화를 통해 자연스러운 일상이 되었다. 이런 감정과 체험은 어느덧 우리의 심상과 신체를 지배하는 존재론적 차원의 문제가 되었다. 언젠가 전쟁이 끝난다면 전쟁의 이름 따위는 문제가 아닐 수도 있겠지만 우리 안에 깃든 이 전쟁을 걷어 내기까지는 오랜 시간이 걸릴 것이다.

⇒ 『한국전쟁』, 정병준 지음, 돌베개, 2006

생명의 책, 인간 게놈 지도

다윈이 『종의 기원』을 발표한 뒤 이를 둘러싸고 격렬한 논쟁이 벌어졌다. 이때 다윈을, 정확하게는 과학을 옹호하기 위해 모인 사람들의 비공식 모임 중에 'X클럽'이 있었다. 이 모임에는 지질학자 찰스 라이엘, 식물학자 조지프 후커, 아사 그레이 등이 포함되어 있었다. 이들은 몇 차례의 실패 끝에 1869년 11월 4일 오늘날 세계 과학계를 좌지우지하는 잡지 『네이처』를 창간했다. 오늘날 『네이처』는 미국의 『사이언스』와 더불어 세계를 움직이는 최고의 권위를 지닌 과학 저널로 평가받는다.

　1953년 4월 25일 『네이처』에 900단어로 이루어진 짤막한 논문 한 편이 게재되었다. 당시 37세로 박사과정을 밟고 있던 프랜시스 크릭과 바이러스 연구로 박사학위를 받은 불과 25세의 제임스 왓슨이 쓴 「핵산의 구조: 디옥시리보핵산DNA에 대한 구조」였다. 두 쪽에 불과한 짤막한 논문이었지만, DNA가 이중나선 구조라는 발견은 20세기 과학의 최대 업적으로 평가받는다. 이후 인류의 게놈 지도를 작성하려는 계획이 진행되었고, 제임스 왓슨은 1968년부터 세계 최고의 유전학 연구소인 미국의 콜드스프링하버연구소CSHL의 소장에 취임하여 유전학 연구에서 매우 중요한 역할을 수행했다.

게놈genome이란 유전자gene와 염색체chromosome를 합성한 용어로, 인간의 유전 정보는 23쌍(46개)의 염색체를 구성하는 DNA에 담겨 있다. 이 유전정보가 염색체 상에서 차지하는 위치 지도를 작성하는 프로젝트가 바로 '인간 게놈 지도'였다. 게놈 지도는 인간의 유전자 설계도이자 건축 도면이라 할 수 있기 때문에 유전자 기능의 분석 등을 통해 인간 생명의 신비를 풀 수 있는 매우 중요한 연구였다. 그런 이유로 게놈 지도를 '생명의 책'이라고 부르기도 한다. DNA의 이중나선 사이를 연결해 주는 것이 염기인데, 23쌍 염색체는 약 30억 개의 염기로 이루어져 있다. 게놈 지도란 30억 개 염기의 순서를 밝히는 것이다. 1990년 미국과 영국의 공공 부문 컨소시엄 '인간게놈프로젝트'HGP가 추진되기 시작했다. 1998년에는 크레이그 벤터가 이끄는 셀레라제노믹스 사의 민간 프로젝트가 출범하면서 공공과 민간 부문에서 경쟁이 시작되었다.

마침내 2000년 6월 26일, HGP가 인간 게놈 지도의 밑그림을 완성하는 데 성공했다. 토니 블레어 당시 영국 총리를 비롯해 수많은 사람들이 이 연구를 "달 착륙을 능가하는 인류사에 남을 훌륭한 업적"이라 평가했다. 인간을 비롯한 모든 생명체의 근원인 DNA 구조를 밝혀 낸 과학자 제임스 왓슨은 'DNA의 아버지'라는 평가를 받으며 오랫동안 뛰어난 과학자로 활동했고, 수많은 업적을 남겼다.

그러나 2007년 10월 그가 "흑인은 평균 지능지수가 낮고, 경험상 그런 수준 낮은 사람들은 고용해선 안 된다"라며 여러 차례에 걸쳐 성차별 및 인종차별 발언을 해 온 것이 드러났다. 이 사건으로 그는 자신이 오랫동안 이끌어 왔던 연구소에서 퇴출되었고, 이후 과학자로서의 모든 명예를 박탈당해 학계에서 영구 퇴출당했다. 인간의 사회적 행위를 성별·인종적 특징으로 설명하려는 시도는 유전학이 발전하기 이전부터 존재한 오래된 경향이다. 유전공학이 비약적으로 발전하면서 인간 행위를 유전적 요인으로 설명하려는 이론적 경향이 출현했는데, 이를 '생물학적 결정론'이라 부른다. 인간 행위에서 생물학적 요인이 '결정적으로' 작용한다고 주장하는 것은 현재의 상태를 생물학적 적응의 최종적·최적의 결과로 본다는 점에서 과학이 아니라 사회적 차별을 정당화하는 정치 이데올로기이다.

왓슨이 퇴출되기 이전에도 학계에서는 1994년 하버드대학교의 리처드 헤른슈타인과 찰스 머리 교수가 인류의 저능한 인구 대부분이 흑인이며 이는 유전적 문제이므로 흑인을 가난에서 구제할 필요가 없다는 이른바 '종형곡선'Bell Curve 이론을 주창했고, 2006년엔 영국 얼스터대학교의 리처드 린 명예교수가 국가별 지능지수 테스트 결과를 통해 저개발국가 주민들은 유전적으로 지능이 낮다는 『인종 간 지능차이』라는 책을 출간해 논쟁을 불러 일으켰다. 이 같은 연구의 배후에는 백인우월주의나 국수주의적 우파 세력과 단체의 재정적 지원이 있는 것으로 알려진다. 찰스 다윈은 "위대한 남자들의 목록을 적고 그 옆에 위대한 여자들의 목록을 적으면 남자들이 거의 모든 면에서 우월하다는 사실이 명확해진다"라고 말했는데, 이런 것을 보면 다윈 역시 모든 측면에서 과학적인 사람은 아니었다.

⇒　『여자라는 문제』, 재키 플레밍 지음, 노지양 옮김, 책세상, 2017

5공비리특별위원회

청문회란 국회 산하의 위원회가 중요한 안건을 심사하거나 국정감사 또는 국정조사를 실시하는 데서 판단의 기초가 되는 정보나 자료를 수집하기 위해 증인 등을 출석시켜 증언을 청취하는 제도를 말한다. 미국 의회는 1년 365일 연중 개최되는 청문회로 유명하다. 미 의회 청문회에는 법안을 제정할 목적으로 법안에 대한 정보를 사전에 수집하고 청취하는 '입법청문회', 행정부를 감독하기 위해 열리는 '감독청문회', 공무원의 비리 의혹을 조사하거나 시민 또는 기업 활동을 개선하기 위한 입법이 필요할 때 열리는 '조사청문회', 우리나라의 인사청문회와 유사한 '인준청문회' 등이 있다. 민주주의를 채택한 세계 여러 국가마다 다양한 형태의 청문회 또는 공청회 제도가 존재하지만, 의회가 행정부를 견제할 힘이 없거나 권한을 발휘하기 어려운 독재국가에서는 보기 어려운 제도다.

1987년 민주화 항쟁으로 4·13 호헌 조치를 저지하고 대통령직선제를 쟁취했지만, 그 결과는 전두환의 막역한 친구이자 12·12와 5·18의 또다른 주역이었던 노태우의 대통령

당선이었다. 당시 국민의 열망 중 하나는 '5공 청산'이었지만 대통령 노태우는 소극적일 수밖에 없었다. 1988년 4·26 총선으로 여소야대 정국이 형성되면서 야당이던 평민·민주·공화 3당은 국회에서 1988년 6월 27일 '5·18 광주민주화운동 진상 조사 특별위원회 구성 결의안'과 함께 '제5공화국에 있어서의 정치 권력형 비리 조사 특별위원회 구성 결의안'을 통과시켰고, 이에 따라 '5공비리특별위원회'(5공비리특위)가 구성되었다.

5공비리특위는 산하에 정치·경제·인권 및 인사·사회와 기타 비리 문제를 다루는 4개의 소위를 만들어 청문회 절차를 시작했다. 권력을 사적으로 독점해 정치·경제·사회 등 모든 분야에 걸쳐 무소불위의 권력을 휘두른 전두환 5공 정권은 비리와 의혹의 종합백화점이었다. 일해재단 비리, 광주민주화운동 진상 조사, 언론 기관 통폐합 등 여러 사건의 진상을 파악하기 위해 열린 5공 비리 청문회에는 정주영 당시 현대그룹 명예회장, 장세동 전 청와대 경호실장, 김옥길 전 문교부 장관 등이 증인으로 출석했다. 이들은 시종일관 기억이 나지 않는다거나 몰랐다며 모르쇠로 일관했다. 더욱 가관이었던 것은 전두환이었다.

5공 비리 청문회는 막강한 권력을 휘두르던 전두환이 퇴임한 직후 열렸기 때문에 모든 비리의 핵심 인물이자 책임자였던 그의 출석 여부가 뜨거운 관심사였다. 전두환·

이순자 부부는 이미 백담사로 잠적한 상태였다. 전두환은 1989년 12월 31일 돌연 5공비리특위와 광주진상특위 연석 청문회에 출석해 질문을 받는 대신 증인 선서도 없이 "본인은 (……) 통치권자로서 (……) 광주는 자위권 발동으로"라며 적어 온 연설문을 그대로 읽었다. 당시 국회의원들은 "자위권 발동이 뭐야? 발포 명령자 밝혀! 살인마 전두환"을 외치며 거세게 항의했다.

이 틈을 타 전두환이 퇴장하려 하자 당시 통일민주당 초선 의원이던 노무현은 자리를 박차고 일어나 민주정의당 의원들에게 "전두환이 아직도 너희들 상전이야!"라며 외치며 명패를 집어던졌다. 비록 돌발적인 '명패 투척 사건'으로 더욱 큰 주목을 받기는 했지만 노무현은 청문회 기간 동안 다른 어떤 의원들보다 날카롭고 조리 있는 질문을 던져 청문회 스타로 떠올랐다. 청문회는 기대했던 성과를 거둘 수 없었지만, 이후 동생 전경환을 비롯해 장세동 전 안기부장 등 전두환의 친인척과 측근 47명이 구속되었다. 청문회 이후 죽을 때까지 전두환은 사과를 한 적이 한 번도 없다.

⇒   『아직 살아 있는 자 전두환』, 고나무 지음, 북콤마, 2013

한강인도교 폭파

1950년 6월 28일 새벽, 미아리와 돈암동 일대에서 북한군 포성과 전차궤도 소음이 들려오는 가운데 서울에는 폭우가 쏟아지고 있었다. 북한의 남침을 피해 피란길에 나선 서울 시민들은 한밤의 어둠 속에서 용산과 노량진을 잇는 한강 인도교로 몰려들었다. 1950년 무렵 한강에는 한강인도교와 광진교를 비롯해 모두 5개의 다리가 있었다. 그중에서 서울 시민이 도심에서 한강을 걸어서 건널 수 있는 유일한 통로가 한강인도교였다. 수천여 명의 피란민과 소달구지, 군인 차량 등이 뒤엉켜 있던 새벽 2시 30분 무렵 천지를 뒤흔드는 굉음과 함께 한강인도교에 불기둥이 치솟았다. 잠시 후 인도교가 두 동강 나면서 그 위에 있던 사람과 차량 파편이 시커먼 어둠 속으로 쏟아져 내렸다.

이승만 대통령과 군 수뇌부가 북한군의 남하를 저지하겠다며 3,600파운드의 TNT로 한강인도교를 폭파한 것이다. 바로 그 시각 라디오에서는 "서울 시민 여러분 안심하십시오. 적은 패주하고 있습니다. 정부는 여러분과 함께 서울에 머물 것입니다. 국군의 총반격으로 적은 퇴각 중입니다.

우리 국군은 점심은 평양에서, 저녁은 신의주에서 할 것입니다. 이 기회에 우리 국군은 적을 압록강까지 추격하여 민족의 숙원인 통일을 달성하고야 말 것입니다"라는 이승만 대통령의 목소리가 울려 퍼지고 있었다. 하지만 이승만은 이미 수도 서울을 버리고 탈출해 대전의 충남지사 관저에 머물고 있었다.

전쟁 발발 이틀 뒤인 6월 27일 새벽 이승만은 중앙청에서 비상국무회의를 소집하고, 정부를 수원으로 이전하기로 결정했다. 그러나 이 자리에서 서울 시민의 안전 문제나 피난 문제는 전혀 언급되지 않았다. 이승만은 회의가 종료된 즉시 떠났고, 그 뒤를 국방부 장관 신성모가 뒤따랐다. 그다음 날인 28일 새벽 2시 지프차로 한강인도교를 건넌 직후 국군참모장(오늘날 육군참모총장) 채병덕은 육군 공병감 최창식에게 무전으로 '곧바로 다리를 폭파하라'고 지시했다. 비록 북한군이 미아리를 지나 돈암동으로 진입하긴 했지만 서울 강북 지역에는 아직도 4만여 명의 국군 병력과 1천여 대에 이르는 군용 차량을 비롯해 막대한 전쟁 물자가 고스란히 남아 있는 상황이었다.

한강인도교 폭파 이후 이승만 대통령에 대한 비판이 국내외에서 빗발치기 시작했다. 이승만은 자신의 책임을 모면하기 위해 8월 28일 폭파 명령을 수행한 공병감 최창식 대령을 교량 조기 폭파로 인명이 살상되고 병력과 물자 수송에 타격을 주었다며 '적전비행죄'로 체포하고, 9월 21일 총살했다. 최 대령에게 죄가 있다면 불의한 명령에 저항하지 않았다는 것이었다. 그는 1962년 재심을 거쳐 무죄 판결을 받고 사후 복권되었다.

한강인도교는 1956년 5월 15일 복구 공사가 완료돼 재개통되었다. 재개통식에 참석한 이승만 대통령은 걸어서 다리를 건넜지만, 그 자리에서 억울하게 목숨을 빼앗긴 수많은 이들에 대해 죽을 때까지 단 한 마디 사과도 남기지 않았다. 희생자를 기리는 합동 위령제가 2007년 평화재향군인회 주도로 처음 열렸고, 한국전쟁 70주년이었던 2020년 한강 노들섬 둔치에 위령비가 건립되었다.

⇒   『한국전쟁』, 박태균 지음, 책과함께, 2005

인간 오류

재난이란 태풍·홍수·호우·폭풍·폭설·가뭄·지진·황사 등 자연현상으로 발생하는 재해와 화재·붕괴·폭발·교통사고·환경오염사고 등을 포함하는 개념이다. 이와 유사한 결과를 초래하지만 그 발생 원인이 사람인 경우를 특별히 '인재'라고 부른다. 한 연구에 따르면 자동차·항공·우주·핵발전 분야에서 발생하는 사고의 70~90퍼센트는 '인간 오류'human error 때문에 발생하는 것으로 추정된다. 인간 오류의 종류는 올바른 의도를 가지고 있었으나 잘못 행동하는 '실수'slips, 필요한 행동을 해야 하는데 무심코 놓치는 '과실'lapses, 상황 판단이 틀려서 잘못된 행동을 범하는 '착각'illusion, 정해진 규칙을 무지나 부주의 등으로 잘못 적용하거나 행동하는 '규칙 위반'violation of regulations, 상황을 제대로 해석하지 못해 적절히 대응하지 못하는 '오판'misjudgment 등을 말한다.

　　6·29 선언(1987)으로부터 정확히 8년이 흐른 1995년 6월 29일 오후 5시 57분 무렵 서울 서초구 서초동에 위치한 삼풍백화점이 불과 20초 만에 폭격을 맞은 듯 무너져 내렸다. 사

고는 이미 예견되어 있었다. 사고 며칠 전부터 백화점 건물 벽면에 금이 가기 시작했고, 사고일 오전 일찍부터 4층 천장이 내려앉고 있었다. 업체 측은 이런 경고에도 불구하고 인원을 대피시키지 않았다.

삼풍백화점 붕괴 사고는 부실 설계, 부실 시공, 관리감독 소홀, 건축업계에 만연한 부정부패와 뇌물 관행 등 다양하고 복합적인 원인을 가지고 있지만, 근본적으로는 기업 이윤과 성장·효율을 앞세우는 개발독재 체제가 문민정부 수립 이후에도 개선되거나 대체되지 못하고 지속된 결과였다.

당시 백화점에는 방문자 1천여 명을 비롯해 직원 500~600명이 있었다. 붕괴 직후 사방으로 파편이 튀었고, 먼지가 화산재처럼 시야를 가렸다. 콘크리트 잔해와 철근 구조물로 삽시간에 폐허가 된 백화점 주변은 그야말로 아비규환이었다. 삼풍백화점 붕괴 사고는 와우아파트 붕괴(1970)부터 신행주대교 붕괴(1992), 청주 우암상가아파트 붕괴(1993), 성수대교 붕괴(1994)에 뒤이어 벌어진 인재였다. 1987년 이후 절차적 민주화를 통해 군부 정권이 아닌 문민정부가 수립되었지만, 개발과 성장 중심의 토건 국가 시스템은 변화하지 않았다.

삼풍백화점 붕괴 사건 이후에도 대구 신남네거리 지하철 공사 현장 붕괴(2000), 이천 물류 창고 붕괴(2005),

경주 마우나오션리조트 체육관 붕괴(2014), 세월호 참사(2014) 등 자연재해가 아닌 수많은 인재가 발생했다. 사망자 502명, 부상자 937명, 실종 6명 등 총 1,445명의 사상자가 발생한 삼풍백화점 붕괴 사고는 1,129명이 사망하고, 2,500명 이상이 부상당한 것으로 알려진 방글라데시 라나플라자 붕괴 사고(2013) 이전까지 건물 붕괴 사고 역사상 최대의 인명 사고였으며, 한국전쟁 이후 한국에서 발생한 단일 사고 사상 최대 희생자를 낸 참사였다. 인재와 참사가 수없이 반복되는 것은 실수·과실·규칙 위반·오판과 같은 인간 오류 때문일까? 아니면 인간의 생명보다 기업의 이익과 경제성장을 앞세우는 개발독재 체제가 아직 끝나지 않은 탓일까?

⇒ 『1995년 서울, 삼풍』, 메모리[人]서울프로젝트 기억수집가 지음, 서울문화재단 기획, 동아시아, 2016

소비에트 페어웰

스파이는 역사상 가장 오래된 직업 중 하나로 여겨진다. 고대 바빌론의 왕 함무라비(재위 기원전 1792~기원전 1750)의 궁정에 외교 사절로 위장해 잠입한 스파이에 대한 기록이 남아 있을 정도다. 그러나 단순히 적에게 숨겨진 은밀한 정보를 빼 오는 것만 상상한다면, 첩보 작전에 대해 반도 모르는 것이다. 『손자병법』「용간편」用間篇에는 향간鄕間, 내간內間, 반간反間, 사간死間, 생간生間이라 하여 간첩을 이용하는 다섯 가지 방법이 기록돼 있다. 손자는 다섯 유형의 간첩을 다루는 일은 군주라면 반드시 알아야 하고, 그중에서도 핵심은 반간을 이용하는 데 있다고 말했다. '반간'이란 적이 잠입시킨 간첩을 찾아내 포섭한 뒤 적국으로 돌려보내 적의 내부 사정을 염탐하고 거짓된 일을 만들어 적을 마음대로 조종하는 것을 말한다.

프랑스에서 활동하던 53세의 블라디미르 베르토프(1932~1985) 대령은 KGB 산하 서방과학기술정보작전국의 고위 정보 분석 요원이었다. 그가 하는 일은 서방 세계에 잠입한 소련 정보원('라인엑스'라 불린 실행 조직)들이 수집한 각종 기술 정보의 가치를 분석하고 평가하는 일이었다. 그는 주로 반도체, 컴퓨터 하드웨어·소프트웨어 등 첨단 과학 및 산업기술정보와 NATO의 군사기술 정보를 취급했다. 1981년 베르토프는 프랑스 정보국DST에 자발적으로 접근해 200여 명의 스파이 명단과 더불어 4천여 건의 기밀 문서를 전달했다.

오랫동안 소련을 위해 헌신해 온 그가 갑자기 전향한 이유는 물질적인 욕망 때문이 아니라 소비에트체제에 실망했기 때문이다. 프랑스 정보국은 그에게 '페어웰'Farewell이라는 암호명을 붙였고, 그가 넘긴 기밀 문서는 '페어웰 문건'이라 불렀다. 이 중에는 소련이 군사적·경제적 목적으로 절실하게 필요로 하는 기술 목록, 이른바 '라인엑스 쇼핑 리스트'도 포함되어 있었다. 당시 소련은 세계 천연가스의 약 40퍼센트가 매장된 시베리아의 천연가스를 개발하기 위한 프로젝트를 진행 중이었다. 만약 시베리아 천연가스 파이프라인이 개발된다면 소련은 연간 약 80억 달러의 수익을 거둘 수 있게 되고, 냉전과 군비 경쟁으로 심화된 경제 위기를 극복할 수 있으리라 예측되었다. 문제는 시베리아를 횡단하는 거대 파이프라인을 운영하려면 밸브, 가압 펌프, 저장 시설 등을 작동시킬 고도의 자동 제어 프로그램이 필요함에도 소련에는 이런 프로그램을 개발할 능력이 없었다는 것이다.

1982년 7월 19일 프랑스 미테랑 대통령은 캐나다 오타

와에서 열린 서방정상회의 기간에 미국의 레이건 대통령에게 '페어웰'의 존재를 알렸다. 당시 프랑스 정보국은 페어웰을 CIA가 프랑스가 첩보를 공유하는지 여부를 시험하기 위해 심어 둔 함정으로 오판했다. 그의 존재를 알게 된 윌리엄 케이시 CIA 국장은 소련의 스파이들을 당장 체포하는 대신 자동 제어 소프트웨어에 컴퓨터 바이러스를 심는 역공작을 실시했다. 이 소프트웨어는 일정 기간 정상적으로 작동하다가 지정된 시간이 되면 파이프라인의 한계를 넘어서는 압력을 발생시켜 마침내 폭발하도록 설정된 일종의 시한폭탄이었다. 이런 사실을 몰랐던 소련은 스파이가 넘겨 준 프로그램을 이용해 파이프라인을 건설했고, 1982년 6월 30일 시베리아 한복판에서 원인을 알 수 없는 거대한 폭발 사고가 일어났다. 이 폭발은 규모가 너무 커서 미국의 조기첩보위성에 감지되었고, 한때 소련에서 핵무기 사고가 발생한 것으로 추정되기도 했다. 소련은 막대한 자금을 투자한 파이프라인의 파괴로 투자 비용과 잠재 수익을 잃어 무리한 개혁·개방에 나섰으며, 결과적으로 1991년 12월 25일 붕괴했다. 베르토프는 사고 직후 KGB에 적발돼 1985년 1월 23일 처형당했는데, 그의 코드명대로 소비에트에게 작별을 고한 셈이 됐다.

⇒ 『냉전의 역사』, 존 루이스 개디스 지음, 강규형·정철 옮김,
에코리브르, 2010

7월 ○ *July*

원시 농경시대의 인류에게 주기적으로 변화하는 자연현상의 이치를 깨닫는 것은 생존을 위한 필수조건이었다. 마야인은 1년이 대략 365.242일이라는 사실을 밝혀냈고, 현대의 첨단 장비를 동원해 측정한 1년의 길이는 365.24219897일이다. 최초의 태양력은 기원전 4241년경 이집트에서 만들어졌고, 율리우스 카이사르에 의해 로마로 전해졌다. 그는 로마 달력 사용을 금지하고 이집트에서 가져온 새로운 태양력에 자신의 이름을 붙여 '율리우스력'이라 했다. 그리고 자신이 태어난 달을 기념해, 이전까지 다섯 번째를 의미하는 퀸틸리스Quintilis라 불리던 7월July에 자신의 이름 '줄리우스'에서 따온 이름을 붙였다. 유트족은 이달을 '천막 안에 앉아 있을 수 없는 달'이라고 불렀다.

홍콩 반환

밸런타인데이에 자기 애인을 살해한 파렴치한 범죄인 한 명
의 송환을 둘러싸고 벌어진 작은 불씨 하나가 어떻게 '홍콩
대 중국'이라는 대결로 발전했을까? 동방의 진주라 불렸던,
세계 경제·무역·금융의 중심지였던 홍콩은 어째서 이처럼
인화성 가득한 공간이 될 수밖에 없었을까? 1997년 7월 1일
자정을 기해 중국 톈안먼광장에 세워졌던 대형 초시계가 사라
졌다. 반환까지 남은 시간을 초단위로 재던 이 시계는 홍콩
반환을 기다리던 중국과 중국인의 절실한 마음이었다. '유
니언잭' 깃발이 내려가고 '오성홍기'가 게양되었고, 중국 국
가인 「의용군행진곡」이 홍콩 완차이부두 컨벤션센터와 톈
안먼광장에서 동시에 울려 퍼졌다. 행진곡에 발맞춰 인민
해방군이 영국군을 대신해 홍콩에 진주했다. 7월 1일 0시
30분 영국 측 인사들을 태운 브리태니아호가 해군기지를
떠나면서 156년에 걸친 영국의 홍콩 통치가 막을 내렸다.

중국(청)은 1841년 아편전쟁에서 패배한 뒤, 1842년
8월 29일 홍콩섬과 주룽반도 일부를 1997년까지 영국에 조
차한다는 불평등조약을 맺었다. 개혁개방에 나선 덩샤오핑

은 1980년대 초부터 홍콩 반환을 간절히 원했다. 그러나 영국은 홍콩에 대한 투자와 자산을 보장받길 바랐다. 덩샤오핑은 서방 세계의 우려를 불식시키고 급격한 변화 없이 홍콩을 인수하기 위해 일국양제라는 묘안을 도출했다. "收回 主權 一國兩制 香人治香 高度自治"(홍콩의 주권을 회복하되, 한 국가 두 체제를 유치하며 홍콩인이 홍콩을 통치하도록 하고 고도의 자치를 보장한다)라는 16자 방침이었다. 이에 따라 홍콩특별행정구는 행정관리권은 물론 입법권·사법권과 최고법원의 종심권終審權, 재정독립권까지 보장받았다. 반환 후 50년 동안 홍콩의 현 체제를 그대로 유지하고, 중국은 군사 안보와 대외 관계만 관장할 뿐 내정은 자치에 맡긴다는 구상이었다. 자본주의와 사회주의 체제가 만나 하나의 국가를 이루는 새로운 실험이 시작되었다. 1984년 12월 19일 베이징 인민대회당에서 열린 협정 조인식에 참석한 덩샤오핑은 "13년 뒤 홍콩을 직접 볼 수 있을 만큼 오래 살면 좋겠다"라며 기쁜 마음을 밝혔다. 홍콩의 주권 반환은 협정에 따라 예정대로 진행되었지만, 덩샤오핑은 반환을 불과 5개월 앞둔 1997년 2월 세상을 떠났다.

영국의 홍콩이 사라지고 중국의 홍콩이 출현하자 '홍콩인'이 사라지고 '중국인'이 만들어졌을까? 영국이 지배하는 동안 홍콩인들은 대륙을 바라보며 오랫동안 스스로를 중국인이라 여기며 살았다. 영국 경찰이 공장 노동자들의 파

업을 폭력으로 진압한 데 대한 항의로 일어난 1967년 반영反
英 폭동은 장장 7개월 넘게 지속되었다. 이 시위는 대륙에서
일어난 문화대혁명의 영향을 받은 것이었다. 1989년 톈안
먼사태 발생 직후인 6월 6일에도 홍콩 사람들은 대륙에서
일어난 사건에 항의하며 대규모 파업과 휴점, 수업 거부와
대행진을 계획했다. 그러나 세월이 흘러 오늘날 홍콩 사람들
은 중국인이 되길 거부하는 것처럼 보인다. 덩샤오핑이 제시
한 일국양제는 홍콩만의 문제가 아니었다. 홍콩은 장기적으
로는 대만과의 양안 문제를 해결하기 위한 일종의 시범 무대
였다. 그러나 반환 이후 홍콩에서 벌어진 일련의 과정들은 중
국의 기대와 달리 대만의 시각을 바꾸기는커녕 도리어 상황
을 악화시켰다. 경제적인 측면에서도 반환 이전과 이후를 구
별하기가 쉽지 않다. 오늘날 홍콩 경제가 성장했다고 해서 이
것이 대륙과의 경제 통합과 상부상조 덕분이라고 단언하기도
어렵다. 반환 이전에도 홍콩은 이미 동방의 진주라 불렸다. 가
장 큰 문제는 반환 이후 홍콩인이 겪고 있는 정체성 혼란이다.
이 문제가 해결되지 않고서는 중국이 주장하는 '하나의 중국'
을 실현할 수 없다. 반환 당시 중국이 허용했던 홍콩인에 의
한 홍콩의 통치(민주화)란 언젠가 그들이 중국인이 되리라는
기대 속에서 제시한 것이며, 이는 하나의 중국을 위한 것이었
다. 과연 일국양제의 틀 속에서 이 둘은 양립할 수 있을까?

⇒ 『리멤버 홍콩』, 전명윤 지음, 사계절, 2021

완바오산 사건

홍길동이 아버지를 아버지라 부르지 못한 것처럼 오랫동안 '짜장면'을 '자장면'이라고 써야 했다. 짜장면이 표준어가 된 것은 2011년 국립국어원이 표준어 규범과 실제 언중이 사용하는 말의 차이에서 오는 불편함을 감안해 짜장면도 표준어로 인정한 결과다. 중국어로 짜장면은 '작장면'炸醬麵이라고 쓰고, 이를 발음하면 '자장미엔'인데, 표준어 표기와 무관하게 우리는 오래전부터 '짜장면'이라 불렀다.

　인천 사람들은 짜장면을 비롯한 중국요리에 은근한 자부심이 있다. 중국요리만큼은 타지에서 제법 유명하다는 고급 음식점과 비교해도 손색이 없고 어딜 가든 보통은 한다는 이야기를 곧잘 나눈다. 그 배경에는 인천이 짜장면의 최초 발상지라는 자부심이 있을 것이다. 흔히 인천 차이나타운의 공화춘이 짜장면의 최초 발상지라고들 하지만, 확실한 근거는 없다. 닭강정으로 유명한 인천 신포국제시장에는 중국 상인이 일본인 손님에게 푸성귀를 팔고, 조선인 아낙이 신기한 듯 채소를 들어 살펴보는 모습의 동상이 있다. 개항기에 문을 연 신포시장에는 당시만 하더라도 우리에게 낯설었던 양파, 양배추, 당근, 토마토, 시금치, 우엉, 완두콩, 부추 같은 채소를 파는 화교 상점이 있었다. 오늘날 우리가 즐겨 먹는 이런 푸성귀들은 대부분 화교가 들여온 것이다.

인천 답동에는 성공회 강화성당과 함께 가장 오래된 서양식 근대 건축물 중 하나인 답동성당이 있다. 1890년대에 세워진 이 성당은 프랑스 출신 신부가 설계했지만, 실제로 건설한 것은 화교 건축 기술자와 직공이었다. 서울 명동성당, 전주 전동성당, 대구 계산성당 등 한국에서 근대 벽돌조 고딕양식으로 건축된 건축물 대부분이 동일한 경로를 밟았다.

중국 민족해방운동에 수많은 조선 젊은이가 동참한 것처럼 이 땅의 화교들 역시 조선의 독립운동에 참여했다가 4명이 서대문형무소에서 목숨을 잃었다. 그러나 일제강점기 시절에는 두 차례에 걸쳐 대대적인 화교 배척 사건이 있었다. 1927년 익산에서 벌어진 화교 습격 사건과 『조선일보』의 '완바오산 사건' 오보가 빌미가 되어 일어난 1931년의 화교 배척 습격으로 백주 대낮에 중국인 상점과 가옥이 불타고, 화교를 구타하고 학살하는 사건이 수일에 걸쳐 전국적으로 벌어졌다.

일제강점기에 토지를 빼앗기고, 굶주림에 지친 농민들은 만주로 대거 이주하면서 중국인들의 텃세에 시달렸다.

지금의 만주 길림성 장춘현항 삼구에 위치한 완바오산 일대의 미개간지를 10년간 불하받은 조선인들은 개간을 위해 인근 이퉁허의 물길을 끌어들였다. 이 과정에서 주변 중국인들의 토지에 물길이 끊기는 일이 생겼고, 이에 항의하는 중국 농민 400여 명이 1931년 7월 1일, 수로 중 일부를 매몰해 버렸다. 그 과정에서 일본 영사관 소속 경찰들과 물리적 마찰이 발생했지만, 다행히도 몇몇 부상자가 있었을 뿐 사망자는 없었다.

문제는 『조선일보』 특파원 김이삼이 장춘의 일본 영사관 경찰이 제공한 '완바오산 사건'에 대한 정보를 현장 확인 없이 타전하였고, 경성(서울) 본사가 7월 2일 밤과 3일 새벽 사이 두 차례에 걸쳐 이례적으로 '호외'까지 발간하면서 불거졌다. 호외를 통해 중국인들이 만주의 조선 동포 다수를 살상한 것으로 알려지면서 인천을 시작으로 경성, 원산, 평양, 부산, 대전, 천안 등 전국 각지에서 중국인 배척 운동이 일어났다. 전국적으로 습격 사건이 400차례 넘게 벌어졌는데, 특히 평양에서는 백주 대낮에 중국인 상점과 가옥이 불타고, 중국인을 구타하고, 학살하는 사건이 수일간 지속되었다.

얼마 뒤 『조선일보』 호외는 오보로 드러났고, 사건의 당사자 김이삼은 정정보도와 사죄문을 발표한 이튿날 같은 조선인에게 피살되었다. 일각에서는 이 사건을 일본 특무 기관의 공작으로 추측했다. 그것이 사실인지는 알 수 없으나 완바오산 사건이 발생하고 두 달여 뒤인 9월 18일, 일본은 만주를 무력으로 점령했다.

종종 한국은 "세계에서 유일하게 화교가 정착에 실패한 국가"라고들 한다. 우리는 재일동포의 법적 지위에 대해 예민하게 반응하고 공정하게 대우할 것을 요구하지만, 정작 이 땅의 화교가 처한 거주 자격과 영주권, 참정권 등 법적 지위에 대해 논의하거나 해결하려고 노력한 적이 거의 없다. 비록 1999년에 철폐되긴 했지만, 일제강점기에 제정된 외국인토지법으로 이들에게 재산상의 불이익을 주기도 했다. 진나라를 강대국으로 만들어 천하통일을 이루었던 재상 이사는 진시황에게 간언하길 "태산은 단 한 줌의 흙도 마다하지 않았기에 그렇게 높은 것이며, 강과 바다는 작은 물줄기도 가리지 않았기에 그렇게 깊은 것"이라 했다. 중국의 자장미엔이 한국에 와서 짜장면이 되고, 중국의 푸성귀가 한국인의 밥상을 더욱 풍요롭게 만든 것처럼 우리와 함께 살고자 이 땅에 온 사람들을 해불양수海不讓水의 정신으로 품을 때, 우리의 미래도 더욱 풍성해질 수 있다.

⇒　『화교가 없는 나라』, 이정희 지음, 동아시아, 2018

알제리 독립

프란츠 파농(1925~1961)은 앤틸리스제도의 프랑스령 마르티니크섬에서 나고 자란 프랑스인(?)이지만, 알제리 독립을 위해 투쟁하다 알제리에 묻혔다. 프랑스는 알제리 사람들이 독립을 위해 분투한 알제리전쟁(1954~1962)을 1999년까지 전쟁이라 부르지 않고 공식적으로 '질서 유지 작전'이라고 불렀다. 알제리를 식민지가 아닌 프랑스의 일부로 여겼기 때문이다. 1830년 프랑스의 식민지가 된 알제리는 1848년 제2공화정기 이래로 프랑스의 한 주州가 되었다. 알제리전쟁이 시작되자 프랑스는 드레퓌스 사건 때처럼 양분되었다. 우파는 이 전쟁을 두 민족 또는 두 국가의 전쟁이 아니라 분리주의자들의 반역으로 간주해 단호한 진압을 요구했고, 좌파는 한 민족이 다른 민족의 자유를 침해하는 범죄적 전쟁으로 간주하여 알제리 독립을 적극 지지했다.

두 차례의 세계대전을 치르며 프랑스를 위해 참전했던 알제리인은 민족적으로 자각했고, 알제리 인구의 10분의 1에 불과한 '피에-누아'Pied-Noir(알제리에 거주하는 프랑스

본토 출신의 유럽인)들이 토지를 비롯해 대부분의 경제적 이득을 독점한 상황에 분노했다. 10분의 9에 해당하는 알제리인에게는 참정권도 없었다. 이들은 식민종주국 프랑스의 선의가 아니라 피 흘려 희생했던 일에 대한 정당한 권리와 대가를 요구했지만 프랑스는 침묵했다.

1954년 11월 1일, 알제리민족해방전선이 주도한 최초의 봉기가 일어났고, 산악 지역 중심의 게릴라 투쟁과 도심 테러가 이어졌다. 프랑스는 이에 대응해 무자비한 고문과 테러를 일삼았다. 알제리혁명을 다큐멘터리 형식의 영화로 제작한 질로 폰테코르보 감독의 영화 『알제리 전투』(1966)에서 검거된 알제리민족해방전선 지도자에게 프랑스의 한 기자가 질문을 던진다.

"여자들에게 폭탄이 든 바구니를 운반하도록 해 무고한 생명을 죽인 건 비겁한 행동 아닌가요?"

그러자 알제리민족해방전선 지도자가 반문한다.

"네이팜탄으로 민간 마을을 공격해 수천 명을 죽인 게 더 비겁한 짓 아닌가요? 비행기가 있다면 훨씬 쉬울 겁니다. 우리에게 비행기를 주면 제 바구니를 드리죠."

이 대답은 알제리 독립을 위해 투쟁했던 프란츠 파농의 입장이기도 했다. 1962년 7월 3일, 알제리는 프랑스로부터 독립했다. 영화 속에서 알제리의 혁명가 벤은 말했다.

"혁명을 이끌기는 힘들다. 혁명을 지속하기는 더 힘들

고, 승리하기는 너무나 힘들 것이다. 그리고 진정한 어려움
은 혁명 이후에 닥칠 것이다."

⇒ 『대지의 저주받은 사람들』, 프란츠 파농 지음, 남경태 옮김, 그린비, 2010

7·4 남북공동성명

1972년 발표된 7·4 남북공동성명은 한국전쟁 이후 맺어진 최초의 남북 간 합의문이다. 한반도 문제의 주요 당사자임에도 휴전협정에 참여조차 못했던 우리 정부가 북한 당국자와 직접 접촉하여 남북한 문제에 대해 논의했다는 점에서 그 의의가 매우 크다. 7·4 남북공동성명을 통해 이루어진 합의는 이후 1985년 경제회담, 1991년 남북기본합의서의 근거로 활용되었고, 2000년 남북한 최고정상들이 만나 6·15 공동선언을 발표하는 역사적 사건의 첫걸음이기도 했다. 그러나 이후 역사에서 알 수 있듯 극적으로 조성되었던 남북 화해 분위기는 이듬해 8월 북한이 남북조절위원회 회의를 거부하면서 끝났다.

　　대화와 협력 분위기가 지속될 수 없었던 이유는 크게 두 가지로 볼 수 있다. 우선 외부적으로 데탕트 정책을 추진했던 닉슨이 사임하면서 미국의 외교 정책이 '힘을 통한 평화'로 전환되었기 때문이고, 내부적으로는 남북한 모두 7·4 남북공동성명을 화해·협력의 계기가 아닌 정권 안보를 위한 국면 전환의 기회로 삼았기 때문이다. 박정희 정권은

7·4 남북공동성명 합의 대상이었던 북한을 실체로 인정하지 않았고, 이후 다른 국가의 북한 접근을 강력하게 봉쇄하며 유신 체제로 전환할 핑계로 삼았다. 같은 시기 분단국가였던 독일이 미국의 데탕트 분위기를 이용해 동·서 통일의 기반을 다졌던 것과 달리 남북한은 각자의 권력 체제를 다지기 위한 기회로 활용했다. 평화통일의 가능성이 희박해진 자리에 들어선 것은 독재자들을 위한 우상화 정책과 유신 체제였다.

강대국의 외교 정책과 세계 전략을 약소국이 바꾸기란 결코 쉽지 않다. 독일 통일의 기초를 놓았던 빌리 브란트(1913~1992) 전 서독 총리 역시 강대국과의 갈등으로 실각의 위험까지 감수해야 했다. 사민당SPD과 기민당CDU은 독일의 양대 정당으로 오랫동안 정권을 차지하려고 경쟁했지만, 통일에 관해서는 정권 교체와 상관없이 일관된 정책을 추진했다. 독일 통일의 기틀을 마련한 동방 정책의 설계자 에곤 바르(1922~2015)의 말을 반드시 기억해야 한다. "통일을 항상 생각한다. 그러나 통일을 말하지 않는다. 기적을 기다리는 건 정치가 아니다."

⇒　『빌리 브란트를 기억하다』, 에곤 바르 지음, 박경서·오영옥 옮김, 북로그컴퍼니, 2014

요람에서 무덤까지

영국의 경제학자 윌리엄 베버리지(1879~1963)는 "요람에서 무덤까지"라는 말로 널리 알려진 「베버리지 보고서」를 통해 2차 세계대전 후 영국이 가야 할 복지국가의 토대를 구상한 인물로 유명하다. 베버리지는 이 보고서에서 궁핍, 질병, 무지, 불결, 나태를 사회의 다섯 가지 악으로 규정한후 국가가 사회보험 제도를 정비해 이에 대처하고, 불가능할 경우 공공부조를 설계해야 한다고 주장했다. 1945년 7월선거에서 노동당이 대승을 거두며 애틀리가 이끄는 노동당내각이 출범하며 국민보험법, 국민보건서비스법, 국민부조법 등이 제정되었다. 1948년 7월 5일 영국 정부는 국가보건서비스NHS를 내세워 복지국가로의 길을 걷기 시작했다. 사실, 베버리지 보고서 이전에도 이미 16세기 엘리자베스 여왕시기에 '구빈법'이 제정되었고, 1834년 빈민층의 건강 개선을 위한 법률 제·개정 등의 보건복지 정책이 실시되었다.

    당시 영국은 산업화와 도시화의 시기였고, 많은 사람이 열악한 도시환경과 가혹한 노동조건 때문에 질병과 빈곤에 시달렸다. 1842년 당시 영국의 계층별 평균수명(사망자 평균 연령)을 살펴보면 맨체스터에서 전문직에 종사하는 사람(남성)은 38세, 육체노동자는 그 절반도 안 되는 17세에 불과했다. 구빈법이 제정된 건 노동자의 건강과 생산성 향상에 관심을 가졌던 일부 산업주의자의 노력 덕분이었다. 1848년 공공보건법이 제정되면서 상하수도 분리 및 적절한 하수처리 제도가 시행되었다.

그러나 사회복지 제도가 확충된 데는 산업화 못지 않게 전쟁의 영향이 컸다. 1899년 남아프리카에서 보어전쟁이 발발하자 영국은 징병제를 실시했는데, 징병대상자의 3분의 2 정도가 발육부진, 약시, 구루병 같은 영양결핍성 질환으로 부적격 판정을 받았다. 국민의 건강 상태에 충격받은 보수당의 솔즈베리 정부는 아동의 건강을 향상시키기 위한 제도를 모색하지 않을 수 없었다. 2차 세계대전 당시 영국은 민간 생필품 소비량이 20퍼센트 이상 하락할 정도로 전 국민이 궁핍하게 살아야 했다. 에릭 홉스봄의 『극단의 시대』에 따르면, 그처럼 열악한 상황에서도 "평등한 배급과 공평한 희생"이라는 다분히 사회주의적인 전시배급제 덕분에 일반 국민의 건강 상태는 전쟁 이전보다 개선된 상태로 종전을 맞이했다. 실제로 전시 기간 내내 영국의 유아사망률과 유아질병발생률은 평화시기보다 지속적으로 하락했다.

전후 노동당 정부가 실시한 국가보건서비스는 이전

에 제정된 구빈법을 비롯한 다른 사회보장 제도와 결정적인 차이가 있었다. 이전의 사회보장 제도가 노동 가능한, 징병대상으로서의 남성만 공적 의료보호를 통해 보호했다면, 이 제도는 아동과 여성을 포함하는 전 국민에게 실시하는 보편적 제도였다. 국가가 국민의 건강을 책임지는 국가보건서비스의 성과는 대단히 컸다. 그러나 전후 포디즘에 기초한 수정 자본주의의 황금기, 장기호황이 끝나자 영국 정부는 심각한 재정압박에 시달리게 되었다. 이후 등장한 차기 정부들, 특히 대처 정부에 이르러서는 사회복지에 대한 국정기조와 철학이 변화하며 극단적인 민영화 정책이 추진되었다. 그럼에도 현재까지 영국의 국가보건서비스는 국민건강을 위해 운영되고 있는 세계의 모든 공적의료 제도 가운데 최고 수준으로 평가받는다.

⇒ 『다른 의료는 가능하다』, 백영경·백재중·최원영·윤정원·이지은·김창엽 지음, 창비, 2020

유토피아

토머스 모어(1478~1535)는 영국 런던에서 법관 존 모어의 둘째 아들로 태어나 옥스퍼드대학에서 그리스어·라틴어· 신학, 링컨법학원에서 법률을 공부하며 에라스무스와 친교 를 나눴다. 그는 고전적 교양을 축적한 지식인으로, 젊어서 부터 출세 코스를 달린 엘리트였다. 1504년 하원 의원에 선 출되었고, 1510년 런던 부시장·하원 의장 등을 역임하며 공 정하고 유능한 관료로 명성을 얻었다. 그가 『최상의 공화국 형태와 유토피아라는 새로운 섬에 관하여』를 발표한 것은 1516년의 일이다. 토머스 모어의 『유토피아』는 '없다 또는 좋다'는 의미의 'u'와 장소를 뜻하는 'topia'의 합성어로 이 세상에 '존재하지 않는 곳' 또는 '좋은 곳'이란 이중의 의미 를 가지고 있다.

이 무렵 유럽은 중세가 붕괴하면서 군주를 중심으로 새로운 형태의 권력 집중 현상(전제군주제)이 나타나고, 도 시화와 더불어 초기 자본가들이 등장하며 도처에서 정치· 경제적 불평등이 심화되기 시작했다. 그는 『유토피아』에서 관료로 재직하며 경험한 전제군주제의 폭력성과 자본주의 경제 불평등이 주는 비참함을 풍자적으로 묘사한다. 1부에서 그는 항해자이자 철학자 라파엘 히슬로디를 통해 당시 유럽과 영국 사회에서 일어나고 있는 인클로저운동을 비판하면서 그 대안으로 사유재산제 폐지와 평등 분배로 다수의 이익이 보장되는 사회를 요구하고, 2부에서는 히슬로디가 경험하고 돌아온 섬 유토피아를 통해 토머스 모어가 생각하는 이상 사회의 모습을 제시한다.

내용면에서는 이상 사회에 대한 이야기지만, 문학 장르로서 '유토피아 문학'은 역설적이게도 디스토피아적 현실이 존재하기 때문에 출현했다. 토마스 모어의 『유토피아』는 진기한 이국 기행담에 가까웠던 기존의 유토피아 문학과 달리 당대의 비참한 현실을 바탕으로 구체적인 사회공학을 반영한 이상향을 제시한다는 점에서 훗날 출현하게 될 SF문학의 효시가 되었다.

『유토피아』 이전에도 아리스토파네스의 '구름뻐꾸기 땅', 플라톤의 '아틀란티스', 이암불루스의 '태양의 섬들'과 같이 서구에는 이상향을 묘사한 다양한 개념이 존재했지만, 중세를 거치며 이 같은 이상향(파라다이스)은 필요치 않게 되었다. 중세 기독교 세계에는 '천국'이라는 기독교적 이상향이 이미 있었기 때문이다. 사람들은 아우구스티누스가 『신국』에서 제창한 것처럼 이상적인 사회는 천국에 속한 것이고 현세의 삶은 단지 천국에서의 삶을 예비하는 것에 불과하다고 여겼다. 그러나 중세 질서가 붕괴하고 천국에 대한 믿음이 점차 줄면서 현세에 대한 관심이 높아졌고, 현실에서의 삶에 대한 관심이 고조되면서 현실 사회의 개선을 추구하게 되었다.

중세에는 가난과 억압도 하늘이 정해 준 운명이었다면, 근대에는 현실 사회에 변화와 개선의 가능성이 있다고 인식했으며, 폭군과 귀족의 부귀영화를 허용하는 사회가 있다면 그 반대의 세계도 존재할 수 있다고 생각하게 되었던 것이다. 그런 의미에서『유토피아』는 헨리 8세의 이혼에 반대한 죄로 1535년 7월 6일에 순교한 가톨릭 신자 토머스 모어가 아니라, 에라스무스의 벗이자 르네상스 인문주의 지식인이었던 토머스 모어의 입장에서 쓴 책이다.

⇒ 『유토피아』, 토머스 모어 지음, 박문재 옮김, 현대지성, 2020

경부고속도로

단군 이래 최초의 대규모 국책 사업이었던 경부고속도로 건설
은 1968년 2월 1일에 정식 착공한 뒤 2년 5개월 만인 1970년
7월 7일 완공되었다. 1961년 5월 쿠데타로 집권한 박정희는
집권의 정당성을 경제개발과 근대화에서 찾았다. 1962년
부터 시작된 제1차 경제개발계획에서 박정희는 "모든 사회
경제적인 악순환의 시정"과 "자립경제 달성을 위한 기반 구
축"을 목표로 삼는다고 발표했다. 1963년 민정 이양 이후 박
정희 정권은 한일 국교 정상화, 베트남 파병 등 수출 주도 산
업화를 지향했다. 이를 위해 서울과 주요 공업단지, 수출항
만을 연결하는 고속도로 건설은 필수불가결한 기초 과업이
었다. 고속도로는 대단위 수출 공단의 집적 이익을 극대화
하는 수단이자 그 자체로 자동차 생산과 소비를 대중화하
는 계기가 되었다.

실제로 경부고속도로를 착공한 1968년 11월 현대자동
차 울산 공장이 정식으로 가동되기 시작했다. 경부고속도
로는 대통령 박정희에게는 경제개발의 꿈을 실현해 줄 방
도이자 근대화의 상징이나 다름없었다. 1964년 12월 서독

을 방문해 아우토반을 시찰한 박정희는 1967년 4월 대통령 선거에서 "조국 근대화 기본 설계의 하나인 대국토건설계획을 발전시켜 항만 건설, 4대강 유역의 종합개발과 함께 고속도로 건설을 2차 경제개발 5개년 계획 기간 중에 착수할 것"이라고 공약했고, 이것이 헛된 약속이 아니라는 사실을 입증하기 위해 같은 해 5월 경인고속도로를 착공했다.

한국전쟁의 폐허에서 가까스로 벗어나기 시작하던 1967년 경부고속도로 건설 비용 429억7300만 원은 당시 국가예산의 23.6퍼센트를 차지했다. 한국의 1인당 국민소득이 142달러에 불과하던 시절이었다. 1966년 말 국도 및 지방도 포장률은 5.6퍼센트, 자동차 등록 대수는 고작 5만 대였다. 고속도로는 꿈에서나 가능할 법한 계획이었다. 그럼에도 불구하고 경부고속도로 건설 계획이 발표된 직후 월간 『세대』 1968년 1월호에서 각계 인사 100명에게 찬반 여부를 물었을 때, 68퍼센트가 무조건 찬성이고, 27퍼센트가 조건부 찬성, 단지 5퍼센트만이 반대하는 것으로 나타났다.

조건부로 찬성한 이들과 반대한 이들은 재정 부담과 투자 순서, 지역 불균등 발전에 대해 지적하고 우려했다. 특히 고속도로 건설이 지역 간 불균등 발전을 가져올 것이라고 주장한 반대 진영의 논객 중에는 당시 건설위원회 소속 국회의원 김대중이 있었다. 그는 사회간접자본 확충이란 측면에서 고속도로 건설 자체는 긍정하지만, 경부고속도로 건설은 "머리보다 다리가 크고 양팔과 오른쪽 다리가 말라 버린 기형아 같은 건설"이라고 주장했다. 이런 비판에 대해 대통령 박정희는 "바람이 불면 통장수가 부자가 된다"라는 일본 속담을 인용해 경부고속도로 건설의 연쇄 효과로 서울과 영남 이외의 지역도 개발의 낙수 효과를 얻을 수 있을 것이라고 맞대응했다.

실제로 경부고속도로 건설이 지역 개발에 미친 영향은 어마어마했다. 경부고속도로 건설 이전에 11개였던 나들목 주변의 국가 및 지방 공단은 1992년까지 66개로 급증했고, 개통 당시 제곱미터당 530원이었던 땅값은 10년 후 163만 원으로 급등했다. 경부고속도로 건설이 근대화와 산업 발전에 크게 이바지한 것은 사실이지만, 지역 간 균등 발전에 이바지할 것이란 주장은 허구였다. 경부고속도로 건설 이전이었던 1963년 제5대 대통령선거 때까지만 하더라도 우리나라에는 지역주의 투표 형태가 존재하지 않았다. 박정희는 출신 고향인 영남뿐 아니라 호남과 제주에서 더 많은 지지를 받았다. 그러나 경부고속도로 건설 후 지역 차별과 소외는 우려나 심증이 아닌 현실이 되었다.

⇒　『박정희와 개발독재시대』, 조희연 지음, 역사비평사, 2007

조문 파동

국제원자력기구는 1992년 북한에 핵개발 의혹을 제기하며 특별 사찰을 수용할 것을 요구했다. 1992년부터 6차례에 걸쳐 사찰이 진행되었고, 보고서에 기재된 플루토늄의 양과 실제 플루토늄의 양이 다르다는 사실이 밝혀졌다. 또한 미신고 시설에 대한 사찰을 북한이 거부하며 제1차 북핵 위기가 시작되었다. 이듬해 1월 한국은 그동안 중단되었던 팀스피리트 훈련 재개를 공식 발표하였고, 북한은 이를 남북 관계 및 북미 관계 단절로 받아들여 강력히 반발했다.

　　그럼에도 훈련이 강행되자 1993년 3월 12일, 핵확산금지조약NPT 탈퇴를 선언한다. 3월 19일 판문점에서 남북 특사 교환 실무회담이 끝난 직후, 그날 저녁 9시 뉴스에 북측 대표 박영수 조평통 부국장의 이른바 '서울 불바다' 발언이 보도되었고, 5월 미국의 클린턴 대통령은 윌리엄 페리 국방장관에게 작전계획 5027에 따라 북한의 핵시설을 공습하는 계획을 수립하도록 했다.

　　6월 15일, 지미 카터 전 미국 대통령이 부인과 함께 판문점을 넘어 평양을 방문해 김일성 주석과 협상을 벌였다.

이후 한반도에 불어온 핵전쟁 위기는 분단 이후 최초의 남북정상회담 개최라는 호재로 연결되며 롤러코스터를 타기 시작했다. 그런데 김영삼 대통령과 김일성 주석의 정상회담 개최를 불과 17일 남겨 둔 시점에서 갑자기 북한 김일성 주석의 사망 소식이 전해졌다. 북한 중앙방송과 평양방송은 7월 9일 낮 12시 특별방송을 통해 "위대한 수령 김일성 동지께서 1994년 7월 8일 오전 2시에 급병으로 서거하셨다는 것을 가장 비통한 심정으로 온 나라 전체 인민들에게 알린다"라고 발표했다. 사망 원인은 "심장 혈관의 동맥경화증으로 치료를 받아 오다 쌓이는 과로로 7월 7일 심한 심근경색이 발생되고 심장 쇼크가 합병된 것"이라고 밝혔다. 북한은 김일성 주석의 시신을 금수산의사당(주석궁)에 안치하며 장례식은 17일 평양시에서 거행한다고 발표했다. 8일부터 17일까지는 애도 기간으로 정했다.

김일성 사후 새로운 소용돌이가 한국을 강타했다. 이 소용돌이는 서울 불바다도, 미국의 북한 폭격도 아니었다. 김일성 주석이 갑작스럽게 사망하자 당시 야당 소속의 이부영 의원은 국회 외무통일위원회에서 "북한을 협상의 상대로 본다면, 북한 권력층이 문제가 아니라 북한 주민의 심리적 상태를 고려해 조문단을 파견할 의사가 있는가?"라고 질의했고, 임채정 의원도 장제스와 마오쩌둥의 상호 조문을 예로 들면서 정부의 조문단 파견 의사를 물었다. 당시 야당 의원들이 질의한 것은 파견하자는 것이 아니라 파견할 의사가 있느냐고 물었던 것이지만, 보수 언론들은 일제히 야당이 김일성 조문에 나서려 한다며 비판하기 시작했다.

때마침 1994년 7월 18일, 당시 박홍 서강대 총장은 청와대에서 열린 대학총장 간담회 자리에서 "대학 내에 북한 김정일의 지령을 받는 학생들이 있다"라며 "북한은 우루과이라운드 비준 반대와 미군 기지 반납 서명운동을 벌이도록 이미 지시를 내려 놓고 있으며 (나는) 그 증거를 가지고 있다. 주사파 뒤에는 사노맹이 있고, 그 뒤에는 북한 사노청, 그 뒤에는 김정일이 있다"라고 주장했다. 김일성 주석 사후 대학가에 분향소가 설치되고 당시 야당이던 민주당이 정부의 조문 필요성을 제기한 직후 나왔던 그 발언은 이후 『동아일보』 등 보수 언론을 통해 확대되었다.

그해 8월, 야당에 750명의 주사파가 있다고 말해 큰 반발을 불러일으킨 박홍은 검찰 조사 과정에서 국회의원 보좌관의 다수가 주사파이지만 사제로서 선서를 했기 때문에 제보자를 밝힐 수 없다고 했다. 조문 파동은 한반도 냉전이라는 고장 난 시계가 하루 두 번도 맞지 않을 정도로 제멋대로 움직인다는 사실을 잘 보여 주었다.

⇒　『피스메이커』, 임동원 지음, 창비, 2015

흑인의 목숨도 소중하다

2016년 7월 9일 배턴루지에서 열린 평화 시위 "흑인의 목숨도 소중하다"Black Lives Matter에 참여한 한 흑인 여성이 체포되었다. 체포된 여성의 이름은 레시아 에반스이고, 당시 28세의 간호사이자 5세 남아의 어머니였다. 레시아 에반스의 체포 장면은 현장에 있던 로이터통신의 사진기자 조너선 바크먼이 촬영하여 널리 알려졌는데, 그는 이렇게 말했다. "레시아는 자신을 잡아가라는 자세로 아무 말도, 저항도 하지 않은 채 가만히 서 있더군요. 드레스를 입은 그녀와 달리 진압 경찰들은 무장 상태였습니다."

이 시위는 미국 루이지애나주 배턴루지시의 한 편의점 앞에서 CD를 팔던 흑인 앨턴 스털링(37세)이 백인 경찰 두 명에게 체포되는 도중 사살당한 일로 촉발되었다. 스털링은 편의점 점주의 허가를 받고 판매를 하던 차였다. 앨턴 스털링의 사망 장면은 한 목격자가 휴대폰으로 촬영한 동영상을 유튜브에 올리면서 미국 전역에 널리 퍼졌다. 경찰은 오전 12시 35분 편의점 앞에 총을 소지한 수상한 사람이 있다는 익명의 제보를 받고 출동한 것으로 밝혀졌다.

영상에는 경찰이 스털링을 도로에 눕혀 제압한 뒤 "총, 총!"이라고 외치며 총을 꺼내 스털링에게 쏘는 장면까지 촬영되었다. 스털링은 가슴과 등에 여러 발의 총탄을 맞고 현장에서 즉사했다. 편의점 주인 압둘라 무플라히는 사건 이후 경찰이 자신을 구금하고 마음대로 CCTV 영상을 압수해 갔다며 경찰을 고소했다. 그는 "6년간 알고 지낸 스털링은 단 한 번도 주변 사람들과 다투지 않았다. 경찰에게 총격을 받을 만한 일은 전혀 없었다"라고 말했다.

"흑인의 목숨도 소중하다"라는 운동은 2012년 당시 17세의 트레이본 마틴을 후드티를 입은 흑인 소년이라는 이유로 백인 자경단원이 추적한 끝에 살해하고도 이듬해 무죄 판결로 풀려나면서 시작된 흑인 민권운동이다. 레시아 에반스는 24시간 동안 구금되었다가 풀려났는데, 시위에 나선 이유에 대해 묻는 기자에게 "자녀의 안전한 미래를 위해 나설 수밖에 없었다"라고 말했다. 오늘날 미국의 흑인이 감옥에 가는 비율은 백인의 6배이고, 흑인의 실업률은 백인의 2배에 이른다. 또한 경찰 총격으로 흑인 청년이 목숨을 잃을 확률은 백인 청년의 21배에 이르며 통계상으로 같은 흑인에 의해 살해되는 비율도 94퍼센트에 이른다.

⇒ 『검은 후드티 소년』, 이병승 지음, 이담 그림, 북멘토, 2013

레인보우워리어호 폭파 사건

다국적 석유 기업 로열더치셸이 1976년 북해 유전에 건설한 높이 140미터, 무게 1만5천 톤에 이르는 초대형 원유 채굴 시설은 1992년에 수명이 다해 사용 중지되었다. 만약 이 시설물을 그대로 방치한다면 해상을 부유하다가 사고를 내는 등 커다란 위험물이 될 것이었다. 이에 육상으로 예인한 뒤 해체하는 방법, 심해에 침몰시켜 폐기하는 방법 등 여러 가지 방법이 검토되었고, 건설사 셸은 작업의 안전성과 비용 등을 고려했을 때 심해에 폐기하는 것이 가장 합리적이며 효율적이라고 결론지었다. 그린피스는 이 시설물에 약 130톤의 유독물질이 그대로 남아 있어 해양오염을 일으킬 것이라 경고했으나 셸은 무시했다.

셸이 이 시설을 스코틀랜드 북동쪽 바다로 예인해 침몰시키기로 한 날, 그린피스는 레인보우워리어호Rainbow Warrior를 앞세워 거대한 시설물 앞을 가로막았다. 취재기자들은 레인보우워리어호가 거대 시설물과 맞선 상황을 보도했다. 이 모습은 골리앗처럼 거대한 다국적 석유 기업에 맞서는 용기 있는 다윗의 모습으로 비쳤고, 이는 오늘날 세계 최대의 국제 환경단체로 성장한 그린피스를 떠올릴 때, 여전히 상기되는 이미지다. 그린피스의 활동은 비폭력 직접 행동과 현장으로 출동하는 직접 대면 형태의 운동 방식이기 때문에 때로 활동가들의 목숨을 건 위험한 도박이라는 비판을 받기도 한다. 이런 비판에도 그들은 생태계 파괴 현장에 직접 달려가 증인으로 나서는 위험한 행동을 멈추지 않는다. 이를 통해 더 많은 생명과 자연을 지킬 수 있다고 믿기 때문이다.

1971년 미국의 알래스카 암치카섬 핵실험을 저지하려고 나선 캐나다인 12명으로 시작된 그린피스 운동은 오늘날 전 세계 41개국에 43개 지부, 280만 명의 회원과 전임 활동가 1,200명, 헬기 1대와 수백 대의 고무보트, 최신 통신장비, 레인보우워리어호를 비롯해 선박 4대를 갖춘 거대 운동 조직이 되었다. 그린피스가 이처럼 세계 최대의 환경단체로 성장할 수 있었던 배경에는 프랑스의 '조력'이 있었다.

2차 세계대전 이후 강대국으로서의 위상이 추락한 프랑스 정부는 독자적인 핵무기 개발에 집중했고, 1960년 핵실험에 성공하여 미국과 소련, 영국에 이어 세계 네 번째 핵보유국이 되었다. 이후 식민지였던 알제리사막에서 여러 차례 핵실험을 거듭한 프랑스는 1962년 알제리가 독립하자 새로운 핵 실험장을 모색하지 않을 수 없었다. 그 결과 찾아낸 곳이 프랑스령 폴리네시아의 아름다운 산호섬이 모여 있는 무루로아 환초였다. 1982년 프랑스에 좌파 사회당 정부가 들어섰지만 미테랑 대통령도 핵실험을 중단하지 않았다.

마침내 그린피스가 레인보우워리어호를 타고 프랑스의 핵실험을 저지하기 위해 현장으로 출동하기로 했다. 이 사실이 전해지자 프랑스 정보국DGSE은 1985년 7월 10일 오후 11시 50분경 뉴질랜드 오클랜드항에 정박 중이던 그린피스 소속의 레인보우워리어호를 폭발 사고로 위장해 침몰시켰다. 이 사건으로 그린피스 활동가이자 사진가 페르난도 페레이라가 사망했다. 뉴질랜드 정부에 의해 두 명의 프랑스 공작원이 체포되었다. 조사 결과 정보국 요원에 의한 조직적인 국가 테러 활동이라는 사실이 밝혀졌지만, 프랑스 정부와 대통령은 정보국의 독단적인 활동이며 자신들과 무관하다고 주장했다. 그린피스는 프랑스 정부를 상대로 소송을 제기해 손해배상금으로 800만 달러를 받았고, 뉴질랜드 정부는 700만 달러를 받고 정보부 요원들을 프랑스로 송환했다. 20년 뒤 이 사건이 미테랑 대통령의 최종 승인 아래 자행된 테러였다는 사실이 밝혀졌다. 프랑스는 1966년부터 1996년까지 30년 동안 무루로아 환초 일대에서 193회의 핵실험을 실시했다.

⇒　『직접행동』, 에이프릴 카터 지음, 조효제 옮김, 교양인, 2007

콜럼버스와 정화, 생각의 차이

대항해시대는 언제 처음 시작되었을까? 1492년 콜럼버스의 신대륙 발견을 생각하기 쉽지만, 그보다 거의 1세기 앞선 인물이 있다. 1405년 7월 11일 명나라 환관 정화(1371~1433)는 2만7,800여 명의 선원, 보선寶船 62척을 포함해 240여 척에 이르는 대규모 선단을 이끌고 원정 항해에 나섰다. 보선은 길이 44장 4척(151.8미터), 폭 18장(61.6미터)에 이르는 큰 돛이 9개나 달린 대형 선박이었는데, 이 선박의 규모는 오랫동안 중국 특유의 과장으로 여겨져 왔다. 하지만 1957년 11미터에 이르는 키가 발굴되면서 사실에 근접한 역사로 받아들여지고 있다.

당시 정화의 선단 규모를 오늘날 미국의 태평양 함대에 비유한다면 콜럼버스의 선단은 소말리아 해적에 비유해야 할 만큼 작았다. 정화는 이후에도 일곱 차례 원정을 떠나 신대륙에도 도달했다고 하는데, 오늘날 우리는 콜럼버스를 기억할 뿐 정화는 기억하지 못한다.

15세기까지 서구에 앞선 선박 건조술과 항해 능력을 갖춘 해양 선진국이던 중국이 이후 황제의 명령으로 해외 원정을 중단했기 때문이다. 정화의 원정이 급작스럽게 중단된 건 어째서였을까? 폴 케네디는 『강대국의 흥망』에서 그 원인으로 당시 명나라 사대부 관리들의 보수주의를 지적한다. 그러나 단지 보수적 관료들 때문이었을까?

정화의 항해를 일러 수수께끼 원정이라고 부르는 이유는 그토록 엄청난 비용과 인원이 동원된 항해가 몇 차례나 진행되는 동안 명나라가 얻은 이익이라곤 단지 황제의 과시욕을 충족시킨 것뿐이어서다. 당시 명나라 조정의 주요 관심사는 원의 지배로 훼손되었던 유교적 중화 질서를 회복하고, 그 과정에서 명의 위엄을 만방에 떨치는 것이었기 때문에 목적이 달성된 이후에는 고비용 저효율의 해외 원정을 거듭할 이유가 없었다.

운하로 연결된 중국의 순환 구조는 유럽 각국의 유통 규모를 합친 것보다 컸다. 무엇보다 당시 근대 르네상스 이후 시민 세력이 성장해 가던 서구와 달리 중국은 정화의 원정을 뒷받침해 줄 배후 세력이 존재하지 않았다. 그런 까닭에 황제의 명령으로 시작되었던 원정은 황제의 명령으로 손쉽게 중단될 수밖에 없었다. 비록 선단의 규모는 정화가 비할 바 없이 컸지만, 근대의 정신을 가진 주체의 차이, 생각의 차이가 동서양 세계의 명운을 갈랐다.

⇒ 『대운하 시대 1415~1784』, 조영헌 지음, 민음사, 2021

코드 듀엘로

15세기 무렵 이미 사라져 버린 '기사도'와 함께 검을 이용한 결투가 금지되었지만, 18세기 이른바 '신사도'의 등장과 더불어 총기를 이용한 결투가 새롭게 유럽에 등장하기 시작했다. 결투용 권총은 일반 군용 권총과는 달랐고, 결투 연습만을 위한 권총이 제작되기도 했다. 결투용 총기는 보통 2정이 한 세트로, 장식이 거의 없었음에도 무척 비쌌고 결투에서는 불발이 치명적이기 때문에 빠르고 신뢰성 있는 격발 시스템을 사용하는 데 특별히 주의를 기울였다.

어떤 결투용 권총은 금이나 백금으로 도금된 화약 접시를 사용해 격발이 더 잘 일어날 수 있게 제작되었다. 결투용 권총은 총기를 이용해 본 적 없는 사람도 쉽게 사용할 수 있도록 기능적·직관적으로 설계해야 했다. 무기의 전후방 조준기와 예민한 방아쇠 압력 등을 따졌지만, 총열에 강선은 없었다. 강선이 파인 총열은 명중률을 비약적으로 높이지만, 결투의 목적이 상대방을 죽이기보다 그 사람의 용기를 시험하는 것으로 여겨졌기 때문이다. 결투의 입회자(증인)는 총을 장전하기 전에 손가락을 총열에 넣어 강선이 있는지 없는지 확인하는 절차를 수행했다. 하지만 몇몇 악덕 총기 제조업자가 손가락이 닿는 앞쪽에는 강선을 파지 않고 총열 후방에 강선을 만드는 경우도 있었다.

결투의 당사자는 1777년에 만든 코드 듀엘로Code Duello 규정을 확인한 다음, 12보 떨어진 거리(약 8~9미터)에서 마주 보고 결투를 시작한다. 결투의 당사자와 함께 온 패거리 역시 사격이 가능했고, 어느 한 패거리가 죽거나 다치거나 화해가 이루어질 때까지 계속되었다. 결투는 원칙적으로 불법이었지만 1850년대 중반까지 약 200년간 신사도의 일부분으로 용인되었다. 그러나 유럽에서는 문화가 변하면서 점차 사라졌다.

미국에서 치러진 가장 유명한 결투는 건국의 아버지이자 정부의 기초를 닦은 사람 중 한 명으로 손꼽히는 알렉산더 해밀턴(1757~1804)과 토머스 제퍼슨 정부의 부통령을 지낸 애런 버(1756~1836) 사이에서 벌어진 결투였다. 발단은 해밀턴 진영이 버를 자신들 진영으로 끌어들이려고 했을 때, 해밀턴이 이에 반대하며 벌어졌다. 그는 뉴욕의 한 신문에서 "버는 위험한 사람으로 누구도 그가 정권을 잡는 것을 원치 않을 것이다"라고 말했고, 이에 격분한 버는 해밀턴에게 결투를 신청했다. 해밀턴은 결투로 아들을 잃은 적도 있었던 터라 마지못해 결투에 응했지만 발포는 하지 않을 생각이었다고 한다. 그러나 이것은 애런 버의 분노를 제대로 헤아리지 못한 결과였다. 그는 망설임 없이 방아쇠를 당겼고, 결투 다음 날인 1804년 7월 12일 해밀턴은 사망했다. 이 결투로 애런 버의 정치 생명도 끝났다.

미국에서 결투는 서부영화 제작자들에게 항상 인기 있는 주제였고, 실제로 1850년대부터 1890년대까지 2만 명 이상이 거리에서 일대일 결투로 목숨을 잃었다. 서부 개척 시대의 퀵드로(권총 빨리 뽑기) 결투는 법의 보호를 받기 어려울 때, 갈등을 해소하는 일상적인 방법이었다. 매복이나 기습으로 사람을 죽이는 것은 겁쟁이나 하는 짓이라고 여겼지만, 실제로는 이런 방법으로 더 많은 사상자가 발생했다. 서부 시대의 전설적인 총잡이 와일드 빌(본명은 제임스 버틀러 히코크)은 많은 결투에서 승리했지만, 사우스다코타주 데드우드의 포커 게임에서 잭 매콜에게 등 뒤에 총을 맞아 죽었고, 보안관 팻 개릿 역시 악당이자 옛 친구 빌리 더 키드를 어둠 속에서 기습해 죽였다. 서부 역사상 최고의 갱으로 알려진 제시 제임스도 비슷한 운명이었다. 서부 시대의 무법자가 항상 범죄자인 건 아니었다. 때로는 그들도 법을 수호하는 역할을 담당했지만, 총으로 명성을 얻은 이 대부분은 결국 총으로 목숨을 잃었다.

⇒ 영화 『라스트 듀얼: 최후의 결투』, 리들리 스콧 감독, 2021

월드컵과 FIFA

사회학자 해리 에드워즈는 스포츠가 본질적으로 세속적·의사종교적이라고 말했다. 종교의 주요 기능은 크게 두 가지가 있는데, 하나는 도덕적 정화이고 다른 하나는 주술적 엑스터시를 선사하는 것이다. 현대 종교는 주술적 엑스터시를 선사하는 대신 도덕적 정화에 주력하게 되었지만, 녹색의 그라운드에서 22명의 선수가 차고 굴리는 동그란 공 하나를 전 세계의 수많은 시선이 쫓으며 일희일비하고 열광하는 모습을 본다면 축구를 현대의 종교라고 부른다 한들 그리 이상하지 않을 것이다. 실제로 고대 잉카문명에서는 신에게 바칠 인신 제물을 선택하는 제의로 현대의 축구와 비슷한 경기를 치렀다.

전 세계적으로 축구와 비슷한 놀이가 많았기 때문에 축구의 원산지를 묻는 것은 무의미하지만 오늘날 근대 축구의 발원지는 영국이다. 영국에서 시작한 축구는 유럽의 식민지가 팽창하며 전 세계로 퍼져 나갔다. 뛰어다닐 수 있는 운동장과 공 하나만 있으면 누구나 할 수 있다는 장점을 지닌 축구는 19세기 후반에 이미 세계 각국에서 나름대로

협회가 조직되고 국제대회를 열 정도로 대중적인 스포츠가 되었다. 국가 간 경기를 위해 통일된 규칙을 정비할 필요성을 느낀 프랑스·벨기에·네덜란드·스페인 등 유럽 7개국은 1904년 5월 21일 프랑스 파리에 모여 국제축구연맹FIFA을 창설했다. 이듬해 영국·독일·오스트리아·이탈리아 등이 새롭게 회원국으로 참여하면서 최초의 월드컵을 개최하고자 했으나 희망 국가가 없어서 지지부진하던 차에 1차 세계대전이 벌어졌다. 전쟁 중에도 축구의 인기는 식지 않아서 1914년 크리스마스 기간에 영국과 독일 병사들이 축구 경기를 했다는 기록도 있다.

전후 제3대 FIFA 회장이 된 프랑스의 줄리메(1873~1956)는 월드컵 축구를 통해 전 세계가 계급·인종의 구분 없이 모두 한 가족으로 단합하여 살기를 희망했다. 제1회 월드컵 대회 개최를 맞이하여 이탈리아·네덜란드 등 유럽 여러 나라가 유치를 원했다. 1929년 바르셀로나에서 열린 총회에서 최종적으로 남미의 우루과이가 선택되었다. 당시 유럽으로부터 정치·문화 등의 측면에서 무시당해 온 남미 대륙은 축구를 통해 유럽을 이길 수 있다는 희망을 품었고, 실제로 우루과이는 아르헨티나를 비롯한 남미 국가들의 지지를 받아 제1회 월드컵을 유치할 수 있었다.

제1회 월드컵의 최대 난관 중 하나는 거리와 시간이었다. 유럽 국가들이 남미에서 개최되는 월드컵 참가에 난색을 표했던 것이다. 우루과이는 모든 경비를 부담할 것을 약속했고, 줄리메 회장의 적극적인 대처로 프랑스, 유고슬라비아, 루마니아, 벨기에 4개국이 유럽 대표 자격으로 참가하면서 1930년 7월 13일 우루과이의 수도 몬테비데오에서 제1회 월드컵 대회가 개최되었다. 최종 결승에서는 주최국인 우루과이와 아르헨티나가 맞붙었는데, 두 팀은 밀고 밀리는 접전 끝에 우루과이가 4-2로 승리했다. 우루과이는 다음 날을 국경일로 선포하는 등 승리의 기쁨을 만끽했다. 패배한 아르헨티나에서는 우루과이 대사관에 난입해 집기를 때려 부수는 난동이 벌어진 끝에 1년간 단교하는 불상사도 벌어졌다.

월드컵과 축구의 인기가 높아질수록 FIFA의 위상도 함께 높아져 그 위세가 국제올림픽위원회IOC 못지않다. FIFA 임직원은 국제사회에서 준외교관 대접을 받는다. 하지만 FIFA의 실체를 아는 이들은 그 내부가 우리의 상상을 초월하는 복마전이라고 말한다. 실제 외교 무대에서 잔뼈가 굵은 미국의 전 국무장관 헨리 키신저는 1980년대 잠시 FIFA와 인연을 맺은 후, "FIFA의 세계를 경험하고 나니 차라리 중동 사태 해결에 나섰던 때가 그리울 지경"이라고 말했다.

⇒ 『피파 마피아』, 토마스 키스트너 지음, 김희상 옮김, 돌베개, 2014

벅 대 벨 소송

1927년 10월, 미국 버지니아주에서 캐리 벅(1906~1983)이라는 한 여성이 강제로 나팔관 절제술을 받았다. 캐리의 친어머니 엠마 벅은 지적장애가 있어 수용소에 있었기 때문에 캐리 벅은 양부모 밑에서 어린 시절을 보냈다. 캐리는 17세 되던 해 양부모의 조카에게 성폭행을 당해 임신했다. 그런데 피해자인 캐리가 도리어 지적장애가 있다는 공격을 받아 친모가 수용되어 있던 수용소로 보내졌다. 몇 달 후 캐리는 딸(비비안)을 출산했지만, 법원은 캐리가 스스로 딸을 양육할 능력이 없다고 판단하여 캐리를 양육했던 바로 그 양부모에게 비비안을 입양시켰다.

당시 버지니아주에서는 지적장애가 있는 사람들에게 강제 불임 시술을 할 수 있는 법을 통과시켰는데, 수용소 관리소장 존 벨은 캐리가 적임이라고 보았다. 그들은 이제 출산한 지 8개월밖에 안 된 캐리의 딸 비비안 역시 지적장애의 소지가 있으며, 이것은 할머니와 어머니에 이어 3대째 유전된 것이라고 주장했다. 그러므로 더 이상 지적장애아가 생기지 않도록 캐리에게 불임 시술을 해야 한다는 것이었다. 캐리 벅은 강제 시술에 항의하는 소송을 제기해 연방 대법원까지 올라갔지만 패소하고 말았다. 캐리의 변호사 어빙 P. 화이트헤드는 우생학 지지자였지만 어쩔 수 없이 캐리의 변호를 떠맡은 터였다. 이들은 캐리의 학업 성적이 중간 이상이었다는 사실 등의 반론을 묵살했다. 결국 연방 대법원은 버지니아주의 단종법이 다수의 안전과 복지를 추구하는 연방 헌법에 어긋나지 않는다고 판결했고, 캐리는 이 법안의 첫 번째 희생자가 되었다. '벅 대 벨'Buck vs. Bell 소송 결과 단종법이 미국 전역의 33개 주로 확산되었다.

이 소송을 가장 적극적으로 수용한 나라가 바로 나치 독일이었다. 벅 대 벨 소송의 배경에는 우생학이라는 당시로서는 최첨단이라 여겨졌던 과학적 논리가 있었고, 우생학을 과학으로 수용한 사람들은 우수한 유전자를 갖지 못한 사람들은 출산을 할 수 없도록 국가적 산아제한 프로그램을 실시해야 한다고 믿었다. 미국의 영향을 받은 독일은 1933년 7월 14일 악명 높은 단종법을 공포했고, 전쟁 기간에 약 200만 명의 '결함 있는 사람들'에게 불임 시술을 하면서 벅 대 벨 소송 결과를 인용했다. 이들은 불임 시술에서 한 발 더 나아가 열등한 인종을 청소한다는 명분으로 집단수용소와 가스실을 운영했다. 전범 재판에서 나치 전범들은 자신들이 미국의 예를 따랐을 뿐이라고 항변했다.

미국에서 이 법안은 1974년에야 폐지되었다. 그때까지

버지니아주 한 곳에서만 8천 명이 강제 단종 시술을 받았고, 미국 전역에서는 6만5천여 명이 이 시술을 받은 것으로 추정된다.

⇒ 『세상을 바꾼 법정』, H. 미첼 콜드웰·마이클 S. 리프 지음, 금태섭 옮김, 궁리, 2006

돼지맘

국립국어원은 2014년의 신조어로 '돼지맘'을 발표했다. 돼지맘(또는 돼지엄마)이란 소수 정예로 팀을 조직해 최고의 사교육 학원이나 과외 교사를 연결해 주는 사람을 의미하는 말로, 입시교육 시장에서 최고의 정보력과 조직력을 갖춘 일종의 '알파맘'이다. 이 엄마의 정보와 지시에 따라 움직이는 다른 엄마들을 일러 '새끼돼지'라고 하는데, 돼지맘의 무리에 낄 수 있느냐 여부에 따라 자녀의 입시 당락이 결정된다는 말이 있을 정도다. 대한민국의 입시교육 광풍이 보여 주는 웃지 못할 풍속도이지만, 역사는 이것이 오늘날 갑자기 일어난 현상이 아니라 이미 1950년대 말부터 시작된 현상이라고 알려 준다.

1950년대 말 초등교육이 의무화되면서 1960년대 전국의 초등학생 숫자가 엄청나게 증가했다. 이후 중학교에 입학하려는 학생 수가 늘어났지만, 중학교 수는 이를 충족시키지 못했다. 게다가 일류 중학교에 대한 선호가 입시 경쟁을 부추기면서 초등학교 상급생들은 학교 교육 대신 중학교 입시 준비에만 매달리는 실정이었다. 입시가 전쟁이 된 것은 이때부터의 일로, 1960년대 통계에 따르면 초등학생 중 과외를 받는 학생이 81.2퍼센트, 4시간 이상 과외를 받는 학생도 48.2퍼센트에 이르렀다. 초등교육이 이처럼 파행으로 치닫자 정부는 1968년 7월 15일 '중학교 무시험 추첨 배정제'를 선언한다. 당시 이를 두고 '7·15 어린이 해방'이라고 불렀다. 그렇다고 과외 열풍이 사라진 것도 아니었다. 초등학교 5·6학년 학생들의 과외가 중학교 2·3학년으로 옮겨 갔을 뿐이다. 중학교 입시가 사라진 대신 고등학교 진학이 더욱 어려워지자 이번엔 중학생들이 하루에 6~7시간씩 학교 수업을 받고 나서 보충수업 2시간에다 과외까지 3시간씩 받는 등 하루의 절반을 꼬박 입시 준비에만 바쳐야 했다.

이처럼 중학교 교육이 파행되기 시작하자 정부는 1974년부터 고교평준화 정책을 추진했다. 실업계 고등학교는 학교별 경쟁 입학을 허용하되 일반(인문) 고등학교는 학군 단위로 총인원을 선발하여 추첨·배정했다. 서울을 중심으로 이른바 명문고 진학을 위한 '8학군' 열풍이 불기 시작한 것도 이 제도 때문이었다.

5공이 시작되던 1980년 7월 30일 국가보위비상대책위원회는 '7·30 교육개혁 조치'를 통해 과외를 전면 금지했다. 모든 재학생은 과외 수업을 일절 받지 못하고, 과외를 한 교사와 과외를 받은 자녀의 학부모가 적발될 시 신분을 막론하고 명단을 공개할 뿐만 아니라 면직도 불사하겠다는 방침을 밝힌 것이다. 과외 단속을 위해 국가보위비상대책위원회 산하 총괄반이 조직되고 그 밑에 문교부 산하 각 시도 교육위원 외 18개 합동단속반, 내무부 12개 반, 국세청 7개 반 등 총 37개의 과외특별단속반이 전국적으로 과외 단속에 나섰다. 갑작스럽고 폭압적이긴 했지만 이때 내려진 과외 금지 조치에 대한 초기 반응은 비교적 긍정적이었다. 그러나 2000년 4월 27일 헌법재판소는 "누구든지 과외 교습을 하여서는 아니 된다"라는 「학원법」 3조가 위헌이라는 판결을 내렸고, 과외, 아니 사교육이 부활했다.

　그로부터 20여 년이 흐른 오늘날 대한민국의 사교육 시장 규모는 16조8천억 원에 이른다. 중학교 입시 경쟁으로 시작된 교육 평준화 정책이 일정한 실효를 거두었음에도 이른바 'SKY대학' 등 서열화된 대학입시 제도 앞에서 그 힘을 잃었다. 국가 백년지대계라는 교육 정책은 수십 년째 평준화냐, 비평준화냐를 두고 되돌이표 논쟁 속에서 갈팡질팡하고 있다. 교육 평준화 정책을 두고 그간 수없이 많은 논쟁과 대안이 제시되었으나 핵심은 학생 평준화가 아니라 교원과 교육 시설의 평준화이며, 이보다 더욱 중요한 핵심은 사회적 평등 실현이라는 사실을 우리는 이미 오래전부터 알고 있다.

⇒　「한국의 능력주의」, 박권일 지음, 이데아, 2021

트리니티

맨해튼 프로젝트의 책임자였던 오펜하이머(1904~1967)는 핵실험을 목격한 뒤 『바가바드기타』의 한 구절을 인용하여 "나는 죽음의 신이요, 세상의 파괴자다"라고 말했다.

1945년 7월 16일 미국 뉴멕시코 사막에서 역사적인 첫 핵실험이 실시되었다. 첫 번째 핵실험에 사용된 핵폭탄의 이름은 '트리니티'(삼위일체)였다. 핵실험이 성공하는 모습을 바라본 오펜하이머는 상상 이상의 위력에 놀라 멍하게 쳐다보면서 "이제 세상은 예전과 같지 않은 것을 알았다"라고 외쳤다. 과연, 그날 이후로 세상은 변했다. 미국 뉴욕에서 부유한 유대계 사업가의 아들로 태어나 하버드대학을 졸업하고 유럽 유학을 다녀온 오펜하이머는 동양 사상과 철학에 상당한 식견을 가지고 있었다. 『바가바드기타』는 『베다』 『우파니샤드』와 함께 인도의 3대 힌두 경전으로 손꼽히는 책이다.

뉴멕시코주 로스알라모스 요새에서 비밀리에 추진되었던 맨해튼 프로젝트는 추축국을 제외한 전 세계의 4,500명 넘는 과학자들과 200억 달러가 넘는 비용을 들인 대규모 기획이었다. 맨해튼 프로젝트에 참여했던 과학자 중 몇몇은 훗날 노벨상을 수상했지만 정작 그 프로젝트의 총책임자였던 오펜하이머는 노벨상 수상자를 선정하는 스웨덴 왕립학회가 외면했다. 전쟁에서 승리했지만 그의 손에는 피가 묻어 있었다.

1945년 8월 6일 히로시마에 '리틀보이'가, 8월 9일 나가사키에 '팻맨'이 투하되었다. 우라늄으로 제작한 4.5톤의 리틀보이는 14만 명을 순식간에 죽였고, 후유증으로 20만 명이 목숨을 잃었다. 히로시마 인구의 3분의 2가 사라졌다. 핵폭탄의 위력은 군인과 민간인을 구분하지 않았고, 핵폭탄을 개발한 과학자들은 충격에 휩싸였다.

오펜하이머는 트루먼 대통령을 만난 자리에서 "내 손에는 아직도 피가 묻어 있다"라고 말했다. 트루먼은 주위 참모들에게 "다시는 저 얼간이를 내 옆에 오지 못하게 해"라면서 화를 냈다고 한다. 오펜하이머는 유럽 유학 시절 열렬한 반파시스트로 활동했고, 스페인시민전쟁을 적극적으로 지원한 바 있었다. FBI는 이런 경력 때문에 그를 맨해튼 프로젝트의 연구책임자로 임명하는 것에 반대했지만, 총책임자였던 육군 소장 레슬리 그로브스가 강력히 주장해 관철했다. 그러나 전후 미국 정부는 수소폭탄 개발에 반대하는 오펜하이머를 위험 인물로 간주했고, 때마침 일어난 매카시 선풍은 그를 궁지에 빠뜨렸다. 로스알라모스 연구소 소장직에서 물러난 오펜하이머는 프린스턴고등과학원 원장이 되었다. 이후 죽을 때까지 핵물리학 연구보다는 과학과 윤리의 문제에 대한 글을 쓰며 보냈고, 1967년 식도암으로 사망했다. 오펜하이머는 "과학이 결코 모든 것은 아니지만, 과학은 아름답다"라는 말을 남겼다.

과학자들이 개발했으나 핵무기는 과학의 통제를 벗어났다. 오늘날 실존하는 가장 강력한 핵무기는 구소련이 개발한 50메가톤급의 '차르봄바'Tsar Bomba로 히로시마와 나가사키에 투하된 핵폭탄보다 3,800배 이상 위력이 강하며 이 폭탄이 폭발하며 내뿜는 에너지는 태양이 같은 시간 동안 방출하는 양의 1퍼센트에 해당한다.

⇒ 『아메리칸 프로메테우스』, 카이 버드·마틴 셔윈 지음, 최형섭 옮김, 사이언스북스, 2010

에어컨

엘리베이터가 인간의 공간을 수직으로 확장했다면, 에어
컨, 정확하게 말해 에어컨디셔너는 인간의 공간을 수평으
로 확대했다.

　1876년 미국 뉴욕에서 출생한 윌리스 하빌랜드 캐리어
(1876~1950)는 1901년 코넬대학에서 공학석사 학위를 받
았다. 대학을 졸업한 이듬해 그는 드릴링 머신 등 기계 설비
를 제작하는 버펄로포지사에 입사했다. 그 무렵 뉴욕 브루
클린에 위치한 새킷윌럼스 인쇄소는 여름철 습기와 무더위
때문에 종이가 울어 깨끗하게 인쇄를 할 수 없어 골머리를
앓았다. 공기의 습도와 온도를 조절할 해결책을 부탁받은
캐리어는 증기를 파이프로 순환시켜 온도를 높일 수 있다
면, 그 반대도 가능하지 않을까 생각했다.

　그가 떠올린 것은 냉수가 순환하는 냉각 코일에서 물
을 압축·기화시키고 공기로부터 증발열을 빼앗아 온도를
낮춘 뒤 바람으로 내보내는 방식이었다. 그는 1902년 7월
17일 최초의 전기식 에어컨 도면을 작성했고, 이를 인쇄소에
설치하여 인쇄소의 온도를 낮추고 습기를 조절할 수 있었

다. 캐리어는 자신의 아이디어를 특허 출원했고, 1915년 6월 26일 뉴욕에서 7명의 젊은 엔지니어들과 함께 평생 저축한 돈을 투자해 '캐리어 엔지니어링 코퍼레이션'을 설립했다.

당시만 해도 캐리어의 에어컨이 필요한 곳은 주로 제조 공장들이었다. 직물 공장은 공기 중에 수분이 부족할 경우 정전기가 발생해 직물에 보풀이 심하게 일었고, 실크 공장이나 담배 공장에도 각각 필요한 습도를 맞춰 줄 에어컨이 필요했다. 1924년 디트로이트의 백화점에 에어컨이 설치됐고, 뒤를 이어 극장에서도 에어컨은 필수품이 되었다. 에어컨이 설치되기 전까지 여름철 극장은 무덥고 땀이 비 오듯 흐르는 축축한 곳이었지만, 에어컨이 설치된 뒤로는 오락과 데이트를 즐기기에 적절한 명소가 되었다. 또한 여름은 방학을 맞은 학생들을 위한 블록버스터 영화를 집중적으로 개봉하는 극장의 성수기가 되었다.

1928년엔 미국 의회에 에어컨이 설치되었고, 1936년엔 여객기에, 1939년엔 자동차에 에어컨이 장착되기 시작했다. 캐리어는 대공황 시기에 다소 어려움을 겪었지만, 2차 세계대전이 끝나고 미국이 전후 호황을 맞으면서 에어컨이 미국 가정의 필수품으로 자리 잡기 시작했다. 에어컨은 일반 가정의 여름철 풍경을 바꾸어 놓았을 뿐만 아니라 과거라면 상상도 할 수 없었을 지역을 대도시로 변화시켰다. 라스베이거스, 휴스턴, 댈러스, 뉴올리언스, 피닉스 등 폭염으로 뜨겁고 마치 사막 지대 같은 이른바 선벨트 지역에 수백 만 명의 인구가 거주하는 대도시가 건설될 수 있었던 것은 에어컨 덕분이었다. 에어컨이 없었다면 열사의 나라 카타르 도하에서 2022년 월드컵을 유치하는 것도, 두바이에 신도시를 건설하는 것도 불가능했을 것이다.

그러나 실내 온도를 낮추기 위해 사용되는 에어컨은 고용량의 전기를 소모한다. 냉장고와 에어컨의 냉매, 헤어스프레이 충전제로 무분별하게 사용되어 온 염화플루오린화탄소(프레온가스)는 지구 오존층을 파괴한 원흉으로 비판받는다. 무더운 여름철 에어컨 실외기가 쏟아 내는 열기로 발생하는 도시 열섬 현상은 에어컨 사용을 더욱 촉진한다. 2021년 미국의 환경보호처EPA는 에어컨과 냉장고의 냉매제로 세계에서 가장 많이 사용되는 수소불화탄소HFC 사용과 제조를 15년 내에 85퍼센트까지 줄인다는 실행령을 발표했다.

⇒　『파란하늘 빨간지구』, 조천호 지음, 동아시아, 2019

영광의 깃발

미국 역사상 커다란 전환점이 된 남북전쟁은 1861년부터 1865년까지 4년에 걸쳐 치러진 내전으로, 전쟁의 배경에는 미연방을 이루는 여러 주들의 복잡하게 엇갈린 이해관계가 있었다. 노예 문제는 이런 갈등을 증폭시켰고, 1860년 대통령선거에서 링컨이 당선된 것은 노예제도에 반대하는 북부와 공화당의 승리를 의미했다. 링컨이 당선되자 남부의 7개주(앨라배마·플로리다·조지아·루이지애나·미시시피·사우스캐롤라이나·텍사스)는 연방으로부터 이탈할 결의를 굳혔고, 1861년 2월 남부연합을 결성했다. 링컨은 연방에서 분리·탈퇴할 권리를 어느 주에도 인정해 줄 수 없다고 주장했고, 결국 이에 따른 헌법 해석 문제를 두고 내전의 방아쇠가 당겨졌다. 전쟁 초기에 승세를 잡은 것은 남부연합이었다. 북부연방은 1863년 1월 1일 노예해방선언을 발표하기 전까지 결정적인 우세를 잡지 못했다.

　노예해방선언을 통해 링컨은 모든 노예를 해방하고 이들에게 북부 연방군에 자원해 줄 것을 촉구했다. 그러나 링컨 대통령의 생각과 달리 북군 내부에서는 흑인들에게 무기를 쥐여 주길 꺼렸다. 물론 북군 내부에 인종차별적인 인식이 없었던 것은 아니지만, 그보다는 만약 흑인을 병사로 받아들일 경우 남부연합 측에 결사항전의 의지를 다지게 할지도 모른다는 우려가 더욱 컸다. 그러나 노예제 폐지론자와 급진적인 공화당원들이 국방성을 압박하여 흑인 병사 모집이 시작되었고, 수많은 흑인들이 자원 입대했다. 이 중에서 가장 먼저 창설되었으며 가장 유명했던 흑인 부대는 백인 장교였던 로버트 굴드 쇼(1837~1863) 대령이 지휘하는 제54 매사추세츠 연대였다.

제54연대는 1864년 7월 18일 찰스턴 항구로 들어가는 남부군의 포트와그너 요새를 공격했다. 제54연대는 1시간 정도 요새를 점령했지만, 후속 지원이 부족한 상황에서 남군의 격렬한 반격에 밀려 전체 병력의 40퍼센트가 전사하는 극심한 피해를 입었다. 공격은 결국 실패했고, 전사자 가운데는 연대장 쇼 대령도 포함되어 있었다. 남군은 쇼 대령의 시신을 "그의 검둥이들과 함께 묻었다"라며 가족에게 돌려주기를 거부했고 항복하는 흑인 병사들을 총검으로 찔러 죽였다. 노예 출신으로 북군에 입대했던 윌리엄 H. 카니(1842~1908) 상사는 쇼 대령이 전사한 상황에서 그 자신도 네 차례나 부상을 당했음에도 부대의 군기를 지키며 지휘한 공로로 50년 뒤인 1900년 미국 의회 명예훈장을 수여받았다.

⇒   영화 『영광의 깃발』, 에드워드 즈윅 감독, 1989

몽양 여운형

몽양夢陽 여운형(1886~1947)은 약관弱冠이던 1907년부터 독립운동에 투신하였다. 이후 중국으로 건너가 임시정부 등에서 활동하다가 1929년 일경에 의해 체포되어 징역 3년을 선고받고 1932년 출옥했다. 이듬해 조선 중앙일보사 사장을 맡았으나 1936년 손기정 선수 일장기 말소 사건을 주도했다는 이유로 신문은 폐간당하고 다시 구속되었다. 1944년 8월부터 여운형은 일제의 패전을 예상하여 조선건국동맹을 조직하였고, 해방 직후에는 건국준비위원회(건준) 결성을 주도하였다. 비록 미군정과 존 리드 하지(1893~1963) 장군은 건준을 인정하지 않았지만, 좌우 합작을 추진하는 여운형을 무시할 수도 없었다.

　한민당을 비롯한 부일 모리배들은 여운형을 일제에 협력한 인사라며 미군정에 끊임없는 음해 공작을 펼쳤다. 그 중에서도 하지 장군의 통역을 맡았던 이묘묵(1902~1957)은 여운형을 폄훼하는 데 열을 올렸다. 그의 영향으로 하지는 여운형과 처음 만난 자리에서 "일본인에게 돈을 얼마나 받아먹었소?"라며 모욕을 주었다. 미군정은 정보망을 총동원해 몽양의 행적을 뒤졌으나 친일 자료나 금품 수수 비리를 찾을 수 없었고, 도리어 일본인들이 어떻게 여운형 같은 독립운동가를 의심할 수 있느냐고 반문했다. 조사를 맡았던 이는 "여운형은 사냥개의 이빨만큼이나 깨끗하다"라고 보고했다. 해방 직후 외세에 의해 분단된 상황에서 여운형이 추구한 목표는 민족 통일과 완전한 자주독립 국가 건설이었다. 이를 달성하기 위해 그가 추구했던 노선은 좌도 우도 아니었지만, 북으로부터는 미군정의 주구로, 남으로부터는 공산주의자로 낙인찍혔다.

여운형은 해방 3일 뒤인 1945년 8월 18일부터 1947년 7월 19일 암살당할 때까지 평균 두 달에 한 번꼴로 테러를 당했다. 여운형이 살해당한 장소는 혜화동 파출소에서 불과 50걸음 남짓한 대로였다. 그에 대해 10여 차례 넘는 암살 시도가 있었고, 바로 얼마 전 테러를 당했던 장소에서 멀지 않은 곳이었지만 경찰의 보호 같은 건 받지 못했다. 그의 사후 독립운동에 대한 공로로 따지면 누구보다 일찍 독립유공자 서훈을 받아야 했건만, 독립 60주년이었던 2005년에야 무기명 투표로 간신히 2등급에 해당하는 서훈을 받았을 뿐이다. 생전의 여운형은 미국과 소련을 한반도에 찾아온 '손님'이라 불렀고, 한반도의 통일과 독립은 '주인'인 우리 스스로의 힘으로 해결해야 한다는 신념으로 일관했다.

⇒ 『찢겨진 산하』, 정경모 지음, 한겨레출판, 2002

플라이 미 투 더 문

1969년 7월 20일, 아폴로 11호 달 착륙선 이글호가 달 표면에 무사히 안착했다. 두 명의 우주인이 달 표면에 처음으로 인간의 발자국을 남겼다. 처음 발자국을 남긴 사람, 이른바 '퍼스트맨'은 선장 닐 암스트롱이었다. 달에 첫발을 내딛은 그는 우주 개발 역사상 가장 유명한 "이것은 한 인간에게는 작은 한 걸음이지만 인류에게는 위대한 도약이다"라는 말을 남겼는데, 이들이 달에 착륙하는 순간 우주선 안에서 흘러나오던 음악이 바로 프랭크 시나트라가 부른 「플라이 미 투 더 문」Fly me to the moon이었다. 이 곡은 1954년 '블루앤젤'이라는 카바레에서 연주자 겸 사회자로 일하던 바트 하워드가 작곡하였는데, 이 노래를 처음 부른 사람은 펠리시아 샌더스였다.

　1957년 소련이 최초의 우주선 스푸트니크 발사에 성공하면서 미소 간의 우주 경쟁이 본격화되었다. 미국의 제35대 대통령 존 F. 케네디가 임기를 시작하던 첫해인 1961년 4월 12일 소련은 최초의 우주인 유리 가가린을 태운 유인 우주선 발사에 성공해 세계를 다시 한 번 깜짝 놀라게 했다.

세계의 모든 지역, 모든 분야에서 벌어지던 냉전이 미지의 우주 공간으로까지 번지고 있었다. 케네디 대통령은 잇단 패배에 실망한 미국 국민들을 향해, 1961년 5월 25일 상하양원 합동위원회 연설에서 "나는 이 나라가 1960년대가 지나가기 전에 달에 인간을 착륙시킨 뒤 지구로 무사히 귀환시키는 목표를 달성할 것을 믿는다"라고 선언했다. NASA의 달 탐사 프로그램은 근현대사를 통틀어 유례없는 기술적 도전이었으며, 냉전 시대 미국의 국가 위신을 높이고 군사적 패권을 지키기 위한 '범국가적 프로젝트'였다.

이런 분위기 속에 등장한 「플라이 미 투 더 문」은 냇 킹 콜, 토니 베넷, 다이애나 크롤 등 수많은 가수가 불렀지만 1964년 프랭크 시나트라가 스윙재즈의 대가 카운트 베이시와 함께 스윙풍으로 바꿔 부르면서 대단한 히트를 기록하여 그의 수많은 대표곡 중 하나가 되었다. 프랭크 시나트라는 1969년 한 텔레비전 방송에 출연해 아폴로 11호 우주비행사들을 위해 이 노래를 부르기도 했다. 처음 이 노래의 제목은 「달리 말하자면」In Other Words였지만, 첫 소절 '플라이 미 투 더 문'이 너무 유명해서 아예 제목이 되었다.

⇒ 영화 『필사의 도전』, 필립 카우프먼 감독, 1983

로이터 통신

미디어에 의한 최초의 특종은 전쟁 뉴스를 전하는 것으로 시작되었다. 1816년 7월 21일 독일 카셀에서 출생한 파울 율리우스 로이터는 정보의 중요성과 미디어의 힘을 일찌감치 간파한 인물이었다. 무엇보다 그는 정보가 돈이 될 수 있다는 사실을 알았다. 1850년, 로이터는 비둘기 200마리를 훈련시켜 독일 아헨에서 벨기에 브뤼셀 사이를 연결해 주가 정보를 알려 주는 통신사업으로 큰 성공을 거뒀다. 비둘기가 이동하는 데에는 약 2시간이 걸렸지만, 우편열차는 거의 9시간이 걸렸다. 이 성공을 발판으로 1851년 로이터는 국제 금융의 중심지였던 런던증권거래소 부근에 로이터전신사무소를 열고, 증권 관계 뉴스를 판매하기 시작했다. 그러나 증권계나 언론계의 반응은 냉담했다.

그 무렵 영국의 유력지들은 독자적인 해외 취재망을 갖추고 있었다. 로이터는 특종만이 살길이라 생각해 기회를 엿보았다. 그런 와중에 나폴레옹 3세(아직 황제가 되기 전)가 신년 축하 파티 석상에서 오스트리아 대사에게 양국 관계가 악화되고 있다고 말했다는 뉴스가 전해졌다. 로이터는 조만간 프랑스-오스트리아 전쟁이 발발할 것으로 추측하고, 즉시 파리 특파원에게 곧 나올 나폴레옹 3세의 의회 연두 연설 내용을 알아보도록 지시했다. 특파원은 의회에서 나폴레옹 3세가 직접 연설하기 전에 내용을 누설하지 않는다는 조건으로, 연설 중에 간접적인 선전포고의 뜻이 담긴 도발적인 내용이 들어가 있다는 사실을 확인해 주었다. 로이터는 파리-런던 간 전신 회선을 전부 예약하고 런던에 번역팀을 대기시켰고, 연설과 동시에 타전-번역-배포 작업이 완료되도록 했다. 로이터를 무시하던 『타임스』조차 기사를 받아서 게재할 수밖에 없었다. 이 뉴스의 송출로 로이터 통신사의 진가가 세상에 널리 알려졌다.

로이터의 성공은 새뮤얼 모스의 유선 전신 발명에 힘입은 것이었다. 해저 전신망이 설치되면서 로이터는 다른 대륙까지 사업 영역을 확장할 수 있었고, 1865년 링컨 대통령의 저격 소식을 가장 빨리 유럽에 전한 것도 로이터였다. 현재 로이터 통신사의 통신원들은 전 세계 150개국의 198개 지국, 7천여 개 신문사에 매일 800만 단어 이상의 기사를 26개 언어로 공급하고 있다. '로이터 통신에 따르면'이라는 구절은 오늘날에도 전 세계 뉴스 진행자의 표준적인 표현 중 하나로 사용되고 있다.

⇒ 『세계의 대중매체 1·2·3』, 강준만 지음, 인물과사상사, 2001

자원의 저주, 네덜란드 병

1959년 7월 22일 네덜란드 흐로닝언주 인근 북해 수심 3천 미터의 해저 사암층에서 2조8천억 입방미터에 이르는 거대한 가스전이 발견되었다. 슬로크테렌 가스전은 남북으로 45킬로미터, 동서로 25킬로미터 길이로 유럽연합 전체에 매장된 천연가스 매장량의 25퍼센트에 해당할 만큼 엄청난 크기였다. 전후 계속해서 유정 개발과 가스 탐사를 시도했음에도 실패해 왔던 네덜란드는 환호할 수밖에 없었다. 한때 해상 강국으로 명성을 떨쳤지만, 이후 튤립이나 키우는 나라로 전락한 상황에서 이제는 천연가스가 샘솟는 자원 부국으로 발돋움할 수 있게 되었기 때문이다.

네덜란드는 천연가스를 수출해 해마다 수십억 달러를 벌어들였다. 사람들은 네덜란드 경제가 급성장할 것으로 예측했지만, 예상과 달리 네덜란드의 경제성장률은 자꾸만 낮아졌다. 1970년대 들어 천연가스 수출을 제외한 네덜란드의 다른 산업들이 경쟁력을 잃고 있었다. 천연가스 수출로 외화가 급격하게 유입되자 물가가 상승했고, 물가가 오르자 노동자들의 생활이 어려워졌다. 노동자들의 생활이 어려워지자 내수 경제가 침체되었고, 기업은 투자를 주저하게 되었다. 투자가 위축되자 제조업 등 다른 분야의 산업이 급격하게 몰락했다. 네덜란드에서 발생한 현상을 두고 1977년 영국의 경제 전문지 『이코노미스트』는 '네덜란드 병'이라고 명명했다. 오늘날 경제학자들은 한 국가가 특정한 천연자원 개발에 의존할 경우 경제성장률이 둔화되고 위축되는 현상을 '자원의 저주'라고 부른다. 경제학에서는 전통적으로 생산 요소를 노동·자본·토지 등으로 분류해 왔지만, 농경사회에서 산업사회로 변화하면서 자원의 중요성이 대두되기 시작했다. 일반적으로 천연자원을 많이 보유한 국가들이 경제적으로 부강한 국가로 부상할 것이라는 전망이 지배적이었다. 역사적으로 대표적인 천연자원인 석탄은 영국의 산업혁명을 이끌었다.

그러나 천연자원을 많이 보유했다고 해서 항상 경제성장을 달성한 것은 아니었다. 자원 채취와 개발이 주는 부가가치가 다른 산업 분야와 비교해 지나치게 높기 때문에 노동력이 한 분야에 집중되고, 정부 정책이 변질되기 때문에 국가의 균등한 발전을 저해하여 결과적으로 다른 산업의 경쟁력이 떨어지는 현상이 발생한다. 자원은 국가에게 엄청난 부를 선사하지만, 만약 해당 국가의 민주주의, 다시 말해 사회적 부를 효율적으로 분배할 능력을 갖추지 못한 경우에는 사회적 갈등이 커지게 된다. 세계은행에 따르면 지하자원이 없는 나라는 내전 위험도가 0.5퍼센트인 반면 지하자원에 의존하는 나라는 23퍼센트에 이른다.

신대륙의 금과 은에 의존했던 스페인을 비롯해 이집트(면화), 칠레(구리), 쿠바(설탕), 페루(구아노) 등 역사적으로 수많은 국가가 단일한 천연자원에 의존하다가 경제 위기를 맞이했다. 베네수엘라 역시 수출의 96퍼센트를 석유에 의존하다가 2014년 유가 폭락으로 경제가 붕괴했다.

⇒ 『베네수엘라, 혁명의 역사를 다시 쓰다』, 김병권·정희용·손우정·안태환·여경훈·이상동·한우림 지음, 시대의창, 2007

8마일

대중음악 역사상 가장 성공한 힙합 아티스트, 21세기 들어 가장 성공한 아티스트 중 한 명으로 손꼽히는 에미넴은 그동안 흑인의 전유물로 여겨지던 힙합 장르의 밑바닥에서 출발해 전설의 위치에 오른 백인이다. 그는 2002년 자신이 유년기를 보낸 디트로이트를 배경으로 한 영화『8마일』에 직접 출연해 대단한 성공을 거두기도 했다. 그는 백인이었지만, 할렘에서 나고 자란 이른바 '화이트 트래시'White Trash 출신으로 뒷골목에서 흑인들과 랩 배틀을 하며 명성을 얻었다.

　디트로이트는 한때 포드, 크라이슬러, 제너럴모터스GM 등 미국가 자동차 '빅3'가 위치했던 공업도시로 1950년까지 인구는 185만 명에 달했다. 그러나 디트로이트는 2013년『포브스』가 선정한 '미국에서 가장 비참한 도시 1위'로 선정되었다. 미국의 지방자치단체 중 최초로 파산 신청을 한 도시가 바로 디트로이트였다. 1940년대 초 자동차 생산이 절정을 이루는 동안 30만 명 넘는 백인 노동자와 5만 명의 흑인 노동자가 디트로이트에 유입되었지만, 대부분의 흑인들은 살 집을 구하기가 쉽지 않았다. 백인들은 흑인들이 지역사회에 위협이 된다고 여겼기 때문에 흑인 가정은 백인보다 더 높은 임대료를 내야 했고, 일부 지역으로는 이주가 제한되었다.

1920년대 도심으로 흑인이 몰리자 백인은 거주지를 북쪽으로 이전하며 남북을 가로지르는 M-102 간선도로, 이른바 '8마일 로드'8 mile road를 만들었다. 흑인들은 공장에서도 2등 시민으로 취급당했다. 1943년 6월, 패커드모터스 공장에서 흑인 노동자 3명을 백인들과 같은 생산 라인에서 일할 수 있도록 승진시키자 2만5천여 명의 백인 노동자들이 항의 시위를 벌여 34명(백인 25명, 흑인 9명)이 사망하고 433명이 부상당하는 사태가 일어났다. 1950년대에는 이 길을 따라 높이 2미터에 이르는 차단벽을 설치해 인종은 물론 사회·경제·문화의 경계선으로 삼았다.

1967년 7월 23일 백인 경찰이 무허가 술집을 단속하는 과정에서 흑인 손님 80여 명을 모조리 체포한 것에 분격한 흑인 청년들은 이런 차별적이고 비인간적인 대우에 항의하며 시위를 벌였고, 곧바로 대규모 폭동이 되었다. 1967년 디트로이트 폭동은 1992년 LA 폭동 이전까지 최대 규모의 흑인 폭동이었다. 폭동은 전국으로 번져 뉴욕에서 샌프란시스코에 이르기까지 전국 23개 도시에서 일어났다. 존슨 대통령은 디트로이트 시위를 진압하기 위해 4천여 명의 공수부대 병력을 급파했고, 폭동 발생 5일이 지나서야 간신히 평온을 되찾았다. 이 폭동으로 43명이 사망하고 2천여 명이 부상당했으며 3,500여 명의 시민이 체포되었다. 재산 손실액만 1억5천만 달러 이상으로 집계되었다.

이듬해 미국 정부는 커너위원회를 설치해 사태의 원인과 대책을 모색했다. 커너위원회의 보고서는 이 폭동의 원인을 '백인 사회의 인종차별과 인종 간 경제적 불평등' 때문이라고 밝히고 있다. 디트로이트 폭동을 계기로 미국 정부와 주류 사회는 인종차별과 빈곤 문제에 대한 대책을 마련해야 한다고 목소리를 높였지만, 사건이 잠잠해지자 더 이상의 후속 조치는 취해지지 않았다. 그사이 값싸고 품질 좋은 일본산 자동차가 세계 시장을 석권했고, 미국의 자동차 산업은 몰락했다. 1950~1970년 사이 32만5천여 명의 주민이 디트로이트를 떠났다. 백인들이 빠져나간 도심에는 흑인과 백인 빈곤층만 남았다.

⇒　영화 『8마일』, 커티스 핸슨 감독, 2002

빈곤 포르노

디지털 미디어 시대에는 인터넷을 이용하는 수많은 사람들의 참여를 통해 여론이 만들어지고 사람들에 대한 평판이 형성된다. 이를 이용해 명성을 얻고 영향력을 행사하는 이들을 이른바 '디지털 셀러브리티'digital celebrity, 줄여서 '디지털 셀럽'이라고 부른다. 인터넷을 통해 전파되는 정보는 다시 주워 담거나 없애기 어렵다는 특징을 가지고 있다.

2018년 7월 24일 이탈리아 출신의 사진작가 알레시오 마모는 월드프레스포토World Press Photo 재단의 소셜미디어에 일련의 사진들을 게재했다. 네덜란드에 있는 이 재단은 포토저널리즘 활동을 지원하는 비영리단체다. 사진 속 두 어린 소년은 양손으로 얼굴을 가린 채 서 있고, 이들 앞에는 맛있어 보이는 과일과 고기 등의 푸짐한 음식이 차려져 있었다. 사진은 빨간색 식탁보 위에 차려진 화려한 음식과 충분한 영양을 공급받지 못해 빈약해 보이는 두 소년을 대비시키고 있었다. 마모는 인도에서 가장 빈곤한 지역으로 손꼽히는 우타르프라데시주와 마드야프라데시주에서 빈곤 문제를 고발하기 위해 '꿈의 음식'이라는 주제로 작업을 진행했다면서, "사람들에게 식탁에 앉아 먹고 싶은 음식들을 상상해 보라고 요청했다"라고 밝혔다. 그러나 촬영 당시 사용된 음식들이 진짜가 아니라 가짜였음에도 불구하고 소년들에게 먹고 싶은 음식을 상상해 보라고 주문했다는 사실이 밝혀지면서 마모는 엄청난 비난을 받았다.

흔히 국제 자선 활동을 전개하는 단체들은 후진국의 어렵고 힘든 상황을 영상에 담아 자선 캠페인을 진행하곤 하는데, 이를 비판하며 '빈곤 포르노'Poverty Pornography라는 표현이 쓰인다. 이런 캠페인들은 대개 앙상하게 마른 어린이들, 파리 떼가 들끓는 불결한 환경 속에서 숨만 헐떡이고 있는 아기의 모습을 비추며 동정심을 자극한다. 1980년대 들어 국제 구호 단체들이 이와 같은 자선 캠페인을 벌여 실제로 거액의 기부금을 모집하기도 했다. 자극적인 캠페인을 위해 영상을 조작하거나 현지 어린이들을 학대한 사실이 드러나 문제가 된 적도 있다.

국내의 한 개발협력 NGO는 어려운 환경에서 살아가는 어린이를 촬영하는 과정에서 방송 취지에 맞지 않는다며 일부러 옷을 갈아입혀 논란을 빚은 적이 있다. 어느 국제 NGO 단체는 아동노동 현장을 고발한다며 수심이 깊은 강물에 어린이를 수차례 빠뜨린 뒤 이 장면을 촬영해 비판을 받았다. 또 어느 방송국은 에티오피아의 식수난을 촬영하기 위해 어린 소녀에게 일부러 웅덩이에 고인 썩은 물을 마시게 하고, 눈물을 흘리도록 꼬집었다는 사실이 드러나기도 했다. 이보다 심각한 문제는 빈곤 포르노가 장기적 관점에서 보면 빈곤 문제를 해결하는 데 악영향을 미친다는 것이다. 빈곤 포르노는 근본적인 해결책을 제시하지도 못하면서 수혜 당사자들을 무기력하고 희망 없는 동정의 대상으로 묘사하기 때문에 도리어 이들 국가와 그 구성원들이 가진 능력과 가능성에도 불구하고 일방적이고 부정적인 편견을 조장한다.

2014년 국제개발협력민간협의회KCOC는 이런 문제를 해결하고자 '아동권리 보호를 위한 미디어 가이드라인'을 발표했다. 노르웨이의 학생·학자국제지원펀드SAIH는 '라디에이드 프로젝트'www.radiaid.com를 통해 편협하고 단순화된 묘사로 시청자가 저개발 국가에 대해 편견을 갖도록 조장하거나 백인 구원자 콤플렉스를 부추기는 광고를 선정해 '녹슨 라디에이터 상'을 수여하고, 창의적 방식으로 이해를 증진시키는 광고에는 '골든 라디에이터 상'을 수여한다.

⇒　『가난 사파리』, 대런 맥가비 지음, 김영선 옮김, 돌베개, 2020

확산탄

1차 세계대전은 참호전과 기관총의 전쟁이었지만, 동시에 기관단총과 산탄총의 전쟁이기도 했다. 비좁은 참호로 뛰어든 병사들이 휘두르기에 제식소총의 길이(당시 독일군 제식소총 Gew98의 길이는 1.25미터)는 너무 길었다. 독일군은 참호전에 적합한 무기로 기관단총을 개발했고, 미군은 서부 개척 시대 이래 애용한 산탄총을 사용했다. 기관단총은 탄환을 빠른 속도로 연발 사격하는 방식이고, 산탄총은 작은 구슬 탄환을 한꺼번에 발사해 확산시키는 방식이다. 이 개념에서 오늘날의 '확산탄'Cluster Munition 또는 집속탄集束彈이라 불리는 무기 체계가 등장했다.

일본에게 진주만 기습을 당한 미국은 영화『진주만』에서 묘사하는 것처럼 둘리틀 폭격대를 이용해 도쿄를 기습하긴 했지만, 이는 말 그대로 상징적인 의미였을 뿐이다. 미국은 일본에게 보복할 방법을 찾으려 여러 아이디어를 공모했는데, 별별 기괴한 아이디어들이 나왔지만 대부분은 별로 쓸모없는 것들이었다. 그중 하나가 이른바 '박쥐 폭탄'이었다. 치과의사이자 아마추어 생물학자였던 라이틀 애덤스(1883~1970) 박사는 박쥐의 생태에 관심이 많았다. 그는 박쥐가 자기 신체보다 좀 더 무거운 물체를 짊어지고도 날 수 있으며 인위적으로 동면 상태에 빠지게 할 수 있고, 어두운 곳을 둥지 삼아 날아드는 특성을 이용해 박쥐 몸통에 시한장치가 달린 작은 소이탄을 매달아 일본 상공에 뿌리자는 제안을 했다. 그의 계획서를 접한 군인들 대부분은 허무맹랑한 이야기라며 코웃음을 쳤지만 그는 당시 영부인과 잘 아는 사이였다고 한다. 그 덕분인지 몰라도 그의 아이디어가 채택되어 실제로 진지하게 검토되었다. 그러나 평균 체중 12.3그램인 박쥐가 아무리 자기 몸무게보다 무거운 무게를 견디며 날 수 있다고 한들 기존의 소이탄 무게를 감당할 수 있을 정도는 아니었다.

이런 문제를 해결하기 위해 등장한 사람이 바로 네이팜탄의 아버지 루이스 파이저(1899~1977) 박사였다. 그는 박쥐가 운반할 수 있는 최대 무게인 30그램을 넘지 않는 소형 소이탄을 개발하기로 했는데, 당시까지 개발된 가장 작은 소이탄도 무게가 900그램에 이르렀다. 파이저는 결국 17그램과 28그램짜리 소이탄을 개발하는 데 성공했고, 외과용 실을 이용해 박쥐 가슴에 매다는 데 성공했다. 실제 테스트 결과 박쥐 폭탄은 일본 내 목조 주택을 불태우는 데 매우 효과적이라는 사실이 드러났다.

소형 소이탄을 개발하는 데는 성공했지만, 수천수만

마리에 달하는 박쥐를 어떻게 동면 상태에 머물도록 하면서 목적지에 도착하고, 공중에서 투하하는 순간 깨어나 사방으로 흩어지게 하느냐는 문제가 남았다. 이 문제를 해결하기 위해 출현한 것이 확산탄이었다. 박쥐를 26개의 원통형 트레이에 40마리씩 담고 이를 하나의 대형 폭탄에 담아서 운반한 뒤 1,525미터 고공에서 투하하면, 지상 300미터 상공에서 폭탄의 외피가 벗겨지면서 원통형 트레이에 담긴 박쥐들이 하늘로 퍼져 가옥이나 빌딩의 어두운 곳으로 찾아들어 간 뒤 폭발한다는 것이다.

1944년 드디어 모든 계획이 완성되었지만, 이 계획은 결국 취소되고 말았다. 그 이유는 동물보호협회의 반대가 아니라 이 무렵엔 이미 핵폭탄 개발 프로그램인 맨해튼 프로젝트가 완성 단계에 이르렀기 때문이다. 다만 박쥐 폭탄을 개발하는 데 투입된 기술은 사라지지 않고 이후 벌어진 한국전쟁과 베트남전쟁에서 무수한 인명을 보다 효과적으로 살상하는 용도로 사용되었다. 확산탄과 네이팜탄은 '특정 재래식 무기 금지협약'CCW의 대상이지만, 여전히 사용되고 있다. 파이저 박사는 네이팜탄과 확산탄의 발명에 대해 비판받자 이에 대해 사과하는 대신 "내가 네이팜탄을 발명했다고 해서 네이팜탄의 윤리성을 심판할 권리는 없다"라고 말했다. 그는 1977년 7월 25일 78세를 일기로 숨졌다.

⇒ 『폭격』, 김태우 지음, 창비, 2013

수에즈운하

수에즈운하는 1854년 프랑스의 페르디낭 드 레셉스(1805~1894)가 당시 이집트의 무함마드 사이드 파샤 국왕으로부터 운하 건설권을 획득하면서 착공되었다. 레셉스의 제안을 받은 당시 이집트 국왕 사이드는 이집트 전역에서 매월 노동자 2만5천 명을 강제 징집해 수에즈운하 건설 작업에 투입했다. 건설 현장은 가혹할 정도로 척박했고, 1869년 11월 17일 운하가 완공될 때까지 무더위 속에 혹사당한 이집트 노동자 12만 명이 사망했다. 이집트 사람들은 "우리의 두개골, 뼈, 피를 가지고 수에즈운하를 팠다"라고 말했다.

세월이 흘러 1956년 7월 26일 오후 10시, 가말 압델 나세르(1918~1970) 대통령은 이집트 제2의 도시 알렉산드리아 광장에 운집한 시민 5만 명 앞에서 수에즈운하 국유화를 선언했다. 1시간 반에 걸쳐 진행된 연설에서 그는 "이 순간에도 여러분의 형제 '이집트의 아들들'이 수에즈운하 회사를 접수하는 데 착수해서 관리를 시작하고 있다. 우리가 국유화 결정을 내린 것은 과거의 영광을 얼마라도 되돌리고 민족의 존엄과 자부심을 지키기 위해서이다. 우리의 신이 여러분을 축복해 올바른 길을 걷도록 격려해 주시기를"이라고 말했다. 그의 연설은 이집트뿐 아니라 아랍 전역으로 방송되었고, 수에즈운하 국유화는 오랜 세월에 걸친 영국과 프랑스의 식민 제국주의에서 벗어나 민족주의에 눈뜨기 시작한 아랍 민중을 크게 고무시켰다. 나세르와 이집트는 아랍 민족주의의 빛나는 기수가 되었다.

국유화 이전까지 수에즈운하의 관리와 운영은 서구 기술자가 독점하고 있었다. 운하 국유화 이후 서구 열강들은 과연 이집트가 자국의 힘만으로 운하를 안정적으로 운영할 수 있을지 의구심을 가졌다. 그러나 이는 기우에 불과했다. 나세르 정권은 이미 반년 전부터 극비리에 주도면밀한 계획을 세워 두었고, 운하 접수와 운영은 성공적이었다. 그러나 수에즈운하의 이권을 반분해 온 영국과 프랑스는 운하를 이집트에 넘겨줄 마음이 없었기에 국유화 3개월 뒤 이스라엘과 함께 이집트를 공격했다. 유엔을 비롯한 전 세계는 이들의 제국주의적 침략 행위를 규탄했고, 영국과 프랑스 침공군은 미국의 압력을 견디지 못하고 12월 23일 패배를 인정하고 철수했다. 이집트 시민들은 승리를 자축하고 기념하기 위해 1899년에 세워진 레셉스의 거대한 동상을 다이너마이트로 폭파시켜 버렸다.

⇒ 『모던 타임스』(전2권), 폴 존슨 지음, 조윤정 옮김, 살림, 2008

테르미도르 반동

발미전투(1792) 이후 프랑스 혁명정부는 외부의 공격을 물리치고 승리하기 시작했지만, 공화국을 전복하려는 적들이 내부에 존재한다는 두려움마저 물리칠 수는 없었다. '절대 부패하지 않는 자'라 불린 로베스피에르(1758~1794)가 이끈 구국위원회는 혁명을 유지하고 통제하기 위해 무자비한 공포정치를 실시했다. 젊은 시절의 로베스피에르는 사형선고문에 서명해야 하는 상황에 절망한 나머지 재판소 판사직을 사임한 전력이 있지만, 1793년 9월부터 이듬해 7월에 이르는 공포정치 기간에 프랑스 전역에서 대략 2만5천 명에서 3만 명 정도가 처형된 것으로 추정된다.

공화국을 위협하는 일이라면 그것이 아무리 사소한 행위라도 고발당할 수 있었기 때문에 공포정치의 희생자 대부분은 귀족이 아니라 농민과 노동자들이었다. 혁명으로 구체제의 압제는 사라졌지만, 혁명을 지키기 위한 시민의 희생은 늘어만 갔다. 혁명가와 민중 사이도 점차 멀어졌다. 로베스피에르는 적군의 총칼로부터 프랑스를 구했지만 혁명을 구원할 수는 없었고, 무엇보다 스스로를 구하지 못했다. 군사적 승리가 거듭될수록 공포정치의 필요성을 내세우는 구국위원회의 명분이 약해졌고, 1794년 7월 무렵에는 지지자 대부분이 사라졌다. 그 가운데에는 오랜 벗이자 동지였던 카미유 데물랭도 있었다. 데물랭은 공포정치에 반대하고 관용을 주장하다 아내 루실과 함께 처형당했다.

1794년 7월 26일, 로베스피에르는 오랜만에 국민공회에 나가 긴 연설을 했다. 그는 연설 말미에 공화국 전복 음모에 가담한 사람들이 있다고 말했다. 의원들은 그게 누구냐며 이름을 대라고 소리쳤지만 그는 침묵했다. 치명적인 실수였다. 의원들은 그 명단에 자신이 있을지도 모른다는 공포에 사로잡혔고, 그의 손에 죽는 대신 로베스피에르를 제거하기로 마음먹었다. 7월 27일 로베스피에르가 체포되었고, 그다음 날 동생 오귀스탱을 비롯해 생쥐스트·쿠통 등 21명의 동지들과 함께 단두대에서 처형되었다. 테르미도르 반동은 공포정치를 끝장내지 못한 대신 혁명을 끝장냈다. 곧바로 자코뱅파를 색출해 숙청하는 작업이 시작되었다. 1797년 공화국 프랑스가 치른 최초의 자유선거에서 다수의 왕당파가 의회로 복귀하며 혼란은 더욱 가중되었다. 이처럼 통제될 수 없는 혼란 속에서 주도권을 잡은 것은 결국 군대였다.

⇒　『로베스피에르, 혁명의 탄생』, 장 마생 지음, 양희영 옮김, 교양인,
2005

이케아 세대

아바는 여전히 인기 있는 팝 그룹이고, 볼보는 뛰어난 성능과 안전성으로 이름 높은 자동차 브랜드다. 그러나 오늘날 이케아IKEA야말로 스웨덴이 만든 것 가운데 전 세계에서 가장 잘 팔리는 물건을 생산하고 있다. 17세에 이케아를 창업한 잉그바르 캄프라드(1926~2018)는 1953년 7월 28일 스웨덴 엘름훌트에 첫 번째 매장을 연 것을 시작으로 거대한 이케아 제국을 건설했다. 캄프라드는 공로를 인정받아 1989년 '세계를 빛낸 올해의 스웨덴인'에 선정되었다.

이케아의 성공은 육각형 암나사와 수나사로 연결하는 20밀리미터 두께의 압착 합판 소재 조립식 책장 '빌리'로부터 출발했다. 빌리 책장은 책장의 교과서가 있다면 그 책에 나올 법한 단순하고 소박한 디자인이지만, 자작나무를 비롯해 여러 무늬목을 소비자가 직접 선택할 수 있고, 나무와 유리로 된 문을 선택해 부착할 수 있다. 무엇보다 이 책장은 디자인적으로 더할 것도 뺄 것도 없이 책장이라는 기능에 충실하다. 이케아의 성공 비결 중 하나로 많은 사람들이 이처럼 단순한 디자인, 소비자가 다양한 옵션을 선택하고 스스로 조립DIY할 수 있도록 만들어 가격을 낮춘 정책을 꼽는다. 이미 완제품에 가깝게 만들어진 여러 부품을 조립하는 것에 불과하지만, 이때 고객들은 완제품으로 판매되는 제품보다 스스로 조립한 것에 완제품 그 이상의 가치를 부여하고 애착을 보인다. 이와 같은 인지부조화 현상을 행동경제학에서는 '소유 효과' 또는 '이케아 효과'라고 한다.

이케아는 '플랫팩'이라고 부르는 납작한 상자에 제품을 포장해 판매한다. 캄프라드는 종업원이 고객의 차에 옮겨 싣기 위해 식탁 다리를 분리하는 모습을 보고 이 포장 방법을 고안했다고 한다. 이케아 이후 노만코펜하겐, 헴, 헤이 등 북유럽의 가구 브랜드가 앞다퉈 동일한 포장 방식을 도입했지만 이케아만큼의 성공은 거두지 못했다. 2018년 세상을 떠난 잉그바르 캄프라드는 평생 낡은 볼보 자동차를 애용하고 이코노미 좌석만 고집한 검소함으로 유명하지만, 동시에 스웨덴 파시스트 운동에 적극 참여했던 전력으로 비판받았다. 이케아가 만들어 낸 또 하나의 용어는 '이케아 세대'라는 말이다. 교육 수준과 스펙은 그 어느 세대보다 뛰어나지만 고용 불안정으로 미래를 계획할 수 없는 20~30대를 그럭저럭 쓸 만하지만 단기간에 쓰고 버리는 가구처럼 이용한다는 의미로 그렇게 부르는 것이다.

⇒ 『이케아, 그 신화와 진실』, 엘렌 루이스 지음, 이기홍 엮음, 이마고, 2012

무명 화가 빈센트 반 고흐

1888년 6월, 고흐는 동생 테오에게 보낸 편지에서 "늙어서 평화롭게 죽는다는 건, 별까지 걸어간다는 것이지"라고 썼다. 1890년 7월 27일 파리 북쪽의 전원마을 오베르의 밀밭에서 한 남자가 자신의 가슴을 겨냥해 권총을 발사했다. 그날은 평화로운 일요일이었다. 남자는 당장 죽지 않고 사람들에게 발견되었고, 평소 그를 돌봐 주던 의사 폴 가셰가 달려왔다. 가셰는 동생 테오에게 연락했다.

7월 29일 새벽 1시 무렵, 형 빈센트는 동생이 지켜보는 가운데 조용히 눈을 감았다. 그가 죽고 6개월 뒤 형을 잃은 슬픔에서 헤어나지 못한 테오마저 세상을 떠나자 그의 아내 요한나는 태양빛이 내리쬐는 오베르 언덕 위에 두 사람을 나란히 묻어 주었다. 당시 빈센트 반 고흐는 살아서도 죽어서도 철저하게 무명이었다.

어빙 스톤(1903~1989)은 우연히 이 무명의 화가에 대해 알게 되었고 그에게 매료되었다. 어빙 스톤은 장인의 도움을 받아 6개월여에 걸쳐 프랑스·벨기에·네덜란드 등지에서 고흐와 관련된 인물을 만나 가며 그의 흔적을 찾아 헤맸다. 그리고 미국으로 돌아와 1931년 고흐에 대한 전기 소설 『빈센트, 빈센트, 빈센트 반고흐』를 집필했다. 그의 생애 첫 작품이었다. 어빙 스톤은 원고를 저명한 문학 전문 출판사인 알프레드 A. 크노프에 보냈지만, 출간을 거절당했다. 문학적인 수준 때문이 아니라 "네덜란드의 무명 화가에 대한 책은 절대로 팔리지 않는다"라는 상업적 이유 때문이었다.

어빙 스톤이 이 책을 쓴 것은 고흐가 세상을 뜬 지 40년 정도 지났을 무렵이었기 때문에 미국의 출판편집자들은 고흐에 대해 잘 몰랐다. 실제로 1928년에야 고흐의 작품 목록이 정리되었고, 1930년 이후부터 미술관들이 고흐의 작품을 수집하기 시작했다. 오늘날 이 책은 전 세계적으로 2천 7백만 부 이상 팔린 베스트셀러가 되었고, 1956년 이 책을 기반으로 커크 더글러스 주연의 영화도 만들어졌지만, 1934년 초판이 출판되기까지 무려 17군데의 출판사로부터 거절을 당했다. 어빙 스톤은 고흐의 명성을 확립하는 데 크게 기여했지만, 그 명성의 기초는 고흐 자신이 쌓은 것이었다. 이 책은 고흐가 동생 테오에게 보낸 편지들이 아니었다면 나올 수 없었을 테니 말이다. 빈센트 반 고흐가 불멸의 명성을 누리게 된 까닭은 그가 위대한 화가였기 때문이지만, 그에 못지않게 아름다운 편지를 썼기 때문이다.

⇒　『빈센트, 빈센트, 빈센트 반 고흐』, 어빙 스톤 지음, 최승자 옮김, 청미래, 2007

그린벨트

세계보건기구WHO에서는 주민 1명당 10제곱미터의 녹색
공간을 제공하라고 권고한다. 그린벨트란 도시의 무질서한
확산을 방지하고 도시민의 건강에 필요한 환경을 보전하기
위해 설정한 녹지대를 말한다. 도시계획법상 개발제한구역
이라 부른다.

  그린벨트의 원형은 엘리자베스 1세 시대였던 1580년
주거지 과밀 현상과 빈민의 집중을 방지하고 전염병 예방
을 위해 런던 시가지 주위에 설치한 방역선이었다. 1947년
도시의 과도한 성장과 확장을 억제하고 런던 주변의 녹지
공간을 보존하기 위해 극히 제한적인 용도 외에는 해당 지
역의 개발을 엄격히 제한하는 폭 10마일의 녹지대를 설정
한 것이 현대적 의미에서 그린벨트의 시작이다.

  한국의 경우 1960년대부터 시작된 산업화와 도시화로
1970년대 초반부터 서울을 비롯한 부산과 대구 등 광역시의
인구가 급증하면서 도시가 팽창하기 시작했다. 무질서한 난
개발로 도심의 교통·주택·환경 등 다양한 문제가 발생했고,
도시 외곽의 녹지가 무분별하게 훼손되는 등 많은 문제가

초래되었다. 이런 문제를 사전에 방지하기 위해 1971년 도시계획법(현재의 '개발제한구역의 지정 및 관리에 관한 특별조치법')을 개정하여 개발제한구역 제도를 도입했으며, 1971년 7월 30일 건설부 고시로 서울 외곽 지역에 그린벨트가 처음으로 지정됐다. 서울 중심부로부터 반경 15킬로미터를 따라 폭 2~10킬로미터로 서울·경기 땅 454.2제곱킬로미터(첫 발표 때는 467제곱킬로미터)의 개발을 제한한다는 내용이었다. 당시 박정희 정부는 이를 공식 발표하는 대신 관보에만 실었고, 이 사실이 알려지자 해당 지역의 부동산 가격이 폭락하는 등 토지 소유자들로부터 사유재산권 침해라는 반발에 직면했다. 그러나 서슬 퍼런 박정희 정권 아래에서 이들의 항의는 곧 사그라들지 않을 수 없었다. 토지 소유자들의 불만이 많았기 때문에 대통령이 직접 챙겼고, 관리 근거가 도시계획법 시행 규칙에 불과하지만 이를 개정할 때는 반드시 사전 재가를 받도록 해 결과적으로 박정희 군사정권 시절 시행된 정책 가운데 가장 돋보이는 성공 사례로 평가받고 있다.

그린벨트가 대기오염에 미치는 영향에 대한 실증 분석 결과, 그린벨트가 도시의 대기오염 농도를 낮추고 온도에도 영향을 주는 것으로 나타났다. 특히 수도권 내부 지역의 경우 그린벨트 경계로부터 약 3킬로미터까지 평균온도의 0.6~1.9퍼센트 온도가 낮아졌다. 수도권에 인구와 산업이 가장 집중되어 있기 때문에 서울에 가장 먼저 그린벨트가 지정되었고, 전국의 개발제한구역 면적의 29퍼센트가 수도권에 있다. 개발제한구역이 도시의 무분별한 확산을 막고 도시 재생을 활성화해 기존 시가지의 가치를 높인다는 연구 결과도 있다.

그러나 개발제한구역을 그린벨트로 유지·관리하는 방법면에서 문제가 발생하기도 했다. 숲으로 이루어진 녹지가 아니라 비닐하우스와 창고 등 농업용 시설의 유지를 허용했기 때문에 일부러 나무를 죽이고 개간해 보존 가치를 낮춘 곳이 개발제한구역에서 해제될 가능성이 높아졌기 때문이다. 국가가 국민의 재산권을 침해한다는 지적은 여전하지만, 대한민국 제헌헌법 '제84조'에 따르면, 애초에 대한민국이 지향한 경제 질서는 "사회정의의 실현과 균형 있는 국민경제의 발전을 기하며 개인의 경제상 자유는 이 한계 내에서 보장된다"라는 것이다. 국토와 자연은 비가역적이라 한 번 훼손되면 되돌릴 수 없다는 점을 생각한다면 그린벨트의 미래는 우리 후손의 미래이기도 하다.

⇒ 『클라이브 폰팅의 녹색 세계사』, 클라이브 폰팅 지음, 이진아·김정민 옮김, 민음사, 2019

잃어버린 진보의 꿈

1959년 7월 31일 아침, 딸 조호정은 옥에 갇힌 아버지 죽산竹
山 조봉암(1899~1959)을 면회하러 갔다. 교도관은 아버지
가 아무도 만나지 않겠다고 했다며 면회를 거절했다. 사실
그 시각 조봉암은 이미 사형장으로 향하고 있었다. 모시 바지
저고리에 흰 고무신을 신은 사형수 조봉암은 가슴에 2310
이란 번호를 붙인 채 10시 45분 형장에 도착했다. 미리 대기
하고 있던 집행관과 형무소 간부들 앞까지 태연한 모습으
로 걸어간 그는 다음 순간이면 이 세상과 영영 이별해야 할
자신의 운명에도 아랑곳하지 않는 듯 양손이 묶인 채 담담
한 표정으로 집행관의 의례적인 인상조서를 들었다.

"본적은 경기도 인천시 (……) 현주소는 서울시 충현동
(……) 이름은 조봉암, 나이는 61세……."

1899년 인천 강화에서 출생한 조봉암은 일제강점기 사
회주의 계열 독립운동가로 활동했다. 광복 후에는 건국준
비위원회 인천지부에서 활동하며 1946년 5월 박헌영에게
공개 서한을 보내 조선의 건국은 '민족 전체의 자유 생활 보
장을 내걸고 노동계급의 독재, 자본계급의 전제를 다 같이

반대한다는 중도 통합 노선을 주장'하며 조선공산당과 결별했다. 1948년 5·10 선거 때 인천에서 제헌국회의원으로 당선되었고, 정부 수립 후에는 초대 농림부 장관이 되어 농지개혁을 추진했다. 1950년 제2대 국회의원에 당선되어 국회부의장에 선임되었고, 1956년 5·15 정부통령선거에서 무소속으로 출마하여 신익희 사후 야권 후보로 전체 유효 투표자 수의 30퍼센트인 216만 표를 얻었다. 이에 힘입어 같은 해 11월 한국전쟁 이후 최초로 혁신 정치, 수탈 없는 계획 경제, 민주적 평화통일의 3대 정강을 내건 합법적 혁신 정당으로 '진보당'을 결성했다.

그러나 1958년 1월 12일 새벽, 조봉암을 비롯한 진보당 간부들에 대한 일제 검거가 시작되었다. 그는 가까스로 체포를 모면했으나 자신이 피신하면 다른 무고한 동지들이 피해를 입게 될 것이라며 다음 날 스스로 출두했다. 이른바 '진보당 사건'이다. 검찰은 진보당 간부들이 간첩과 접선한 혐의가 있을 뿐만 아니라 진보당의 평화통일 정강이 북한의 주장과 동일해 그들과 내통한 혐의가 짙다는 이유로 이들을 체포·구속했다. 당국은 재판이 열리기도 전인 2월 25일 평화통일 주장, 북한 간첩과 접선, 대한민국 파괴 기도 등의 이유를 들어 진보당의 등록을 일방적으로 취소했다.

그러나 7월 2일에 열린 1심 재판에서 당시 재판장 유병진 판사는 간첩죄를 인정하지 않았고, 다만 불법 무기 소지 등을 근거로 조봉암에게 5년형을 선고했다. 그러자 자칭 반공 청년이라는 괴한 300여 명이 법원에 난입해 "친공 판사 유병진을 타도하자" "조봉암을 간첩죄로 처단하라" 등의 구호를 외치며 시위를 벌였다. 이들은 10일 후 또다시 친공 판사를 규탄한다며 대한문 앞에 모였다가 무장 경찰에게 해산되기도 했다. 1심에 관여했던 법관 유병진, 이병용, 배기호 등은 한동안 집에도 돌아가지 못하고 피신해 있어야 했다. 당시 김병로 대법원장은 괴한들의 배후 조종자를 색출하여 엄단하라고 주장했지만, 법원 난입 등으로 체포된 청년들은 흐지부지 석방되고 말았다.

이들 중 일부는 경찰기동대였고, 일부는 자유당 직속 조직인 반공청년단 소속이었다. 그 배후에 이승만이 있었던 것이다. 이승만 정권은 노골적으로 재판에 개입했고, 반공청년단 난입 사건 이후 위축된 사법부는 검찰의 구형 그대로 조봉암과 양이섭에게 사형을 선고했다. 죽산 조봉암은 간첩이라는 억울한 누명을 뒤집어쓴 채 형장의 이슬로 사라졌다. 4·19 혁명이 일어나기 불과 9개월 전이었다. 그가 세상을 떠난 지 52년 만인 2011년 1월 20일, 법의 이름으로 사형을 선고한 대한민국 대법원은 조봉암에게 내려졌던 간첩 혐의와 사형 판결이 모두 무효임을 선언했다.

조봉암은 사형대에 오르기 전 말했다. "결국엔 어느 땐가 평화통일을 할 날이 올 것이고 바라고 바라던 밝은 정치와 온 국민이 고루 잘살 수 있는 날이 올 것이네. 씨를 뿌린 자가 거둔다고 생각하면 안 되지. 나는 씨를 뿌려 놓고 가는 것으로 생각하고 있네."

죽산 조봉암을 일러 '잃어버린 진보의 꿈'이라고 말한다. 만약 그가 시대의 순교자가 되어 죽지 않고 살아서 4·19 혁명을 볼 수 있었다면, 1950년대부터 진보 정치의 실험이 시작됐다면, 한국의 민주화는 '운동에 의한 정치'가 아니라 정당정치의 발전으로 나타났을 것이다.

⇒　『조봉암 평전』, 이원규 지음, 한길사, 2013

8월 ○ *August*

로마의 초대 황제로, 제1인자를 뜻하는 프린켑스라 불렸던 아우구스투스가 없었다면 8월의 영어 이름은 'August'가 아니라 섹스틸리스Sextillis였을 것이다. 그는 로마의 패권을 두고 겨루었던 안토니우스를 제압하고 로마를 평정한 달을 기념해 이 달에 자신의 이름을 붙였다. 숫자 8은 동서양을 막론하고 거의 모든 문화권에서 중요한 숫자로 취급된다. 서양에서 8은 4의 배수로 고요함과 평화를 상징했고, 동양에서 8은 태극, 음양의 원리에 따라 사상四象을 세분화한 주역의 팔괘八卦, 유교의 팔덕八德, 불교의 팔정도八正道 등 사상·종교의 개념 정의에 사용되었다. 아메리카 원주민 쇼니 부족은 8월을 '다른 모든 것을 잊게 하는 달'이라고 불렀다.

탈리도마이드 베이비

입덧의 원인은 현재까지도 명확하게 규명되지 않았지만, 의학에서는 태아를 보호하기 위한 생리 현상이며 태반이 잘 발달하고 있다는 증거라고 한다. 1957년 8월 1일, 서독의 제약회사 그뤼넨탈은 신약 '콘테르간'을 판매하기 시작했다. 이는 최면·진정 성분의 탈리도마이드계 약품으로, 최면 작용은 약하지만 독성이 적은 것으로 여겨져 주로 임신구토증, 즉 입덧을 멎게 하는 약으로 임산부들에게 널리 사용되었다. 유럽은 물론 일본에서도 1958년부터 '이소민'이라는 상품명으로 판매되었다.

　미국 식품의약품국FDA 소속 의료담당관이었던 프랜시스 O. 켈시(1914~2015) 박사는 1960년 9월 이 약을 승인해 달라는 요청을 받았다. 유럽에서 승인받은 약품이니 미국에서도 쉽게 승인이 날 듯했지만, 켈시 박사는 제출된 문서들을 면밀히 검토한 결과 동물 실험은 물론 임상 연구가 제대로 진행되지 않았으며 연구진 가운데 일부가 미국 의약협회에서 승인이 거부된 논문을 쓴 사람이었다는 것을 알고 이 약의 승인을 거부했다. 엄청난 이윤이 걸린 일이었기에 제약회사가 여러 수단을 동원해 로비를 하고 압박도 했지만, 켈시 박사는 이 약의 부작용을 우려해 6차례나 승인을 반려하는 등 소신을 굽히지 않았다.

독일의 소아과 의사였던 비두긴트 렌츠(1919~1995)는 자신의 병원을 찾는 어린이 환자 가운데 기형아가 증가하는 사실을 의아하게 여겼다. 그는 스스로 원인 규명에 착수했고, 콘테르간이 원인일 수 있다는 사실을 그뤼넨탈에 알렸다. 그러나 그뤼넨탈은 그의 주장을 묵살했고, 도리어 손해배상을 청구하겠다고 으름장을 놓았다. 렌츠는 이런 사실을 1961년 논문으로 발표했고, 6일 만에 독일에서 약품 판매가 중지되었다. 일본 역시 기형아 출산이 사회 문제가 되자 이듬해 출하가 중지되었다.

1963년 6월 피해자의 첫 번째 제소가 이루어졌지만 소송은 오래갔고, 10년 가까이 시간이 흐른 1974년 10월에야 국가와 제약회사가 배상금을 지불하는 것으로 합의했다. 그사이 탈리도마이드에 의한 기형아는 전 세계 46개국에서 1만2천여 명, 그 가운데 유럽에서만 8천 명이 넘었다. 미국은 켈시 박사의 소신 덕분에 피해를 최소화할 수 있었다. 켈시 박사는 소신을 지킨 강직한 공무원의 표상으로 존 F. 케네디 대통령으로부터 최고의 시민상을 받았고, 이후 FDA의 약품 승인 절차가 엄격해졌다. 독일 연방검찰은 1961년 12월부터 6년 반에 걸쳐 그뤼넨탈 경영진을 수사해 주주

9명과 연구원, 고위 임원을 기소했다. 하지만 기소된 고위직 가운데 처벌받은 이는 한 명도 없었다. 당시 의약품 관련 법률에 따르면 신약 개발 시 임산부와 태아에게 미칠 영향까지 조사하는 실험은 의무사항이 아니었기 때문이다. 그뤼넨탈은 사건 발생 55년 만인 2012년 처음으로 사과했다.

1994년 출시된 가습기 살균제는 2011년까지 우리나라에서 연간 60만 개 가량이 판매되었고, 연간 시장 규모만 10억~20억 원에 이르렀다. 가습기 살균제에 포함된 PHMG 성분은 샴푸·물티슈 등 여러 제품에 이용되어 왔지만, 이 성분이 호흡기로 흡입될 때 발생할 수 있는 독성에 대한 연구는 전혀 이루어지지 않았기 때문에 피해자가 발생할 때까지 아무런 제재도 받지 않았다. 그 결과 가습기 살균제를 사용한 수많은 이들, 특히 임산부나 영아의 폐에 문제가 발생했고 심한 경우는 사망에 이르렀다. 2020년 7월 17일 기준 사회적참사특별조사위원회 집계에 의하면 환경부에 피해를 신고한 사람은 6,817명, 그중 사망자가 1,553명에 달한다. 미처 파악되지 않은 사망 피해자는 1.4만 명으로 추산되고, 건강 피해 경험자는 67만 명에 달하는 것으로 추정하고 있다.

⇒   『빼앗긴 숨』, 안종주 지음, 한울, 2016

피로 물든 박사학위

집시의 유래와 역사는 정확하지 않지만 9세기경 소아시아에서 발칸반도를 거쳐 14~15세기에 이르러 유럽의 여러 지역으로 이동한 것으로 추측된다. 집시를 가리키는 말은 지역마다 차이가 있는데, 집시는 자신들을 신티와 로마The Sinti and Roma라 부르고, 집시어를 로마니Romany라 한다. 유대인 홀로코스트에 비해 상대적으로 덜 알려진 편이지만, 이들은 나치독일 치하에서 조직적인 인종청소의 대상이 되어 최소 22만에서 50만 명이 학살당한 것으로 추정된다. 나치는 정권을 장악한 직후부터 신티와 로마를 제3제국의 적으로 간주하고, 1935년 이른바 뉘른베르크 인종법을 만들어 이들의 시민권을 박탈했다. 이후 나치는 집시들을 조직적으로 수용하여 살해했다.

　나치에게 명분을 제공한 것은 인종위생연구센터와 같은 과학·학문 기관이었다. 1909년 독일 드레스덴에서 철도 공무원의 딸로 태어난 간호사 에바 유스틴(1909~1966)은 나치를 추종하는 심리학자 로버트 리터의 연구실에서 조수로 일하며 탁월한 능력을 발휘했고, 그 덕분에 일반적인 대학 코스를 따르지 않았음에도 불구하고 베를린대학에서 박사과정을 밟을 수 있었다. 에바 유스틴의 박사논문 주제는 「아리아인과의 공동생활이 집시의 개선에 미치는 영향」이었다. 물핑겐의 성요제프슈프레게 고아원에 수용된 39명의 집시 어린이들이 그녀의 실험 대상이었고, 이 아이들은 연구가 끝나면 곧장 아우슈비츠로 보내질 운명이었다. 유스틴은 논문의 결론 부분에서 "집시들은 원초적이라 결코 아리아 문명 속으로 파고들 수 없다. 그들은 지혜로운 유대인들과는 다르다. 집시는 반드시 멸종되어야 한다. 그 대부분이 마땅히 제거해야 할 범죄형이거나 반사회적인 인간형이기 때문이다"라고 썼다.

1944년 5월 12일, 아이들은 아우슈비츠로 보내졌다. 유스틴은 강제수용소까지 찾아가 후속 연구를 진행했다. 아우슈비츠에서 남자아이 20명은 Z-9873에서 Z-9892, 여자아이 19명은 Z-10629에서 Z-10647까지 일련번호가 붙었고 물건처럼 취급되었다. 번호 앞에 붙은 Z는 독일에서 집시들을 부르는 명칭 치고이너Zigeuner에서 따온 것이다. 이들 중 단 4명의 어린이만이 아우슈비츠에서 살아남았고, 나머지는 모두 1944년 8월 초 가스실에서 죽었다. 그다음 달 에바 유스틴은 박사학위를 받았다.

1958년 서독 프랑크푸르트에서 그의 전시 행위를 조사했지만, 유스틴은 자신의 연구가 아이들을 강제수용소로 보낼 것이란 사실을 몰랐다고 주장했고, 생존자들이 학대 사실을 구체적으로 증언하지 못했으며, 공소시효가 지났다는 이유로 1960년 조사가 종결되었다. 이후 유스틴은 경찰을 위한 심리분석가로 일하다가 1966년 암으로 죽었다. 8월 2일은 나치에게 희생된 신티와 로마를 위한 홀로코스트 추모일이다.

⇒ 『인종주의에 물든 과학』, 조너선 마크스 지음, 고현석 옮김, 이음, 2017

나는 우치난추!

2019년 10월 31일, 슈리성이 또 불탔다. 슈리성은 스스로를 '우치난추'라고 부르는 오키나와 사람들에게 각별한 장소다. 오키나와는 일본의 47개 광역자치단체 중 하나지만, 나머지 46개 지역과 달리 독자적인 역사와 전통을 가지고 있다. 오키나와라는 명칭이 이미, 15세기부터 약 500년간 독자적인 문화와 역사로 발전해 왔던 류큐왕국이 1879년 일본에 강제 병합당하면서 생긴 행정명이다.

류큐왕국과 한반도는 오래전부터 교류했고, 때로 비슷한 운명을 경험했다. 류큐왕국은 한반도와 일본·중국·동남아시아 등과의 중계 무역으로 번성하였으나, 일본의 전국시대가 끝나면서 조선이 임진왜란을 겪은 것처럼 1609년 사쓰마번의 침공을 받았다. 이후 여러 차례 일본의 침략을 받다가 1879년 이른바 '류큐 처분'(강제 병합)되었다.

슈리성은 류큐왕국의 수도로 일본의 침공에 맞서는 요새로 건설되었다. 강제 병합 이후 오키나와는 행정 제도와 언어를 비롯한 많은 측면에서 강제로 일본화되었고, 왕국의 상징이었던 슈리성은 다이쇼(1912~1926) 말기에 철거

위기에 처했다. 다행히 20대 시절부터 오키나와 문화와 예술을 연구한 가마쿠라 요시타로(1898~1983)를 비롯한 오키나와 사람들의 노력 덕분에 철거 위기는 넘길 수 있었다. 그러나 태평양전쟁 말기 일본은 본토를 지키려고 오키나와를 피와 불의 바다로 만들었고, 일본군 사령부가 있던 슈리성은 미군의 폭격으로 폐허가 되었다. 이후 슈리성이 복원될 수 있었던 것은 '본토에서 온 나그네' 요시타로가 16년 동안 현지 조사로 축적해 둔 방대한 자료 덕분이었다. 그러나 왕국의 멸망과 전쟁, 화재 속에서도 슈리성이 복원될 수 있었던 진정한 원인은 수많은 오키나와 사람들이 스스로의 전통과 독자성을 포기하지 않았기 때문일 것이다.

1972년 5월 15일 오키나와(류큐제도와 다이토제도) 영유권이 일본으로 반환되었다. 같은 해, 오키나와와 도쿄의 박물관에서 「50년 전의 오키나와: 사진으로 보는 잃어버린 문화재」라는 제목으로 요시타로가 촬영한 사진 400점이 전시되었다. 오키나와에서만 18만6천여 명이 전시회를 찾았다. 요시타로는 1983년 8월 3일 급성심부전으로 도쿄에서 별세했다. 지금도 오키나와 사람들에게 일본인이냐고 물으면, "나는 일본인이 아니다. 나는 오키나와인이다"I'm not Yamatonchu, I'm Uchinanchu라고 말한다.

⇒ 『슈리성으로 가는 언덕길』, 요나하라 케이 지음, 임경택 옮김, 사계절, 2018

안네 프랑크

안네 프랑크(1929~1945)는 프랑크푸르트에서 독일 국적의 부모 오토와 에디트 프랑크 사이에서 둘째 딸로 태어났다. 아버지 오토는 1차 세계대전에 독일군 장교로 참전했고, 제대한 뒤에는 은행가로 성공했다. 안네 일가는 유대계 혈통이었지만 유대교와 문화에 무관심했고, 독일 국민으로 살았다. 안네 가족이 독일을 떠나 1934년 네덜란드 암스테르담으로 이주한 것은 나치가 집권하면서 국적을 강제로 박탈했기 때문이다.

1941년 네덜란드가 독일에 점령당하자 안네 가족은 1942년 7월부터 1944년 8월 4일 게슈타포에게 체포될 때까지 프린센흐라흐트 263번지 건물 창고에 숨어 살았다. 이 창고에는 안네의 가족을 포함해 모두 8명의 유대인(판 펠스 일가 3명, 치과의사 뒤셀)이 지냈다. 비록 게슈타포의 눈을 피해 숨소리조차 낼 수 없는 곳이었지만, 안네는 집단수용소로 끌려간 유대인들과 비교하면 '천국과 같은 생활'이라고 했다. 어린 소녀였던 안네는 이곳에서 또래의 다른 사춘기 소녀들과 마찬가지로 어머니와 말다툼을 하거나, 오랜 감금 생활로 인한 스트레스와 우울증, 어쩔 수 없이 함께 살게 된 다른 이들과의 반목에 시달렸고, 성적 호기심과 사랑을 느끼기도 했다.

1942년 6월 12일, 열세 번째 생일을 맞아 일기장을 선물 받은 안네는 일기장에 '키티'라는 이름을 지어 주었다. 일기장은 모든 것을 털어놓을 수 있는 유일한 친구이자 마음의 안식처였다. 비좁은 은신처에서 안네는 자신의 일기를 누군가 보리라 생각하지 않았기에 지극히 사적이고 내밀한 감정을 기록했다. 결과적으로 섬세하고 장난기 넘치는 그의 일기는 가장 사적인 기록이자 나치 치하를 살았던 유대인의 삶을 대변하는 역사의 일부가 되었다.

라디오를 통해 안네의 가족은 1944년 7월 연합군이 노르망디에 상륙했다는 소식을 접했다(네덜란드가 독일로부터 해방된 것은 1945년 5월의 일이었다). 그들은 조만간 은신처를 떠나 자유를 만끽할 수 있으리라는 희망에 부풀었지만, 1944년 8월 4일 누군가의 밀고로 게슈타포가 들이닥쳤다. 가족은 뿔뿔이 흩어져 유대인 강제수용소로 이송되었다. 함께 은신했던 사람들 중 판 펠스가 가스실로 보내졌고, 언니 마르고를 해코지하려던 경비병에게 대들던 어머니가 그 뒤를 이었다. 안네가 은밀한 연애 감정을 품었던 판 펠스의 아들 페터도 죽었다. 안네와 마르고 자매가 사망한 정확한 날짜는 알 수 없지만, 1945년 3월경 수용소의 열악한 환경에서 장티푸스에 걸려 사망한 것으로 전해진다. 이들이 죽고 한 달 뒤, 수용소가 연합군에 의해 해방되었다. 은신처에 숨었던 사람들 중 아버지 오토 프랑크만이 유일하게 생존했다. 그가 종전 후 암스테르담으로 돌아오자 옛 비서(미프 부인)가 그에게 안네의 일기를 건네준다. 숨어 있던 사람들이 모두 끌려간 후 폐허로 변한 은신처에 버려져 있던 일기를 발견해 보관하고 있었던 것이다.

『안네의 일기』는 1947년 4월 네덜란드에서 『뒤채』Het Achterhuis라는 이름으로 출간돼 엄청난 베스트셀러가 되었다. 그러나 초판은 원본 그대로 발간되지 못했다. 아버지는 딸의 일기 중에서 성적인 고민이나 욕구를 드러낸 부분들을 들어냈다. 독일의 출판사와 편집자들은 『안네의 일기』를 앞에 두고 고민했다. 전쟁이 끝난 지 얼마 지나지 않은 터라 과연 독일인들이 전쟁 중에 자신들이 범한 잘못에 대해 읽고 싶을지 알 수 없었기 때문이었다. 독일에서는 1950년 하이델베르크의 소규모 출판사 람프레히트에서 이 책이 처음으로 출간되었다. 출간 직후 엄청난 반향을 불러일으켰고, 독자들에게 깊은 충격을 안겼다. 아이러니하게도 이 책은 독일 국민들에게 과거를 극복하기 위한 상징이 되었다.

『안네의 일기』가 독일에서 그토록 큰 인기를 끌 수 있었던 배경에는 몇 가지 요인이 있었다. 우선 이 책은 전쟁의 참상이나 강제수용소의 현실을 직접적으로 고발하는 기록이 아니라 소녀의 순수하고 인간적인 일기였기 때문에 약간은 가벼운 마음으로 읽을 수 있었다. 그럼에도 독일어 번역자들은 많은 부분에서 표현을 순화하거나 누락했다.

『안네의 일기』를 '전쟁과 유대인 학살의 비참'이라는 한 가지 잣대만으로 읽을 필요는 없다. 다른 면모, 예를 들어 페미니스트로서의 자의식을 드러내고 있는 안네 프랑크도 엿볼 수 있다. "요즘 고민이 하나 생겨 마음이 편치 않습니다. 어째서 이토록 많은 민족이 과거에, 그리고 종종 현재까지도 여자를 남자보다 열등한 존재로 취급해 왔을까요? 아마 모든 사람들이 이게 얼마나 부당한가는 인정하고 있을 거예요. 그러나 나는 그것만으로는 충분하지 않습니다. 나는 이런 불법이 버젓이 통할 수 있었던 근거를 알고 싶습니다. (……) 다행히 학교 교육이라든가 직장 생활, 세상의 진보 덕분에 여자들이 눈을 뜨게 되었습니다. 지금은 많은 나라에서 여자도 대등한 권리를 획득하고 있습니다. (……) 그러나 그것만으로는 불충분합니다. 여성에 대한 존경까지 동시에 획득해야 합니다." 만약 이 소녀가 살아남아 자신의 방에서 계속 글을 쓸 수 있었다면 어땠을까?

⇒　『안네의 일기』, 안네 프랑크 지음, 이건영 옮김, 문예출판사, 2009

섹스 심벌의 독서

호메로스의 『일리아드』와 『오디세이아』에는 특정 인물에게 항상 반복되는 고정된 수식어가 있다. "지략이 뛰어난 오디세우스, 금발의 메넬라오스, 준족의 아킬레우스, 사려 깊은 페넬로페"처럼 말이다. 필멸하는 인간의 운명을 타고난 이들에게 이와 같은 헌사는 불멸의 이미지를 만들어 낸다.

현대에도 이런 말들이 있다. 예를 들어 '영원한 섹스 심벌'이라는 말을 접하면 자동적으로 떠올리게 되는 사람이 있다. 그런 의미에서 이 표현은 마릴린 먼로(1926~1962)라는 특정한 인물에게 드리워진 영원한 수식어가 되었다. 앞으로 영화의 역사가 몇백 년간 이어진다 하더라도 누군가 마릴린 먼로에게서 이 말을 빼앗아 가기는 어려울 것이다. 그러나 '섹스 심벌'이라는 표현은 생전의 그를 있는 그대로 보여 주는 표현은 결코 아니다.

영원한 섹스 심벌이라는 수식은 마릴린 먼로에게 직업적 성공을 가져다주었지만, 그 때문에 편견과 오해의 대상이 되고 말았다. 그는 "직업적인 성공을 베개 삼아 잠들 수 없는 밤이다. 다른 누군가의 삶을 함부로 논하지 마라. 보이는 게 전부는 아니다"라고 말한 바 있다.

우리는 마릴린 먼로에 대해 잘 안다고 착각한다. 몸매는 38-25-38, 잠옷은 샤넬 넘버5, 공식적으로 3번 결혼했고, 그중 한 명은 56경기 연속 안타 기록을 세운 미국 메이저리그의 전설 조 디마지오였다. 그와 이혼한 뒤 소설가 아서 밀러와 결혼했다가 다시 이혼한다. 세계 최고의 권력을 가진 젊은 대통령 존 F. 케네디와 그의 동생 로버트 케네디와의 염문설도 있었다. 먼로의 사진에는 유독 책 읽는 모습이 많다. 비키니 수영복 차림으로 나무둥치에 앉아 제임스 조이스의 『율리시즈』를 읽고 있는 사진 같은 것들.

물론 대부분의 사진은 필요에 따라 연출된 것이지만, 생전에 마릴린 먼로의 사진을 촬영한 사진가 이브 아널드는 마릴린 먼로가 정말 그 책을 읽었느냐고 묻는 질문에 "그렇다"라고 답했다. 그의 연기 코치였던 나타샤 리테스 역시 "나는 먼로의 영리함의 10분의 1만이라도 가지고 싶다"라고 말하면서, "연기 수업을 위해 아파트에 갈 때마다 먼로는 늘 공부하고 있었다"라고 회고했다. 마릴린 먼로는 충분히 교육받은 여성은 아니었을지 모르지만 모든 것을 배우고 싶어 했고, 문학에 대한 열정이 뛰어나 시를 쓰기도 했다.

1962년 8월 5일 마릴린 먼로가 의문의 죽음을 맞은 후 그가 소장했던, 또는 읽었던 430여 권의 책이 경매에 붙여졌다. 존 밀턴, 헤겔을 비롯해 월트 휘트먼, 존 스타인벡, 헤밍웨이, 사무엘 베케트, 잭 케루악 등의 대가들이 쓴 책이었다. 먼로가 도스토옙스키 『죄와 벌』의 역할을 맡아 보고 싶다고 얘기하자, 인터뷰하던 기자가 "도스토옙스키의 스펠링은 아느냐"라고 물었다고 한다. 남성들은 언제나 그의 지성보다 겉모습에 주목해 왔다. 남성들에게 책 읽는 여자의 이미지는 위협적인 것으로 인식된다. 하지만 독서 인구 중 여성의 비율이 훨씬 높아진 것은 어제오늘 일이 아니며, 이 사실을 직시하지 못하는 것은 여성의 지성을 의심하는 이들뿐이다.

⇒　『마릴린 먼로』, J. 랜디 타라보렐리 지음, 성수아 옮김, 체온365, 2010

세계 2위의 피폭 국가

버락 오바마 미국 대통령은 현직 미국 대통령으로는 사상 처음으로 2016년 5월 27일 일본 히로시마 평화기념공원을 방문해 원폭 희생자 위령비에 헌화하고 고인들을 추모했다. 이후 20여 분에 걸쳐 진행된 연설에서 "우리는 왜 히로시마에 왔는가? 우리는 그리 멀지 않은 과거에 촉발된 끔찍한 무력을 생각하고자 왔다"라면서 전 세계를 향해 '핵무기 없는 세상'을 촉구했다. 오늘날 우리는 미국이 세계에서 가장 많은 핵무기를 가지고 있는 나라이며, 세계에서 유일하게 핵폭탄을 실전에 사용한 국가라는 사실을 안다. 1945년 8월 6일 일본 히로시마에, 3일 뒤인 8월 9일에는 나가사키에 핵폭탄이 투하되었다. 한국인에게 두 차례의 원폭 투하가 초래한 결과에 대해 묻는다면, 대부분은 자동적으로 '일본의 패망과 조선의 해방'을 떠올릴 것이다. 이것이 분명한 사실이긴 하지만, 과연 그렇게만 알아도 괜찮은 걸까?

세계 1위의 피폭 국가가 일본이란 건 누구나 안다. 그렇다면 2위는 어디일까? 일본 다음으로 가장 많은 원폭 피해를 입은 나라는 바로 한국이다. 그 자리에서 한국인 4만 명이 폭사했고, 3만 명이 중경상을 입고 귀국했다. 그러나 이 조차도 일본의 시민단체나 인권운동가들이 내놓은 추정치일 뿐 우리 스스로 조사한 자료가 아니다. 해방 이후 70여 년이 흐르는 동안 조선인 피폭자들은 식민 지배에 따른 강제 징용과 피폭 그리고 국가의 외면이라는 삼중의 고통 속에서 후손에게 유전되는 근대의 비극을 고스란히 체현하고 있다. 하지만 오늘날 우리 중·고교 역사 교과서 29종 가운데 일본에 원폭이 투하되었다는 사실 외에 조선인 피폭자를 언급한 교과서는 단 한 종뿐이다.

오바마 대통령은 히로시마 평화기념공원에서 불과 150미터 떨어진 한국인 위령비를 찾지 않았다. 어쩌면 그역시 한국인 피폭자가 존재하리라고 미처 생각지 못했을 것이다. 1989년 북한 핵 문제가 부각되기 전까지 한국 사회에서 핵무기는 '해방의 무기'이자 '강자의 상징'으로 인식되었고, 심지어 핵무장을 주장하는 정치인마저 있었다. 1990년부터 이 문제에 천착해 온 소설가 한수산은 이렇게 말했다. "미국의 원폭 투하로 인해 조금이라도 빨리 조국을 되찾지 않았느냐고 물을 수는 있다. 그러나 그 누구도, 징용으로 끌려와 있던 조선인 원폭 피해자에 대해서만은 그렇게 물어서는 안 된다."

⇒　『나는 한국인 피폭자다』, 곽귀훈 지음, 민족문제연구소, 2013

조국은 나를 인정했다

우장춘(1898~1959) 박사는 명성황후 시해 사건에 연루되었던 아버지 우범선(1857~1903)과 일본인 여성 사카이 나카의 아들로 태어났다. 강화도조약 이후 한일 간 맺어진 최초의 국제결혼이었지만, 이들 부부의 결혼은 축복받지 못했다. 우장춘의 아버지 우범선은 중인 출신으로 조선 훈련대 제2대대장을 맡았던 직업 군인이었다.

명성황후 시해 사건을 기획한 일본의 미우라 공사는 시해 사건을 임오군란처럼 조선 내부의 문제로 조작하기 위해 대원군과 조선군 훈련대를 동원했다. 우범선이 전모를 알고 참가했는지, 내용도 모르는 채 끌려 나왔다가 역적 누명을 쓰게 된 것인지는 정확하지 않다. 알 수 있는 것은 그가 이 사건에 참여해 조선의 역적이 되었다는 사실이다. 일본 땅에서 우범선은 조선인 자객에게 암살당한다. 사카이 나카, 즉 우장춘의 모친은 홀로 자립하여 두 아들을 키웠다. 경제적으로 큰 어려움에 시달리다 못해 모친은 우장춘을 도쿄의 사찰 고아원에 맡겼다.

1년 후 아들을 찾으러 갔을 때 우장춘은 거의 영양실조

상태였다. 나카는 남편의 묘지를 팔아 자식의 교육비에 보탰고, 어린 두 형제를 훌륭하게 키워 냈다. 한 사람은 조선인으로, 다른 한 사람은 일본인으로. 훗날 우장춘의 회고에 따르면 그가 울면서 집에 돌아와 "아이들이 조선인이라며 모두 나를 구박했다"라고 말하자 어머니가 정색하며 "그럼, 네가 조선인이 아니냐, 조선인에게 조선인이라고 말했는데 왜 우느냐. '그래, 나는 조선인이다'라고 당당하게 대답하면 되지 않느냐" 하고 타일렀다. 이런 어머니의 교육 속에 자란 우장춘은 일본의 전쟁 물자를 생산하는 역할을 담당할지 몰라 공학 대신 농학을 전공했다. 훗날 조선이 독립하는 날 자신의 배움이 큰 쓸모가 있으리라 생각했던 것이다.

흔히 우장춘 박사에 대해 잘못 알려진 사실 중 하나는 그가 '씨 없는 수박'을 만들었다는 것이다. 우장춘은 육종학 박사이긴 했지만 씨 없는 수박을 만든 것은 일본 교토대학교의 기하라였다. 우장춘이 씨 없는 수박을 만든 사람은 아닐지라도 그의 명성은 육종학 분야에서는 이미 세계적인 수준이었다. 게다가 해방 직후 우리 농업은 커다란 위기에 직면하고 있었다.

일본이 패망하자 우리 농업은 더 이상 일본의 종자 기업에 의존할 수 없게 되었고, 외국에서 종자를 수입할 만한 외환을 보유하지도 못했다. 당장 종자 문제를 해결하지 못하면 신생 독립국인 한국은 금방이라도 농업이 파탄 날 상황이었다. 그를 귀국시키기 위해 대대적인 모금 운동이 일어났고, 초대 농림부 장관이던 조봉암은 대통령 이승만에게 그의 귀국을 정식으로 건의했다. 1950년 3월 8일, 마침내 그가 한국에 왔다.

우장춘은 "저는 지금까지 어머니의 나라인 일본을 위해서 일본인에게 뒤떨어지지 않을 정도로 노력해 왔습니다. 그러나 지금부터는 아버지의 나라인 한국을 위해서 최선을 다할 각오입니다. 이 나라에 뼈를 묻을 것을 여러분에게 약속합니다"라며 고국의 동포들에게 다짐했다. 당시 한국의 GNP는 50달러에도 미치지 못했다. 우장춘 귀국추진위원회는 일본에 남겨질 그의 가족을 위해 생활비 조로 100만 엔 가량을 송금해 주었지만, 우장춘은 한국에 오면서 그 돈을 모두 연구 자재를 구입하는 데 사용했다. 그는 밤낮없이 연구에 몰두해 수많은 제자들을 키워 냈고 그 때문에 건강을 잃었다.

말년에 병들어 누운 그의 병실에는 이 땅에서 그가 키워 낸 수많은 묘목과 작물들이 함께 자리 잡고 있었다. 그는 병상에 누워서도 제자들에게 종자와 묘목의 상황을 일일이 확인하는 등 일을 손에서 놓지 않았다. 1959년 8월 7일, 정부는 그에게 대한민국 문화포장을 수여하기로 결정했다. 농림부 장관 이근식이 찾아와 짤막한 축사를 낭독한 뒤 대한민국 문화포장을 전달했다.

우장춘은 눈물을 흘리며 이렇게 말했다. "고맙다…… 조국은 나를 인정했다." 그는 문화포장 수여식이 끝나고 3일 뒤, 8월 10일 오전 3시 10분에 세상을 떠났다. 오늘날 우리 식탁에 오르는 쌀과 배추, 무를 비롯한 필수적인 먹을거리의 대부분은 우장춘 박사와 그의 제자들이 혼신을 다해 연구한 결과물이다.

.

⇒ 『나의 조국』, 츠노다 후사코 지음, 우규일 옮김, 북스타, 2019

8888항쟁

미얀마는 19세기 3차례에 걸친 영국의 침략에 맞서 싸우다
가 결국 1886년 식민지가 되었다. 영국은 미얀마를 인도의
한 주로 편입시키는 한편, 미얀마 내 소수 민족이던 카렌족
을 기독교로 개종시키고 이들로 하여금 다수의 미얀마족을
지배하도록 만드는 교활한 방법으로 미얀마를 70여 년간
통치했다.

　　미얀마의 민족주의자 아웅산(1915~1947)을 중심으로
무장 독립운동이 일어났고, 영국이 이를 탄압하자 아웅산
은 일본에 도움을 요청했다. 1943년 8월 1일 아웅산이 이끄
는 미얀마 독립의용군은 일본의 지원을 받아 영국군을 몰
아내고 독립을 선언했다. 그러나 일본은 당초의 독립 약속
을 지키지 않았고, 영국보다 더 가혹한 식민통치를 시작했
다. 아웅산은 영국을 비롯한 연합군의 일원으로 1945년 3월
미얀마로 진군해 일본을 몰아냈다. 이후 미얀마는 영국과
교섭하여 1948년 1월 4일 독립했다.

　　그러나 독립전쟁의 영웅 아웅산 장군은 독립의 날을
보지 못하고 1947년 7월 19일 믿었던 동료에게 암살당한다.

독립하기까지 우여곡절이 많았지만, 미얀마는 비옥한 토지와 풍부한 지하자원 덕분에 신생 독립국 중에서는 비교적 풍요로웠다. 1961년엔 미얀마의 우 탄트(1909~1974)가 유엔 사무총장으로 선출되기도 했으며, 한국도 과거에 미얀마로부터 쌀을 원조받은 적이 있다. 그러나 1962년 아웅산과 함께 독립운동을 이끌었던 동료이자 당시 미얀마군 최고지휘관(국방장관)이었던 네윈(1911~2002)이 쿠데타를 일으켜 정권을 장악하면서 미얀마는 세계의 최빈국으로 전락하고 말았다. 1988년 네윈이 물러나고 실권을 장악한 르윈(1923~2004) 장군은 국민의 반발에 강경 대응하면서 반정부 인사들을 체포했다. 1988년 3월, 찻집에서 일어난 다툼 중에 학생 한 명이 공안 요원의 총에 맞아 숨지는 사건이 발생했다. 학생들은 이 사건을 제대로 수사해야 한다고 요구했고, 당국은 이에 응하지 않았다.

6월 들어 군부에 저항하는 시위가 벌어졌고, 르윈은 8월 3일 계엄령을 선포하기에 이르렀다. 1988년 8월 8일에는 미얀마 국민들이 일제히 군부독재에 항의하는 시위를 벌였다. 시위대가 랑군 북부 페구시를 장악하는 등 점차 시위 규모가 커지자 르윈은 대통령직을 비롯해 모든 주요 공직에서 사임했다. 그의 사임 보도를 접한 시민들은 거리에 나와 밤새워 환호성을 질렀다. 9월 3일 계엄령이 해제되었다. 새로운 정치 지도자로는 미얀마 독립의 아버지로 불리는 아웅산 장군의 딸 아웅산 수치가 부각되었다. 머지않아 임시 정부를 대체할 다당제 총선이 진행될 예정이었다.

그러나 9월 18일, 군부가 또다시 쿠데타로 정권을 장악한다. 1990년 3월 27일 총선에서 아웅산 수치가 이끄는 '미얀마민족민주동맹'NLD이 82퍼센트가 넘는 국회 의석을 확보하며 대승리를 거두었지만, 군부는 권력을 이양하지 않고 아웅산 수치를 가택에 연금했다. 2015년 총선에서 미얀마민족민주동맹은 상·하원 491석 중 390석을 차지하는 압승을 거뒀고, 53년간 이어진 군부독재가 드디어 막을 내렸다.

그러나 2021년 2월 1일 군부는 또 쿠데타를 일으켰고, 아웅산 수치 국가고문을 비롯해 정부 고위 인사들을 구금하고 비상사태를 선포했다. 1989년부터 2010년까지 21년의 민주화운동 기간에 구금과 석방, 가택연금을 반복했던 아웅산 수치는 10년 만에 또다시 구금되었다. 현재까지도 미얀마에서는 민주화를 요구하는 시민들의 저항과 군부의 폭압이 계속되고 있다.

⇒　『하프와 공작새』, 장준영 지음, 눌민, 2017

호텐토트 비너스

그의 이름은 사라 바트만(1789~1815)이었다. 사실, 이것이 그의 정확한 이름은 아니다. 그 이름은 영국 해군 소속의 한 의사에게 팔려 가면서 붙여진 이름이다. 보어인 원정대가 들이닥치기 전까지 사라는 가족과 평화롭게 살고 있었다. 보어인들이 남아프리카에 정착하면서부터 본래 원주민이 었던 코이코이족과 산스족은 학살되거나 노예로 팔려 나갔다. 케이프타운 동부 지역에서 태어난 사라는 가족이 전부 몰살당한 뒤 노예로 팔려 갔다.

16세 때 노예로 붙잡힌 사라는 1810년 런던으로 이송되었고, 우리에 갇힌 채 유럽 곳곳을 돌며 이른바 '괴물쇼'에 전시되었다. 백인들은 호텐토트(코이코이족의 네덜란드어) 여성의 발달한 소음순이 질 입구를 베일처럼 덮고 있는 것에 놀랐고, 이를 '앞치마'라며 조롱했다. 그의 특이한 신체 구조는 원시부족 사회의 인간이 진화론적 관점에서 자신들의 문명과 비교해 열등할 뿐 아니라 이러한 미개 상태가 인종적 열등성과 퇴화 때문이라고 설명하는 백인 우월주의와 인종주의의 증거로 쓰였다.

영국에서 프랑스로 팔려 간 사라는 그때부터 '호텐토트의 비너스'란 별명으로 널리 알려졌다. 대중의 호기심이 뜸해지자 사창가에 넘겨진 사라는 1815년 27세의 나이로 숨졌다. 그러나 죽음으로도 끝난 것이 아니었다. 프랑스 의사들은 시신을 해부해 신체의 석고 모형을 떴다. 사라의 신체, 특히 성기와 뇌는 방부 처리되어 1974년까지 파리의 자연사박물관에 전시되었다. 이 같이 해괴한 전시는 교육과 과학의 발전을 위한다는 핑계로 지속되었다.

그 후 한동안 전시에서 제외되었다가 1994년 '모든 사람들을 위한 과학'이라는 주제로 오르세박물관에 다시 한 번 전시되었다. 이즈음 악명 높은 아파르트헤이트 정책에서 해방된 남아프리카공화국이 '사라 바트만'을 기억해 냈다. 남아공 정부는 프랑스 정부에 식민지 시대의 잔재이자 인종주의적 편견의 알리바이로 활용되어 온 사라의 시신을 반환하라고 요청했다. 마침내 2002년 8월 9일, 남아프리카공화국 '여성의 날'에 그는 영원한 안식에 들 수 있었다.

⇒　『문명과 야만을 넘어서 문화 읽기』, 이태주 지음, 프로네시스, 2006

8·10 성남민권운동

제20대 대통령선거(2022년 3월 9일)를 앞두고 불거진, 경기 성남시 대장동 개발 사업을 주도한 자산관리사 '화천대유' 문제가 이슈로 부각되었다. 전직 법조인들을 비롯해 현직 국회의원 자식까지 참여해 퇴직금 명목으로 50억 원을 받아 논란을 빚었다. 국회의원 곽상도의 아들로 화천대유에서 대리로 근무한 곽병채는 2021년 9월 26일 입장문을 통해 "저는 너무나 치밀하게 설계된 오징어 게임 속 '말'일 뿐"이라며 "제가 입사한 시점에 '화천대유'는 모든 세팅이 끝나 있었다"라고 해명했다.

이로부터 50여 년 전이던 1971년 8월 10일, 경기도 광주대단지(현재의 성남시) 사건이 발생했다. 1960년대부터 급속한 산업화와 도시화로 서울을 비롯한 대도시 인구 유입이 급증했다. 소설가 이호철은 「서울은 만원이다」(1966)에서 당시 분위기를 묘사했다. "서울은 넓다. 아홉 개의 구에 가, 동이 대충 잡아서 380개나 된다. 이렇게 넓은 서울도 370만 명이 정작 살아 보면 여간 좁은 곳이 아니다. 가는 곳마다, 이르는 곳마다 꽉꽉 차 있다. 집은 교외에 자꾸 늘어서지만 연년이 자꾸 모자란다. 일자리는 없고 사람들은 입만 까지고 약아지고 당국은 욕사발이나 먹으면 낑낑거리고 신문들은 고래고래 소리나 지른다."

대도시로 유입된 이들은 서울의 청계천변, 창신동, 용두동, 봉천동 등에 무허가 판잣집을 짓고 생활했다. 당연히 여러 문제가 발생했고, 박정희 대통령은 불도저 시장이라고 불리던 서울시장 김현옥에게 문제를 해결하라고 지시했다. 그는 이른바 '돌격 건설'로 세운상가를 짓고, 청계고가 등 수많은 도로와 지하도, 육교를 건설했다. 그 와중에 1967년 7월 정부는 23만여 동의 무허가 주택을 철거하고, 127만 명을 서울시 밖으로 이주시킨다는 계획을 세웠다. 경기도 광주군에 50만 명, 10만5천여 가구가 거주할 수 있는 대단지를 건설하겠다는 것이었다.

정부는 1969년 9월 1일부터 땅 20평씩을 분양해 철거민들을 강제 이주시켰다. 그러나 이들이 내 집 마련의 꿈을 안고 찾아간 광주대단지(성남)는 아무것도 없는 허허벌판이었다. 이곳에는 상업 시설은커녕 마실 물도, 화장실도 없었다. 약 15만에서 20만 명에 이르는 사람들이 버스도 제대로 다니지 않는 허허벌판에 천막을 치고 생활하기 시작했다. 제7대 대통령선거를 앞두고 부동산 개발 붐이 일면서 대단지 입주권(분양증) 딱지를 얻기 위해 부동산 투기가 만연했다. 그러나 1971년 4월 대통령 선거가 끝나자 정부가 약속했던 공장 건설도 시들해져 버렸고, 몇몇 공장이 입주했지만 수십만 명에게 일자리를 제공하기에는 턱없이 부족했다. 이런 상황인데도 정부는 토지 개발 자금을 환수하기 위해 선거가 끝나자 입주권 전매 금지와 함께 처음 부과되었던 토지 가격의 8배(평당 2천 원 하던 토지 대금을 8천 원에서 1만6천 원까지 인상)에 이르는 토지 대금 일시상환 조치를 발표해 끓는 물에 기름을 부었다.

입주민들은 정부에 대책 마련을 요구하며 7월 17일 '광주대단지 토지불하가격 시정대책위원회'를 조직했고, 위원회를 중심으로 수차례에 걸쳐 진정서를 제출하고 산발적으로 시위를 벌였지만 정부는 아무 대책도 내놓지 않았다. 마침내 분노한 시민들이 1971년 8월 10일 분양 가격 인하와 세금 면제를 요구하며 6시간 동안 광주대단지 전역을 장악하는 사태가 벌어졌다. 오후 5시쯤 당시 양택식 서울시장(김현옥 전 시장은 1970년 4월 8일 와우아파트 붕괴 사고로 사임)이 달려와 주민들의 요구를 무조건 수락하겠다고 약속하며 사태가 일단락되었다.

이날의 시위는 해방 이후 이 땅에서 발생한 최초의 대규모 도시빈민 투쟁이었다. 이 사건으로 경찰 100여 명이 부상당했고, 주동자 23명이 구속됐다. 이런 사태 이후 탄생한 것이 오늘날의 성남시(1973년 7월 1일 성남시로 승격)였다. 50여 년 전의 사건이 윤흥길의 중편소설 『아홉 켤레의 구두로 남은 사내』(1977)를 남겼다면, 대장동 사건은 어느 국회의원 아들의 입을 통해 드라마 『오징어 게임』을 남겼다. 광주대단지 사건이 일어나고 반세기가 흘렀음에도 부동산 개발이라는 복마전에서 누군가는 피해를 보고, 누군가는 피해자에게 약탈한 수익으로 배를 불리는 구조는 변하지 않고 여전하다.

⇒　드라마 『오징어게임』, 황동혁 연출·각본, 2021

YH무역 사건

1970년대는 노동자의 죽음으로 시작해 노동자의 죽음으로 끝났다. 1970년 11월 13일, 스물두 살의 평화시장 노동자 전태일은 자신의 몸에 불을 붙이고 "근로기준법을 준수하라! 우리는 기계가 아니다! 내 죽음을 헛되이 말라!"라고 외친 뒤 쓰러졌다. 그로부터 약 10년 뒤인 1979년 8월 11일, 서울 마포의 신민당사에서 YH무역 사건이 발생했다.

1970년대의 노동환경은 이루 말할 수 없을 만큼 가혹했다. 농촌에서 갓 상경한 어린 소녀들은 제대로 환기조차 되지 않는 작업장에서 장시간 노동에 시달렸다. 기업주와 정부는 노조를 결성해 생존권을 요구하는 노동자들을 수단과 방법을 가리지 않고 짓밟았다. 비인간적이고 야만적인 노조 탄압 사건이 줄을 이었다.

1970년대 박정희 정부의 지상최대 과제는 반공과 수출이었다. 수출을 많이 한 기업에는 상을 주었지만, 수출 역군들이 혹독한 노동조건을 견디다 못해 저항하면 개선책을 찾기는커녕 무자비하게 탄압했다. 반공을 내세워 노동조합 활동을 탄압하는 정부에 맞서 노동자들의 손을 잡아 준 것은 교회였다. 1970년대에 개인 구원보다는 사회 구원이라는 진보적 해방신학에 이론적 기초를 둔 도시산업선교회와 가톨릭노동청년회는 도시화와 산업화 과정에서 소외된 도시빈민과 노동자들을 대상으로 교양 교육과 구호 활동을 전개했고, 노동자 소모임을 통해 노동조건 개선과 민주노조 건설을 지원했다.

1978년 동일방직 노조 탄압 사건이 발생했을 때 김수환 추기경은 8월 20일 명동성당에서 열린 기도회에서 말했다. "나라에서 기회 있을 때마다 조국 건설의 역군이라고 부르는 연약한 여성 근로자들을 이렇게 학대한 사람들은 누구입니까? 왜 이렇게까지 사람이 사람을 짓밟고 울려야 합니까? 이 나라 법은 약한 자들을 벌하기 위해 있는 것입니까? 정부 당국과 기업주는 제발 어리석은 짓을 그만두시오. 우리는 지금까지 자중하고 인내했습니다. 그러나 힘없는 이들을 계속 짓밟으면 더 이상 묵과할 수 없습니다. 우리는 양심과 신앙에 따라서 행동할 것임을 밝혀 둡니다."

전태일이 숨진 1970년 한국의 임금노동자는 378만6천 명이었고, 1979년에는 648만5천 명으로 늘어났다. 정부의 중화학공업 육성 정책에 따라 임금노동자의 업종별 비중은 같은 기간 제조업이 28.2퍼센트에서 43.3퍼센트로 크게 증가했다. 기계, 조선, 철강, 자동차, 전자 등 중화학공업 부문 노동자의 비중도 17퍼센트대에서 28퍼센트대로 급증하였다. 이처럼 노동자의 숫자는 크게 늘었지만 노동조건은 거의 개선되지 않았다.

1970년 주당 평균 노동 시간은 51.6시간, 평균 임금은 최저생계비의 61.5퍼센트 수준이었다. 1970년 수출액은 8억4천만 달러였고, 1980년 수출액은 175억 달러였다. 이처럼 수출이 증대되고 거시경제지표가 개선되었음에도 노동자의 삶은 더욱 악화되기만 했다. 1980년 노동 시간은 여전히 주당 51.6시간이었지만 평균 임금은 오히려 더 하락해 최저생계비의 44.6퍼센트에 불과했다. 국세청 통계에 따르면 1978년 3월 말 기준, 전체 노동자의 88.6퍼센트가 월 10만 원 이하의 저임금을 받고 있었다.

YH무역은 1970년대 초 수출 순위 15위에 오른 대한민국 최대의 가발 수출업체였다. 그러나 1970년대 중반부터 수출 둔화와 기업주의 자금 유용, 무리한 기업 확장 등으로 심각한 경영난을 겪었다. 노동자들이 1975년 노동조합을 설립해 적극적인 활동을 전개하자 회사는 1979년 3월 자진 폐업으로 맞섰다. 이에 노조는 회사 정상화 방안을 채택해 YH무역을 회생시키기 위해 다방면의 노력을 전개했지만, 정부 당국과 회사는 무성의한 태도로 일관했다. 결국 8월 9일 YH무역의 여성 노동자 172명은 도시산업선교회의 알선으로 신민당 당사로 찾아가 농성을 시작했다. 당시 신민당 김영삼 총재는 이들에게 "여러분이 마지막으로 당사를 찾아 준 것을 눈물겹게 생각한다"라며 "우리가 여러분을 지켜 주겠으니 걱정 말라"라고 위로했다. 신민당은 문제 해결을 위해 보사부 장관을 비롯한 관계 당국에 성의 있는 해결책 제시를 요청했지만 묵살당했고, 경찰은 8월 11일 새벽 2시경 '101호 작전'이라는 강제 진압을 실시했다.

천여 명의 무술 경관을 동원한 무자비한 진압 작전에 맞서 노동자들이 창틀에 매달려 투신하겠다고 저항했지만 경찰은 아무런 안전 대책도 없이 농성 중인 노동자들을 강제 연행했다. 그 와중에 스물한 살의 노동자 김경숙이 추락사했다. 무리한 진압으로 10여 명의 여성 노동자를 비롯해 30여 명의 신민당 당원, 12명의 취재기자들이 부상당했지만, 경찰은 8월 17일 이 사건과 관련해 노조간부를 구속하는 한편 배후 조종자로 도시산업선교회 소속 인명진 목사 등 7명을 구속했다. 사건 직후 야당 및 민주화운동 단체들은 공동 전선을 형성해 반유신 투쟁에 나섰고, 박정희 정권은 김영삼 신민당 총재를 의원직에서 제명했다. 제명 파동은 부마민중항쟁으로 연결되어 결국 이 사건은 박정희 정권의 종말을 앞당기는 도화선으로 역사에 기록되었다.

⇒   『산업선교, 그리고 70년대 노동운동』, 장숙경 지음, 선인, 2013

금융실명제

"호랑이를 잡기 위해 호랑이 굴에 들어간다"라며 3당 합당을 추진(1990년 1월 22일)한 김영삼(1927~2015)은 1993년 제14대 대통령에 취임했다. 그는 취임사에서 "마침내 국민에 의한 국민의 정부를 이 땅에 세웠다"라고 말했다. 5·16 쿠데타 이후 32년 만에 등장한 문민정부였던 김영삼 정부의 집권 초반(재임 1년차 2·3분기) 지지율은 무려 83퍼센트에 달했다. 국민의 지지와 기대에 힘입은 김영삼 대통령은 취임 직후부터 강력한 개혁 정책을 추진했다. 1993년 3월 공직자 재산 등록을 실시해 정부의 차관급 이상 공직자 재산을 공개하도록 했고, 곧이어 국회의원과 4급 이상 공무원까지 확대했다. 이 과정에서 부정 축재 또는 비리와 관련된 5·6공 인사들이 공직을 떠나거나 구속되었다. 그의 개혁 정책은 '깜짝쇼'라고 불릴 만큼 비밀리에 추진되어 전격적으로 실행되었다.

하나회는 육사 11기에서 36기까지 이어진 군부 내 비밀 사조직으로 조직원이 200여 명에 달했다. 쿠데타로 집권한 박정희는 군부 내 친위 세력을 원했고, 하나회는 그의 후원으로 성장했다. 박정희 사후 전두환이 12·12 쿠데타를 일으킬 수 있었던 배경에도 하나회가 있었다. 1993년 3월 4일 육군사관학교 졸업식에 참석한 김영삼 대통령은 같은 달 28일 권영해 당시 국방부 장관을 불러 군인이 그만둘 때 사표를 제출하는지 물었다. 권영해가 다만 명령에 복종한다고 답하자 김영삼 대통령은 그 자리에서 즉시 하나회 출신 육군참모총장 김진영과 기무사령관 서완수를 경질했다. 그는 이후 영관급, 위관급 장교들까지 색출해 예편 또는 좌천시키는 방식으로 군부 내 하나회 조직을 발본색원했다.

하나회는 군대를 동원할 수도 있는 장성급 사조직이었기 때문에 국방부 장관을 비롯한 군 지도부가 24시간 비상대기 체제를 유지하며 만에 하나 발생할지 모를 쿠데타에 대비했다. 이때 해임된 장성만 18명, 떨어진 별이 무려 40개에 이르렀다. 이후 군사반란의 책임을 물어 전두환 및 노태우 등 관련자들이 재판에 회부되었다.

1993년 8월 12일 오후 7시 45분 임시 국무회의를 마친 김영삼 대통령은 긴급 기자회견을 자청해 금융실명제 실시를 전격적으로 발표했다. 오늘날 '금융실명제'란 당연한 상식이 되었지만, 당시만 하더라도 서구 선진국에서나 실시하는 제도로 여겨졌다. 1961년에 제정된 '예금·적금 등의 비밀 보장에 관한 법률'로 인해 비실명 거래가 공식적으로 허용되던 시절이었다. 1982년부터 금융실명제에 대한 논의가 있었으나, 정경유착을 통한 군사정권의 이른바 '통치 자금' 조성 의도 때문에 실시되지는 못했다. 김영삼 대통령은 금융 거래의 투명성을 확보하고, 잘못된 금융 관행을 바로잡아 공평 과세의 기초를 확립함으로써 경제정의를 실현한다는 목표 아래 비밀리에 금융실명제를 추진했다. 그는 실무 책임을 맡은 공무원들에게 "만약 보안이 새어 나가면 전원 구속시킬 것"이라며 미리 사표를 받아 두기까지 했지만, 대다수 국민들은 이미 실명으로 거래를 하고 있었기 때문에 대통령 긴급명령(특별법)으로 금융실명제가 단행된 뒤로도 이로 인한 금융 혼란은 별로 없었다. 은행의 가명 계좌를 실명 계좌로 바꾸느라 금융 시장이 위축되고 소규모 사업자금 마련이 어려워지는 등 일부 부작용도 있었지만, 한국 경제의 투명성이 제고되었다.

또한 그는 1995년 6월 27일 지방자치단체 선거를 실시해 도지사, 시장, 구청장, 군수 등 245명을 주민투표로 뽑는 민선자치 시대를 열었다. 김영삼 문민정부 시절에는 이처럼 눈부신 개혁이 많았지만, 육해공을 가리지 않는 대형 참사도 잦았다. 어떤 사건들은 대통령의 책임이라 말하기 어렵지만, 1996년 2월 민주자유당에서 신한국당으로 당명을 바꾼 12월부터 노동시장 유연화를 내세워 노동법을 날치기 통과시킨 것은 그가 자초한 참사였다.

문민정부는 이후 개혁 동력을 상실했고, 노동법 개악

으로 변형근로시간제·정리해고제가 실시되었다. 노동계는 1996~1997년 총파업으로 맞섰다. 이어서 한보 특혜 대출 비리 등 갖가지 경제 비리와 구조적 모순이 드러나면서 1997년 11월 21일 마침내 국제통화기금IMF에 200억 달러 규모의 구제 금융을 신청하게 되었다. 1996년 당시 국민소득은 1만543달러였으나, 1997년 국민소득은 9,511달러로 떨어졌고, 이듬해인 1998년에는 마이너스 5.5퍼센트의 성장을 기록하면서 국민소득은 6,300달러(1990년 수준)로 떨어져 세계 40위권으로 밀려났다.

김영삼 대통령은 취임사에서 "신한국은 하루아침에 이루어지지 않는다. 인내와 시간이 필요하다. 눈물과 땀이 필요하다. 고통이 따른다. 우리 다 함께 고통을 분담하자"라고 했으나 실제로 고통을 분담한 것은 힘없고 가난한 노동자와 서민이었다. 김영삼은 역대 대통령 중 최고의 지지율(83퍼센트)과 최저의 지지율(6퍼센트)을 동시에 기록했다.

⇒ 『김영삼 평전』, 김삼웅 지음, 깊은나무, 2016

제멜바이스 반사

의사 제멜바이스(1818~1865)는 한 가지 의문을 품었다. 그가 근무하던 빈 종합병원 산부인과에는 전문적인 의학 교육을 받은 의사가 근무하는 제1병동과 '산파'라 불리던 조산원이 일하는 제2병동이 있었다. 그런데 의사들이 돌보는 제1병동 산모의 산욕열 사망률이 제2병동에 비해 두 배 이상 높았다. 산욕열이란 출산 과정에서 자궁 내벽, 산도 등에 난 상처를 통해 세균이 침입하여 몸에 열이 오르는 증상을 말한다. 당시 산욕열은 산모 사망의 3대 원인 중 하나였으나 정확한 원인은 알 수 없었다. 산욕열로 체온 상승과 오한 증상이 나타났는데, 실제 사망 원인은 세균 감염으로 인한 패혈증이었다. 항생제는커녕 세균 감염에 대한 이해가 부족했던 당시로서는 도저히 이유를 알 수 없었다.

그 무렵 제멜바이스와 함께 일하던 동료 의사 콜레츠카가 시체를 부검하다가 실수로 손가락을 베이는 사고가 있었다. 그는 얼마 뒤 산욕열과 흡사한 증상을 보였고, 곧바로 사망했다. 젊고 건강한 남성이던 그가 산욕열과 동일한 증상을 보이며 사망했기 때문에 제멜바이스는 상처를 통해 몸에 무엇인가가 유입되어 병을 유발한 것이라 유추했다. 당시 의사들은 세균의 존재를 알지 못했고, 위생 관념도 없었기 때문에 시체 해부를 하거나 수술을 한 뒤에도 손을 씻지 않았으며 그 손으로 다시 산모들의 몸을 만졌다.

제멜바이스는 두 병동을 관찰하고 조사한 결과를 논문으로 발표했고, 의사들은 그가 자신들을 '산모 살해범'으로 몰았다며 크게 반발했다. 동료들의 매도와 따돌림 속에서 그는 재계약마저 거부당하고 병원에서 쫓겨났다. 1850년 고향으로 돌아온 그는 산부인과 소독과 사망률 감소의 연관성을 꾸준히 연구하여, 1861년 무균 처리가 산욕열로 인한 사망률 감소에 지대한 공헌을 한다는 내용을 『산욕열의 원인, 개념과 예방』이라는 책에 담았다. 하지만 의학계는 여전히 그를 미친 사람 취급했다. 점차 마음의 병을 앓게 된 제멜바이스는 심각한 우울증 증세를 보였고, 친구들은 그를 강제로 정신병원에 수용했다. 자신이 미치지 않았다고 호소할 때마다 구타를 당하던 제멜바이스는 논문에서 밝혀냈던 것처럼 비위생적인 환경에 장기간 노출된 결과 1865년 8월 13일 패혈증에 걸려 사망한다. 오늘날 자신의 가치규범이나 세계관과 맞지 않는 새로운 지식과 정보를 무시하고 거부하려는 경향을 '제멜바이스 반사'Semmelweis Reflex라고 한다.

⇒　『의학사의 이단자들』, 줄리 M. 펜스터 지음, 이경식 옮김,
　　 휴먼앤북스, 2004

독일 최고의 헤드헌터

프랑스혁명을 상징하는 것은 많지만, 그중에서도 공포정치와 함께 '기요틴'(단두대)을 제외할 수 없을 것이다. 많은 이들이 프랑스혁명의 발명품으로 아는 기요틴은 사실 16~17세기부터 사용되었다. 프랑스혁명은 전 유럽에 혁명 정신과 함께 기요틴을 전파했다. 아리아 민족우월주의를 주창한 나치독일에서도 사용하여, 1940년 8월 22일에서 1945년 4월 20일까지 브란덴부르크 교도소에서만 2,042명이 기요틴의 제물이 되었다. 그중 절반 이상이 나치에 반대한 정치범이었다. 1944년 8월 14일은 하루 동안 가장 많은 사람이 기요틴으로 처형된 날로 기록되어 있다. 이날은 2분 간격으로 41회의 칼날이 사람들 위로 떨어졌다.

나치 정권이 종말을 고하는 날까지 쉴 새 없이 사형을 집행한 사람 중에 요한 라이히하르트(1893~1972)가 있다. 그는 뵈르트안데어도나우 근교 비헨바흐에서 태어났는데, 그의 가문은 위로 8대를 거슬러 올라가는 사형집행인 가문이었다.

프랑스에서도 사형집행인은 법무 당국에 소속된 종신

공무원으로 그 직책이 오랫동안 세습되었으며 사형집행인에게 아들이 없을 경우에는 친인척 중에서 선발되기도 했다. 프랑스에서는 이들 사형집행인을 '무슈 드 파리'Monsieur de Paris라는 조롱 섞인 별명으로 불렀다.

라이히하르트는 1924년 바이마르공화국 시절 사형집행관에 임명되어 나치 치하에서도 사형을 집행했다. 그 자신의 기록에 따르면 모두 3,156명의 사형을 집행했는데, 나치가 집권한 1939~1945년 사이에만 2,876명의 사형을 집행했다. 이 중에는 이른바 백장미단 단원으로 나치에 항거했던 한스와 소피 숄 남매도 포함된다.

나치가 집권하는 동안 그는 피 냄새가 가실 겨를이 없을 정도로 많은 일을 했고, 그 대가로 자동차를 몇 대나 소유할 정도로 풍족함을 누렸다. 그러나 나치가 패망한 뒤에는 연합군을 피해 도피해야 했다. 한때 그의 소중한 밥벌이 도구였으나 도피 생활에는 짐만 됐던 이동식 기요틴은 도나우강에 버렸다고 한다. 연합군에 체포된 그는 짧은 감옥살이 끝에 1946년 6월 연봉 3천 마르크와 보너스, 사형집행 수당을 받는 독일 바이에른주 법무부 소속 공식 사형집행인으로 재고용되었다.

점령군 측 사형집행인이 된 그는 1946년 5월까지 뉘른베르크 전범재판에서 사형을 언도받은 친위대 대원들을 비롯한 나치 전범 156명을 기요틴으로 처형했다. 1950년 은퇴한 그는 바이에른 어딘가에서 평온한 삶을 살다가 1972년 4월 26일 조용히 세상을 떠났다.

프랑스의 마지막 '무슈 드 파리'였던 마르셀 슈발리에(1921~2008)는 아이러니하게도 사형폐지론자였다. 1981년 10월 미테랑 정부가 사형제를 폐지하면서 더 이상 그가 할 일이 없었지만, 일이 있든 없든 월 3,650프랑의 보수와 6천 프랑의 약정된 처형수당을 받았다.

⇒ 『피의 문화사』, 구드룬 슈리 지음, 장혜경 옮김, 이마고, 2002

가장 빛나면서 가장 어두운 날

8월 15일, 그날 아침은 쾌청했다. 서울 시내에는 "금일 정오 중대 방송, 1억 국민 필청$_{必聽}$"이란 벽보가 나붙었다. 라디오에서도 중대 방송 안내가 여러 차례 반복되었다. 드디어 정오가 되자 경성중앙방송국은 도쿄로부터 직접 송출 받아 천황 히로히토의 방송을 내보냈다. 시작을 알리는 안내를 담당한 이는 일본인 아나운서 와다 노부카타였다.

그는 정오에 맞춰 "지금부터 중대 방송이 있습니다. 전국의 시청자 여러분께서는 기립해 주시기 바랍니다"라는 방송을 내보냈다. 잠시 후 히로히토가 떨리는 목소리로 "짐은 세계의 대세와 제국의 현 상황을 감안하여 비상조치로써 시국을 수습하고자 충량한 너희 신민에게 고한다. 짐은 제국 정부로 하여금 미·영·소·중 4국에 그 공동선언을 수락한다는 뜻을 통고토록 하였다"라고 말했다. 뒤이어 일본의 국가인 「기미가요」가 장중하게 울려 퍼졌다. 항복이란 말은 한마디도 들어가 있지 않았지만, 일본의 무조건 항복을 요구한 포츠담 선언에 따르겠다는 내용이었다.

천황의 항복 방송은 14일 밤, 궁내성 내정청사 2층 정무실에서 녹음되었는데, 현지에서는 결사 항전을 주장하는 세력이 항복 선언이 담긴 천황의 녹음판을 탈취하려고 난동을 벌이기도 했다. 전 일본 열도가 패전 소식을 듣고 통곡하는 순간, 조선은 정말 해방이 오긴 온 것인지 머뭇거렸다. 사람들은 일본의 항복 소식이 전해지고 나서도 서너 시간이 지나도록 해방이 왔다는 감격을 입 밖으로 토해 낼 수 없었다. 도쿄에서 직접 송출한 방송이었기 때문에 잡음이 심해 알아듣기 어려운 까닭도 있었지만, 천황의 목소리가 너무 가늘고 힘없게 들려 무슨 말인지 뜻을 정확히 이해하기 어려웠다. 결국 일반 국민들을 위한 해설 방송이 진행되고 나서야 그 의미를 명확하게 알 수 있었다.

함석헌 선생은 8·15 해방을 "도둑같이 뜻밖에 왔다"라고 말했고, 박헌영은 "아닌 밤중에 찰시루떡 받는 격으로 해방을 맞이하였소"라고 했지만, 임시정부의 김구 주석을 비롯해 국내외에서 일제의 몰락과 해방을 미리 예감한 사람은 적지 않았다. 다만, 그 시기가 이처럼 빨리 올 것이라고는 미처 예상한 사람이 없었던 것이다. 우리 역사에서 가장 빛나면서 가장 어두운 날이 시작되고 있었다. 우리의 운명을 스스로 개척해야 가야 할 해방의 순간이었다.

⇒　『26일 동안의 광복』, 길윤형 지음, 서해문집, 2020

이 바보야! 이게 바로 피아졸라야

탱고의 기원에 대해서는 다소 논란이 있지만, 일반적으로 1870년대 아르헨티나의 수도 부에노스아이레스의 선창가, 보카 하층민들이 고된 노동을 이겨 내려고 추었던 춤에서 비롯된 것으로 알려져 있다. 새로운 꿈을 찾아 남미로 건너온 이민자들이 힘든 노동을 마친 뒤 삶의 애환과 피로를 달래려던 음악이 바로 탱고였던 것이다. 당시 아르헨티나는 유럽에 비해 문화적 자존감이 낮았기에 젊은 날의 아스토르 피아졸라(1921~1992)는 탱고가 유럽의 고전음악보다 차원이 낮은 음악이라고 여겼다. 그는 밤에는 탱고클럽에서 음악을 연주하고, 낮이면 스트라빈스키, 벨라 바르톡, 라벨 등 당대 최고의 작곡가들을 공부하며 틈틈이 곡을 썼다. 그렇게 10년을 밤낮으로 공부한 끝에 1954년 8월 16일 드디어 프랑스 유학길이 열렸다.

　프랑스로 건너간 피아졸라는 퐁텐블로 음악원에서 작곡가·지휘자·오르가니스트로 활동하며 클리포드 커즌, 존 엘리엇 가드너, 이고르 마르케비치, 필립 글래스, 에런 코플런드 등을 가르쳐 '음악가의 음악가'로 불리던 나디아 불랑제(1887~1979)를 찾아갔다. 그는 불랑제 선생 앞에서 자신이 지난 10여 년간 갈고 다듬으며 작곡한 곡들을 조심스럽게 선보였다. 그러나 선생은 고개를 가로저으며 "여기는 스트라빈스키, 여기는 바르톡, 여기는 라벨이 있을 뿐 어디에도 피아졸라는 보이지 않는다"라고 말했다. 그 순간 피아졸라는 부끄러워 쥐구멍에라도 들어가고 싶어졌다.

불랑제 선생은 피아졸라에게 그동안 어떻게 살았는지, 어떤 음악을 하며 생계를 이어 갔는지 물었다. 피아졸라는 부끄럽지만 밤에는 클럽에서 탱고를 연주했다고 고백하지 않을 수 없었다. 불랑제는 그에게 탱고를 연주해 보라고 시켰다. 피아졸라의 탱고 연주가 끝나자 나디아 불랑제 선생이 버럭 소리쳤다. "이 바보야! 이게 바로 피아졸라야."

훗날 회고록에서 그는 이 순간 자신이 지난 10년간 유럽 음악풍을 따라 작곡했던 모든 곡들을 내다 버렸다고 고백했다. 다른 이를 부러워하며 그 뒤만 쫓다가는 영원히 2등으로 살 수밖에 없다. 이 세상에 나처럼 살 수 있는 건 나밖에 없으니 말이다.

⇒ 『피아졸라』, 마리아 수사나 아치·사이먼 콜리어 지음, 한은경 옮김, 을유문화사, 2004

그들은 심지어 귀신도 잡을지 모른다

2차 세계대전 당시 종군기자였던 메이 크레이그는 종군 당시의 좌절감에 대해 "내가 죽는다면 편의 시설이란 말을 가슴에 품고 갈 것이다. 이 말은 남성 기자들이 할 수 있는 것을 내가 하지 못하도록 만드는 데 너무나 자주 이용되었다"라고 말한 바 있다.

한국전쟁을 취재한 종군기자 마거릿 히긴스(1920~1966) 역시 수많은 장애를 경험했다. 버클리대학교 재학 시절부터 학보사 기자로 활동했던 히긴스는 졸업 후 기자가 되길 원했고, 1942년 『뉴욕 해럴드 트리뷴』에 입사했다. 전쟁으로 많은 남성들이 군에 입대하는 바람에 기회가 찾아온 것이었다. 히긴스는 종군기자로 해외특파원이 되길 희망했지만, 여성이란 이유로 장애에 부딪쳤다. 그는 당시 트리뷴의 부회장으로 있던 사주의 아내이자 페미니스트였던 헬렌 라이드에게 부탁해 1944년 7명의 종군기자와 함께 퀸메리호에 탑승해 대서양을 건넜다. 히긴스는 1945년 최고의 해외특파원상을 수상했고, 이후 유럽에 머물며 뉘른베르크 재판과 냉전 질서의 시작을 취재했다.

1950년 5월 도쿄지국장으로 발령받을 때만 해도 히긴스는 또 다른 전쟁에 참여하게 될 줄은 꿈에도 몰랐다. 그는 한국전쟁 발발 이틀 만에 김포공항에 나타났고 전쟁이 끝날 때까지 한국에 머물렀다. 미군이 경험한 첫 번째 전투였던 오산전투의 패배를 본국에 알린 것도 히긴스였다.

히긴스는 미군을 따라 전선을 오갔고, 죽을 뻔한 경험도 여러 번이었다. 심지어 중국군의 포위망에 갇혀 후퇴하던 장진호전투 현장에 있었고, 흥남철수작전 때도 대열의 최후미를 지켰다. 그러나 히긴스에게 최악의 위기는 전쟁터에서 맞이한 죽을 고비가 아니었다. 히긴스를 위기에 빠뜨린 존재는 장군들이었다. 특히 워커 장군은 여자라는 이유로 히긴스를 한국에서 쫓아냈는데, 히긴스는 맥아더 장군에게 편지를 써서 간신히 한국으로 돌아올 수 있었다.

전선으로 복귀한 마거릿 히긴스는 1950년 8월 17일 한국군 해병대의 통영상륙작전을 동행 취재했고, 기사에서 "그들은 심지어 귀신도 잡을지 모른다"Unbelievable: They Might capture even devil라고 썼다. 한국군 해병대의 모태는 제주였고, 귀신 잡는 해병의 신화를 만들어 낸 것도 4·3 사건 이후 해병대에 대거 자원 입대한 제주 출신의 젊은이 3천여 명(해병 3·4기)이었다. 이들이 해병대에 자원 입대한 것은 가족들이 '빨갱이'로 내몰릴지 모를 위험을 방지하고 군인 가족을 만들기 위한 이유도 컸다. 이들의 공로를 기리기 위해 해병대는 인천상륙작전을 위해 제주도 해병들이 제주항을 떠난 날을 '제주도 해병대의 날'로 지정해 매년 행사를 이어오고 있다.

마거릿 히긴스는 여성 기자 최초로 퓰리처상을 받았고, 1966년 1월 베트남에서 독충에 물려 사망했다.

⇒ 『자유를 위한 희생』, 마거리트 히긴스 지음, 이현표 옮김, 코러스, 2009

국민 라디오

이탈리아의 발명가 마르코니(1874~1937)가 무선통신을 발명하면서 방송의 길이 열렸다. '방송'broadcasting이라는 용어는 1912년 미 해군이 최초로 만든 것으로 "여러 군함에 무선으로 한꺼번에 명령을 보낸다"라는 의미로 사용되었고, 1차 세계대전을 통해 무선통신과 라디오 방송이 확대되었다.

1921년 프랑스 국영방송사 설립을 시작으로 영국의 BBC가 1922년, 독일 방송회사가 1923년에 세워졌다. 미국의 라디오 보급률은 1925년에 10퍼센트대, 1927년에 20퍼센트대, 1929년에 30퍼센트대, 1930년에 40퍼센트대, 1931년에 50퍼센트대 등으로 가파르게 올라갔다.

1920년대 독일 바이마르공화국 시대의 라디오 방송은 정치적 중립이 의무였지만, 1933년 나치가 정권을 장악하면서 상황이 달라졌다. 뉘른베르크 전당대회 등 여러 이벤트로 여론을 선동했던 나치의 선전장관 요제프 괴벨스(1897~1945)는 보다 폭넓은 선전 수단을 위해 '국민 라디오'를 제작하도록 지시했다.

괴벨스의 지시로 엔지니어 오토 그리싱이 개발한 국민 라디오의 첫 모델 VE301은 1933년 8월 18일 제10차 베를린국 제가전박람회IFA에서 첫선을 보였다. VE301 모델은 독일 노동자의 평균 2주치 봉급에 해당하는 76라이히스마르크였는데, 행사 기간 중 100만 대 이상 팔릴 만큼 선풍적인 인기를 끌었다. 이 라디오는 훗날 '괴벨스의 입'이라는 별명을 얻었다. 국민 라디오 덕분에 1939년 독일은 전체 가구의 70퍼센트가 라디오를 소유하게 되었는데, 이것은 당시 세계 최고 수준의 보급률이었다. 1933년부터 1939년까지 국민 라디오는 700만 대 넘게 생산되었다.

히틀러의 최측근이자 독일의 군수장관이었던 알베르트 슈페어는 뉘른베르크 재판정에서 이렇게 증언했다. "히틀러의 독재는 역사상의 모든 독재와 근본적으로 다른 점이 한 가지 있다. 그의 독재는 (……) 자국을 지배하기 위해서 모든 기술적 수단을 완벽히 사용한 첫 번째 독재이다. 라디오와 확성기 같은 기술적 장치를 통해 8천만 명이 독립적인 사고 능력을 빼앗겼다. 그 때문에 한 사람의 뜻에 그들이 종속되는 것이 가능했다."

⇒ 영화 『킹스 스피치』, 톰 후퍼 감독, 2010

소련의 실패

에릭 홉스봄이 펴낸 『극단의 시대』 영문판에는 'A History of the World(세계의 역사), 1914 ~ 1991'이라는 부제가 붙어 있다. 그에 따르면, 20세기란 '장기 19세기'와 대비되는 짧은 시대였다. 전쟁과 평화, 풍요와 빈곤, 침체와 번영이라는 극단을 오갔다는 점에서 20세기는 역사의 명암이 교차하는 시대였다. 그가 말하는 서구의 20세기는 1914년 1차 세계대전(1917년 러시아혁명)으로 새로운 세계 체제가 수립되는 시점에 시작되었고, 종말은 그 체제의 몰락이었다.

1991년 8월 19일 오전 6시, 소련의 텔레비전과 라디오에서 일제히 긴급 방송이 시작되었다. '국가비상사태위원회'라고 자칭한 쿠데타 세력은 "미하일 고르바초프 대통령이 건강상의 이유로 대통령 직무를 수행할 수 없게 됐으며 겐나디 야나예프 부통령이 대통령 권한을 대행한다"라고 발표했다. 곧이어 정규 방송 대신 차이코프스키의 「백조의 호수」가 방영되기 시작했다. 공산당 강경 보수파가 주도한 '8월 쿠데타'의 시작이었다. 모스크바 시내에 공수부대와 전차사단이 배치되었다.

1985년 소련의 최고 지도자가 된 고르바초프(1931~)는 러시아어로 재건·개혁을 의미하는 '페레스트로이카'와 열림·개방을 뜻하는 '글라스노스트'라는 전면적인 개혁 정책을 추진했다. 고르바초프는 소련의 정치·경제 체제를 덩샤오핑의 중국과 유사한 시장경제 체제로 개혁하고, 개혁적인 목소리를 공산당 내부로 끌어들이기 위해 자유민주적 선거를 실시했다. 언론·종교의 자유가 회복되었고, 수백 명의 반체제 인사들이 풀려났다. 고르바초프는 소비에트 국민들에게 표현의 자유를 약속했다.

그러나 고르바초프의 개혁·개방 정책은 곧바로 한계를 드러내고 말았다. 1986년 4월 26일, 체르노빌 핵발전소 사고가 발생했다. 공산당 정부는 이 사태를 대중에게 즉시 공개하는 대신 재난과 방사능 오염에 대한 모든 정보를 통제했다. 고르바초프는 체르노빌 사태를 단지 '불운'이라 불렀고, 서방 언론의 보도를 '악의적인 거짓말, 부도덕한 정치선전'이라고 비난했다. 그러나 낙진과 방사능 오염마저 속일 수는 없었다. 소련 국민은 정부의 글라스노스트를 더 이상 신뢰할 수 없게 되었다.

시장경제를 도입하면서 경제 위기와 정치 혼란이 발생했다. 그의 전임자가 시작한 아프가니스탄 침공(1979~1989)은 소련에 막대한 피해를 안겼다. 10년간 10만 명 이상의 소련군이 투입되어 1만5천 명 이상의 소련군이 전사하고 수천 명이 부상당했다. 소련은 이 전쟁에 막대한 전비를 쏟아부었으나 승리할 수 없었다. 소련은 1985년에서 1991년 사이 자국의 병력 규모를 530만 명에서 270만 명으로 감축하지 않을 수 없었다. 전쟁에서 돌아온 병사들은 글라스노스트 분위기를 타고 소련군의 무능과 학대를 고발했다. 다양한 문화와 종교, 인종에도 불구하고 소비에트연방에 붙들려 있던 민족들이 분리주의 독립운동을 추진하기 시작했고, 소비에트 블록 내부의 동맹국가들은 말라 버린 빵 부스러기처럼 부서졌다. 그러나 약화된 소련군은 이들을 지탱할 수도 통제할 수도 없었다.

1989년 11월 9일 베를린장벽이 붕괴했고, 그 직후인 17일 체코슬로바키아 공산주의 정부가 벨벳혁명으로 무너졌다. 12월 25일엔 루마니아 정부가 무너지면서 공산주의 독재자 니콜라에 차우셰스쿠와 그의 아내 엘레나가 총살당했다. 소련 공산당 내 강경파는 러시아혁명 이후 발생한 모든 위기의 책임을 고르바초프에게 물었지만, 소비에트 민중은 더 이상 공산당을 원치 않았다.

공산당 강경파의 쿠데타 시도는 소련 붕괴를 더욱 앞당기는 결과를 초래했고, 마침내 소비에트연방은 1991년 12월 26일 최종적으로 해체되었다. 과연 고르바초프에게 이 모든 책임이 있었을까? 물론 고르바초프는 소련이라는 위중한 환자가 감내하기 어려운 수술을 함부로 집도했다는 비판을 피할 수 없지만, 그가 권력을 잡기 훨씬 이전부터 소련은 이미 감당할 수 없는 위기에 봉착해 있었다. 그에 앞선 브레즈네프 시대(1964~1982)에는 경기 호황과 석유 붐 덕분에 높은 경제성장률과 번영을 구가했다. 하지만 소련은 그 20년 동안 국민의 생활 수준을 높이는 대신 미국과의 쓸모없는 군비 경쟁에 막대한 국력을 낭비했다.

홉스봄은 소련의 붕괴가 단순히 공산주의 체제를 몰락시킨 것이 아니라 20세기를 지탱해 온 안정을 종식시켰다고 보았다. 실제로 소련은 2차 세계대전에서 연합국의 승리에 결정적으로 기여했고, 이를 통해 결과적으로 민주주의를 구원했으며, 전후 자본주의 진영에 개혁의 자극과 긴장을 부여함으로써 자본주의를 구제했다. 소련이 붕괴했고 서구 냉전이 종식되어 마침내 자본주의가 승리한 것처럼 보이지만, 현재까지도 냉전이 뿌린 갈등과 빈부 격차, 불평등 구조와 생태 위기라는 전 지구적 차원의 위기는 해소되지 않았다.

⇒　『극단의 시대』, 에릭 홉스봄 지음, 이용우 옮김, 까치, 1997

프라하의 봄

2차 세계대전 당시 독일에 점령되었다가 1944년 소련군에 의해 해방된 체코슬로바키아에는 소비에트 체제가 수립되었다. 그로부터 20여 년이 흐른 1968년 1월 공산당 내 개혁파인 알렉산데르 두브체크(1921~1992)가 공산당 제1서기를 맡게 되었다. 그는 '인간의 얼굴을 한 사회주의'를 실천하기 위해 자본주의와 사회주의를 접목시킨 제3의 길을 모색했다. '프라하의 봄'은 소련의 프로파간다처럼 서구 제국주의자들의 선동에 의한 것이 아니라 체코공산당이 주도한 자발적이고 자생적인 개혁 운동이었다.

소련은 1956년 헝가리 부다페스트 봉기에 맞서 군대를 파견했던 것처럼 이번에도 군대를 동원해 이 움직임을 봉쇄하기로 결정했다. 1968년 8월 18일 모스크바에서 열린 바르샤바조약국 수뇌 회의에 참석한 브레즈네프는 동독의 울브리히트, 헝가리의 카다르, 폴란드의 고물카 등을 모아 놓고 체코공산당이 우익 분자들의 손에 떨어졌다고 비판했다. 그는 다음 날 열릴 예정인 체코공산당 간부회의에서 당 내의 건전한 핵(체코공산당 내부의 소련파)이 두브체크 불신임안을 제출하고 소련에 지원을 요청하면 군대를 파견할 계획이라고 밝혔다.

동독의 울브리히트가 머뭇거리자 브레즈네프는 "울브리히트 동지, 당신은 군사 지원(침공)에 찬성하지 않는가?"라고 냉랭한 어조로 물었다. 울브리히트는 당황한 듯 즉시 "찬성한다"라고 답했다. 12년 전 소련의 침공을 경험했던 헝가리의 카다르는 마지막까지 군사 개입에 반대했지만, 군대를 보내지 않을 수 없었다.

그 시각 체코슬로바키아 프라하에서는 공산당 중앙위원회가 열리고 있었다. 소련으로부터 두브체크를 비판해 실각시키고 쿠데타로 실권을 장악하라는 비밀 지시를 받은 9명은 말문을 열지 못하고 고민하고 있었다. 이들은 프라하의 봄을 만끽하고 있는 체코 민중에게 궁정 쿠데타가 지지를 받을 수 없다는 사실을 알았다. 시간이 흘러 다음 날이 되었지만, 아무도 그에 대한 불신임 의견을 내지 못했다.

소련·폴란드·헝가리·불가리아·동독 5개국 20만 대군으로 구성된 바르샤바조약군은 체코 정부에 아무런 사전통고 없이 "사회주의 진영 전체의 이익을 위해서는 개별 국가의 주권이 제한될 수 있다"라는 브레즈네프 독트린을 앞세워 1968년 8월 20일 오후 11시 체코슬로바키아를 침공했다. 소식을 접한 체코공산당은 간부회의에서 두브체크 불신임안을 통과시키기는커녕 도리어 소련의 군사 개입을 비난하는 성명을 채택했다. 21일 새벽 4시 소련군 공수부대가 공산당 중앙위원회 건물을 점거했고, 두브체크를 비롯한 공산당 간부들이 체포되었다.

22일 오후 당 본부에서 소련의 체르보넨코 대사가 참석한 가운데 신정부 수립에 관한 회의가 진행되었다. 체코의 스보보다 대통령은 브레즈네프 서기장과 직접 이야기할 때까지 새로운 지도부를 인정할 수 없다고 버텼고, 14회 임시 당대회는 두브체크를 재선시켰다. 그 시각 민중은 프라하 시내는 물론 체코 전역에서 소련군의 침략에 맞서 맨몸으로 격렬하게 저항했다.

1969년 4월 체코공산당 중앙위원회는 두브체크 제1서기를 해임했다. 후임으로 구스타프 후사크가 제1서기가 되었다. 브레즈네프는 "군사적으로는 성공했지만, 정치적으로는 실패했다"라고 고백했다. 결국 두브체크 정권은 소련의 침공 앞에 무릎을 꿇었지만, 소련이라는 방패 없이는 단 하루도 버틸 수 없었던 체코의 공산당 정권은 1989년 벨벳혁명(11월 17일~12월 29일)으로 무너졌다.

1968년 체코공산당과 두브체크가 주도했던 '인간의 얼굴을 한 사회주의' 개혁은 계획경제를 기초로 시장경제 원칙을 도입해 계획경제의 비효율성을 개선한다는 사회주의 체제 내에서의 개혁이었지만, 프라하의 봄이 좌절된 이후 1989년에 발생한 벨벳혁명은 사회주의로는 개혁이 불가능하다는 인식 속에 진행되었다. 두브체크는 1989년 12월 28일 연방의회 의장으로 복귀했고, 연방의회는 벨벳혁명을 이끈 바츨라프 하벨(1936~2011)을 대통령으로 선출했다.

⇒　영화 『프라하의 봄』, 필립 카우프먼 감독, 1988

에드사 혁명

1972년 9월 23일, 필리핀 독립 이후 처음으로 계엄령이 선포되었다. 이날 오후 라디오와 TV에 마르코스(1917~1989) 대통령이 출연해 "좌익 파괴분자에 의한 정권 전복의 위험을 피하기 위해 전국에 계엄령을 선포한다"라고 발표했다. 이전까지 필리핀은 아시아의 후발 독립국가 중 미국식 민주주의의 우등생으로 평가받아 왔지만, 이 순간 이후 독재국가가 되었다. 계엄령은 필리핀 정치와 민주주의를 후퇴시켰다.

　마르코스는 좌익 게릴라의 준동으로 계엄령을 선포했다고 주장했지만, 실제로는 대통령 3선 금지를 규정하는 헌법을 정지하고 정치적 반대파를 탄압하려는 목적이었다. 필리핀 국내에서는 계엄령 상황이거나 계엄령과 진배없는 상황이었던 한국과 대만에 경제적으로 추월당했다는 이유로 계엄령을 지지하는 목소리도 있었다. 필리핀에 군사 기지를 둔 미국 역시 계엄령에 암묵적인 지지를 보냈다. 계엄령 직후 미국 상공회의소는 마르코스에게 "질서 회복을 위한 각하의 노력이 성공하길 기원한다"라는 축전을 보냈고,

미국의 영향력 아래에 있던 세계은행은 필리핀에 대한 융자를 5배 가까이 늘렸다.

계엄령 직후 마르코스는 베니그노 니노이 아키노 (1932~1983)를 정부 전복 혐의와 불법무기 소지죄로 체포했다. 아키노는 17세에 한국전쟁 종군기자로 활약했고, 귀국한 뒤 막사이사이 정부에서 일하며 당시 반정부 단체 지도자였던 루이스 탈크를 설득해 투항시키며 명성을 얻었다. 아키노는 1954년 불과 22세의 나이로 고향 콘셉시온 시의 시장이 되었고, 27세에는 부지사, 29세에는 도지사, 34세 때는 상원의원이 되었다. 모두 필리핀 역사상 최연소 기록이었다. 그는 콘셉시온 시장으로 재직하던 시절 코라손 코후아코를 만나 결혼했는데, 이 사람이 훗날 필리핀 대통령이 되는 코라손 아키노(1933~2009)이다.

아키노는 1971년 자유당 대통령 후보로 거론되면서 마르코스의 가장 강력한 정적이 되었다. 필리핀 군사재판정은 아키노에게 사형을 선고했지만, 그는 재판의 부당함에 항거하며 단식투쟁에 돌입했다. 단식 40일째에 이르자 그의 몸무게는 54킬로그램에서 36킬로그램까지 떨어졌다. 마르코스는 국민적 인기와 신망을 얻은 그를 사형시키는데 정치적 부담을 느꼈다. 결국 1980년 5월 아키노를 석방하는 대신 건강상의 이유를 들어 미국으로 추방했다. 아키노는 가족과 함께 미국에 머물며 두 권의 책을 집필하고 하버드대학교 등에서 강의하며, 대부분의 시간을 마르코스 독재를 비판하는 데 쏟았다. 이 무렵 그는 한국의 민주화운동가이자 정치가로 자신과 비슷한 처지였던 김대중 전 대통령과 깊은 친분을 맺었고, 자신이 애용하던 타자기를 선물로 주었다. 그는 미국에서 가족과 함께 평화로운 시간을 보냈지만, 언젠가 고국으로 돌아갈 것이라고 말했다. 그사이 마르코스의 아내 이멜다와 측근들은 필리핀 경제와 정치를 나락으로 떨어뜨렸다.

아키노는 수많은 위협과 경고에도 불구하고 마르코스에 맞서 필리핀의 민주주의를 회복시키기로 결심했다. 1983년 8월 21일 오후 1시, 타이베이를 출발한 중화항공 811편이 숨 막히는 열기 속에 마닐라 공항에 도착했다. 기체가 멈춰서자 군복 차림의 병사 3명이 올라탔고, 두 사람은 아키노의 양쪽 겨드랑이를 잡고 출구로 데려갔다. 보도진이 뒤따랐지만, 출구에서 사복 차림의 병사들에게 저지당했다. 그때 여러 발의 총성이 울렸다. 뒤이어 출구로 나온 기자들의 눈에 비친 것은 피를 흘리며 쓰러진 두 명의 남자였다. 한 명은 니노이 아키노 전 상원의원이었고, 다른 한 명은 공항 정비원 복장을 한 남자였다.

필리핀 정부는 정비원 복장으로 잠입한 공산게릴라 롤란드 갈만이 그를 암살했다고 주장했지만, 사인을 분석한 결과 아키노는 등 뒤에서 후두부를 겨냥해 발사한 총에 맞아 숨졌으며, 그가 총에 맞는 순간 "아코나"(내가 했다)라고 외치는 병사의 목소리가 녹음되었다. 마닐라 거리에는 나무마다 그의 귀환을 환영하는 노란 리본이 펄럭이고 있었지만, 아키노는 그 광경을 보지 못했다. 비행기 안에서 그는 동승한 기자에게 "물리적 위험이 있을지도 모르죠. 암살이 공공 서비스 중 하나인 나라니까요. 하지만 우리는 모두 언젠가 죽겠죠. 암살자의 총탄에 죽는 것이 내 운명이라면 그렇게 되겠죠"라며 자신의 죽음을 예견했다.

그의 죽음은 잠들어 있던 필리핀 사람들을 일깨웠고, 8월 31일에 거행된 장례식에는 무려 200만 명의 추모 인파가 몰렸다. 곳곳에서 마르코스 독재 타도를 외치는 시위가 일어났다. 아키노의 죽음으로 촉발된 민주화 시위는 1986년 2월 25일 '에드사 혁명'EDSA Revolution으로 연결되어 마침내 마르코스 독재정권을 몰아내는 데 성공했다. 필리핀은 니노이 아키노가 암살된 날을 '아키노의 날'로 기리고 있다. 하지만 2022년 6월 30일, 민중혁명으로 축출되었던 마르코스 전 대통령의 아들 마르코스 주니어가 36년 만에 다시 필리핀 권좌에 복귀했다.

⇒   『더 뉴스』, 다우드 쿠탑·쉐일라 코로넬·쿤다 딕시트·라아즈쿠말 케스와니·라히뭄라 유수프자이·나오키 마부치·야수오 요시수케·쁘라윗 로자나프룩·아흐마드 타우픽 지음, 오귀환 옮김, 아시아네트워크, 2008

한일협정 제2조

근대의 출발을 르네상스시대 원근법에서 찾는 이유는 '보는 자의 시선'이 '신'에서 '인간'으로 변화했기 때문이다. 서구 근대의 제국주의 열강은 아시아를 자신들과 가까운 곳부터 근동, 중동, 극동으로 호명하며 재배치했다. 아프리카 식민지의 국경선을 멋대로 그었듯이 말이다. 보는 자의 시선, 그것을 타인에게 강요할 수 있는 힘은 권력이 되었다. 다시 말해 해석을 강제할 수 있는 힘이 곧 권력이며, 오늘날 우리가 겪고 있는 한일 갈등의 핵심도 '해석할 수 있는 권력'의 문제이다.

　　1965년에 체결된 한일협정 제2조는 "1910년 8월 22일 및 그 이전에 대한제국과 대일본제국 간에 체결된 모든 조약 및 협정이 이미 무효もはや無効, already null and void임을 확인한다"라고 규정하고 있다. 한국에게 '이미 무효'라는 말은 대한제국과 대일본제국 간에 맺어진 당시의 모든 조약이 '당초부터 무효'란 의미로 해석되었고, 일본은 1910년 조약을 맺을 당시엔 유효하였으나 이후 한국이 독립하면서 효력을 상실했으므로 '1965년 시점에서 무효'라는 의미로 해석했다.

사인私人끼리 맺는 계약도 문구의 내용을 명확하게 하는 법인데 국가와 국가 간에 맺는 조약의 문구를 이처럼 모호하게 처리한 이유는 무엇일까? 그것은 이 조약 자체가 양국이 서로 절실한 필요에 따라 맺은 조약이 아니라 미국이 주도하는 냉전 질서의 하부구조로서 한일 수교가 요구되어 어느 정도는 억지로 맺은 조약이었기 때문이다.

양국이 쉽게 해결하기 어려운 갈등이었음에도 미국은 자신의 의도를 관철하기 위해 이런 부분을 미봉한 상태에서 조약을 맺도록 압박했다. 또한 이처럼 미묘한 부분을 해석하는 권력이야말로 '팍스 아메리카나'를 유지하는 미국의 진정한 힘 가운데 하나이기 때문이다. 우리가 맺은 협정임에도 그것을 스스로 해석할 힘이 없기에 한일 갈등이 빚어질 때마다 그 중재자 내지 해결자로서 한일 양국 모두 미국의 표정만 살피고 있는 걸 보면 알 수 있다. "내가 보라는 대로 보라! 내가 해석해 주는 대로 읽어라!" 그것이 강대국 미국의 힘이다.

⇒　『한일협정과 한일관계』, 동북아역사재단 한일역사문제연구소 엮음, 동북아역사재단, 2019

금문도

중국 남부 푸젠성 끝자락 주룽강 하구에 위치한 해양도시 샤먼은 수심이 깊어 항구로서 천혜의 입지 조건을 갖춘 곳이다. 이곳은 근대 이후 중국 해외 교민이 출발하고 도착하는 근거지였고, 그 앞의 진먼섬과 마쭈열도는 어민과 해적의 임시 거처였다. 진먼은 인천 백령도의 약 3.3배(151제곱킬로미터) 크기로 현재는 대만에 속해 있지만, 대만으로부터는 200킬로미터 이상 떨어져 있고 중국 샤먼과는 불과 8킬로미터 거리라 일상생활의 중심은 샤먼이다.

마오쩌둥은 아직 중국 전역을 장악하지 못한 때부터 대만을 무력으로 점령할 계획을 세웠다. 그는 1949년 7월 10일 저우언라이에게 편지를 보내 상륙작전에 공군 건설이 필요하다고 역설했고, 같은 달 중순에는 류사오치를 소련에 보내 스탈린에게 중국의 공군 건립을 도와 달라고 요청했다. 이 자리에서 류사오치는 1950년 대만 침공 계획에 대해 설명했다. 스탈린은 공군 건설 지원 요청에 대해서는 흔쾌하게 승낙했지만, 대만을 침공할 때 소련의 해군과 공군을 지원해 달라는 요청은 거부했다. 다만 중국이 적당한 시기에 대만을 침공하는 데 필요한 준비를 지원하기로 합의했다. 중국 공산당은 '대만 해방' 또는 '대만 침공' 준비를 1950년 첫 군사 임무로 정하고 이에 따른 준비에 나섰다. 마침 미국은 공개적으로 대만의 국민당 정부와 거리를 두고 있었기 때문에 만약 중국 공산당이 대만을 공격하더라도 개입하지 않을 것으로 보았다.

중국 공산당 중앙군사위원회는 "가능한 이른 시일 내에 대만 전투 준비를 완성하고, 하루빨리 전 중국을 해방하는 임무를 완성하여 조국 통일을 실현해야 한다"라는 계획을 수립하고, 인민해방군을 진먼에 상륙시켜 섬멸전을 벌이도록 했다. 1949년 10월 24일 깊은 어둠을 틈타 결행된 진먼상륙작전은 샤먼을 점령한 화동야전군華東野戰軍 10병단 사령관 예페이가 지휘했다. 그는 항일 전쟁과 국공내전을 거치며 단 한 번도 패한 적 없는 사령관이었음에도, 공군과 해군의 지원을 받지 못한 상륙작전은 처참하게 실패하고 말았다. 56시간의 치열한 격전 끝에 국민당군은 국공내전 이래 흔치 않은 대승을 거뒀다. 처참한 실패를 통해 공군과 해군 전력의 필요성을 절감한 중국은 1950년 4월 133척의 함정을 갖춘 화동군구 해군 함대를 만들고, 그해 5월 공군의 첫 번째 작전 부대인 제4혼성여단을 창립하는 등 대만 침공을 위한 준비를 착실하게 진행했다. 그러던 1950년 6월 25일 한반도에서 전쟁이 발발했다.

한국전쟁이 일어나자 미국은 대만해협에서 무력 시위를 전개했고, 대만 침공을 준비하던 중국의 인민해방군도 전략의 중심을 동남에서 동북으로 옮기지 않을 수 없었다. 이후 진먼과 마쭈, 이른바 '진마지구'는 국공 내치와 세계 냉전의 최전선이 되었다. 1958년 8월 23일 유명한 진먼 포격전(8·23 포전)이 시작되었다. 이후 47일간 계속된 포격으로 중국은 진먼에 47만4천 발의 포탄을 쏟아부었다. 포격이 최고조에 달했을 때는 2시간 동안 무려 5만7천 발의 포탄이 날아들기도 했다. 막대한 피해를 겪었지만 진먼은 버텨 냈다. 물론 이것이 대만의 자체적인 힘만으로 가능했던 일은 아니다. 훗날 공개된 미국의 극비 문서에 따르면 당시 미국은 핵폭탄 투하를 검토했다.

이후로도 진먼은 1960년의 '6·17 포전' 등을 비롯해 이후 20여 년 동안 전쟁 위협에 시달렸다. 8·23 포전 이후 중국 공산당은 '홀숫날 공격 짝숫날 공격 중지'單打雙不打라는 세계적으로 보기 드문 포격전을 벌였다. 이 포격전은 1978년 12월 15일, 미국과 중화인민공화국의 수교 전날 밤에야 멈췄다.

⇒   『냉전의 섬, 전선의 금문도』, 마이클 스조니 지음, 김민환·정영신 옮김, 진인진, 2020

한중국교 수립

한국과 중국, 또는 한반도와 중국 대륙은 역사 이래 줄곧 관계를 맺어 왔지만 1910년 한일병탄 이후 공식적인 외교관계가 단절되었다. 1934년 4월 29일, 윤봉길 의사의 상하이 의거 이후 장제스는 그간 대한민국 임시정부에 냉담했던 태도를 바꿔 상하이 임정의 정통성을 인정했다. 이후 임정은 중국의 지원을 받아 항일 투쟁을 지속해 나갈 수 있었다. 1943년 카이로 회담에서 장제스는 미국의 루스벨트, 영국의 처칠을 설득해 일본 패전 후 조선의 독립을 주장했고, 결과적으로 카이로선언은 종전 후 한국의 운명을 좌우할 유일한 국제법적 근거가 되었다.

해방 이후 1949년 1월 4일 중화민국은 미국에 이어 세계 두 번째로 대한민국을 국가로 승인하고 공식 외교관계를 수립했다. 그해 6월 10일 샤오위린이 초대 한국대사로 부임했다. 한국과 대만은 이후 오랫동안 반공 체제를 유지하며 서로를 '혈맹' 또는 '형제의 나라'라고 불렀다.

그러던 1992년 8월 24일 이상옥 외무부 장관은 중국 베이징 댜오위타이에서 첸치천 중국 외교부장과 양국 정부를 대표해 수교협정 서명식을 갖고 상호 국가승인, 외교관계 수립 등 6개 항을 담은 공동성명에 서명했다. 양국은 1950년 한국전쟁으로 서로에게 총부리를 겨눈 지 42년 만에 적대관계를 청산했다. 그러나 한국은 새로운 친구와 손잡는 대신 오래된 친구와 헤어져야 했다. 중국의 대외 원칙인 '하나의 중국' 정책은 중화인민공화국이 중국의 유일 합법 정부라는 주장으로, 중국과 수교하는 모든 나라에 대만과 단교할 것을 요구했다. 이 원칙에는 예외가 없어 미국 역시 1979년 중국과 수교하면서 대만과 단교했다.

한중 외무장관이 악수하던 순간, 서울 명동에 위치한 주한 중화민국 대사관에서는 2천여 명의 화교들이 지켜보는 가운데 눈물의 '청천백일기 하강식'이 열렸다. 국기 하강식 직후 마지막 주한 대사 진수지는 "우리는 반드시 돌아온다"라는 말을 남긴 채 6시간 만에 한국 땅을 떠났다. 이후 청천백일기는 공식석상에서 게양될 수 없는 깃발이 되었다. 한중국교 수립은 대만 못지않게 북한에도 큰 충격이었다. 1950년 10월 중국의 인민지원군이 한국전쟁에 참전했지만, 두 나라가 실제로 공식적인 외교관계를 수립한 것은 1961년 7월 '북중우호합작호조조약'을 체결하면서부터였다.

중국에게 북중 관계는 중소 동맹은 물론 다른 사회주의 국가와 맺은 동맹과 비교할 수 없을 만큼 중요했다. 마오쩌둥을 비롯한 중국 혁명 1세대와 북한 김일성 사이의 개인적인 관계도 있었지만, 중국은 소련·베트남 등 다른 국가들보다 훨씬 오랫동안 북중 관계를 이어 왔다. 그러나 미중 관계가 변화하고 냉전 체제가 해체되던 무렵 중국의 1세대 지도자들은 이미 세상을 떠났고, 북중 관계를 지탱해 주던 전통 역시 희석되었다.

덩샤오핑이 집권하던 시기 북한이 중국과 소련을 사이에 두고 실리적인 외교정책을 추진하는 동안 중국 역시 한국과 간접무역 형태로 경제 교류의 폭을 넓혀 갔다. 1985년엔 한중 무역 규모(11.61억 달러)가 북중 무역 규모(4.88억 달러)를 앞지르는 대역전이 발생했고, 결국 한중 간 경제 교역은 정치적 교류로 확대되어 오늘에 이른다. 그러나 한국과 대만, 북한과 중국의 관계가 변했던 것처럼 한국과 중국의 관계 역시 앞날을 낙관하기에는 이르다. 만약 국제정치에서 우리가 단 하나의 능력만 선택할 수 있다면, 우리가 원하는 대로 세상을 보는 것이 아니라 변화하는 세상을 있는 그대로 바라보는 능력을 선택해야 할 것이다.

⇒　『중화민국 리포트 1900~1993』, 조희용 지음, 도서출판선인, 2022

킨제이 보고서

킨제이(1894~1956)라는 이름은 단순한 고유명사가 아니라 현대적 성지식, 성과학Sexology을 대변하는 이름이 되었다. 흔히 '킨제이 보고서'란 『인간 수컷의 성행위』(1948)와 『인간 암컷의 성행위』(1953)라는 두 권의 책을 말한다.

킨제이는 뉴저지 호보켄에서 스티븐스공과대학 교수였던 아버지와 정규교육을 거의 받지 못한 어머니 사이에서 세 자녀 중 장남으로 태어났다. 그의 부모는 지역 감리교회를 다니는 독실한 기독교인이었다. 특히 아버지는 일요일을 의무적인 기도의 날로 정해 자식들에게 따르도록 강제하는 엄격한 가부장이었다. 그는 고등학교에 다니는 동안 한때 피아니스트를 꿈꿨지만, 공학자가 되길 바라는 아버지의 기대에 부응하려고 그 꿈을 포기했다. 대학 진학을 앞둔 어느 날 아버지에게 과학자가 되겠다는 결심을 전했지만, 아버지는 자신의 뜻을 꺾지 않았다.

킨제이는 하는 수 없이 공대에 진학했다. 그러나 공학 공부가 적성에 맞지 않아 결국 2년 뒤 보딘대학으로 옮겨 생물학을 전공했다. 대학을 우등으로 졸업했음에도 그의 아버지는 졸업식에 참석하지 않았다. 이후 킨제이는 미국에서 가장 우수하다고 평가받는 하버드대학교 부시연구소에서 대학원 과정을 보냈고, 동물학 교수가 되어 혹벌gall wasp을 연구했다.

1930년대 중반 대학에서 결혼과 가족에 대한 강의를 맡으면서 킨제이는 결혼의 성적 측면에 관한 과학적 정보가 부족하다는 것을 알게 되었다. 록펠러재단은 그의 연구를 재정적으로 후원했다. 킨제이는 남성 표본 5,300명, 여성 표본 5,940명에 이르는 집단표본조사를 실시하여 그 결과를 남성 편 820쪽, 여성 편 872쪽에 이르는 방대한 보고서로 작성했다. 학술 서적이었기 때문에 일반 독자가 읽기에는 매우 재미없는 책이었다.

과학적 연구조사 방법론에 대한 논의만 수십 쪽에 달했고, 도표와 차트가 200~300여 쪽이었으며, 이를 제외하고도 읽어야 할 본문이 450~540여 쪽에 달했다. 애초에 의사, 생물학자, 사회과학자 또는 결혼과 성에 대한 정책 수립에 관여하는 사람을 염두에 두고 쓴 책이었다. 그러나 결과적으로 미국에서만 수십만 부가 팔렸고, "20세기 가장 많은 말(논쟁)이 오간 책"으로 평가받는다.

어떤 이는 그의 책을 가리켜 마르크스의 『자본』, 다윈의 『종의 기원』, 애덤 스미스의 『국부론』에 버금갈 만큼 중요하고 영향력 있는 책으로 역사에 기록될 것이라고 말했다. 소수의 전문가를 독자로 상정한 재미없는 과학 서적이 이토록 대중적인 성공을 거둔 것은 그 자체로 하나의 문화 현상이었다.

누구나 섹스에 대해 말하고 싶지만 아무도 적나라하게 말할 수 없던 시대, 킨제이는 과학이란 이름으로 섹스를 논의의 대상으로 제공했다. 킨제이는 전체 남성 가운데 절반 그리고 전체 여성 가운데 4분의 1이 혼외 성관계를 가졌고, 전체 남성의 69퍼센트는 성판매 여성과, 성인남성 100명 가운데 10명은 동성과, 농장에서 성장한 소년의 절반은 가축과 성 경험이 있다고 밝혔다. 이 수치는 당시 사회에 엄청난 파문을 불러일으켰으며, 미국은 물론 유럽까지 뒤흔들었다. "아무도 겉으로 드러내지 않지만 거의 모든 사람이 그런 일을 하고 있다면?"이라는 질문은 지금까지의 사회윤리 전반을 다시 생각해 보게 만들었다.

문화인류학자 마거릿 미드는 킨제이의 연구 표본이 "인터뷰를 허락했다는 의미에서 모두 자원자"였다며 표본 선택의 오류와 한계를 지적했다. 실제로 여러 지점에서 과학적 신빙성에 대한 비판이 제기되었지만, 킨제이 보고서가 성에 대한 종교적·윤리적 굴레와 터부에 대해 새롭게 생각할 기회를 제공했다는 사실만은 분명하다. 그는 이성애뿐만 아니라 동성애 역시 인류의 보편적 성행위 현상으로 제시했고, 페미니스트 운동가 글로리아 스타이넘의 "킨제이 보고서의 가장 값진 기여는 연구에 여성을 포함시켰다는 사실"이라는 말처럼 여성의 성적 주체성에 대한 인식을 새롭게 하는 데 기여했다.

킨제이는 양성애자였고, 1921년 클래라 맥밀런과 결혼한 뒤 각자 배우자 외 다른 사람과 성관계를 맺어도 된다는 데 동의했고 실제로 그렇게 했다. 킨제이는 1956년 8월 25일 색전증으로 사망했다.

2019년 6월 앨프리드 킨제이는 스톤월항쟁을 기념하는 국립기념관 내부의 'LGBTQ 명예의 벽'에 헌액된 최초의 50인 중 한 명이 되었다.

⇒　『킨제이와 20세기 성연구』, 조너선 개손 하디 지음, 김승욱 옮김, 작가정신, 2010

픽토그램

세계 어디를 가든 동그란 머리의 작은 인간이 우리를 이끈다. 위급 상황에서 비상구를 안내할 뿐만 아니라 각종 스포츠 종목을 소개하기도 한다. 픽토그램이란 그림을 뜻하는 픽토 picto와 전보를 뜻하는 텔레그램telegram의 합성어로, 어떤 사람이 보더라도 직관적으로 그 의미가 통할 수 있게 그림으로 표현한 언어 체계를 뜻한다. 흔히 1972년 뮌헨올림픽 하면 '검은 구월단' 사건을 먼저 떠올리게 되지만, 픽토그램이 본격적으로 도입된 올림픽이기도 하다.

1967년 당시 서독 뮌헨이 올림픽 유치를 희망하자 IOC 국제올림픽위원회는 여러 가지 고민을 하지 않을 수 없었다. 1936년 베를린올림픽이 나치의 선전장으로 전락하고 말았던 기억과 더불어 전쟁의 상흔이 채 가시지 않은 상황이었기 때문이다. 뮌헨올림픽 조직위원회 역시 이런 점을 염두에 두고 이전과 다른 탈권위적·근본적 변화 속의 독일을 세계인에게 보여 주고자 했다. 1967년 뮌헨올림픽 조직위는 울름조형대학의 창립자이자 그래픽 디자이너 오틀 아이허(1922~1991)를 '디자인 위원'으로 선정한다.

1922년 5월 독일 울름에서 태어난 아이허는 히틀러유 겐트에 입단하지 않았다는 이유로 대학입학자격 시험 기회를 박탈당한 뒤 강제 징집되었다. 전후에 독일로 돌아온 그는 뮌헨아카데미에서 디자인을 공부했고, 훗날 부인이 된 잉게 숄(1917~1998)과 더불어 울름조형대학 건립에 힘을 쏟았다. 잉게 숄은 나치 치하의 독일에서 히틀러와 나치에 저항하다 처형당한 숄 남매의 맏이였다. 울름조형대학은 이후 독일의 디자인 부문에서 엄청난 영향력을 행사하는 명문대학이 되었다.

다양한 문화와 언어를 가진 세계인들이 모이는 올림픽은 단일한 텍스트로 소통할 수 없는 자리였기에 그는 예술을 포기하는 대신 기능에 집중했다. 아이허는 지시와 안내, 금지 표시에서 느껴질 수 있는 권위적인 느낌을 제거하기 위해 전형적인 동작을 단순하고 도식적으로 묘사하는 것으로 디자인을 한정했다. 머리는 점으로 통일하고 몸통은 사각형으로 하되 다리의 길이는 다양했다. 눈도 발도 없었지만 아이허의 디자인이 보여 주는 픽토그램은 역동적이었고, 오늘날까지도 세계 여러 곳에서 다양한 형태로 존재한다. 1972년 8월 26일 뮌헨올림픽이 개막되었고, 동그란 머리의 작은 인간이 등장했다.

⇒ 『좋아 보이는 것들의 비밀, 픽토그램』, 함영훈 지음, 길벗, 2013

하일레 셀라시에

에티오피아의 마지막 황제 하일레 셀라시에 1세(1892~ 1975)는 1930년 4월에 선제였던 자우디투가 사망한 뒤 제위를 승계하여 '하일레 셀라시에'(삼위일체의 힘)라는 이름으로 즉위했다. 에티오피아 황제에 오른 그는 1931년 7월 에티오피아 제국 최초로 성문 헌법을 제정하고 노예제도를 철폐했지만, 사회 체제를 직접 개혁하지는 못했다. 제위에 오른 지 4년 만인 1935년 10월 3일, 로마제국의 영광을 재현하고 싶었던 이탈리아의 무솔리니가 에티오피아를 침공한다. 현대적 무기로 무장한 이탈리아군은 비행기를 이용해 독가스를 살포하는 등 에티오피아의 군과 민간인을 무차별 학살했다. 하일레 셀라시에 황제는 영국으로 망명했다.

이탈리아의 왕 비토리오 에마누엘레 3세는 에티오피아 황제를 겸임하며 이탈리아령 동아프리카 제국을 통치했지만, 국제사회는 이를 인정하지 않았다. 하일레 셀라시에 황제는 국제연맹에 직접 참석해 이탈리아의 불법적인 침략과 지배에 대한 국제사회의 관심과 지원을 호소했지만, 어느 국가도 에티오피아를 지원하지 않았다.

그사이 2차 세계대전이 벌어졌고 영국은 이탈리아군을 축출한 뒤 하일레 셀라시에를 황제에 복귀시켰다. 전후 국제연합이 결성되자 그는 집단안전보장 체제의 필요성에 대해 역설했다. 한국에서 전쟁이 벌어졌을 때 하일레 셀라시에 황제는 에티오피아의 왕실근위대를 파병하는 것으로 자신의 주장을 실천에 옮겼다. 에티오피아는 5차에 걸쳐 6,037명의 병사를 파견했는데, 황제는 부대 이름을 '적을 괴멸한다'라는 뜻의 '강뉴'Kagnew로 직접 정해 주었다.

한국전쟁에 참전한 이 부대는 253회에 걸쳐 전투에 참가했고, 123명의 전사자와 536명의 부상자를 냈다. '맨발의 아베베'로 유명한 마라토너 아베베 비킬라는 1951년 제2진으로 한국전쟁에 참전했다. 한국전쟁에 참전했지만 에티오피아는 냉전 체제 속에서 유럽은 물론 소련·중국과도 우호적인 관계를 맺었고, 1961년 베오그라드 비동맹국가정상회의에 참석해 비동맹 외교 분야에서도 중요한 역할을 담당했다. 하일레 셀라시에 황제는 범아프리카주의에 근거해 설립된 아프리카통일기구OAU(현재의 아프리카연합) 초대 의장을 맡았다. 그에게 매료된 사람들 중 일부는 그를 '예수의 화신'으로 여기며 종교적 숭배의 대상으로 삼았다.

라스타파리 운동 또는 라스타파리교라 불리는 이 움직임은 1930년대 자메이카에서 시작되었다. 아프리카에서 자메이카로 강제 이주당한 이들은 스스로를 고대 히브리 민족의 자손으로 여겼고, 하일레 셀라시에 황제가 모든 아프리카계 주민을 아프리카로 돌아올 수 있도록 해 줄 것이라 믿었다. 레게 음악의 황제로 불리는 밥 말리 역시 라스타파리안Rastafarian이었다. 물론 황제는 스스로를 신이라 인정한 적이 없었다. 외교 분야에서 많은 공헌을 했지만 하일레 셀라시에 황제는 내정에서는 여전히 황제 독재 체제를 유지했고, 그의 측근을 비롯해 기득권층이 부정부패를 일삼았기 때문에 1960년대 에티오피아는 GNP가 평균 70달러에 불과한 세계 최빈국이었다.

1970년부터 심각한 가뭄과 인플레이션 등으로 국민생활이 악화되어 갔지만, 황제는 이 문제를 해결하지 못했다. 파업과 시위가 빈발하는 와중에 에리트리아 내전이 발생하는 등 상황이 악화되자 1974년 멩기스투 육군 소령이 쿠데타를 일으켜 황제를 폐위시켰다. 폐위된 황제는 1975년 8월 27일 갑자기 사망했는데, 수술 후유증으로 사망했다는 것이 공식 발표였으나 황제 지지파들은 그가 독살당했다고 믿는다.

⇒　『커피와 인류의 요람, 에티오피아의 초대』, 윤오순 지음, 눌민, 2016

외로운 군대

장제스의 국민당 정부와 군대가 마오쩌둥의 인민해방군에 밀려 본토를 떠난 1949년 12월, 윈난성에 인민해방군이 입성했다. 본토에는 50만여 명에 이르는 국민당 당원이 남아 있는 상태였고, 특히 윈난에서 미얀마-중국 사이의 연합군 수송 루트를 사수하던 국민당 군대는 장제스를 따라 대만으로 이동할 수 있는 방법이 전혀 없었다. 이들은 잔존 병사와 부양가족을 거느리고 미얀마 국경으로 이동했다.

이들은 스스로를 공식적으로 '윈난반공구국군'이라고 불렀지만, 중국에서는 '태국-미얀마의 외로운 군대'泰緬孤軍 또는 영어로 '잃어버린 군대'Lost Army라 불렸다. 이들은 주로 리미 장군이 지휘하는 제8군, 레이위톈 장군이 지휘하는 제93사단, 제26군 소속이었다.

이들은 태국-미얀마 국경 근처의 샨족 지역 중 하나인 타칠렉 마을에 정착했는데, 점점 더 많은 병사들이 모여들었고 지역 주민들로 모집된 병사들 덕분에 몇 년 사이 병력이 만여 명으로 증가했다. 이들은 자체적인 무전 설비를 갖추고 공항을 건설하는 등 만반의 준비를 갖춘 뒤 대만의 국민당 정부와 연락을 취했지만, 이들에게 돌아온 답은 알아서 스스로 해결하라는 것이었다. 이들은 생존 투쟁을 시작했다.

신생 독립국 미얀마는 이들로 인해 난처한 상황에 빠졌다. 다민족 연방국가로 독립한 미얀마 정부 입장에서 북부 산악지대의 소수민족 틈바구니에 스며든 중국 국민당 군대는 미얀마의 독립을 위협하는 존재였고, 중국이 이를 빌미로 침공해 올 수도 있었다. 미얀마 정부는 이들과 수차례에 걸쳐 전투를 벌였지만, 번번이 큰 손실을 입고 패했다. 비록 고립되고 버려진 군대였지만 10년의 북벌 전쟁, 8년의 항일 전쟁, 5년의 국공내전을 통해 풍부한 실전 경험을 쌓은, 물러설 곳 없는 고립무원의 이들과 전투를 벌이는 것은 결코 쉬운 일이 아니었다.

미얀마 정부는 여러 차례 유엔에 이들 문제를 해결해 달라고 요청했지만, 해결책은 쉽게 나오지 않았다. 일부 병사들은 중국 본토로 돌아가고 싶어 했음에도 본토의 중국 정부가 받아들이지 않았고, 대만 정부는 노약자와 병자 일부만 대만으로 철수시키고 나머지 약 2,500여 명의 병력은 훗날 있을지 모를 본토 수복을 위해 남겨 두었다. 구국군 입장에서도 난처하긴 마찬가지였다. 병력 증원은 고사하고 아무런 지원도 받을 수 없는 상황에서 생존해야 했기 때문에 당장 필요한 식량조차 마련하기 어려웠다. 그때 이들의 눈에 들어온 것이 양귀비였다. 북쪽으로 중국-미얀마 국경, 서쪽으로 사르온강, 남으로 태국의 치앙마이·치앙라이 지구, 동으로 메콩강(라오스)과 인접한 이른바 '골든 트라이앵글' 지역은 아편 생산에 최적의 요지였다.

그 와중에 한국전쟁이 벌어지자 미국은 구국군의 가치를 재확인했고, 중국 남부에서 제2의 전선을 열 가능성을 타진하기 위해 CIA가 이들을 지원하여 1951년 4월 본토 진공 작전을 개시했다. 고작 2천여 명의 부대로 국경을 넘었을 때, 구국군을 기다리고 있는 것은 그들의 20배가 넘는 인민해방군 병력이었다. 기대했던 주민 봉기도 일어나지 않았다. 1952년 8월에는 대만에서 병력을 약간 증원해 2차 진공 작전을 개시했지만, 역시 패배하고 말았다.

이후 미얀마 정부는 중국 인민해방군과 손잡고 구국군을 공격하기 시작했고, 갈 곳이 없어진 구국군 소속 병사 대부분은 태국 국경을 넘었다. 태국 정부가 이들을 맞아들인 데는 따로 속셈이 있었다. 태국 정부가 수용한 병사들 대부분은 1970~1980년대 초까지 태국 정부를 위해 공산반군 소탕 작전의 용병으로 이용당했다. 이들이 목숨을 걸고 싸운 끝에 얻어 낸 것은 시민증과 도이 매살롱 정착 허가였다.

한때 골든 트라이앵글의 마약왕으로 군림하던 쿤샤(1934~2007)의 본명은 장치푸로, 중국인 아버지와 샨족 어머니 사이에 태어난 구국군의 후손이다. 이들의 후손은 여전히 음력설을 쇠고, 단오와 중추절을 기념하며, 중국 노래를 부르지만 점차 태국 사람으로 동화되어 가는 중이다. 그래도 골든 트라이앵글의 무덤은 모두 한쪽 방향으로 세워진다. 북쪽의 고향땅. 대만 정부는 2012년 8월 28일 반공구국군 전사자 중 440명을 선발해 타이베이 원산국민혁명충렬사圓山國民革命忠烈祠에 입사시켰다.

⇒　『국경일기』, 정문태 지음, 원더박스, 2021

경술국치

'경술국치'란 경술년이었던 1910년 8월 29일 일본제국이 대한제국의 국권을 공식적으로 강탈한 날을 말한다. 당시 맺었던 조약의 정식 명칭은 '한일병합조약'으로 조인은 8월 22일에 맺었지만, 조약이 체결된 뒤에도 일제는 민중의 반발을 두려워하여 조약 체결 사실을 숨긴 채 정치 단체의 집회를 철저히 금지하고 원로 대신들을 연금한 뒤인 8월 29일에야 순종으로 하여금 양국讓國의 조칙을 내리게 하였다. 8개 조로 된 이 조약의 제1조는 "대한제국 황제 폐하는 한국 정부에 관한 일체 통치권을 완전히 또 영구히 일본국 황제 폐하에 양여한다"라고 되어 있는데, 내용을 살펴보면 기업의 인수합병 계약 내용처럼 느껴진다. 그렇게 보이는 이유 중 하나는 당시 대한제국의 주권이 황제에게 있었기 때문이다. 근대 국가의 특징은 '주권재민'이나 근대 이전의 봉건국가들은 국가를 군주의 세습 재산으로 간주하는 이른바 '가산국가'家産國家 형태였다.

　그 결과 조선은 건국된 지 27대 519년 만에, 대한제국은 성립된 지 14년 만에 망하고 말았다. 그러나 대한제국의 마지막 황제였던 순종 황제는 1926년 4월 26일 세상을 떠날 때까지 자신은 병합을 인준한 바가 없다고 주장했으며, 유언에서도 이 사실을 밝혔다고 한다. 실제로 2005년 서울대 이태진 교수는 한일병합조약문에 대한제국 국새가 찍혀 있지 않고, 순종 황제의 수결도 없어서 국제법적으로 무효라는 사실을 입증하기도 했다. 그와 반대로 일본 측 법학자들은 "조약문 자체에 형식적인 문제가 없으며 위임장, 조약문, 황제의 조칙 등 형식적인 문서들이 갖추어져 있기 때문에 국제법을 준수한 조약"이라고 주장한다.

후쿠자와 유키치는 "100권의 만국공법萬國公法은 대포 몇 문을 이길 수 없고, 수많은 화친조약도 한 상자의 탄약을 이길 수 없다. 대포와 탄약은 있는 도리를 주장하기 위한 준비물이 아니라, 없는 도리를 만들어 내는 기계"라고 말한 바 있다. 설령 이 조약에 형식적인 결함이 없다고 하더라도 일본이 제국주의 시대 힘의 논리에 따라 강제로 병합했다는 사실에는 의심의 여지가 없다. 일제는 이때부터 통감부를 폐지하고 총독부를 세워 한국 통치의 총본산으로 삼았고, 데라우치를 초대 총독으로 임명했다. 같은 해 10월 안중근 의사의 사촌 동생이자 독립운동가 안명근이 데라우치 총독을 암살하려고 했다는 이른바 '데라우치 총독 암살 음모 사건'이 있었다.

⇒ 『통감관저, 잊혀진 경술국치의 현장』, 이순우 지음, 하늘재, 2010

암태도 소작쟁의

암태도는 돌이 많고 바위가 병풍처럼 섬을 둘러싸고 있어 붙여진 이름이었다. 일제강점기에 섬 주민 대부분은 가난한 소작농이었다. 당시 암태도의 지주는 조선인 문재철(1883~1955), 천후빈과 일본인 나카시마 세이타로였는데, 이 중 문재철은 논 29만 평, 밭 11만 평을 소유한 가장 큰 지주였다. 당시 소작료는 보통 5할(50퍼센트) 정도였지만, 문재철은 60~80퍼센트나 받았다. 가혹한 소작료 탓에 생존이 어려워진 암태도 농민들은 당시 면장이던 서태석(1885~1943)을 중심으로 1923년 말 소작인회를 조직해 소작료를 논 40퍼센트, 밭 30퍼센트로 하고, 불응하는 지주에게는 소작료를 내지 말자고 결의했다.

다른 지주들은 농민의 주장을 대체로 수용했으나 문재철은 소작인회 간부에게 폭력을 행사하는 등 강하게 반발했다. 분노한 소작인들은 문재철 아버지의 송덕비를 무너뜨렸다. 문재철은 일본 경찰에 이들을 고발했고, 농민 13명이 구속되었다. 400여 명의 섬 주민들은 배를 타고 뭍으로 나가 광주지방법원 목포지청 앞에서 단식 농성을 시작했다. 추수 때가 되어도 농민들은 문재철의 방해로 추수조차 할 수 없었다. 암태도 주민들은 이웃한 도초도와 자은도 주민들과 연대해 소작쟁의를 벌였고, 이들의 단결과 지속적인 투쟁은 전국적인 반향을 불러일으켰다. 쟁의를 주도한 서태석이 구속되자, 그 뒤를 훗날 기독교 진영 계몽운동가가 되는 박복영(1890~1973)이 이어 갔다. 암태도 주민들의 처절한 투쟁 소식이 점차 전국으로 알려지면서 한국인 변호사들이 구금자들을 위한 무료 변호에 나서는 등 여러 곳에서 암태도 주민들을 위한 지원 활동이 이루어졌다. 사건의 파장이 예상 밖으로 커지자 이에 놀란 총독부와 경찰은 문재철을 목포경찰서로 불러들여 중재를 시도했다. 1924년 8월 30일, 마침내 농민들의 요구 사항을 수용하기로 하면서 소작쟁의는 농민들의 승리로 막을 내렸다.

오늘날 암태도 선착장 가는 길에는 '암태도농민항쟁사적비'가 서 있고, 그 곁에는 서태석 선생 추모비가 세워져 있다. 그러나 싸움은 끝나지 않았다. 체포된 소작회 간부 중 일부는 실형을 살았고, 특히 쟁의를 이끌었던 서태석의 말로는 비참했다. 소작쟁의를 주도한 뒤로도 계속해서 독립운동을 하다 세 차례나 투옥된 그는 전기 고문의 후유증으로 사람을 알아보지 못할 정도로 심신이 크게 망가지고 말았다. 그럼에도 고향 사람들은 일제의 감시와 탄압이 두려워 그를 제대로 돌봐 주지 못했다. 해방 후에도 사회주의 계열 활동가로 분류되었던 탓에 추모비 건립도 쉽지 않았고, 포상 역시 몇 차례나 보류되었다가 2003년 노무현 정부 들어 건국훈장 애국장이 추서되었다.

그에 비해 지주 문재철은 악질 친일파로 분류되었으나 반민특위가 해산되어 처벌받지 않았고, 해방 후 지주에서 상업 자본가로 성공했으며, 일제 치하에서 당시 목포 부민의 소원이던 중학교 설립에 공이 크다 하여 정부로부터 교육유공자 포상을 받았다.

☞ 『암태도』, 송기숙 지음, 창비, 1995

바람 속의 촛불

"백마 탄 왕자를 만나 오래오래 행복하게 잘 살았습니다."
서구 동화책에는 유독 고난에 처한 여성 주인공이 마지막
순간에 나타난 왕자에게 구원받는 '데우스 엑스 마키나' 식
결말이 자주 등장한다. 잠자는 숲속의 미녀, 신데렐라, 라푼
젤, 백설공주 등이 그랬다. 현실에서도 그런 일이 벌어지는
듯했다. 1981년 7월 29일 영국의 찰스 왕세자(1948~)와 당
시 20세의 다이애나 스펜서(1961~1997)는 전 세계 수많은
사람들이 지켜보는 가운데 세인트폴 성당에서 '세기의 결
혼식'을 올렸다. 왕세자비가 된 다이애나는 영국 왕실이 기
다리던 완벽한 신붓감이었다. 찰스와 다이애나 사이에서
는 윌리엄과 해리 왕자가 태어났다. 남부러울 것 없어 보였
지만, 사실 이들 부부의 관계는 껍데기뿐이었다. 찰스 왕세
자는 결혼하기 전부터 연인 관계였던 카밀라 파커 보울스
(1947~)와의 관계를 끊지 못했다. 심지어 카밀라는 다른 남
자와 결혼한 유부녀였다. 이들의 관계를 알게 된 다이애나
는 관계를 정리할 것을 요구했지만, 남편 찰스 왕세자는 도
리어 아내 다이애나와의 관계를 멀리했다.

다이애나 왕세자비는 거식증과 폭식증을 오가는 극심한 스트레스와 우울증을 겪었다. 더 이상 참을 수 없게 된 다이애나는 두 사람에게 복수하듯 승마 선생, 경호원과 염문설을 만들어 냈다. 마침내 1992년 자신의 불행한 결혼 생활과 왕실의 비인간적이고 냉랭한 모습을 폭로하는 책을 출판하고, 1992년 12월 9일 별거에 들어갔다.

1995년 11월 20일 BBC 인터뷰 방송을 통해 지난 14년 동안의 불행한 결혼 생활을 낱낱이 공개하는 동시에 한때 왕실 근위기병대 소속이던 제임스 휘트 소령과의 불륜 관계를 공개적으로 시인했다. 방송 직후 여론조사 결과 영국 국민의 94퍼센트가 다이애나의 혼외정사 고백에도 불구하고 다이애나를 지지하며, 76퍼센트는 그가 왕비가 되길 바라는 것으로 드러났다. 그러나 영국 의회의 여야 의원들은 두 사람의 이혼이 빠르면 빠를수록 좋다는 데 의견을 같이했다. 결국 1996년 8월 28일 두 사람은 이혼했다. 다이애나는 이집트 출신의 백만장자 모하메드 알파예드의 아들 도디 알파예드와 연인 관계가 되었다고 하나 정확한 사실관계는 알 수 없다. 이혼 이후에도 다이애나는 파파라치들의 끈질긴 추적을 받았다.

1997년 8월 31일, 다이애나는 알파예드와 함께 파리의 리츠호텔에서 식사를 마치고 호텔에서 제공한 차에 올랐다. 이들이 호텔 문을 벗어나자 곧바로 파파라치들의 추적이 시작됐고, 차는 이들을 피하기 위해 과속으로 달렸다. 터널에서 충돌 사고가 일어났고, 병원으로 후송되어 수술을 받았지만 다이애나는 결국 숨지고 말았다. 당시 다이애나의 나이는 불과 37세였다.

1997년 9월 6일, 영국 국민과 세계인들이 지켜보는 가운데 장례식이 치러졌다. 다이애나와 오랫동안 친구였던 엘튼 존은 「바람 속의 촛불」Candle In The Wind을 불렀다. 본래 이 곡은 마릴린 먼로를 추모하는 곡이었지만, 비명에 간 친구를 추모하기 위해 가사를 일부 바꿔 싱글로 발표했고, 이 음반으로 얻은 수익은 모두 다이애나 기념재단에 기부했다.

⇒ 『백마 탄 왕자들은 왜 그렇게 떠돌아다닐까』, 박신영 지음, 바틀비, 2019

9월 ∘ *September*

라틴어로 숫자 1은 우누스unus, 2는 두오duo, 3은 트레스 tres, 4는 콰트투오르quattuor, 5는 쿠인쿠에quinque, 6은 섹스sex, 7은 셉템septem, 8은 옥토octo, 9는 노벰novem, 10은 데켐decem이다. 9월을 뜻하는 영어 'September'는 원래 7월이었지만, 율리우스 카이사르July와 아우구스투스August에 밀려 9월이 되었다. 숫자 9는 한 자리 숫자 중 마지막으로, 고대의 수학자이자 철학자인 피타고라스는 3의 배수로서 9를 완성과 무한 사이의 경계를 나타내는 숫자로 여겼다. 9라는 숫자에 이런 의미를 부여하게 된 까닭은 인간의 임신 기간이 평균적으로 9개월여이기 때문일지 모른다. 9는 한 세계의 끝이자 동시에 새로운 세계로 나아가는 숫자이다. 크리크 부족은 9월을 '작은 밤나무가 익어 가는 달'이라고 불렀다.

관동대지진

소월 김정식(1902~1934)은 평안북도 곽산 출생으로 부유한 광산업자의 장손으로 태어났다. 소월의 아버지 김성도는 어떤 이유에서인지 그의 나이 두 살 때 철도를 부설하던 일본인 목도꾼들에게 심한 폭행을 당해 정신질환을 앓게되었다. 아버지의 실성이라는 가족사의 비극은 어린 소월에게 깊은 상처로 남았다. 그의 조부는 손자에게 한문을 가르쳤고, 15세 때는 고당 조만식(1883~1950) 선생이 교장으로 있던 오산학교에 입학해 시인 김억(1896~?)의 제자가되었다. 3·1 만세운동이 일어나 오산학교가 폐쇄되자 배재중학으로 편입한 소월은 1923년 일본에 있는 동경상과대학 전문부에 입학했다.

1923년 9월 1일 오전 11시 58분. 관동지방을 덮친 강도 7.9의 대지진은 일본 역사상 최대의 피해를 일으켰다. 이후 강도 6 이상의 여진만 15차례나 발생했다. 계속되는 지진으로 사망자 9만1,344명, 전파·소실된 가옥이 46만4,900호에 이르렀다. 지진으로 인해 사람들이 공황 상태에 빠지자 일본 정부는 혹시 있을지 모를 반정부 시위의 목표를 다른 곳으로 돌리려 했다. 지진이 발생한 9월 1일 오후부터 이미 관동지방 각지의 경찰서에 "불령선인不逞鮮人들이 우물 속에 독약을 던지고, 방화·강도·강간을 하고 있다"라는 유언비어가 퍼지기 시작했다.

파출소 앞에 '조선인 폭동'이라는 벽보가 내걸렸고, 경찰은 확성기를 들고 이런 유언비어를 널리 유포했으며, 다시 등사판 인쇄물로 복제해 대량으로 배부했다. 3일에는 내무성 경보국장 이름으로 "조선인 가운데 폭탄을 소유하고 도쿄 시내에 석유를 부어 방화하는 자가 있다"라는 전보를 일본 각지의 지방관들에게 퍼뜨렸다. 결국 군대·소방대 등 국가기관은 물론 민간인 자경대에 의해 조선인·중국인에 대한 학살이 자행되어 6천 명에서 1만 명에 이르는 이들이 학살당했다. 그 무렵 김소월도 일본에 있었다.

그는 학업을 중단하고 일본에서 도망치듯 귀국했다. 조선으로 돌아왔으나 이곳에서의 삶도 순탄치 않았다. 소월은 조부가 운영하는 광산 일을 돕다가 조부의 사업 실패로 가세가 기울자 처가가 있는 평안북도 구성군으로 이사했다. 그는 점차 세상에 대한 염증과 우울증에 시달렸고, 1934년 고향 곽산으로 돌아가 스스로 목숨을 끊었다. 사람들은 그 갑작스러운 죽음의 원인을 사업 실패와 류머티즘 등의 통증 완화를 위해 복용하던 아편 과다 복용 등으로 추측했지만, 그의 아버지가 일본인의 린치로 정신을 놓았던 것처럼, 예민하고 섬세한 감수성을 지닌 시인 소월 역시 관동대지진 당시의 충격과 상처로부터 헤어 나오지 못한 것은 아니었을까.

소월은 「바라건대는 우리에게 우리의 보습 대일 땅이 있었더면」에서 다음과 같이 썼다. "그러나 집 잃은 내 몸이여,/ 바라건대는 우리에게 우리의 보습 대일 땅이 있었더면!/ 이처럼 떠돌으랴, 아침에 저물 손에/ 새라 새로운 탄식을 얻으면서." 조국을 잃는 설움이 없었더라면, 관동대지진과 학살을 경험하지 않았더라면, 소월은 조금 더 오래 살았을 것이다.

⇒ 『진달래꽃에 갇힌 김소월 구하기』, 박일환 지음, 한티재, 2018

탈레반 한국인 납치 사건

아프가니스탄 카불에서 칸다하르로 향하던 대한민국 국민 23명(남자 7명, 여자 16명)이 2007년 7월 19일 탈레반 무장 세력에 납치되었다. 이들은 경기도 성남시 분당샘물교회의 배형규 목사를 비롯한 이 교회의 청년회 신도들이었다. 단기 선교와 봉사활동 목적으로 이들은 7월 13일 출국해 7월 14일 아프가니스탄 현지에 입국했다.

현지에서 안내와 통역을 위해 추가로 3명이 합류해 아프가니스탄 남부 칸다하르에 위치한 힐라 병원과 은혜샘 유치원으로 향하던 중 가즈니주 카라바그 지역에서 탈레반 무장 세력에 의해 납치되었다.

노무현 대통령은 후보 시절 "미국에 할 말은 하겠다"라고 공언했지만, 그의 재임 기간 중 한국 정부는 미국으로부터 F-15K 전투기 추가 구매, MD(미사일 방어) 참여, 아프가니스탄과 이라크 파병 등을 요청받았고 결과적으로 이를 모두 수용했다. 한국 정부는 9·11 테러의 배후로 빈 라덴과 탈레반을 지목해 벌어진 '테러와의 전쟁' 파병 요청을 받아들여 특전사 요원을 중심으로 400여 명의 병사를 아프가니스탄에 파병했다. 이 부대는 정약용의 호를 따서 다산부대 (제100건설공병대대)라고 명명되었다. 한국은 영국이 공식 참전하기 전까지 가장 먼저, 가장 많은 군대를 파견한 나라였다.

2004년 5월 30일 이라크 수도 바그다드에서 서쪽으로 50킬로미터 떨어진 팔루자 부근에서, 가나무역 소속으로 이라크 현지 통역사로 근무하던 김선일(1970~2004) 씨가 이슬람 무장단체에 납치되었다. 아부 무사브 알자르카위가 이끄는 이슬람 무장단체는 이라크 파병 국가(자이툰 부대 파병)인 대한민국 정부에게 이라크 추가 파병 중단 및 주둔 중인 한국군의 즉각 철수를 요구했고, 이후 노무현 정부가 추가 파병을 강행하자 6월 22일 김선일 씨를 참수했다. 버려진 그의 시신은 미군에게 발견되어 한국으로 송환되었다. 2007년 2월 27일, 아프가니스탄 바그람 공군 기지 폭탄 테러로 윤장호 병장(사후 1계급 진급하여 하사)이 사망했다.

이런 상황에서 무리하게 아프가니스탄으로 선교 활동을 떠난 피랍자들과 분당샘물교회 측에 비난이 쏟아졌다. 7월 23일 분당샘물교회의 박은조 담임 목사는 "아프간 봉사활동을 중단하겠다"라고 밝혔지만, 25일 선교팀의 리더였던 배형규 목사가 살해되었고, 30일에는 심성민 씨가 살해되었다. 8월 12일 박은조 목사는 인질 사태가 하나님의 계시이며 앞으로 3천여 명의 배형규 목사가 나와야 할 것이라고 설교한 것이 드러나 다시 한 번 논란이 되었다. 국정원 요원들이 비밀리에 파견되어 탈레반과 협상을 벌여 생존자 전원을 석방하는 데 성공했고, 이들 생존자들은 9월 2일 인천공항을 통해 무사히 귀환했다.

탈레반에게 살해당한 배형규 목사의 장례식이 9월 8일 분당샘물교회장으로 치러졌다. 이후 2010년 7월 27일 탈레반에 희생된 유가족은 "정부의 재외국민 보호 의무 위반에 대해 책임을 묻겠다"라며 국가를 상대로 3억5천만 원의 손해배상 청구 소송을 냈지만, 정부가 위험 지역으로 분류하였음에도 불구하고 무리하게 출국했다는 비판이 제기되었다. 법원은 2011년 4월 26일 "국가가 배상할 필요 없다"라고 판결했다.

⇒　『그들은 아는, 우리만 모르는』, 김용진 지음, 개마고원, 2012

킹스 스피치

영화 『킹스 스피치』(2010)는 마이크 앞에 서면 긴장해 말을 더듬는 '말더듬이 왕' 조지 6세(1895~1952)에 대한 이야기인 동시에 현대정치에서 매스미디어가 긍정적이든 부정적이든 얼마나 중요한 역할을 수행하는지 잘 보여 준다.

훗날 영국 국왕 조지 6세가 되는 '버티'는 어려서부터 너무 엄격한 아버지와 형 윈저 공에게 짓눌려 남들 앞에 서면 말을 더듬는 언어 장애가 생겼다. 이제 막 시작된 대중정치의 시대를 살아가야 하는 정치 지도자에게 이는 큰 장벽이었다. 1차 세계대전을 전후하여 무선통신과 라디오 방송이 확대되었고, 정치인들은 이제 신문이나 잡지에 실리는 '글'이 아니라 라디오 방송을 통해 널리 퍼지는 '말'에 의존해 대중을 설득해야 했다. 게다가 그가 상대해야 할 적들은 대중심리를 조작하는 프로파간다의 달인 괴벨스와 화려한 몸짓과 언변으로 대중을 휘어잡는 히틀러였다.

전쟁을 피하고 싶었으나 독일과의 전쟁을 막을 수 없었된 조지 6세는 1939년 9월 3일 국민 앞에서 다가오는 전쟁의 참화와 고통에 대해 진심 어린 연설을 했다. 비록 그의 눌변은 히틀러의 달변과 비교할 수 없지만, 조지 6세의 진정 어린 호소는 국민을 하나로 단합시키고 설득하기에 충분했다. 무엇보다 그는 언제나 국민과 함께하겠다는 약속을 지켰다. 조지 6세는 독일 공군의 공습이 거듭되는 동안 버킹엄 궁을 떠나지 않았고, 국민과 함께 전쟁의 고통을 이겨냈다.

과연 우리 시대의 정치 지도자에게 필요한 덕목이 달변일까? 명연설로 유명했던 케네디 대통령은 암살되기 한 달 전에 "대통령의 권한이 자주 언급되고 있지만 그에 못지않게 대통령의 한계도 기억되었으면 한다"라며 정책 실현의 한계에 대해 토로한 바 있다.

예로부터 지도자의 한마디가 무겁게 받아들여지고, 때로 무서운 검증의 잣대가 들이밀어졌던 까닭은 말한 만큼 실천하기가 어렵기 때문이다. 정치인의 말은 화려한 수사나 재치 있는 언변이 아니라 구체적인 실천으로 평가받는다. 말더듬이 국왕이었지만, 조지 6세는 자신의 말대로 실천했고 성실한 왕이 되기 위해 노력했다. 영화에서 조지 6세의 친구 라이오넬은 이렇게 말했다. "그 자리에 가장 어울리는 사람은 그 자리의 어려움을 가장 많이 느끼는 사람이다."

⇒　『라디오와 매체』, 발터 벤야민 지음, 고지현 옮김, 현실문화, 2021

벨 에포크

프랑스어 '벨 에포크'를 단순 번역하면 '아름다운 시절'이라는 뜻이지만, 이 단어에는 그 이상의 함의가 있다. 프랑스혁명에서 나폴레옹 제정, 보불전쟁에 이르기까지 유럽은 전쟁이 그치지 않는 격동의 시대를 보냈다. 거듭된 혼란 끝에 프랑스 국민들은 국민 선거에서 75퍼센트의 지지로 나폴레옹 3세를 대통령에 선출했다.

나폴레옹 3세는 영광스러운 프랑스의 재건, 특히 파리의 도시 재개발을 추진했다. 시위대가 바리케이드를 설치하기 좋았던 좁은 골목과 오래되고 낡은 건물들이 철거되고, 새로운 대로와 공공건물들이 세워졌다. 오늘날 우리가 아는 파리는 이 시절에 만들어졌고, 새로운 파리는 전 유럽의 자랑거리가 되었다. 그는 스스로 황제가 되었다.

보불전쟁에서 패배하여 나폴레옹 3세가 폐위되고, 1870년 9월 4일 프랑스 제3공화국이 선포된 이후부터 1919년 1차 세계대전이 일어나기까지 거의 반세기에 이르는 기간은 유럽인에게 '벨 에포크'였다.

이 시기 영국은 빅토리아 시대, 일본은 메이지유신을

맞이하고 있었다. 1878년 서구 열강은 지구 면적 중 67퍼센트를 식민지나 통치령으로 삼았고, 1914년 무렵에는 그 면적이 더욱 넓어져 85퍼센트에 이르렀다. 빅토리아 여왕이 즉위 60주년을 맞이한 1897년 영국은 전 세계 면적의 5분의 1, 세계 인구의 4분의 1을 지배했다. 제국의 영토에는 해가 지지 않았지만 그 강렬한 태양 아래에서 비유럽인, 특히 아시아와 아프리카 사람들은 암흑의 시대를 살아야만 했다.

서구식 근대화(문명화)를 명분으로 앞세운 열강의 제국주의와 가혹한 식민 정책 아래에서 세계가 수탈당했다. 그토록 넓은 지역에서 그토록 많은 사람이 자유를 빼앗긴 채, 권리도 없이 노예에 버금가는 삶을 살았음에도 오늘날까지 많은 유럽인이, 또는 그 시절 부역하며 기득권을 누렸던 비유럽인 중 일부는 그 시대를 아름다운 시절로 기억한다. 역사적으로는 가장 어두운 시대를 살았던 노인 세대 역시 자신의 젊음이 가장 빛났던 시기를 그 같은 시절로 기억하곤 한다.

⇒　『아름다운 시대, 라 벨르 에뽀끄 1·2·3』, 신일용 지음, 밥북, 2019

뮌헨 테러

1차 세계대전 종전 후 독일 뮌헨은 극우적인 자유군단을 비롯해 나치즘의 아돌프 히틀러 같은 극단적인 정치가의 소굴이 되었다. 1923년 히틀러와 그의 추종자들이 뮌헨에 집결해 바이마르 공화국을 전복하려고 했던, 뮌헨 폭동이 일어났다. 이 폭동 이전까지 히틀러는 뮌헨 이외의 지역에는 거의 알려지지 않은 무명 정치인이었다. 하지만 뮌헨 폭동 이후 그는 전국적인 정치인이 되었고, 1933년 히틀러가 수상에 오르자 뮌헨은 나치의 본거지가 되었다. 나치당은 뮌헨을 개혁의 중심지라 불렀고, 나치당 본부도 뮌헨에 있었다. 그런 까닭에 2차 세계대전 기간 동안 뮌헨은 6년 사이 71차례나 공습을 당했다. 그러나 뮌헨은 나치에 저항한 도시이기도 했다. 한스 숄과 소피 숄이 주축이 되어 결성한 백장미단의 주요 활동 지역 또한 뮌헨이었는데, 이들은 뮌헨 대학교에서 전단지를 배부하다가 체포되어 처형당했다.

전후 서독은 과거와 결별한 새로운 독일이 건설되었음을 전 세계에 알리고 싶었기에 1972년 뮌헨에 올림픽을 유치했다. 1972년 8월 26일부터 9월 11일까지 121개국의 선수

7,134명이 참가한 제20회 뮌헨올림픽은 오늘날까지도 올림픽 사상 최대 규모이자 가장 과학적으로 치러진 대회로 평가받는다. 그러나 전후 새롭게 변화한 독일과 세계 평화를 주창한 올림픽 정신에도 불구하고 뮌헨올림픽은 참사로 기억된다. 1972년 9월 5일 새벽 4시, 운동선수 복장을 한 괴한 8명이 올림픽 선수촌 담장을 넘어 이스라엘 선수 28명이 묵고 있던 숙소로 침입했다. 일부는 이들의 습격을 피해 창문을 통해 재빨리 피신했지만, 테러범들에 의해 2명이 죽고 9명이 인질로 붙잡히고 말았다. 자동소총과 수류탄으로 무장한 테러범들은 스스로를 '검은 9월단'이라 불렀고, 인질을 내세워 이스라엘이 억류 중이던 팔레스타인 게릴라 200명의 석방을 요구했다. 당시 이스라엘 선수촌 바로 옆이 한국 측 선수촌이었는데 총격이 벌어지자 바로 몸을 피해 모두 무사했다.

서독 경찰은 이들과 협상을 시도했으나 모두 실패하자 인질 구출 작전이라는 강경책으로 대응했다. 그러나 이때만 해도 테러가 무엇인지, 대테러작전을 어떻게 하는 것인지 미처 몰랐던 시절이었기 때문에 서독 경찰 당국의 대응은 너무나 미숙했다. 결국 구출 작전 실패로 인질 9명이 모두 숨졌고, 테러리스트 8명 중 5명은 사살, 3명은 생포되는 최악의 결과가 초래되었다. 올림픽 사상 최악의 사태를 맞이해 올림픽의 속행 여부를 두고 많은 논쟁이 벌어졌으나 위기를 극복하는 것 역시 올림픽 정신의 일부라는 주장이 받아들여져 올림픽이 재개되었다. 이후 이스라엘 비밀 정보기관 모사드는 '신의 분노'라는 작전을 수립해 뮌헨올림픽 테러와 관련된 것으로 지목된 20여 명을 살해한 것으로 알려져 있다.

⇒　영화 『뮌헨』, 스티븐 스필버그 감독, 2005

파리의 택시 운전사

1914년 8월의 마지막 날, 한여름의 열기가 파리의 보도블록을 뜨겁게 달구고 있었다. 그날 파리 시민들은 윙윙거리는 소리를 듣고 하늘을 쳐다보았다. 독일군 마크를 단 복엽기가 현수막을 단 채 날아다녔다. 그 현수막에는 "3일 뒤에 독일군이 도착할 것이다"라는 글귀가 새겨져 있었다. 1차 세계대전이 시작되고 한 달여가 흘렀을 뿐이지만, 프로이센의 참모총장 슐리펜이 오래전에 짜 놓았던 작전 계획에 따라 파죽지세로 밀려드는 독일군을 막을 수가 없었다. 어느새 독일군은 파리 외곽까지 진출해 있었다.

　　파리가 함락될지 모를 중대 고비를 맞은 프랑스군은 예비대를 편성해 전선에 투입하는 작전을 세웠다. 문제는 병력 이송의 중요 수단인 철도는 이미 포화 상태였고, 독일군의 포격으로 상당수가 기능을 상실한 상황이라는 것이었다. 절체절명의 순간 파리 방어사령관 조제프 갈리에니(1849~1916)의 머릿속에 퍼뜩 떠오른 생각이 있었다.

　　1914년 9월 6일 밤 10시, 파리의 모든 택시에서 승객이 쫓겨났다. 그는 병사들과 경찰을 내보내 파리의 모든 택시에 동원령을 내렸고, 앵발리드 광장에 집결시켰다. 광장에 도착한 택시 1대당 병사 5명씩을 태운 다음 그들을 최전방으로 보냈다. 운전사 중에는 "누가 택시 요금을 낼 거요?"라며 따지는 사람들도 있었지만, 갈리에니 장군은 "프랑스가 지급할 것이다! 포화가 두려운가?"라고 소리쳤다. 택시들이 줄지어 광장을 떠나는 장관을 지켜보며 파리 시민들은 환호했다. 르노에서 만든 2기통 9마력짜리 택시 600여 대에 나눠 탄 병사들은 6천여 명에 불과했지만, 택시를 타고 전선에 늦지 않게 도착한 프랑스군 병사들은 독일군의 날카로운 기세를 꺾기에 충분했다. 무엇보다 포화를 뚫고 전선 한가운데까지 진출한 영웅적인 택시 운전사들의 전설은 이후 긴 전쟁 속에서도 프랑스인의 사기를 높이는 데 크게 기여했다.

강물과 초원, 깊은 골짜기와 아름다운 숲이 우거진 마른에서 벌어진 이 전투는 단기 결전으로 전쟁을 치르고자 했던 독일군의 전략을 기적적으로 좌절시켰다는 의미에서 '마른의 기적'이라고 불렸다. 이후 1차 세계대전은 우리가 잘 알고 있듯 끝없이 이어지는 길고 지루한 참호전이 되었지만, 마른 전투는 전쟁의 승부를 연합군의 승리로 가져오는 결정적 전환점이 되었다. 파리의 택시 회사들은 훗날 택시 요금을 정상 운임의 27퍼센트만 받기로 결의했다.

⇒ 『1차세계대전사』, 존 키건 지음, 조행복 옮김, 청어람미디어, 2016

레바논 내전

이스라엘이 건국(1948)하자 수많은 팔레스타인 사람들이 오랫동안 뿌리내리고 살아왔던 땅에서 쫓겨났다. 이스라엘 건국이라는 역사의 수레바퀴가 돌자 수많은 변화가 생겼다. 팔레스타인 난민들은 이웃한 요르단과 레바논을 비롯한 중동 전역으로 뿔뿔이 흩어졌다. 그중에서 이스라엘 접경 지역이던 레바논 남부는 팔레스타인 게릴라의 은거지가 되었고, 레바논은 이스라엘과 아랍 세계 간 대립의 중심에 놓였다.

역사적으로 레바논은 마론파 기독교인들이 인구의 대다수를 차지하는 나라였지만, 1차 세계대전에서 이 일대를 지배하던 오스만제국이 패배하자 이 지역을 식민 지배하던 프랑스가 점차 영토를 넓히면서 무슬림 세력이 대거 유입되었다. 그에 따라 당시 레바논의 기독교도 비율은 85퍼센트에서 54퍼센트로 감소했다. 레바논은 1943년 프랑스로부터 독립했다. 이후 마론파 기독교도가 대통령을, 국무총리와 국회의장은 수니파와 시아파가 나눠 맡는 형식으로 종파 간에 권력을 분산하는 연합국가로 출범했다. 이 같은 독특한 국가 구성으로 '모자이크 국가'라는 별명을 얻었지만, 정치적 중립주의와 경제적 자유주의를 통해 아랍 여러 나라의 물산이 모이는 중동의 교육·의료·금융·관광 중심 국가로서 1950~1960년대에 번영을 이루었다. 그러나 중동 지역에서 아랍민족주의가 득세하자 점차 이슬람 세력과 기독교 세력 사이에 알력과 갈등이 심화되었고, 아랍계 무슬림 이주자가 증가하면서 레바논 내 기독교인과 무슬림 사이의 비율이 역전되었다.

정세 불안이 가중되자 마론파 기독교인을 중심으로 팔레스타인 무장 세력에 반대하는 팔랑헤 민병대가 결성되었다. 1975년 2월 레바논 남부에서 어업 독점권을 둘러싸고 기독교인과 무슬림 어민 사이에 충돌이 일어나 군대가 진압에 나서며 20여 명의 희생자가 발생했다. 그러자 이에 반발한 팔레스타인 무장 세력이 베이루트의 한 교회당을 급습해 기독교인들을 보복 살해하는 사건이 발생했다. 팔랑헤 민병대도 즉각 보복 공격을 가했고, 마침내 1975년 9월 7일 레바논 전역에서 내전이 시작되었다. 이스라엘은 팔랑헤 기독교 민병대를 지원했고, 시리아를 비롯한 아랍 세력은 팔레스타인과 이슬람 무장 세력을 지원했다. 1975년에 시작된 레바논 내전은 1990년 타이프조약으로 종결될 때까지 15년간 계속되었다. 내전이 장기화되자 각 무장 세력은 전쟁 자금을 확보하고자 주민을 갈취하거나 마약 재배, 밀수에 나서는 등 범죄집단화되었다. 시리아는 사태 수습을 명분으로 1976년 11월 레바논을 침공했고, 이스라엘 역시 1978년 3월 레바논을 침공했다. 이후 이스라엘은 자국 안보를 앞세워 수시로 군대를 주둔시켰다. 이 내전으로 13만에서 25만 명에 이르는 사망자와 100만 명에 이르는 부상자가 발생한 것으로 추정된다.

내전 기간 동안 상대에 대한 숱한 학살과 보복이 자행되었다. 최악의 사건은 1982년 9월 16일에서 18일까지 자행된 사브라-샤틸라 학살이었다. 이스라엘군은 주로 팔레스타인 난민들이 거주하는 사브라와 샤틸라 마을의 모든 출구를 봉쇄해 난민들이 탈출할 수 없도록 막았고, 팔랑헤 민병대가 진입해 이틀 동안 최소 460명에서 최대 3,500명의 민간인을 학살하는 동안 이를 방조하며 지원했다. 1983년 유엔은 조사 결과 이 학살의 책임이 이스라엘에 있다고 결론 내렸고, 당시 이스라엘 국방장관이던 아리엘 샤론(훗날 이스라엘의 15대 총리)이 물러났다. 이 학살 사건은 레바논 신임 대통령으로 당선된 바시르 제마엘(1947~1982)의 암살에 대한 보복으로 알려져 있었지만, 실제로 그를 암살한 것은 팔레스타인해방기구PLO가 아니라 시리아였다. 한때 '레반트의 진주'로 불리며 경제적 번영을 누리던 레바논이 과거의 영광을 되찾으려면 얼마의 시간이 필요할지 현재로서는 가늠할 수조차 없다.

⇒ 영화 『바시르와 왈츠를』, 아리 폴만 감독, 2008

얼마나 상쾌한 뉴스인가

맥아더 미 극동사령부는 1945년 9월 7일 도쿄에서 남한의
모든 통치권을 미군이 실시하는 군정 아래 둔다는 내용의
'포고문 1호'를 발표했다. 미군정은 포고문 첫 줄에서 미군
이 조선의 점령군이라는 사실을 명백히 했다. 인천에 거주
하다가 해방 직후 미군이 진주하면서 조선을 안전하게 떠날
수 있게 된 일본인 고타니 마스지로는 고국 일본에 돌아가
당시 분위기를 『인천철수지』仁川撤收誌라는 책으로 남겼다.

　　일본이 패망하고 소련군이 진주한다는 소식을 접한 일
본인들은 너나없이 커다란 불안에 휩싸였다. 그러다 며칠
뒤 38도선을 경계로 이북에는 소련군이, 이남에는 미군이
진주한다는 소식이 전해지자 불안에 떨던 일본인들은 안도
했다. 당시 인천 부윤(일본인 시장)으로부터 "차후 조선 정
부가 조직되려면 아마 1년 후라야 될 터이니 그동안은 지금
의 총독부 정치가 엄연히 존속할 것"이라는 소식을 듣고 그
날의 일기에 "얼마나 상쾌한 뉴스인가. 오늘 미군이 상륙한
다니 최대의 불안이 씻은 듯 날아가 버렸다"라고 적었다.

　　오키나와에 주둔하고 있던 미 제24군단 사령관 존 하

지는 한반도 38도선 이남을 접수하라는 명령을 받았다. 1945년 9월 8일 토요일 아침 하지가 이끄는 2개 사단이 인천 월미도 앞바다에 도착했다. 인천항을 통해 미군이 상륙하자 조선인들은 이들을 반갑게 맞이했다.

그러나 그날 오후 2시경 여러 발의 총성이 들렸다. 상륙하기에 앞서 미군은 당일 환영은 불가하며 미국 국기를 게양하는 것조차 허락하지 않는다는 포고를 내렸다. 당일 인천 시내의 치안은 일본 경찰에게 맡겼다. 일본 경찰이 미군을 환영하러 나온 인파에 총기를 발사해 많은 사람이 다쳤고, 그중 조선인 두 명이 총탄에 맞아 죽었다. 그날 죽은 사람 가운데 한 명은 인천의 항일운동가이자 노동운동 지도자였던 권평근(1900~1945)이었다.

미군 상륙 후 5일이 지난 13일 군사재판이 열렸지만, 미군 판사는 일본인 경찰대의 발포는 적합했으며 총탄에 맞아 죽은 조선 사람에게 잘못이 있다고 판결했다. 고은 시인은 『만인보』의 「권평근」 편에서 "그 죽음 쌓여 오늘의 모순에 이르렀다// 성조기가 가장 잘 보이는 이 땅에서/ 일장기가 가장 잘 보이는 이 땅에서"라고 노래했다. 미군정은 1948년 8월 15일 대한민국 정부가 정식 출범할 때까지 3년간 계속되었고, 그사이 대한민국의 많은 것들이 결정되었다. 권평근은 2005년 건국훈장 애족장을 받았다.

⇒ 『존 하지와 미군 점령통치 3년』, 정용욱 지음, 중심, 2003

조선민주주의인민공화국

1945년 8월 해방도 잠시, 38도선을 경계로 남북에 각각 미군과 소련군이 진주한다는 소식은 미래에 대한 기대와 불안을 동시에 선사했다. 한국인들은 새로운 주권국가 수립을 위해 분주하게 움직였고, 8월부터 연말까지 약 5개월여의 기간은 한반도의 미래에 대해 미소 양국의 입장도 확정되지 않은 상황이었다. 미군은 남한에 주둔하며 '점령자'를 자처했고, 조선총독부 기구를 그대로 활용한다는 방침을 세워 한국인들의 불만을 야기했다. 소련 제25군 사령관 치스차코프 대장은 '해방자'로 왔다는 호소문을 발표했고, 상당 부분에서 자치를 허용했다. 미군이 점령군이라는 입장을 내세운 것에 비하면 낫긴 했지만, 소련의 발표문 내용 역시 선언적이었을 뿐 구체적인 정책은 없었다.

9월부터는 김일성을 비롯한 동북항일연군 계열의 사회주의자들이, 12월에는 조선독립동맹 소속 활동가들이 중국과 소련 등지에서 북한으로 귀국했다. 김일성은 1945년 10월 14일 평양 공설운동장에서 열린 소련군 환영대회에 최초로 공식 등장했다. 그는 7만여 군중이 운집한 가운데

"힘 있는 사람은 힘으로, 지식 있는 사람은 지식으로, 돈 있는 사람은 돈으로"라며 전 민족이 건국 사업에 동참할 것을 요구하며 북한 정치의 중심으로 떠올랐다. 당시 김일성이 예상과 달리 너무 젊어 보여 한때 가짜 소동을 빚기도 했지만, 오늘날 수많은 관련 자료가 공개되어 그가 항일운동에 참여한 적이 없다는 이른바 '김일성 가짜설'은 더 이상 학문적으로 논할 가치가 없는 것으로 판명되었다. 물론 김일성이 속했던 조선인민혁명군이 완전히 독자적으로 활동했다는 북한의 주장 역시 사실이 아니며 중국공산당의 지도 아래 있었던 것으로 드러났다.

초기에 주도권을 잡은 것은 조만식을 비롯한 민족주의 세력이었다. 이들은 각지에 인민위원회를 수립했고, 소련은 이들을 통해 우호적인 세력을 육성하기 위해 노력했다. 김일성으로 대표되는 사회주의 계열은 주로 해외에서 활동했기에 국내 연고가 약했다. 조만식으로 대표되는 기독교 민족주의 세력(조선민주당)은 도시를 중심으로 교세를 유지했기에 농촌에 깊이 뿌리내리지 못했으며, 농촌에서 지주제가 발달하고 소작쟁의가 심해지는 동안 농민의 처지를 적극 대변하거나 농민운동에 나서지 못했다는 약점이 있었다. 기독교 민족주의를 대표하는 조만식은 마르크스주의 유물론에 반대했지만, 사회주의 정책에 대해서는 비교적 호의적인 편이었다.

그러나 1946년 '탁치정국'의 소용돌이는 좌우익의 분열을 가져왔고, 이전까지 소련과 사회주의 세력에 대해 협조적이던 조만식이 신탁통치 반대를 천명하자 소련은 조만식을 연금했다. 그가 연금되자 조선민주당 내 조만식 계열에 속했던 이들이 대거 월남하면서 북조선 임시인민위원회는 사회주의자들과 그들에게 우호적인 인물들을 중심으로 구성되었다.

북조선 임시인민위원회는 1946년 3월 5일 토지개혁을 시작으로 남녀평등권, 주요 산업 국유화, 노동법령 공포, 사법 재판기관 개혁 등 일련의 개혁 작업을 통해 인민 민주주의적 국가 건설의 토대를 구축해 나갔다. 토지개혁을 통해 지주 계급이 몰락하고 상당수의 농민이 사회주의적 개혁의 지지 세력이 되었다.

1946년 11월 북한 전역에서 도·시·군 인민위원회 선거가 치러졌고, 북조선인민위원회가 수립되었다. 이 선거는 앞으로 북한에 수립될 정권의 정당성을 확보하는 행정 절차였고, 정식 국가는 아니더라도 남한과 구별되는 별도의 정권이 북한에 탄생했음을 의미했다. 이 시기를 전후해 북한은 소련을 비롯해 동유럽 국가들의 헌법 체제를 연구하며 독자적인 헌법 마련을 위한 초읽기에 들어갔다.

그 시기 남한 역시 단독 정부 수립을 위해 내달리고 있었다. 1948년 2월 북한 임시헌법 초안이 북조선인민회의에 제출되었고, 그해 8월 15일 남한에 대한민국 정부가 수립되자 바로 다음 달인 9월 9일 조선민주주의인민공화국 헌법이 채택되면서 북한 정부가 수립되었다. 이후 한반도에는 통일국가 대신 분단 체제가 자리잡았다.

⇒　『북한의 역사 1·2』, 역사문제연구소·김성보 지음, 역사비평사, 2011

사대 질서와 만국공법

사대 질서란 "큰 것이 작은 것을 어여삐 여기지 않는다면 작은 것은 큰 것을 섬기지 않는다"라는 사대자소事大字小에서 비롯된 것으로 이를 '예'의 개념으로 상징화하여 국제 질서에 적용한 것이다. '예'란 황실과 제후, 제후와 제후 그리고 중국과 오랑캐 사이에 적용되는 정치 규범이며 중국의 천하를 구성하는 기본 원리였다. 사대 질서 또는 화이華夷 체제란 중국의 외교적 승인을 의미하는 책봉冊封, 사대 질서를 수용한다는 의미에서 역법曆法을 수용하는 봉삭奉朔, 제후국 왕이 황제에게 표表와 공貢을 바치면 황제가 답례하는 조공회사朝貢回賜로 이루어졌다. 이러한 질서가 미치는 지역이 '천하'였고, 그 밖의 지역은 오랑캐였다.

1793년 청과 외교 관계를 수립하기 위해 파견된 영국 외교관 조지 매카트니는 건륭제에게 삼배구고두례, 즉 황제에게 머리를 조아리는 예법을 거부했다. 1816년에 파견된 윌리엄 애머스트 역시 영국식 예법을 고집해 만남이 이루어지지 못했다. 이후 두 차례의 아편전쟁에서 뼈아픈 패배를 경험한 중국은 서구 열강이라는 오랑캐의 국제 질서를 새로 배워야 했다. 1863년 9월 10일 중국 주재 미국공사관의 통역관이자 선교사였던 35세의 W.A.P. 마틴(1827~1916)이 미국 공사 벌링게임과 함께 책 한 권을 들고 중국의 총리각국사무아문을 방문했다. 그의 손에 들려 있던 책은 H. 휘튼의 국제법 저서를 한역漢譯한 『만국공법』이었다.

유럽의 공법 체제는 종교전쟁을 마무리 짓기 위해 맺은 베스트팔렌 조약에서 비롯되었다. 사대 질서가 중국을 중심으로 한 수직적인 체제였다면, 공법 질서는 주권적이고 독립적인 이른바 '근대국가'를 기초 단위로 이를 넘어선 상위의 존재를 인정하지 않는다는 점에서 수평적 체제로 보였다.

중국·일본·조선은 이 체제를 수용한다면 서구와 최소한 대등한 관계를 수립할 수 있으리라 여겼다. 그러나 공법 질서는 이미 제국주의적 팽창을 거듭하고 있던 유럽 문명의 세계관을 반영한 것으로, 그 실상은 동양 각국의 기대와 크게 달랐다. 후쿠자와 유키치는 1878년 『통속국권론』에서 "100권의 만국공법은 몇 문의 대포만 못하고, 몇 권의 화친조약은 한 통의 탄약만 못하다. 대포와 탄약은 있는 도리를 주장하기 위한 준비가 아니라 없는 도리를 만들어 내는 기계다"라고 말했다.

⇒ 『만국공법』, 김용구 지음, 소화, 2014

9·11 테러

2001년 9월 11일 화요일 아침, 4대의 민간 항공기가 이슬람 테러 단체(알카에다)에 납치당했다. 오전 8시 46분, 뉴욕에 위치한 110층짜리 건물인 쌍둥이빌딩 북쪽 타워(제1 세계무역센터) 93층과 99층 사이에 첫 번째 비행기(아메리칸항공 11편)가 충돌했다. 잠시 후인 9시 6분경, 시속 950킬로미터로 비행하던 두 번째 비행기(유나이티드항공 175편)가 남쪽 건물(제2 세계무역센터) 77층과 85층 사이에 충돌했다. 9시 15분 세계 주식시장의 모든 선물·옵션 거래가 중지되었고, 15분 뒤 워싱턴에 위치한 국방부 펜타곤 건물 1층과 3층 사이로 세 번째 비행기(아메리칸항공 77편)가 시속 853킬로미터로 충돌했다. 9시 58분 59초경 세계무역센터 남쪽 건물이 완전히 붕괴했고, 잠시 뒤인 10시 3분 마지막 네 번째 비행기(유나이티드항공 93편)가 펜실베이니아주 생크스빌 인근 들판에 추락했다. 네 번째 비행기가 겨냥한 곳이 어디였는지는 정확히 밝혀지지 않았지만, 백악관이나 미국 국회의사당이었으리라 추정된다. 10시 28분 22초경 세계무역센터 북쪽 건물이 완전히 붕괴했고, 그 충격으로

47층짜리 세계무역센터 부속 건물이 무너졌다.

세계 최강대국의 정치·경제 중심지 뉴욕이 하루아침에 테러의 공포에 사로잡혔다. 이 사건으로 항공기 4대에 탑승했던 승객 266명을 비롯해 2,977명이 사망하고 2만5천 명 이상이 부상을 입었다. 재산 피해는 최소 100억 달러로 추정된다. 세계 역사상 가장 많은 사망자가 발생한 테러이자 미국 역사상 단일 사건으로 가장 많은 소방관(340명)이 사망한 사건이기도 하다. 사건 발생 직후 미국은 오사마 빈 라덴과 알카에다를 용의자로 지목했고, 테러와의 전쟁이라는 명분을 내세워 보복 전쟁을 개시했다.

1966년에 출범한 세계미래학회는 미국 메릴랜드주에 본부가 있으며 세계 약 80개국의 미래학자 2만여 명이 회원으로 가입해 있다. 이들은 매해 7월에 미래예측포럼을 개최하고, 주요 예측을 골라 격월간지 『더 퓨처리스트』에 게재한다. 1978년 이 잡지는 아랍권에 테러리스트가 창궐하면서 뉴욕의 세계무역센터(쌍둥이빌딩)가 테러의 표적이 될 것이라고 예측했다. 그러나 당시에는 누구도 이런 예측에 주목하지 않았다. 설령 주목했다 하더라도 미국이 이를 해결하거나 회피하려고 어떤 대책을 마련했을지 상상해 보는 일은 의미가 없어 보인다. 9·11 테러 사건 직후 미국이 보인 반응을 살펴보는 것만으로도 충분하기 때문이다.

미국은 테러 당일 거의 즉각적으로 테러의 배후를 오

사마 빈 라덴으로 지목했고, 그로부터 불과 한 달이 지나기 전에 아프가니스탄에 무력 보복을 가했다. 2003년 3월 20일에는 이라크를 전격적으로 침공했다. 9·11 테러 이후 2년간 미국의 대응은 모두 무력을 사용한 응징이었고, 이는 유엔을 비롯한 국제사회의 동의 없이 일방적으로 치러진 침략 전쟁이었다. 미국의 전쟁을 국제사회는 '예방 전쟁'이라며 비판했다. 예방 전쟁이란 '적의 공격이 임박했고, 먼저 치는 것이 적의 공격을 허용하는 것보다 낫다는 믿음에 기초하는 전쟁'으로, 역사적으로 미국이 적대 세력으로 간주해 온 대상에게 즐겨 사용한 외교 방식이다.

사회심리학적 현상을 다루는 용어 가운데 '자기실현적 예언'이라는 말이 있다. 어떤 상황을 현실로 규정하면 결과적으로 이러한 상황이 현실이 된다는 것인데, 어떤 일이 발생할 것이라고 예측하고 그 기대가 실현되는 것은 자신이 순전히 그렇게 될 것이라고 믿고 그 믿음에 따라 행동을 맞춰 가기 때문이다. 9·11 테러가 아랍과 이슬람 그리고 제3세계에서 벌인 미국의 외교정책과 행동의 결과라면, 이후 벌어진 일들 역시 앞으로 벌어질 일들의 원인이 될 것이다. 폭력을 예방한답시고 다른 폭력을 행사한다면 제아무리 세계 초강대국이라도 폭력의 굴레를 벗어나기 어려울 것이다.

⇒ 영화 『엄청나게 시끄럽고 믿을 수 없게 가까운』, 스티븐 달드리 감독, 2011

복면강도 안희제

한국판 노블레스 오블리주의 상징으로 '경주 최부자'를 손에 꼽는다. 경주 최부자 가문은 9대에 걸쳐 진사를 배출했지만, 권력과 부를 동시에 갖는 것은 옳지 않은 일이라 하여 진사 이상의 벼슬은 하지 말라는 이른바 '최부자 육훈'이 전해져 온다. 그 여섯 가지 원칙은 "진사 이상의 벼슬을 금지하는 것을 비롯해 만석 이상의 재산을 모으지 말 것, 과객을 후하게 대접할 것, 흉년에 재산을 늘리지 말 것, 100리 안에 굶어 죽는 사람이 없게 할 것, 시집온 며느리들은 3년간 무명옷만 입을 것" 등이었다. 이 가훈 덕분에 경주 최부자 가문의 명성은 1대 최진립 장군부터 12대 독립운동가 최준 선생으로까지 이어졌다.

경주 부자 최준의 집에 어느 날 복면강도가 들어와 목에 칼을 들이대고 잠을 깨웠다. 강도는 최준에게 수표책을 꺼내 액수를 적도록 한 뒤 "언제까지 돈을 입금하겠느냐"라고 물었다. 최준은 수표책에 도장을 찍고 보름 뒤까지는 입금하겠다고 말하면서도 내심으로 수표를 무효로 만들면 될 텐데, 참으로 우스운 강도라고 생각했다. 그의 생각을 알아

챘는지 강도가 복면을 벗고 얼굴을 드러냈다. 그는 백산 안 희제(1885~1943)였다.

안희제는 1885년 9월 12일 경남 의령 설뫼마을에서 부유한 천석지기 양반가의 자식으로 태어났다. 1905년 을사보호조약이 체결되자 "나라가 망했는데 선비가 어디에 쓰일 것입니까"라며 신학문을 배우고자 상경해 양정의숙을 졸업한 뒤 1911년 망명길에 올랐다. 1914년 귀향한 안희제는 고향의 노비들을 해방시키고 전답을 팔아 부산에 백산상회를 세웠다. 최준은 그의 상회에 거금을 투자한 투자자이자 뜻이 맞는 동지였다. 그러나 안희제는 돈을 벌려는 목적만으로 백산상회를 운영한 것이 아니었다. 독립운동도 돈이 있어야할 수 있는 일이었기에 상하이 임시정부는 만주와 하와이는 물론, 연통제를 이용해 국내에서도 독립 자금을 모으려고 애썼다. 백산은 임시정부에 독립 자금을 지원하려고 많은 노력을 기울였고, 그중 하나가 복면강도였다. 일본 경찰은 그의 활동을 의심했지만 무역 거래 형태로 장부를 꾸몄기 때문에 물증을 찾아내지 못했다. 다른 한편으로는 동업자이자 뜻 맞는 동지였던 최준 역시 그가 정말로 상하이 임시정부에 자금을 보내고 있는지 의심했다.

해방 뒤 고국으로 돌아온 임시정부의 김구 주석은 경교장으로 최준을 초대한 자리에서 독립 자금을 대 주어 고맙다는 인사와 함께 그동안 임시정부에 보낸 자금명세서를 보여 주었다. 그 자리에서 최준은 자신이 안희제에게 건네 주었던 돈과 백범이 보여 준 명세서 금액이 완전히 일치하는 것을 확인했다. 이런 사실을 확인한 최준은 경교장 2층 마루에 나가 백산의 무덤이 있는 남쪽을 향해 큰절을 올린 뒤 "내가 준 돈의 절반만이라도 임정에 전달됐으면 다행이라고 생각하며 백산을 의심했다"라며 목 놓아 울었다.

안희제는 1942년 11월, 일제가 민족 말살 정책의 일환으로 대종교의 민족 지도자들을 체포한 임오교변壬午教變 사건으로 체포되었고, 모진 고문을 당했다. 감옥에서 고문 후유증에 시달리던 그는 1943년 9월 2일 병보석으로 풀려난 지 몇 시간 만에 숨졌다. 안희제의 후손들은 이승만 자유당 정권 아래에서 핍박당하다가 1962년에 가서야 건국공로훈장을 받았다. 최준은 해방 후 인재양성을 위해 전 재산을 들여 대구대학을 설립했으나 박정희 정권 시절 자신의 의사와 무관하게 박정희와 이병철의 담합으로 영남대학에 강제 통합되며 민족 인재 양성의 꿈이 좌절되었다. 오늘날 셀 수 없이 많은 기업인이 있지만, 백산과 경주 최부자 같은 이가 얼마나 있을까.

⇒ 『한국인의 돈』, 김열규·곽진석 지음, 이숲, 2009

성 패트릭 부대

멕시코-미국 전쟁(1846~1848)은 미국의 텍사스 합병에 격분한 멕시코와 캘리포니아, 뉴멕시코, 유타처럼 인구 밀도가 낮은 멕시코 영토를 탐낸 미국 사이에서 벌어졌다. 이 전쟁에서 미국은 멕시코로부터 50만 제곱마일(129만5천 평방킬로미터)의 땅을 강탈해 현재의 국경선을 완성하고, 아메리카 대륙에서 가장 강력한 국가가 되었다.

영화『알라모』(1960)에 묘사된 것처럼 멕시코-미국 전쟁에서 본래 멕시코 국적이었던 텍사스인은 미국을 위해 싸웠다. 그러나 모두가 그랬던 것은 아니었다. 멕시코를 침공한 미군 가운데서 아일랜드 출신 가톨릭 신자 중 일부는 탈영해 멕시코 진영으로 건너갔다. 이들을 가리켜 성 패트릭 부대라고 불렀다.

아일랜드 감자 대기근 사태(1845~1952)로 수많은 아일랜드인이 미국으로 이주했다. 이들은 안정된 급여와 미국 시민권을 획득하기 위해 군에 입대했지만, 청교도WASP의 나라 미국은 가난한 아일랜드 출신의 가톨릭 이민자를 천대했다. 특히 군에서 아일랜드 출신의 가톨릭 신자는 열등한 군인으로 간주돼 가장 힘들고 더러운 작업을 맡았으며, 승진 기회는 적고 작은 과오로도 가혹한 벌칙을 받았다. 주일 미사 대신 참석해야 했던 개신교식 예배에서 목사들은 이들의 신앙을 모욕했다. 멕시코는 차별과 편견에 지친 이들에게 돈과 땅을 약속했지만, 이들이 모두 금전적 유혹 때문에 넘어간 것은 아니었다. 성 패트릭 부대에는 아일랜드인뿐 아니라 독일·프랑스·영국·폴란드 사람들을 비롯해 흑인 노예들도 상당수 포함되어 있었다. 이들은 미군이 멕시코에서 벌인 잔혹행위에 몸서리쳤던 병사들이었다.

전쟁 기간에 수천 명의 병사들이 탈영해 성 패트릭 부대의 일원이 되었다. 초기에는 포병대로 출발했지만 전투가 거듭되면서 대포가 파괴되자 성 패트릭 부대원들은 보병대로 전환해 전투에 나섰다. 아일랜드 출신의 존 라일리가 이끈 성 패트릭 부대는 전쟁 기간 내내 용감하게 싸웠고, 멕시코 정부로부터 여러 차례 훈장을 받았다. 1847년 8월 20일 추루부스코 전투에서 미군의 공격을 받은 멕시코군은 항복하기 위해 세 번이나 백기를 올리려고 했지만, 그때마다 성 패트릭 부대원들이 항복 깃발을 빼앗아 찢어 버렸다. 이들에게는 돌아갈 곳이 없었기 때문이다. 그러나 탄약이 떨어져 더 이상 저항할 수 없게 되자 존 라일리를 비롯해 성 패트릭 부대원 생존자 가운데 85명이 미군 포로가 되었다. 이들 중 72명은 탈영병이었기 때문에 군사재판을 받았고, 나머지 사람들은 애초에 입대한 적이 없었으므로 군사 재판조차 받지 못했다.

탈영병 출신 포로들은 신체에 탈영병deserter을 의미하는 낙인인 알파벳 'D'가 새겨졌다. 재판을 받은 이들 중 50명에게 교수형이 언도되었고, 9월 10일 16명에 대한 교수형이 실시되었다. 일부는 형이 집행되기 전에 총에 맞아 죽거나 부상으로 죽었다. 9월 13일 미군의 차풀테펙 요새 공격이 시작될 무렵, 나머지 대원 30명은 목에 밧줄을 매고 요새가 잘 보이는 위치에 세워진 교수대에 서서 형 집행을 기다렸다. 마침내 차풀테펙 요새 첨탑 위에 멕시코 깃발 대신 성조기가 나부끼자 사형 집행 명령이 떨어졌다. 이날 교수형에 처해진 이들 중 한 명인 프랜시스 오코너는 사형 집행일 전날 부상으로 썩어 가던 두 다리를 모두 절단하는 수술을 받았다. 오늘날 미국에서는 이들의 존재를 기억하는 이가 드물지만, 멕시코 정부는 오늘날에도 이들의 영웅적인 행동을 기리고 있다.

⇒ 『멕시코의 역사』, 멕시코대학원 엮음, 김창민 옮김, 그린비, 2011

불꽃의 승부사

한국 야구사는 구한말이던 1905년 미국인 선교사 필립 질레트가 황성 YMCA 야구단을 조직하면서 시작되었다고 하지만, 실제로는 1899년 인천 영어야학회(1895~1904, 인천고등학교의 전신)에서 이미 '베이스볼' 경기를 치렀다는 기록이 남아 있다. 한국 야구 120년 역사 이래 수많은 스타들이 명멸했다. 축구의 '차범근'처럼 야구 하면 '최동원'(1958~2011)이던 시절이 있었다.

최동원의 생애는 불꽃 같은 강속구와 낙차 큰 커브를 연상시켰다. 1983년 프로에 데뷔한 그는 8시즌 동안 통산 103승 74패 26세이브, 통산 방어율 2.46과 1,019개의 탈삼진을 기록했다. 기록만 놓고 보면 후배이자 호적수였던 선동열의 통산 146승 40패 132세이브, 통산 방어율 1.20에 크게 못 미친다. 그럼에도 시대가 흐를수록 최동원은 기록 이전에 그 삶으로 기억된다. 그는 아마추어 야구 시절부터 최강자로 군림했다. 경남고 2학년 때 전국우수고교초청대회에서 당시 고교야구 최강자였던 경북고를 상대로 노히트노런을 기록했고, 다음 경기인 선린상고전에서도 8회까지 노

히트노런을 이어 가 '17이닝 연속 노히트노런'이라는 대기
록을 세웠다.

이후 야구 만화에는 항상 그를 연상시키는 금테 안경
의 강속구 투수 캐릭터가 등장했다. 뛰어난 기록 덕분에 해
외 리그의 주목을 받았지만, 시대를 앞서 태어난 탓에 그에
게는 해외 진출 기회가 주어지지 않았다. 1977년 일본 롯데
오리온즈(현 지바 롯데 마린스)의 가네다 마사이치 감독이
그를 양자로 들이는 조건으로 입단을 추진한 일이 있었다.
최동원은 "아무리 큰물에서 야구를 하고 싶다고 해도 일본
인의 양자로 들어가는 건 있을 수 없는 일"이라며 거절했다.
1981년 캐나다에서 열린 대륙간컵 대회에서 캐나다를 상대
로 8회까지 퍼펙트게임을 기록하며 대회 최우수선수로 뽑
히자 메이저리그 구단들이 그에게 군침을 흘렸다. 그러나
이번에는 병역 문제가 발목을 잡았다.

이듬해 국내 프로야구가 출범하면서 해외 진출 대신
한국 프로야구에 전념하기로 마음먹지만, 그는 원년 멤버
로 참여할 수 없었다. 서울에서 개최되는 세계야구선수권
대회에 국가대표로 차출되었기 때문이다. 원년 우승팀의
에이스였던 박철순은 그의 대학 선배였다. 최동원은 대학
시절 박철순에게 후배가 건방지다는 이유로 여러 차례 얼
차려 구타를 당했고, 그 때문에 허리에 심각한 부상을 입어
은퇴할 때까지 고생했다. 우여곡절 끝에 프로에 데뷔한 최

동원의 첫해 성적(방어율 2.89에 9승 16패)은 평범했지만, 이듬해에는 선발과 중간을 오가며 27승 13패 방어율 2.40을 기록하며 팀을 한국시리즈로 이끌었다. 당시 한국 프로야구는 전·후기 우승팀이 맞붙는 형태로 한국시리즈를 진행했다. 롯데의 강병철 감독은 1·3·5·7차전에 최동원을 투입해 4승 3패로 최종 승리한다는 계획을 세웠다.

최고 구속이 시속 155킬로미터에 달하는 강속구와 강한 어깨로 아마추어 야구 시절부터 '철완, 무쇠팔'로 불렸던 최동원은 1984년 한국시리즈에서 혼자 4승을 따내 팀 창단 후 첫 우승(1차전 완봉승, 3차전 완투승, 5차전 완투패, 6차전 구원승, 7차전 완투승)을 가져왔다. 최동원은 역대 한국시리즈에서 4승(한국시리즈에서만 40이닝 투구)을 거둔 유일한 선수지만, 이는 앞으로 다시 나와선 안 될 만큼 선수를 혹사시킨 기록이었다.

최동원은 이후 1987년까지 해마다 10승 이상을 기록하며 200이닝 이상을 던졌다(통산 완투 2위, 통산 완투율 1위, 단일 시즌 최다승 2위, 역대 유일 5년 연속 200이닝-14완투). 최동원이 한국 프로야구의 전설로 기억되어야 할 이유는 기록과 성적 때문만이 아니다. 당시 한국 프로야구는 선수들을 무리하게 혹사시켜 선수 생명을 단축시키는 일이 비일비재했고, 연습생 선수들은 최저생계비조차 보장받을 수 없었다. 최동원은 억대 연봉을 받는 최고의 선수였지만,

1988년 8월 후배였던 김대현(해태 타이거즈 소속 투수)이 갑작스러운 교통사고로 세상을 떠나는 사건을 경험하면서 심각한 선수 복지 문제를 해결하기 위해 선수협의회 결성에 앞장섰다(사실 최동원은 1987년 6월 항쟁 당시 경기장으로 출근하던 길에 롯데 선수 점퍼를 입고 시위에 참여한 적이 있다).

구단은 물론 동료 선수, 사회에서도 프로야구 선수가 무슨 노동조합이냐며 눈을 치켜떴다. 나대기를 좋아하는 성격 탓에 문제를 일으킨다고 비난하는 목소리도 있었다. 이때 그에게 법률 자문을 해 준 이가 문재인(제19대 대통령) 변호사였다. 이 일로 미운털이 박힌 최동원은 롯데에서 삼성으로 트레이드되었고, 1991년 시즌 개막을 앞두고 불과 32세의 나이로 은퇴를 선언했다. 이후 2001년 한화 이글스 투수 코치로 복귀할 때까지 그는 야구인이 아니라 야인으로 살아야 했다. 한화 이글스 2군 감독으로 활동하던 2007년 대장암 초기 진단을 받았고, 2011년 9월 14일 54세의 젊은 나이로 세상을 떠날 때까지 그는 자신의 병을 숨겼다. 같은 해 9월 30일 롯데 자이언츠는 팀 창단 이래 최초로 최동원의 등번호 11번을 영구 결번으로 지정했다. 불꽃의 승부사 최동원은 한국 프로야구가 기억해야 할 진정한 전설이다.

⇒　『내 가슴의 심장, 최동원』, 김정자 지음, 꿈틀, 2021

인천상륙작전

미군은 인천에 세 번 상륙했다. 첫 번째는 1871년에 벌어진 신미양요(1871년 6월 1일~11일)로, 제너럴셔먼호 사건의 책임과 통상 교섭을 명분으로 강화도에 상륙해 광성보 전투에서 어재연 장군을 비롯한 수비 병력 대다수를 전멸시키고 떠났다. 이때 조선군 진영에 휘날리던 수자기는 미 해군의 전리품이 되어 미국 아나폴리스 해군사관학교 박물관에 소장되어 있다가 2007년 10월 19일 136년 만에 한국으로 귀환했다. 미국은 신미양요를 '조선 원정'이라고 불렀다. 두 번째는 태평양전쟁 종전 후 38도선 이남의 일본군을 무장 해제하고, 조선을 점령해 군정을 실시하고자 1945년 9월 8일 인천항에 상륙한 것이었다. 그리고 마지막 세 번째는 1950년 9월 15일 맥아더 장군의 인천상륙작전이었다.

6월 25일 한국전쟁이 발발하고 한 달여 만에 북한은 낙동강 일대의 일부를 제외한 남한 전체 영토의 90퍼센트를 점령했다. 벼랑 끝에 몰린 상황에서 맥아더 사령관은 조수 간만의 차가 큰 인천에 상륙해 전세를 단숨에 역전하겠다는 계획을 수립했다. 인천이 선택된 이유는 서울 수복을 위한 지리적 근접성과 항만 시설(인천항), 항공 시설(김포공항), 이동 수단(경인선) 확보에 용이하며 한반도의 군사적 요충지로서 낙동강 전선에 집중되어 있던 북한군의 퇴로와 보급로를 차단할 수 있기 때문이었다. 이런 상황은 북한도 이미 알고 있었다. 중국이 미군의 인천 상륙 가능성을 수차례 경고했고, 북한 역시 나름대로 병력을 배치해 저항했지만, 미 공군의 무차별 폭격과 화력을 감당하기 어려웠을 뿐만 아니라 일진일퇴를 거듭하고 있는 낙동강 전선의 주력 병력을 뺄 수 있는 상황이 아니었다.

인천상륙작전은 결과적으로 대성공을 거뒀지만, 작전 수행 과정과 이후의 전개에서 성공적이라고 평가하기 어려운 점들이 있다. 인천은 불과 석 달 동안 두 번의 해방을 겪었다. 한 번은 북한이 주장하는 해방이었고, 다른 한 번은 미군 상륙으로 이루어진 해방이었다. 미군은 상륙 작전이 전개되기 5일 전인 9월 10일, 폭격기 43대를 동원해 네이팜탄을 투하했고, 월미도 일대를 초토화했다. 이 과정에서 최소한 228명 이상의 민간인이 희생당했다. 희생자 대부분은 부녀자와 노인이었다. 월미도의 민간인 피해자와 그 유가족은 이런 사실을 언급하는 것만으로도 한미 동맹을 해친다는 이유로 오랫동안 침묵해야 했다. 군사적으로도 인천에 상륙한 이후 서울 수복까지 13일이 걸려, 북한군이 주력을 후퇴시킬 수 있는 시간을 주었다. 무엇보다 인천상륙

작전의 성공은 결과적으로 맥아더의 자만과 방심을 불러왔다.

작전 성공 이후 북한이 패퇴하기 시작했고, 미군과 국군은 파죽지세로 북진을 거듭했다. 트루먼 대통령은 유엔군이 38선 이북까지 진입할 권한이 있는지, 북진을 계속하면 중국과 소련의 개입 가능성은 없는지 의구심을 품었다. 실제로 중국은 여러 차례 개입 가능성을 경고했다. 그러나 맥아더는 중국의 참전 가능성을 일축했다. 9월 27일, 맥아더 장군에게 소련과 중국이 개입하지 않을 것이라는 가정 아래 38선 이북 지역에서 군사 작전을 수행할 수 있는 권한이 부여되었다. 맥아더는 압록강과 두만강까지 진격하면 적이 발붙일 땅이 없어진다며 진격 속도를 높이도록 명령했고, 이 전쟁은 크리스마스 전에 끝난다고 호언장담했다. 38선을 돌파한 국군과 미군은 10월 19일 평양을 점령하고 10월 26일에는 압록강까지 진격했다.

속도 경쟁에 나선 그의 휘하 병력들은 산악 지대를 피해 진격하기 쉬운 지형을 따라 이동했고, 그 사이로 중국의 인민지원군이 스며들었다. 1950년 11월 26일 함경남도 개마고원 지역의 장진호 일대에서 중국군에게 포위당한 미군은 17일간의 치열한 사투 끝에 간신히 포위망을 뚫고 탈출했지만, 이후 미군과 한국군을 비롯한 유엔군은 1951년 1월 4일 중국군에게 밀려 다시 한 번 서울을 빼앗기고 말았다.

맥아더는 트루먼 대통령에게 중국의 목표물 21곳에 26개의 핵폭탄을 투하해 달라고 요구하는 한편, 병력을 증강하지 않으면 한반도의 공산화는 피할 수 없다면서 트루먼을 압박했다. 맥아더는 휴전 논의가 진행되는 와중이던 1951년 3월 중국을 전면 공격할 것을 주장하는 성명을 발표하는 등 트루먼 대통령에게 여러 차례 공개적으로 도전하며 스스로 대통령이 될 야심을 드러냈다.

결국 트루먼은 맥아더를 해임했다. 미국 전역에서 그의 해임에 반대하는 시위가 벌어졌지만, 맥아더에 대한 의회 청문회가 진행되면서 그의 대중적 인기는 얼마 지나지 않아 모래성처럼 사그라지고 말았다. 그의 말대로 노병은 죽지 않고 사라졌다.

⇒　『맥아더와 한국전쟁』, 이상호 지음, 푸른역사, 2012

사막의 사자

1911년 9월, 이탈리아는 오스만제국의 식민지였던 리비아 트리폴리항에 3일에 걸쳐 함포 사격을 가했다. 이후 오스만제국은 리비아에서 철수했고, 이탈리아가 무주공산이 된 리비아를 정복하는 것은 어린애의 손목을 비트는 일만큼 쉬워 보였다. 그러나 이때부터 무려 20여 년에 걸쳐 리비아 민중은 이탈리아에 저항했다. 시골 마을에서 아이들에게 쿠란을 가르치는 교사(이맘)였던 오마르 알 무크타르(1862~1931)가 이끄는 저항군은 철저한 게릴라 전술을 구사하며 근대 무기로 무장한 이탈리아군을 괴롭혔다.

1921년 정권을 장악한 무솔리니에게 리비아는 과거 로마의 영광을 재현할 성지로 보였다. 그는 에티오피아 전선에서 명성을 쌓은 로돌포 그라치아니(1882~1955) 장군을 파견해 리비아를 정복하라고 명령한다. 그라치아니 역시 무크타르를 촌부로 여겼으나 점차 그의 탁월한 지도력과 게릴라 전술에 휘말려 치욕적인 패배를 경험한다. 이후 그라치아니는 한편으론 협상을 제안하고, 다른 한편으론 무자비한 청야 작전을 펼쳤다.

산악 지대에서 무크타르 저항군이 계속 승리하는 동안 이탈리아군은 인부 수천 명을 동원해 사막에 수천 톤의 가시철조망을 설치했다. 12만5천여 명에 이르는 민간인이 살인적인 강제수용소에 수용되었고, 사막을 이동하려는 유목민과 저항군은 철조망 사이에서 기관총 세례를 받았다.

결국 '리비아의 태양'이라 불리던 무크타르도 부상당한 채 생포되고 말았다. 그들은 백발이 성성한 무크타르의 손과 발에 족쇄를 채워 전리품처럼 전시했다. 이탈리아는 늙은 반군 지도자를 재판정에 세웠지만, 그의 입에서는 자신의 죄를 인정하는 말 대신 "도대체 누가 누구를 재판하는 거냐"라는 반문만 나왔다.

감옥에 갇힌 늙은 죄수의 인격과 굳은 의지는 이탈리아인 간수들에게 커다란 감명을 주었다. 무크타르는 공개된 장소에서 교수형에 처해졌는데, 마지막으로 남길 말은 없느냐는 질문에 쿠란의 한 구절을 인용해 다음과 같이 말했다. "우리는 신에게서 왔고, 언젠가는 다시 신에게로 돌아간다." 무크타르와 함께 20여 년간 이어지던 리비아 민중항쟁은 1931년 9월 16일 그의 사형과 함께 사실상 종결되었다. 무크타르의 초상은 리비아의 10디나르 화폐에 새겨져 있다.

⇒   영화 『사막의 라이온』, 무스타파 아카드 감독, 1981

88서울올림픽

광주의 피 냄새가 채 가시지 않았던 1981년 9월 30일, IOC 위원 79명의 투표 결과를 발표하는 서독 바덴바덴. 사마란치 IOC위원장의 입에서 떨어진 한마디로 역사가 시작되었다. "쎄울." 전국 어딜 가든 도처에 '88'이 있었다. 중국이 2008년 베이징올림픽 개막식을 2008년 8월 8일 8시 8분에 시작하는 것을 두고 호들갑스럽다며 웃었지만, 한국 역시 20년 전인 1988년 서울올림픽을 준비하며 도처에 '88'을 가져다 붙였다. 88고속도로가 건설되었고, 강변북로의 반대는 강변남로가 아니라 88올림픽대로라고 불렸다. 애연가의 사랑을 받던 '솔'을 제치고 '88'이 1등 담배로 올라섰고, 심지어 신형 전차도 '88전차'라고 명명했다.

일본은 한국이 올림픽 유치를 포기하면 그 대신 1986년 아시안게임의 서울 유치를 보장하겠다는 빅딜을 제안했지만, 한국은 제안을 거절하고 정면승부에 나섰다. 서울 52표, 나고야 27표. 서울을 뽑지 않아야 할 이유가 많은 나라들(소련을 비롯한 동구권 국가들이 최소 20퍼센트)도 있었지만 서울이 1988년 하계올림픽 개최지로 확정되었다.

세계 사람들 대다수가 대한민국 서울이 어디에 붙어 있는지도 잘 모르던 시절이었다. 그 시절 미국에 수출된 현대차는 휴가철에 구입해 휴가지에 버리고 돌아와도 아깝지 않을 만큼 저렴해서 잘 팔린다는 우스개가 있었을 만큼 한국은 값싼 노동력을 이용해 저가의 '가성비' 제품을 수출하는 나라였다. 과연 한국이 올림픽을 개최할 수 있는 나라인지 세계가 의심했고, 우리 스스로도 의심했다.

　게다가 직전에 열렸던 몇몇 올림픽이 이런저런 이유로 실패하거나 반쪽짜리가 되었다. 1972년 뮌헨올림픽에서 발생한 테러 이후 올림픽 개최국은 보안 문제를 고민하지 않을 수 없었고, 1976년 올림픽 개최지였던 몬트리올은 올림픽 적자로 파산했다. 1980년 모스크바올림픽에는 소련의 아프가니스탄 침공에 항의하며 미국·캐나다·서독·한국·일본을 포함한 50여 개국이 불참했고, 중소 국경 분쟁을 겪은 중국도 불참했다. 1984년 LA올림픽에는 모스크바올림픽 불참에 대한 항의로 소련·동독·알바니아 등 동구권 국가와 이란·리비아 등 미국과 불편한 관계에 있던 나라들이 불참했고, 루마니아·유고슬라비아·중국이 참가했다.

　한국은 올림픽 개막 직전까지 "호헌 철폐! 독재 타도!"를 외치며 시위로 날을 지새웠다. 과연 올림픽이 열릴 수 있을까? 의심받는 것도 당연했다. 국력이 총동원되었다. 단지 정부가 가진 힘만이 아니라 말 그대로 온 국민이 가진 힘이 총동원되었다. 국가의 동원만으로는 불가능한 일이었다. 학교에서는 길거리에서 외국인을 만나면 영어로 대화할 수 있어야 한다며 '올림픽 영어'를 가르쳤고, 일부 학교 학생들은 수업조차 포기한 채 밤낮으로 매스게임 준비에 동원되었다. 심지어 소매치기들조차 올림픽 기간에는 소매치기를 하지 말자고 결의했다는 전설 같은 이야기도 있다.

외국인 관광객들에게 내보이기 부끄럽다는 이유로 상계동을 비롯한 전국의 달동네 철거 작업이 진행되었다. 1986년부터 1987년까지 진행된 상계동 철거 작업에는 경찰의 방조 아래 용역깡패까지 동원되었고, 철거민 78가구는 명동성당에서 농성을 계속하다가 6월항쟁에도 참여했다. 전두환은 88올림픽을 핑계로 정권을 연장하려다가 올림픽 개최로 세계의 이목이 쏠린 탓에 도리어 공권력 발동에 제약을 받는 꼴이 됐다. 우여곡절 끝에 개최된 서울올림픽에서 한국은 금메달 12개를 획득하며 세계 4위에 올랐다.

88서울올림픽은 아직 오지 않은 미래, 냉전의 종말을 미리 감지할 수 있었던 올림픽이기도 했다. 비록 북한은 참가하지 않았지만 서로를 적대시하고 올림픽을 보이콧했던 미국과 소련 양대 진영이 모두 참가한 올림픽 직후에 베를린 장벽이 무너졌고, 동·서독이 통일을 이뤘다. 한국 국민들에게는 너무나 먼 나라였던 소련을 비롯한 동구권 사회주의국가 선수들의 이념을 초월한 매력은 경직된 이데올로기에 균열을 가져왔다. 그에 비해 당시 NBC 방송의 편파 보도를 비롯해 일부 미국 선수들이 보인 안하무인격 행태로 인해 일부 운동권들의 구호인 줄로만 알았던 '반미' 정서가 일반 시민에게도 형성돼 낯설지 않은 풍경이 되었다.

올림픽 유치는 정권의 강력한 의지로 성사됐지만 올림픽의 성공적인 개최는 국민의 희생과 노력 덕분이었다. 1988년 9월 17일, 비록 성화대에서 쉬고 있던 비둘기 떼 일부가 불에 그슬리는 소동이 있었지만 올림픽 개최 이후 한국은 자신감을 얻어 세계로 훨훨 나아갔다.

⇒ 『88 올림픽과 서울』, 서울역사박물관 지음, 서울책방, 2018

고요한 아침의 나라

1882년 조미수호통상조약이 체결되자 미국 공사 L. H. 푸트가 조선을 방문했다. 조선은 답례로 전권대신 민영익과 부대신 홍영식, 종사관 서광범을 보빙사報聘使로 파견했다. 수행원으로는 유길준·고영철·변수·현흥택·최경석 등이 함께 갔다. 1883년 7월 인천을 출발한 보빙사 일행이 남긴 사진에는 중국인 우리탕吳禮堂과 일본인 미야오카 쓰네지로와 함께 외국인 한 명이 포함되어 있다.

그는 미국인 청년 퍼시벌 로웰(1855~1916)로 당시 하버드대학을 졸업하고 1883년 5월 일본을 방문하던 중이었다. 주일 미국공사의 요청을 받은 로웰은 조선의 보빙사 일행을 미국으로 안내하는 임무를 맡았다. 1883년 8월 18일 샌프란시스코를 향해 출발한 일행은 한 달 뒤인 9월 18일 미국에서 체스터 아서 대통령을 접견하고 국서와 신임장을 제출했는데, 이 자리에서 조선에서 하듯 큰절로 예를 표시하여 당대 미국인들에게 놀라움을 주었다.

로웰은 같은 해 11월 일본으로 돌아오기까지 9명의 사절단을 수행하면서 번역 및 통역관 역할을 했고 로웰의 고향인 보스턴 일대를 방문하는 등 친분을 쌓았다. 조선으로 귀국한 홍영식이 로웰의 노고를 보고하자 고종은 그를 국빈으로 초대했고, 왕실의 초대를 받은 로웰은 12월 조선을 방문했다. 이후 그는 3개월간 한양에 머무르며 고종의 어진을 촬영했고, 조선의 정치·경제·문화·사회 등을 백과사전 형식으로 기록했다.

로웰은 기록을 정리해 1885년에 『고요한 아침의 나라 조선』이라는 책을 펴냈다. 이 말은 일본을 '떠오르는 태양의 나라'라고 부르는 것과 마찬가지로 사실 별다른 의미가 있었다기보다 '조선'朝鮮이라는 국호를 풀어 쓴 것에 불과했지만, 서구인들에게는 미지의 나라 조선에 대한 하나의 이미지를 선사했다. 이후 로웰은 미국으로 돌아가 천문학자가 되었고, 로웰천문대를 세워 명왕성을 발견하는 데 지대한 공헌을 했다.

⇒ 『내 기억 속의 조선, 조선 사람들』, 퍼시벌 로웰 지음, 조경철 옮김, 예담, 2001

유나바머

『굿 윌 헌팅』(1997)은 교육의 의미를 생각하게 하는 영화다. 천재적인 두뇌를 가졌지만 어려서 받은 학대로 누구에게도 마음을 쉽게 열지 못하는 청년 윌 헌팅. 그의 재능을 안타깝게 여긴 램보 교수는 기회를 주고 싶어 한다. 하지만 램보가 다가갈수록 헌팅은 램보를 더욱 냉소적으로 대하고 일부러 말썽을 일으킨다. 램보는 그의 마음을 돌리려고 심리상담가까지 동원하지만 결국 실패하고 만다. 램보는 마지막으로 친구 숀 맥과이어를 찾아가 그를 부탁한다.

　　두 사람은 헌팅의 진로를 놓고 논쟁을 벌인다. "1905년에 수백 명의 대학교수가 우주를 연구했지만 세계를 변화시킨 건 틈틈이 물리학을 공부한 26살 스위스 특허청 직원이었어. 아인슈타인이 친구들이랑 술타령하느라 공부를 안했다면 지금쯤 우리 생활은 달라졌을 거야." 램보가 이렇게 말하자 숀은 고개를 저으며 말한다. "그런 게 무슨 의미가 있지? 1960년대에 미시간대학을 졸업한 청년이 천재적인 수학 이론을 펼쳤지. 특히 조화수열 이론에 능했어. 그 후 청년은 버클리대학 조교수로 능력을 인정받고, 몬태나로 가서 경쟁자들을 날려 버렸어." "그게 누구지?" 램보가 묻자 손이 답한다. "카진스키야."

알베르트 아인슈타인(1879~1955)과 시어도어 카진스키(1942~). 두 사람은 모두 타고난 천재였지만 한 사람은 위대한 물리학자이자 평화운동가가 되었고, 다른 한 사람은 문명을 혐오한 폭탄테러범 유나바머가 되었다.

과학자였음에도 과학과 기술문명을 혐오했던 유나바머University & Airline Bomber는 자신의 입장을 담은 「산업사회와 그 미래」라는 선언문을 여러 언론사에 보냈다. 1995년 9월 19일, 『워싱턴포스트』는 FBI와 공조해 유나바머의 선언문을 게재했다. 이 글을 읽은 시어도어의 동생 데이비드 카진스키는 천재적인 과학자였지만 스스로 세상과 인연을 끊은 채 잠적해 버린 형이 유나바머일지 모른다는 의심이 들어 신고했고, 그 덕분에 유나바머가 체포되었다. 오늘날 과학은 종교와 윤리를 능가하는 판단 준거 중 하나가 되고 있지만, 원자폭탄과 유전공학, 인공지능처럼 인류에게 치명적인 결과를 초래할 수 있는 분야이기도 하다. 오늘날 유나바머와 아인슈타인의 거리는 얼마나 가까운가.

⇒ 『산업사회와 그 미래』, 시어도어 존 카진스키 지음, 조병준 옮김, 박영률출판사, 2006

발미 전투

프랑스혁명이 일어나자 혁명의 열기가 번져 오는 것이 두
려웠던 오스트리아, 신성로마제국, 프로이센은 공동으로
필니츠선언을 발표(1791)하며 루이 16세에게 위해를 가할
경우 신속하게 군사 행동을 전개하겠다고 경고했다. 프랑
스 국민의회도 이에 맞서 오스트리아와 프로이센에 차례로
전쟁을 선포했다.

　　그러나 주로 귀족 계층이었던 프랑스군 장교의 절반
이상이 변절하여 오스트리아와 프로이센에 붙었고, 남아
있던 장군이나 장교들 중에서도 적군의 첩자가 될 사람들
이 가득 섞여 있는 상황이었다. 국민의회는 상황을 너무 낙
관했음을 후회했지만, 때는 이미 늦어 프랑스 영토로 침공
해 온 오스트리아·프로이센에 맞선 프랑스혁명군은 한 번
의 사격 이후 허겁지겁 후퇴하는 등 연전연패를 거듭했다.
그중에서도 프로이센은 1792년 8월에서 9월 사이 롱위와
베르됭을 함락하며 그야말로 프랑스혁명군을 짓뭉개고 있
었다. 혁명은 붕괴 직전의 위기를 맞이했다.

　　흩어지고 사기가 꺾인 3만6천여 명의 프랑스혁명군 병

사들은 삼림이 우거지고 바위가 험난한 발미의 고원지대로 후퇴할 수밖에 없었다. 한 치 앞도 내다볼 수 없이 가을 안개가 짙게 내려앉은 가운데 병사들은 추위에 떨면서도 모닥불조차 피우지 못했다. 저 멀리 어둠 속에서 프로이센 기병대의 말발굽 소리와 보병들이 전진해 오는 소리가 들렸기 때문이다. 병사들은 두려움과 추위에 떨며 몸을 웅크리고 있었다. 혁명군이라 하지만 그들 대부분은 요리사·제화공·농부로 이루어진 중구난방의 오합지졸이었고, 혁명에 도취된 여성도 있었다. 이들은 통일된 제복을 갖춰 입기는커녕 소지한 무기마저 제각각이었다.

날이 밝아 전투가 시작되었다. 프로이센의 페르디난트 장군은 대포 소리가 들리자마자 혁명군이 도망치기 바쁠 테니 그때 기병대가 쫓아가 도륙하면 전투가 쉽게 끝날 것이라 예상했다. 그러나 이날 프랑스혁명군은 도망치지 않았고, 포병대 병사들이 땀을 뻘뻘 흘리며 쉴 새 없이 포탄을 실어 날랐다. 수천 발의 포탄이 프로이센 진영으로 떨어졌다. 숲속에서는 굶주린 병사들이 여기저기서 "프랑스, 만세!"를 외쳤다. 뜻밖의 거센 저항에 놀란 프로이센 병사들은 머뭇대며 진격하기를 멈추고 퇴각하기 시작했다.

1792년 9월 20일 발미 전투는 프랑스혁명 이래 패퇴를 거듭하던 혁명정부가 승리를 거둔 첫 번째 전투였다. 프로이센군과 함께 전투를 참관했던 괴테(1749~1832)는 "오늘 이곳에서 세계 역사의 새로운 시대가 열렸다"라고 회고했다. 프랑스 국민의회는 발미 전투 다음 날 공화국 수립을 선포했고, 4개월 뒤 루이 16세를 처형했으며, 국민개병제를 통해 용병이 아닌 국민에게 무기를 지급하기 시작했다. 국민이 역사와 정치의 주역으로 떠오르는 순간이었다.

혁명 이전까지 유럽에서의 전쟁은 기사·용병과 같이 국왕이나 영주에게 고용된 직업 군인들에 의해 치러지는 일종의 체스 같은 워게임이었다. 앙시엥레짐 시대의 전쟁은 국민과 무관한 왕조와 왕조, 영주와 영주 사이의 일이었으며 어느 한쪽이 패배를 인정하면 승자는 목적한 바를 이루고, 패자는 그 대가를 지불하는 것으로 끝났다.

그러나 발미전투 이후 프랑스는 1793년 8월 국민총동원령을 내려 18세에서 25세 사이의 젊은 남성을 징집해 병사로 훈련시켰다. 이를 통해 프랑스는 단기간에 백만 명의 상비군을 확보했다. 대규모의 상비군을 유지하려면 혁명은 필연적으로 관료화될 수밖에 없었다. 혁명은 자유·평등·박애를 내세웠지만, 병사들을 동원해 전투에 내보내려면 증오의 민족주의에 기대지 않을 수 없었다. 프랑스혁명은 발미 전투의 승리로 지속될 수 있었지만, 그 혁명의 이상이 꺾인 순간이기도 했다.

⇒ '프랑스혁명사 10부작', 주명철 지음, 여문책, 2015~2019

아메리카학교

파나마의 노리에가를 비롯해 엘살바도르의 카를로스 로메로, 과테말라의 움베르토 메히아, 아르헨티나의 갈티에리 등 중남미 지역 국가의 수많은 군부 독재자들이 같은 학교를 졸업했다. 학교 이름은 따로 있지만 '독재자 학교'와 '쿠데타 학교'라는 별명으로 더 널리 불린다. 아메리카학교The School of the Americas(이하 SOA)는 2차 세계대전 직전 라틴아메리카에 대한 독일의 영향력 확대를 저지하기 위한 군사학교 형태로 시작해 1946년 파나마에서 개교했다. 파나마에서 반미 감정이 높아지면서 1984년 9월 21일 조지아주 콜럼버스의 베닝 기지로 이전했다. 1946년부터 2019년 현재까지 중남미 36개국에서 온 5만7,700명 이상의 장교·생도·부사관이 이 학교에서 훈련을 받았다.

쿠바혁명 직후 존 F. 케네디 대통령은 라틴아메리카에서 제2의 쿠바가 등장하는 것을 막기 위한 반공 정책으로 '진보를 위한 동맹'이라 불리는 저강도 전쟁 전략을 펼쳤다. 이 전략은 크게 두 가지 축으로 진행되었다. 우선 공산 혁명의 원인이라 할 수 있는 중남미 지역의 빈곤과 토지 문제 등 경제적 불평등을 해결하기 위한 전략이 한 축이 됐다. 이 정책은 당시 100억 달러에 이르는 막대한 자금을 투여하는 경제 원조, 중산층 양성을 위한 교육 지원, 중남미 공동시장 건설 등 중남미판 마셜플랜이라고 할 수 있다. 그러나 중남미 지역을 장악하고 있던 보수기득권 세력이 토지와 세제 개혁 등에 필사적으로 저항해 이 경제개혁 정책은 실패하고 말았다.

다른 한 가지 축은 SOA로 상징되는 군사력에 의한 제압 전략이었다. 중남미 각국이 미국에 의존하지 않고도 스스로 내부의 적을 상대하여 치안을 확보하고 내정을 안정시킨다는 이른바 '국내 치안' 전략은 케네디 암살 이후 대통령이 된 존슨 정부 시기에 반공만 내세우면 독재 정부도 승인한다는 정책으로 변화했다. 중남미의 수많은 독재자들이 반공을 빌미로 민주주의와 빈곤 퇴치를 외치는 인사들을 납치·고문·암살하는 등 무자비하게 탄압하면서 자국민을 상대로 '더러운 전쟁'을 수행했다. 그 결과 중남미 전역에서 군사독재와 내전, 민간인 학살이 일상화되었고, 지금까지 그 상처가 남았다. 인권단체의 비판이 거세지자 SOA는 2001년 서반구안보협력연구원WHINSEC으로 명칭을 개정했다.

⇒ 『아메리카 군사학교』, 레슬리 질 지음, 이광조 옮김, 삼인, 2010

샤카 줄루

줄루족은 반투족의 한 분파로 아프리카 남동부 지역의 작은 부족 중 하나였을 뿐이지만 오늘날 마사이족과 더불어 전 세계에서 가장 유명한 아프리카의 부족 중 하나가 되었다. 이것은 모두 1787년 무렵에 태어난 것으로 추정되는 족장 샤카 카센잔가코나, 훗날 샤카 줄루로 불리게 될 왕의 용맹함과 잔인함 덕분이었다.

샤카는 줄루 부족 1대 족장의 아들로 태어났지만 서자였기 때문에 어려서는 줄곧 놀림의 대상이 되었고, 성장해서는 부족으로부터 추방되었다. 추방당한 그는 고향을 떠나 줄루족이 공물을 바치던 인근 마을의 족장 딩기스와요 휘하로 들어갔는데, 24세 무렵의 그는 누구도 넘볼 수 없는 용맹한 전사가 되어 있었다. 그는 딩기스와요가 노예를 포획하려고 치른 전투에 여러 차례 참여해 무공을 쌓았고, 딩기스와요가 죽자 새로운 족장이 되었다.

족장이 된 샤카는 이제까지와는 전혀 다른 새롭고 잔인한 전투 방식을 만들었다. 이전까지 아프리카 원주민들의 전투 방식은 실제 전투를 벌이는 대신 서로에게 고함을 지르고 몇 차례 창을 던진 뒤 부족장 간의 합의로 마무리되는 방식이었는데, 샤카는 줄루족이 가장 아끼는 황소의 뿔을 본뜬 이른바 '황소의 뿔'이라는 전술을 개발해 적을 빠르게 포위한 뒤 완전히 섬멸하는 잔인하고도 혁신적인 전투 방식을 개발했다. 적을 포위하려면 신속한 기동력이 필수였기 때문에 줄루족 전사들은 맨발로 가시덤불 위를 달리는 훈련을 받았고, 그 덕분에 하루에 32킬로미터를 행군할 수 있었다. 줄루족 남성들은 대부분 농부나 목동으로 지냈지만, 40세가 될 때까지 전시에 대비해 훈련을 받는 상비군이기도 했다. 그들은 300명 규모로 편성된 저마다의 연대에 속해 있었고, 유사시에는 각자 자신의 부대로 소집되었다.

샤카는 전술과 부대 편성을 새롭게 재구성했을 뿐 아니라 이제까지 사용하던 투창용 창을 버리고 아세가이라는 새로운 무기를 개발했다. 아세가이는 손잡이 길이를 줄이는 대신 창날을 넓혀 상대의 몸을 찌르는 창이었다. 아세가이는 서양에서 줄루족의 창을 부르는 이름이었고, 줄루족은 이 창을 이크와라고 불렀다. 이크와는 적진 깊숙이 밀고 들어가 상대의 배에 창을 깊이 찔러 넣었을 때, 적이 내는 소리를 표현한 의성어이다.

샤카 줄루는 새롭게 편성된 부대를 이끌고 이웃 부족들을 합병해 인도양에서 서쪽 칼라하리 사막에 이르는

19세기 아프리카에서 가장 강력한 독립국을 건설했다. 어떤 이들은 그를 검은 나폴레옹이라고 불렀다. 샤카 줄루는 이처럼 위대한 제국을 건설했지만, 어린 시절 자신을 놀렸던 사람들을 찾아 잔인하게 보복할 만큼 지나치게 성격이 잔인하고 변덕스러웠던 탓에 1828년 9월 22일 자신의 이복 형제에게 암살당하고 만다. 그의 죽음 이후에도 줄루 왕국은 서구 열강의 제국주의 침탈에 가장 오랫동안 저항한 왕국으로 남았다.

⇒   영화 『샤카 줄루』, 윌리엄 C. 포어 감독, 1987

보이콧의 교훈

'보이콧'은 "부당한 행위에 대항하기 위하여 노동자·농민 등의 대중이 집단적으로 벌이는 조직적인 거부 운동"을 뜻하는 말이지만, 본래는 사람의 이름이었다. 찰스 커닝엄 보이콧(1832~1897)은 영국 육군 대위로 전역한 뒤 1873년 아일랜드 메이요주 일대 언 백작령의 영지 관리인이 되었다. 당시 영국의 식민지였던 아일랜드의 주된 산업은 농업으로, 주식은 감자였다. 아일랜드는 1845년부터 1851년까지 계속된 감자마름병으로 엄청난 기근을 경험한 뒤였다. 1879년에 또다시 기근 사태가 발생했지만, 보이콧은 가난한 농민들이 처한 상황에도 불구하고 소작료를 체납한 농민들을 토지에서 강제로 퇴거시키려 들었다.

하원의원이자 아일랜드 민족주의 운동가였던 파넬(1846~1891)은 농민들과 함께 '토지연맹'을 결성해 소작인들을 단합시켰다. 토지연맹은 처음에 소작료 25퍼센트 경감이라는 온건한 조건을 제시했지만, 냉정하고 완고한 성품의 보이콧은 이를 거부했다. 1880년 9월 23일 마침내 강제 퇴거 영장이 발부되자 토지연맹과 농민들은 보이콧과의 대화는 물론 임차인들에 대한 저임금, 고율의 소작료 납부를 거부하는 비폭력 저항운동을 벌였다. 바로 이날 '보이콧'이라는 말이 탄생했다. 보이콧은 자신이 관리하던 영지에 갇혀 식량 보급과 통신망조차 끊기는 상태로 고립되고 말았다. 그는 얼스터에서 파견된 군대의 경호를 받으며 50명의 인부를 동원해 무사히 수확을 마칠 수 있었지만, 농민들의 보이콧으로 결국 자신이 관리하던 영지에서 퇴출당하고 말았다. 이 사건으로 보이콧은 불명예스러운 이름을 남기게 되었다.

토지연맹은 이후 아일랜드의 토지는 지주보상제를 통해 농민에게 귀속되어야 한다고 주장하며, 경제 투쟁과 더불어 자치권 운동의 주체로 성장했다. 보이콧의 사례는 정치의 의미를 되새기게 한다. 정치란 의견과 이해관계를 달리하는 입장 사이에서 협력을 구하는 사회적 활동이며, 강제나 노골적인 힘이 아니라 타협·화해·협상을 통해 갈등을 해소하는 특별한 수단이다. 정당한 명분과 타협의 노력 없이 갈등만을 심화시킨다면 보이콧 대위의 교훈에서 알 수 있듯 보이콧을 피할 수 없을 것이다.

⇒   『아일랜드 대기근』, 피터 그레이 지음, 시공사, 1998

세이난전쟁

중국의 전통적 세계관을 상징하는 사대 질서와 서구 근대를 상징하는 만국공법 질서가 물리적으로 충돌한 사건이 아편전쟁이라면, 일본의 유신 세력 사이에 근대의 우선순위를 두고 벌어진 갈등이 내전으로 비화한 사건이 '세이난전쟁'西南戰爭이다. 개항 이후 일본은 자본주의적 산업화와 근대 무기로 무장한 군사력을 서구 근대가 지닌 힘의 핵심으로 파악했다. 부국과 강병을 동시에 추진하기에는 아직 일본의 국력이 미약했고, 개혁의 정도와 속도를 두고 유신 세력 내부에서도 여러 이견이 있었다. 그런 상황에서 사민평등과 폐번치현廢藩置縣을 앞세워 자본주의적 산업화를 중시했던 기도 다카요시, 오쿠마 시게노부, 오쿠보 도시미치와 전통적 사족 세력을 중심으로 강병을 우선했던 사이고 다카모리(1828~1877) 사이에 갈등이 빚어졌다.

　　1868년 메이지유신에서 1876년 강화도조약에 이르는 8년은 메이지 정부의 사활이 걸린 위기의 시간이었다. 근대 법 체계를 수용한 메이지 정부의 수교 제안을 조선이 거부하자 사이고를 비롯한 세력은 이를 일본에 대한 모욕으로 간주해 조선 정벌을 주장했다. 사이고는 침공의 빌미를 마련하기 위해 스스로 사절이 되기를 자청했지만, 그의 속내를 간파한 메이지 정부는 파견을 거절했다. 제안이 거절되자 분노한 사이고는 하야했고, 그와 뜻을 같이하는 군인과 관료들이 함께 낙향해 가고시마에 사학교私學校를 열었다. 그의 주변에 모여든 세력이 2만여 명에 이르렀다.

가고시마에는 일본 육군 소속 무기고와 당시 최신식이었던 스나이더 엔필드 후장식 소총을 제작할 수 있는 가고시마 조병창이 있었다. 이곳은 사이고 다카모리를 비롯해 사쓰마번의 번사들이 사재를 털어 세운 곳이었기 때문에 엄밀히 말해 국가 소유가 아니었다. 메이지 정부는 군함을 파견해 무기고의 화약과 탄환, 무기 제조시설을 비밀리에 반출했다. 뒤늦게 이런 사실을 알게 된 사학교 학생과 무사 들이 정부의 무기고를 급습해 남아 있던 화약과 탄환을 장악하면서 세이난전쟁이 시작되었다. 조병창을 빼앗긴 반란 세력은 여러 곳에서 패퇴할 수밖에 없었다. 사이고 다카모리는 1877년 9월 24일 정부군의 공격에 맞서 가고시마에서 일전을 벌인 끝에 자결했다. 자결 이후에도 그의 죽음을 믿지 않는 사람들이 많아서 그가 시베리아로 건너가 러시아의 보호 아래 살았다는 등 여러 가지 설이 퍼졌다.

⇒　영화 『라스트 사무라이』, 에드워드 즈윅 감독, 2003

부림 사건

광주 민주화운동을 짓밟으며 집권한 5공화국은 출범 초부터 평생교육을 헌법에 명시하고, 문화 창달을 주요 국정 지표 중 하나로 표방했다. 외형상 5공 전두환 정권은 복지국가 건설의 지름길로 경제 성장 정책의 지속과 더불어 문화 향수의 기회를 보다 확대함으로써 삶을 풍요롭게 하고 정신문화를 향상하고자 "책이 곧 국가 발전의 원동력이요, 독서가 곧 사회 발전의 바탕"이라는 구호 아래 독서 인구 증대책과 출판업의 기업화를 이루는 데 시책의 역점을 두었다. 또한 5공 정권은 1981년 11월 정부 차원에서 범국민 독서운동을 추진하려는 계획을 세웠다. 그러나 같은 해 9월 7일 발생한 '부림森林 사건'은 부산의 양서협동조합을 중심으로 활동했던 이들을 제대로 된 증거도 없이 고문으로 조작한, 정부 시책과도 모순되는 시국 사건이었다.

'부림'은 직전에 일어난 공안 사건인 서울 '학림다방 사건'과 판박이라고 해서 '부산의 학림學林'이란 의미에서 붙여진 명칭이었다. 양서협동조합 운동이 언제 시작되었는지는 정확히 알 수 없으나, 부산양서협동조합은 유신 말기였던 1977년 9월경 부산중부교회의 청년들을 중심으로 10~15명 정도가 매주 모여 생활에 얽힌 담소와 시국 토론을 하던 중 토론에만 그칠 것이 아니라 무엇이든 실천을 하자는 의견이 모여 시작되었다. 이들은 약 7~8개월간의 준비기간을 거친 뒤, 1978년 4월 5일 부산 YMCA 강당에서 정식으로 창립총회를 개최했다.

주요 창립 조합원은 교수와 목사 그리고 변호사였는데, 이들 조합 구성원들은 주민독서 운동의 필요성을 느껴 자발적으로 조직을 결성했다. 당시 조합원들은 학생과 일반 직장인이 절반 정도였고, 여기에 이태복 등 재야 운동가 일부가 포함되어 있었다. 이들이 선정한 양서의 기준은 "불의에 항거하여 진리를 알리는 책, 작가의 진실이 나타난 책, 시대의 양심을 밝히는 책" 등이었다. 이처럼 책을 매개로 한 조합 형태의 모임은 서울을 비롯한 다른 지방으로도 확산할 조짐을 보였으나 1979년 말의 비상계엄으로 모두 와해되었다.

당시 부산 지검의 공안 책임자였던 최병국 검사는 부산양서협동조합에서 독서모임을 하던 학생·교사·회사원 등을 영장 없이 체포한 뒤, 짧게는 20일에서 길게는 63일 동안 불법감금과 고문을 가해 이들을 정부 전복을 꾀하는 반국가단체의 '이적 표현물 학습'과 '반국가단체 찬양 및 고무'를 일삼는 불온 분자로 몰아갔다. 3차에 걸친 구속으로 모두 22명이 구속되고 19명이 기소돼 법정에서 징역 1~7년 형을 선고받았다.

　재판의 유력한 증거자료로 제시된 책은 사회주의 경제 체제에 대한 가장 대표적인 비판서적으로 손꼽히는 미국의 이론경제학자 조지프 슘페터의 『자본주의·사회주의·민주주의』였다. 당시 검찰은 이 책에 대해 "영국 사회주의 변혁평론가인 슘페터가 쓴 『자본주의·사회주의·민주주의』란 공산주의 선전서적을 구입, 이를 탐독하여 (……) 사회주의가 가장 바람직하고 세계는 필연적으로 사회주의 사회가 도래한다는 이론을 지득하고 이를 선전하는 등 국외 공산계열 활동을 찬양·고무할 목적으로 불온서적을 취득하고……"라고 주장했다. 부림 사건으로 국가보안법 위반 등의 억울한 누명을 쓰고 감옥살이를 했던 이들 가운데 5인은 2014년 9월 25일, 재심을 통해 33년 만에 무죄를 확정받았다.

⇒　영화 『변호인』, 양우석 감독, 2013

여권과 비자

로마의 초대 황제 아우구스투스는 로마제국 시민의 여행증명서에 "만약 지상이나 해상에서 이 여행자를 해칠 만큼 강한 자가 있다면 그자로 하여금 로마황제와 전쟁을 할 만큼 자신이 강한지 생각해 보게 할지어다"라고 적었다. 고대 로마제국의 시민이 된다는 것은 이처럼 국가가 생명과 안전을 책임지고 보장한다는 뜻이었다.

그러나 '여권'이 국민의 편의와 안전을 제공하기 위한 국제적 표준 절차가 된 것은 근대 국민국가 체제가 완비된 19세기 중반의 일이었다. 그 이전까지 세계를 여행하는 이들에게는 특별히 문서화된 신분 증명이 필요 없었다. 실제로 영국의 부유층 자제들이 유럽을 장기간에 걸쳐 여행하던 '그랜드투어' 시절에 여권이나 비자 같은 것은 필요하지 않았다. 프랑스혁명에는 프랑스 사람뿐 아니라 외국의 수많은 이방인도 참여했는데, 이들에게도 비자나 여권은 필요 없었다. 프랑스혁명 이전까지 법적으로 이방인이란 단지 특정 지역 이외에서 출생한 자를 의미했을 뿐이다.

입국 사증을 뜻하는 비자 제도는 19세기 말 미국에서

중국인을 배척하는 움직임과 함께 등장했다. 1882년 중국 노동자 이민을 제한하는 '중국인 배척법'이 제정되고, 1924년 이민 비자 발급 건수를 국가별로 할당하기 시작한 것이 비자 제도의 시초였다.

여권을 비롯해 국가에 의한 개인의 신상 등록 절차(예를 들어 주민등록, 지문 채취 등)는 국가권력이 해당 개인을 국민으로 보증하고 안전을 책임지겠다는 증표이지만, 동시에 국가권력에게 나를 증명하고 설명해야 할 아무런 사유가 없음에도 나를 증명하고 설명해야만 하는 절차이기도 하다. 근대 국민국가가 출현해 개인을 국민으로 등록하고 관리하게 되면서 자유롭게 '이동하는 신체'(개인)는 이른바 '사회적 신체'가 되었다. 월경越境 또는 밀항 문제는 세계화 이후 난민이 출현하면서 우리가 새롭게 목격하게 된 사건이 아니라 이미 벌어지고 있는 일이었다.

한반도가 근대에 강제 편입된 이래 이 땅에 사는 사람들은 국가와 정부가 요구하는 정체성을 끊임없이 증명해야 했다. 분단 이후 고립된 섬이 된 대한민국에서 월경과 밀항은 결코 용납될 수 없는 위법행위다. 국가는 개인에게 국가의 승인을 얻지 못한, 국가에 등록되지 않은, 또는 정치적 이유로 무국적이거나 경계인의 위치에 있는 사람들의 이동을 허락하지 않는다. 역사 속에서 우리는 비국민으로 지목된 자들이 어떤 최후를 맞아야 했는지 보았다. 일본 식민지 지배와 한반도 분단 체제의 틈새에서 국민과 난민 사이에 갇혀 오도 가도 못하는 이들은 여전히 존재한다.

1940년 6월 중순, 파리가 독일군에게 함락당하자 유대인이었던 발터 벤야민은 자신의 누이와 함께 피난을 떠나야 했다. 그는 방독면과 세면도구 외에는 아무것도 가져갈 수 없었다. 그해 8월 말까지 루르드에 머물던 벤야민은 호르크하이머와 아도르노가 미국 입국 비자를 마련해 줄 수 있을지 확신할 수 없어 불안에 떨었다. 마침내 비자를 받은 벤야민은 스페인으로 밀입국하기 위해 피레네산맥을 넘었다. 그러나 벤야민에게는 프랑스 출국 비자가 없었기 때문에 스페인 국경에서 되돌아가라는 명령을 받았다. 독일 점령지로 돌아가기를 거부한 그는 1940년 9월 26일 밤 스페인 포르부 국경 앞에서 자살로 생을 마감했다.

⇒ 『'나'를 증명하기』, 이정은·조경희 엮음, 성공회대학교
동아시아연구소 기획, 한울, 2017

핵무기 사고 분류법

현재 지구상에는 1만6,300여 개의 핵무기가 존재한다고 전해진다. 영화에서는 종종 핵무기가 탈취되곤 하지만, 현실에서 일반 시민은 핵무기가 어디에 배치되어 있는지 알 수 없고 어떻게 관리되는지도 모른다. 그저 핵무기는 엄중한 보안과 철통같은 경비망을 갖춘 특수한 장소에 비밀리에 보관되며, 특수저장고에서 반출될 경우에도 명령 계통에 따라 엄격한 통제와 무장 병력의 감시 아래 이동한다고 알고 있고, 그렇게 믿고 싶을 것이다.

북한 핵문제를 비롯한 각종 국제뉴스에서 종종 이름을 접하게 되는 미국과학자연맹 핵정보총괄담당자인 한스 크리스텐슨 박사는 미 공군 공중전투사령부ACC에 핵무기 취급 부주의 사례, 이른바 '덜 소드'Dull Sword에 대한 자료 공개를 요청했다. 그 결과에 따르면 2001년부터 2007년 9월 27일까지 미 공군이 핵무기를 다루면서 안전 규정을 제대로 준수하지 않아 자칫 비극적인 사고로 이어질 뻔한 사례가 무려 237건인 것으로 드러났다. 그가 이런 자료 공개를 요청한 까닭은 2007년 8월 30일 오전 8시 30분 다코타주 마이넛 공군기지를 이륙해 오전 11시 23분 루이지애나주 바크스데일 기지에 착륙한 미 공군 소속 B-52H 폭격기에 핵탄두가 탑재된 크루즈 미사일(순항유도탄)이 실전 탑재되어 있었다는 사실을 아무도 몰랐다는 충격적인 사건 때문이었다.

파일럿은 물론 군 기지 사령관, 군 수뇌부 중 누구도 문제의 핵탄두가 사라진 사실을 몰랐다. 만에 하나 모의탄두인 줄 알고 실제 발사 훈련을 했다면 끔찍한 대형 참사가 발생했을 것이다. 이 사건은 국방부 군지휘통제센터NMCC에 '브로큰 애로'Broken Arrow에 준하는 심각한 사고 수준인 '벤트 스피어'Bent Spear로 보고되었고, 하원 군사위원회가 소집되었으며, 이듬해 공군장관과 공군참모총장이 전역하는 사태로 이어졌다.

핵무기 사고를 분류하는 여러 단계가 있는데, '피너클' Pinnacle은 국방부를 비롯해 국가지휘부가 관심을 가져야 할 만큼 중대한 핵 관련 사건 사고를 의미한다. 브로큰 애로는 피너클 범주 안에 속하는 사고로, 핵전쟁이 발발할 정도의 위험이 아닌 핵탄두·부품 등과 관련한 우발적 사고들을 의미하며 현재까지 군에서 발생한 최고 수위의 사건이다. 미 국방부는 1950년부터 1980년까지 적어도 32건의 브로큰 애로를 공식 인정했다. 비공식적으로 국방원자력지원국은 수백 건의 브로큰 애로 사건을 발표한 바 있다.

브로큰 애로가 비활성화된 핵무기 사고라면, '엠티 퀴

버'Empty Quiver는 활성화된 핵무기의 탈취·도난·분실 사고를 의미하며, 벤트 스피어는 주로 취급 및 보안 규정 위반 등을 뜻한다. '누크플래시'Nucflash는 최악의 사고로 핵전쟁을 유발할 수 있는 핵무기 폭발 사고이지만, 다행히도 현재까지는 공식적으로 기록된 바 없다. '페이디드 자이언트'Faded giant는 핵을 동력으로 사용하는 항공모함, 핵잠수함 등의 군용 원자로에서 발생한 사고들을 말하고, '덜 소드'Dull Sword는 핵무기·부품 또는 그 운용 시스템과 관련한 가장 낮은 단계의 사건이다. 앞서 말한 통계에 따르면 미국에선 평균 열흘에 한 번꼴로 핵무기 취급 부주의 사건이 발생하고 있다. 그러니 정부 당국이 내놓는 핵과 관련해 안심하라는 말을 무턱대고 신뢰하는 사람이 있다면 대단히 무신경하거나 무지한 상태인 것이다.

⇒ 『핵무기에 관한 다섯 가지 신화』, 워드 윌슨 지음, 임윤갑 옮김, 플래닛미디어, 2014

발랑기가의 종

1898년 미서전쟁으로 카리브해의 쿠바를 획득한 미국은 태평양의 필리핀을 차지하고자 움직이기 시작했다. 그러한 의중을 감쪽같이 숨긴 채 미국은 스페인의 지배에 저항하던 필리핀의 독립운동가 에밀리오 아기날도(1869~1964)를 홍콩에서 귀국시켜 필리핀 혁명군의 협력을 구했다. 필리핀 사람들은 오랜 식민지 상태에서 벗어나 독립을 이룰 것이란 희망에 부풀었고, 미국을 자유와 독립의 후원자로 여겼다. 그러나 전쟁에서 승리한 미국은 필리핀 혁명정부와 협상을 진행하는 한편으로 비밀리에 병력을 증파하고 있었다. 미서전쟁은 4개월 만에 종료되었지만, 이후 필리핀인들의 저항은 3년 2개월 12일 동안 치열하게 전개되었다. 그 과정에서 수많은 필리핀인이 학살당했다.

　1901년 9월 28일 아침 필리핀 사마르섬 발랑기가의 성당에서 울린 종소리를 신호로 필리핀 혁명군과 주민들이 그 지역에 주둔하던 미군을 습격했다. 이 사건으로 미군 제9보병연대 소속 병사 48명이 전사하고, 22명이 부상당했으며, 다수의 총기를 탈취당했다. 미국의 스미스 장군은 이에 대한 보복으로 이 지역의 모든 남자와 10세 이상의 소년·소녀를 처형하라고 명령했다. 이 과정에서 최소 2,500명에서 1만여 명의 민간인이 학살당한 것으로 추정된다. 어째서 포로 숫자에 비해 그토록 많은 필리핀인이 사살되었는지 묻자 아서 맥아더(더글라스 맥아더 장군의 아버지) 장군은 병사들이 '과녁 맞추기 연습'을 효율적으로 훈련한 결과라고 답했다. 필리핀을 식민지화하기 위한 미국의 전술은 한마디로 대량 학살이었다.

일찍이 고종은 황준헌이 『조선책략』에서 주장한 대로 미국을 '영토 욕심이 없는 나라'로 믿고 여러 차례 도움을 청했다. 러일전쟁 이후 일본의 보호국으로 전락할 위기에 처한 대한제국은 친한파 미국인이자 조선 주재 미국 공사인 호머 헐버트를 특사로 파견했다. 헐버트 박사가 시어도어 루스벨트 대통령에게 조선을 지원해 달라고 요청하자, 그는 "당신은 왜 패할 나라를 지지하려 하는가. 미국은 스스로를 위해 일격 한 번 가할 수 없는 나라에 헛되이 개입할 수 없다"라며 단호하게 거절했다.

사실 미국은 그보다 한 달 전인 1905년 7월 27일 가쓰라-태프트 밀약을 통해 필리핀(미국)과 한반도(일본)에 대한 지배권을 상호 승인한 상태였다. 그로부터 약 석 달 뒤인 11월 17일 조선의 외교권을 박탈하는 을사늑약이 체결되자 조선 주재 미국 공사 에드윈 모건은 하야시 곤스케 일본 공사에게 축하인사를 남기고 가장 먼저 조선 땅을 떠났다. 미국을 통해 자유와 독립을 꿈꿨던 필리핀의 희망과 영토 욕심 없는 국가의 지원을 바랐던 고종의 짝사랑은 결국 망국으로 이어졌다.

발랑기가를 초토화한 미군은 공격 신호를 울렸던 '발랑기가의 종' 3개를 전리품으로 탈취해 갔고, 그중 하나는 오랫동안 한국에 주둔하던 미군 기지에 있다가 2018년 12월 11일 나머지 2개의 종과 함께 필리핀에 반환되었다.

⇒　『미국의 제국주의』, 권오신 지음, 문학과지성사, 2000

사상계

장준하(1918~1975)는 평안북도 의주에서 기독교 목사의
아들로 태어나 학병으로 끌려갔다가 탈출해 상하이 임시정
부에서 백범 김구와 함께 독립운동에 참여했다. 그는 광복
군의 일원으로 미국 전략정보국OSS과 함께 비밀리에 한반
도 진공 작전을 펼치기 위해 특수 훈련을 받던 중 일본이 항
복하는 바람에 훈련의 보람도 없이 한국으로 돌아와야 했
다. 고국으로 돌아온 장준하는 국민사상연구원 사무국장으
로 일하면서 1952년 잡지『사상』을 발간하지만 서북 지역
세력을 못마땅하게 여긴 이승만의 견제 때문에 물러나게
된다. 그는 1953년 4월 사재를 털어『사상계』를 창간한다.

　　장준하는 잡지 기획부터 청탁, 원고 정리와 편집, 제작
에서 수금까지 모든 업무를 혼자서 처리하는 악조건 속에서
도 독립운동을 하는 마음으로 잡지를 만들었다. 전후 절망적
인 상황에서 새로운 길을 모색하던 젊은이들은『사상계』를
통해 새로운 스승을 찾았고, 뜻있는 젊은이라면『사상계』를
읽는 것이 당연하다는 분위기가 만들어졌다. 이 무렵 함석
헌이 필진으로 합류하면서『사상계』는 매호 3만~4만 부가

팔릴 정도로 큰 인기를 누렸다.

『사상계』는 교양지를 넘어 시대의 정론지로서 이승만 정부의 독재에 맞섰고, 1958년 8월호에 실린 함석헌의 「생각하는 백성이라야 산다」라는 글로 필화 사건을 겪었다. 장준하는 1959년 2월, 보안법 파동에 항거하는 의미로 '백지권두언'을 게재했다. 『사상계』는 정치·경제·문화·사회·철학·교양·문학·예술 등 다방면에 걸쳐 권위 있는 글을 게재했고, 통일 문제, 민주주의, 경제 발전, 문화 창조, 민족적 자존심의 양성 등을 주제로 날카로운 논설을 펼쳤으며, 문예 면에도 큰 비중을 두어 문인들의 활동 무대를 넓혔다. 1961년 통권 100호 기념호를 펴낸 장준하는 이듬해 아시아의 노벨상으로 평가받던 막사이사이상을 수상했다.

5·16 군사정변으로 정권을 장악한 박정희는 이후 자신과 사사건건 맞섰던 장준하와 『사상계』 고사 작전에 들어갔다. 전국 서적 도매상에 압력을 가해 많은 수를 대량으로 주문했다가 잡지가 도착하면 모조리 반품 처리하거나 인쇄소와 제본소에 압력을 가해 『사상계』 작업을 거부하도록 했다. 장준하와 박정희 두 사람은 근대주의자라는 공통점이 있었지만, 장준하는 일본군을 탈출해 6천 리를 걸어 상하이 임시정부를 찾아간 광복군 대위 출신이었고, 박정희는 만주군관학교 출신으로 광복군을 잡으러 다녔던 일본군 대위 출신이었다. 그 차이는 결코 좁혀질 수 없었다.

박정희 군사정부와 맞서던『사상계』는 1970년 5월 김지하 시인의「오적」필화 사건으로 정간 처분을 받았고, 1970년 9월 29일 문공부는『사상계』의 잡지 등록을 취소했다. 장준하는 이에 굴하지 않고 1972년 10월 유신 반대투쟁 등 민주화운동에 앞장섰고, 긴급조치 위반 등의 이유로 여러 차례 감옥살이를 했다. 1974년 대통령 긴급조치 제1호 위반으로 군법회의에서 15년형을 선고받은 장준하는 세 번째 투옥 생활 중에 협심증으로 풀려났다. 그러나 1975년 1월 8일 병원에 입원 중인 상황에서도 민주 개헌과 구속된 학생들의 즉시 석방을 요구하는「박정희 대통령에게 보내는 공개서한」을 발표하는 등 투쟁을 멈추지 않았다. 반독재 민주화 및 평화통일 운동에 앞장서던 장준하는 1975년 8월 17일 경기도 포천군 약사봉에서 의문의 등반 사고로 사망한다.

2005년 광복 60주년을 맞아 KBS와『교수신문』이 공동으로 기획한「한국지성사의 풍경」은 국내 학자 100명을 대상으로 해방 이후 각 시대별로 가장 큰 영향력을 행사한 저술·사건·인물을 선정하는 심층 설문조사를 실시했다. 장준하와『사상계』는 광복 60년 동안 한국사회에 가장 큰 영향을 끼친 인물과 저술 1위로 선정되었다.

⇒　『돌베개』, 장준하 지음, 돌베개, 2015

녹둔도

녹둔도는 함경북도 선봉군 조산리로부터 약 4킬로미터 떨어진 저습지다. 조선 세종 때 여진족의 약탈을 막고자 6진을 개척한 이래 토성을 쌓고 목책을 두른 조선의 전진기지였기에 병사를 제외한 농민들은 거주할 수 없었고, 춘경 추수기에만 출입이 허가되었다. 우리에게는 1587년 여진족의 습격을 미리 방비하지 못했다는 이유로 이순신 장군이 백의종군한 사건으로 유명한 곳이기도 하다. 이처럼 우리 역사에 선명한 흔적을 남긴 녹둔도는 오늘날 어느 나라 영토일까?

16세기 말 모피를 얻기 위해 우랄산맥을 넘어 시베리아 정복을 단행했던 러시아는 1654년과 1658년 두 차례에 걸쳐 조선과 전장에서 마주했다. 청의 요청에 따라 어쩔 수 없이 군대를 파견해야 했던 두 차례의 '나선 정벌'이었다. 조선은 그들이 러시아 병사라는 사실을 이미 알고 있었지만, 러시아는 사격술이 뛰어난 병사들이 조선 사람이라는 것을 몰랐다. 이후로도 러시아의 시베리아 진출은 계속되었고, 청과 국경선을 획정하는 네르친스크조약이 맺어졌다.

이 조약은 청이 서구 열강과 맺은 최초의 근대적 국제 조약이자 대등한 관계에서 맺은 마지막 조약이었다. 이후 러시아는 무력을 사용해 청의 방대한 영토인 연해주를 병합하는 정책을 추진하였고, 청 대표의 신변을 위협해 가며 아이훈조약과 톈진조약 그리고 1860년 베이징 추가조약을 맺었다.

베이징 추가조약의 결과로 우리는 미처 알지도 못하는 상황에서 우리의 고유 영토였던 녹둔도가 하루아침에 러시아에 편입되었다. 한반도가 러시아와 국경을 마주하게 된 획기적 사건이었지만, 그 결과가 우리에게 결코 유익한 것은 아니었다. 철종 11년에 일어난 일이었다. 조선은 청으로부터 그런 사실을 통보받지 못했고 스스로 알아차리지도 못했다. 1889년(고종 26)에야 비로소 청에 항의하며 반환을 요구하였으나 실현되지 않았다. 이후 1984년 11월 북한과 소련 당국자가 국경 문제에 관한 회담을 열었으나 해결되지 않았고, 우리 정부 역시 1990년 9월 30일 러시아와 정식 수교한 이후 서울 주재 러시아 공사에게 녹둔도의 반환을 요구하였으나 실효를 거두지 못했다.

⇒ 『러시아의 만주·한반도 정책사, 17~19세기』, 김용구 지음, 푸른역사, 2018

10월 ○ *October*

10월의 영어 이름 'October'의 유래에 대해서는 두 가지 설이 있다. 하나는 아우구스투스 황제의 본명인 '옥타비아누스'Octavianus에서 유래했다는 설이고, 다른 하나는 라틴어 숫자 8을 의미하는 '옥토'octo에서 유래했다는 설이다. 기독교의 십계명, 불교의 세계관인 시방세계十方世界, 십진법에 이르기까지 열십十은 예로부터 '가득 참, 완전함'을 상징하는 상서로운 숫자로 간주되었다. 한국에서도 음력 10월을 상달上月이라 하여 1년 중 으뜸으로 쳐서 터주, 성주, 조왕, 삼신 등에게 비는 안택고사安宅告祀를 치렀다. 아메리카 원주민인 쥬니 부족은 10월을 '큰 바람의 달'이라고 불렀다.

국군의 날

일제의 강압으로 대한제국 군대가 해산된 1907년 8월 1일
이래 우리에겐 오랫동안 공식적인 군대가 없었다. 의병이
있었고, 독립군이 있었고, 광복군이 있었지만 오늘날 대한
민국 국군기념일에는 이들의 흔적이 남아 있지 않다.

　한국군의 공식적인 창설일은 정부 수립 후 국군조직
법이 공포된 1948년 11월 30일이지만, 육군은 조선경비대
가 경기도 태릉에서 660명의 병력으로 창설된 날인 1946년
1월 15일을 기념일로 삼아 이듬해 1월 15일 조선경비대 창
설 1주년 기념식을 거행했다. 해군 역시 1945년 11월 11일 창
설 요원 70여 명이 모인 가운데 '해방병단 결단식'을 거행하
여 육해공 3군 가운데 가장 먼저 해군 창설 기념식을 치렀
다. 공군은 1949년 10월 1일 육군 항공사령부에서 분리되어
1,600명의 병력과 20대의 연락기를 가지고 공군을 창설했
고, 해병대는 1949년 4월 15일 진해 덕산비행장에서 380명
의 장병이 모인 가운데 해병대 창설식을 거행했다.

　이처럼 각 군별로 창설 기념식 행사가 진행되자 물적·
시간적 낭비 등 여러 폐단이 발생했다. 그러한 폐단을 없

애는 동시에 국군으로서의 일체감을 조성하고, 확고한 국방 태세를 다지고자 1956년 9월 21일 대통령령 제1173호로, 1950년 제3사단 23연대 3대대가 최초로 38선을 돌파한 10월 1일을 국군의 날로 제정했다. 북한은 인민군 창건일을 1948년 2월 8일로 기념해 오다가 1978년부터 4월 25일로 변경했다. 김일성이 1932년 4월 25일에 조선인민혁명군(유격대)을 창설했다는 것이 그 이유다.

제1회 국군의 날 기념식은 1956년 10월 1일 정부 요인과 국회의원, 군 관계자들이 참석한 가운데 육해공군 합동으로 서울운동장(이후 동대문운동장으로 이름이 바뀌었다가 2007년에 철거되었다)에서 진행되었다. 21발의 예포가 발사되었고, 의장대 시범과 3군 장병 분열식 등 다양한 행사가 펼쳐졌다. 2005년에 결성된 평화재향군인회는 국군의 날을 대한민국임시정부의 광복군 창설일인 9월 17일로 변경하자는 캠페인을 벌이고 있다.

⇒　『한홍구와 함께 걷다』, 한홍구 지음, 검둥소, 2009

바르샤바 봉기

바르샤바는 폴란드의 최대 도시이자 수도로 '북쪽의 파리'라고 불릴 만큼 아름다운 도시이다. 1596년 크라쿠프에서 수도를 이전한 이후 바르샤바는 폴란드의 정치·경제·문화의 중심지로 발전해 왔다. 바르샤바 봉기는 1944년 8월 1일부터 63일간 독일군의 점령에 맞서 폴란드 국내 지하 저항 조직과 시민들이 전면적인 항전에 나선 사건을 말한다. 2차 세계대전 종전이 목전으로 다가온 상황에서 벌어진 이 봉기로 시민 25만 명과 지하 저항 조직 소속 병사 2만 명이 죽고, 독일군 1만7천 명이 사망하며, 10월 2일에야 끝이 났다. 이처럼 격렬한 봉기가 벌어진 이유는 종전 이후 닥쳐 올 냉전 상황과 무관치 않았다.

당시 폴란드 내에는 반소·반공 노선을 추구한 런던 임시망명정부와 긴밀하게 연결된 '국내군'AK과 친소적인 폴란드 노동자당이 설립한 '인민군'AL이 양대 저항군으로 활동하고 있었다. 폴란드인 대부분은 1939년에 소련이 독일과 함께 폴란드를 침공했으며 소련에 포로로 끌려간 폴란드 엘리트들이 살아 돌아오지 못했다는 사실을 생생하게 기억하고 있었다. 이런 상황에 동부에서 소련군의 포성이 들려왔다. 바르샤바 봉기는 국내군에 의해 갑작스럽게 시작되었다. 저항이 시작되자 무모한 상황이란 사실을 알면서도 인민군 역시 봉기에 동참하지 않을 수 없었다. 준비가 미흡한 상황에서 봉기를 서두른 배경에는 독일이 패퇴한 이후 국제사회에서 폴란드의 발언권을 확실히 하고, 런던 임시망명정부의 명분과 정당성을 확보하기 위해서였다.

봉기 몇 주 전부터 소련은 '모스크바 방송'을 통해 시민 항전을 촉구했지만, 막상 전투가 시작되자 바르샤바 근교의 프라가에 포진한 채 더 진군하지 않고 수수방관하는 태도를 보였다. 봉기 이후 처음 사흘간은 저항군이 바르샤바 대부분을 점령하는 등 우세를 보였지만, 점차 독일군이 증강되고 바르샤바 외곽까지 진출한 소련군이 의도적으로 지원을 차단하면서 저항군은 점차 고립 상태에 빠지게 되었다. 독일군은 독가스와 폭격기까지 동원해 시가지를 초토화했고, 저항군은 무기는 물론 식량 등 물자 부족으로 굶주림과 피로에 지쳐 결국 항복할 수밖에 없었다. 히틀러는 봉기가 진압된 뒤 바르샤바 시내의 남은 건물을 모조리 파괴하라는 지시를 내렸고, 항복한 시민 80만 명을 강제수용소로 보냈다.

1945년 1월 7일 소련군이 바르샤바로 진격했을 때 도시는 완전히 폐허로 변해 있었다. 이후 국내군은 스스로 해산했지만, 저항군으로 참여한 이들은 소련에 의해 연행되었다. 국내군이 반소 노선을 추구했기 때문이다. 1956년까지 폴란드에서는 국내군에 대한 언급 자체가 금기였다. 완전히 파괴된 바르샤바였지만, 전후 폴란드 시민들의 노력으로 벽돌 한 장까지 과거의 모습을 충실히 재현해 복구하였고, 바르샤바는 1980년 유네스코 세계 문화유산으로 등재되었다.

⇒ 『바르샤바 벽돌 한 장까지 고증을 거쳐 재건된 도시』, 최건영 지음, 살림, 2004

독일 통일

히틀러는 나치독일을 '제3제국'이라고 불렀는데, 독일의 첫 번째 제국은 신성로마제국이었다. 1485년 프리드리히 3세는 신성로마제국의 국호를 '독일 민족의 신성로마제국'이라고 불렀지만, 근대에 '독일 민족'이 발명되기 전까지 이 제국에는 독일도 로마도 없었고, 신성하지도 않은 채 지속되다가 1806년 나폴레옹에 의해 해체돼 사라졌다. 괴테는 이 제국의 해체에 대해 "나의 마부가 언쟁을 벌이는 일보다도 관심 없는 일"이라고 말했다.

두 번째 제국은 1871년 1월 18일 프로이센-프랑스(보불) 전쟁에서 승리한 뒤 비스마르크가 베르사유 궁전에서 독일제국을 선포한 것이었지만, 이 제국은 1차 세계대전에서 패망하며 사라졌다. 히틀러는 신성로마제국과 독일제국의 정통성을 계승하는 천년왕국으로서의 제3제국을 주창했다. 전권을 장악한 히틀러는 "마침내 독일이 눈을 떴다, 위대한 제3제국의 날이 왔다"라고 선언했지만, 패망하면서 동서독으로 분단되고 말았다. 두 차례나 세계대전을 일으킨 독일은 패전국이자 전쟁광으로 치부되었고, 주변 국가들은 유럽의 평화와 안정을 위해 독일이 영구 분단되는 편이 낫다고 여겼다. 독일 스스로도 자국의 힘으로 통일을 이룰 수 없다는 사실을 깊이 인식하고 있었다.

분단 이후 서독의 초대 총리 콘라드 아데나워는 중립 노선을 의미하는 제3의 길 대신에 미국과의 동맹을 중시하여 서방 진영의 신뢰와 지지를 획득한다는 서방 정책을 추진했다. 서독의 확고한 서방 정책은 서방 진영의 신뢰와 지지를 획득했고, 뒤이어 등장한 빌리 브란트 총리의 동방 정책은 동독 및 동유럽 국가들과의 교류 추진을 중시하며 2차 세계대전 당시 독일의 전쟁 책임에 대한 확실한 사과와 재발 방지를 위한 노력을 통해 주변국들의 신뢰를 얻었다. 브란트 총리는 외교 노선의 변화가 서방 진영으로부터의 이탈이 아니라는 사실을 확실히 하는 가운데 주체적인 통일이 어려운 현실에서 분단이 갈등으로 변모하지 않도록 효율적으로 관리하는 것을 최우선으로 했다. 이후 독일 정부는 여러 차례 집권 정당이 바뀌는 와중에도 장기적으로 동서 데탕트와 교류 원칙을 지켜 나갔다.

독일이 평화적으로 통일할 수 있었던 주요 배경은 첫째 남북한과 달리 서로를 상대로 전쟁을 벌인 적이 없고, 둘째 동서독 모두 냉전 시기에 핵의 위협 아래 놓여 있었음에도 핵무기를 개발하거나 사용하겠다는 전쟁 위협을 한 적이 없으며, 셋째 여러 어려움에도 불구하고 다양한 경로로 이산가족을 포함한 인적·물적 교류가 중단되지 않고 지속되었다는 것이다. 이외에도 국제적인 탈냉전 분위기 조성 등 여러 가지 조건이 맞물려 있었지만, 무엇보다 독일의 정치 지도자들이 기본적인 입장 차이에도 불구하고 정부 정책을 일관성 있게 꾸준히 유지해 온 덕분에 1990년 10월 3일 모두가 불가능하다고 여겼던 독일 통일이 이루어졌다. 통일 이후 독일은 15년간 엄청난 통일 비용과 2008년 금융 위기로 한때 '유럽의 병자' 취급을 받았다.

동서독 통일 이후의 과정을 살펴보면 통일보다 어려운 것이 '통합'이라는 사실을 깨우칠 수 있다. 통일이란 서로 다른 시스템이 하나가 되는 것을 의미하고, 통합은 서로 다른 문화와 가치가 하나의 전체로 구성되어 공동의 문화를 형성하고 공동의 가치를 추구하며 새로운 공동체를 구성해 가는 과정을 말한다. 통일 직후 독일은 "우리는 하나의 국민이다"를 외쳤지만, 2020년 통일 30주년을 맞은 독일은 "독일은 하나인 동시에 다수다"라는 구호를 앞세웠다. 하나의 독일을 만들기 위해서는 서로 다른 문화와 생각을 가진 다수의 사람들이 공존할 수 있는 공동체를 먼저 만들어야 한다는 뼈아픈 교훈을 얻었던 것이다.

⇒　『비밀과 역설』, 이동기 지음, 아카넷, 2020

스푸트니크 쇼크

대륙간탄도미사일과 우주발사체는 기본적으로 동일한 기술을 사용한다. 탄두에 인공위성을 탑재하면 우주발사체, 폭탄을 탑재하면 대륙간탄도미사일이다. 탄두를 대기권으로 쏘아 올렸다가 재진입시켜 목표물에 떨어지게 하는 것이 대륙간탄도미사일이고, 인공위성을 원하는 궤도에 올려놓는 것이 우주발사체이다. 이외에도 민간용 우주발사체와 군사용 대륙간탄도미사일의 차이는 추진제로 사용하는 연료가 액체인가 고체인가 여부, 유도 장치의 유무, 발사대가 고정식인가 이동식인가 여부 등으로 구분하기도 한다.

미소 냉전이 한창이던 시절 소련의 공산당 서기장 니키타 흐루쇼프는 소련이 "수소폭탄을 실은 대륙간탄도미사일을 보유하고 있다"라고 장담했다. 소련의 과학기술 수준이 서방에 못 미친다고 여기던 미국을 비롯한 서방 국가들은 이를 허풍이라고 여겼지만, 1957년 10월 4일 소련은 카자흐스탄의 사막에서 세계 최초로 인공위성 스푸트니크 1호를 발사하는 데 성공했다. 스푸트니크는 러시아어로 '위성' 또는 '동반자'라는 의미다. 지름 58센티미터, 무게 83.6킬로미터에 불과한 소형 인공위성이 지구 상공 900킬로미터 지점에서 1시간 36분마다 지구를 한 바퀴씩 돌아 전파음을 송신하면서 인류는 우주 시대에 진입하게 되었다. 이전까지 과학기술 분야에서 소련을 압도하고 있다고 믿었던 미국은 큰 충격을 받았다. 이른바 '스푸트니크 쇼크'다.

앨프리드 마한(1840~1914)은 『해양력이 역사에 미치는 영향』이라는 저서를 통해 "바다를 지배하는 자가 세계를 지배한다"라는 제해권을 주장했고, 이 책은 단일 저서로서 세계사에 가장 큰 영향을 끼친 책 가운데 하나로 손꼽힌다. 이후 인간의 기술이 발달해 항공우주과학의 시대가 열리면서 미국의 알렉산더 드 세버스키(1894~1974)는 "하늘을 지배하는 자가 세계를 지배한다"라는 제공권을 주장했다. 러시아 출신의 망명자이자 미국의 항공우주 발명가로 활동했던 세버스키는 2차 세계대전 중 미국 정부를 위해 일하면서 미국의 제공권 확립에 기여했다.

스푸트니크 1호의 발사 성공은 미소 간에 새로운 제공권 경쟁, 본격적인 우주 경쟁을 알리는 신호탄이 되었고, 핵탄두를 장착한 미사일이 언제든지 미국 본토로 떨어질 수 있다는 공포가 미국 사회를 엄습했다. 미국과 소련의 우주 경쟁은 표면적인 이유가 무엇이었든 간에 그 내막은 언제 일어날지 모르는 핵전쟁에 대비한 기술적 우위를 점하기 위한 것이었다. 소련에 뒤처진 우주 경쟁에서 승리하려고 미국은 막대한 비용을 로켓 발사 실험에 투자하기 시작했고, 이후 '국가방위교육법'을 제정해 과학 교육을 전면적으로 쇄신했다. 교육자나 교육학자가 아닌 과학자들로 하여금 과학 교과서를 직접 집필하도록 했고, 생물학의 경우 과학적 근거에 따라 진화론을 생물학의 핵심 이론으로 강조했다. 이 새 교과서는 미국 전역에 널리 보급되었다.

우주 경쟁에서 소련을 능가하기 위해 필사적인 노력을 기울인 미국은 1969년 닐 암스트롱이 달에 첫발을 내디디면서 드디어 소련을 앞지를 수 있었다. 스푸트니크 1호 발사 이후 세계 각국에서 4천여 회가 넘는 발사가 이루어지면서 오늘날 우주에는 수명이 다 되어 기능이 정지했거나 사고나 고장 등으로 제어되지 않는 인공위성을 비롯해 위성 발사에 이용된 로켓 부품 등 대략 4,500톤이 넘는 우주 쓰레기가 떠돌고 있다. 이러한 우주 쓰레기는 인공위성이나 유인우주선, 우주정거장 등에 충돌하면서 큰 위험을 주는 것으로 보고되고 있다.

⇒　『우주 개발의 숨은 이야기』, 정홍철 지음, 살림, 2004

한국 대통령을 움직인 미군 대위

1996년 10월 7일 자 『동아일보』는 짤막한 부고 기사를 게재했다. 1918년 미국 뉴저지에서 출생해 고등학교 재학 시절 2차 세계대전이 벌어지자 불과 16세의 나이로 형의 이름을 빌려 군에 자원 입대한 제임스 해리 하우스먼이 10월 5일 사망했다는 기사였다. 1941년 1월 소위로 진급한 하우스먼은 벌지 전투에서 부상병 후송에 참여하는 등 군무에 종사하다가, 1946년 7월 26일 28세의 나이로 도쿄의 맥아더 사령부를 거쳐 한국에 파견되었다. 이후 그는 1981년 7월 1일 군 사고문직을 마지막으로 한국을 떠날 때까지 한국 현대정치와 밀접한 관련을 맺었다.

　한국에 부임한 하우스먼은 조선경비대 창설 업무를 지원했는데, 창설 초기 한국군은 일본 육사와 만주군 출신이 다수를 이루었고, 광복군 출신은 소수에 불과했다. 완고한 반공주의자였던 하우스먼은 광복군보다 일본군 출신 장교들을 선호했다. 그는 전국을 순회하며 한국통이 되었고, 한국에 부임한 미군 장성들에게 그의 조언은 필수적이었다. 그의 조언은 한국 대통령에게도 강한 영향력을 지니고 있었는데, 하우스먼은 자신의 회고록 『한국 대통령을 움직인 미군 대위』에서 "이승만 대통령이 참모총장을 교체할 때마다 나에게 누구를 임명해야 되냐고 문의했다"라면서 이승만이 "(한국)군대에서 당신 명령을 수행하지 않는 자가 있으면 나에게 알려 달라, 그를 교체하겠다"라고 했을 만큼 대통령의 신임을 얻었다고 자랑스럽게 말했다. 실제로 하우스먼은 당시 대통령 관저였던 경무대에 자유롭게 드나들면서 군내 동향을 보고했고, 한국 대통령과 장관이 국가 대사를 논하는 국무회의에 참가하는 유일한 미국인이었다. 이승만은 정일권·백선엽·이형근 세 명의 고위 장성을 '내 어금니'라고 부르며 신임했는데, 이 세 사람은 이승만의 측근인 동시에 하우스먼과도 가까운 사이였다.

1948년 10월 여순 사건은 진압 과정에서 수많은 민간인 희생을 초래했다. 진압군의 작전 책임자로 있었던 하우스먼은 당시 발생한 민간인 학살과 자신은 관련이 없다고 주장했다. 그는 이전에 제주에서 민간인 20여 명에 대한 총살을 지시한 일로 문책하던 미국 대사에게 "몇 개월 전에는 민간인 200명 죽이는 것도 보통이었는데 20명 죽인 것이 무슨 문제냐"라고 대꾸하기도 했다. 이후 벌어진 숙군 과정에서 그의 마음에 드는 자는 승진할 수 있었고, 눈 밖에 나면 목숨을 부지하기 어려웠다.

하우스먼은 숙군 작업 당시 국군 내 좌익 성향 인사 명단을 제공한 박정희 소령에 대한 구명을 대통령 이승만에게 건의하기도 했다. 1950년 6월 28일 한강인도교 폭파 사건을 지시한 최종 책임자가 누구인지는 현재까지도 명확하게 드러나지 않았지만, 책임자로 몰려 사형당한 최창식 공병감의 미군 고문이었던 크로퍼드 소령은 "당시 육군 참모총장 채병덕에게 폭파 지시를 내린 것은 '미군 장교'였고, 그 장교는 채병덕의 고문이었다"라고 박정희 정권 시절 치러진 재심에서 증언했다. 최창식은 재심에서 무죄를 선고받았다. 당시 하우스먼은 미 군사고문단의 실질적 책임자였고, 채병덕과 함께 먹고 자다시피 하던 전속 고문이었다. 하우스먼은 "4·19 혁명 당시에도 계엄사령관을 맡고 있던 송요찬 육군 참모총장과 한방에 야전침대 2개를 놓고 자며 밤낮으로 대책을 논의했다"라고 스스로 밝혔다.

1961년 5·16 쿠데타 직후 박정희 소장은 하우스먼을 찾아가 자신에 대한 지지를 부탁했다. 하우스먼은 회고록에서 쿠데타 직후 국가재건최고회의 건물에서 박정희와 자주 만났고 박정희에게 "장도영을 밀어내고 본인이 실권을 잡아라" "혁명군(쿠데타군)이 차고 있는 흰색 완장은 떼는 것이 좋겠다"라는 등 구체적인 조언을 건네는 한편 별도로 휴가를 내 미국으로 건너갔다. 그리고 미 중앙정보부, 국방성, 국무성 고위 관료들은 물론 합참의장, 육군 참모총장 등에게 한국 내 상황을 보고했다. 그의 노력 덕분이라고 단언할 수는 없지만 이후 11월 케네디 대통령과 박정희 국가재건최고회의 의장의 면담이 성사되었다. 그는 전두환의 12·12 쿠데타 이후에도 비슷한 역할을 담당했다.

전두환 정권이 안정되어 가던 1981년 7월 1일 한국을 떠나면서 하우스먼은 "긍지를 느꼈지만, 사랑을 키워 온 한국과 친구들을 떠나면서 매우 큰 슬픔을 느꼈다"라고 말했다. 하지만 1987년 영국 텔레비전과의 인터뷰에서 한국인을 가리켜 "일본 놈들보다 더 잔인무도한 놈들"brutal bastards, worse than Japanese이라 말한 것으로 알려졌다. 『한국전쟁의 기원』을 집필한 브루스 커밍스는 그를 가리켜 '한국군의 아버지'일 뿐만 아니라 '학살의 방조자이자 수행자'였으며 '촌뜨기 같은 언행 뒤에 자신의 기술을 감추고 있는 교활한 공작원'이라고 표현했다.

⇒ 『한국 대통령을 움직인 미군 대위』, 제임스 하우스먼 지음, 정일화 옮김, 한국문원, 1995

"기다려! 기다려! 넌 아무것도 듣지 못했잖아!"

1927년 10월 6일에 개봉한 『재즈싱어』는 엄밀하게 말해 최초의 유성영화는 아니었다. 무성영화라고 해서 소리가 전혀 없는 것은 아니었기 때문이다. 영화는 1890년대 탄생 무렵부터 무대에서 벌어지는 쇼와 같은 구경거리의 곁들이 프로그램이었다.

무성영화는 사람들을 쇼의 관객으로 불러 모았고, 1910년대 말과 1920년대의 호화 영화관에서는 극장에 소속된 오케스트라나 오르간 연주자가 직접 서곡을 연주하고, 희극·춤·노래 등을 함께 공연했다. 영화 상영 때도 오케스트라나 오르간 반주가 곁들여졌고, 연주자들이 스크린 위의 동작에 맞춰 음향 효과를 만들어 내기도 했다.

점차 기술이 발전하면서 미국과 유럽에서 소리와 움직이는 영상을 일치시키는 기술을 개발했다. 가장 오래된 방법은 축음기를 영사기와 연결하는 것이었다. 이 방식은 1930년대에 이르러서는 전 세계적인 영화계의 표준으로 자리 잡았다. 할리우드의 워너브러더스와 폭스는 1926~1927년 시즌에 맞춰 자사 극장에 유성장치를 도입했다.

워너는 1926년 8월 바이타폰이라는 디스크 기록 방식의 영화『돈 주안』을 선보였고, 폭스는 1927년 여름 필름 기록 방식의 '폭스 무비톤 뉴스'라고 불린 발성 뉴스 영화를 내보였다. 무성영화에서 유성영화로의 전환은 단순한 기술 발전의 결과라고 할 정도를 넘어서 기술 혁명에 가까웠다.

『재즈싱어』에서 배우가 말하는 장면은 단지 두 대목에 불과했고 나머지 장면은 이전의 다른 무성영화처럼 자막으로 처리되었지만, 주인공 앨 존슨이 "기다려! 기다려! 넌 아무것도 듣지 못했잖아!"라고 외친 것은 배우가 관객에게 직접 대사를 전한 최초의 장면이라는 점에서 의미가 컸다. 관객은 화면 속의 배우가 자신들에게 말을 거는 장면을 직접 보려고 극장으로 몰려들었고,『재즈싱어』는 당시 350만 달러를 벌어들여 제작사인 워너브러더스를 메이저 영화사로 발돋움하게 했다.

이 성공에 힘입어 유성영화, 이른바 '토키 영화'가 흥행에 도움이 된다는 사실을 확인한 제작사들은 극장에 소속된 악단 연주자들을 해고하고 절감한 비용으로 극장에 새로운 음향 설비를 설치했다. 전속 악단을 갖출 수 없었던 작은 극장에서도 영화를 상영하게 되었고, 그 수익은 고스란히 제작사 몫으로 돌아갔다.

『재즈싱어』로 시작된 1920년대 말 음향 혁명은 정체되어 있던 영화산업과 기술의 변화를 촉진했다. 이는 1950년대 와이드스크린 영화, 컬러, 스테레오 녹음 등의 두 번째 기술 혁명으로 이어졌고, 그 결과 화려한 뮤지컬 영화의 시대가 열렸다.

⇒　영화 『사랑은 비를 타고』, 진 켈리 감독, 1952

이사벨라 버드 비숍

시인 김수영은 「거대한 뿌리」(1964)에서 이사벨라 버드 비숍의 눈을 통해 백여 년 전의 한반도와 한국인을 다시 바라볼 수 있었고, 그 무수한 반동이 바로 자신의 모습이었음을 깨달았다고 말한다. 19세기 말이던 1894년 제물포를 통해 조선에 들어온 이사벨라 버드 비숍(1831~1904)은 1897년까지 총 4회에 걸쳐 조선을 여행하며 서울, 남한강 유역, 고양, 개성, 평양, 덕천, 금강산, 원산 등지와 블라디보스토크, 만주의 조선인 이주 지역 등을 돌아본 뒤 1898년 『조선과 그 이웃 나라들』을 펴냈다.

비숍은 19세기 영국의 탐험가이자 지리학자, 작가이자 사진작가로 활동했으며 1892년 남성 회원들의 반대를 이겨내고 영국의 왕립지리학회 회원으로 선출된 최초의 여성이었다. 성공회 신부의 딸로 태어난 비숍은 빅토리아 시대 중상류층 여성에게 강요되었던 '집안의 천사'가 되기를 거부했다. 23세이던 1854년 미국 여행을 시작으로 거의 평생 동안 한국과 일본, 중국 등 아시아와 유럽을 비롯한 세계 여러 나라를 여행했다. 비숍은 자신이 답사한 여행 경로를 중심

축으로 삼아 군데군데 특히 주목했던 일들을 상세하게 기록하고 설명하는 여행기를 썼다.

우리는 비숍을 통해 120여 년 전 이 땅에 살았던 사람들의 소소한 일상 풍경은 물론 한반도를 둘러싸고 벌어졌던 역사적 사건들을 엿볼 수 있다. 비숍은 제국주의 시대 서구 지식인들이 흔히 보이기 쉬운 동양에 대한 오만한 시선과는 다소 구별되는 균형 감각을 유지하고 있었다. 또한 당시 조선의 상황에 대해 이해하고, 조선인에 대한 애정을 드러내기도 했다. 아마도 이러한 태도 덕분에 이방인(여성)을 친숙하게 여기기 어려웠을 당대 조선인의 곁으로 좀 더 가까이 다가갈 수 있었을 것이다. 비숍의 기록을 통해 우리는 당시 상황을 이해할 수 있을 뿐 아니라 19세기 조선을 바라보는 서양인의 인식도 살펴볼 수 있다. 비숍은 동학군을 "무장한 개혁자들"이라고 불렀지만, 동학농민혁명이 지녔던 반제국적·반봉건적 의식을 헤아리지는 못했다. 청일전쟁에 대해 언급하기는 하지만, 어째서 청국과 일본이 남의 나라인 조선에서 전쟁을 벌이고 그 피해와 고통을 고스란히 조선인이 감당해야 하는지는 말하지 않는다.

도리어 전근대적인 청군의 야만적인 모습에 대비해 일본군을 근대적 합리성을 지닌 군대로 표현하는 방식으로 청일전쟁의 본질을 근대와 전근대, 야만과 문명의 갈등으로 오도한다. 또한 조선의 문명화·근대화 방안에 대해 서술하면서 일본의 식민주의적 개입의 정당성을 암시한다.

이 책의 말미에서 비숍은 "만약 영국이 미개발된 자원과 가치 있는 항구가 풍부한 한 국가(한국)의 정치적 장래에 있을 법한 이해관계를 전혀 갖지 못하고, 적대적인 강대국이 그 국가를 소유해 버린다면 극동에서 영국의 이익은 심각한 위험에 처할 것이다. 지난 몇 년 동안 영국의 정책은 자신의 무관심을 드러냈을 뿐이었다"라며 영국 정부에 조언한다. 그의 조언이 영국의 정책 결정과 판단에 어떤 영향을 미쳤을지 확인하기 어렵지만, 실제로 영국은 '적대적인 강대국'(러시아)의 남하를 저지하고 한반도에 대한 배타적 이익을 보장받으려고 1901년 일본과 영일동맹을 맺었다.

빅토리아 시대를 풍미한 제국주의적 담론은 근본적으로 남성중심적이었지만, 이 시기 세계를 여행하거나 글을 썼던 여성들 역시 식민지에서의 글쓰기, 그림 그리기, 교육 등을 통해 본국의 제국주의 정책과 여론 형성에 관여했다. 조선의 친근한 이방인이었던 이사벨라 버드 비숍은 다시 중국 답사에 나서려고 준비하던 중 건강이 악화되어 1904년 10월 7일, 73세를 일기로 세상을 떠났다.

⇒ 『조선과 그 이웃 나라들』, 이사벨라 L. 버드 비숍 지음, 신복룡 옮김, 집문당, 2019

유전무죄 무전유죄

서울올림픽의 열기가 채 가시지 않았던 1988년 10월 8일, 서울 영등포교도소에서 죄수 25명을 태우고 공주교도소로 이감 중이던 호송버스에서 12명이 탈출하는 사건이 발생했다. 이들 대부분은 얼마 지나지 않아 체포되었지만, 당시 35세이던 지강헌을 포함해 4인은 경찰의 검문검색에도 불구하고 서울 시내 여러 곳을 돌아다니며 탈주를 계속했다. 당시 세간에는 이들이 숨겨 둔 장물을 되찾으려고 탈출했을 것이라는 등 여러 가지 추측이 난무했다. 북가좌동의 한 주택가에 숨어든 이들은 인질로 잡혀 있던 일가족 중 한 명이 몰래 빠져나와 경찰에 신고하는 바람에 천여 명의 경찰과 대치하게 되었다.

지강헌은 국민에게 할 말이 있다며 TV 카메라를 불러 줄 것을 요구했고, 이들이 벌인 인질극은 TV로 생중계되었다. 카메라 앞에 선 지강헌은 "돈 없고 권력 없이는 못 사는 게 이 사회다. 돈이 있으면 판검사도 살 수 있다. 유전무죄 무전유죄, 우리 법이 이렇다"라면서 "대한민국 비리에 대해 모두 파헤치고 죽겠다"라고 외쳤다. 지강헌의 죄목은

7차례에 걸쳐 현금·승용차 등 약 556만 원을 절도한 것이었다. 가난한 집에서 태어나 초등학교를 겨우 졸업했지만, 지강헌(1954~1988)의 장래 희망은 시인이 되는 것이었다. 실제로 그는 인질들에게 "난 대한민국 최후의 시인이다. 행복한 거지가 되고 싶었던 낭만적인 염세주의자다"라고 말했다. 그는 시간이 있을 때마다 책을 읽었지만, 변변한 기술도 자격증도 없는 전과자였던 탓에 사회에 적응할 기회를 얻지 못했다.

광주학살로 집권한 전두환은 불순한 사회악을 일소하고 선량한 국민과 사회를 보호하겠다며 삼청교육대를 설치하는 한편으로 '사회보호법'을 제정했다. 이 법은 "유사한 죄로 2회 이상 실형을 받고 그 형기의 합계가 3년 이상인 자가 다시 유사한 죄를 저질렀을 경우" 등 상습성이 인정될 때 장기간 보호감호 처분을 내릴 수 있도록 규정했다.

지강헌은 이 법 때문에 언제 풀려날지 기약 없는 감옥살이를 해야 할 운명이었다. 이 무렵 형의 권력을 믿고 무소불위의 권력을 휘둘러 왔던 전경환이 새마을운동협회의 공금 73억 6천만 원을 횡령하고, 새마을신문사 수익금에 대한 10억 원의 탈세 및 뇌물 수수와 각종 인사 개입, 횡령 등 심각한 범죄를 저질러 기소되었다. 하지만 그에게 내려진 형량은 고작 징역 7년에 벌금 22억 원과 추징금 9억 원이 전부였다. 이 소식에 분노한 지강헌은 탈옥을 결심했고, 전두환에 대한 복수심으로 연희동으로 향하려다가 경비가 너무 삼엄해 포기할 수밖에 없었다고 밝혔다.

경찰과 대치 중이던 지강헌은 인질들에게 "미안하다, 정말 이럴 생각이 아니었다. 절대 다치지 않게 할 테니 조금만 기다려 달라"라며 사과했고, 일당 중 가장 어린 멤버를 밖으로 내보낸 뒤 나머지 두 사람과 함께 스스로 목숨을 끊었다. '광란과 공포의 휴일 아침'이라고 묘사됐던 인질극이 끝난 뒤 인질로 잡혔던 이들은 홀로 살아남은 탈옥수를 위해 제출한 탄원서에서 "이들에게서 나쁜 냄새가 아닌 인간다운 눈빛을 읽었고 후회의 마음도 읽을 수 있었다"라고 썼다.

전두환은 2021년 11월 23일 사망할 때까지 단 한마디 사과도 없이 국가에 갚아야 할 1천억 원이 넘는 추징금을 내지 않은 채 경호를 받아 가며 골프를 치는 등 호화로운 생활을 계속했고, 동생 전경환 역시 감옥에서 풀려난 뒤로도 여러 차례에 걸쳐 파렴치한 대규모 권력형 사기 범죄를 저지르고 검거되었다. 전경환은 2010년 또다시 징역 5년형을 선고받았지만 수감 두 달 만에 건강상의 이유로 풀려나 2021년 10월 21일 사망할 때까지 형집행정지가 자동으로 연장되면서 감옥으로 돌아가지 않았다.

⇒　영화 『홀리데이』, 양윤호 감독, 2005

총을 든 예수

에릭 홉스봄은 『미완의 시대』에서 "이 시대를 상징하는 '게 릴라'라는 말은 세계 변혁의 열쇠로 인식되었다. 멀리 갈 것 없이 체 게바라를 보면 알 수 있지만 하나같이 젊었고 덥수 룩한 머리에 구레나룻을 길렀으며, 유럽 전역을 휩쓸었던 1848년 혁명의 후예임을 자처하는 피델 카스트로 같은 혁 명가들은 새로운 정치적 낭만주의 시대가 도래했다는 사실 을 온 세계에 퍼뜨리기 위해 일부러 멋있게 차려입힌 사람 들이 아닐까 싶을 정도로 인상적이었다"라고 말했다.

1917년에 태어난 홉스봄에게 1848년은 그렇게 멀지 않 은 과거였을지 모르겠지만, 오늘날을 살아가는 사람들에게 체 게바라(1928~1967)의 삶은 1848년 혁명만큼이나 먼 과 거의 일이 되었다. 그의 이미지는 보드카는 물론 심지어 스 타벅스 커피 잔에 새겨질 정도로 유명하지만, 그는 더 이상 세상을 긴장시키는 불온한 혁명의 아이콘이 아니라 자본주 의 세계의 '힙스터'를 위한 유행 상품이 되었다.

카스트로와 게바라 이전에 라틴아메리카에서 혁명과 무장 투쟁의 역사가 없었던 것은 아니다. 19세기부터 시작한 쿠바의 호세 마르티, 멕시코의 비야와 사파타, 엘살바도르의 파라분도 마르티, 니카라과의 산디노 등 많은 민족주의자, 자유주의자, 때로는 마르크스주의자에 의해서 민중의 저항이 이어졌지만 시몬 볼리바르의 라틴아메리카 연방 공화국 건국 시도가 좌절된 이래 라틴아메리카는 미국의 뒤뜰로 전락했다. 이후 라틴아메리카에서 민중에 의한 게릴라 혁명이 성공해 정권을 장악한 것은 쿠바혁명(1959)이 처음이었다. 쿠바혁명은 라틴아메리카의 수많은 민중에게 희망의 복음이었고, 체 게바라는 '총을 든 예수'로 불렸다. 니카라과 산디니스타 정권을 비롯해 세계의 수많은 혁명가들이 그를 본받고자 했다.

아르헨티나 로자리오에서 미숙아로 태어난 체 게바라는 평생 천식으로 고통받았다. 그러나 게바라는 고독과 모험을 즐겼고, 미친 듯이 책을 읽는 젊은이였다. 1947년 부에노스아이레스 의과대학에 입학한 그는 1952년 친구 알베르토 그라나도스와 함께 모터사이클을 이용해 10개월 동안 라틴아메리카 전역을 여행하며 민중의 비참한 삶을 직접 보았다. 이후 잠시 미국에 머물면서 라틴아메리카와 미국의 관계에 대해 깨닫게 된다.

1953년 대학을 졸업하고 의사 면허를 취득한 지 두 달 만에 그는 높은 보수와 안정된 직업이 보장된 의사 가운을 벗고 혁명가가 되었다. 1956년 쿠바혁명에 동참한 게바라는 혁명 성공 이후 쿠바 시민권을 부여받아 토지개혁 등 다양한 혁명 과업을 수행했다. 그러나 혁명 6년 뒤인 1965년 4월, 그는 돌연 정부 내의 모든 지위를 버리고 또다시 혁명 전사의 길로 뛰어들었다.

아프리카에 잠입해 10개월여 동안 활동하다가 1966년 볼리비아로 건너갔다. 볼리비아의 독재자 바리엔토스 정권을 상대로 게릴라전을 펼치며 라틴아메리카에서 제2, 제3의 베트남전쟁을 수행한다는 것이 그의 목표였다. 그러나 이번에는 미국도 단단히 준비를 마치고 있었다. CIA는 특수부대원들을 동원해 그를 압박해 들어갔고, 마침내 1967년 10월 8일 해발 2천 미터의 고지대 산악마을에서 부상당한 체 게바라를 체포했다.

미국과 볼리비아 정부는 체 게바라의 육신은 사로잡았지만, 그의 영혼과 신념은 포로로 잡을 수 없었다. 1967년 10월 9일 오후 1시 10분, 볼리비아 동남부 산골 마을 라이게라의 작은 학교 건물에서 9발의 총성이 울렸다. "우리 시대의 가장 완전한 인간"(장 폴 사르트르), "총을 든 예수"로 불렸던 체 게바라의 최후였다.

게바라를 처형한 이들은 그의 죽음을 증명하기 위해 사진을 촬영한 뒤 그의 양손을 잘라 쿠바로 보냈다. 게바라는 게릴라 활동 중에도 시를 썼다. 그는 「먼 저편」이라는 작품에서 '미래의 착취자가 될지도 모를 동지에게' 이렇게 말

했다. "비록 그대들이 떠나 어느 자리에 있든/ 이 하나만은
꼭 약속해 다오/ 그대들이 한때 신처럼 경배했던 민중들에
게/ 한 줌도 안 되는 독재와 제국주의의 착취자처럼/ 거꾸
로 칼끝을 겨누는 일만은 없게 해 다오/ 그대들 스스로를 비
참하게는 하지 말아 다오/ 나는 어떠한 고통도 참고 견딜 수
있지만/ 그 슬픔만큼은 참을 수가 없구나."

⇒   『체 게바라 시집』, 체 게바라 지음, 이산하 엮음, 노마드북스, 2007

국가의 지위

걸그룹 트와이스 소속의 스타 쯔위(당시 16세)가 중화민국 깃발인 청천백일기를 모 인터넷방송 프로그램에서 흔들었던 일로 한때 중국과 대만, 한국에서 논란이 거셌다. 대만, 다시 말해 '중화민국'은 1912년 건국한 동아시아 최초의 공화국이었다. 그러나 1949년 국공내전에서 패배하면서 지금의 영토로 줄어들었다. 매년 10월 10일은 중화민국의 건국 기념일로, 쌍십절로도 불리며 축하 행사가 열린다. 대만은 국가인가, 아닌가?

오늘날 이를 규정하는 국제법은 '국가의 권리의무에 관한 몬테비데오 권리 및 의무 공약'(1933)에 따른다. 이 법은 "어떤 주권 국가에도 속하지 않고 사람이 살지 않는 곳이면 나라를 세울 수 있다"라고 정의한다. 이것을 일러 '테라 인코그니토'terra incognito, 또는 '테라 눌리우스'terra nullius라고 하는데, 이 조항에 따르면 이집트와 수단 국경 지대인 '비르타윌'(1902년 이래)과 크로아티아와 세르비아 접경 지역인 '리버랜드'에는 누구든 깃발만 꽂으면 지금도 국가를 세울 수 있다. 그러나 그 정도만으로 국가가 되는 것은 아니다.

국가로 인정받으려면 첫째 지속적으로 거주하는 인구, 둘째 정의된 영토, 셋째 정부, 넷째 타 국가와 관계를 맺는 능력(외교적 승인)이 필요하다. 앞의 세 가지를 모두 갖췄더라도 마지막 네 번째 조항이 그 모든 것보다 우선한다. 구한말 조선이 을사보호조약으로 외교권을 상실하여 국가로서의 힘을 잃게 된 것, 헤이그 밀사 사건을 통해 이를 국제사회에 호소하려 했으나 무시당한 사건과 오늘날 대만이 국가로 인정받지 못하는 이유는 모두 네 번째 조항에 해당하는 국가의 힘이 부족했기 때문이다. 오늘날엔 유엔 총회에서 회원국 3분의 2의 찬성을 얻어야 국가로 인정받을 수 있으며, 상임이사국은 그럼에도 불구하고 거부권을 행사할 수 있다.

중국은 그 상임이사국 중 하나이며 중국과 수교하기 위해서는 중화인민공화국을 중국의 유일한 합법 정부로 승인하고 하나의 중국을 인정해야 한다. 중국은 1949년의 승리로 중화민국을 계승한 것으로 자부하기 때문에 대만의 중화민국을 국가로 인정하지 않으며, 중국과 수교할 또는 수교한 모든 나라 또한 같은 원칙을 따르고 있다. 2016년 1월 16일 중국공산당 기관지 『인민일보』의 자매지인 『환구시보』는 쯔위의 사과를 전하며 '중국의 빛'이 되라고 썼는데, 쯔위는 데뷔가 확정된 뒤 이미 '타이완의 빛'이라는 칭호를 받은 바 있다.

⇒ 『국가·정체』, 플라톤 지음, 박종현 옮김, 서광사, 2005

두 명의 에디트Edith

'백의의 천사'라고 하면 크림전쟁(1853~1856) 당시 활동
한 플로렌스 나이팅게일을 먼저 떠올리게 되지만, 1차 세
계대전 시기에 활동한 간호사 이디스Edith 루이자 카벨
(1865~1915)도 빼놓을 수 없다. 그는 영국 출신으로 성공회
사제였던 부친을 간병하고자 간호사 교육을 받았고, 신설
된 벨기에 간호학교에 초빙돼 간호 교육을 실시하던 중 전
쟁을 맞았다. 전쟁 중에 간호학교는 국제적십자병원으로
운영되었고, 카벨은 이 병원에서 연합군과 독일군 등 국적
을 따지지 않고 모든 부상병을 헌신적으로 보살폈다.

　그는 병간호뿐 아니라 다른 일에도 적극적으로 나서
서, 부상당한 연합군 장병들은 물론 징병 연령대에 있던 젊
은이 100여 명의 서류를 위조해 중립국 네덜란드로 피신할
수 있도록 도왔다. 이런 사실이 발각되어 체포되자 카벨은
경찰 심문에서 자신의 혐의를 부인하지 않고 순순히 사실
을 인정했다.

　독일군은 카벨의 행위가 독일에 대한 명백한 적대 행
위라며 카벨에게 스파이 혐의를 적용해 사형을 선고했다.

미국과 스페인 등 당시 중립국 외교관들이 그의 구명을 호소했지만, 1915년 10월 12일 독일이 점령하고 있던 벨기에 브뤼셀에서 총살형에 처해졌다. 총살 직전 찾아온 성공회 사제에게 카벨은 마지막 유언을 남겼다. "애국심만으로는 충분하지 않습니다. 서로 사랑해야 하고 미워해서는 안 됩니다." 처형대 앞에 선 병사 한 명은 적군과 아군을 가리지 않고 헌신적으로 간호한 카벨을 차마 죽일 수 없다며 총구를 떨궜고, 그 역시 명령불복종으로 처형당했다. 이 사건은 독일군의 야만성과 잔혹성을 입증하는 연합국의 프로파간다로 활용되었고, 분노한 젊은이들이 자원해 징병센터로 몰려들었다. 중립국이던 미국에서도 참전 여론이 끓어올랐다. 카벨을 스파이 혐의로 처형한 독일 황제 빌헬름 2세 역시 이런 분위기에 놀라 앞으로 여성을 처형할 경우 반드시 자신의 사전 승인을 받도록 명령했다.

이디스 카벨이 처형되고 두 달여가 흐른 1915년 12월 19일, 파리의 한 빈민가에서 거리의 곡예사였던 아버지와 거리의 가수였던 어머니 사이에서 딸이 태어났다. 아기를 키울 여력이 없었던 이들 부부는 노르망디에서 윤락업소를 운영하던 외할머니에게 아기를 맡겼다. 아버지는 아이 이름을 얼마 전 신문에서 보았던 이디스 카벨의 이름을 따서 에디트 지오바나 가시옹이라고 지었고, 곧 1차 세계대전에 징집되어 아이 곁을 떠났다. 이 아기가 훗날 샹송의 여왕이라 불리게 되는 에디트Edith 피아프(1915~1963)다. 지독한 가난과 환경 탓에 제대로 보살핌을 받을 수 없었던 에디트 피아프는 늘 영양실조였기 때문에 성인이 되어서도 키가 142센티미터에 불과했고, 6세 때까지 각막염을 앓아 하마터면 실명할 뻔했다. 14세 무렵부터 에디트는 아버지의 곡마단을 따라 프랑스 전역을 전전하다, 1년 뒤 아버지와 결별하고 혼자 거리의 가수로 살아갔다.

우연히 나이트클럽 사장의 눈에 띈 에디트는 스무 살 무렵부터 나이트클럽에서 고정적으로 노래할 수 있게 되었다. 사람들은 삶의 애환과 우수를 담아 노래하는 에디트의 노래에 빠져들었다. 나이트클럽 사장은 작고 가녀린 에디트가 노래하는 모습이 마치 작은 새가 노래하는 것처럼 보인다고 해서 작은 참새를 뜻하는 '라 몸 피아프'La Môme Piaf 라는 예명을 지어 주었다. 에디트 피아프는 살면서 수많은 고난에 처했고, 네 차례의 교통사고를 경험했으며, 유일하게 사랑했던 연인을 잃었다. 육신과 영혼의 고통을 잊기 위해 사용하던 모르핀은 에디트의 간과 췌장을 혹사했고, 이디스 카벨이 처형당한 날보다 하루 빠른 1963년 10월 11일 간암으로 사망한다. 이디스 루이자 카벨이 백의의 천사였다면 에디트 피아프는 평생 상복처럼 보이는 검은색 무대의상이 트레이드마크였다.

⇒ 『에디트 피아프』, 실뱅 레네 지음, 신이현 옮김, 이마고, 2002

대한으로 망했으니 대한으로 다시 흥해 보자

조선 중기의 대표적인 서예가이자 문인으로 이름이 높았던 백호 임제(1549~1587)는 불편부당하고 호협한 성격으로 문장이 호탕하고 시와 서예, 거문고 등에 두루 뛰어난 인물이었다. 하지만 선비들이 붕당을 지어 다투는 것을 개탄해 벼슬을 버리고 명산을 유람하며 지냈기 때문에 당대에는 기인이라는 평가를 받았다. 39세의 나이로 운명하기 전 그는 자식들에게 이런 유언을 남겼다. "사해의 모든 오랑캐가 황제를 일컫지 않는 자 없었거늘, 유독 조선만 예부터 중국을 주인으로 모시는 신세이니, 내가 산들 무엇하랴, 내가 죽은들 무엇하랴, 곡하지 마라."

갑오경장(1894~1896) 시기 조선은 왕을 황제로 격상하려 했으나 러시아·프랑스·미국 등의 반대로 무산되었다. 조선의 실권이 청(임오군란, 1882)에서 일본(청일전쟁, 1894~1895)으로, 다시 러시아(아관파천, 1896)로 요동치는 현실에서 아직은 때가 너무 이르거나 너무 늦은 것이었을지 모른다. 그러나 대외적으로 자주독립국을 표방하는 건원칭제建元稱制 분위기는 자주독립에 대한 국민적 자각을 불러일으켜 독립문 건립 운동을 촉진시켰다.

『조선왕조실록』에는 중국의 군주를 가리키는 용어로 '천자'와 '황제'가 거의 비슷한 빈도(6천~7천 건 정도)로 등장하지만, 천자나 황제가 다스리는 나라를 '제국'이라 부르지는 않았다. 한국의 개념사적 지평에 '제국'이라는 용어가 본격적으로 등장하게 된 것은 강화도조약을 전후한 시기 일본이 스스로 '대일본제국'이라 칭하는 것을 접하면서부터였다. 최초의 근대적 정치학 서적으로 평가받는 유길준의 『정치학』은 미국과 독일을 비교하면서 연방국과 연방제국의 차이를 비교하는데, 그는 제국을 '황제가 통치하는 국가'라는 의미 정도로 사용하고 있다. 제국이 식민지를 거느린 광역 지배 국가 시스템을 가리킨다는 점에 대한 구체적인 설명은 없었다.

군주를 황제로 부른다는 칭제가 다시 거론되기 시작한 것은 고종의 아관파천(1896년 2월) 시기였다. 신하들의 부추김도 있었지만 고종 스스로도 황제로 불리길 바랐다. 1897년 2월 경운궁으로 환궁한 고종은 신하와 백성이 제위에 오르도록 간청하면 자신이 그것을 받아들여 황제에 오르는 방식으로 열강의 반대를 비껴 가는 전략을 고안해 냈고, 1897년 5월부터 전국 각지의 유생과 시정상인 등 각계각층에서 황제 즉위를 촉구하는 상소가 빗발쳤다. 열강들이 반대 의사를 보이지 않자 고종은 8월에 연호를 광무光武

로 바꾸고 황제 즉위식을 거행할 원구단 축조 지시를 내렸다. 마침내 1897년 10월 12일 새벽 2시, 고종은 원구단에 올라 제위에 오르게 된 것을 하늘에 고하고 황제가 되었다.

이튿날에는 국호를 대한제국으로 바꿨다. 동아시아의 전통적 세계 질서에서 조공국이었던 조선은 청일전쟁을 계기로 중국의 속박에서 벗어났고, 이후 조선의 국제적 지위는 대외적으로는 자주국이었지만 독립국가로서의 지위가 위협당하는 혼돈 상태였다. 동아시아 전통 질서에서 독자적 연호를 사용하고 군주가 황제에 오르는 일은 자립 능력을 갖춘 국가에만 허용되는 관행이었다. 당시 대한제국은 비자립적 자주국이었으나 제국을 선포한 것은 더 이상 열강의 내정 간섭을 받지 않겠다는 의사 표시였다. 그러나 문제는 갑신정변 이후 남의 나라 군대의 힘으로 국내의 권력 다툼을 해결하고자 했던 장본인이 고종이었으며, 이후 툭하면 외세가 군사력을 동원해 조선을 겁박할 수 있도록 문을 열어 준 것도 바로 고종이었다는 점이다.

고종의 정치적 리더십의 배후에는 항상 외세가 있었다. 1897년 대한제국을 선포한 직후 황제권을 강화하고자 했던 고종은 이번엔 러시아를 대신해 영국과 미국의 힘을 끌어들이려 했고, 영국과 미국 대사관으로 몸을 피신하려는 이른바 미관파천美館播遷을 시도하다 실패했다. 그는 힘이 없는 황제였고, 시대 역시 황제나 제국을 허락하지 않았다. 대한제국은 13년간 연명하다가 1910년에 문을 닫았다. 3·1 만세운동 이후 공화제를 표방한 대한민국 임시정부는 "대한으로 망했으니 대한으로 다시 흥해 보자"라는 의미에서 '대한'이란 국호를 재사용했고, 1948년 8월 15일 대한민국 정부로 이어졌다.

⇒ 『극장국가 대한제국』, 김기란 지음, 현실문화, 2020

봄날! 봄날!

독일 적군파RAF의 창설 멤버인 바더, 마인호프, 엔슬린은
모두 중류 계급의 건실한 가정에서 출생했다. 바더의 아버
지는 교수였고, 마인호프는 박물관장의 딸, 엔슬린은 목사
의 자식이었다. 독일 적군파의 나머지 구성원 역시 대부분
중류 계급 이상으로 교육 수준이 높았고, 여성 대원도 다수
포함되어 있었다. 이들 세 사람은 1960년대 후반 서베를린
에서 베트남전 반대운동, 이란의 팔레비 국왕 독일 방문 반
대 시위 등에 참여했던 학생운동가였다. 또한 마인호프는
함부르크의 좌익계 잡지에서 활동하는 유명한 여성 저널리
스트였다. 바더와 엔슬린은 1968년 4월 2일 프랑크푸르트
의 백화점에서 베트남전쟁을 무시하는 사회에 경고한다며
방화 사건을 일으켰다가 체포되었다.

　　1970년 5월 14일 마인호프는 친구와 함께 기자 신분으
로 서베를린 교도소에 수감되어 있던 바더의 면회를 요청
해, 권총으로 직원 1명에게 부상을 입히고 탈출시키는 데 성
공했다. 이날 독일 적군파의 전신인 '바더-마인호프 그룹'이
만들어졌다. 1960년대 중반까지도 서독에서는 근본적인 사

회 변화가 일어나지 않았다. 미국을 비롯한 서방 진영은 전후 서독을 냉전의 방파제이자 전진 기지로 삼기 위해 나치 경력이 있는 이들을 처벌하는 대신 관직에 재기용했다. 독일의 젊은 세대는 자본주의의 풍요 속에서 과거에 대한 반성 없이 파시즘에 물든 독일의 민주주의가 겉치레에 불과하다고 느꼈고, 독일 사회에 근본적인 의문을 품었다. 미국의 시민운동과 프랑스의 68혁명, 베트남전 등은 사회적 긴장을 더욱 고조시켰다.

1968년 4월 11일 독일의 학생운동가였던 루디 두치케가 나치를 추종하던 20대 청년 요제프 바흐만에게 암살되었다. 독일사회주의대학생연맹을 이끌던 루디 두치케에 대해 악의적인 보도를 쏟아 내던 극우 언론 『빌트 자이퉁』에 자극받은 결과였다. 이 무렵 연방 총리로 선출된 쿠르트 게오르크 키징거는 나치당 입당 전력이 있었다. 1968년 11월 기민당 집회장에서 반나치 시민운동가였던 베아테 클라르스펠드(당시 29세)는 키징거 총리의 뺨을 때리며 "키징거! 나치! 물러나라!"라고 외친 뒤 끌려 나가기도 했다. 극단적인 혐오와 감정 대립 이후 학생운동이 서서히 종말을 고하자 일부는 정치적 이상을 다른 방법으로 실현하고자 했다.

독일 적군파는 이른바 '미 제국주의'에 대한 무력 투쟁이 베트남과 라틴아메리카뿐만 아니라 서유럽에서도 일어나야 한다고 보았다. 이후 독일 적군파는 미군 기지 폭파, 대사관 점거, 검찰총장·은행장·기업가 등 정재계 요인을 납치하거나 암살하는 등의 테러 행위를 저질렀다. 독일은 이 시기를 '독일의 가을'이라고 불렀다.

독일 적군파와 관련한 최악의 테러 행위는 1977년 10월 13일에 발생한 독일 루프트한자 민항기 납치 사건이다. 86명의 승객과 5명의 승무원을 태우고 지중해의 아름다운 섬 팔마데마요르카를 떠나 프랑크푸르트로 향하던 보잉 737(181편)이 이륙한 지 30분 만에 팔레스타인해방인민전선에 의해 납치되었다. 납치범들은 기장 위르겐 슈만을 살해하고, 부기장 위르겐 비토르에게 조종을 맡겨 소말리아의 모가디슈 공항에 착륙한 뒤 독일 정부에 독일 적군파의 주요 멤버인 바더, 엔슬린, 라스페 등의 석방을 요구했다. 독일 정부는 이들과 협상하는 한편으로 서독국경경비대 특별테러대책본부GSG9를 비밀리에 모가디슈로 파견해 10월 18일 새벽 2시 5분 진압 작전 '불의 마술'을 개시했다. 영국제 특수조명탄이 작렬하는 가운데 기내로 진입한 특공대는 4명의 납치범 가운데 3명을 사살하고 한 명에게 중상을 입혔다. 작전 개시 5분 만에 나머지 승객과 승무원을 무사히 구출하는 데 성공한 특공대는 2시 12분 본부에 성공을 알리는 암호 "봄날! 봄날!"을 타전했다.

모가디슈에서 인질들이 무사히 구출되었다는 소식이 전해진 후 독일 슈투트가르트의 슈탐하임 교도소에 수감

중이던 바더(당시 34세), 엔슬린(당시 37세), 얀 칼 라스페 (당시 33세)가 자살했다는 소식이 전해졌다. 울리케 마인 호프 역시 1976년 5월 9일 독방에서 시신으로 발견된 바 있었다. '이중 삼중의 경비 속에 자살에 쓰인 권총이 감옥 안으로 어떻게 반입될 수 있었던 것일까?' 하는 의문과 더불어 이들이 자살한 이유 등은 여전히 풀리지 않는 의혹으로 남아 있다. 독일 적군파는 1998년 4월 20일 로이터 통신에 발송한 '해체 선언문'을 통해 공식 해체를 선언했다.

⇒   영화 『바더 마인호프』, 울리 에델 감독, 2008

쿠바 미사일 위기

그해 미국에는 총선이 있었다. 공화당은 쿠바의 위험성에 대해 주장하며 민주당의 케네디 대통령을 압박했다. 케네디는 쿠바에 공격용 무기가 도입되는 일은 결코 허용할 수 없다고 강력하게 말했다. 소련의 흐루시초프 역시 1962년 9월 11일 쿠바에 미사일을 들여놓는 일은 절대로 없을 것이라고 단언했다. 하지만 미국은 이미 이탈리아와 터키에 소련을 겨냥한 중거리탄도미사일 주피터를 배치한 상황이었고, 소련 역시 1961년 4월, 미국의 쿠바 피그스만 침공 작전 실패 이후 미래의 침략을 방지하기 위해 핵미사일을 배치해 달라는 쿠바의 요청에 동의한 상태였다.

1962년 10월 16일 백악관에서 긴급회의가 소집되었다. 이 자리에서 CIA는 케네디 대통령과 각료들에게 이틀 전인 10월 14일 U-2 정찰기가 촬영한 항공 사진을 보여 주었다. U-2 정찰기가 촬영한 사진에는 쿠바의 야자수 숲속에 건설 중인 미사일 격납고와 트레일러 모습이 선명하게 담겨 있었다. 쿠바에 배치될 소련의 중거리탄도미사일 SS-4(R-12)와 SS-5(R-14)는 미국 동부의 주요 도시 대부분을 사정거리

안에 포함하고 있었다. 케네디 대통령은 그 자리에서 국가
안전보장회의 간부위원회, 즉 엑스컴 설치를 결정했다.

엑스컴에는 로버트 맥나마라(1916~2009) 국방장관
을 비롯해 맥조지 번디(1919~1996) 대통령 국가안보보좌
관 등 정권 핵심에 속하는 극소수의 사람들만이 참여해 극
비리에 대응책을 검토했다. 군부를 중심으로 쿠바 미사일
기지를 공중폭격하자는 의견이 나왔다. 케네디 대통령이
"쿠바를 공중폭격한 이후 소련이 어떻게 대응하겠느냐"라
고 묻자 소련은 틀림없이 터키의 미군 기지를 공격할 것이
라는 답변이 나왔다. "그 뒤에 우리는 어떻게 대응해야 하느
냐"라고 묻자 나토의 결의에 따라 소련 국내 기지를 폭격할
의무가 있다는 답변이 돌아왔다. 케네디는 장군에게 다시
반문했다. "그다음엔?"

케네디 대통령은 군부의 강경대응 의견을 물리치긴 했
지만, 이 시점에 미국이 애매한 태도를 보인다면 소련이 베
를린을 비롯한 그 밖의 지역에서 또 다른 모험을 시도할 것
이라는 의견에는 동의했다. 공중폭격 같은 강경대응보다
유연한 해상 봉쇄안을 제시한 것은 맥나마라 국방장관이었
다. 미국 수뇌부가 공중폭격과 해상 봉쇄를 두고 고심하는
동안 케네디 대통령은 아무 일 없다는 듯 선거 유세에 나섰
다. 그 기간에 전 세계의 미군 기지가 경계 태세에 들어갔고,
대통령이 결단만 내리면 즉각 발진할 수 있도록 4개 항공

사단이 공중폭격 준비 태세를 갖추고 있었다. 마침내 대통령의 결단이 내려졌다. 10월 22일 케네디 대통령은 방송을 통해 소련 미사일의 쿠바 배치 사실을 처음으로 밝혔다. 대통령의 연설로 전 세계는 엄청난 위기감에 휩싸였다.

미 해군은 쿠바를 포위하고 선박 수색에 들어갔다. 흐루시초프는 쿠바에 대한 미국의 해상 봉쇄를 해적 행위라고 비난하면서 쿠바로 향하는 소련 선박들에게 미국의 봉쇄를 무시하라는 지령을 내렸다. 소련 선박들은 쿠바를 향해 시시각각 다가갔고, 미국의 해상 봉쇄에 맞서 소련의 잠수함들이 카리브해로 모여들었다. 전 세계인의 가슴을 조이는 공포의 게임이 시작되었다.

냉전으로 서로를 향해 수천 발의 핵무기를 겨냥하고 있음에도 미국의 케네디와 소련의 흐루시초프 사이에는 직접 통화할 수 있는 라인조차 없었다. 흐루시초프는 케네디에게 장문의 텔렉스 전문을 보내 만약 미국이 소련 선박을 정지시킨다면 어떤 일이 일어날지 알 수 없다고 협박하는 동시에 미국이 쿠바를 침공하지 않겠다고 보장한다면 미사일을 철수시키겠다고 제안했다.

하필이면 그때(10월 27일) 쿠바 상공을 비행하던 U-2 정찰기가 격추되는 사건이 발생했다. 당시 미국에서는 미군 정찰기가 격추된다면 즉시 공중폭격으로 반격한다는 계획을 수립해 둔 상황이었다. 케네디는 공중폭격을 보류하고 흐루시초프의 답변을 초조하게 기다렸다. 마침내 "터키의 핵미사일 기지 철수를 조건으로 쿠바의 미사일 기지 철수를 약속"하는 흐루시초프의 답변이 도착했다. 맥나마라 장관은 상황이 모두 종료된 뒤 노을이 지는 백악관을 빠져나오며 '내일 이 석양을 살아서 볼 수 없는 것이 아닐까?' 생각했다고 당시를 회고했다. 세계를 핵전쟁의 위기로 내몰았던 13일이 지나갔다.

⇒　영화 『D-13』, 로저 도널드슨 감독, 2000

서울대학교 개교기념일

일본의 루쉰 연구자이자 사상가인 다케우치 요시미(1910~ 1977)는 일본이 군국주의로 기울어 만주 침략과 태평양 전쟁의 길로 들어선 까닭을 일본의 잘못된 우등생 문화에서 찾았다. 그가 주장하는 우등생 문화의 내용을 요약하면 다음과 같다.

"일본 문화는 우수하다. 우수한 선수들이 구축했으니 우수하지 않을 도리가 없다. 우등생들이 우수하다고 말하니 열등생인 인민도 그렇다고 생각하지 않을 수 없다. 다만 우등생들은 우수한 일본 문화에도 우수하지 않은 부분이 있다고 한다. 그것은 사회의 열등생들이다. 우등생만 있다면 일본 문화는 완전할 텐데 열등생이 있어서 그만큼 불완전해지고, 우등생이 아무리 분발해도 열등생이 수준을 깎아내린다. 우등생이 대표선수가 되어 국제 경기에서 승리하면 열등생에게도 명예다. 열등생은 우등생을 응원하지 않을 수 없고 응원해야 한다. 그런데 졌다. 왜 졌지? 그들은 생각한다. 열등한 부분이 우수한 부분을 끌어내려서다. 기필코 승리할 우수한 부분이 열등한 부분의 방해 때문에 졌다. 결코 우리의 우수한 부분이 패배한 것이 아니다. 패전의 책임은 열등생에게 있다. 그래서 선수 교체다. 당연히 교체한 선수도 우등생이다. 우등생이 아니면 선수가 될 수 없다."

다케우치 요시미는 "우수한 문화의 열등한 부분이 아니라 바로 그 우수한 부분에서 패배했다고 생각한다면 어떨까?"라며 인식의 틀을 전복한다. 그간 우리가 우수한 것이라고 믿어 왔던 그 문화 자체가 우리를 잘못된 길로 인도한 것이라면 그것을 거부하는 것이 옳지 않은가 되묻는 것이다.

해방 이후 한국의 많은 부분이 그러하듯 교육과 우등생 문화 역시 일본으로부터 깊은 영향을 받았다. 일본과 수교가 이루어진 1876년 이래 수많은 일본 유학생이 있었고, 일제강점기 막바지였던 1940년대 초에 이르러서는 3만여 명의 조선인이 일본으로 유학을 떠났다. 식민 치하에서 일본 유학은 신분 상승을 보장하는 일이었다. 이들 가운데 제국대학 출신 유학생은 엘리트로서 대단한 자부심을 지녔고, 이런 자부심과 동문 의식에서 "국적은 바꿀 수 있어도 학적은 바꿀 수 없다"라는 말이 생겨난 것처럼 엘리트 의식은 때로 민족과 계급을 뛰어넘었다.

"또래 집단 중에서도 특출한 소년들만이 격리된 시공간에 모여서 미래의 리더가 될 것이라 격려받으며 생활하면 어떻게 될까?" 이런 조건과 환경은 "선민의식을 지닌 특권적인 집단을 형성"했고, 그들은 경우에 따라 사상과 신념을 바꾸기도 했지만 한 번도 "자신들이 국민을 지도한다는 내적 일관성"에서 벗어난 적이 없었다.

국립서울대학교를 두고, "누군가 조국의 미래를 묻거든 고개를 들어 관악을 보게 하라"라는 말이 있다. 그 서울대에서 조국의 미래가 보인다는 사실을 액면 그대로 인정한다면 과연 그 미래는 밝을 것인가? 10월 15일은 서울대의 공식적인 개교기념일이지만, 어째서 이날이 서울대의 개교기념일인지 그 역사적 근거는 확실치 않다. 이 학교의 진짜 개교기념일은 언제인가? 이 학교의 존재 이유는 과연 무엇인가?

⇒　『제국대학의 조센징』, 정종현 지음, 휴머니스트, 2019

중국의 붉은 별 : 대장정

에드거 스노(1905~1972)는 1905년 미국 미주리주 캔사스에서 태어나 1926년 미주리대학을 졸업하고 컬럼비아대학 신문학과에서 공부를 마쳤다. 당시 22세의 청년이었던 그는 증권투자로 벌어들인 돈을 챙겨 1년여 정도 세계를 돌며 재미난 생활을 즐길 작정이었다. 애초에 그가 중국으로 건너간 것도 그런 이유였다. 그러나 스노가 맞닥뜨린 시대의 중국은 한가롭게 인생을 즐기기엔 너무나 뜨거운 역사의 현장이었기에, 그는 이후 13년간 동아시아 지역을 떠나지 못했다.

스노는 1932년 상하이 사변을 보도했고, 이곳에 머무는 동안 쑨원의 부인 쑹칭링(1892~1981)과 친교를 맺으며 중국의 많은 지식인과 작가를 만났다. 1932년 베이징 연경대학에서 잠시 교편을 잡았던 그는 1936년 6월 쑹칭링의 소개장 하나를 들고 아직 서방의 어떤 기자도 만나 보지 못한 홍비紅匪 두목 마오쩌둥을 만나려고 서북 지역을 찾아간다. 당시 마오의 목에는 두둑한 현상금이 걸려 있었다.

이 무렵 마오쩌둥은 1934년 10월 16일에 시작된 국민당 정부의 대규모 포위 공격을 피해 장시성 루이진의 근거지를 버렸다. 그리고 1936년 10월 중국 서북 옌안에 근거지를 마련하기까지 370일간 18개의 산맥을 넘고 17개의 강을 건너 1만2,500킬로미터를 행군하는 대장정을 벌인 직후였다. 대장정은 군사적으로는 비참한 패주의 행렬이었지만 홍군은 가는 곳마다 공산주의 이념을 선전하고 농민으로부터 군사력을 보충 받는 정치적인 승리를 거뒀다.

　　옌안에 도착한 스노는 이후 4개월에 걸쳐 마오를 비롯한 중국혁명의 주역들을 만났다. 스노는 이들뿐만 아니라 일선의 병사들과도 폭넓게 어울리며 그들의 이야기를 기록에 남겼다. 그는 봉쇄된 홍군 지역을 빠져나와 베이징으로 돌아왔고, 중일전쟁이 시작되던 1937년 7월 저 멀리 일본군의 포성이 들리는 가운데 원고 집필을 완료했다. 이때 그가 펴낸 『중국의 붉은 별』은 이후 1949년 중국혁명이 완수되기까지 서구에 알려진 마오와 중국혁명에 대한 거의 유일한 기록이었다. 당시 마오쩌둥과 중국공산당의 미래는 불확실했고, 실패 가능성도 매우 높았지만, 스노는 시종일관 중국혁명의 미래를 낙관했다. 이 책은 1985년 한국에서 출판되자마자 금서가 되었다.

⇒　『중국의 붉은 별』, 에드가 스노우 지음, 신홍범·홍수원·안양노 옮김, 두레, 2013

세계를 뒤흔든 열흘

볼셰비키혁명의 산증인이었던 존 리드는 1887년 오리건 주 포틀랜드에서 부유한 집안의 아들로 태어나 하버드대학을 졸업했다. 그는 1913년 26세 때 『뉴욕월드』 기자로 활동하며 멕시코 혁명가 판초 비야를 취재한 뒤 『반란하는 멕시코』라는 책을 펴내 명성을 얻었다. 이후 1914년 콜로라도 러들로 광산에서 일어난 학살을 목격하고 탄압받는 광부들을 대변하는 기사를 썼다. 1916년 페미니즘 운동가이자 저널리스트였던 루이즈 브라이언트를 만나 사랑에 빠졌는데, 한때 유진 오닐과 동거하면서 세 사람은 잠시 '폴리아모리' 관계를 맺기도 했다.

리드는 윌슨의 중립 정책을 지지했으나, 독일의 무제한 잠수함 작전으로 루시타니아호가 침몰하고 독일의 짐머만 문서가 공개되면서 미국의 참전이 결정되자, 반전주의자였던 리드가 설 자리는 점점 좁아졌다. 브라이언트와 결혼한 리드는 1917년부터 1918년까지 러시아에 머물게 되는데, 당시 러시아는 혁명의 도가니였다. 그는 모스크바에 머물면서 볼셰비키혁명을 취재해 미국의 사회주의 계열 잡지에 기고했다. 미국으로 돌아온 리드는 이후 순회 강연을 통해 러시아혁명의 실상을 알리고 계속해서 미국의 참전에 반대하는 평화운동을 전개했다.

그를 못마땅하게 여긴 정부 당국은 수차례에 걸쳐 그를 구금했고, 1919년에는 정부 전복 기도 혐의를 받았다. 리드는 기소되는 것을 피하려고 러시아로 갔지만 1920년 10월 17일 티푸스에 감염돼 숨졌다. 그는 소비에트를 위해 헌신한 이들을 기리는 크렘린궁 벽의 네크로폴리스에 묻힌 미국인 세 명 중 한 명이다. 나머지 두 명은 미국공산당의 창립자 G. E. 루텐버그와 세계산업노동자연맹의 창립 멤버이자 지도자인 빌 헤이우드이다.

1918년부터 집필을 시작한 『세계를 뒤흔든 열흘』은 조지 오웰의 『카탈루니아 찬가』, 에드거 스노의 『중국의 붉은 별』과 함께 세계 3대 르포르타주 문학으로 손꼽히는 책이다. 이 책에서 존 리드는 러시아 10월혁명의 전개 과정을 생생하게 그려 내는데, 말단의 적군赤軍 병사부터 케렌스키, 반혁명의 선봉에 선 백군白軍 장군의 내밀한 목소리까지 폭넓게 담아냈다. 그의 생애는 냉전이 한창이던 1981년 워렌 비티가 감독과 주연을 맡은 영화 『레즈』로 제작되었다.

⇒ 『세계를 뒤흔든 열흘』, 존 리드 지음, 서찬석 옮김, 책갈피, 2005

세기의 스파이

역사 이래 수많은 스파이가 있었지만, 20세기 세계사의 명운을 뒤바꾼 스파이로 리하르트 조르게(1895~1944)를 떠올리지 않을 수 없다. 조르게는 독일군의 소련 침공 계획인 '바르바로사 작전'의 세부 사항을 소련에 알린 스파이였다. 유전 기술자였던 독일인 아버지와 러시아인 어머니 사이에서 9남매 중 막내로 태어난 리하르트 조르게는 1차 세계대전에서 아버지의 조국을 위해 독일군으로 참전했다가 손가락 세 개를 잃는 큰 부상을 당했다.

전쟁이 끝난 뒤 그는 공산주의자가 되었고, 이번에는 어머니의 조국 소련을 위해 정보요원이 된다. 그의 증조부는 카를 마르크스의 개인 비서였고, 그가 처음 읽은 책 가운데는 할아버지에게 선물 받은 마르크스의 『자본론』이 있었다고 한다. 그가 역사 속에 불멸의 이름을 새길 수 있었던 것은 일본에서의 활동 덕분이었다.

그는 2차 세계대전 당시 독일의 『프랑크푸르트차이퉁』 일본 특파원 신분을 이용해 전쟁 전에는 상하이에 머물면서 『아사히신문』 기자로 활동했다. 그리고 중국 문제

전문가로, 아그네스 스메들리(1892~1950)나 루쉰과도 친교가 있었던 지식인 오자키 호쓰미(1901~1944)와 동지 관계를 맺었다. 이후 오키나와 출신의 화가 미야기 요토쿠(1903~1943) 등 일본의 양심적인 반전 세력과 교우 관계를 맺는 한편 이들을 이용해 고급 정보를 얻는 데 성공한다. 이때 그가 입수해 소련에 보낸 비밀 정보에는 독일의 소련 침공 계획인 '바르바로사 작전'이 포함돼 있었다.

의심이 많았던 스탈린과 소련 정보 당국은 조르게를 비롯해 여러 곳에서 알려 오는 독일의 침공 정보를 양국을 이간질하려는 서방의 정보 공작으로 여겼고, 독일계 부친을 두었던 조르게가 적국을 위해 일하는 이중첩자가 아닐까 의심했다. 그를 의심한 대가는 치명적이었다.

개전 초기 소련군은 독일의 전격전에 밀려 붕괴 직전에 내몰렸고, 수도 모스크바마저 함락 위기에 처했다. 이때 조르게가 일본에서 보내온 정보가 소련을 구했다. 당시 소련은 만주에 주둔하고 있는 일본 관동군이 시베리아 일대를 침공해 올 것에 대비해 막대한 병력과 군수물자를 이 지역에 비축해 둔 상태였다. 일본군이 소련을 침공하지 않을 것이라는 조르게의 정보에 따라 소련은 안심하고 40개 사단 병력과 물자를 적시에 독소 전선으로 투입할 수 있었다. 그 덕분에 소련은 독일의 공세를 저지하고 스탈린그라드와 쿠르스크에서 대반전을 이루었다. 만약 이 정보가 없었다면 소련은 독일에게 패배했을지도 모른다. 이에 일본의 방첩 기관들은 조르게가 구축해 둔 일본 내 조직망을 의심했고, 그의 조직원들이 잇따라 체포되었다.

1941년 10월 18일 밤 소련을 위해 스파이로 활동하던 리하르트 조르게가 일본인 연인의 집에서 체포되었다. 이른바 '조르게 기관'이라 불린 조직의 요원으로 활동한 17명과 요원은 아니지만 협력한 18명이 검거되었다. 재판 결과 조르게와 오자키는 사형, 크로아티아 출신의 기자 부켈리치, 독일인 무선기사 클라우젠에게는 종신형이 선고되었다(부켈리치는 나중에 옥사). 미야기 요토쿠는 경찰의 취조 중 두 차례나 자살을 시도했으나 죽지 못했고, 결국 결핵의 병고가 겹쳐 1943년 8월 2일 공판 중에 옥사했다. 조르게와 오자키는 전쟁 막바지에 이른 1944년 11월 7일 처형당했다. 오자키 호사미는 태평양전쟁 기간 중 매국죄로 처형당한 유일한 일본인이었다.

⇒ 『거의 모든 스파이의 역사』, 제프리 T. 리첼슨 지음, 박중서 옮김, 까치, 2008

모리스 비숍 국제공항

국가를 상징하는 국기에는 나라마다 여러 가지 뜻과 의미
를 담은 상징이 새겨지기 마련이다. 아프리카 대륙의 모잠
비크는 국기에 해방의 상징으로 AK-47 소총의 실루엣을
새겼다. 카리브해에 위치한 그레나다는 총인구가 11만여 명
으로 제주도 절반 정도 크기의 작은 섬나라다. 그레나다 국
기는 1년 365일 뜨겁게 내리쬐는 태양을 상징하는 노란색
과 사탕수수 등 풍부한 열대 작물을 상징하는 초록색, 국민
들의 용기와 열정을 상징하는 붉은색 그리고 일곱 개의 가
톨릭 교구를 상징하는 일곱 개의 별이 새겨져 있는데, 특이
하게도 향신료의 대명사인 육두구가 그려져 있다. 육두구
는 한때 금보다 비쌌던 후추보다도 10배 이상 비싼 가격을
치러야 구할 수 있었다. 육두구는 톡 쏘는 독특한 향이 있고,
약간 단맛을 내 주며 고기 잡내를 잡아 주어 육류를 요리할
때 자주 사용된다. 오늘날에는 스타벅스 커피의 토핑으로
도 사용된다.

육두구는 인도네시아 동부 몰루카제도에서 많이 생산
됐는데, 17세기 영국과 네덜란드는 육두구 무역을 둘러싸

고 전쟁을 벌이기도 했다. 네덜란드는 인도네시아의 지배권을 인정받는 대신 영국에 뉴암스테르담(오늘날의 뉴욕)을 주었다. 이후 영국은 씨앗을 반출해 그레나다에서 육두구를 재배하기 시작했다. 신대륙의 카리브 연안 국가 대부분이 그러하듯 그레나다의 비극은 1498년 크리스토퍼 콜럼버스로부터 비롯되었다. 그레나다로 이주한 스페인 사람들은 150년 동안 이 섬을 지배했고, 1650년 프랑스가 매입하여 현재의 수도인 세인트조지스 일대를 건설했다. 이후 그레나다는 1783년 파리조약으로 영국 연방에 귀속되었다가, 1974년 2월 7일 독립했다. 독립운동을 이끌었던 에릭 게어리가 초대 총리가 되었지만 게어리 정부는 실정을 거듭했고, '몽구스 갱'이라 불리던 비밀경찰을 이용해 반대 세력에 테러 행위를 하는 등 독재로 흘렀다.

온건 좌익 성향의 모리스 비숍(1944~1983)과 그가 이끌던 NJMNew Jewel Movement 세력은 게어리 총리가 유엔 연설을 위해 미국을 방문하고 있던 1979년 무혈 대중 혁명을 성공시켰다. 런던대학에서 법학을 전공한 비숍은 청년기에 탄자니아의 정치가 줄리어스 니에레레와 프란츠 파농에게서 지적인 영감을, 피델 카스트로와 체 게바라로부터는 용기와 열정을 얻었다. 대학에서 마르크스주의자가 된 그는 인민혁명정부를 조직해 총리로 재직하는 동안 노동자와 여성의 권리를 신장하고자 노력했고, 인종차별과 성차별에 반대해 투쟁했다. 그는 국가 정책 결정에 참여하는 국가 여성기구를 조직했고, 여성에게 남성과 동등한 급여와 유급 출산휴가를 제공했으며, 성차별을 불법으로 규정했다. 또한 교육개혁을 위해 대중 교육과 보건의료를 담당하는 전국적인 교육 센터를 신설했다. 당시 미국의 레이건 정부는 비숍의 정책을 두고 그레나다가 '제2의 쿠바'가 되고 있다며, 쿠바의 기술과 자본을 들여 건설한 포인트샐린스 국제공항을 미국을 겨냥한 군사 기지라고 비난했다.

미국의 턱밑에 있는 그레나다의 지정학적 상황을 고려한 비숍은 친미·친서구적인 라틴아메리카 국가들로부터 고립되는 것을 방지하기 위해 온건한 정책을 펼쳤지만, 그의 온건 노선에 불만을 품은 부총리 버나드 코드와 육군 사령관 허드슨 오스틴 등 극좌 세력이 쿠데타를 일으켜 비숍과 임신한 아내를 비롯한 일가족, 각료 7명 등 100여 명을 총살하고 계엄령을 선포했다. 미국은 이를 빌미 삼아 1983년 10월 25일 '다급한 분노'Urgent Fury라는 이름으로 그레나다 침공 작전을 전개했다. 이 작전은 국제법상 불법 침략으로, 베트남전 패배 이후 미국이 벌인 최초의 대규모 군사 작전이었다. 오늘날 그레나다는 10월 19일을 '순교자의 날'로 기념하고 있으며, 포인트샐린스 국제공항은 모리스 비숍 국제공항이 되었다.

⇒　영화 『승리의 전쟁』, 클린트 이스트우드 감독, 1986

언어의 죽음

『성경』 창세기 11장에 등장하는 바벨탑 신화는 세계 인류가 다양한 언어를 사용하게 된 이유에 대해 다음과 같이 설명한다. 그 시대에 온 세상 사람들은 "모두 한 가지 말을 쓰고 있었다. 물론 낱말도 같았다." 어느 날 사람들은 들판에 도시를 세우고 꼭대기가 하늘에 닿게 탑을 쌓아 그들의 명성을 사방에 알리고자 했다. 하느님이 이 광경을 지켜보다가 사람들이 한 종족이라 말이 같아서 이런 일을 벌이는구나 싶고, 장차 하려고만 하면 못 할 일이 없겠다는 염려가 들어 인간이 쓰는 말을 뒤섞어 놓았다. 말이 통하지 않자 사람들은 탑 세우는 일을 그만두고 사방으로 흩어졌다. 인간이 다양한 언어를 사용하게 된 것을 『성경』은 인간의 오만에 대한 징벌이자 저주로 묘사했지만 다른 의미에서 보면 이는 축복이었다. 그 덕분에 인류는 세계 여러 지역에서 다양한 언어와 문화를 발전시킬 수 있었기 때문이다.

2005년 10월 20일 유네스코에서 「문화적 표현의 다양성 보호와 증진에 관한 협약」(이하 '문화다양성 협약')이 채택되었다. 유네스코는 1952년 2월 21일 동파키스탄(현재 방글라데시)의 다카에서 벵골어를 공용어로 인정할 것을 요구하는 시위대에 파키스탄 경찰이 발포해 4명이 사망한 날을 기려 '국제 모국어의 날'을 제정했다. 문화 다양성 협약은 세계화의 물결 속에 전 세계가 직면한 문화의 단일화·종속화에 대응하고자 유네스코 총회에서 미국과 이스라엘을 제외한 세계 다수 국가의 압도적인 지지를 받아 채택된 다자간 국제협약이다.

이 협약은 "세계화의 물결 속에서 다자간 투자 협정의 틀로는 문화와 같은 비무역적인 문제를 해결할 수 없으므로, 각국이 고유한 문화와 전통을 유지·발전시킬 수 있도록 하자"라는 문화다원주의의 차원에서 논의되기 시작했다. 그러나 유럽을 비롯해 문화다양성의 보존에 가치를 두는 국가들의 입장과 국제무역에 중점을 두는 미국의 입장이 대립했다. 그리하여 협약의 발효와 무관하게 국제 법질서 아래에서 무역과 문화의 갈등을 합리적으로 해결해야 할 과제에 직면하고 있다.

문화적 다양성을 수치로 계량화하기는 어렵지만, 전 세계에서 사용되는 언어의 종수로 가늠해 볼 수 있을 것이다. 언어는 단순한 의사소통 도구가 아니라 문화와 역사, 정체성을 보존하는 인류의 유산이자 문화의 보고이기 때문이다. 그런 의미에서 언어의 소멸은 인류의 문화적 다양성 상실이다. 언어학자마다 추산하는 바가 조금씩 다르지만, 세계에는 약 6천 개에서 1만2천 개의 언어가 존재하는 것으로 보인다. 이 가운데 많은 언어가 매일 소멸하고 있으며, 전문가들은 2100년 무렵이면 현재 세계에서 사용되는 언어의 90퍼센트 이상이 소멸되고 300개 정도의 언어만 생존할 것이라고 전망한다.

⇒　『언어의 죽음』, 데이비드 크리스털 지음, 권루시안 옮김,
　　　이론과실천, 2005

넬슨의 피

'럼주' 하면 사탕수수와 카리브해를 먼저 떠올리지만, 사탕수수의 실제 원산지는 인도네시아였다. 세상에 단맛을 가져다준 사탕수수는 해상 실크로드 무역을 담당했던 이슬람 상인들에 의해 인도와 중동을 거쳐 지중해 연안까지 알려졌고, 대항해시대 서인도제도의 악명 높은 플랜테이션 작물이 되었다. 황금을 찾아 엘도라도를 헤매던 유럽인들이 신대륙에서 발견한 진정한 황금은 백색의 황금, 설탕이었다. 설탕 산업이 발달하면서 유럽은 달콤함에 취했고, 사탕수수에서 설탕을 뽑아낸 뒤 남는 끈적거리는 캐러멜 빛깔의 당밀도 함께 늘어났다.

17세기 초(1651)쯤 어떤 이가 남아도는 당밀을 발효시켜 술을 만들어 봐야겠다는 아이디어를 냈고, 그렇게 탄생한 것이 바로 해적과 뱃사람들의 사랑을 받은 럼주였다. 럼주는 남아도는 '폐식자재'를 이용한 술이었기에 값싸게 흠뻑 취할 수 있었고, 플랜테이션 농장에서 일하는 노동자는 물론 부두의 하역노동자와 선원의 피로를 달래 주는 최고의 동료가 되었다. 또한 럼주는 아직 냉장 기술이 발달하지 못한 대항해시대의 고질적인 문제였던 식수의 장기 보관 문제를 해결했다.

다른 식재료는 말리거나 소금에 절이는 방법으로 일정 기간 보관할 수 있었지만 식수는 어려웠다. 오크 통에 보관하더라도 세균이 번식하기 때문에 복통과 설사, 식중독 등을 유발하여 심하면 목숨을 위협했다. 원양에서 신선한 식수를 구하려면 항만에서 새로 보급받거나 항해 중에 내리는 비를 받는 수밖에 없었다. 포도주와 맥주는 알코올 도수가 너무 낮았고, 위스키는 너무 비쌌다. 럼주는 도수가 높고 저렴했기 때문에 해적은 물론 일반 상선의 선원과 해군도 즐겨 마시는 뱃사람의 술이 되었다.

영화에 등장하는 해적들이 언제나 취해 있던 것은 생존을 위해 물 대신 럼주를 마셔야 했기 때문이다. 실제로 영국 해군에게도 럼주는 정기 배급되는 필수품이었고, 선장이 선원에게 내리는 가장 무서운 형벌이 금주령이었다. 금주령은 식수 공급을 중단한다는 의미였기 때문이다. 영국 해군은 럼주 배급에 대한 규칙을 정해 놓았는데, 장교를 제외한 준사관 이하 승조원에게 하루에 약 0.5파인트(대략 260~280밀리리터)씩 점심과 저녁 2번에 걸쳐 배급되었다. 55도에 달하는 술을 소주잔으로 하루에 8잔씩 준 셈이다. 병사들이 늘 술에 취해 있으니 규율과 기강이 생명인 해군 고위층의 심사가 편할 수 없었다.

럼주로 인한 문제를 해결하고자 에드워드 버논 제독은 럼주에 물을 타서 배급했다. 술에 물을 타니 맛있을 리가 없었고, 지휘관이 머리를 쓰자 병사들도 머리를 썼다. 그들은 싱거워진 럼주를 맛있게 마시려고 레몬이나 라임주스, 설탕 등을 섞었다. 이것이 칵테일 '핫 그로그'Hot Grog의 시작이다. 선원들이 착용하던 방수 망토grogram에서 따온 이름인데, 칵테일은 맛있었지만 숙취가 문제였다. 여기에서 나온 말이 권투에서 심한 타격을 받아 몸을 가눌 수 없는 상태를 뜻하는 '그로기'groggy이다.

럼주의 별명 중 하나는 '넬슨의 피'다. 1805년 10월 21일 트라팔가해전에서 전사한 넬슨 제독의 시신이 부패하지 않도록 럼주가 가득 담긴 통에 넣었는데, 돌아와서 열어 보니 술이 한 방울도 남아 있지 않았다. 럼주가 너무 마시고 싶었던 빅토리아호의 수병들이 통에 작은 구멍을 내서 빨아먹다 보니 그만 술이 동나고 말았다는 믿거나 말거나 하는 이야기에서 비롯된 별칭이다. 영국 해군은 1970년 7월 31일을 마지막으로 더 이상 병사들에게 럼주를 배급하지 않는다. 이제는 해군 병사 한 명이 술에 취해 실수로 누른 버튼 때문에 세계가 멸망할 수 있는 시대가 되었기 때문이다.

⇒ 『악마와 검푸른 바다 사이에서』, 마커스 레디커 지음, 박연 옮김, 까치, 2001

지구의 생일

2017년 문재인 정부의 중소벤처기업부 초대 장관으로 지명되었던 후보자는 국회 청문회 자리에서 자신은 신앙적으로 지구의 나이가 6천 년이라고 믿는다고 말했다.

찰스 다윈이 비글호 탐험 이후 『종의 기원』을 거의 완성시켰음에도 발표를 서두르지 않았던 까닭은 당시 과학기술로는 진화론을 입증할 만한 결정적 증거가 부족하다고 여겼기 때문이다. 지나친 겸손이었지만, 당시 다윈이 제시할 수 있었던 증거들은 장구한 역사를 관찰할 수 없는 상태에서 너무나 복잡하게 얽혀 있어 연속적이고 통합적인 서술이 불가능한 '진화'라는 사건을 누구나 납득하도록 설득하기에는 다소 난해할 수 있었다.

다윈은 신앙인과 과학자의 소명 사이에서 갈등했지만, 과학자로서 우주의 조화로운 법칙을 발견하는 것이 그 법칙을 만든 신의 권능을 드러내는 일이라고 생각했다. 이후 다윈이 고민했던 과학적 증거는 멘델과 모건의 실험 등으로 입증되었고, 기독교계 내부에서도 일부 근본주의 신앙을 가진 이들을 제외하면 일반적으로 수용되었다.

지구 탄생 시각을 확인해 보려는 시도 역시 오래전부터 있었다. 대표적인 인물이 17세기 아일랜드 주교였던 제임스 어셔(1581~1656)다. 그는 성경을 토대로 천지창조의 정확한 날짜를 짚어 내는 쾌거(?)를 이루었는데, 그에게 최상의 근거는 성경이었다. 그는 성경에서 언급하는 여러 대의 가계를 바탕으로 종종 터무니없이 오래 살았던 몇몇 족장들의 수명을 계산하여 기원전 4004년 10월 22일 토요일 해 질 녘에 지구가 탄생했다고 주장했다. 어셔는 밤과 낮이 창조되었을 때 둘의 길이는 같았을 것이라 가정했고, 따라서 그 날짜가 분점分點에 가까웠을 것이라 결론지었다. 또 아담과 이브가 먹을 것을 구할 수 있었으므로 에덴동산은 수확기였을 것이라는 나름의 논리적인 근거를 들이댔다.

18세기 초부터 20세기 중반까지 출판된 『성경』 가운데는 어셔가 정리한 연대기를 한편에 실어 둔 것도 있었다. 18세기에 지질학자들은 지구의 나이가 몇백만 년은 족히 넘는다는 사실을 이미 밝혀냈고, 이후 방사성동위원소를 이용한 연대 측정을 통해 지구의 나이가 46억 년에 이른다는 사실도 밝혀졌지만, 지구 탄생 6천 년 설을 주장하는 이들에겐 이 모두가 가설에 불과하다.

⇒ 『지구의 깊은 역사』, 마틴 러드윅 지음, 김준수 옮김, 동아시아, 2021

아우슈비츠의 라스트댄스

무용수였던 프란체스카 만(1917~1943)의 생애 마지막 날, 아우슈비츠에서 일어난 사건에 대해 생생하게 증언할 수 있는 사람은 남아 있지 않다. 폴란드 바르샤바에서 태어난 프란체스카 만은 이레나 프루시카의 댄스학교에서 무용을 공부했다. 그는 1939년 브뤼셀에서 열린 국제 무용 경연대회에서 125명 중 4위를 차지했으며 고전 발레와 현대 무용에 이르기까지 다양한 분야에서 재능을 보인 전도유망한 젊은 무용수였다. 만약 나치의 폴란드 침공이 없었더라면 그 재능을 마음껏 꽃피울 수 있었을 것이다.

바르샤바의 멜로디팰리스에서 댄서로 활동하던 그는 유대인 게토에 수용되었다. 1943년 독일은 중립국 라틴아메리카 국가 비자를 소지한 모든 폴란드 유대인에게 재산을 헌납한다면 독일에서 추방해 주겠다고 선언했다. 나치는 전쟁 자금이 필요했고, 유대인은 생존을 위해 독일을 빠져나가야 했다. 이는 나치가 유대인에게서 마지막 고혈 한 방울까지 짜내려 부린 술수였다. 프란체스카는 탈출을 희망하는 유대인과 독일을 연결하는 중개상으로 활동했다.

나치에게 재산을 헌납한 유대인들은 폴스키호텔에서 제법 풍족하게 지낼 수 있었지만, 게토에 남겨진 유대인들이 보기에 프란체스카는 민족 반역자이자 나치 부역자였다.

독일군은 폴스키호텔에 머물던 1,800여 명의 VIP 포로를 중립국으로 이송해 주겠다며 기차에 오르도록 했다. 그중에는 프란체스카도 포함되어 있었다. 이들은 곧 자유를 맞이하리라고 믿었다. 연합군에 억류되어 있는 독일군 포로와 맞교환하기 위해 그들을 이송하는 거라고 들었기 때문이다. 이들은 베르겐-벨젠을 경유해 1943년 10월 23일 아우슈비츠에 도착했다. 인솔 장교들은 스위스로 가는 길에 방역을 위해 잠시 들르는 것뿐이라고 말했다. 그러나 눈치 빠른 프란체스카는 자신들이 가스실로 끌려가고 있다는 사실을 눈치챘다.

프란체스카의 최후에 대해서는 정확하게 알려진 바 없지만 몇 가지 이야기가 전해진다. 그중 하나는 가스실로 끌려간다는 것을 눈치챈 프란체스카가 병사들 앞에서 옷을 천천히 벗으며 춤을 췄다는 것이다. 그의 아름다운 몸매와 율동에 취한 경비병이 잠시 어리둥절해진 사이 프란체스카는 신고 있던 하이힐로 병사의 머리를 찍었고, 그의 손에 쥐어져 있던 총을 빼앗아 발사했다. 또 다른 이야기로는 가스실 앞에서 머뭇거리던 그에게 옷을 모두 벗으라고 강압적으로 명령한 장교에게 갑자기 달려들어 총을 빼앗아 발사했다는 것이다.

프란체스카의 최후가 정확히 어떠했는지 오늘의 우리는 알 수 없지만, 확실한 것은 그날 장교 한 명과 하사관 한 명이 총에 맞아 숨졌고 가스실로 끌려가던 여성들이 일제히 경비병들에게 달려들었다는 것이다. 뒤늦게 달려온 경비병들은 저항하는 여성들을 향해 기관단총을 난사했고, 총격을 피해 살아남은 여성들은 다시 가스실로 끌려갔다. 이 사건으로 숨진 나치 장교는 1939년 친위대에 입대해 아우슈비츠로 파견된 요제프 쉴링거이다. 아우슈비츠의 다른 생존자들은 그가 가학적 성향을 가진 인물이었다고 증언했다. 게토의 생존자들은 프란체스카 만을 악질 부역자로, 아우슈비츠의 생존자들은 영웅으로 기억했다. 다른 설에 따르면 프란체스카 만은 이때 살아남았다가 나중에 지하 저항 조직에 의해 살해당했다고도 한다.

⇒　『아우슈비츠의 여자들』, 캐롤라인 무어헤드 지음, 한우리 옮김, 현실문화, 2015

국립묘지

죽음을 기리고 애도하는 것은 인간만의 독특한 행위이며 고도의 정치 행위다. 민주주의 역사에서 중요하게 평가받는 페리클레스와 링컨의 연설이 국가를 위해 목숨을 바친 이들에 대한 추도식에서 나왔다는 사실은 이를 입증한다. 주요 정치인이 국립묘지를 찾는 모습이 뉴스에 나온다는 것은 중대한 결단이나 사건이 임박했다는 뜻이다. 이때의 참배 행위는 자신의 정치적 정체성을 드러내는 일이 된다. 국립현충원 대신 광주의 국립 5·18 묘역을 참배하는 행위, 또는 일본의 야스쿠니 신사를 참배하는 행위가 그 예다.

프랑스는 개인 소유의 토지가 있더라도 법으로 개인의 묘지 사용을 엄격히 금지하는 국가이며, 공동묘지의 경우에도 1기당 2평방미터로 크기에 제한을 두고 있다. 누구나 공동묘지에 묻히기 때문에 에디트 피아프, 짐 모리슨, 이브 몽탕 같은 유명 인사가 묻힌 페르라셰즈 공동묘지는 관광 명소가 되었다. 프랑스에 존재하는 독특한 공간 중 하나가 팡테옹으로, 프랑스혁명 이후 프랑스를 빛낸 위인 70명이 잠들어 있다. 볼테르, 장 자크 루소, 빅토르 위고, 에밀 졸라,

앙드레 말로 등 주로 프랑스의 정신과 사상을 이끌어 온 사람들이다. 이곳에 묻힐 사람을 결정하는 것은 전적으로 대통령의 권한이지만, 정작 이곳에 잠든 프랑스 대통령은 한 명도 없다. 드골 전 대통령조차 그의 고향 콜롱베 마을 공동묘지에 아내, 딸과 함께 묻혀 있다.

2019년 10월 24일 스페인에서는 특별한 행사가 열렸다. 독재자 프란시스코 프랑코(1892~1975)의 유해가 스페인내전 당시 희생된 공화국 군인 등 내전의 희생자 3만 3천여 명이 잠들어 있는 '전몰자의 계곡' 특별 묘역에서 마드리드 북부의 프랑코 가족 묘역으로 이장된 것이다. 내전에서 승리한 프랑코는 화해를 추구한다는 명분으로 1940년부터 약 18년간 공화파 포로 2만여 명을 동원해 전몰자의 계곡 묘역을 꾸몄다. 1975년 11월 20일 사망한 프랑코는 이 묘역의 가장 넓고 좋은 자리에 묻혀 있었다. 스페인 민주화 이후 그가 스페인내전의 희생자들과 함께 묻힌 것은 공화국 이념에 대한 조롱이자 희생자들에 대한 모욕이라는 비판이 제기되었다. 마침내 그의 사후 44년 만인 2019년 프랑코의 유해를 이장한다는 결정이 나왔고, 의회가 이를 승인했다.

근대 국가에서 국립묘지는 죽음의 공간이자 동시에 정치적 상징으로, 그 나라가 추구하는 정치 이념과 애국심의 본질을 보여 준다. 한국의 국립묘지는 반공 군사주의라는 국가적 이념을 바탕으로 탄생했고, 이후 3·15 묘지, 4·19 묘지, 5·18 묘지처럼 민주화 과정에서 국가폭력에 맞서 민주주의를 지키기 위해 목숨을 바친 인사들을 추모하고 기리는 국립묘지가 생겨났다. 같은 국립묘지이지만, 그 가운데서도 묘한 정치적 긴장을 가진 공간이 생겨나게 된 것이다. 이 땅에 민주주의와 국가, 분단과 평화, 이념 갈등을 넘어 진정한 화해와 통합을 이룰 국립묘지는 언제쯤 생길 수 있을까.

⇒ 『죽은 자의 정치학』, 하상복 지음, 모티브북, 2014

발라클라바 전투

조지 오웰은 『나는 왜 쓰는가』에서 "영어로 된 가장 감동적인 전쟁시는 엉뚱한 방향으로 돌격한 기병 여단을 다룬 것"이라고 했다. 그가 말한 작품은 앨프리드 테니슨의 「경기병 여단의 돌격」이었다. 이 작품은 러시아와 오스만투르크·영국·프랑스·사르데냐 연합군이 크림반도·흑해를 둘러싸고 1853년부터 1856년까지 벌였던 크림전쟁 기간 중 발라클라바 전투에 참가했던 영국 경기병 여단의 무모한 돌격에 관해 다룬다.

크림전쟁은 나폴레옹전쟁 이후 유럽 국가들 간에 벌어진 최초의 전쟁이었고, 뒤이어 벌어질 1차 세계대전의 전조였다. 크림전쟁이 발발한 원인은 여러 가지이지만, 그 방아쇠를 당긴 것은 베들레헴 예수탄생교회의 문을 여는 열쇠를 누가 차지할 것인가를 두고 가톨릭교회와 그리스정교회 수도사들이 다툰 사건이었다.

1852년 의회를 해산하고 권력을 장악한 나폴레옹 3세는 팔레스타인을 통치하던 오스만 정부에 이 교회의 열쇠와 팔레스타인의 모든 성지 관할권을 프랑스 가톨릭교회에 넘기라고 강요했다. 이에 반발한 러시아의 차르 니콜라이 1세는 크게 분노했고, 성지 관할권을 러시아에 넘기라고 요구했다. 비록 전쟁의 빌미에 불과하긴 했지만 성지의 열쇠를 두고 같은 기독교 국가들끼리 근대화된 전쟁 무기로 싸우면 얼마나 많은 병사들이 무의미하게 희생당할 수 있는지 보여 준 것이 바로 크림전쟁이다.

1854년 10월 25일 크림반도에 위치한 발라클라바에서 러시아군이 영국을 비롯한 동맹군을 몰아내려고 공격을 개시했을 때 영국 경기병 여단을 지휘하던 장군은 7대 카디건 백작인 제임스 브루데넬(1797~1868) 경이었다. 오늘날 앞자락이 트여 단추로 채워 입는 스웨터를 '카디건'이라고 하는데, 이 복장의 유래가 되는 바로 그 사람이다. 카디건 백작은 잘생긴 외모에 늘 반짝이는 제복 차림으로, 옷을 잘 입기로 소문난 사람이었지만, 동시에 무능과 오만으로 악명이 높았다. 그의 또 다른 별명은 '귀족 요트맨'이었다. 발라클라바 근처 항구에 자신의 개인 요트를 정박시키고 그 안에서 저녁 시간을 보내곤 했기 때문이다.

당시 발라클라바 전투의 총사령관은 역시 백작이었던 조지 찰스 빙엄이었다. 그는 언제나 후방의 편안하고 안전한 곳에서 전투를 지휘했다. 빙엄은 카디건에게 측면에 어수선하게 포진하고 있는 러시아군 포병대를 공격하라고 명령했다. 하지만 명령서의 내용이 모호해 카디건은 정면, 그것도 전선의 맨 후방에 위치한 포병대를 공격하라는 것으로 이해했다.

평소 총사령관을 무시하고 사이가 나빴던 카디건은 상식에 어긋난 명령이었음에도 의문을 제기하거나 전령을 보내 확인하지 않고 673명의 경기병 여단 병사를 이끌고 골짜기 한가운데로 돌격했다. 그의 병사들은 정면은 물론 좌우 양 측면의 무자비한 포격에 노출된 채 10여 분에 걸쳐 3킬로미터쯤 돌격했다. 단 한 번의 돌격으로 사망한 병사는 478명이었다. 다음 날 아침, 신문을 통해 뉴스를 접한 테니슨은 그 자리에서 「경기병 여단의 돌격」이라는 감동적인 전쟁시를 썼다.

⇒　『눈물이, 부질없는 눈물이』, 앨프리드 테니슨 지음, 이상섭 옮김, 민음사, 1975

불운한 군인의 종말

5·16 쿠데타(1961)로 집권한 박정희는 1979년 10월 26일 서울 종로구 궁정동 중앙정보부 안전가옥에서 오른팔이었던 중앙정보부장 김재규의 총에 맞아 죽었다. 죽는 순간까지 만 18년 5개월 10일 동안 최고 권력자로 살았던 박정희의 유신 체제 아래에서 대한민국은 민주공화국이 아니었다.

김영삼 민주당 총재에 대한 국회의원 제명 사태 이후 부산·마산 지역에서 발생한 민주화 시위가 전국적으로 번져 나갈 가능성이 보이자 권력의 실세였던 대통령 경호실장 차지철은 "캄보디아에서 300만 정도 죽였어도 까딱없으니 데모대 100만~200만 정도 죽여도 걱정 없다"라며 강경 대응을 부추겼다.

역사에 만약이란 없다지만 그가 죽지 않았더라면 과연 어떤 일이 벌어졌을까. 더욱 안타까운 일은 그의 갑작스러운 죽음과 이후 벌어진 사건들 때문에 박정희에게 사과를 받기는커녕 역사적 평가마저 오랫동안 제대로 이루어질 수 없었다는 사실이다. 5·16 직후 민정이양을 독촉하는 미국에 맞서 비밀리에 공화당을 창당한 박정희는 1963년 제5대 대통령 선거에 출마하려고 군복을 벗으며 "다시는 이 나라에 본인과 같은 불운한 군인이 없도록 합시다"라고 말했지만, 박정희의 죽음 이후 그가 키운 정치 군인들은 또다시 불운한 군인의 길을 걸었다.

전두환은 5·16 쿠데타 직후 육군사관학교 생도들을 쿠데타 지지 퍼레이드에 동원했던 공로로 박정희의 총애를 받았다. 그는 박정희의 비호 아래 대구·경북 지역 출신의 군인들을 모아 군 내부에 '하나회'라는 비밀 조직을 결성했다. 이들 신군부 세력은 권력의 공백을 이용해 계엄사령관 정승화 육군 참모총장을 내란음모죄 혐의로 체포하는 12·12 군사반란을 일으켜 실권을 휘어잡았고, 1980년 5·18 광주 민주화운동을 핏빛으로 물들인 뒤 정권을 장악했다. 전두환은 1980년에서 1988년까지 11~12대 대통령을 역임했다.

전두환과 공모해 12·12 쿠데타를 일으킨 신군부의 2인자이자, 광주학살의 책임자 중 하나였던 노태우(1932~2021)가 뒤를 이어 13대 대통령이 되었다. 2021년 10월 26일 노태우 전 대통령이 세상을 떠났다. 그의 사후 아들 노재헌 변호사는 장례식장에서 "5·18 희생자에 대한 가슴 아픈 부분, 이후 재임 시절에 일어났던 여러 일에 대해서 본인의 책임과 과오가 있었다면 너그럽게 용서해 달라"라는 유언을 공개하며 대리로 사과했다. 전두환이 끝끝내 사과는커녕 반성의 조짐조차 없이 2021년 11월 23일 사망한 것과 비교하면 노태우의 경우는 달리 평가해야 한다는 주장도 있지만, 생전에 이미 여러 차례 사과의 기회가 있었던 것을 고려하면 과연 노태우가 진심 어린 사과를 한 것인지 의심스럽다.

전두환과 노태우에게 사과를 요구하는 것은 그들을 용서하기 위한 것이기 이전에 광주 희생자와 유가족들의 상처를 치유하고, 이 나라가 화해와 통합의 길로 나아가기 위해서다. 미국의 평화학자 J. P. 레더라크는 "자비와 진리가 서로 만나고 정의와 평화가 입 맞추리라"라는 『성경』「시편」85장 11절을 인용해, 사과를 통해 화해와 치유에 이르기 위해서는 네 가지 조건이 필요하다고 말했다. 첫째 가해자가 책임을 인정하는 진실, 둘째 반복되지 않을 것이라는 약속을 포함한 보상과 회복적 정의, 셋째 관대한 자비를 통한 피해자의 존엄 회복 그리고 마지막은 평화다. 우리 사회가 과거와 현재의 갈등을 넘어 미래로 나아가기 위해 가장 필요한 것은 진심 어린 사죄와 용서였으나 이번에도 비극은 멈추지 않았다.

⇒　『쿨하게 사과하라』, 김호·정재승 지음, 어크로스, 2011

10·27 법난

계엄사 합동수사단의 지시를 받은 무장 계엄군이 1980년 10월 27일 새벽 4시 불교계 정화와 불순분자 검거를 명분으로 조계종 승려 및 관계자 153명을 강제 연행하면서 이른바 '10·27 법난'이 시작되었다. 3일 뒤인 10월 30일 아침 6시를 기해 전국의 사찰 및 암자 총 5,731곳이 3만 2,076명의 군경 합동 병력에 의해 침탈당했다. 이 과정에서 공식적으로 1,929명에 달하는 불교계 인사들이 불법 연행에 의한 구금, 가혹행위, 협박, 고문 등을 당해 신체적·정신적·물질적 피해를 입었고, 조계종을 비롯한 한국 불교계의 명예와 위신이 땅에 떨어졌다.

　　신군부가 10·27 법난을 일으킨 이유는 명확하게 밝혀지지 않았지만, 과거사진상규명위원회 조사 결과에 따르면, 당시 내부 분규를 앓았던 조계종은 1980년 3월 분규 종식을 위한 합의를 도출하고 4월 26일 중앙종회선거를 통해 월주 스님을 총무원장으로 선출했다. 조계종 총무원장 월주 스님은 신군부 측이 요구한 전두환 장군 지지 표명과 문공부의 자율 정화 지침을 거부하고, 5·18 광주 민주화운동 현장을 방문해 성금을 전달했다. 또한 신군부에 불교재산 관리법의 개정을 요구하는 등 국가보위비상대책위원회와 갈등을 빚었다.

신군부 세력은 실무 대책반을 편성해 월주 스님 반대 파에 속하는 승려들의 동도를 끌어내고 분열을 획책했다. 한편으로 이 사건을 불교계 정화 명분으로 포장하려고 몇몇 승려들의 부정축재 액수가 200억 원에 달한다고 발표했다. 그러나 과거사진상규명위원회의 조사 결과 신군부가 발표한 것은 현실을 왜곡·과장한 허위 사실이었던 것으로 드러났다. 신군부가 저지른 10·27 법난에 맞서 불교계는 격렬하게 저항했다. 광주 학살의 참극이 기억 속에 생생하던 1980년 11월 22일 한국대학생불교연합회(대불련)와 산하 12개 대학은 그릇된 것을 깨고 바른 것을 드러낸다는 '파사현정'破邪顯正의 깃발을 들었다. 또한 10·27사태를 국가폭력에 의한 법난으로 규정하고, 정권의 사과를 요구하는 최초의 성명서를 발표했다. 법난의 피해자들이 고문 후유증으로 사망하거나 고생하는 모습을 보며 더 이상 참을 수 없어 실천에 옮긴 것이었지만, 당시의 엄혹한 상황을 고려할 때 불교계에서 정권에 사과 요구를 한 것은 크나큰 고난을 감수한 매우 용기 있는 행동이었다.

불교계는 1984년 종헌을 개정해 법난 당시 자격을 빼앗기고 절에서 쫓겨난(체탈도첩된) 승려들을 특별 사면했고, 같은 해 10월 27일 법난일을 맞아 조계사에서 '10·27 법난에 대한 규탄 및 규명 대회'를 개최했다. 이 행사는 법난 이후 불교계가 벌인 최초의 공식적인 문제 제기였다는 점에 의의가 있다. 이후에도 불교계가 여러 차례 10·27 법난에 대한 진실 규명과 국가의 사과를 요구했음에도 진척이 없다가, 2007년 노무현 정부 들어 국방부 과거사진상규명위원회를 통해 이 사건에 대한 진상 조사가 이루어졌다.

당시 과거사진상규명위원회는 "군홧발로 법당을 침범하고 원로 스님들을 비롯한 전체 스님들을 집합시켜 공포 분위기를 조성하는 등 종교적 특성을 무시한 작전 수행으로 불교계에 커다란 상처를 준 만큼 정부 당국은 명예 회복과 피해 회복 방안에 대해 조계종 측과 협의하라"라고 권고하는 한편, 이 사건을 '국가권력 남용 사건'으로 규정했다.

2008년 국회에서 10·27 법난 피해자의 명예 회복 등에 관한 법률이 제정돼 피해자에 대한 조사가 진행됐지만, 이명박·박근혜 정권을 거치며 관련 법률의 미비와 관계자들의 비협조로 명예 회복과 피해 보상에 어려움을 겪었다. 현직 대통령으로는 최초로 2018년 문재인 대통령이 공식 사과했다.

⇒ 『10.27 불교법난』, 원행 지음, 에세이스트사, 2015

얼굴 없는 고문기술자

1999년 10월 28일, 환갑을 넘긴 초로의 남성이 수원지검 성남지청을 찾았다. 그는 '얼굴 없는 고문기술자'로 불리던 이근안이었다.

김근태는 군부독재에 맞서 끝까지 민주주의와 인권을 위한 투쟁을 이어 나간 대표적인 민주화운동가 중 한 명이었다. 그는 1985년 9월 4일, 민주화운동청년연합(민청련) 사건으로 체포되어 남영동 대공 분실로 끌려갔다. 건축가 김수근이 설계한 이 건물은 창이 작게 설계되어 빛이 거의 들지 않는다. 이곳에서 김근태는 22일간 하루 한두 차례씩 5시간에 걸쳐 물고문과 전기고문을 당했다. 당시 김근태를 고문한 사람은 대공 분야 수사에서 탁월한 성과를 거둬 '간첩 잡는 귀신'이라는 찬사를 받으며 16차례에 걸쳐 대통령 표창을 받은 이근안이었다. 그는 1970년 경찰에 입문해 14년 만인 1984년 경감이 될 때까지 특진을 거듭했다. 당시 경찰 내부에서는 "이근안이 없으면 대공 수사가 안 된다"라는 말이 나돌 정도였다.

남영동 대공 분실에서 김근태는 악마의 모습을 보았

다. 90킬로그램의 거구에 떡 벌어진 어깨, 구릿빛 얼굴, 굵은 목, 솥뚜껑같이 큰 손을 지녀 '불곰'이라 불렸던 이근안은 피해자들 앞에서 한 손으로 사과를 으깨며 "내가 손대면 반드시 입을 열게 되어 있다" "남민전 이재문이가 죽어 나간 곳"이라고 위협하곤 했다. 그의 특기는 커다란 덩치와 힘을 이용한 관절 뽑기와 전기고문이었다. 그는 필요한 곳이라면 어디든 출장 고문을 다녔다.

김근태는 수기 『남영동』에서 "늠름하게 버티지 못하는 저 비명 소리가 듣기 싫기도 했고 울면서 애걸복걸하는 것이 미워지기도 했습니다. 그러나 정말 미웠던 것은 구걸하는 것 같은 비명 소리가 아니었습니다. 라디오 소리였습니다. 고문당하는 비명 소리를 덮어씌우려고, 감추려고 일부러 크게 틀어 놓은 그 라디오 소리. 인간에게 파괴가 감행되는 이 밤중에, 오늘, 저 시적이고자 하는 아나운서의 목소리, 도저히 용서할 수 없었습니다"라고 말했다.

가혹한 고문을 견디지 못하고 조작된 혐의를 인정할 수밖에 없었지만, 김근태는 전기고문의 유일한 흔적인 발뒤꿈치 상처를 통해 고문 사실을 외부로 알렸다. 인권운동가 출신 국회의원인 그의 아내 인재근은 김근태의 증언을 가수 이미자의 노래 테이프 중간에 녹음해 전두환 정권의 고문 사실을 미국 인권단체에 알렸다. 민주화 이후 잔인한 고문 행각이 널리 알려지자 이근안은 1988년 2월, 돌연 잠적했다. 이후 여러 차례 공소가 제기되었지만, 그의 행적조차 찾을 수 없었다. 고문피해자와 유가족들은 경찰이 "못 잡는 것이냐, 안 잡는 거냐"라면서 부족한 수사 의지를 비난했다. 실제로 이근안은 자신의 집 근처 창고 뒤에 10년 10개월 동안 은신하고 있다가 자수한 것이었다.

감옥에 수감된 뒤 과거를 반성한다며 사과문을 발표했지만, 이근안을 면회한 김근태는 그가 진정으로 반성하는 기미를 엿볼 수 없었다고 회고했다. 감옥에서 목사 안수를 받은 이근안은 2006년 11월 7일 출소했는데, 이후 말을 바꿔 고문피해자와 희생자들을 조롱하며 "심문은 예술"이고, 자신은 애국자라고 주장했다. 한국 정치계에서 드문 도덕성과 품격 그리고 실력을 두루 갖춘 정치 지도자로 평가받았던 김근태는 야만적인 고문 후유증으로 고생하다가 2011년 12월 30일 향년 64세의 아까운 나이로 세상을 떠났다.

⇒   영화 『남영동 1985』, 정지영 감독, 2012

뉴욕의 에스키모

북극에 사는 원주민은 오랫동안 '날고기를 먹는 사람들'이
라는 뜻에서 에스키모로 불렸지만, 이들은 스스로를 '사람'
이란 뜻의 '이누이트'로 부른다. 모험가이자 탐험가였던 로
버트 에드윈 피어리(1856~1920)는 1909년 인류 최초로 북
극점에 도달한 것으로 알려져 있다. 신대륙이란 말이 이미
그곳에 살고 있던 선주민을 무시하는 용어인 것처럼 피어
리가 인류 최초로 북극점에 도달했다는 말에도 무리가 있
다. 수많은 탐험가와 모험가가 금을 찾아서 또는 명예를 위
해서 북극 탐험을 시도했고, 그들은 이곳에 살고 있던 선주
민 이누이트의 도움과 안내를 받았다. 그리고 이누이트에
게서 값비싼 고래 뼈 같은 것을 얻는 대가로 사탕이나 과자
나부랭이를 선물하며 이것을 교역이라 불렀다.

　피어리 역시 탐험 과정에서 이들에게 큰 도움을 받았
다. 이누이트의 존재가 알려지기 시작하자 때마침 유행하
던 학문인 인류학 학자들이 이들에게 큰 관심을 보였다. 피
어리는 미국 자연사박물관의 보조 큐레이터 프란츠 보아스
의 인종 표본 연구 요청에 따라 "햇살이 비치는 땅에 있는

따뜻하고 멋진 집과 총칼 그리고 다른 많은 것들"을 약속하며 이누이트 몇 명을 미국으로 데려오는 데 성공했다. 이들은 아직 어렸던 미닉 월리스(1890~1918)와 그의 아버지 키수크, 눅타크와 그의 아내 아탕아나, 이들 부부의 딸 에카리우사크였다.

1896년 8월 26일 피어리가 뉴욕으로 귀환하자 무려 2만여 명에 달하는 인파가 몰려들었고, 이누이트는 미국에 도착한 즉시 자연사박물관에 살아 있는 구경거리로 전시되었다. 풍토와 환경이 전혀 다른 곳으로 갑자기 끌려온 이들은 1898년 2월 키수크를 시작으로 차례로 죽어 나갔다. 아들 미닉은 아버지를 위해 이누이트 전통 방식의 장례를 치러 달라고 요구했다. 그러나 이누이트를 사람이 아닌 귀한 자연사 표본으로 생각한 박물관 측은 어린 미닉 앞에서 가짜 장례를 치르고, 시신을 빼돌려 해부한 뒤, 박제해 전시했다. 이런 일들이 벌어지는 동안 로버트 피어리는 한 번도 이들을 찾아오지 않았고, 그사이 북극점 탐험에만 박차를 가하고 있었다.

혼자 남은 미닉은 자연사박물관의 관리인이었던 윌리엄 월리스에게 입양되었다. 그러던 어느 날, 미닉은 학교 친구들로부터 자신의 아버지가 박물관에 전시되고 있다는 충격적인 소식을 접하게 된다. 진실을 알게 된 미닉은 큰 충격에 빠져 박물관 측에 아버지의 시신을 돌려 달라고 청원했다. 그러나 박물관 측은 답변을 회피했고, 존재 자체도 확인해 주지 않았다.

미닉은 생전에 아버지의 시신을 돌려받지 못했다. 1918년 10월 29일 당시 유행하던 인플루엔자로 사망했기 때문이다. 자칫 그대로 잊힐 뻔했던 이 사건을 1986년 작가 켄 하퍼가 파헤쳤다. 1993년 미닉의 아버지 키수크를 비롯한 나머지 이누이트의 유골은 그린란드로 옮겨졌고, 뒤늦게나마 전통적인 방식으로 장례를 치를 수 있었다. 미닉은 뉴햄프셔주 피츠버그의 한 아메리카 원주민 묘지에 묻혔다.

⇒ 『뉴욕 에스키모, 미닉의 일생』, 켄 하퍼 지음, 박종인 옮김, 청어람미디어, 2002

정글의 혈전

무하마드 알리는 양심적 병역 거부(1967)로 WBA 세계 헤비급 챔피언 타이틀을 빼앗겼다. 이후 알리는 대법원까지 가는 법정 투쟁 끝에 무죄 판결을 받았지만, 선수 자격을 박탈당해 무려 3년 6개월간 링에 오르지 못했다. 사람들은 체력 소모가 많은 권투 경기의 특성상 대개 30세가 넘으면 선수 생명이 다한 것으로 여겼기 때문에 알리가 더 이상 현역 선수로 뛰기는 어려우리라 예측했다.

그러나 미국 사회의 반전 분위기가 고조되고, 새로운 흥행 카드를 원했던 복싱계의 계산이 맞아떨어지면서 알리에게 기회가 돌아왔다. 1970년 10월 성공적인 복귀전을 치렀지만, 이듬해 3월 8일 헤비급 챔피언 조 프레이저에게 도전한 알리는 판정패하고 말았다. 당시 그의 나이 29세였다. 프레이저가 포먼에게 챔피언 타이틀을 빼앗기면서 알리에게 다시 한 번 기회가 찾아왔다.

프레이저와의 리턴 매치에서 판정승한 알리는 그 덕분에 1974년 10월 30일 아프리카 자이르(오늘날의 콩고민주공화국)의 수도 킨샤사에서 포먼에게 도전할 수 있었다. 누구도 알리의 승리를 예상하지는 않았다. 알리가 무관으로 전락한 사이 등장한 당시 25세의 신예 조지 포먼(1949~)은 KO율 92.7퍼센트(40승, 37KO승)를 자랑하는 '무패의 철권'이자, 복싱 실력에서 알리 못지않다고 평가받던 조 프레이저를 무려 6번이나 다운시키고 챔피언에 오른 인물이었다. 게다가 그는 알리의 턱을 깨 버린 켄 노턴을 2라운드 만에 KO시킨 사상 최강의 주먹이자 역사상 최악의 공포라는 평가를 받고 있었다.

경기 시작 전 사람들은 조지 포먼이 강력한 펀치를 앞세워 알리를 몰아붙이고, 알리는 특유의 빠른 스피드를 이용한 아웃복싱을 구사하며 한 방을 노릴 것으로 예상했다. 물론 그럼에도 불구하고 결국 체력이 떨어진 알리가 3~4라운드쯤 포먼의 강펀치에 나가떨어질 것이라고 내다봤다. 알리의 담당의는 만일의 사태에 대비해 스페인의 뇌수술 전문병원으로 환자를 실어 나를 특별기를 공항에 대기시켜 놓았다.

그러나 미국의 프라임타임에 맞춰 현지 시각 새벽 4시에 시작된 경기 초반부는 예상과 달랐다. 시합을 알리는 종소리가 울려 퍼지자 알리는 포먼에게 돌진했고, 그에게 속사포 같은 펀치를 쏟아부었다. 예상대로 맷집이 좋은 포먼에게 알리의 펀치는 효과가 없었다. 이후 2라운드부터는 포먼의 일방적인 우세였다. 포먼은 경기 내내 쇠망치 같은 강펀치를 이용해 알리를 거세게 몰아붙였다. 한 방만 제대로 맞아도 그대로 쓰러져 도저히 일어날 수 없을 것만 같은 강펀치였다. 알리는 로프에 기댄 채 벗어나지 못했고, 간간이 잽을 날려 포먼의 주먹을 막아 내기에도 급급해 보였다. 그러나 이 모든 것은 알리의 치밀한 계산에 의한 것이었고, 권투 역사상 가장 치밀한 두뇌 플레이였다.

알리는 빠른 스피드와 아웃복싱으로 포먼의 주먹을 피하는 대신 로프의 반동을 이용해 포먼의 펀치가 가진 위력을 흘려보내는 이른바 '로프 어 도프'Rope a dope 전략을 구사했다. 포먼의 펀치를 막아 내면서 떠벌이라는 별명답게 입으로는 비아냥거리며 그를 자극했다. 이에 자극받은 포먼은 더욱 강하게 몰아세웠지만, 그러면 그럴수록 포먼 자신이 더 빠르게 지쳐 갔다. 강한 펀치를 지닌 포먼은 알리와 경기를 치르기 전까지, 12번의 시합 동안 단 한 번을 제외하고는 2라운드 이상 뛰어 본 적이 없었다. 그 한 번의 경기도 5라운드 KO승이었다. 8라운드에 접어들자 늙은 도전자 알리는 젊은 챔피언 포먼의 체력이 떨어졌다는 사실을 간파했다. 알리는 포먼의 턱에 날카로운 원투 스트레이트를 꽂아 넣었고, 휘청거리던 포먼은 알리의 오른손 피니시 블로를 얻어맞고 쓰려진 채 심판이 10을 셀 때까지 일어나지 못했다.

알리는 7년 전 미국 정부 때문에 잃어버린 세계 헤비

급 챔피언 타이틀을 되찾았을 뿐 아니라 역사상 최고의 복서라는 불멸의 타이틀을 획득했다. 1996년 애틀랜타올림픽에서 무하마드 알리가 성화 최종 주자로 등장했다. 그는 파킨슨 병에 걸려 거동이 자유롭지 못했지만, 세계인들에게 감동을 선물했다. 패배한 조지 포먼은 방황 끝에 더욱 성숙한 챔피언으로 돌아왔고, "알리는 내가 아는 가장 위대한 사람"이라고 말했다. 알리는 "나는 복싱보다 위대하다"라는 말을 남겼다.

⇒　영화 『알리』, 마이클 만 감독, 2001

교회개혁

루터의 교회개혁은 가톨릭교회의 '면벌부' 판매로부터 촉발되었다. 14세기에 가톨릭교회는 죽어서 천국이나 지옥으로 가기 전 죽은 자들의 영혼이 머무는 장소로 '연옥'이라는 개념을 제시했다. 연옥 개념의 발명 덕분에 중세 교회는 권력을 죽음 이후의 세계로까지 확장할 수 있었다. 죽은 자를 보다 빨리 천국에 이르게 하려면 지상의 살아 있는 자가 죽은 자를 위해 교회의 특별한 은사에 기대야 했기 때문이다. 면벌부도 그중 하나였다. 1476년 이후 가톨릭교회는 부족한 재원을 충당하려고 면벌부를 판매하기 시작했는데, 1517년 독일의 면벌부 판매는 루터의 종교개혁 때문에 더욱 유명해졌다.

매우 세속적인 성직자였던 호엔촐레른의 알브레히트(1490~1568)는 브란덴부르크 선제후의 동생이었다. 그는 엄청난 빚에 허덕였는데, 마그데부르크와 할버슈타트 두 곳의 주교직을 유지하는 데 필요한 교황의 허가를 얻으려고 거액을 지불했기 때문이다. 이듬해 마인츠 대주교 자리가 공석이 되자 그는 더 많은 돈을 로마교황청으로 보내야 한다는 사실을 알면서도 그 자리에 올랐다. 이때 필요한 자금은 독일의 금융 재벌인 푸거 가문으로부터 대출받았다. 그는 교황 레오 10세(재위 1513~1521)와 흥정해 수입의 절반은 성베드로성당 건립을 위해 로마로 보내고, 나머지 절반은 푸거 가문에 빚진 것을 갚는 데 사용하기로 했다.

당시 도미니쿠스회 수도사이자 유명한 설교자였던 요하네스 테첼은 면벌부 판매에서 최고의 수완가였다. 그는 탁월한 언변으로 "동전이 헌금함에 짤랑하고 떨어지면 연옥에서 고통받는 영혼이 구원받는다"라는 설교를 늘어놓았다. 이런 광경을 목도한 당시 34세의 수도사 마르틴 루터는 1517년 10월 31일 95개조의 반박문을 비텐베르크교회 정문에 내걸었다.

루터는 공개적으로 비판할 의사는 없었던 터라 독일어가 아닌 라틴어로 반박문을 썼지만, 누군가 그의 글을 독일어로 번역하였고, 무명의 수도사는 일약 유명 인사로 떠올랐다. 수많은 군중이 운집한 가운데 1519년 라이프치히에서 벌어진 토론에서 루터는 대담하게도 교황과 성직자도 오류를 범할 수 있는 인간에 불과하며 개인의 양심을 지배하는 최고의 권위는 성경뿐이라고 주장했다.

루터 이전에도 종교개혁을 주창한 이들이 있었지만 모두 실패했다. 그런데 루터는 어떻게 성공할 수 있었을까? 당시 독일은 다른 지역보다 교황과 로마 교황청에 대해 유난히 분개할 만한 이유를 갖고 있었다. 스페인·프랑스·잉글랜드처럼 통일된 군주국가에서 교황의 권력은 교황과 군주 사이에 맺은 협정(종교협약)으로 제한받았지만, 정치적으로 분열된 독일에서 교황의 권력은 아무런 제약도 받지 않았다. 1500년에 이르러 독일의 영주들은 교황이 거두는 세금이 너무 많아 독일의 동전까지 쓸어 간다고 불평을 늘어놓을 지경이었다.

이토록 많은 돈을 교황청에 보냈음에도 당시 성장을 거듭하던 독일의 대학 졸업생들은 교황청에서 일자리를 구하지 못했다. 1978년에 이를 때까지 교황은 거의 예외 없이 이탈리아 출신이었기 때문에 추기경을 비롯한 교황청 관료직의 대부분은 이탈리아·스페인·프랑스 출신이 독점하고 있었다. 이처럼 루터가 시작한 종교개혁 운동은 중세 말기 일상생활의 모순과 불만을 포함한 전면적인 공격이었다.

종교개혁은 언어 혁명이기도 했다. 인쇄술의 힘으로 널리 유포된 루터의 논쟁적인 팸플릿 대부분은 매우 투박한 독일어 구어체로 서술되었기 때문에 대중의 열렬한 지지를 받았다. 종교개혁 이전까지 가톨릭교회의 모든 종교 행위는 라틴어로 이루어졌고, 성경 번역은 화형에 해당하는 중범죄였다. 루터 이전의 수많은 종교개혁가가 성서 번역을 시도했다는 이유로 화형에 처해졌다. 당시 유럽의 엘리트들은 가톨릭과 라틴어를 기반으로 존재했기 때문에 어디에서 태어났든 가톨릭교회가 유일한 조국이 됐고, 교회의 언어인 라틴어는 학문과 사상의 표현이 가능한 유일한 모국어로 간주되었다. 르네상스를 거치며 이탈리아 토스카나 지방의 방언으로 쓴 단테의 『신곡』으로부터 현대 이탈리아어가 탄생한 것처럼 루터의 독일어 성서 번역은 독일이라는 국가 체제가 생기기 수세기 전부터 '독일어'를 통해 독일 민족이 형성되도록 해 주었다.

루터는 1520년 무렵 이미 독일 영주들의 지원 없이는 새로운 종교 관행을 확립할 수 없다는 사실을 깨우쳤고, 영민하게도 가톨릭교회의 재산을 몰수하라고 부추겼다. 처음에는 눈치만 살피던 영주들은 영토 내에 루터주의(프로테스탄티즘)를 수용함으로써 교회 법정의 사법권을 박탈하고 로마로 가는 돈을 차단할 수 있었으며, 스스로 사제를 임명하게 되었다. 이를 통해 세속 군주들의 영토 주권이 강화되었다. 또한 교회개혁 이후 유럽인의 영혼을 사로잡기 위해 진행된 신·구교 간의 치열한 종교 투쟁의 프로파간다는 사제와 일반 신자들의 교육 기회를 촉진했다.

16세기의 가톨릭교회 개혁 운동가들은 프로테스탄트의 종교개혁에 맞서기 위해 이제까지 제대로 교육받은 적 없던 일반 사제들을 교육시켜야 할 필요를 느꼈고, 교구마다 신학교를 설립했다. 이 시기 가장 활발하게 활동한 예수회의 무기는 총칼이 아니라 웅변과 설득, 올바른 교리의 가르침이었기 때문에 이들은 가는 곳마다 학교와 대학을 세웠다. 실제로 예수회가 설립한 학교는 훌륭하게 운영되었고, 그 결과 유럽 전역에 수많은 학교가 세워졌다. 종교개혁은 가톨릭교회의 부패로 인해 발생한 종교 내부의 문제였지만, 이를 통해 인쇄된 책이 보급되고 문맹률이 하락했다. 또한 '민중의 언어'를 사용함으로써 탄생한 민족국가는 근대 유럽, 더 나아가 서구문명의 역사를 새로운 방향으로 이끌었다.

⇒　『우리는 종교개혁을 오해했다』, 로드니 스타크 지음, 손현선 옮김, 헤르몬, 2018

11월 ○ *November*

중세 이래 교회에서 11월은 세상을 떠난 영혼들을 위해 기도하며, 살아 있는 이들이 자신의 죽음에 대해 묵상하는 위령성월慰靈聖月이다. 어째서 11월에 죽은 자를 떠올리고 산 자들로 하여금 자신의 죽음을 묵상하도록 했을까. 옛날 네덜란드 사람들은 11월을 '도살의 달'이라 불렀다. 이 시기가 다가오면 키우던 가축을 죽여 소시지를 만들거나 고기를 염장, 훈제하여 월동 준비를 해야 했기 때문이다. 고대 색슨인은 이 시기를 '바람의 달'이라 했고, 프랑스에서는 해도 달도 나비도 꽃도 잎도 새도 '아무것도 없는 안개의 달'이라 불렀다. 그러나 체로키족은 11월을 '모두 다 사라진 것이 아닌 달'이라 불렀다.

신의 형벌에 대처하는 법

리스본 대지진 사건이 일어난 1755년 11월 1일은 크리스트교의 모든 성인聖人을 기리는 축일인 만성절이었다. 전 유럽을 통틀어 가장 독실한 가톨릭 국가였던 포르투갈의 수도 리스본의 모든 성당은 경건하게 기도하는 신자들로 가득했다. 그런데 막 예배가 시작된 직후 지진이 리스본 전체를 강타했다. 현대의 연구에 따르면 당시 지진은 리히터 규모 8.5~9.0 정도였다고 한다. 지진에 이어 해일이 잇따라 일어나면서 유럽에서 가장 화려한 국제도시 중 하나였던 리스본은 순식간에 폐허로 변하고 말았다. 당시 리스본의 전체 인구는 26만 명 정도였던 것으로 추정되는데, 이 가운데 10퍼센트에 해당하는 2만5천여 명이 목숨을 잃었고, 도시 전체를 통틀어 온전하게 선 건물이 단 두 채에 불과했다고 할 만큼 대재앙이었다.

리스본 대지진은 당시 어린 나이였던 괴테에게도 커다란 충격이었다. 그는 이 사건이 불러일으킨 반향에 대해 "그어떤 악령도 이만큼 신속하고 강력하게 세상을 공포에 빠뜨리진 못할 것이다"라고 썼으며, 볼테르 역시 『캉디드』에서 리스본 대지진을 극적으로 묘사했다. 리스본 대지진은 당시 서구 사회가 품고 있던 종교적 통념의 권위를 뒤흔들었으며 계몽주의 사상의 낙관적 비전에도 타격을 입혔다.

후쿠시마 원전 사고 이후 몇몇 목사들이 일본의 재앙이 기독교를 받아들이지 않아서 일어난 천벌이라고 외쳤던 것처럼 리스본 대지진 이후 포르투갈 사회에도 이것이 하느님의 징벌이라고 외치는 신부들이 있었다. 하지만 재앙은 기도만으로는 극복할 수 없었다. 당시 정치에는 통 흥미를 갖지 못했던 포르투갈의 국왕 주제 1세는 당황해 "하느님께서 내리신 이 형벌에 어떻게 대처해야 하겠는가?"라고 물었다. 이에 총리대신이었던 폼발 후작은 "죽은 자를 묻고 산 자에게 먹을 것을 주어야 합니다"라고 명쾌하게 대답했다고 한다. 국왕으로부터 전권을 위임받은 폼발 후작은 이후 20년 동안 강력하게 개혁을 이끌어 나갔다.

그는 근대적 재난 관리 시스템을 만들었고, 재능 있는 건축공학자들을 발탁하여 리스본을 평등주의 이념이 깃든 계획도시로 재건했다. 재난에 대비하는 도시계획에 따라 리스본에서는 4층 이상의 건축을 금지했고, 포르투갈어로 새장 또는 둥지를 뜻하는 '가이올라'gaiola라는 내진 설계를 적용한 공법을 이용해 건물을 짓도록 했다. 만약 지진으로 집이 무너져 잔해가 길 위에 쌓여도 사람들이 대피할 통로를 확보할 수 있게 마주 보는 집 사이에는 넓은 간격을 두도록 했다. 그 결과 리스본 시내를 남북으로 관통하는 대로 7개는 18미터 폭으로, 동서 방향으로 가로지르는 길도 최소 12미터 너비로 닦였다.

이 사건으로 죽은 이들을 추모하고 기억하기 위해 당시 무너졌던 카르모 교회Igreja do Carmo를 그대로 보존하고 있다. 리스본 호시우 광장의 보도블록 문양이 물결무늬인 까닭 역시 당시의 대지진과 해일로 희생된 사람들을 잊지 않기 위해서다. 리스본 대지진이 우리에게 주는 교훈은 무엇일까? 오늘날 우리가 겪는 재앙의 근본 원인은 신의 섭리도, 살아 계신 하느님의 분노도 아닌 바로 인간의 문제이며, 이것을 해결하려고 투쟁해야 하는 것도 바로 우리 자신이라는 사실이 아닐까.

⇒ 『운명의 날』, 니콜라스 시라디 지음, 강경이 옮김, 에코의서재, 2009

채털리 부인의 승리

D. H. 로런스(1885~1930)는 영국 노팅엄셔주의 탄광촌 이스트우드에서 노동 계급 출신 아버지와 중류 계급 출신 어머니 사이에서 출생했다. 그는 만년의 대표작 『채털리 부인의 연인』(1928)에서 "문명사회는 제정신이 아니었다. 돈과 소위 사랑이라는 것에 사회는 아주 광적으로 집착하고 있었다. 그중에서도 돈이 단연 우세한 광증이었다. 개인들은 각기 따로따로 미친 가운데 이 두 가지 방식, 즉 돈과 사랑으로 스스로를 주장하며 내세우고 있었다"라고 썼다.

D. H. 로런스의 부모는 서로 다른 문화적 배경과 성격 차이로 계속해서 불화했다. 어머니는 자식들을 어떻게 해서든 노동 계급에서 벗어나도록 노력을 아끼지 않았지만, 그는 성장하면서 점차 어머니의 기대에 짓눌려 다른 여성들과 원만한 관계를 이룰 수 없는 자신을 발견하게 된다. 도리어 그는 어머니가 그토록 증오했던 아버지의 그림자에서 자본주의 산업 체제와 문명의 규범이 빼앗아 간 인간의 자연스러운 욕망과 생동감을 발견했다.

어렵게 노팅엄대학을 졸업하고 교사 자격증을 취득한

D. H. 로런스는 어머니를 여의고 방황하던 와중에 대학 시절 은사였던 E. 위클리의 아내 프리다 폰 리히트호펜과 사랑에 빠진다. 프리다는 그보다 여섯 살 연상이었고, 자식도 셋이나 있었다. 두 사람은 독일과 이탈리아 등으로 사랑의 도피를 떠났다가 프리다가 남편과 정식으로 이혼한 1914년 영국으로 돌아와 결혼했다. 얼마 후 1차 세계대전이 벌어지자 D. H. 로런스는 평소 드러낸 반전 사상과 성적 표현들, 거기에 프리다가 적국 독일 출신이라는 이유까지 더해져 박해를 받게 된다. 1915년에 펴낸 『무지개』가 발매 금지되자 그는 전후 영국을 떠나 이탈리아, 오스트리아, 멕시코, 프랑스 등지를 떠돌았다.

빅토리아 시대 이래 영국과 미국은 기독교 복음주의에 따르는 엄격한 성도덕과 윤리를 강조했다. 영국 에든버러의 내과의이자 열렬한 복음주의자였던 토머스 바우들러(1754~1825)는 셰익스피어 작품 가운데 가족들에게 큰소리로 읽어 주기에 부적합하다고 생각한 표현을 모두 삭제한 『가족 셰익스피어』The Family Shakspeare를 1807년과 1818년 두 차례에 걸쳐 펴냈다. 그는 이외에도 에드워드 기번의 『로마제국쇠망사』에서 반기독교적이고 부도덕한 표현이라고 생각되는 구절을 임의로 삭제한 개정판을 펴냈다. 이처럼 책의 내용을 임의로 무단 삭제하거나 정정하는 행위를 '바우들러리즘'Bowdlerism이라고 부른다.

영국에 바우들러가 있었다면, 미국에는 앤서니 컴스톡 (1844~1915)이 있었다. 그는 뉴욕의 퇴폐추방협회 회원으로 활동하면서 1873년 연방정부의 우편 시스템을 통해 발송되는 우편물에 음란물이 포함되지 않도록 하는 연방음란규제법, 이른바 '컴스톡법' 제정을 이루어 냈다. 컴스톡은 종교적 열정으로 수많은 우편물을 검열해 적발했지만, 정작 작품은 제대로 읽지 않은 것으로 유명하다. 그는 피임과 임신에 관한 내용조차 음란물 대상으로 분류해 마거릿 생어를 비롯한 수많은 인물을 감옥에 보냈기 때문에 오늘날 부도덕하다는 이유로 가해지는 검열을 뜻하는 '컴스토커리'Comstockery라는 영어 단어의 주인공이 되었다.

D. H. 로런스는 1924년 11월 멕시코 여행 중 결핵이 악화되어 사경을 헤매는 와중에 『채털리 부인의 연인』을 집필했고, 검열을 피하려고 1928년 이탈리아 피렌체에서 자비를 들여 『채털리 부인의 연인』을 출간했다. 대담한 성 묘사 덕분에 타이피스트들이 작업을 거부하여 친구이자 작가인 올더스 헉슬리의 부인이 직접 타이핑했다는 일화가 있다. 미국 정부는 1929년 이 소설을 음란물로 판정했고, 1953년까지 전미음란물위원회의 블랙리스트에 올라 있었다. 이 작품은 5년 동안 판금 상태였다가 1932년 많은 부분이 삭제된 채 간행되었다. D. H. 로런스는 『채털리 부인의 연인』을 통해 현대 물질문명의 비인간성과 인간을 물화하는 경향을

비판하고 정신과 신체가 조화를 이루는 사회를 꿈꿨지만, 일부 성적 표현이 문제가 되어 세상은 그에게 '외설 작가'라는 낙인을 찍었다.

D. H. 로런스는 1930년 3월 2일 프랑스 남부 앙티브 근처 방스의 결핵 요양소에서 45세의 나이로 세상을 등졌다. 그의 사후에도 이 작품을 둘러싼 논란은 계속되었다. 1960년 영국의 펭귄북스가 그의 작품을 무삭제로 출간하자 소송으로 비화했고, 1960년 11월 2일 마침내 승소하면서 온전한 판본의 책이 출판될 수 있었다. 펭귄북스는 1961년 이 책의 재판을 내면서 다음과 같은 헌사를 달았다.

"펭귄북스는 이 작품을 출판함으로써 1959년 발효된 음란출판물법을 위반했다는 이유로 1960년 10월 20일부터 11월 2일까지 런던의 올드베일리에서 음란출판물법과 관련한 법적 분쟁을 치러 승소를 거두었습니다. 이 작품에 '무죄' 판결을 내려 D. H. 로런스의 마지막 작품이 영국에서 최초로 출판될 수 있도록 해 준 여성 3인과 남성 9인으로 구성된 열두 명의 배심원들에게 이 책을 바칩니다."

⇒　『채털리 부인의 연인』, D.H. 로런스 지음, 최희섭 옮김, 펭귄클래식코리아, 2020

우주개 라이카의 죽음

소련은 1957년 10월 4일 무인 인공위성 스푸트니크 1호 발사에 성공한 지 한 달 만인 11월 3일 스푸트니크 2호 발사에 성공했다. 스푸트니크 2호는 1호에 비해 6배나 무거운 508킬로그램의 탄두를 탑재할 수 있었을 뿐 아니라 밀폐된 캡슐에 생명체를 탑승시켰다는 발표로 전 세계를 다시 한 번 충격에 빠뜨렸다. 스푸트니크 2호에는 떠돌이 개 '라이카'Laika가 타고 있었다. 소련 당국은 라이카가 무사 귀환할 수 있도록 산소를 비롯한 생명유지 장치를 탑재하고 있다 발표했고, 전 세계의 시민들은 라이카의 무사 귀환을 기원했다.

　　미국과 소련은 치열한 우주 경쟁의 와중에 수많은 동물을 실험 도구로 이용했다. 1948년 미국은 V2 로켓에 원숭이 '앨버트'를 탑승시켜 발사했는데, 발사 직후 유독가스에 질식사하고 말았다. 미국이 원숭이를 비롯한 영장류를 주로 이용한 반면, 소련은 파블로프의 개 이래 축적된 과학 지식을 바탕으로 개를 실험에 사용했다. 1950~1960년대 소련이 우주선에 태워 보낸 개는 알려진 것만도 57마리에 이른다. 소련은 주로 주인 없는 떠돌이 개를 이용했다. 거리를 떠돌던 개라면 극심한 추위와 배고픔을 견디는 인내심 정도는 가지고 있을 테니 가혹한 실험도 견딜 수 있으리라 판단했던 것이다. 실험용으로 선택된 개들은 몸무게 5~6킬로그램 정도의 암컷이었다. 암컷이 주로 선택된 까닭은 생식기의 구조상 우주복을 제작하기 편리했고, 인내심이 강했기 때문이다.

라이카를 비롯한 실험용 우주개를 훈련시킨 것은 소련의 생명과학자 블라디미르 야즈도프스키와 올레그 가젠코였다. 우주개들은 스푸트니크 2호의 작고 밀폐된 캡슐에 적응하기 위해 점점 더 작은 우리에 갇혀 지냈고, 폐쇄 공간에서 지낸 탓에 심리적으로 위축되어 대소변을 보지 못하고 안절부절못하는 상황에 처했다. 로켓 발사 과정에서 발생하는 엄청난 굉음과 중력가속도로 인해 모의실험 과정에서 측정된 라이카의 맥박은 두 배로 증가했고, 혈압은 30~65까지 높아졌다.

발사 직전에 야즈도프스키는 마지막으로 라이카를 집에 데려가 아이들과 함께 놀게 해 주었다. 그는 앞으로 살날이 얼마 남지 않은 라이카에게 뭔가 좋은 일을 해 주고 싶었다고 회고했다. 스푸트니크 2호 발사는 성공적이었고, 라이카는 위성궤도(정지궤도, 해발 약 3만6천 킬로미터)에 도달한 최초의 생명체가 되었다. 하지만 스푸트니크 2호는 애초부터 귀환 계획이 없었고, 라이카의 생존을 위한 계획도 수립돼 있지 않았다. 스푸트니크 2호는 발사 다섯 달 만인 1958년 4월 14일 지구 궤도를 2,570회 회전한 뒤 대기권으로 재진입하는 과정에서 소멸했다.

2002년 10월 미국 휴스턴에서 개최된 국제우주항공연맹 회의에서 구소련의 우주과학자 드미트리 말라센코프는 귀환 직전에 라이카에게 독이 든 먹이를 제공하여 안락사시켰다는 소련 정부의 공식 발표는 사실이 아니며, 발사 직후 온도 조절 시스템이 고장 났고 고온과 스트레스 상태에서 비행 개시 5~7시간 만에 맥박 등 생명 신호가 끊겼다는 사실을 확인해 주었다.

모든 척추동물이 고통과 두려움을 느낄 수 있고, 많은 동물이 뛰어난 지능과 고유한 개성, 감정을 느끼는 능력을 보유하고 있다는 사실이 과학적으로 검증되었다. 그럼에도 해마다 500억 마리 이상의 동물이 인간의 이익을 위해 목숨을 빼앗긴다. 인간의 법률 체계는 동물보다 기업과 같은 법인에 더 큰 법적 권리를 부여하며, 법적으로 동물을 보호하는 경우의 대부분은 인간에게 가치가 있다고 판단될 때뿐이다.

⇒　『동물권, 인간의 이기심은 어디까지인가?』, 캐서린 그랜트 지음, 황성원 옮김, 이후, 2012

훈맹정음

미국 소울 음악의 대부 레이 찰스(1930~2004)는 대공황 시대에 태어나 7세 무렵 녹내장으로 양쪽 눈의 시력을 완전히 상실했다. 어린 시절 일찍 아버지를 여읜 그는 어머니와 한 살 어린 동생과 함께 살았다. 어느 날 물웅덩이 근처에서 놀던 그는 동생이 물에 빠지는 소리를 들었음에도 눈이 보이지 않아 동생을 곧바로 구할 수 없었다.

간신히 동생을 꺼내 흔들고 인공호흡을 해 봤지만, 동생은 이미 숨진 상태였다. 이 일로 레이 찰스는 마음에 씻을 수 없는 큰 상처를 받았다. 그의 어머니 레사는 어린 그에게 "너는 시각장애인이지 바보가 아니야, 시력을 잃었다고 마음까지 잃어선 안 된다"라고 격려했다. 그리고 자식을 위해 집에서 260킬로미터나 떨어진 플로리다주 세인트오거스틴의 특수학교로 유학 보냈다. 이곳에서 레이 찰스는 오로지 청각과 점자에 의존해 악보 보는 법과 연주법을 익혔지만, 한 손으로 점자를 읽어 가며 악기를 연주할 수는 없었기에 악보를 모두 외워 버려야 했다. 훗날 그는 "점자로 악보를 읽고 귀로 연주를 들은 것이 내 음악적 기억력에 크게 도움이 되었다"라고 회고했다.

점자를 영어로는 '브라유'Braille라고 하는데, 열다섯 살에 최초로 실용적인 점자를 발명한 루이 브라유(1809~1852)의 이름에서 유래한 것이다. 브라유는 세 살 때 왼쪽 눈을 날카로운 송곳에 찔리는 사고를 당해 실명했고, 네 살에는 오른쪽 눈마저 감염으로 실명하고 말았다. 그는 열 살 때부터 파리의 국립맹인학교에서 교육을 받았다. 이곳에서는 설립자 발랑탱 아우이가 고안한 볼록한 돋움글자를 손으로 짚어 가며 글자를 읽혔다. 그러나 이런 방식은 너무 복잡했고 어려웠다.

1821년 어느 날 브라유는 학교를 방문한 프랑스 육군 포병장교 샤를 바르비에에게 종이 한 장을 받았다. 그 종이에는 12개의 점(세로 6×가로 2)으로 된 문자가 새겨져 있었다. 빛이 없는 어둠 속에서 병사들끼리 손가락 감촉만으로 말없이 명령을 주고받을 수 있도록 만든 암호 문자 체계였다. 브라유는 이후 3년 동안 이를 보다 발전시켜 정사각형 모양으로 정렬된 여섯 개의 볼록한 점으로 알파벳 26자를 모두 표시할 수 있는 점자 체계를 완성했다.

이렇게 해서 개발된 것은 알파벳 점자였고, 한글 점자 체계를 만들어 낸 것은 송암松庵 박두성(1888~1963) 선생이다. 강화군 교동면에서 9남매 중 맏아들로 태어난 그는 한성사범학교를 졸업한 뒤 조선총독부 산하 제생원 맹아부

교사로 재직했다. 총독부가 조선어 교육을 폐지하자, 그는 조선어를 모르는 상태에서 일본어만 배우게 되면 이들의 삶을 누가 책임질 것이냐면서 조선어 교육을 고집했다. "일본인의 맹아 사업이란 하나의 민족 유화책에 지나지 않으므로 이제 새로 민족문화와 민족정신을 상징하는 한글 점자를 창안하는 일에 찬성할 리 없었다. 그러나 나는 나대로 맹인들을 위해 민족성을 떠날 수 없다고 굳게 믿었던 관계로 더욱 이 일을 완성시키겠다는 생각으로 용솟음치게 되었다." 박두성은 조선총독부 제생원 맹아부 교사, 제자들과 함께 루이 브라유의 6점식 점자를 기본으로 한글 자모를 익힐 수 있도록 6점식 점자를 창안하여 1926년 11월 4일 발표했고, 이를 '훈맹정음'訓盲正音이라고 했다. 그는 1963년 세상을 떠날 때까지 점자 『성경』을 비롯해 시각장애인을 위한 점자책 출간 사업을 이어 갔다.

⇒　『장애학의 도전』, 김도현 지음, 오월의봄, 2019

가이 포크스의 밤

영화 『브이 포 벤데타』V For Vendetta(2005)는 영화 내내 주인공 '브이'(휴고 위빙)의 얼굴을 한 번도 보여 주지 않는다. 그는 처음부터 끝까지 '가이 포크스'(1570~1606) 가면을 쓰고 있다. 영화는 3차 세계대전이 일어난 직후인 2040년의 영국을 배경으로, 극우 정당이 정권을 장악하려고 일부러 전염병을 퍼트리고 공포와 혐오를 조장해 성적 취향이나 인종, 정치적 지향이 다른 사람들을 강제수용소로 보내 버리는 세계를 그리고 있다. 정부는 매스미디어를 통해 뉴스를 조작하고 시민의 사생활까지 통제하지만, 누구도 세상이 잘못되었다고 생각하지 못하고 그런 생각을 하더라도 감히 입 밖에 낼 수 없다. 그러던 어느 날 밤, '이비'(나탈리 포트만)가 위험에 빠지자 가이 포크스 가면을 쓴 브이가 나타나 놀라운 솜씨로 그를 구한다.

　'브이'는 "기억하라, 기억하라, 11월 5일을! 화약 음모 사건은 결코 잊혀선 안 된다"라고 했으나, 이 영화가 아니었면 400년 전인 1605년 11월 5일에 일어난 사건에 대해 궁금해하거나 오늘날 세계 도처의 시위 현장에 빠지지 않고 등장하는 이 가면의 의미에 대해 굳이 생각해 볼 일은 없었을 것이다.

제임스 1세(1566~1625)는 최초의 스튜어트 왕가 출신 왕으로 스코틀랜드와 잉글랜드의 통합을 추구해 스스로 그레이트브리튼의 왕이라 칭했고, 두 나라 국기를 합쳐 오늘날의 영국 국기 '유니언잭'을 만들었다. 또한 1604년에는 영국 국교회(성공회) 예배에 사용하도록 영어로 된 표준성경 『흠정역 성서』欽定譯聖書, King James Version, KJV(1611)를 만들게 했다. 그러나 제임스 1세는 청교도와 가톨릭 세력을 억압했고, 의회와 사사건건 대립했다. 이 때문에 영국의 가톨릭 신자들은 제임스 1세를 살해하려는 음모를 꾸민다.

주모자 로버트 케이츠비(1572~1606)를 비롯한 13명의 음모자는 왕과 귀족을 한꺼번에 암살하려고 영국 상원의회가 열리는 11월 5일 웨스트민스터궁 지하실에 대량의 폭약을 쌓아 놓고 폭파하는 계획을 세웠다. 가이 포크스는 이날 폭약(폭약통 36개)의 도화선에 불을 붙인 뒤 도피하는 역할을 맡았다. 하지만 음모자 중 누군가가 배신하는 바람에 지하실에 홀로 있던 가이 포크스가 현장에서 체포되었다. 큰 키의 건장한 체구에 유쾌하고 의리 있는 인물이었다는 그는 체포된 뒤 "어째서 그처럼 많은 폭약을 가지고 있었느냐?"라는 심문관의 질문에 당당하고 의연한 태도로 "너희 스코틀랜드 거지들을 고향으로 날려 보내려 했다"라고 답했다. 제임스 1세는 그를 가리켜 '로마인의 기개'를 가진 사내라고 평하기도 했다. 그러나 5일간 계속되는 살인적인 고문을 버틸 수 없었던 가이 포크스는 암살 계획의 전모와 관련자들의 이름을 실토할 수밖에 없었다. 그는 다른 음모자 세 사람과 함께 이듬해 1월 31일 웨스트민스터궁이 바라다보이는 광장에서 극형에 처해졌다.

영국 왕실에서는 해마다 그날이 오면 거리 곳곳에 모닥불을 피우고 폭죽을 쏘아 올려 왕이 암살을 모면하게 된 것을 축하하도록 했고, 의회는 이날을 기념일로 지정했다. 초기에는 교황이나 가이 포크스 가면을 씌운 인형을 불태우며 조롱했지만, 시간이 흐를수록 가이 포크스는 악당이 아니라 부당한 압제에 저항한 인물로 재해석되었고, 1980년대에는 『브이 포 벤데타』라는 그래픽 노블이 출간되기에 이른다. 2003년 반자본적인 아나키스트 해커 집단 '어나니머스'는 가이 포크스 가면을 쓰고 등장해 대중에게 자신들의 메시지를 전달했고, 이후 가이 포크스는 홍콩 우산 시위를 비롯해 세계 곳곳의 다양한 시위 현장에서 만날 수 있는 인물이 되었다.

⇒　『브이 포 벤데타』, 앨런 무어·데이비드 로이드 지음, 임태현 옮김, 시공사, 2020

카팔라

모든 기술은 그 기술을 탄생시킨 인간 상상력의 결과이지
만, 인간은 기술적 상상력을 만물의 지배 원리로 삼아 거꾸
로 인간에게 적용해 왔다. 동물을 가축으로 길들이는 기술
을 개발할 무렵 인간은, 인간을 가축처럼 취급하는 노예제
도를 발명했다. 1450년부터 1867년까지 400여 년이 넘는
기간 동안 1200만 명의 아프리카인들이 신대륙으로 납치
되어 노예로 팔려 가기 전까지는 슬라브족이 주요 희생자
였다. 오늘날 노예제를 가리키는 영어 단어 'slavery'라는
말은 슬라브족Slavs에서 유래했다. 슬라브인은 로마인, 기
독교도, 이슬람교도, 바이킹, 타타르족 등에 붙잡혀 전 세계
로 수출되었다. 아랍 상인에게 노예는 수지맞는 상품이었
다. 그들은 중부와 서부 아프리카에서 노예를 매입해 북아
프리카, 중동 그리고 인도 서부에 팔았다.

　　사하라 사막을 가로질러 900년부터 1890년까지 노예
무역이 이루어졌고, 홍해를 가로질러 약 400만 명의 노예
가 팔려 갔다. 인도양을 가로질러서는 800년부터 1900년까
지 노예무역이 계속되었다. 물론 오늘날 노예제도는 폐지되

었으나 인류의 역사를 보면 그것은 그리 오래된 일이 아니다.

세계 주요 국가 가운데는 사우디아라비아가 1962년 11월 6일 공식적으로 노예제를 폐지한 마지막 국가가 되었다. 그러나 제도가 폐지되었다고 해서 노예가 사라진 것은 아니었다. 인류 역사에서 이 제도는 가축의 역사만큼이나 오래되었기 때문에 노예와 노예제도는 현대에도 깊은 흔적을 남겼다. 아랍에서 대추야자 열매에 코코넛 가루를 묻힌 전통 가정식 디저트를 '라스 알압드'라고 하는데, 이 디저트는 레바논에서 마시멜로 위에 초콜릿을 코팅한 과자로 현대화되어 판매되었다. 이 제품의 이름 역시 '라스 알압드'였다. 아랍어로 노예 또는 하인을 '아비드'Abeed, 복수형은 Abīd, al-Abīd 또는 '알압드'al-abd라고 하는데, '라스 알압드'는 '노예의 머리'라는 뜻이다. 검은색으로 봉긋 솟은 모양이 흑인 노예의 머리를 연상시킨다고 해서 지어졌지만, "흑인의 생명은 소중하다"라는 인종차별 반대운동 이후 인종차별적이라는 비판을 받아 최근 상품명이 변경되었다. 그러나 노예제도의 유습은 단지 과자 이름에만 남은 것이 아니었다.

'카팔라'Kafala라고 불리는 중동 여러 국가의 악명 높은 외국인 노동자 근로계약 제도에 더 큰 문제가 남아 있다. 사우디아라비아의 외국인 노동자 비율은 38퍼센트에 달한다. 특히 식당과 카페 종업원 등 서비스업 종사자 가운데서 외국인 노동자 비중은 85퍼센트에 이른다. 이 제도에 따르면 고용주는 외국인 노동자의 거주 비자 발급에 대한 보증인 역할을 하도록 되어 있는데, 고용주는 외국인 이주노동자의 고용 기간이나 처우는 물론 이직·이사·출국 등을 마음대로 제한할 수 있다. 이 때문에 사우디아라비아는 물론 쿠웨이트·레바논 등 중동 여러 나라에선 가혹한 노동 조건이나 학대(성 착취 등)가 일어나도 법의 보호를 받지 못한다. 또한 고용주 측이 임금을 체불하거나 계약 조건을 지키지 않는 경우도 빈번하여 '현대판 노예'와 다를 바 없다는 비판이 계속되어 왔다.

2019년 영국 BBC는 잠입 취재를 통해 아랍 지역에서 성행하는, 모바일 앱을 이용한 가정부 불법 매매 마켓을 보도했다. 보도에 따르면 이들 국가에서는 마치 한국의 '당근마켓' 같은 앱 '포세일'4Sale을 이용해 가정부의 인종·성향 등을 카테고리별로 분류해 놓고, 주인이 취향대로 선택해 채용(구매)할 수 있게 했다. 이들을 시장에 내놓은 전 주인들은 상품평을 하듯 가정부의 특징과 충고를 적어 둔다. 방송 이후 쿠웨이트 정부는 이 앱에서 가정부 매매 섹션을 삭제했고, 페이스북은 '#가정부매매'#maidsfortransfer 같은 해시태그를 금지했다. 사우디아라비아는 2021년 3월 악명 높은 카팔라 제도를 폐지했지만, 현대판 노예제도가 완전히 근절될 수 있을지는 아직 알 수 없다.

⇒ 『노예의 역사』, 크리스티앙 들라캉파뉴 지음, 하정희 옮김, 예지, 2015

10월 혁명

1917년 2월 혁명으로 303년간 이어져 온 러시아 제정이 붕괴했지만, 사회주의 혁명은 여전히 미완성이었다. 한편에는 개혁적인 부르주아와 의회 세력이 결합한 임시정부가 있고, 다른 한편에는 노동자와 병사 소비에트가 있어 양편이 대립하는 이중 권력 상태가 지속되고 있었다. 2월 혁명 후 권력을 장악한 멘셰비키 임시정부는 대중의 불만이 쌓여 가는 와중에도 전쟁을 계속 수행했고, 볼셰비키 중 일부도 이에 동조하며 우왕좌왕하는 상황이었다.

이때 스위스에 망명 중이던 레닌은 독일이 제공한 봉인 열차를 이용해 러시아로 돌아와 10개 항에 걸친 4월 테제를 발표했다. 그는 노동자와 빈농이 소비에트를 통해 권력을 장악해야 하며, 오래된 사회민주주의 좌파 정당과 결별하여 혁명적 정당들의 인터내셔널을 새롭게 건설해야 한다고 주장했다. 레닌의 주장은 곧 볼셰비키의 방침이 되어 '모든 권력은 소비에트로'라는 구호를 내걸고 임시정부 타도를 위한 투쟁에 나섰다. 임시정부 역시 전선에서 군대를 소환해 노동자의 시위를 진압하는 등 볼셰비키에 대한 탄압을 강화했다. 레닌의 강력한 요청으로 마침내 1917년 11월 6일 새벽 2시 볼셰비키의 무장 봉기가 일어났다. 노동자를 주축으로 하는 적위대가 전화국을 비롯한 정부청사 등 주요 거점을 무혈 점령했고, 다음 날인 11월 7일 오전 10시 트로츠키를 위원장으로 하는 볼셰비키 군사혁명위원회가 수도 상트페테르부르크에서 소비에트 정권이 수립되었음을 선언했다. 하룻밤 사이에 러시아는 공산주의 국가가 되었고, 세계 최초의 노동자·농민의 정부가 수립되었다.

세계 도처에서 소련을 본받아 소비에트 혁명을 이룩하고 노동자·농민의 정부와 국가를 수립하려 했지만, 이후 스탈린과 그의 추종자들이 만든 나라는 결코 노동자·농민의 정부라고 말할 수 없는 것이었다. 세계 도처에서 수많은 혁명가가 공산주의자, 사회주의자, 트로츠키주의자로 몰려 학살당했는데 혁명 이후 가장 많은 혁명가를 죽인 나라는 다름 아닌 소련이었다. 생전에 레닌은 "독일에서 혁명이 일어나지 않으면 우리는 살아남지 못할 것이다. 이것은 절대적 진리다"라고 말했다. 혁명의 '국제주의'는 사회주의 혁명을 지키는 데 필수적인 요소였지만, 레닌 사후 스탈린은 일국 사회주의의 길로 나아갔다.

나치의 발흥에 저항하기 위해 독일 공산당 지도자 중 한 사람인 하인츠 노이만(1902~1937)이 파시스트를 공격하라는 슬로건을 내걸자, 1931년 여름 스탈린은 그를 모스크바로 불러들여 말했다. "독일에서 나치당이 집권하게 되면 서방 세계를 휩쓸 것 같습니다. 그러면 그사이 소련이 한숨 돌리면서 국력을 신장시킬 수 있지 않을까요?" 독일과 중국에서 혁명가들이 학살당하는 동안 소련은 손을 놓고 있었다. 소련 내부에서는 스탈린의 후계자로 여겨지던 키로프가 암살(그 배후에 스탈린이 있었다고 추정)되는 사건이 발생했고, 뒤이어 지노비에프와 카메네프가 숙청당했다.

이 무렵 모스크바에 와 있던 국제공산주의자들도 밤늦게 비밀경찰이 들이닥쳐 체포해 간 뒤 나중에서야 숙청 사실이 드러나곤 했다. 해방 직후 벅찬 감동으로 소비에트를 찾았던 이태준(1904~1970?)은 독립운동가이자 민족문학 작가였던 포석抱石 조명희(1894~1938)를 애타게 찾았다. 조명희는 1928년 7월 노동자와 농민이 주인인 '인민의 나라'를 찾아 망명했고, 그곳에서 스탈린문학상을 수상했다. 그는 민족 해방과 계급 해방을 위해 총 대신 붓을 들고 싸우던 진보적 민족주의자이자 사회주의자였다. 그러나 조명희는 1937년 가을 '인민의 적'이라는 죄명으로 체포되어 이듬해 5월 11일 하바로프스크에서 총살당했다.

공산주의 혁명가이자 유고슬라비아 대통령이 된 티토 브로즈 역시 모스크바에 머무는 동안 그리고 이후 집권기간 동안에도 여러 차례 위기를 넘겼다. 이런 경험들에도 불구하고 줄곧 소련을 지지한 이유를 묻자 그는 이렇게 답했다. "1934년 출감한 이후 어둠 속을 헤매고 있을 때 우연히 '모스크바 방송'을 들었다네. 거기서 복음을 들었지. 크렘린 궁의 시계소리와 힘차게 들리는 '인터내셔널가'가 심금을 울렸어. 노동자의 천국 소련의 위대함을 듣는다는 것은 크나큰 위안이었다네. (……) 그때 우리를 지켜 주었던 유일한 희망은 비록 멀리 떨어져 있지만, 우리가 투쟁하던 목표를 꽃피울 수 있는 나라가 있다는 믿음이었어. 노동의 가치를 존중하고 사랑과 우정이 충만하며, 성실성이 인정받는 노동자의 천국이라고 생각했지." 그들은 더 나은 미래의 가능성을 믿었다.

⇒   『러시아 혁명사 강의』, 박노자 지음, 나무연필, 2018

옥중수고

'불운의 곱사등이, 헤게모니 이론의 창시자, 마르크스 이후 가장 천재적인 좌파 사상가'로 평가받는 안토니오 그람시 (1891~1937)가 1926년 11월 8일 로마에서 체포된다. 무솔리니의 파시스트 법정은 "20년 동안 저 사람의 두뇌가 활동하지 못하도록 해야 한다"라며 그에게 징역 20년 4개월을 선고했다. 그러나 수많은 혁명가, 망명자, 수감자가 그러했던 것처럼 그람시의 육신을 감옥에 가둘 수는 있었으나 그 정신마저 가둘 수는 없었다. 파시스트 정권의 의도와 달리 그의 지적 업적은 감옥 안에서 무르익었다.

　　이탈리아 최남단 사르디니아 지방에서 일곱 남매 중 넷째로 출생한 그람시는 초등학교에 진학할 무렵 척추 질환이 발생해 등이 굽기 시작했다. 가난 때문에 더 이상 학업을 이어 갈 수 없었던 그는 초등학교 졸업 직후 학업을 중단했고, 1909년 학업을 재개했을 때는 영양실조로 건강이 악화되어 징병 검사도 면제받았다. 장학금을 받아 토리노대학에 진학한 그는 이후 본격적으로 마르크스주의 사상을 연구했다. 그람시는 잡지 『신질서』를 창간해 편집장으로 활동하던 중 이탈리아 공산당 창당에 합류했다. 1922년 6월 코민테른 집행위원 자격으로 소련을 방문한 그는 이곳에서 평생의 반려 줄리아 슈흐트를 만나 결혼한다. 1928년의 재판 이후 뚜리교도소로 이송된 그는 필기도구를 구해 1929년부터 죽기 2년 전인 1935년까지 총 33권 2,848쪽에 달하는 『옥중수고』를 남겼다.

그의 사후 『옥중수고』는 그람시와 친분이 있던 경제학자 피에로 스라파 등을 통해 마티올리에게 전해졌고, 2차 세계대전이 끝난 뒤 주제에 따라 분류되어 6권의 책으로 출간되었다. 현재 한국어로 번역되어 있는 『그람시의 옥중수고』 1·2권은 원문의 일부분이다. 『옥중수고』는 처음 출간되었을 때부터 논란의 여지가 많았다. 이 책의 편집연구 책임자였던 톨리아티의 자의적 판단에 따라 가감이 많았기 때문이다. 이 책은 마키아벨리, 이탈리아 통일운동, 과거와 현재 등 5가지 주제로 분류되어 1960년대에 출판되었고, 이를 보완해 연대순으로 재출간되었다.

11년간 투옥된 특수한 상황에서 그람시는 자신의 생각을 노트 형식으로 남길 수밖에 없었고, 그 노트 역시 검열 때문에 매우 암시적인 단어로 채워졌다. 그람시를 해석하는 일이 어려운 이유 중 하나는 이처럼 옥중에서 집필되었기 때문이고, 다른 하나는 그가 마르크스주의 혁명 운동의 변환기에 살았기 때문이다. 그람시는 혁명의 고조기를 살았던 레닌이나 로자 룩셈부르크 등과 달리 혁명이 좌절되고 파시즘이 발호하는 시절을 살았다.

안토니오 그람시는 다른 마르크스주의 혁명가들이 "혁명은 어째서 필연적인가?"라는 질문을 던질 때, "왜 혁명이 안 되는가?"라는 질문을 던져야 했다. 대부분의 좌파 사상가와 지도자가 파시즘을 자본주의에서 사회주의로 가는 중간 단계라고 단정할 때에도 그람시는 자유주의 체제가 허약할 때 나타날 수 있는 전체주의적 체제로서 파시즘을 해석했다. 다시 말해 그는 "무엇이 자본주의의 약점인가"가 아니라, "무엇이 자본주의의 강점인가"라는 질문을 던졌던 것이다.

감옥에서 그가 던졌던 질문의 답은 '포디즘'과 '헤게모니'와 '시민사회' 등이었다. 그에 따르면 지배는 국가의 강제 장치를 통해서 '정치사회'에서 실현되지만, 지적·도덕적 지도는 '시민사회'에서 '시민사회'를 통해 객관화된다. 지배란 강제를 의미한다. 즉 힘으로 사람들의 행동과 선택을 외적으로 강제하는 것이다. 이에 비해 지적·도덕적 지도란 지배계급의 규범에 포괄되어 자신의 개인적 신념을 형성하고 그것에 기초해서 행동하고 선택하려는 사람들의 내면 깊숙이 영향을 미치는 것으로 이것이 바로 '헤게모니'이다.

어째서 마르크스가 예언한 것처럼 고도로 산업화된 서구 유럽에서 혁명이 일어나지 않고, 러시아와 중국에서 일어났는가? 그람시는 말했다. "러시아에서 국가는 전부였으며, 시민사회는 미발달한 상태였다. 그러나 서유럽에서는 국가와 시민사회 간에 적절한 관계가 있었으며, 국가가 흔들릴 때 강력한 시민사회의 구조가 즉시 노출되었다." 그람시는 1937년 4월 27일 뇌일혈로 인해 46세를 일기로 세상을 떠났다.

⇒ 『그람시의 옥중수고 1·2』, 안토니오 그람시 지음, 이상훈 옮김, 거름, 1999

베를린장벽

독일 역사에서 11월 9일은 여러 사건이 중첩된 날이다. 1918년 11월 9일 1차 세계대전에서 패한 뒤 황제 빌헬름 2세가 퇴위했고, 그로부터 20년 뒤인 1938년 11월 9일에는 이른바 '수정의 밤'Kristallnacht 사건이 있었다. 수정의 밤이라는 이름은 얼핏 낭만적으로 들리지만, 이날 밤 독일과 오스트리아 전역에서 유대인에 대한 광란의 박해와 린치가 가해져 유대인 상점·주택·예배당의 깨진 유리 조각이 달빛을 받아 반짝거렸기 때문에 그런 이름이 붙은 것이다.

1989년 11월 9일, 독일 분단과 냉전의 상징이던 베를린장벽이 무너졌다. 이 사건은 '나비효과'의 산 증거였다. 나비효과란 나비의 날갯짓처럼 작은 사건이 예상하지 못한 엄청난 결과로 이어진다는 이론을 말한다. 한쪽의 조그마한 변화가 다른 쪽에서는 예측할 수 없는 변화무쌍한 변화를 만들어 낼 수도 있음을 의미하며, 겉보기로는 알 수 없는 혼돈 속에 감춰진 세상의 숨은 질서를 설명하는 카오스 이론의 전제이다.

베를린장벽은 1961년 8월 13일 동독이 건설했다. 서베를린과 동베를린을 분리하는 장벽을 동독의 관리들은 반파시스트 보호벽Antifaschistischer Schutzwall이라고 불렀는데, 그 결과 서베를린은 공산주의 국가 내부의 유일한 자본주의 지역이 되어 '육지 속의 섬'이 되었다. 냉전의 상징이자 독일의 분단을 상징했던 베를린장벽을 넘어 자유 진영으로 탈출하는 이들이 많아지자 장벽은 점차 보강되어 '죽음의 띠'가 되었다.

전후 동·서독을 가르는 냉전 질서의 상징, 베를린장벽의 붕괴는 동독 공산당 선전 담당 비서로 갓 부임한 귄터 샤보프스키(1929~2015)의 작은 말실수에서 비롯되었다. 당시 동독 정부는 동독인의 대규모 이탈 사태를 더 이상 방관할 수 없어서 그 해결 방법으로 여행의 자유를 보장하기로 결정했다. 하지만 언제부터 그렇게 할지는 아직 결정되지 않은 상황이었고, 귄터 샤보프스키는 정확한 지침을 받지 못한 채 기자회견장에 나섰다. 그는 여행 자유화 계획을 발표하는 자리에서 이 조치가 언제부터 시행되느냐 묻는 기자에게 "지금 즉시"라고 답했다.

그 뉴스를 들은 동·서독인들은 국경으로 달려가 베를린장벽을 무너뜨리기 시작했고, 그로부터 얼마 지나지 않아 동·서독은 통일되었다. 이후 동구권 공산 체제가 앞서거니 뒤서거니 붕괴했고, 2년 뒤엔 소련마저 무너지며 서구에서 냉전은 역사의 유물이 되었다. 그러나 동서독 분단이 우연이 아니었듯 동서독 통일도 그저 우연한 실수는 아니었다. 베를린장벽 붕괴는 1969년 서독의 빌리 브란트 총리가 '동방 정책'을 천명한 이후 정권 교체와 무관하게 초당적으로 진행된 동서독 간 화해와 교류·협력의 결과였으며 그 이면에 숨겨진 누적된 역사의 무게에 의해 이루어졌다.

⇒ 『독일 통일, 자유와 화합의 기적』, 베른트 외팅하우스 외 지음, 김성원 옮김, 국민북스, 2019

켄 사로위와의 죽음

'아프리카의 거인'이라고 불리는 나이지리아는 아프리카 대륙에서 인구와 경제 규모가 가장 큰 나라로, 1960년 10월 1일 영국으로부터 독립했다. 나이지리아에는 하우사-풀라니족, 요루바족, 이보족 등 5개 대부족을 비롯해 250여 개의 소수 부족이 살고 있다. 독립할 무렵의 나이지리아는 세계 최대의 코코아 수출국이었지만, 1956년 석유가 발견되면서 수출의 90퍼센트를 석유에 의존하는 국가가 되었다. 석유가 발견된 니제르 삼각주 오고니랜드는 인구 50만 명 정도의 소수 부족 오고니족이 대대로 코코아, 고무, 면화와 땅콩 등을 재배하며 살아오던 곳이었다.

그러나 이곳에서 석유가 발견되면서 로열더치셸과 셰브론 등 다국적 석유회사들이 이 지역의 경제적 가치에 눈독을 들였다. 나이지리아는 아프리카의 다른 신생국가들과 마찬가지로 잦은 쿠데타에 시달리고 있었고, 석유 자본은 독재 정권의 자금줄 역할을 해 왔다. 나이지리아 정부는 오고니족이 조상 대대로 살아오던 땅을 빼앗아 다국적 정유회사에 넘겼다. 오고니랜드는 석유 시추 작업 중 유출된 기름으로 땅이 오염되어 농사를 지을 수도 물고기를 잡을 수도 없었고, 식수마저 오염된 상황이었다. 더 이상 참을 수 없게 된 오고니족이 목소리를 높여 보았지만, 나이지리아 정부는 이들 편에 서지 않았고 도리어 이들을 탄압했다.

오고니족 마을 부족장의 아들로 태어난 작가 켄 사로위와(1941~1995)는 자신의 출신 부족과 나이지리아가 겪고 있는 참상을 더 이상 묵과할 수 없었다. 1990년 무렵부터 사로위와는 '오고니족 생존권 운동'MOSOP 멤버로 활동하며, 정부와 다국적기업 로열더치셸에 맞서 오고니족의 자치권과 원유 개발 수익금 분배 정의를 되찾고 토양·수질 오염을 저지하는 운동을 벌였다. 1993년에는 나이지리아 소수민족 인권연대기구UNPO의 부의장으로 활동하며 평화 집회와 시위를 조직했다.

나이지리아의 독재자 사니 아바차는 1993년 4월 30일 로열더치셸이 추진하는 새로운 송유관 건설 계획에 반대하는 MOSOP 시위대를 향해 총격을 가했다. 이 사건으로 약 1천여 명이 사망하고 3만여 명이 집을 잃었으며 마을이 파괴되었다. 그러나 로열더치셸은 송유관 공사를 중단하지 않았다. 이듬해 5월 나이지리아 정부는 친정부 진영 인사의 살해를 사주한 혐의로 MOSOP 지도부 8명을 연행했다. 이들은 변호사도 없이 진행된 특별군사재판에서 사형을 선고받았다. 국제앰네스티와 같은 인권단체들이 그의 투옥과 불공정한 재판에 항의했지만, 켄 사로위와는 1995년 11월 10일 다른 운동가들과 더불어 교수형에 처해졌다.

영국의 진보적 언론 『가디언』이 수천 건의 기업 내부 문서와 목격자들의 증언을 검토한 결과 이 잔인한 사건에 로열더치셸도 연루되어 있다고 보도했으며, 당시 증인들은 정부의 뇌물과 로열더치셸의 취업 미끼에 현혹되어 거짓 증언을 한 것으로 밝혀졌다. 로열더치셸은 2009년 나이지리아에서 행한 반인권적 행위와 켄 사로위와의 부당한 죽음을 야기한 주범으로 법정에 섰지만, 판결 직전 유족들에게 1,550만 달러(약 196억 원)의 위로금을 주고 합의했다. 그의 아들 켄 위와는 2015년 11월 『가디언』에 기고한 칼럼에서 이렇게 썼다. "내 아버지가 지금 살아 있다면 여전히 황폐한 오고니랜드의 풍경에 실망하며 다시 저항운동을 시작했을 것 같다. (……) 나이지리아 공식 기록에는 여전히 그가 범죄자로 남아 있고 (……) 셸은 아버지의 죽음에 대한 책임을 완강히 부인하고 있다."

⇒ 『느린 폭력과 빈자의 환경주의』, 롭 닉슨 지음, 김홍옥 옮김, 에코리브르, 2020

모든 전쟁을 끝내기 위한 전쟁

전투 현장의 야만성과는 별개로 1차 세계대전은 기묘할 정도로 문명화된 전쟁이었다. 전쟁 이전에 유럽 국가 대부분은 그들의 외부 세계와 제국주의적 관계를 맺고 있었지만, 내부적으로는 입헌정치와 법치주의, 대의 정부의 원리를 존중했다. 1914년 여름 유럽은 평화와 풍요를 누렸고, 그 풍요는 국제적 교류와 협력에 크게 의존하고 있었다. 1910년 유럽의 경제적 상호의존성을 분석한 노먼 에인절의 『거대한 환상』The Great Illusion은 지식인 사이에서 큰 인기를 끌었다. 그는 이 책에서 전쟁이 발발하면 국제 신용의 붕괴가 불가피하기에 전쟁은 일어나지 않을 것이며 설령 벌어진다 해도 신속히 종결될 것이라고 논증해 독자를 만족시켰다.

20세기 초, 국가 간 상호 의존을 생존의 필수조건이자 더욱 중요한 조건으로 받아들인 것은 단지 경제인들만이 아니었다. 철도와 전신, 우편을 통한 통신혁명으로 새로운 기술의 통합과 표준화를 지원하는 여러 국제기구가 창설되었다. 20세기 서두에 일어난 의화단 사건(1900)에 대처하기 위해 유럽은 영국, 러시아, 프랑스, 이탈리아, 오스트리아–헝가리 제국은 물론 미국과 일본을 포함한 다국적군을 파병하는 군사적 협력을 성공시켰다. 이는 유럽이 마음만 먹는다면 경제뿐 아니라 군사 분야에서도 충분히 협력할 수 있다는 가능성을 보여 준 것이었다.

중세 이래 유럽의 교육받은 계층은 종교를 비롯해 문화와 전통을 공유하고 있었다. 그들은 고전과 중세시대의 라틴어 문학, 르네상스 미술, 모차르트와 베토벤의 음악, 오페라와 각국의 현대문학을 함께 감상하고 이해했다. 또한 공화국 프랑스와 스위스를 제외한 유럽 주요 국가의 왕은 혈연적으로도 근친이었다. 19세기 유럽은 나폴레옹과 프랑스의 '그랑드 아르메'Grande Armée에 대항하기 위해 시민으로 이루어진 병사를 양성하기 시작했다. 징집병과 징집 경험이 있는 예비군으로 구성된 프로이센 군대가 1866년 오스트리아, 1870년 프랑스에 연달아 승리하자 유럽의 주요 국가는 자국의 젊은이에게 군사 훈련을 받도록 하고 훈련받은 청년을 예비군으로 편성해 장년기에 이를 때까지 국가가 자유롭게 소집할 수 있도록 했다. 그 결과 유럽은 겉으로 보이는 평화와 풍요의 그림자 뒤에 항상 동원 가능한 제2의 군대를 보유할 수 있었다. 이것은 학교와 군대의 훈육으로 단련된 수백만 명에 이르는 젊은 남성들이 단시간 내에 소집되어 전선을 향해 발맞춰 행진할 수 있다는 의미였다.

1900년 무렵 독일의 급속한 경제성장과 해군력 팽창

은 당시 세계의 패권국가 영국을 긴장하게 만들었다. 독일의 상선단 규모는 이미 영국에 이어 세계 2위로 성장한 상태였고, 영국은 1900년 제2차 함대법을 제정해 독일과의 함대 경쟁을 본격적으로 추진했다. 최신식 군함 건설은 영국에서 가장 중요하고 인기 있는 정책이었다. 20세기 초 영국과 프랑스, 독일 등 유럽 주요 국가의 최우선 정책은 군사적 우위의 보장이었다. 이런 상황에 직면한 러시아의 차르 니콜라이 2세는 군비 축소와 전쟁 규칙 제정, 평화 유지 방안을 논의하자며 헤이그에서 만국평화회의(1899)를 개최했지만 러시아도 군비 경쟁에서 예외일 수 없었다. 안으로는 전쟁을 준비하면서도 유럽의 정치 지도자, 장군, 시민 누구도 그것이 장차 세계대전으로 비화하여 장기전이 될 것이라고 예견하지 못했다.

독일의 카이저 빌헬름은 오스트리아를 지원하기로 성급하게 결정하면서도 자신의 사촌 형제인 러시아의 차르가 전쟁에 섣불리 참전하지 않을 것이라 오판했다. 그러나 니콜라이 2세는 그러한 기대가 무색하게도 세르비아를 지원하기 위한 전쟁에 참가했다. 위기 상황에서 힘에 대한 인식은 특히 중요하다. 개전 초기 단계에서 지도자들은 자국의 힘을 과장하고 적국을 실제보다 과소평가하는 경향이 있다. 상대의 전쟁 의지나 수행 능력을 객관적으로 평가하지 못하고 실제보다 저평가한 각국의 정치 지도자들은 오스트리아의 요제프 황제처럼 "우리는 지금 물러설 수 없다"라며 참전 의지를 불태웠다. 이처럼 중요한 결정 앞에서 각국의 정치 지도자들은 비겁하게 보일까 봐 애국심을 과장하며 물러서거나 타협할 여지를 남기지 않았다.

각국의 시민들은 자신의 애국심이 적국의 또 다른 애국자(?)들에게 '침략적인 모욕이자 협박'이 될 수 있다는 사실을 간과했다. 한 국가가 다른 국가를 적으로 인식하고, 그러한 인식이 충분히 강력하고 길게 이어지면, 그 인식은 결국 현실이 된다. 그런 상황에서 전쟁은 피할 수 없는 최종 해결책이 되었다. H. G. 웰스는 1차 세계대전 발발 직후 펴낸 책에서 이 전쟁을 "모든 전쟁을 끝내기 위한 전쟁"The War that will end War이라고 불렀지만, 1918년 11월 11일 독일의 패전으로 끝난 1차 세계대전은 아무것도 해결하지 못했고 아무것도 끝내지 못했다. 독일의 패배를 결코 인정할 수 없었던 아돌프 히틀러는 전후 "200만 명의 독일인이 헛되이 쓰러졌을 리 없다. (……) 아니다. 우리는 용서하지 않는다. 우리는 요구한다. 복수를!"이라 외쳤고, 전후 유럽은 근대를 거치며 어렵게 쌓아 올린 민주와 법치, 대의 정부라는 원칙을 저버리며 경제 위기 속에서 파시즘이라는 새로운 정치 원리에 빠져들었다.

⇒ 『1차세계대전사』, 존 키건 지음, 조행복 옮김, 청어람미디어, 2016

스탠 리

스탠 리는 1922년 12월 28일 뉴욕 맨해튼의 빈민가에서 루마니아 태생의 유대인 이민자 부모 사이에서 태어났다. 그의 본명은 스탠리 마틴 리버였다. 아버지는 재단사였지만 대공황을 거치며 일감이 없어서 가정 형편은 매우 곤궁했다. 유대인 가정 출신이었지만, 스탠 리는 그다지 경건한 인물이 아니었다. 그는 어렸을 때부터 책과 영화에 푹 빠져 지냈는데, 특히 에롤 플린이 등장해 영웅적인 인물을 연기한 영화를 좋아했다. 그는 브롱크스의 드윗클린턴고등학교에 다니던 시절부터 언젠가 가장 위대한 소설가가 되겠다는 꿈을 꾸었지만, 너무 가난했기 때문에 십대 시절부터 온갖 아르바이트로 생계를 꾸려 나가야 했다.

리는 1939년 마틴 굿맨이 운영하는, 싸구려 잡지와 만화책을 출판하는 타임리출판사(훗날 마블코믹스)에서 코믹스 담당 부서의 조수로 일하게 되었다. 리의 사촌이 굿맨의 아내였던 덕에 어렵지 않게 정식 직원이 되었고 조수 일을 하며 만화가들의 잉크통을 채우거나 샌드위치 심부름을 다니며 곁눈으로 일을 익혔다. 1941년 그는 『캡틴 아메리카』3화의 텍스트 필러text filler로 만화계에 데뷔했다. 이때만 해도 미국에서 만화가의 사회적 위치가 너무 낮았기 때문에 '위대한' 소설가를 꿈꿨던 그는 본명 대신 필명을 사용했다.

1941년 말 편집장 사이먼과 출판사의 대표 작가 잭 커비가 경영자 굿맨과 불화를 일으켜 떠나 버리는 사건이 발생했다. 굿맨은 당시 19살에 불과했던 스탠 리를 임시 편집자로 임명했다. 굿맨은 잭 커비를 다시 불러들였고, 스탠 리와 함께 1940년대부터 1950년대까지 미국 코믹스의 황금기를 이끌었다. 리와 커비 콤비가 만든 최초의 슈퍼히어로가 판타스틱 포였다. 이후 이들은 헐크, 토르, 아이언맨, 데어데블, 닥터 스트레인지와 더불어 마블의 가장 성공적인 캐릭터 스파이더맨을 공동 제작했다.

1950년대 후반 마블코믹스의 라이벌 DC코믹스의 편집장 줄리어스 슈워츠는 '저스티스 리그 오브 아메리카'의 슈퍼맨 팀을 만들어 대단한 성공을 거두고 있었다. 마블코믹스의 마틴 굿맨은 스탠 리에게 이에 대응할 만한 새로운 슈퍼히어로 팀을 만들라고 지시한다. 이 무렵 그는 직업을 바꾸고 싶어 했기 때문에 지금이 회사를 그만둘 적기라고 생각했다. 이때 그의 아내가 어차피 직업을 바꿀 계획이라면 더 이상 잃을 것도 없으니 정말 당신이 하고 싶은 이야기를 한 번 실험해 보는 것이 어떻겠냐고 제안했다.

마블과 DC 코믹스를 읽으며 어린 시절을 보냈던 이들은 어느덧 성인이 되었고, 이제 만화책을 읽는 이들은 더 이상 어린이들만이 아니었다. 게다가 자본주의의 황금기를 구가하던 팍스 아메리카의 시대가 저물고 있었다. 스탠 리는 좀 더 심각한 주제를 다루고 새로운 스토리텔링과 캐릭터를 창조해 10대 이상의 독자들을 붙잡기로 했다. 그는 DC가 창조한, 이상적이며 완벽한 슈퍼히어로들과 대비되는 우울하고 복잡한 심리를 지닌 자연적인 인물들을 새로운 슈퍼히어로로 등장시켰다.

또한 스탠 리는 캐릭터와 줄거리를 넘어 스스로 새로운 세계의 창조주를 꿈꾸는 만화의 독자들을 끌어들여 팬과 창작자 사이에 일종의 공동체 의식을 형성하는 방식으로 독자들과 소통했다. 이것은 스탠 리가 일으킨 코믹스의 혁명이었다. 그는 이러한 팬덤 혁명을 통해 팍스 아메리카나(미국 중심의 평화)의 세계를 넘어 보다 보편적인 세계관의 확장을 가져왔고, 백인 남성 중심의 슈퍼히어로를 넘어 유색인종과 여성이 주인공으로 등장하는 슈퍼히어로를 통해 시대정신을 반영했다.

그는 1972년까지 마블코믹스의 편집장 겸 미술감독을 겸임하며 오늘날 8,000개가 넘는 캐릭터를 지닌 마블 시네마틱 유니버스MCU의 기초를 닦았다. 스탠 리는 수십 편의 마블 영화와 TV프로그램 및 비디오게임에 카메오로 출연하는 등 영화배우 못지않은 인기를 누렸다. 스탠 리는 2018년 11월 12일, 향년 95세를 일기로 세상을 떠났다.

⇒　『만화의 이해』, 스콧 맥클라우드 지음, 김낙호 옮김, 비즈앤비즈, 2008

내 죽음을 헛되이 하지 말라

전태일(1948~1970)은 도시빈민 가정에서 어머니 이소선, 아버지 전상수의 4남매 중 장남으로 태어났다. 그는 재봉사 출신 아버지의 술주정과 폭력에 시달리며, 구두닦이와 신문팔이를 전전했다. 초등학교 4학년을 중퇴한 뒤에는 동생들을 부양해야 했다. 16세 되던 1964년 동생 전태삼과 가출해 평화시장 봉제 공장 시다(피복점 보조로 취업, 14시간 노동, 일당은 당시 차 한 잔 값이던 50원)로 일하다가 1966년 당시 여성 노동자들의 가혹한 노동환경에 분노해 이들을 도왔다는 이유로 해고당한다. 5·16 쿠데타로 집권한 박정희 정권이 이룩한 경제성장은 수출 경쟁력 확보를 위해 노동자, 특히 여성 노동자들을 극도의 저임금과 장시간 노동에 방치한 결과물이었다. 수출을 위한 대기업 위주의 특혜 정책으로 중소 자본은 방치되었고, 착취 구조의 피라미드 최하층에는 여성 노동자가 자리하고 있었다.

　당시 전국 기성복의 70퍼센트를 담당하던 평화시장은 의류 산업의 메카라고 불렸지만, 대다수가 영세한 규모였다. 800여 개의 작업장이 밀집해 있던 평화시장은 1~2층이 점포, 3~4층이 작업장 형태였는데, 임대료를 절약하기 위해 한 층을 둘로 나눈 다락방 형태라 작업장 내에서 선 채로 이동하는 것이 불가능할 정도로 환경이 열악했다. 당시 평화시장에서 일하던 노동자는 대략 2만여 명으로 그중 80퍼센트가 중학교에 진학하지 못한 12~15세 내외의 여성들이었다. 이들은 하루 평균 14~16시간씩 일하면서도 월급은 1,500원에 불과했다. 이 금액을 일당으로 환산하면 하루 50원으로, 당시 다방에서 커피 한 잔 사 먹는 가격이었고, 쉬는 날은 한 달에 고작 하루뿐이었다. 노동자들은 폐결핵과 각기병에 시달렸음에도 산재로 인정받기는커녕 아무런 복지 혜택도 받지 못했다.

1966년 8월 한미사 재단사로 재취업한 전태일은 노동자들이 처한 어려움을 극복하기 위해 여러 가지 방도를 강구하고 노력했다. 1968년 '근로기준법'의 존재에 대해 알게 된 전태일은 거금 2,700원을 들여 『근로기준법 해설서』를 구입했다. 법전에 나오는 전문적인 법률용어들을 앞에 두고 그는 "대학생 친구가 하나만 있었으면 원이 없겠다"라고 한탄했다. 그리고 "나라가 법으로 보장한 노동조건조차 얻어 내지 못하고 죽은 듯이 혹사당하며 살아온 평화시장 일대의 모든 노동자들이 바보"라는 마음으로 1969년 9월 '바보회'를 결성했다. 실제로 전달되었는지는 알 수 없지만, 전태일은 박정희 대통령에게 "각하께선 국부이십니다. 곧 저희들의 아버님이십니다. 소자된 도리로서 아픈 곳을 알리지도 않고 아버님을 원망한다면 도리에 틀린 일입니다"라는 청원서를 썼다. 이외에도 그는 신문, 방송사, 노동청 등에 진정서를 제출했지만 메아리가 없었다.

결국 전태일은 1970년 11월 13일 서울 청계천 평화시장에서 자신의 몸에 기름을 붓고 "우리는 기계가 아니다" "근로기준법을 준수하라"라고 외치며 분신했다. 병원으로 옮겨진 그는 숨지기 전 동료들과 어머니에게 "내 죽음을 헛되이 하지 말라" "내가 못다 이룬 일, 어머니가 꼭 이루어 주십시오"라고 당부한 뒤 "배가 고프다"라는 말을 남기고 이승을 떠났다. 전태일의 죽음은 한국 사회에 커다란 충격을 던졌다.

그의 죽음 이후 최초의 민주노조가 결성되었고, 수많은 대학생이 노동 현장을 찾기 시작했다. 그의 수기를 중심으로 정리한 『전태일 평전』은 이후 수많은 이들의 필독서가 되었고, 이 책을 읽고 민중을 위한 정치의 꿈을 키웠다는 이들이 오늘날 대통령과 국회의원이 되었다. 전태일이 스스로를 불사른 자리에는 동상이 세워졌지만, 아직도 수많은 노동자들은 그가 스스로를 불태운 거리에서 차별과 부당한 노동조건에 맞서 싸우고 있다.

⇒　『전태일평전』, 조영래 지음, 아름다운전태일(전태일기념사업회), 2020

한국 언론의 염라대왕들

1980년 11월 14일, 전두환 신군부 정권은 언론사 통폐합을 결정했다. 흔히 이 작업을 진두지휘한 것으로 당시 청와대 비서실장이었던 허문도를 떠올리지만, 그는 이를 개념화했을 뿐 실무 진행은 보안사를 중심으로 추진되었다. 5월 광주를 피로 진압한 전두환은 1980년 11월 14일 계엄 해제 이후 발생할지도 모를 반발을 사전에 정리하려고 아무런 법적 근거도 없이 '언론 통폐합'과 '언론인 숙청'을 결정한다.

이 공작을 막후에서 진두지휘한 사람은 당시 보안사 준위로 근무하던 이상재였다. 본래 대공처에서 일했으나 10·26 사건 이후 언론 검열을 책임진 정보처에서 근무하며 언론 통폐합과 언론인 숙청을 담당했다. 그는 실명 대신 '강기덕 전무'라고 행세하고 다녔다. 검열 책임자로 시청에 앉아 신문·방송·잡지 편집자들이 들고 오는 원고에 검은 매직을 그어 가며 검열했고, 나중엔 언론 통폐합과 해직을 주도했으니 언론계의 염라대왕이라고 해도 과언이 아니었다.

1980년 11월 12일 각 언론사 대표들을 태운 승용차가 보안사에 집결했다. 언론 사주들은 막강 실세였던 보안사

사령관을 만날까 기대했지만, 정작 그들이 안내된 곳은 으스스한 보안사 지하실이었다. 그들 앞에는 한 장의 종이가 놓여 있었다. 언론사 포기 각서였다. 이날 보안사는 45개 언론사 사주로부터 52장의 포기 각서를 받아 냈다. 조금이라도 저항하려는 기미가 보이면 "동빙고 분실로 모실까요?" 한마디면 끝이었다.

1980년 11월 14일에 한국신문협회와 한국방송협회 회원 대표들이 서울 코리아나 호텔에서 임시총회를 개최하여 언론개혁을 다짐하는 「건전 언론 육성과 창달에 관한 결의문」을 채택했다. "우리 언론은 한말 개화기 이래 80여 년 근대 언론사를 통하여 숱한 역사적 격동 속에서도 민족의 자주독립과 민족 문화의 향상, 민주주의의 발전에 크게 기여하여 왔음을 자부한다. 이제 새 시대의 문턱에서 산업사회로의 구조적 전환이 진행되고 있는 시대 상황에 창조적으로 적응하기 위해 우리 언론은 자랑스러운 전통을 바탕으로 스스로의 언론 구조와 문제점을 정면에서 투시하고 자기 혁신의 결단을 과감히 내려야 할 때를 맞고 있다." 결론은 전국 64개 언론사 중 44개의 폐간 및 경영권 이전이었다. 중앙지는 7개에서 6개로, 지방지는 14개에서 10개로, TBC는 KBS로 흡수·통합하는 이른바 'K공작'이었다.

당시 보안사는 전두환 정권에 반대할 것으로 의심되는 언론인 900명의 명단을 각 언론사에 넘겼다. 사주들은 평소 거슬리던 언론인을 더 얹어 무려 1,500명을 해직시켰다. 이에 적극적으로 협력하여 동료들을 쳐 낸 언론인들은 훗날 국회의원이 되는 등 출셋길을 달렸고, 살아남은 언론들은 제5공화국의 출범에 발맞춰 전두환을 칭송했다.

이상재 준위 역시 공로를 인정받아 1981년부터 1985년까지 민주정의당 사무차장으로 막강한 권력을 휘둘렀고, 1985년 12대 국회에서 전국구 의원, 14대 민자당 의원이 되었다. 훗날 그는 사심 없이 조직의 명령에 충실히 따랐을 뿐이라고 말했다. 이들이 우리 언론에 드리운 그림자는 참으로 짙고, 길게 남아 있다.

⇒　『한국의 언론통제』, 김주언 지음, 리북, 2009

노벨상

노벨상은 스웨덴 출신의 다이너마이트 발명가이자 실업가인 알프레드 노벨이 1895년 자신이 기증한 자산을 바탕으로 물리학, 화학, 생리·의학, 문학, 평화의 5개 부문(경제학 분야는 노벨이 지정한 것이 아니고 스웨덴 국립은행이 별도로 만든 것)을 정해 '지난해 인류에 가장 큰 공헌을 한 사람'에게 매년 수여하라는 유언을 통해 이루어지고 있다.

이 중 평화상은 스웨덴의 이웃 국가인 노르웨이 의회가 선정하고, 나머지도 각각의 위원회(문학상은 스웨덴, 프랑스, 스페인의 아카데미)에서 선정·수여하고 있다. 이 상의 제정자가 설립한 노벨재단은 기금의 법적인 소유주이자 관리자이지만 공정성 유지를 위해 수상자 선정에는 일절 관여하지 않는다.

노벨상 수상자 선정 작업은 수상자가 선정되기 전해의 초가을부터 시작되는데, 전년도 수상자들을 포함해서 각 부문당 약 1천여 명 정도(각각의 분야에서 활동하는 학자, 학술단체 등등)에게 후보자 추천을 의뢰하는 안내장을 발송한다. 안내장을 받은 이들은 서면으로 추천자와 추천 사유를 제출해야 하며 자신을 추천한 경우에는 자동적으로 자격이 상실된다. 이듬해 1월 말까지 노벨위원회에 도착한 추천자 명단은 부문별로 100~250명가량 되는데 2월부터 6개 분야의 노벨위원회는 각 후보자들의 연구 성과를 검토하고 필요하다면 외부 인사를 초빙하여 검증한다. 9~10월에는 위원회가 각 분야별 수여 기관에 추천장을 제출하는데, 추천대로 수상자가 결정되는 것이 관례이긴 하지만 수여 기관에서 별도로 행해지는 심사 및 표결 과정은 철저히 비밀에 부쳐진다. 해마다 11월 15일까지는 최종 수상자를 결정하도록 되어 있다(평화상을 제외하고는 반드시 개인 시상을 원칙으로 하고 있으며, 이미 사망한 사람은 수상 후보자가 될 수 없고, 수상자가 결정된 뒤에는 번복할 수 없다).

때로 수상자 선정이 서구 일변도라거나 서구의 시각을 대변하고 있다는 비판 또는 이외의 다른 사유로 노벨상의 명예를 거부하는 경우가 있는데, 지금까지 노벨상을 가장 많이 거부한 나라는 독일이다. 1938년 쿤(1900~1967), 1939년 부테난트(1903~1995)가 화학상을 거부했고, 1939년 도마크(1895~1964)가 생리의학상을 거부했다. 히틀러는 자신의 정책에 비판적이던 언론인 오시에츠키(1889~1938)가 1935년 노벨평화상 수상자로 선정되자 노벨상 수상을 거부하라고 강요했다. 독일인들이 노벨상을 수상하는 것은 세계인 앞에서 히틀러 자신과 나치독일을 부정하는 행위라고 생각한 탓이다. 1958년 파스테르나크(1890 ~ 1960) 역시 문학상을 소련 정부의 지시로 거부했고, 1964년에는 프랑스의 사르트르(1905 ~ 1980)가, 가장 최근인 1973년에는 베트남의 레둑토(1911 ~ 1990)가 평화상을 거부했다. 이 중 가장 명확하게 수상 거부 이유를 밝힌 것은 레둑토였다. 그가 수상을 거부한 이유는 "베트남에 아직 평화가 오지 않았기 때문"이다. 이때 공동 수상자로 선정되었던 헨리 키신저는 노벨평화상을 수상했다.

노벨상은 수상자의 업적을 가장 중요하게 여기지만 모든 상이 그러하듯 선별 과정이 완전히 비정치적인 것은 아니다. 사실 노벨문학상 선정의 공정성에 대한 시비는 1901년 최초의 수상자가 결정되면서부터 일었다. 첫 수상자로 가장 많이 거론되었던 사람은 프랑스의 소설가 에밀 졸라였지만 그가 유물론자였던 데다 생전의 노벨이 별로 좋아하지 않았던 탓에 프뤼돔에게 넘어가고 말았다. 최근 들어 노벨문학상의 영광이 제3세계로까지 넓어진 것은 노벨위원회의 시야가 그만큼 넓어진 탓도 있겠지만 궁극적으로는 서구 문학이 잃어 가고 있는 활력을 제3세계 문학이 유지하고 있기 때문일 것이다.

⇒ 『발명, 노벨상으로 빛나다』, 문환구 지음, 지식의날개, 2021

코카콜라

코카콜라는 단순한 음료수가 아니라 '아메리카나이제이션'(미국화)을 상징하는 문화적 현상이며, 지구는 코카콜라의 거대한 시장이고, 코카콜라는 그 시장의 주인이다. 코카콜라는 미국식 민주주의와 미국식 시장경제 그리고 미국식 생활 방식과 문화예술, 무엇보다 미국식 삶을 상징하는 가장 극적인 심벌이다. 코카콜라에 의한 세계화 혹은 코카콜라로 상징되는 미국식 생활 방식에 의해 지배되는 세계의 식민지화라는 의미에서 어떤 이들은 이런 현상을 '코카콜로니제이션'Cocacolonization이라 부른다.

오늘날 전 세계에서 'OK' 다음으로 유명한 영어 단어일 정도로 강력한 브랜드 파워를 자랑하는 코카콜라지만, 코카콜라가 처음 생산될 무렵만 하더라도 이렇게나 유명한 브랜드는 아니었다. 어느 정도의 향료 배합 기술과 탄산수 제조 설비만 있다면 누구라도 생산할 수 있는 간단한 음료였기 때문에 당시 미국에는 이미 수백 개의 콜라 브랜드가 존재했다. 코카콜라가 다른 유사 브랜드들을 물리치고 생존할 수 있었던 것은 끊임없는 차별화와 신비주의 전략 등 온갖 마케팅 기법을 동원한 덕분이었다.

그중 하나가 여성의 신체를 연상하게 만드는, 가운데
가 움푹 팬 코카콜라 보틀 디자인의 독창성이다. 오늘날 코
카콜라 컨투어 병Coca-Cola Contour Bottle의 원형은 1915년
미국 인디애나주 테러호트의 루트유리회사 보틀 디자인
팀이었던 알렉산더 새뮤얼슨과 얼 딘이 고안했다. 당시 사
람들은 이 병이 그 무렵 미국에서 유행하던 밑이 좁은 주름
치마 '허블스커트'를 닮았다고 해서 '허블스커트 병'이라고
불렀지만, 이 병의 디자인과 허블스커트는 아무런 관련이
없다.

당시 코카콜라는 다른 브랜드의 소다수들과 별 차이
없는 병에 담겨 판매되었고, 다른 업체들은 코카콜라 브랜
드 로고와 흡사한 디자인의 로고를 사용했다. 1915년 코카
콜라는 차별성을 부각하기 위해 새로운 보틀 디자인 공모
전을 개최한다. 조건은 단 두 가지였다. 첫 번째는 기존의 병
입 시설을 그대로 이용할 수 있게 병의 입구를 유지할 것.
두 번째는 "형태가 너무나 특이해서, 심지어 어둠 속에서 만
져도 무슨 병인지 알 수 있고, 부서진 조각만 봐도 무슨 병이
었는지 한눈에 알아볼 수 있는 유리병"일 것.

디자인 형태를 여러모로 궁리하던 중에 루트유리회사
사장 채프먼 루트는 "코카콜라는 무엇으로 만드는가?"라는
질문을 던졌고, 그 재료에서 아이디어를 얻어 보기로 했다.

코카콜라의 향신료는 남미에서 재배되는 코카 잎과 아프리카에서 나는 향신료 콜라Kola 열매의 씨앗을 이용한 것이었다. 당시 루트유리공장의 검사관이었던 클라이드 에드워드는 당장 도서관으로 달려가 브리태니커 백과사전에서 코카와 콜라 항목을 찾았다. 하지만 그는 콜라 열매의 첫머리 철자를 코카콜라의 상표명 그대로 'C'라고 착각했기 때문에 어디에서도 '콜라' 열매 이미지를 찾아내지 못했다. 그는 '코카' 항목 다음에 나오는 코코아Cocoa 열매를 콜라 열매로 착각해 이 열매 디자인을 새로운 제품 디자인에 참고하도록 했다.

딘과 새뮤얼슨은 밤을 새워 가며 코카콜라와 전혀 상관없는 코코아 열매의 불룩한 배와 줄무늬를 이용해 코카콜라 병을 디자인했다. 이후에는 손에 잡기 쉽도록 중간 부분이 오목하게 들어가게 변형되었다. 루트유리회사는 그해 11월 16일 새뮤얼슨의 이름으로 디자인 특허를 냈고, 이 병이 코카콜라의 공식 디자인으로 채택됐다. 코카콜라 측은 이 병의 디자인에 대해 144병당 25센트의 로열티를 제공하겠다고 제의했지만, 루트는 종전의 다른 병과 같은 5센트로 로열티를 낮춰서 계약했다. 구형 병을 신형으로 바꿀 때의 추가 부담을 줄여, 궁극적으로는 신형 디자인의 사용을 대폭 늘리겠다는 전략이었다.

1915년 코카콜라는 새로운 병 디자인을 알리며 "해적

품을 봉쇄했습니다"라는 공격적 광고를 냈고, 코카콜라 컨투어 병의 디자인적 차별성을 통해 소비자들에게 코카콜라의 맛을 각인시키는 데 성공했다. 오늘날 코카콜라는 건강에 좋지 않은 음료라는 사실이 널리 알려지며 과거에 비해 소비량이 많이 줄어들었지만, 여전히 전 세계 190여 개국에서 하루에 대략 5억6천만 개씩 소비되고 있다.

⇒ 『누가 우리의 일상을 지배하는가』, 전성원 지음, 인물과사상사, 2012

대학입시

대한민국에서 대학입시는 호환마마, 심지어 코로나 팬데믹도 감히 어찌할 수 없는 온 국민의 뜨거운 관심사이며, 모두가 눈을 부릅뜨고 지켜보는 행사다. 수능시험을 앞두고 관리 당국은 최첨단 디지털 기술을 이용한 부정행위에 대비해 부정행위 방지 대책을 세우고, 시험 당일 수험장 내 반입이 금지되는 물품 목록을 정해 수험생들에게 통고하고 있다. 수험생들은 시험장에 스마트워치·스마트센서 등 웨어러블 기기, 통신 기능이나 전자식 화면표시기(LCD, LED)가 있는 시계를 반입할 수 없으며 오로지 아날로그 손목시계만 휴대 가능하다.

대리 시험 유무를 판별하기 위해 1·3교시 시작 전에 휴대한 시계를 신분증·수험표 등과 함께 책상 위에 올려놓고 사전 점검을 받도록 하고 있다. 매 교시마다 문제지 표지에 제시된 필적 확인 문구를 답안지 필적 확인란에 기재해야 한다. 이처럼 엄격하고 세밀한 대책을 강구하게 된 계기는 2004년 11월 17일에 실시되었던 2005학년도 대학수학능력시험에서 조직적인 대규모 부정행위가 적발되었기 때문이다.

2005학년도 수능시험에서 각 과목별로 성적이 우수한 이른바 '선수' 학생들끼리 공모해 상호부조 형태로 자신이 취약한 과목의 정답을 휴대폰을 통해 주고받은 수능 부정행위가 적발되었다. 이들은 두 개의 휴대폰을 구입해 하나는 어깨나 허벅지에 부착한 뒤 정답번호 숫자만큼 두드려 신호음을 보냈다. 그러면 근처 고시원이나 독서실에 대기하던 후배 '도우미'들이 정답을 다른 수험생들에게 문자메시지로 전달했다. 당시 수능 부정과 관련해 사전 제보를 받은 경찰이 이런 사실을 교육청에 통보했지만 교육청은 "어떻게 수험생을 상대로 수사를 할 수 있느냐"라며 조사를 거부했고, 수능 부정행위를 사전에 차단할 기회를 놓치고 말았다. 결국 이해 수능시험에서 적발된 329명의 성적이 무효 처리되었다.

이 땅에서 시험이 치러진 이래로 부정행위는 항상 존재해 왔다. 조선시대 과거시험에서는 옆 사람의 답안지를 훔쳐보는 고반顧盼, 콧구멍에 커닝페이퍼를 숨겨 놓고 시험장에서 몰래 펴 보는 의영고義盈庫, 붓대 끝에 커닝페이퍼를 숨겨 놓고 보는 협서挾書, 과거시험을 대리 응시하는 거벽巨擘, 남의 답안을 베끼는 차술차작借述借作, 옆 사람과 은밀히 말을 나누는 설화說話, 답안지를 땅에 떨어뜨려 답안을 보여 주는 낙지落地, 정답을 암시하는 말을 입으로 웅얼거리는 음아吟哦, 시험관을 매수하는 혁제赫蹄, 합격자와 자신의 답안지를 교체하는 절과竊科, 옆 사람과 시험지를 바꾸는 환권換券, 응시자끼리 자리를 바꾸는 이석移席, 밖에서 작성한 모범답안을 시험장 안으로 몰래 넣어 주는 외장서입外場書入 등 이루 헤아리기도 어려울 지경이었다. 조선시대 관료를 선발하는 과거시험은 집권 세력이 그들의 후계를 강화한다는 측면도 있었기에 곧잘 정치 문제가 되었다. 조선 후기에 기묘과옥(1699, 숙종 25년), 임오과옥(1702, 숙종 28년), 임진과옥(1712, 숙종 38년) 등 세 차례의 과옥科獄이 발생한 것도 그 때문이었다.

오늘날의 수능 역시 단순한 대학입시가 아니라 계급 재생산을 위한 수단이자 계급 불평등을 은폐하는 이데올로기로 작동하고 있다. 2020년 국정 감사 결과에 따르면, 서울대·연세대·고려대에 진학한 학생들의 56퍼센트가 고소득층 출신이며 이는 저소득층의 2.6배에 해당한다. 지금까지 대학입시 제도가 크게 세 차례 개혁되었음에도 그럴수록 고소득층 자녀들에게 유리한 입시 형태가 된 이유는 무엇일까? 대입예비고사가 본격적으로 실시된 1969학년 이전까지는 대학별 '단독 고사' 체제였다. 이 체제에서 입학 부정·비리와 무자격 입학 등이 문제가 되면서 '대입예비고사'를 실시하게 되었다. 이후 1980년의 7·30 조치와 1995년의 5·31 개혁을 전후해 본고사 중심에서 학력고사 중심으로, 다시 '내신-수능-대학별 고사'라는 이른바 '죽음의 트라이앵글' 체제로 변모했다. 상대적으로 단순했던 과거의 입시 제도에 비해 현재의 입시 제도는 '내신–수능–대학별 고사'를 모두 잘 치러야 상위권 대학에 입학할 수 있다. 이 제도는 부모의 관심과 재정적 뒷받침을 통해 어려서부터 사교육의 혜택을 받을 수 있는 고소득층 학생들에게 절대적으로 유리하고, 기댈 언덕이라고는 공교육밖에 없는 서민층 학생들에게는 절대적으로 불리한 제도이다.

이른바 'SKY'라 불리는 서울 소재 명문대학에 진학하려면 일단 고소득층 집안에서 태어나 어릴 적부터 꾸준히 사교육을 받아야 하고, 강남 지역의 학교나 외고·과학고 등 특수목적고를 다니다가 1년쯤 해외 어학연수를 다녀와야 한다. 그렇게 해야 죽음의 트라이앵글에서 우수한 성적을 낼 수 있다. 조국 전 법무무 장관 자녀의 부정 입학 의혹이 지탄의 대상이 되고 국론 분열 현상까지 초래했는데, 이것이 대학입시 개혁이나 사회적 불평등 개선으로 이어지지 않는 것을 보면 대한민국은 궁극적으로 민주공화국이 아니라 입시공화국이라 할 만하다.

⇒ 『조선시대 선비의 과거와 시권』, 김동석 지음, 한국학중앙연구원, 2021

그대에게 용서를 베풀며, 또 그대의 용서를 구한다

일본과 비교해 독일을 과거사 규명과 사과에 앞선 모범적인 국가라고 하지만, 독일 역시 처음부터 그런 나라는 아니었다. 2차 세계대전 이후 1960년대 초까지 서독은 '과거를 성찰하고 반성하는 기억의 모범국가' 독일과는 거리가 멀었다. 1946년 11월 미군 점령 지역의 조사에 따르면 전체 독일인 응답자 가운데 37퍼센트는 "유대인과 폴란드인, 기타 비아리아인의 절멸은 독일인의 안전을 위해 필요했다"라고 응답했고, 같은 조사에서 세 명 중 한 명은 "유대인은 아리아인에 속하는 사람들과 동일한 권리를 가져서는 안 된다"라는 주장에 동조하는 것으로 드러났다.

그로부터 6년 뒤인 1952년에 실시된 조사에서도 약 37퍼센트의 응답자가 "유대인들이 없는 것이 독일에 더 득"이라고 답했다. 독일인 다수가 "나치즘은 좋은 생각이었지만 잘못 적용됐을 뿐"이라는 생각에서 벗어나지 못하고 있었기에, 한나 아렌트는 전후 독일인의 집단 심성 속 자기연민에 가득 찬 희생자 의식을 신랄하게 비판했다. 2차 세계대전으로 가장 많은 인명 피해를 입은 것은 소련이었다. 하지만 이는 단순히 수치로만 보았을 때이고 국가별 인구 비례로 살펴보았을 때 가장 큰 피해를 입은 것은 폴란드였다. 당시 소련은 전체 인구의 17퍼센트(군인과 민간인 포함해 2900만 명 희생)에 해당하는 인적 손실을 겪었고, 폴란드는 인구 비례로 치면 20퍼센트 이상의 인적 손실을 입었다. 소련이 폴란드를 점령한 뒤 카틴 숲 학살과 같은 사건으로 폴란드 내 엘리트들을 조직적으로 학살했듯이 독일 역시 유대인뿐 아니라 폴란드의 국가 엘리트들을 의도적으로 살해했다. 그 결과 폴란드의 법률가 중 절반 이상, 의사의 40퍼센트, 대학교수와 고등학교 교사의 3분의 1 이상이 독일군에 의해 죽었다. 또한 약 2천 명의 신부와 다섯 명의 주교가 독일의 강제수용소에서 죽었다.

전후에 과거 그들이 점령했던 유럽 전역에서 추방당하거나 피난을 떠난 독일 민간인 피난민·추방자 수는 대략 1200만 명으로, 일본의 민간인 귀환자 320만 명과 비교해 거의 4배에 달했다. 이들 독일 민간인 피난민들 역시 엄청난 피해를 입었다. 이들을 임시 수용한 폴란드와 체코의 억류 수용소는 종종 악랄한 범죄자가 운영을 맡았는데, 독일의 나치 강제수용소와 별반 다를 것이 없었다. 이들은 나치가 유대인에게 했던 만행을 거의 고스란히 되돌려 주었다. 나치 치하의 유대인들이 가슴에 유대인을 상징하는 'J' 표식을 달아야 했던 것처럼 폴란드에서 독일 난민들은 폴란드어로 독일인을 뜻하는 'Niemiec'의 첫 글자인 'N' 표식을 달고 다녀야 했다. 폴란드의 람스도르프 수용소에서는 안경을 쓴 독일인 교수가 단지 지식인처럼 보인다는 이유로 맞아 죽는 등 800명의 어린이를 포함해 6천 명 이상의 독일 난민이 살해당했다. 대부분 서독으로 귀환한 독일 난민들은 일본인들이 히로시마와 나가사키의 핵폭탄 투하를 두고 희생자 의식을 갖고 있는 것처럼 죄를 지은 것은 나치당 지도자와 그 하수인들이었을 뿐 독일의 민간인들은 히틀러의 첫 번째 희생자이자 마지막 희생자였다는 의식에 사로잡혀 있었다. 그러니 전후 독일의 정치인들이 폴란드에게 사과한다는 것은 결코 쉬운 일이 아니었다.

이런 상황에서 2차 세계대전 종전 20주년을 맞이하던 1965년 11월 18일 스테파노 비신스키 추기경을 비롯한 폴란드 가톨릭교회 주교단 35명이 서명한 편지 한 통이 독일(서독) 가톨릭교회 주교단에 도착한다. "그대에게 용서를 베풀며, 또 그대의 용서를 구한다"라는 내용의 편지였다. 전후 독일의 민간인들도 일부 피해를 겪었다고는 하나, 피해의 질적·양적 규모에서 비교가 되지 않을 뿐 아니라 전쟁을 일으킨 독일이 가해자임이 분명한 사실인데도 피해자인 폴란드 가톨릭교회가 독일 가톨릭교회에 먼저 용서를 구한 것이다. 폴란드 내부에서는 가톨릭교회의 이런 조치를 엄청나게 비난했다. 편지를 받은 독일 가톨릭교회 역시 어떻게든 폴란드

가톨릭교회에 답신을 보내야 했다. 이러한 가톨릭교회의 서신 교환에 앞서 먼저 고개를 숙인 것은 독일 개신교연합이었다. 이들은 1965년 10월 14일 독일 개신교연합 이름으로 과거사에 대한 진실한 사과와 앞으로의 개선책을 담은 「동방백서」Ostdenkschrift를 발표한다. 대단히 급진적이고 전향적인 내용을 담은 이 문서는 훗날 빌리 브란트 총리의 '동방 정책'의 모태가 되었지만, 당시에는 독일 내부에서 엄청난 비판이 쏟아졌다.

그러나 이 사건을 계기로 폴란드와 독일 두 나라는 서로의 입장을 조금이라도 이해하기 위해 양보하고, 진실한 마음으로 다가가기 위해 노력하기 시작했다. 그와 같은 노력의 결과로 1970년 12월 7일 빌리 브란트 당시 서독 총리가 폴란드 수도 바르샤바의 유대인 위령탑 앞에서 무릎을 꿇고 독일 민족을 대표해 나치의 유대인 학살에 사과하는 모습을 이끌어 낼 수 있었다. 독일 역시 이 사죄를 계기로 전후 독일이 크게 변모했다는 사실을 전 세계에 보여 주었고, 결국 통일에 이를 수 있었다. 이처럼 사과와 용서의 순서는 바뀔 수도 있다. 노벨평화상을 수상한 김대중 대통령이 자신을 죽이려 했던 두 전직 대통령을 사면해 주었던 것 역시 그들의 진실한 사과를 이끌어 내기 위한 것이었다. 그러나 그들은 사과하지 않았다.

⇒　『희생자의식 민족주의』, 임지현 지음, 휴머니스트, 2021

아무도 주목하지 않은 연설

1863년 11월 19일 게티즈버그 연설은 역사상 가장 위대한 연설 중 하나로 손꼽히지만, 당시에는 아무도 주목하지 않았다. "세상 사람들은 우리가 여기서 하는 말에 대해 그다지 주목하지도 않을뿐더러 오랫동안 기억하지도 못하겠지만"이라고 말한 것으로 보아 어쩌면 에이브러햄 링컨(1809~1865) 자신도 이 연설이 후세에 길이 남으리란 사실을 깨닫지 못했던 것 같다.

　　1863년 7월 1일에서 2일까지 펜실베이니아주 게티즈버그에서는 로버트 E. 리 장군이 이끄는 남부연합군과 북부연방군 사이에 치열한 전투가 벌어졌다. 이전까지의 전투에서 북군은 리 장군이 이끄는 북버지니아군에게 연전연패했다. 게티즈버그 전투에서 북군은 마침내 남군의 공세를 막아 낼 수 있었지만 양군 모두 엄청난 손실을 입었다. 이 전투에서 북군은 2만3천여 명이, 남군은 2만8천여 명이 전사했다. 4개월 전 전투에서 목숨을 잃고 묻힌 수만 명의 젊은 이들을 기리기 위해 링컨은 이곳을 새로운 국립묘지로 헌정하기로 했다.

기념식 전날 밤에 도착한 링컨은 사실 그리 대단한 연설가가 아니었으며, 그날은 당시 미국에서 가장 훌륭한 연설가로 평가받던 에드워드 에버렛(1794~1865)이 대통령보다 앞서 추도 연설을 할 계획이었다. 당연히 사람들의 눈길은 명연설가 에버렛에게 쏠렸다. 에버렛이 장장 두 시간의 연설을 마치자, 링컨이 단상에 올라 연설을 시작했다. 모두 272개의 단어로 구성된 링컨의 연설은 채 3분이 못 되어 끝났다. 그 내용은 주로 그곳에 묻힌 젊은이들의 희생이 무엇을 위한 것이었는지, 어떤 의미를 지닌 것인지에 대한 설명이었다. 에버렛은 이튿날 대통령에게 "제가 핵심 주제로 들어가느라 2시간 동안 떠든 것을 대통령께서는 단 2분 만에 해내셨습니다"라는 편지를 썼다.

링컨은 이 자리에서 "인민의, 인민에 의한, 인민을 위한 정부는 결코 지구상에서 사라지지 않을 것입니다"라고 말했다. 게티즈버그 전투는 북군이 승리한 최초의 대규모 전투였으며 이 전투에서 승리한 기세를 몰아 결국 북부연방이 승리할 수 있었다. 그러나 링컨은 승리의 전환점이 된 장소에서 승리에 도취한 모습을 드러내지 않았고, 북군과 남군 병사 모두의 희생에 의미를 부여하여 위로했다. 내전의 상처를 치유하기 위해 정치가가 무엇을 생각하고 말해야 하는지, 링컨의 연설은 잘 보여 준다.

⇒　영화 『링컨』, 스티븐 스필버그 감독, 2012

전쟁범죄

뉘른베르크 전범재판은 패전국의 정치적·군사적 수뇌부들을 '전쟁범죄자'로 규정해, 절차를 통해 법적으로 처벌한 최초의 국제 형사재판이었다. 이 재판은 1945년 11월 20일 독일의 유서 깊은 도시 뉘른베르크에서 처음 개정되었는데 침략 전쟁, 다시 말해 정의롭지 못한 전쟁을 국제법상 범죄로 처음 취급했다는 점에서 그 의미가 깊다. 그러나 재판 당시는 물론이고 그 이후 현재까지도 주권국가의 침략 전쟁을 국제법상 범죄로 취급할 수 있는지에 대한 논란과 쟁점을 제기하기도 했다.

근대적 의미의 주권 개념이 성립하면서 모든 주권국가는 자신의 정치적 목적을 실현하기 위해 방위 전쟁뿐만 아니라 침략 전쟁도 수행할 수 있는 고유한 권리, 즉 전쟁권(전쟁할 수 있는 권리)이 있다고 인정받아 왔다. 다만 전쟁의 무자비함을 제한하고 군인이 아닌 민간인과 포로를 보호할 필요가 있다는 주장이 힘을 얻어 1899년 '헤이그 육전 규칙'이 제정되었다. 1차 세계대전(1914) 이후 새로운 형태의 전쟁을 경험하게 되면서 1928년 8월 27일 파리에서 '켈로그-브리앙 조약'을 체결해 침략 전쟁을 법적으로 제한하기 위한 근거를 마련했지만, 여전히 침략 전쟁과 방위 전쟁을 어떻게 구별하고 개념화할 것인지에 대해서는 합의에 도달하지 못했다. 이러한 상황에서 2차 세계대전이 발발했다.

사실, 전쟁 초기만 하더라도 연합국은 전범재판의 필요성을 그리 진지하게 고민하지 않았다. 개전 초기 서부전선에서 독일군이 포로의 대우에 관한 제네바조약을 비교적 잘 준수했기 때문이다. 그러나 전쟁이 동부 지역으로 확대되면서 독일은 동부전선에서 게르만 민족의 '생존 영역'을 확보한다는 미명 아래 공산주의자와 슬라브 민족 그리고 이 지역에 거주하는 유대인들을 전멸시키려는 이른바 '말살 전쟁'을 수행했다. 1942년부터 독일 점령 지역에서 일어난 전쟁범죄를 처벌해야 한다는 목소리가 커지기 시작했고, 마침내 1945년 8월 전범재판을 개최하기로 결정했다.

이 재판의 개최 장소를 뉘른베르크로 정한 이유는 나치당 전당대회와 악명 높은 인종법이 바로 이곳에서 제정되었기 때문이다. 연합국은 나치독일에 특별한 의미를 지닌 장소에서 나치가 저지른 범행을 재판한다는 상징적인 의미를 부여했다. 이 재판에는 독일 제3제국의 2인자이며 공군 원수였던 헤르만 괴링을 비롯해 23명의 피고인이 전범으로 소환되었다. 전범재판부는 승전국인 영국·미국·프랑스·소련을 대표하는 각각 두 명씩의 법관으로 구성되었고, 재판장은 영국의 제프리 로런스 경이 맡았다. 검찰 역시미·영·프·소의 검찰들로 구성되었는데, 이 중에서 미국의로버트 잭슨 검사가 나치전범들을 소추하는 데 주도적인역할을 하였다.

전범재판은 '평화에 반한 죄, 인도에 반한 죄, 전쟁범죄'의 세 가지 범죄 혐의로 진행되었다. 그러나 피고인들은 물론 법학자들조차 전쟁 기간 중 벌어진 연합국의 전쟁범죄에 대해서는 묻지 않았고, 패전국에 대한 범죄 혐의 또한 법률로서 범죄로 결정한 바 없는 범죄에 대한 처벌이기 때문에 실정법상의 '죄형법정주의'에 위배된다며 어떤 이는 이재판을 '승리자의 재판정'이라고 불렀다.

전범재판 이후 모두 11명의 피고인에게 교수형이 선고되었는데, 형이 집행되기 전에 자살한 괴링을 제외한 나머지에게는 즉각 교수형이 실시되었다. 법의 형식적인 측면에 대한 비판에도 불구하고 뉘른베르크 전범재판은 비교적긍정적인 평가를 받고 있는데, 그 까닭은 이 재판을 통해 나치의 전쟁범죄와 만행이 일반 대중에게 널리 알려졌기 때문이다. 그러나 이후 현재까지도 주권국가의 침략 전쟁에대한 처벌을 어떻게 정의하고 바라볼 것인가 하는 문제와미국과 같은 강대국들(승전국)의 전쟁범죄에 대해서는 국제법상 처벌할 방도가 없다는 점 등이 여전히 논쟁거리로 남아 있다.

2002년 유엔조약에 의해 창설된 국제형사재판소ICC는 대량 학살이나 전쟁범죄 등 개별 국가가 기소할 수 없거나 기소하지 않은 사건을 조사하고 재판하는 역할을 수행한다. 세계 123개국이 국제형사재판소 조약을 비준했지만 미국·중국·인도·러시아는 가입을 거부하고 있다. 또한 미국은 2020년 미군이 아프가니스탄에서 자행한 전쟁범죄 의혹을 수사하려는 국제형사재판소 소속 검사를 블랙리스트에 올려 제재하기로 했다.

⇒   영화 『뉘른베르크의 재판』, 스탠리 크레이머 감독, 1961

○

주민등록증

한국에 사는 성인이라면 누구나 주민등록증을 휴대하고 다녀야 한다고 여기던 시절이 있었다. 신분증을 항상 몸에 지녀야 했던 이유는 거리 도처에서 경찰의 불심 검문이 이루어졌기 때문이다. 오늘날의 주민등록증 제도는 1968년 11월 21일 박정희 대통령 시절 여당이던 공화당이 국회에서 주민등록법 개정안을 의결함으로써 시작되었다.

박정희 정권은 당시까지 사용되던 시·도민증을 없애고 주민등록증으로 대체했다. 주민등록 제도란 전 국민에게 영구번호를 부여하고 18세 이상의 모든 성인 남녀에게 인적사항을 기록하도록 강제하는 제도이다. 1972년 박정희 유신 체제를 맞이하면서 이른바 '쯩'은 강력한 통제 수단이 되었다. 1975년 주민등록법 3차 개정 때는 주민등록증 발급을 의무화하고 경찰이 신분증 제시를 요구하면 언제든지 응하도록 했다. 이때부터는 경찰이 "잠시 검문 있겠습니다"라고 하면 아무 말도 못 하고 지갑 속에서든 핸드백 속에서든 신분증을 꺼내 제시해야 했다.

박정희가 만주국 군관학교에 다니던 시절 만주에서는

국민수장國民手帳이라는 오늘날의 주민등록 제도와 거의 흡사한 제도를 시행했다. 당시 만주 일대의 항일 빨치산 투쟁에 압박을 가하고 주민들의 협력을 막기 위해서였다. 한국전쟁 발발 이후에는 시·도별로 18세 이상 국민에게 시민증과 도민증이 발급되었는데, 이 증서에는 본적과 출생지는 물론 직업·신장·체중·특징·혈액형까지 신체적 특징을 상세하게 수록해야 했다.

박정희 정권은 5·16 쿠데타 직후인 1962년부터 일제강점기에 원활한 전쟁 동원을 위해 만들어진 조선기류령을 모태로 하는 이른바 '기류법'寄留法을 제정했다. 그러다가 같은 해 5월 10일에는 기류법을 폐지하고, 모든 국민에게 기본적인 사항과 주소·본적을 등록시켜 이주시 퇴거 및 전입 신고를 의무화하는 주민등록법을 제정했다. 이 제도는 1968년에 발생한 1·21 사태로 더욱 강화되었다.

북한 민족보위성 정찰국 소속 무장 게릴라들이 청와대를 습격하기 위하여 서울 세검정 고개까지 침투했던 1·21 사태를 계기로 박정희 정권은 주민등록법 개정을 서둘렀다. 표면적으로는 행정의 효율성을 제고하기 위해서라고 했지만, 주민의 동태를 파악하여 남파 간첩 등의 불온분자 색출이 용이하도록 모든 국민에게 주민등록을 강제한 것이었다. 주민등록증의 첫 번째 수령자는 박정희 대통령 내외였다. 주민등록번호는 각각 '110101-100001'과 '110101-

200002'였다. 1970년 2차 개정부터 "치안상 필요한 특별한 경우에 주민등록증을 제시하도록 함으로써 간첩이나 불순 분자를 용이하게 식별, 색출하여 반공 태세를 강화하기 위해"라는 명분으로 주민등록증 발급을 의무화했다. 1975년 3차 개정 때 오늘날처럼 주민등록번호의 일련번호 앞에 각 개인의 생년월일을 넣도록 했다. 1977년 4차 개정에서 주민 등록증을 발급받지 않은 사람에 대한 처벌 규정이 마련되 었고, 신군부가 들어선 1980년 5차 개정 때에 이르러서는 주민등록증을 발급받은 모든 국민에게 주민등록증 소지 의 무를 부과했다.

오늘날 대한민국은 세계적으로 유례를 찾아보기 어려 울 만큼 가장 완벽한 형태의 주민등록제도를 갖춘 나라가 되었다. 특정한 국가의 국민으로 태어났다는 이유만으로 개인이 감시받고 통제되며 관리되어도 되는가? 국가에 자 신을 등록하고, 주거 이주 상황을 항상 신고해야 하며, 열 손 가락의 지문을 채취당해야 하는가? 우리는 질문한 적이 없 다. 태어날 때부터 그런 줄 알았고, 주민등록증이 나오면 어 른이 되었다고 축하하는 나라에서, 어째서 내가 국가의 감 시와 통제의 대상이 되어야 하는지 반문하는 것 자체가 이 상한 사람처럼 보이는 일이 된다.

첨단 디지털 문명 시대, 나를 증명하기 위해 편리하고 효율적이라며 여기저기서 주민등록번호를 요구한다. 그러나 2014년에 발생한 농협·롯데·국민카드 개인정보 유출 사건을 살펴보면 알 수 있듯 온라인에서 주민등록번호를 타인이 도용하거나 임의로 사용하는지 여부를 판별할 수 있는 기술은 없다시피 하다. 지구촌 문명국가 가운데 우리처럼 촘촘한 주민등록 제도를 가진 나라는 거의 없다. 주민등록 제도 자체가 병영 국가의 유산이기 때문이다.

⇒ 『시민종교의 탄생』, 강인철 지음, 성균관대학교출판부, 2019

황우석 신화와『PD수첩』

황우석(1953~) 당시 서울대 수의대 교수는 권위를 인정받는 과학저널『사이언스』지에 2004년 세계 최초로 인간 체세포를 복제한 배아줄기세포를 만들었다고 발표해 주목받기 시작했다. 이듬해에는 환자 맞춤형 배아줄기세포 11종을 추가로 만들었다고 발표했다. 이후 그는 대한민국 과학계의 영웅으로 떠받들어졌고, 난치병 환자들과 가족들의 희망으로 떠올랐다.

그는 "해외에서 더 많은 지원금과 혜택을 주겠다는 제의를 거부하고 국내에 남아서 연구를 계속하겠다"라거나 "과학에는 조국이 없지만 과학자에겐 조국이 있다!"라는 등 대중에 영합하는 발언으로 큰 인기를 모았다. 당시 노무현 정부 역시 별다른 검증 없이 황우석 영웅 만들기에 앞장섰다. 황우석은 이후 미국 피츠버그대학의 제럴드 새튼 교수, 세계 최초로 복제 양을 만든 영국의 이언 윌머트 박사 등과 협력하여 한국을 세계적인 '줄기세포의 허브'로 만들겠다고 발표했다.

2005년 8월 3일 세계 최초의 복제 개 '스너피' 탄생을 발표하면서 그의 명성은 최고조에 달했다. 그런데 11월 12일 피츠버그대학의 새튼 교수가 갑자기 황우석 교수와의 결별을 선언했다. 그로부터 열흘 뒤인 11월 22일 MBC의 탐사보도 프로그램『PD수첩』에서「황우석 신화와 난자 매매 의혹」을 방영했다. 이 방송은 한국뿐만 아니라 전 세계적으로 큰 파문을 불러일으켰다. 방송 이틀 뒤인 24일 황우석 교수는 '인위적 실수'가 있었다며 2005년『사이언스』에 발표한 '환자 맞춤형 줄기세포' 논문에 조작이 있었음을 시인했지만, 원천 기술은 보유하고 있다고 주장했다.

이후 황우석 교수의 말을 믿고 줄기세포의 원천 기술이 실제로 마련돼 있다고 보는 사람들과 그의 과학적 부정행위와 과학 윤리 위반 문제를 비판하는 사람들이 크게 대립했다. 이 사건으로『PD수첩』에 대한 광고가 전면 중단되었다. 12월 12일 서울대학교 조사위원회가 구성되어 황우석 교수의 연구 성과를 면밀히 검토한 뒤 2004년과 2005년의『사이언스』논문은 모두 조작되었으며, 줄기세포를 만들었다는 증거가 없고, 바꿔치기 의혹도 사실이 아니며, 원천 기술이라고 할 만한 기술이 없다고 최종 결론을 내렸다. MBC 『PD수첩』이 제기한 의혹 대부분이 사실로 드러났다.

국가생명윤리심의위원회 조사 결과에 따르면 황우석 교수 팀은 2002년 11월부터 2005년 12월까지 미즈메디병원, 한나산부인과, 한양대병원, 삼성제일병원 등 4개 의료

기관에서 119명의 여성으로부터 139회에 걸쳐 총 2,221개의 난자를 제공받았다. 그 과정에서 난자 기증자들에게 난자 채취 과정의 위험성에 대해 충분히 고지하지 않았다는 사실도 추가로 밝혀졌다. 황우석은 2006년 서울대에서 파면당했지만, 2009년 제11회 장영실 국제과학문화상을 수상했다. 당시 황우석은 법정에 서야 했기 때문에 직접 수상할 수 없었다. 황우석은 서울대의 파면 처분이 과하다며 소송을 제기했지만, 2014년 8월 22일 파기환송심을 통해 파면이 확정되었다. 이후로도 그를 둘러싼 음모론들이 한동안 계속되었다. 황우석 사태가 남긴 교훈으로, 이후 과학 분야에 대한 검증이 보다 철저해졌다.

⇒   『진실, 그것을 믿었다』, 한학수 지음, 사회평론, 2014

그래프 저널리즘과 『라이프』

미국의 잡지왕 헨리 루스(1898~1967)는 중국 산둥성에서 장로교 선교사의 아들로 태어나 1912년 미국으로 건너왔다. 그는 1923년 예일대학교 재학 당시 미국의 주요 신문과 잡지가 해외 뉴스에 거의 관심을 기울이지 않는 것을 보고, 대학 동창 브리턴 헤이든(1898~1929)과 함께 세계 여러 곳의 뉴스를 분야별로 요약하여 논평과 함께 보도하는 『타임』을 창간했다. 창간 5년 만에 흑자를 기록한 루스는 곧이어 격주간 종합경제지 『포춘』(1930)을 창간했다. 그리고 1936년 11월 23일에는 미국의 대표적 사진 잡지 『라이프』를 만들었다.

세계 사진사에서 '사진의 황금기'라고 평가받는 1930년대에는 『라이프』를 비롯한 그래프 저널리즘Graph Journalism 잡지들이 잇따라 창간되었다. 그래프 저널리즘이 성공할 수 있었던 배경에는 인쇄술의 발전이 있었다. 1897년 미국의 스티븐 H. 호건(1854~1941)이 하프톤 제판술을 개발하면서 인쇄 매체에 활자뿐만 아니라 사진도 인쇄할 수 있게 되었다. 이로써 인쇄술은 읽고자 하는 독자뿐 아니라 보고자 하는 대중의 욕구를 만족시킬 수 있었다.

『라이프』의 창간 이전인 1928년을 전후해 독일에서는 『베를리너 일루스트리에르테 자이퉁』이라는 사진 전문 주간지가 발간되었고, 이 잡지를 통해 최초의 스타 사진가라 할 수 있는 에리히 잘로먼(1886~1944)이 주목을 받았다. 프랑스에서도 사진 중심의 화보 잡지 『뷰』Vu가 발간되어 앙드레 케르테츠(1894~1985)가 개성 강한 작품 활동을 이어 갔다. 이처럼 유럽에서 사진 잡지가 큰 성공을 거두는 것을 확인한 헨리 루스는 미국에서도 이런 잡지를 만들면 성공할 수 있으리라 생각했다.

그는 빨간색 바탕에 'LIFE'라는 흰색 제호를 새긴 『라이프』 창간호에서 잡지의 창간 목적을 "삶을 보기 위해, 세계를 보기 위해, 대사건의 증인이 되고, 가난한 사람과 득의만면한 사람의 행동을 보기 위해, 진기한 것, 기계, 군대, 군중, 정글과 달의 표면을 보기 위해, 인간이 만들어 낸 그림, 탑 그리고 발견을 보기 위해, 수천 킬로미터 떨어진 먼 곳의 일들, 벽 뒤의 방 안에 숨겨진 일들, 가까이 접근하면 위험할 수 있는 것, 사랑받는 사람들, 또 수많은 어린이들을 보기 위해, 보고 놀라기 위해, 보고 지식을 얻기 위해"라고 밝혔다. 그 말처럼 잡지 『라이프』는 보고자 하는 사람들에게 보여주는 일에 충실했다. 정가 10센트에 팔렸던 창간호는 초판 38만 부가 하루 만에 모두 판매돼 추가 인쇄를 해야 했다. 이후 제8호에 이르러서는 창간호의 두 배인 76만 부를 발행했다.

『라이프』 창간호 표지는 당시 뉴딜 정책의 일환으로 건설 중이던 미국 몬태나주의 포트펙댐 사진이 장식했는데, 이 사진을 촬영한 사람은 마거릿 버크화이트(1906~1971)였다. 『라이프』는 포토 스토리를 통해 그래프 저널리즘의 특성을 더욱 강화하고 확장시켰고, 때마침 벌어진 2차 세계대전은 전쟁의 참상을 직접 보고 싶어 했던 독자들을 『라이프』 잡지 앞으로 끌어들였다. 마거릿 버크화이트를 비롯해 알프레드 아이젠슈타트, 유진 스미드, 로버트 카파 등은 『라이프』의 전성기를 함께한, 『라이프』가 만든 그래프 저널리즘의 스타들이었다. 『라이프』는 1970년 850만 부라는 경이로운 발행 부수를 기록하며 최전성기를 누렸지만, TV의 등장으로 경영난에 빠지면서 2000년 5월호를 끝으로 폐간되었다.

⇒   영화 『월터의 상상은 현실이 된다』, 벤 스틸러 감독, 2013

할리우드 텐

2차 세계대전 직후 미국은 매카시즘 광풍에 휩싸였다. 하원 반미활동조사위원회HUAC는 냉전이 본격화되기 전이던 1947년부터 할리우드로 눈길을 돌렸다. 이들이 영화인을 겨냥한 것은 선전 효과 때문이었다. 당시 할리우드는 화려함 이면의 가혹한 노동조건 때문에 영화 제작자와 영화를 지휘하는 감독, 대본 작가 등 노동자들 사이에 감정적으로 깊은 골이 팬 상태였다.

1947년 11월 24일과 25일 양일에 걸쳐 뉴욕의 월도프 아스토리아 호텔에서 미국영화협회MPAA 회의가 열렸다. 이 자리에는 워너브라더스의 잭 워너, MGM영화사의 루이스 B. 메이어 등이 참석했다. 반미활동조사위원회는 사석에서 나눈 대화를 근거로 19명의 영화인을 소환했다. 이들 대부분은 1930년대부터 할리우드에서 노동조합을 만들고자 했던 사람들이었다. 달턴 트럼보(1905~1976), 존 하워드 로슨, 에이드리언 스콧, 에드워드 드미트리, 링 라드너 주니어, 레스터 콜 등 증언대에 선 사람들은 "당신은 한때 공산당원이었거나 현재 공산당원입니까?" "당신은 공산당원인 사람을 현재 알거나 과거에 알고 지냈습니까?"라는 질문을 받았다. 달턴 트럼보는 당시 할리우드에서 가장 몸값 높은 시나리오 작가였다. 그는 의회 청문회에서 공산당원 친구의 이름을 대라는 요구에 수정헌법 제1조가 보장한 언론의 자유를 들어 답변을 거부했다. 친구를 고발하지 않았기 때문에 이른바 '할리우드 텐'Hollywood 10으로 지목된 열 사람은 국회모욕죄로 1년간 투옥되었다.

미국영화협회는 이들 열 명을 영화계에서 영구히 추방한다는 내용의 악명 높은 '월도프 선언'Waldorf Statement을 채택했다. "우리는 아무 보상 없이 그들을 해고 내지 정직시킬 것이며, 무죄가 입증되거나 자신이 공산주의자가 아니라고 맹세하기 전까지는 그들을 절대로 재고용하지 않겠다." 감옥에서 출감한 뒤에도 그들에게는 직업이 없었다.

트럼보는 B급 영화를 제작하는 킹브라더스에서 헐값에 시나리오를 써 주는 일로 먹고살았고, 집필한 시나리오를 블랙리스트에 오르지 않은 동료의 이름으로 팔아야만 했다. 이때 그가 자신의 이름을 숨기고 집필한 시나리오가 영화 『로마의 휴일』, 『더 브레이브 원』 등이다. 그는 커크 더글러스가 제작한 『스파르타커스』(1960) 이후에서야 비로소 자기 이름을 영화 크레디트에 올릴 수 있었다. 할리우드 텐 이후 10여 년에 걸쳐 영화계의 블랙리스트는 늘어만 갔고, 한국전쟁이 한창이던 1951년엔 더 많은 사람들이 고발당했다. 공산당이나 좌익으로 의심받은 사람들 중에는 동료들을 고발한 사람도 있었다. 『에덴의 동쪽』, 『워터프론트』 같은 영화를 만든 감독 엘리아 카잔이 그랬다. 1999년 아카데미 영화제에서 평생공로상을 수상하던 카잔 감독에게 동료와 후배들은 축하 대신 야유를 보냈다.

훗날 미국 대통령이 된 로널드 레이건은 당시 배우조합 회장이었지만, 제작자들 편에 서서 "영화 산업에서 공산주의의 위협이 심각한 수준"이라고 주장했다. 월트 디즈니, 감독 샘 우드, 리오 매케리, 배우 존 웨인, 게리 쿠퍼, 로버트 테일러 등이 이에 편승했다. 그러나 존 휴스턴, 윌리엄 와일러, 오손 웰스 같은 감독들과 그레고리 펙, 험프리 보가트, 로렌 바콜, 캐서린 헵번, 헨리 폰다, 프랭크 시나트라, 진 켈리 같은 배우들은 매카시즘을 비판하며 표현의 자유를 옹호했다. 당시 할리우드 영화 제작 현장에서 가장 보수적인 마초이자 가부장적인 권위로 이른바 '빅 대디'Big Daddy라 불렸던 존 포드(1894~1973) 감독에게도 그의 영화 제작 스태프들 가운데 블랙리스트에 오른 사람을 내쫓고 의심스러운 사람들을 고발하라는 압력이 들어왔다. 그때마다 존 포드 감독은 이렇게 말했다고 한다. "개소리들 하지 마!"

⇒　영화 『트럼보』, 제이 로치 감독, 2015

미라발의 네 딸

20세기 최악의 독재자 중 한 명으로 손꼽히는 라파엘 트루히요(1891~1961)는 1930년부터 1961년까지 도미니카공화국을 남아메리카 대륙에서 가장 억압적인 독재국가로 만들었다. 이 기간에 수천 명이 독재 치하에서 목숨을 잃거나 투옥되어 고문당했다. 생존자 가운데 상당수는 평생 불구의 몸이 되거나 지울 수 없는 상처를 지닌 채 정신적 장애로 고통을 겪었다. 트루히요는 쿠바의 마차도·바티스타, 아이티의 뒤발리에, 베네수엘라의 페레스 히메네스, 니카라과의 소모사 등 남아메리카 지역의 다른 독재자들과 긴밀한 관계를 만드는 한편 스페인의 프란시스코 프랑코 등과도 연계를 맺어 정치적 망명자들의 목숨을 노렸다.

트루히요가 펼친 국가적 테러 정책은 종종 국경을 너머 해외에서도 자행되었다. 그는 베네수엘라의 로물로 베탕코르트(1908~1981) 대통령 암살 미수 사건(1960)과 뉴욕에서 일어난 스페인인 헤수스 데 갈린데스(1915~1956) 유괴 및 실종 사건, 스페인 작가 호세 알모이나(1903~1960) 살해 사건 그리고 미국인·쿠바인·코스타리카인·니카라과인·

푸에르토리코인 등에 대해 저지른 범죄와 관련이 있다. 트루히요가 저지른 가장 극악한 범죄 중 하나는 도미니카공화국 거주 아이티인 집단학살이었다. 그가 직접 명령한 이 학살로 1만 명 이상이 목숨을 잃었다.

억압이 있는 곳에 저항도 있는 법, 라파엘 트루히요 정권의 독재와 억압에 맞서 싸운 사람들이 있었다. 그중에서 가장 유명한 사람들은 '나비들'이란 별명으로 불린 미라발 자매Mirabal Sisters이다. 미라발 가문에는 딸이 넷이었는데 그중 파트리아, 미네르바, 마리아 테레사는 트루히요에 반대하는 비밀 조직에서 활동했다. 미라발 자매의 아버지는 도미니카공화국의 중부 지역 치바오에서 농장을 경영하는 성공한 농장주이자 무역상이었지만, 집 안에 트루히요의 사진을 걸어 두지 않았기 때문에 주변에서는 그를 정권에 반대하는 사람이라고 생각했다. 그는 딸들을 모두 인근의 가톨릭 기숙학교에서 교육시켰고, 대학에 진학시켜 엘리트로 키웠다. 이들은 사회에 나와 공공연하게 트루히요에 저항했다.

트루히요는 "내게는 커다란 두 명의 적이 있는데, 하나는 교회이고, 다른 하나는 미라발 자매들이다"라고 말하곤 했다. 미라발 자매의 장녀 파트리아는 선언했다. "우리는 우리 아이들이 이 부패하고 폭압적인 정권에서 자라는 것을 용납할 수 없다. 우리는 이에 맞서 싸워야 한다. 그리고 나는 필요하다면 모든 것을, 심지어 내 삶까지도 포기할 용의가 있다." 셋째 딸 미네르바는 도미니카공화국에서 로스쿨을 졸업한 최초의 여성이자 대학을 수석으로 졸업한 인재였지만, 한 파티에서 트루히요의 성적 유혹을 거부하여 미움을 샀다. 결국 미네르바의 졸업장은 취소되었고, 변호사 자격증도 받을 수 없었다. 세 자매 중에서도 미네르바는 가장 격렬한 트루히요 반대자로 여러 차례 체포되었지만 그 의지를 꺾지 않았다. 마리아 테레사는 미라발의 네 딸들 중 막내였고, 언니 미네르바를 존경했다. 산토도밍고대학을 졸업한 그 역시 트루히요 정권에 반대하는 비밀 조직에 합류했다. 이들이 조직에서 사용하던 가명은 스페인어로 나비를 뜻하는 '마리포사'Mariposa였다. 이들은 1950년대 내내 그들의 남편과 함께 잡혀가고 두드려 맞으며 고문당해도 그 뜻을 꺾지 않았고, 이들의 저항에 용기를 얻은 사람들의 목소리는 점점 커져 갔다.

1960년 11월 25일 마침내 트루히요는 비밀경찰을 보내 감옥에 갇힌 남편들을 면회하고 돌아오는 자매들을 사탕수수밭으로 끌고 가 곤봉으로 때려죽인 뒤 교통사고로 위장했다. 세 자매의 죽음은 도미니카 민중의 분노를 끓어오르게 만들었고, 독재 정권에 의해 무참하게 살해당한 미라발의 세 자매는 압제와 성폭력에 대한 투쟁의 상징이 되었다. 민심을 잃은 독재자 트루히요는 이들 자매를 살해한 지 6개월 만에 암살당한다. 홀로 살아남은 둘째 아델라는 자매들과 달리 정치 활동에 일절 가담하지 않았지만, 살해당한 자매들의 아이들을 키우고 이들을 기리는 재단을 만들었다. 1981년 남미의 여성 활동가들은 이 세 자매가 살해당한 11월 25일을 추모의 날로 지정했고, 유엔은 이날을 '세계 여성폭력 추방의 날'로 제정했다.

⇒　영화 『도미니카의 붉은 장미』, 마리아노 바로소 감독, 2001

뭄바이 테러

인도는 1947년 영국의 식민 지배에서 벗어났다. 독립의 환희와 열광이 인도 전역을 뒤덮은 것도 잠시, 실제 인도 땅에서는 민족과 국가가 분리되며 광란의 살육이 벌어졌다. 새로운 독립국가가 종교를 기준으로 세워지면서 수많은 주민이 오랜 세월 뿌리내리고 살아가던 땅에서 본인의 의지와 무관하게 인도에서 파키스탄으로, 파키스탄에서 인도로 모든 것을 잃고 이주해야 했다. 그 과정에서 무려 1200만 명이 집과 재산을 잃었고, 수많은 사람이 총과 칼, 낫으로 살해당했다. 여성과 어린이 들이 산 채로 불태워졌고, 강간당한 여성은 이루 헤아릴 수 없었다. 더욱 처참한 것은 여성을 강간하는 일이 다른 종교를 가진 이들에 의해서만 이루어지지 않았다는 사실이다. 건국 과정에서 이처럼 엄청난 참사가 발생했음에도 그로부터 수십 년의 세월이 흐르는 동안 비극을 치유하려는 노력은 거의 없다시피 했다. 양국이 서로 피해자임을 자처하는 동안 상처를 치유하기 위한 공존과 화해의 기회는 오지 않았다.

2008년 11월 26일 밤 9시 30분, 인도 뭄바이의 철도역

플랫폼에서 젊은 남자 두 명이 자동 소총과 수류탄을 꺼내 들었다. 플랫폼에는 기차를 기다리던 승객들이 있었다. 두 젊은이는 승객들을 향해 소총을 무차별 난사했고, 사람들이 비명을 지르며 도망치고 피를 흘리며 쓰러지는 아수라장이 펼쳐졌다. 같은 시각 10명의 테러리스트가 두 명씩 5개 조로 나뉘어 뭄바이 시내의 최고급 호텔인 타지마할호텔과 오베로이호텔, 카페, 기차역, 경찰서, 병원, 유대인 거주지 등 10여 곳을 습격했다. 인도 국가안보경호국NSG 산하 특수부대의 '검은 폭풍 작전'Operation Black Tornado에 의해 29일 진압될 때까지, 3박 4일간 자동 화기와 수류탄을 사용해 적어도 188명을 죽이고 293명에게 부상을 입히는 최악의 테러가 이어졌다. 이들이 소지한 탄약과 폭탄은 약 5천 명을 살해할 수 있는 분량이었다.

이처럼 참혹한 테러가 뭄바이에서 발생한 이유는 무엇일까? 테러범 9명이 현장에서 사살되고 당시 스물한 살이던 파키스탄 출신의 아지말 모하메드 아미르 카사브가 생포되었다. 그는 '경건한 자들의 군대'라는 뜻의 이슬람 테러 조직 '라슈카에 타이바' 소속으로 알려졌다. 사건 직후 인도의 싱 총리는 파키스탄에 강하게 책임을 물었고, 파키스탄 역시 이에 반발해 탈레반 진압 임무를 맡고 있던 병력 중 10만 명을 인도 접경 지대로 이동시키는 등 양국 관계가 크게 긴장되었다. 2005년 이후 인도 전역에서 테러로 희생된

800여 명 가운데 335명의 희생자가 뭄바이와 그 인근 지역에서 발생했다. 뭄바이가 대형 테러의 배경이 되는 데는 힌두교와 이슬람교의 오랜 종교 갈등이 그 원인으로 손꼽힌다. 치유하지 못한 상처는 이후로도 계속 덧나, 극단주의 힌두교도들이 무슬림 사원을 파괴하자 무슬림의 보복 공격이 자행되었다. 이후 힌두교도와 무슬림은 자주 충돌했다. 라슈카에 타이바가 무차별 테러에 나선 데에는 카슈미르 지역에서 벌어진 힌두교도의 이슬람교도 탄압이 직접적인 계기가 된 것으로 알려졌다.

오늘날 전 세계는 경제적 불평등과 힘의 불균형 상태에 놓여 있다. 군사적 강대국과 경제적 선진국은 조직화된 국가 폭력 시스템을 갖추고 있지만, 국가에서 배제되어 국가에 저항하는 '새로운 적'들은 전통적인 군사 무기나 전략조차 갖출 수 없다. 국가의 '새로운 적'들이 불균형·불평등한 세계를 향해 벌이는 불균형·불평등 전쟁이 무차별 테러이다. 이들을 선악의 이분법을 통해 악으로 규정하고 '테러와의 전쟁'을 벌이는 것만으로 테러의 악순환을 끊어 낼 수 있을까? 과거의 역사와 현실의 상처를 치유하지 못하고, 대화와 공존을 위한 화해를 이루지 못한다면 악무한의 지옥도는 사라지지 않을 것이다.

⇒　영화 『호텔 뭄바이』, 앤서니 마라스 감독, 2018

4전 5기

프로복싱은 1966년 6월 25일 김기수(1939~1997) 선수가 한국 프로복싱 사상 최초로 세계복싱협회WBA 주니어 미들급 챔피언이 된 이래 1970년대 한국이 세계 정상을 노릴 수 있는 거의 유일한 스포츠였다. 한국의 프로복싱 역사상 가장 위대한 선수는 아닐지 몰라도 박정희 유신 시대를 상징하는 최고의 선수는 누가 뭐래도 복싱에서 4전 5기의 신화를 쓴 홍수환일 것이다.

홍수환은 한국전쟁이 발발하기 한 달 전인 1950년 5월 26일 서울 종로구 내수동에서 4남 3녀 중 둘째로 태어났다. 어려서 권투를 좋아하던 아버지를 따라 복싱 경기장을 자주 찾았던 그는 고2 때부터 본격적으로 권투를 시작했다. 학생선수권대회를 비롯해 여러 아마추어복싱대회에 출전했지만 1승도 거두지 못했다. 모친은 평소 아들이 권투 선수로 활동하는 것을 못마땅하게 여겼지만 연속으로 패하는 아들에게 "수환아! 한 번은 이기고 그만둬라"라고 위로했다고 한다. 1969년 프로복싱에 데뷔한 그는 군 입대 후 수도경비사령부 복싱 팀에서 계속 선수 생활을 이어 갔다.

1974년 군복무 중이던 그에게 행운이 찾아왔다. 당시 WBA 밴텀급 세계 챔피언 아널드 테일러로부터 1차 방어전 상대로 지목당한 것이다. 그 시절은 일반인도 함부로 해외 여행을 할 수 없던 시절이었다. 홍수환은 권투 팬이던 대통령 박정희의 특별 배려로 군인 신분임에도 해외 시합에 도전자로 출전할 수 있었다.

도쿄와 스리랑카를 거쳐, 남아프리카공화국 더반에 이르기까지 비행기를 여섯 차례나 갈아타는 강행군이었지만, 그는 챔피언을 강하게 몰아붙인 끝에 챔피언 타이틀을 획득했다. 위성을 이용한 실시간 중계는 꿈도 꿀 수 없던 당시 상황에서 경기가 끝나고 세 시간이 흐른 뒤에야 국내 시청자들은 챔피언 타이틀을 획득한 홍수환이 어머니에게 "엄마, 나 챔피언 먹었어!" "그래, 수환아, 대한국민 만세다!"라고 외치는 모습을 볼 수 있었다. 어머니와 함께 "대한국민 만세!"를 외친 홍수환은 김포공항에 도착한 뒤 카퍼레이드를 벌이는 등 국빈급 환영을 받았다. 박정희 대통령은 그에게 금일봉(200만 원)을 하사했는데, 서울 사대문 안의 한옥 두 채를 살 수 있는 돈이었다.

그러나 1975년 2차 방어에 실패한 홍수환은 귀국하자마자 영창 신세를 졌고, 유격훈련까지 받아야 했다. 이후 경기마다 잇따라 패배하며 전성기가 지났다고 여겨지던 그에게 두 번째 기회가 찾아왔다. WBA에서 주니어 페더급을 신설하면서 초대 챔피언 타이틀 결정전을 치를 수 있는 기회가 온 것이다. 그의 상대는 11전 11승(11 KO)을 거둬 '지옥에서 온 악마'라는 별명이 붙은 당시 17세의 파나마 선수 헥토르 카라스키야였다. 신장과 팔 길이, 연령 등 모든 면에서 홍수환보다 우월한 조건이었다. 카라스키야는 독립기념일을 앞둔 홈그라운드 파나마로 그를 불러들였다. 홍수환은 자칫하면 파나마 독립기념일 축제의 희생양이 될 운명이었다.

그 무렵 한국의 상황은 최악이었다. 유신 시대가 종반으로 달려가던 1977년 11월 11일 이리역 폭발 사고가 일어나 사망자 59명, 부상자 1,343명, 7천여 명의 이재민이 발생했다. 11월 16일에는 장성탄광 화재 사고로 12명이 사망하고 220명이 부상당했다. 홍수환의 경기가 치러지기 직전이던 11월 19일 푸에르토리코 산후앙에서 벌어진 WBA 주니어 라이트급 세계 타이틀 매치에서 도전자 김태호는 초반에 다운을 빼앗고도 챔피언 사무엘 세라노에게 막판 역전패를 당하고 말았다. 만약 홍수환마저 실패한다면 국민 사기가 바닥을 칠 것이 뻔했다. 이런 분위기 속에서 TBC방송은 이 경기를 생중계할 것인가 말 것인가 여부를 두고 고민에 빠졌지만, 스포츠국장 김재길은 "지면 내가 그만둔다"라며 사표를 써 놓고 현지 생중계를 강행했다고 한다.

1977년 11월 27일(현지시각 11월 26일 밤), 뉴파나마 체육관에서 치러진 결정전에서 홍수환은 2회에 네 차례나 다운을 당했다. 국내 시청자들 중 대다수가 더 이상 볼 필요 없다며 채널을 돌리거나 TV를 껐다. 그러나 3라운드에 기적이 일어났다. 오뚜기처럼 일어난 홍수환은 카라스키야에게 원투 적시타를 꽂아 넣었고, 휘청대는 그에게 어퍼컷과 왼손 보디블로를 작렬시키며 KO승을 거뒀다. 한국 프로복싱 역사상 가장 극적인 타이틀 매치였다.

⇒ 『스포츠 키드의 추억』, 신윤동욱 지음, 개마고원, 2007

사진 신부

조선과 국경을 맞대고 있던 청은 조선인이 자주 국경을 넘는, 범월犯越의 죄를 저지른다 하여 조선에 강한 처벌을 요구했고, 조선은 이들을 체포하여 국경 근방에 효수하는 등 봉금책을 시행했다. 그러나 생활난으로 인한 근본적인 문제가 해결되지 않았기 때문에 양국의 엄금 정책에도 불구하고 월경자가 줄지 않았다. 이에 '백두산정계비'를 세워 양국의 경계를 새롭게 했다. 근대적 형태의 이민은 대한제국이 수립되고 1902년 이민 및 해외여행 사무 전담 기구인 수민원綏民院이 설치되면서 시작되었다. 1901년을 전후해 관서지방에 가뭄과 홍수, 전염병 등이 창궐했고, 많은 사람들이 일거리와 먹을 것을 찾아 경성·제물포·원산 등 국내의 대도시는 물론이고 만주와 시베리아 등지로 유랑하거나 월경하는 일이 잦아졌다. 이 무렵 주한 미국 전권공사 앨런은 고종의 승낙을 받아 하와이 이민을 모집하기 시작했다.

설탕 수요가 급증하면서 하와이 사탕수수 플랜테이션은 부족한 노동력을 충당하기 위해 1850년대부터 중국과 일본의 이민을 받아들였다. 하와이 이민은 국내의 생활난과 하와이의 인력난이 겹치면서 시작되었다. 1903년 1월 102명의 조선인이 최초로 하와이 땅을 밟았고, 이들을 시작으로 1905년까지 7천 명 넘는 조선의 청년들이 하와이로 삶의 터전을 옮겼다. 언어와 문화, 생활 관습의 차이는 둘째고 하루 열 시간이 넘는 가혹한 노동과 저임금에 시달리며 현지에 뿌리내리기 위해 노력한 청년들은 어느덧 결혼 적령기를 훌쩍 넘긴 노총각이 되었다.

사진 신부Picture Bride란 하와이나 멕시코로 이민 간 한국 청년들이 조선에 있는 여성과 결혼하기 위해 보낸 사진만 보고 상대를 골라 미주 지역으로 결혼 이민을 떠났던 신부를 말한다. 사진 신부 제1호는 당시 23세의 최사라로, 1910년 11월 28일 호놀룰루에 도착해 하와이국민회 총회장이던 38세의 이내수와 결혼했다. 당시 사진 신랑 대부분이 청년 시절 사진을 보냈는데, 사진 신부들은 이런 사실을 알지 못한 채 (또는 속아서) 1924년 '동양인배척법'이 통과될 때까지 1천여 명이 태평양을 건넜다. 이들은 낮에는 사탕수수밭에서 일하고 밤에는 품앗이 세탁을 하는 등 경제적 자립을 위해 노력하는 한편 자녀 교육에 온 힘을 쏟았고, 여성단체를 조직해 독립 기금을 마련했다.

⇒ 『100년을 울린 겔릭호의 고동소리』, 성석제·오정희·은희경·손석춘 지음, 현실문화, 2007

아랍의 잔다르크

1969년 8월 29일 101명의 승객과 12명의 승무원이 탑승한 TWA항공 840편 보잉707 여객기 기내에 갑자기 젊은 여성의 목소리가 들려왔다. "우리는 팔레스타인 인민해방전선 대원이다. 우리에겐 이 비행기를 폭파시킬 능력이 있다." 이튿날 새벽 0시 30분, 이들이 납치한 비행기는 다마스쿠스 공항에 착륙했다. 사람들이 내리자마자 조종실에서 시한폭탄이 터졌다. 다행히 기장 카터는 무사히 풀려났는데, 그는 이번 납치의 주범이 젊은 여성이라고 밝혔다. 그 여성이 당시 24세의 라일라 할레드(1944~)이다.

라일라 할레드는 1944년 팔레스타인 하이파에서 태어났지만, 1948년 이스라엘이 건국하면서 시온주의자들의 테러로 생명의 위협을 느낀 부모를 따라 타국으로 망명했다. 라일라가 세계인의 주목을 받게 된 건 테러, 그것도 항공기 납치 사건에 참여한 최초의 여성이었기 때문이다. 이 사건 얼마 뒤 열린 기자회견에서 한 기자가 그에게 애인이 있느냐고 물었다. 라일라는 정색하며 단호한 어조로 "나는 혁명과 결혼했습니다"라고 답했다.

라일라는 다시 한 번 납치 테러에 가담했다가 체포되었으나 1970년 10월 1일 인질 교환으로 풀려났다. 사건 이후 라일라는 모사드의 암살 위협을 피해 잠적했다. 위험은 늘 가까이 있었다. 한번은 숙소에서 슬리퍼를 찾으려 침대 밑을 뒤지다가 폭탄을 발견했는데, 그 폭탄은 침대에 걸터앉는 순간 폭발하도록 되어 있었다. 그 대신 다른 희생자가 발생했다. 1976년 약혼자와 함께 라일라를 방문한 여동생이 라일라로 오인되어 총격을 받고 살해당했다. 라일라는 1980년부터 테러에서 손을 뗐고, 1982년 결혼해 두 아들을 낳았다. 현재는 요르단 암만에 거주하며 팔레스타인 문제를 평화적으로 해결하기 위해 노력하고 있다.

그러나 영국과 이탈리아 등 몇몇 나라에서는 여전히 라일라의 입국을 거부하고 있다. 사진가 에디 애덤스가 촬영한 AK-47 소총을 든 그의 이미지는 '체 게바라'에 버금가는 저항의 아이콘이 되었다. 2018년 11월 29일 남아공의 요하네스버그 시의회는 투표를 통해 미국 영사관이 있는 거리 이름을 '라일라 할레드 가'로 변경했다.

⇒ 『아! 팔레스타인 1·2』, 원혜진 지음, 팔레스타인평화연대 감수, 여우고개, 2013

서북청년회

서북청년회 회원들 대부분은 북한에서 '반동분자'로 낙인 찍혔거나 다양한 이유로 북한 체제에서 생존하기 어려워 월남한 청년·학생이었다. 북한 체제가 수립되는 과정에서 하루 수백에서 수천 명에 이르는 청년들이 월남했다. 이들은 월남했다는 이유만으로 북한에서는 '반동분자'가 되었고, 남한에서는 '애국자'가 되었다.

재산도 사회적 기반도 없이 월남해야 했던 이들을 가리켜 '값없고 보람 없는 하찮은 목숨'이라는 뜻의 '따라지'를 붙여 '삼팔따라지'라고 불렀다. 이들은 자신들의 입지를 강화하고 더 강력한 세력이 되기 위해 분리되어 있던 각 지역별 청년단체를 하나로 통합했다. 1946년 11월 30일 종로 YMCA 대강당에서 대한혁신청년회(주로 함경남도), 함북청년회, 황해청년부, 북선청년회, 양호단(함경남도), 평안청년회 등에서 활동하던 월남 청년들이 기존의 조직을 해체하고 연합한 조직이 서북청년회였다.

관서·해서·관북 지방에서 '서'와 '북'을 따와 서북청년회로 명명한 이들은 '조국의 완전한 자주 독립 전취, 균등 사회 건설, 세계 평화에 공헌' 등의 강령을 만들고 120명의 중앙집행위원을 선출했다. 김구와 이승만을 비롯한 민족 진영은 이들을 적극적으로 지지했다. 서북청년회의 역사적 뿌리는 이 지역의 대표적인 기독교 민족주의자인 안창호·이승훈·조만식 등과 평양의 대성학교, 정주 오산학교, 평양 숭실학교 등 민족의식을 고취했던 기독교 문화에 있었다. 서북청년회 위원장 선우기성은 평안북도 정주 출신으로, 월남해 영락교회를 설립한 한경직 목사와 지역적·종교적으로 밀접한 관계였다.

전국에 지부를 결성한 서북청년회는 군대와 경찰이 나서기 어려운 정치 문제에 깊이 개입했다. 대표적인 것이 제주 4·3 항쟁 진압이었다. 1948년 11월 중순 계엄령 선포 이후부터 1949년 3월까지 4개월간 제주에서는 상상하기 어려울 정도로 잔인한 학살과 방화가 자행되었고, 그 결과 제주 사람들은 오늘날까지도 이들을 '악몽의 그림자'로 기억한다. 한경직 목사는 "그때 공산당이 많아서 지방도 혼란하지 않았갔시오. 그때 '서북청년회'라고 우리 영락교회 청년들이 중심되어 조직을 했시오. 그 청년들이 제주도 반란 사건을 평정하기도 하고 그랬시오. 그러니까니 우리 영락교회 청년들이 미움도 많이 사게 됐지요"라고 술회한 바 있다. 당시 영락교회 청년들이 서북청년회를 주도했기 때문에 영락교회가 사무실처럼 이용되었다.

서북청년회는 이외에도 여러 문제에 개입했는데, 1946년 7월 '국립대학 설립 반대운동'이 일어나자 이들을 좌파라고 규정한 서북청년회는 학생 6천여 명을 각 학교로 편입시켜 학내 이념 투쟁에 나서는 한편 노조 파괴 활동에 앞장섰다. 서울 영등포 경성방직 공장, 양평동 고무 공장, 인천 동양방직 공장, 조선화학비료 공장, 조선기계 공장, 조선제마 공장, 조선차량 공장, 조선알미늄 공장, 노다장유野田醬油 공장 등에서 좌익이 결성한 조선노동조합전국평의회(전평)에 맞서 대한노동총연맹을 조직해 전평 파괴 활동의 전위대 역할을 했다.

이들 중 일부는 미군 방첩대의 지원을 받아 북한에서 파괴 공작에 참여했고, 조선경비대(훗날 국군)에도 많은 수가 입대했다. 1947년 조선경비사관학교(육사) 5기생 가운데 서북 출신이 3분의 2를 차지했고, 이후 1948년에 입교한 8기생 가운데에도 서북 출신이 많았다. 육사 5기와 8기는 훗날 5·16 군사정변의 주역이 되었다. 서북청년회는 대동청년단을 중심으로 전국적인 청년 조직 창단이 추진되면서 이 단체에 합류할 것인가 말 것인가 여부를 놓고 합동파와 반대파로 분열돼 심각한 내홍을 겪었다. 합동파는 1948년 9월 대동청년단에 흡수 통합되었고, 반대파 역시 1년 뒤인 1949년 12월 이승만이 결성한 대한청년단에 대동청년단과 함께 흡수되면서 자연스럽게 해체되었다.

이승만은 정치적으로 서북청년회를 이용했지만, 이들을 결코 신뢰하지는 않았다. 한국전쟁 시기 서북청년회의 부활을 강력하게 주장하던 김성주는 유엔군에 의해 평안남도 도지사로 발령되었는데, 그는 훗날 반공포로 석방을 비난하며 이승만 정권에 반기를 들었다가 군사재판에서 징역 7년형을 선고받았다. 그 뒤 민간법원에서 개정 조치 처분을 받고 무죄가 확정될 무렵 원용덕 육군 중장의 자택에 끌려가 살해되었다. 당시 서북청년회 계열은 김성주의 무죄를 주장하며 서명운동을 벌였는데, 이것이 빌미가 되어 탄압을 받고 완전히 해체되었다. 과연 이들은 완전히 사라진 것일까?

⇒　『한국전쟁과 기독교』, 윤정란 지음, 한울, 2015

12월 ○ *December*

12월은 1년의 마지막 달이다. 고대인들은 1년 동안 태양이 지나는 길을 관찰해 천구상에서 황도를 춘분점부터 30도 간격으로 12등분했다. 이는 고대 근동 지방의 신화에 영향을 주어 12는 점성술의 기본 단위가 되었고, 각 영역마다 양자리·황소자리·쌍둥이자리 등 별자리 12개를 대응시켜 1년을 열두 달로 나누었다. 천문학에서는 이를 '황도 12궁'이라 부른다. 고대 근동(메소포타미아) 신화는 그리스 신화에 깊은 영향을 주어 올림푸스의 주요 신 또한 12명, 이스라엘 부족도 12개 지파를 이루며, 예수의 제자도 12명이다. 체로키족은 12월을 '다른 세상의 달'이라 불렀고, 수우족은 '나뭇가지가 뚝뚝 부러지는 달'이라 했다.

로자 파크스

1955년 12월 1일, 앨라배마주 몽고메리에 살던 흑인 여성 재봉사 로자 파크스(1913~2005)는 퇴근 버스를 기다리고 있었다. 그는 몽고메리 페어 백화점의 남성복 수선 재봉사이자 전미흑인지위향상협회NAACP의 활동가였다. 버스가 도착하자 그는 요금을 지불하고 버스 뒤편에 지정된 '흑인석'에 앉았다. 몇 곳의 정류장을 지나며 승객이 늘어나자 운전기사 제임스 블레이크가 흑인석에 앉은 승객들에게 백인 승객을 위해 자리를 비키라고 명령했다.

당시 앨라배마주 법률은 '인종분리법'에 따라 대중교통 내 흑백 분리를 명시하고, 백인석이 만석일 경우엔 흑인석도 백인에게 내주도록 하고 있었다. 처음엔 아무도 자리에서 일어나지 않았지만, 운전기사가 다시 한 번 강압적인 어조로 말하자 몇 명이 자리에서 일어났다.

로자 파크스는 일어나지 않았다. 운전기사는 그에게 다가와 "당장 자리에서 일어나지 않으면 경찰을 부르겠다"라고 협박했다. 그는 고개를 가로저으며 다시 한 번 싫다고 답했다. 경찰이 어째서 자리를 양보하지 않았느냐고 묻자 그는 요금을 치르고 정당하게 승차한 것이기에 일어설 필요가 없다고 답했다. 잠시 후 로자는 경찰에게 체포되어 강제로 끌려 나왔고, 5일 뒤 법원은 벌금 10달러와 소송 비용 4달러를 내라고 선고했다. 로자 파크스가 부당한 인종분리법으로 체포되어 유죄 판결을 받은 사건은 1960년대 미국 전역으로 번진 흑인 민권운동의 도화선이 되었다.

그가 기소된 뒤 4만여 명의 흑인이 인종분리법에 항의하기 위해 버스 탑승을 거부하고 걸어서 출퇴근했다. 버스 승객의 70퍼센트 이상이 가난한 흑인들이었기 때문에 버스회사는 막대한 타격을 입었다. 민권운동을 이끌던 젊은 목사 마틴 루서 킹은 승차 거부 운동을 계속하자고 설득했고, 이는 1956년 12월 13일 "버스의 인종 분리는 불법"이라는 연방대법원의 판결로 승리를 거둘 때까지 장장 382일간 지속되었다. 로자 파크스는 알 수 없는 이유로 해고당한 이후 살해 협박과 기자들의 뒷조사에 시달리다 못해 1957년 디트로이트로 이주했다. 그러나 로자 파크스는 흑인 민권운동을 멈추지 않았고, 그의 노력은 1964년 모든 인종차별을 금지하는 「공민권법」Civil Rights Act 제정으로 이어졌다.

2005년 10월, 92세를 일기로 세상을 떠난 로자 파크스의 장례식에 참석한 콘돌리자 라이스 전 국무장관은 "그가 없었다면 저는 국무장관이 될 수 없었을 것입니다"라는 추도사를 남겼다. 콘돌리자 라이스는 아홉 살 되던 해였던

1963년 앨라배마주 버밍햄에서 백인 우월주의 단체인 KKK
단이 일으킨 폭발 사고로 친구를 잃었다.

⇒ · 『로자 파크스 나의 이야기』, 짐 해스킨스·로자 리 루이즈· 매콜리
파크스 지음, 최성애 엮음, 문예춘추사, 2012

은과 납

해발 1,500미터 고원지대에 위치한 콜롬비아 제2의 도시 메데인은 연중 섭씨 20도 내외의 기온을 유지하여 '영원한 봄의 도시'라는 아름다운 별명을 가지고 있다. 미국과 지리적으로 가까운 이점 덕분에 한때는 섬유 및 의류 산업의 중심지였으나 점차 아시아 국가들과의 경쟁에서 밀려났다. 정치가 불안정한 가운데 경제가 몰락하자 사람들은 밀수에 손대기 시작했다. 처음에는 사치품이 밀수됐으나 점차 고수익을 내는 마약이 주요 상품이 되었다.

가난한 노동자의 아들로 태어난 파블로 에스코바르 (1949~1993)는 절도와 밀수로 시작해 마약 왕이 되었다. 당시 메데인에는 여러 밀매 조직이 서로 경쟁하고 있었는데, 1980년대 초반 마약 밀매 조직 중 하나였던 호르헤 오초아의 막내딸이 좌익 게릴라에 납치된 사건을 계기로 '납치범에게 죽음을'MAS이라는 조직을 결성한 것이 메데인 카르텔의 시작이었다. 이 카르텔은 생산을 담당한 에스코바르와 밀매를 담당한 오초아, 수송을 담당한 카를로스 레데르 그리고 로드리게스 가차 등 4인방으로 구성되어 있었다.

에스코바르는 사업을 위해 '은과 납'이라는 전술을 동원했다. '은'이란 뇌물, '납'은 총탄, 즉 암살을 뜻했다. 잔인한 데다 사업 수완까지 뛰어났던 에스코바르는 카르텔의 우두머리가 되었고, 로빈 후드를 자처하여 빈민 주택을 비롯해 병원과 축구장 등 공공시설을 건립하는 복지사업을 시행했다. 국회의원에 출마해 당선되기도 했다. 그러나 1983년 콜롬비아 법무부 장관 라라 보니야와 언론 『에스펙타도르』El Espectador가 그의 정체를 폭로하여 의원직을 상실하게 되자, 이듬해 법무부 장관을 노상에서 암살하고 신문사에 폭탄 테러를 자행했다.

그가 이처럼 잔인한 범죄를 공공연하게 저지를 수 있었던 것은 마약 밀매로 벌어들인 엄청난 수익 덕분이었다. 그는 1987년 콜롬비아 정부 부채 3540억 달러(360조 원)를 갚아 주는 조건으로 사면을 요구했고, 1989년엔 『포브스』가 선정한 세계 억만장자 순위 7위에 올랐다. 장관 살해를 비롯해 대통령 후보 암살 등으로 국가의 공적이 된 그는 미국으로 범죄자 송환이 이루어질 것을 두려워해 자수했다가 다시 탈출하여 정글에서 숨어 지냈다. 그러다 1993년 12월 2일 미국과 공조한 콜롬비아 특수부대의 공격을 받고 사망했다.

⇒ 『납치일기』, 가브리엘 가르시아 마르케스 지음, 권미선 옮김, 민음사, 1999

국가 부도의 날

그해 6월부터 달러가 오르기 시작했다. 6월에 800원 하던 1달러가 8월엔 900원을 넘겼고, 같은 해 11월 1천 원으로 오른 지 일주일 만에 1,100원을 넘겼다. 12월이 되자 1,965원이 되었다. 한국의 외환시장에서 달러 가격이 폭등하고 원화 가치가 폭락했다. '돈'이 상품이라는 사실은 오늘날 모든 이들에게 상식이고, 당시에도 경제에 어느 정도 관심 있는 사람이라면 누구나 알았지만, 이것을 온 국민이 피부로 절절하게 느끼기는 그때가 처음이었다.

수요와 공급의 법칙에 따라 시장에서 팔려는 물량보다 사려는 물량이 많으면 돈의 가격 역시 오른다. 빚을 갚을 능력이 없어 보이는 사람에게 금융기관이나 투자자는 돈을 빌려주지 않는다. 설령 돈을 빌려주었더라도 다른 채권자가 먼저 그 빚을 찾아가기 전에 내가 빌려준 돈을 먼저 갚으라고 난리를 친다. 이것은 한 개인에게 벌어진 일이 아니라 대한민국이라는 국가에서 벌어진 일이었다.

1980년대 3저 호황과 1990년대 세계화 시대를 맞이해 국내 금융기관의 해외 투자와 기업 대출이 무모하게 증가했다. 그중에는 이자는커녕 원금 회수도 어려울 정도의 부실대출이 많았다. 이런 사실이 드러나면서 외국인과 외국 기관이 서둘러 돈을 돌려받으려 했다. 한보를 필두로 삼미, 진로, 기아 등 대기업이 연쇄적으로 부도를 맞았다. 수출해서 벌어들이는 달러보다 수입하느라 쓰는 달러가 많았고, 외국에 진 빚을 갚는 데에도 달러가 필요했다. 그때까지는 어떻게든 외국에서 돈을 빌려 다시 외국에 갚을 수 있었지만, 달러 가격이 급작스럽게 오르자 한국에 달러를 빌려주려는 나라가 없었다.

대한민국에 달러가 모자라자 달러 가격은 더욱 치솟았고, 돌려 막기도 불가능한 상황이 됐다. 이것이 1997년 외환 위기의 시작이었다. 정부는 국내 금융기관과 기업의 파산을 막으려고 IMF(국제통화기금)에 구제 금융을 신청했고, IMF는 한국이 예뻐서가 아니라 외국 금융기관과 투자자의 손실을 막으려고 이를 승인해 주었다.

1997년 12월 3일 대한민국 정부와 IMF가 양해각서에 서명했다. 대선을 앞둔 대통령 후보들도 이행각서에 함께 서명했다. 누가 대통령이 되든 IMF가 요구한 조처를 모두 취하기로 약속한 것이다. IMF와 미국 정부의 지원을 약속받으면서 차차 달러 부족이 해소되기 시작했다. 온 국민이 나서서 장롱 속 돌 반지까지 내놓으며 외환 위기를 극복하기 위해 마음을 모았다. 2001년 8월 대한민국은 IMF에 빌린

195억 달러를 모두 갚고 나서도 1천 억 달러 상당의 외환을 보유하게 되었다. 이후 외국인 투자와 해외수출이 늘어 환율도 안정되기 시작해 2006년에는 1달러가 1천 원을 지나 920원으로 내려갔다. 위기는 사라졌지만 고통은 계속되었다. IMF가 한국의 외환 위기를 불러오지는 않았지만 우리는 그것을 한동안 'IMF 위기' 또는 'IMF 외환 위기'라고 불렀다. IMF가 달러를 빌려주는 조건으로 한국 정부에 강력한 조치들을 요구했기 때문이다.

대출 이자율이 높아졌기 때문에 많은 기업이 도산하면서 실업자가 늘어났지만, 은행의 자기자본BIS 비율을 높이고, 기업의 부채 비율을 낮추도록 강요했다. 주식시장이 개방되어 많은 기업과 자산이 외국인에게 헐값에 팔렸다. 더 많은 파견 노동과 기간제 노동이 허용되어 비정규직이 양산되었다. 외환 위기는 대한민국의 역사를 이전과 이후로 구분하게 할 만큼 어마어마한 고통의 흔적을 남겼다. 사회 양극화와 불평등, 비정규직, 불법 파견, 청년 실업이라는 단어와 함께 새로운 신자유주의의 시대가 왔다. 새로운 시대는 각자도생이라는 새로운 삶의 정체성으로 무장한 사람들을 탄생시켰다. 외환 위기는 끝났지만, 양극화와 불평등의 시대는 계속되고 있다.

⇒　영화 『국가부도의 날』, 최국희 감독, 2018

갑신정변

갑신정변은 김옥균을 비롯한 급진개화파가 개화사상을 바탕으로 조선의 자주독립과 근대화를 목표로 일으킨 정변이었다. 정변의 주모자는 일본의 메이지유신을 일으킨 세력이 막부로부터 소외된 변방 세력이었던 것과 달리 김옥균·박영효·서광범·홍영식·서재필 등 정부의 요직을 맡은 양반 출신의 청년 지식인들이었다. 이들은 개항 이후 흥선대원군의 척화 정책에 반대해 고종과 민씨 정권의 개화 정책에 동참했지만, 점차 개혁의 속도와 방향에 불만을 느끼기 시작했다. 김홍집·어윤중·김윤식 등의 온건개화파는 부국강병을 위해 여러 개혁 정책을 실현하되, 민씨 정권과 타협하여 청나라에 대한 사대 체제를 유지하면서 점진적으로 개화를 달성하자는 입장이었던 반면, 김옥균을 비롯한 급진개화파는 청나라와의 사대 관계를 청산하고 필요하다면 민씨 정권 역시 타도해야 한다고 보았다. 이들은 2년여에 걸쳐 거사를 준비했다.

　　김옥균 등 급진개화파는 비밀리에 일본의 도움을 얻기로 하고, 청나라를 등에 업고 나라의 이권을 넘겨주던 민씨 정권을 타도할 목적으로, 갑신년이었던 1884년 12월 4일 우정국 개소 축하연 자리에서 정변을 일으켰다. 때마침 청나라는 프랑스와 인도차이나반도를 두고 청불전쟁을 벌이느라 임오군란 이후 조선에 파견했던 병력을 절반 정도 빼낸 상태였다. 정변을 성공시킨 김옥균 등 급진개화파는 12월 6일 "청국에 대한 사대를 폐지한다" "문벌을 폐지하며, 인민평등권을 제정한다" "지조법을 개혁하고 환곡을 면제한다" "재정은 호조로 일원화한다" 등 당시로서는 매우 파격적인 개혁안을 발표했다. 그러나 임오군란 때 이미 외세(청)를 불러들여 정권 회복을 달성한 바 있는 민씨 정권은 위안스카이와 은밀히 내통하여 1,500명에 달하는 청군으로 하여금 이들을 일거에 제압하도록 했다. 급진개화파를 보호해 주기로 약속했던 일본은 이들을 헌신짝처럼 내버렸다.

그 결과 이 땅에 근대적 혁신을 앞당기려 했던 급진개화파 세력은 그 뿌리가 뽑혔고, 갑신정변은 삼일천하로 끝나고 말았다. 민중을 이해하지도 그들의 지지를 구하지도 못한 낡은 방식으로 근대적 혁명을 달성하려 했던 시도가 성공하기란 쉽지 않은 일이었을 테지만, 그저 가만히 있어도 출세가 보장된 기득권 엘리트들이 그 모든 것을 떨치고 혁신의 길로 나서려 했다는 사실만큼은 기억해 주어야 할 것이다.

⇒ 『갑신정변 연구』, 박은숙 지음, 역사비평사, 2005

국민교육헌장과 우리의 교육지표 사건

"우리는 민족중흥의 역사적 사명을 띠고 이 땅에 태어났다. 조상의 빛난 얼을 오늘에 되살려, 안으로 자주독립의 자세를 확립하고, 밖으로 인류 공영에 이바지할 때다. 이에, 우리의 나아갈 바를 밝혀 교육의 지표로 삼는다." 1970년대 이전에 출생한 사람들은 '국기에 대한 맹세'와 더불어 '국민교육헌장' 내용을 기억한다. 전문 393자(글자 수를 묻는 시험 문제가 출제되기도 했다)의 국민교육헌장은 이후 모든 교과서의 첫머리에 수록되었고(영어 교과서의 경우에는 영문으로 번역된 내용이 실렸다), 전국의 모든 학교 학생과 공직자들은 외워서 쓸 수 있도록 시험을 치르는 등 새마을운동과 함께 20여 년간 지속적으로 보급되었다.

이 무렵 서구에서는 기성세대의 권위에 도전하는 학생운동이 들불처럼 일어나고 있었다. 국민교육헌장은 1968년 6월 15일 박정희 대통령이 권오병 문교부 장관에게 "한국의 근대화 과정에서 국민교육의 장기적이고 건전한 방향의 설정과 시민 생활의 건전한 생활윤리 및 가치관의 확립은 민족 만년의 대계를 위해 중요하니, 각계각층을 총망라해서

민족 주체성의 확립에 기여할 수 있도록 연구하라"라고 지시함으로써 시작되었다. 박종홍·이은상·이인기·유형진·정범모 등의 인사가 참여하여 헌장의 이념과 내용을 정리했다. 그리고 같은 해 11월 26일 정기국회에서 만장일치로 통과되어 12월 5일 대통령이 선포했다.

박정희 대통령은 국민교육헌장이 사문화되는 것을 방지하기 위해 제정 직후 전국의 학생·공무원에게 반드시 암송하도록 강제하는 한편, 필요한 곳에 이를 게시하고 행사 때마다 반드시 낭독하도록 했다. 당시 문교부는 『국민교육헌장 독본』 265만 부, 국민(초등)학교 학생들을 위한 『헌장 그림책』 130만 부를 제작해 배포했다.

이런 조치들은 마치 메이지 천황이 발표한 '교육칙어'와 '황국신민서사'를 강제로 암송하여 군국주의 정신을 몸에 배도록 했던 일제강점기의 교육과 흡사했다. 실제로 박정희 대통령은 1972년 10월 유신 선포 후 국민교육헌장의 이념을 생활화하는 것이 곧 유신 과업을 주체적으로 실천하는 첫길이라고 선언한 바 있다.

국민교육헌장이 선포되고 10년이 지난 1978년 6월 27일 연세대 성내운, 전남대 송기숙 교수 등이 주축이 되어 국가주의적 교육 이념을 표방한 국민교육헌장의 문제점을 조목조목 비판하며 '우리의 교육지표'를 발표했다. 이는 물질보다 사람을 존중하는 교육, 인간화·민주화 교육, 교육에 대한 외부의 간섭 배제, 3·1 정신과 4·19 정신을 계승한 교육 등을 담고 있었다. 그러나 유신 체제를 이념적으로 뒷받침 하는 것이 국민교육헌장이었기에 국민교육헌장에 대한 비판은 곧 유신 체제에 대한 비판이었다. 이는 '유신 헌법에 대한 어떠한 부정·반대·왜곡 또는 그 개정·폐기를 주장·청원·선동 또는 선전하는 행위를 금하는' 긴급조치 9호를 위반한 일이 되었다.

결국 국민교육헌장의 국가주의적 교육 이념을 비판한 송기숙 교수는 긴급조치 9호 위반 혐의로 구속되었고, 이에 분노한 전남대 학생들이 격렬한 시위와 농성으로 항의하자 휴교령이 내려졌다. 우리의 교육지표 사건은 1980년대 교육 민주화운동의 이념적 지표가 되었다.

⇒　『질문하는 한국사』, 내일을여는역사재단 지음, 서해문집, 2008

몬트리올 에콜 폴리테크니크 학살

캐나다 퀘벡주 몬트리올에 있는 몬트리올 에콜 폴리테크니크는 항공공학과 나노봇 등 다양한 영역에서 첨단기술을 연구하는 공립 공과대학이다. 1989년 12월 6일 눈 내린 저녁, 이 대학 건물로 한 남자가 들어섰다. 그의 품에는 장전된 '루거 미니-14' 반자동 카빈 소총과 예리하게 날을 세운 사냥용 나이프가 있었다. 그는 건물 내부로 들어가 총기를 휘두르며 남자들은 즉시 강의실 밖으로 나가라고 명령했다. 겁에 질린 남자들이 밖으로 나가자 남아 있는 여자들을 향해 "너희는 여자야. 너희는 언젠가 엔지니어가 되겠지. 너희는 죄다 빌어먹을 페미니스트들이야. 난 페미니스트가 싫어!"라고 외친 뒤 총기를 난사했다. 당시 25세였던 마크 레피네는 14명의 여성(공과대 학생 13명, 교직원 1명)을 살해하고, 14명의 여성에게 부상을 입힌 뒤 자살했다. 경찰은 범행 동기 등에 대해 광범위한 수사를 진행했지만 언론, 학계, 여성단체, 피해자 가족의 항의에도 불구하고 결과 보고서는 공개되지 않았다.

그리하여 범인의 범행 동기를 두고 많은 논란이 일어

났다. 일부 언론은 그가 어린 시절을 가정폭력 등에 시달리며 불우하게 보냈던 것에서 원인을 찾았고, 일부에서는 그가 이 대학에 지원했다가 낙방한 뒤 앙심을 품은 것이 주된 범행 동기였다고 보도했다. 그러나 이런 설명은 어째서 그가 여성만을 범행 대상으로 삼았는지 설명해 주지 못했다. 1년 뒤 한 언론에서 마크 라피네가 범행 전에 작성한 것으로 보이는 3쪽 분량의 편지 한 통을 공개했다. 유서에는 자신이 죽이려 했던 여성 19명의 이름과 함께 자신의 범행 동기에 대해 "나는 내 인생을 망친 페미니스트들을 그들의 창조주에게 보내기로 결정했다"라고 적혀 있었다. 페미니즘을 연구하는 학자들은 그의 범행이 여성에 대한 폭력을 용인하는 것을 포함하여 사회적 여성 혐오에서 비롯되었을 것이라고 추측해 왔다.

사건 발생 이후 30여 년이 흘렀지만, 여성으로 산다는 것은 여전히 위험한 일이다. 캐나다에서 여성은 평균 이틀에 한 명씩 살해당하고, 일주일에 한 명은 자신의 남편이나 연인 등 파트너에게 살해당하며, 여성 세 명 중 한 명은 일생 동안 어떤 형태로든 한 번은 성폭력을 경험하는 것으로 밝혀졌다. 이런 통계만으로 한국이나 다른 나라가 캐나다보다 여성에게 안전한 나라라고 볼 수는 없다. 강간을 비롯한 성범죄 발생률은 실제로 일어난 사건 수와 일치하지 않는다. 치안 상태가 좋지 않은 지역이나 피해자가 신고해도 소용없다고 판단하는 경우는 통계에 잡히지 않기 때문이다. 2021년 12월 『한겨레』 신문은 2016년 1월부터 2021년 11월까지 대한민국에서 발생한 500건의 여성 살해 사건의 1심 판결문(427건)을 분석해 보도했다. 총 500건 중 아내 살해 248건(49.6퍼센트), 교제 살해 155건(31퍼센트), 성매매 여성 살해 29건(5.8퍼센트), 타인 살해 64건(12.8퍼센트), 미상 4건(0.8퍼센트)이었다. 전체 판결문 427건 중 아는 사람에게 살해당한 여성은 397명(93퍼센트)에 이르며, 살해 동기는 감정적 요인이 300건으로 가장 많았다.

1991년 캐나다 의회는 몬트리올 에콜 폴리테크니크 학살 사건의 희생자들을 추모하고 여성에 대한 폭력을 근절하기 위해 이날을 "여성에 대한 폭력 환기 및 근절을 위한 실천 기념일"로 제정했다. 이 사건에서 범인을 제외한 유일한 남성 희생자는 사르토 블레였다. 그는 사건 당일 피격당한 학생들을 구조하기 위해 노력했지만, 밖으로 나가라는 범인의 명령에 따랐다는 죄책감에 시달리다 사건 발생 8개월 뒤 자살했다.

⇒　영화 『폴리테크닉』, 드니 빌뇌브 감독, 2009

국부천대

국부천대國府遷臺란 1949년 12월 7일 중국 유일의 합법 정부였던 장제스 국민당 정부(중화민국)가 마오쩌둥이 이끄는 중국 공산당에게 패해 대륙에서 대만으로 도피한 사건을 말한다. '국민당정부 대만파천'을 줄여 '국부천대'라 한다. 대략 200만 명에 달하는 국민당원과 정부 요원이, 진격해 오는 인민해방군을 피해 이주했다.

이 사건으로 오늘날 중국 대륙에는 이른바 '신중국', 중화인민공화국이 수립되었다. 군벌을 제압하고 대륙을 장악했던 장제스와 국민당 정부가 '홍비'라고 폄하했던 마오쩌둥의 공산당에 패배한 원인은 우선 민심을 얻지 못한 국민당 정부의 무능과 부패에서 찾아야 하지만, 중국 공산당 역시 내부 갈등과 그릇된 노선 채택 등 많은 문제와 위기를 극복해야 했다. 1933년 10월에 시작한 국민당의 제5차 토벌에서 궤멸 직전의 위기에 몰린 중국 공산당은 장쑤성 등의 혁명 근거지를 버리고 산시성 옌안으로 패주를 거듭했다. 이른바 대장정이었다.

생존하는 데는 성공했지만 물자를 비롯해 부족한 것이

턱없이 많았다. 특히 옌안은 고립된 지역이었고, 도시 지역의 정보 라인마저 모두 궤멸된 상태여서 정보 부족이 심각한 상황이었다. 그럼에도 옌안의 동굴 속에 있던 중국 공산당은 장제스의 정치·군사 전략은 물론 그의 심기까지 정확하게 꿰뚫고 있었다. 옌안의 동굴에서 1천여 킬로미터나 떨어진 충칭에서 오전에 장제스가 어떤 전략을 수립하면 그날 밤에는 마오쩌둥에게 그 정보가 전달되었다.

어떻게 이런 일이 가능했을까? 당시에는 오늘날처럼 녹음 기술이 발달하지 않았기 때문에 정부 회의 등 모든 기록을 속기사가 손으로 기록했다. 각종 회의가 매일 거듭되는 정부기관에서 신속하고 정확한 일솜씨를 가진 속기사는 여러 회의에 참여할 수밖에 없었고, 정부 내 실력자가 인정하는 사람이라면 중요한 인사의 속기사로 일할 수 있었다.

1915년 저장성에서 태어난 선안나(1915~2010)가 그런 사람이었다. 선안나는 가정 형편이 어려워 속기를 배웠고, 열아홉 살이던 1934년 혁명에 참여하기로 결심했다. 그는 당의 지령에 따라 국민당 정부 기록 담당 공무원이 되었고, 성실하게 일해 상급자의 신뢰를 받았다. 점차 능력을 인정받게 된 선안나는 하마터면 국민당의 입법위원으로 선출될 뻔했지만, 스스로 고사해 계속 속기사로 일할 수 있었다. 겸손한 태도로 성실하게 일했기 때문에 마침내 장제스의 속기사가 되었다.

선안나는 국민당 정부의 속기사로 13여 년간 일하면서 몇 차례 결정적 위기를 맞이하기도 했으나 다수의 고급 정보를 중국 공산당에 넘겼고, 1949년 4월 인민해방군이 난징을 함락하자 남편과 함께 해방군 대열에 합류하면서 첩보원으로서의 임무를 성공적으로 마쳤다.

⇒ 『중국공산당의 스파이 전쟁』, 홍윤표 지음, 렛츠북, 2020

두 번의 반대

진주만 기습 다음 날인 1941년 12월 8일 프랭클린 루스벨트 대통령은 미 의회에서 일본의 기습 공격에 대응하는 선전포고를 요청하는 연설을 진행했다. 대통령의 연설은 상하 양원의 열광적인 박수로 인해 몇 차례나 중단될 정도로 열렬한 지지를 받았다. 투표가 시작되자 상원은 찬성 82에 반대 0이었고, 하원에서도 곧 찬반 호명이 진행되었다. 저넷 랭킨 (1880~1973)의 차례가 왔다. "나는 여자이므로 전쟁에 나갈 수 없다. 그렇기 때문에 다른 사람을 전쟁터에 보내는 일 역시 거부한다." 결과는 찬성 388, 반대 1. 랭킨은 대일 선전포고에 반대한 유일한 의원이었다. 애국주의 물결에 힘입어 자원입대하려는 젊은이가 장사진을 이루던 때였다. 랭킨은 의회를 둘러싼 성난 군중을 피해 경비대의 도움을 받아서야 의사당을 빠져나올 수 있었다.

　랭킨은 1880년 6월 교사 어머니와 목수 겸 작은 목장을 운영하던 아버지 사이에서 7남매 중 맏이로 태어났다(형제 중 한 명이 어린 나이에 사망해 6남매로 성장). 몬태나주립대학을 졸업한 뒤 랭킨은 여성 인권과 참정권 운동에 열

성적으로 참여했다. 1914년 11월 몬태나주 의회가 여성 참정권을 허용하는 법안을 통과시킨 뒤 치른 첫 번째 선거(1917)에서 몬태나주 하원의원으로 당선되며 미국 최초의 여성 의원이 되었다. 랭킨이 의회에 입성한 1917년, 독일의 무제한 잠수함 공격으로 미국 여객선 루시타니아호가 침몰하는 사건이 발생했다. 윌슨 대통령은 고립주의를 포기하고 1차 세계대전에 참전하기 위해 의회의 동의를 요청했다. 랭킨은 이때도 참전에 반대했다. 당시 반대표를 던진 이는 상원의원 6명을 포함해서 모두 56명이었다.

랭킨이 던진 두 번의 반대표에 대해 당시 여성운동 진영 내부에서조차 현실을 망각한 지나친 처사라며 비난하는 목소리가 들려왔지만, 랭킨은 후회하지 않았다. 생전에 랭킨은 한 인터뷰에서 어린 시절 "몬태나로 가는 가족을 태운 마차가 원주민 인디언에게 포위되는 일이 있었는데 어머니가 꼭 안고 있던 아기를 추장에게 건네주자, 갑자기 당황한 추장이 어머니가 자신에게 가장 소중한 존재를 보여 준 것이라고 여겨 아이를 두고 사라졌다"라는 이야기를 들었고, 이를 통해 비폭력의 위대한 힘을 배웠다고 말했다. 랭킨은 1973년 93세의 나이로 세상을 떠날 때까지 모든 전쟁에 반대하는 철저한 비폭력 평화주의자이자 여성운동가로 살았다.

⇒ 『여성, 총 앞에 서다』, 신시아 코번 지음, 김엘리 옮김, 삼인, 2009

공산당이 싫어요

1968년 12월 9일 강원도 평창군 노동리 계방산 중턱 초가집에 울진과 삼척 지구로 침투했던 무장공비 30명 가운데 잔당 5명이 들이닥쳤다. 집에는 9세 이승복, 어머니와 형, 잠든 두 동생이 있었다. 아버지는 외부에서 공비들을 만났으나 대퇴부에 부상을 입고 탈출하는 데 성공해 경찰에 신고했고, 형은 여러 군데 심한 부상을 입었지만 생존했다. 그러나 이승복을 비롯한 나머지 가족은 공비들 손에 끔찍하게 살해당하고 말았다. 1968년 12월 11일 자『조선일보』는 "잔비殘匪, 일가 4명을 참살"이라는 제목과 더불어 "공산당이 싫어요. 어린 항거 입 찢어"라는 중간 제목이 붙은 기사를 내보냈다. "공산당이 싫어요"는 이후 오랫동안 '북괴'의 잔혹함을 증명하는 반공 슬로건이 되었다.

　　그로부터 24년이 흘러 1992년 계간『저널리즘』가을호에 김종배 당시『미디어오늘』편집장이 "이승복 신화가 조작됐다"라는 글을 기고했고, 뒤이어 1998년 8~9월 당시 언론개혁시민연대 김주언 사무총장은 언론개혁시민연대 창립 행사의 일환으로「허위·왜곡 보도 50선 전시회」를 열면서 『조선일보』의 '이승복 보도'를 포함했다. 『조선일보』
는 1998년 11월 두 사람을 명예훼손 혐의로 서울지검에 고
소하는 한편, 이듬해 7월에는 서울법원에 각 1억 원의 손해
배상 청구소송을 냈다.

　대중의 관심이 쏠렸다. 대중이 정말 궁금해했던 것은
이승복이 정말 "나는 공산당이 싫어요!"라고 말했는지, 그
것을 들은 사람이 있다면 누가 어떻게 들었느냐는 것이었
지만 재판의 핵심 쟁점은 당시 이 기사를 특종으로 보도한
『조선일보』의 강 모 기자가 사건 발생 다음 날인 10일 실제
로 현장에 가서 취재를 했느냐 여부가 되었다. 1심은 "이들
이 『조선일보』의 '이승복 사건'이 오보라는 내용의 전시회
를 열거나 같은 내용의 기사를 게재한 것은 헌법이 보장하
는 언론의 자유와 표현의 자유 안의 범위에서 있을 수 있는
의혹 제기"라며 『조선일보』의 원고 패소 판결을 내렸다.

　2007년 9월 5일 서울고법 민사13부(부장판사 조용구)
에서 열린 항소심에서 재판부는 "30여 년 동안 상당수 국민
사이에 이승복 사건은 진실로 기정사실화돼 있었기 때문에
해당 기사가 오보라는 전시회를 열 때는 신빙성 있는 자료
에 바탕을 두고 신중하게 의혹을 제기했어야 했다"라고 전
제한 뒤 "김주언 전 사무총장은 진실 여부에 대해 특별한 확
인 절차를 거치지 않았다"라며 500만 원을 배상하라고 판
결했다. 그러나 김종배 전 편집국장에 대해서는 "직접 광범

위한 조사를 해 허위 보도라고 믿을 만한 이유가 있었다"라며 손해배상 책임을 인정하지 않았다. 위법성 조각 사유(형식적으로는 범죄 행위나 불법 행위로서의 조건을 갖추고 있어도 실질적으로는 위법이 아니라고 인정할 만한 특별한 사유)가 인정된다는 것이다. 항소심 재판 결과는 2009년 2월 12일 대법원 2부(박시환 대법관)에서 확정되었다.

이후 『조선일보』는 사설에서 "대법원은 1968년 아홉 살 소년 이승복 군이 남침 무장공비들에게 '공산당이 싫어요'라고 했다가 무참하게 입이 찢겨 살해된 사건이 명백한 진실임을 최종 확인했다"라고 썼지만, 김종배와 김주언의 변호인이었던 김형태 변호사는 대법원의 상고 기각을 납득하기 어렵다는 견해를 밝혔다. 김 변호사는 항소심 재판부가 두 사람의 주장이 허위라는 근거로 든 『조선일보』 측이 보관한 필름 원본과 관련해 당시 기사를 작성한 강 모 기자가 사진 속 인물이 자신이라고 지목했다가 번복하는 등 진술이 오락가락하고, 사진에 실제로 한 번도 등장하지 않으며, 시신의 위치에 대한 진술이 사실과 다른 점 등이 재판부에 의해 전혀 받아들여지지 않았다고 주장했다.

1958년부터 기자로 일했고 『서울신문』과 『국민일보』에서 논설위원을 지낸 바 있는 김진규 전 한국기자협회장(7대)은 은퇴 언론인 회보인 『대한언론』 2007년 1월호에 기고한 글에서 현직에 있을 당시 "나는 공산당이 싫어요"라는 대목을 『조선일보』 데스크에서 일하던 C기자가 가필했다고 자랑삼아 이야기하는 것을 들은 적이 있다고 주장했다. 이어서 그는 "이 말이 진실인지 아닌지는 C기자가 고인이 되어 확실히 알 길은 없다"라며, 대법원 재판 결과에 대해 "재판에서는 사실이 아닌 게 사실이 되기도 하고 그런다. '유전무죄 무전유죄'와 비슷한 것 아니겠느냐"라고 말했다.

⇒　『지상에서 가장 짧은 영원한 만남』, 김형태 지음, 한겨레출판, 2013

기업 살인법

2018년 12월 10일, 깊은 어둠 속에서 스물네 살의 젊은이가 혼자 일하고 있었다. 그는 발전소 연료 공급용 컨베이어벨트 아래 떨어진 석탄을 다시 퍼 올리는 작업을 하고 있었다. 이 작업은 위험해서 야간에는 2인 1조로 진행하는 것이 원칙이지만, 회사는 비용과 인력 수급 문제를 들어 홀로 작업하도록 지시했다. 그는 컨베이어벨트에 끼여 숨졌다. 그가 사망하고 5시간이 경과하도록 작업장에서는 아무도 그 사실을 알지 못했고, 컨베이어벨트는 계속해서 돌아갔다. 떨어진 석탄 더미 속에서 그의 시신이 발견되었지만, 그대로 방치된 채 작업은 이후 4시간 동안 계속 진행되었다. 이날 죽은 젊은이는 1994년생 한국발전기술 소속 계약직 노동자 김용균이다. 사건이 일어나기 1년 전이던 2017년 11월 15일에도 한 노동자가 비슷한 사고로 사망했다. 하지만 안전 대책은 수립되지도 지켜지지도 않았다.

산업안전재해 사고는 그 이전에도 무수히 일어났다. 1988년 원진레이온 공장에서 일하던 노동자들이 유기용제 중독으로 뇌손상을 입고 미쳐서 자살하거나 사지마비로 신음하다 죽었고, 900명 넘는 인원이 직업병 판정을 받았다. 국내 사상 최악의 산업재해로 기록된 사건이었다.

1998년 부산 냉동 창고 공사 폭발 화재 사고로 27명이 숨지고, 16명이 크게 다쳤다. 2008년 벽두 경기도 이천 냉동 창고 화재 사고로 40명의 노동자가 화염 속에서 목숨을 잃고, 17명이 다쳤다. 2015년 1월에는 LG디스플레이 파주 공장에서 3명이 질식사했고, 4월에는 SK하이닉스 이천 공장에서 3명이 질식사, 7월에는 울산 한화케미칼 폭발 사고로 6명이 숨졌다.

대한민국에서는 날마다 노동자 5명 이상이 산업재해로 죽어 간다. 영국은 2008년 4월부터 기업 활동 중에 발생하는 업무와 관련해 노동자 및 공중 안전 조치를 실시하지 않아 사망 사고가 발생하는 경우 기업에 엄중한 책임을 묻는 '기업 과실치사 및 기업 살인법'Corporate Manslaughter and Corporate Homicide Act 2007을 제정했다. 산업재해로 인한 치사에 관대했던 그간의 관행을 깬 것이다.

영국에서 이 법률의 적용 대상은 기업과 정부기관이다. 법을 위반한 기업이나 정부기관은 통상 연간 매출액의 2.5~10퍼센트 범위에서 산업재해 벌금을 내야 하지만, 심각한 위반의 경우 상한선 없는 징벌적 벌금 부과가 가능하다. 또 벌금 외에 유죄가 확정된 사업주 이름과 기업의 범죄 사실을 지역 또는 언론에 공표한다. 이 법률은 국적에 상관없이 영국에서 활동하는 모든 기업과 법인에 해당한다. 영국에서 이 법을 시행한 지 불과 2년 만에 산재 사망률은 0.7명에서 0.4명으로 절반 가까이 줄었다.

대한민국의 산업재해보상보험법상 업무 관련성에 대한 증명 책임은 여전히 산업재해 피해자에게 있다. 산재 피해자가 스스로 자신의 업무상 과실이 없었음을 증명하라는 것이다. 김용균 사망 사건의 사고 책임을 가리는 첫 정식 재판이 2년 1개월 만인 2021년 1월, 대전지법 서산지원에서 열렸다. 검찰은 사건이 발생하기까지 지난 6년간 59명이나 한국서부발전 태안화력발전소에서 산재 사고를 당했다며 그 책임을 물었지만, 업체 측은 혐의를 단 한 건도 인정하지 않았다.

프란치스코 교황은 "인간은 노동의 주인이지 노동의 노예가 아니다. 노동 현장에서 더 이상의 죽음은 없어야 한다"라면서 "누구의 잘못도 아니라면 우리 모두의 잘못"이라고 말했다. 산업재해 관련 제도가 개선되지 않는다면 우리는 이것을 '국가의 실패'로 불러야 한다.

⇒   『먼지 없는 방』, 김성희 지음, 보리, 2012

블랙리스트

블랙리스트란 '부정적 인물의 이름이 담겨 있는 목록'을 뜻한다. 다른 말로 살생부라고 할 수도 있는데, 이미 고대 로마 시대부터 존재했다고 하니 그 역사는 결코 짧지 않다. 하지만 이 명부가 실제로 블랙리스트란 이름으로 불리기 시작한 것은 1660년부터의 일이다.

스튜어트 왕가의 두 번째 왕이었던 찰스 1세는 왕권신수설을 고수한 전제군주였다. 신교도가 주를 이루는 의회와 여러 차례 마찰을 빚은 끝에 영국은 내전 상태(청교도 혁명)에 들어갔고, 찰스 1세는 1649년 단두대에서 처형되었다. 왕정 대신 공화정이 선포되자 아버지의 복수를 꿈꾸던 아들은 아버지를 죽음에 이르게 만든 정적 58명의 이름을 리스트에 담았다. 그 아들이 훗날 왕위에 오른 찰스 2세다. 올리버 크롬웰이 죽고 왕정복고의 목소리가 높아지자 찰스 2세는 1660년 4월 "대역죄를 대폭 사면하고, 몰수된 토지를 원상회복한다. 종교적인 관용 정책을 실시한다. 군대의 체불 임금을 지급하고 국왕이 임명하는 소규모의 군대만을 운용한다"라는 내용의 브레다 선언으로 민심을 얻었다.

왕으로 즉위한 찰스 2세는 블랙리스트에 이름이 오른 이들 중 13명을 사형하고, 25명에게 무기징역을 내렸으며, 그 외 50명을 처벌했다. 보기에 따라 찰스 2세의 행위가 과하게 느껴질 수도 있겠지만, 그는 최소한의 복수를 하고 나머지 인사들과는 타협과 상생을 통해 국정을 원활하게 운용하려 노력했다. 비록 영국 역사에 크게 이름을 남긴 성군은 아니었지만 대단한 폭군으로 기록되지도 않은 까닭이다.

그러나 후사를 남기지 못한 형을 이어 왕위에 오른 동생 제임스 2세는 왕위를 승계한 직후 종교적 관용령을 철폐하고 다시 한 번 강력한 전제군주가 되고자 했다. 결국 제임스 2세는 권좌에 오른 지 3년 10개월 만인 1688년 12월 11일 공식 폐위되었다. 그의 목이 잘리지 않은 까닭은 아버지 찰스 1세의 목을 잘랐는데 그 아들마저 목을 자를 수는 없었기 때문이다. 이 사건이 계기가 되어 명예혁명이 일어났고, 영국은 세계 최초의 입헌군주제 국가가 되었다.

우리 역사에도 그 명칭이 다를 뿐 숱한 블랙리스트가 존재해 왔다. 1950년 한국전쟁 기간에 발생한 국민보도연맹 학살 사건은 그중에서도 최악의 사건이었을 것이다. 대한민국 국군·헌병·반공단체 등이 보도연맹원으로 분류된 인사들을 불법적으로 학살한 해당 사건의 희생자는 공식적으로 확인된 4,934명을 제외하고도 대략 10만 명에서 최대 20만 명에 이를 것으로 추정된다. 1975년 3월 17일에는 자

유언론을 주장한 『동아일보』 기자 160여 명이 강제로 해직 당했고, 이들 역시 블랙리스트에 이름이 올랐다. 이후 권력 기관의 감시와 탄압으로 재취업이 불가능해지자 이들은 출판사에서 번역·기획 일을 하거나 전집 외판원 등을 전전했다. 5공 시절 일어났던 언론 통폐합, 교수 강제 해직 사건 피해자들 역시 비슷한 처지가 됐다.

　　가장 최근의 블랙리스트는 이명박·박근혜 정권 시절 국가정보원이 정권 비판 인사·단체 동향을 파악한 보고서를 지속적으로 작성해 청와대에 보고한 문건이었다. 『문화예술계 블랙리스트 진상조사 및 제도개선 위원회 백서』(2019)에 따르면 이명박·박근혜 정부 당시 작성된 블랙리스트 문건과 규모는 개인과 기관을 포함해 모두 9,273건에 달한다.

⇒　『우리는 누구도 처벌하지 않았다』, 심용환 지음, 위즈덤하우스, 2019

12·12 군사반란

1979년 12월 13일 새벽 0시 30분, M16 소총으로 무장한 병사 10여 명이 서울 송파구 거여동의 특전사령부 2층 집무실과 비서실을 향해 10여 분에 걸쳐 총격을 가했다. 이 총격으로 당시 특전사령관 비서실장 김오랑 소령이 총탄 여섯 발을 맞아 사망했고, 정병주 사령관은 부상을 입고 반란군에게 체포되었다.

10·26 사태로 박정희 대통령이 살해된 뒤 최규하 과도정부는 제주도를 제외한 전국에 비상계엄을 선포하고 정승화 육군참모총장(대장)을 계엄사령관에 임명했다. 그는 군 장악을 위해 윤성민 참모차장, 장태완 수경사령관, 정병주 특전사령관 등을 중용하며 지휘계통을 개편했다. 10·26 사태에 직접 관련이 있었던 중앙정보부와 대통령 경호실은 축소했다. 그러나 실제로 군 내부는 전두환·정호용·노태우·김복동 등 육사 11기생들이 주도해 비밀리에 결성한 하나회가 장악하고 있었다. 이들은 1963년 결성된 뒤 주로 경상도 출신 소장파 장교들을 포섭해 세를 불렸다.

12·12 사태는 신군부 세력이 권력을 장악하기 위해, 김

재규의 내란을 방조한 혐의가 있다며 계엄사령관 정승화를 불법적으로 체포한 사건이다. 신군부 세력의 중심이던 보안사령관 전두환은 정승화를 체포하려고 11월 중순부터 국방부 군수차관보 유학성, 1군단장 황영시, 수도군단장 차규헌, 9사단장 노태우 등과 모의했다. 쿠데타 세력의 주축이 된 건 20사단장 박준병, 1공수여단장 박희도, 3공수여단장 최세창, 5공수여단장 장기오 등이었다. 이들은 한남동 육군참모총장 공관에 난입해 경비원들에게 총격을 가해 제압한 뒤 정승화를 보안사로 강제 연행했다.

윤성민 육군참모차장을 비롯한 육군 수뇌부는 전군에 비상을 발동하고 합동수사본부에 정승화의 원상회복을 명령했으나 신군부는 이를 거부했다. 이 시점에 이미 1공수여단과 5공수여단이 육군본부와 국방부를 점령했고, 9사단 병력이 중앙청을 점거한 상황이었다. 쿠데타 진압을 위한 병력 출동을 추진했던 육군 수뇌부(장태완 수경사령관, 정병주 특전사령관, 이건영 3군사령관, 윤성민 참모차장, 문홍구 합참본부장)는 역으로 제압당했다. 연행과 군 병력 이동은 최규하 대통령의 재가 없이 이루어졌기에 불법이었지만, 사태가 모두 종결된 13일 새벽 대통령은 연행을 재가할 수밖에 없었다. 다음 날인 13일 오전 9시, 9사단장 노태우와 50사단장 정호용은 각각 수도경비사령관과 특전사령관에 취임했다.

12월 12일 오후 6시 30분 한남동 계엄사령관 공관에서 울린 총성으로 시작된 12·12 군사반란은 거여동 특전사령부 총격으로 마무리될 때까지 불과 6시간밖에 걸리지 않았다. 이틀 뒤인 14일, 쿠데타의 주역들은 서울 보안사령부 구내에 모여 기념촬영을 하며 이날의 승리를 자축했다.

　　12·12 쿠데타로 모두 23명의 사상자가 발생했다. 쿠데타군에 맞서다 숨진 사망자 2명은 특전사 비서실장 김오랑 소령, 국방부 헌병대 소속 정선엽 병장이고, 반란군 측에 동원된 박윤관 일병도 사망했다. 정병주 장군은 1980년 1월 20일, 강제 예편되었고, 이후로도 12·12 군사반란의 부당성을 주장하다가 1989년 변사체로 발견되었다. 김오랑 소령은 사후 부인 백영옥 여사의 노력으로 중령으로 추서되었다. 백영옥은 1990년 12월 당시 대통령 노태우를 비롯해 전두환·최세창·박종규 등을 상대로 민사소송을 진행하던 중 1991년 6월 부산에서 의문사했다. 2014년 6월 김오랑 중령의 고향 경남 김해에 그의 흉상이 건립되었다.

⇒　『그들의 5.18』, 노영기 지음, 푸른역사, 2020

난징의 쉰들러

1937년 7월 루거우차오 사건으로 중일전쟁이 발발하자 일본군 수뇌부는 "3개월 안에 중국 대륙을 점령하겠다"라고 호언장담했다. 실제로 개전 초기 일본군은 베이징과 톈진 등 북부의 주요 도시들을 손쉽게 점령하며 진격을 거듭했다. 그러나 이후 전투마다 중국 국민당군과 민중의 거센 저항에 부딪친 일본군은 상하이 점령에 2개월이 걸리는 등 큰 피해를 입고서야 간신히 승리할 수 있었다. 전투가 지속되며 손실이 커지자 점차 중국군과 중국인들에 대한 일본군의 적개심과 분노가 쌓여 갔다.

상하이를 점령한 일본군은 당시 중화민국의 수도 난징으로 진군했는데, 장제스는 11월 15일 난징을 포기하고 내륙 깊숙한 충칭으로 퇴각한다. 국민당 장군 탕셩즈는 난징을 필사적으로 지키겠다며 방어전을 펼쳤다. 당시 난징 인구는 대략 110만 명에 달했는데, 일본군의 침략을 피해 달아나려는 이들과 새로 피난 온 이들로 도시는 아수라장이 되었다. 12월 10일 난징을 포위한 일본군은 "항복하지 않으면 피의 양쯔강을 만들겠다"라며 협박했지만, 병력과 화력에서 압도적으로 불리한 상황에서도 중국군은 항복하지 않았다.

12월 13일 중국의 난징 방어선이 무너지면서 일본군이 성 안으로 진군해 들어갔고, 이날부터 1938년 2월까지 대략 6주 동안 미처 피난을 떠나지 못한 50만~60만 명에 이르는 난징 시민과 중국 군인에 대한 대학살이 자행되었다. 일본군은 백기를 들고 항복한 병사는 물론 젊은 남자는 닥치는 대로 죽였고, 여성은 집단으로 강간하고 살해했다. 전후 학살에 참가한 군인의 일기나 기자의 보도, 취재수첩에 따르면 이와 같은 학살은 심심풀이나 놀이가 되었는데 일본군 장교 사이에서는 100명의 목을 누가 더 빨리 베는가를 재는 시합, 이른바 100인 참수 경쟁이 벌어지기도 했다. 이 학살에 참가한 한 군인의 일기가 이후에 발굴되었고 그 기록을 통해 당시의 끔찍한 상황을 짐작할 수 있다. "심심하던 중 중국인을 죽이는 것으로 무료함을 달랜다. (……) 산 채로 묻어버리거나 장작불로 태워 죽이고 몽둥이로 때려죽이기도 했다." 극동국제재판 판결에 따르면 이 시기에 최소 12만 명에서 최대 35만 명 정도가 학살된 것으로 보인다. 이처럼 끔찍한 대학살의 와중에 한 사람이라도 더 많은 인명을 구하려고 노력한 사람들이 있었다.

나치당원이자 독일 지멘스사의 직원으로 난징에서 일하던 욘 하인리히 데틀레프 라베(1882~1950)는 난징에 거주하던 외교관·사업가 등 다른 외국인들과 힘을 합쳐 국제 위원회를 조직하고 자신의 자택과 대사관 부지 등을 일본군이 침범할 수 없는 '안전지대'로 설정해 650명이 넘는 피난민들을 대피시켰다. 또 진링여자대학교 총장이었던 미니 보트린(1886~1941)은 학내로 피신한 만여 명에 이르는 중국 피난민들을 목숨 걸고 보호했다. 당시 난징에 남아 있던 유일한 외과의사였던 로버트 O. 윌슨(1904~1967) 역시 일본군의 공격으로 부상당한 피난민들을 치료하고 지켰다.

이들은 '난징의 쉰들러' 또는 의인이라 할 만하지만, 전후 라베는 나치 부역 경력으로 궁핍한 생활을 했고, 보트린은 난징에서 받은 정신적 충격에서 헤어 나오지 못하고 자살했다. 윌슨 역시 과로와 스트레스, 정신적 충격으로 인해 평생 발작과 악몽에 시달렸다. 이들의 공로는 냉전 기간 동안 제대로 평가받지 못했으나 중국계 미국인 역사가이자 작가인 아이리스 장(1968~2004)과 같이 난징학살을 연구한 이들의 노력 덕분에 널리 알려졌고, 오늘날 중국에서는 이들의 공로를 높이 평가하고 있다.

⇒　『역사는 누구의 편에 서는가』, 아이리스 장 지음, 윤지환 옮김, 미다스북스, 2014

보스니아전쟁

냉전 해체 이후 1990년대 세계에서 가장 중요한 사건 중 하나가 발칸반도에서 일어났다. 다인종 국가인 유고슬라비아가 해체되면서 벌어진 전쟁으로 무려 25만 명이 죽었고, 수백만 명의 난민이 발생했다. 2차 세계대전 이후 같은 편이던 미국과 소련은 서로에게 새로운 적이 되었다. 세계는 이데올로기에 의해 양대 진영으로 나뉘어 서로 다른 정치·경제 체제의 우월성을 두고 군사적으로 대치했다. 냉전 기간에 미국과 소련은 전면적인 전쟁 대신 주로 동맹국의 국경에서 전쟁을 벌였다.

한국전쟁과 베트남전쟁은 모두 공산주의에 대항한 싸움이었다. 미국이 이런 전쟁에서 항상 성공한 것은 아니었지만, 미국을 중심으로 한 자유주의경제 체제가 소련 중심의 계획경제 체제보다 확실한 우위에 선 덕분에 냉전에서 승리할 수 있었다. 소련의 붕괴와 해체는 미국에 대한 위협이 제거되었다는 의미이자, 세계에서 미국의 개입 필요성이 줄어들었다는 뜻이었다. 그 결과 1991년 이후의 세계는 더 이상 이데올로기 경쟁 때문이 아니라 이라크가 쿠웨이트를 침공한 것처럼 드러내 놓고 경제적 이해관계에 따라 전쟁을 벌이게 되었다.

미국의 클린턴 행정부는 소말리아에서 정치적·군사적으로 참담한 실패를 경험했기 때문에 보스니아와 코소보 등 발칸반도에서 벌어진 인종 학살 사태를 지켜보면서도 개입하려 들지 않았다. 뒤늦게 개입할 때에도 전폭기를 보내 폭격하는 정도에서 그쳤고, 그나마 궂은일들은 북대서양조약기구에 떠넘겼다. 미국은 발칸반도에 더 이상 미국의 이익이 걸려 있지 않다고 판단했던 것이다. 그것이 미국의 새로운 세계 질서였다.

보스니아전쟁은 유고슬라비아 해체의 한 과정이었다. 보스니아전쟁은 1992년 4월 6일 발발했지만 그 불씨는 이미 오래전부터 도사리고 있었다. 우선 슬로베니아와 크로아티아가 1991년 유고슬라비아 사회주의 연방공화국에서 독립했다. 5만 제곱킬로미터의 땅에 무슬림 보스니아계(44퍼센트), 정교회 세르비아계(32.5퍼센트), 가톨릭 크로아티아계(17퍼센트) 등으로 구성된 400만 인구의 다민족 국가 보스니아-헤르체고비나도 1992년 2월 29일 독립을 위한 국민투표를 실시했다. 인종적 민족 구성으로만 보면 이들은 모두 남슬라브계로 뿌리가 같았다. 이들이 '종교와 문화의 모자이크'라고 불릴 정도로 분화된 것은 그곳이 유럽과 아시아를 잇는 교통의 요지이자 전략적 요충지였기 때문이다. 그러나 이들은 함께 살아갈 준비가 전혀 되어 있지 않았다. 보스니아계는 독립을 원했지만 세르비아계는 유고 연방이 와해되는 것을 원치 않아 투표를 보이콧했다.

여러 차례 폭력 사건이 발생하면서 마침내 전쟁이 시작되었다. 라도반 카라지치가 이끄는 세르비아계는 슬로보단 밀로셰비치 세르비아 대통령의 지원을 받아 보스니아 전역에서 인종 학살을 자행했다. 1995년 7월 보스니아의 수도 사라예보 동북부에 위치한 작은 마을 스레브니차에서 '인종 청소'라 불리는 대학살이 일어났다. 당시 학살된 사람들은 공식 집계로 8,372명이지만, 암매장됐다가 발굴된 주검 수만 2만여 구에 이른다. 카라지치가 저지른 악랄한 범죄 혐의 중에는 세르비아계 군인에게 이슬람계 여성들을 집단 강간하도록 사주하고 묵인한 내용도 있다. 조직적인 강간을 부추긴 카라지치가 내세운 명분은 이슬람계 주민들의 혈통을 정화한다는 것이었다. 이 사건으로 카라지치는 발칸의 도살자로 악명을 떨쳤고, 이후 보스니아계와 크로아티아계가 힘을 합쳐 세르비아계에 저항하면서 피로 피를 씻는 공방이 벌어졌다.

보스니아 내전은 1995년 나토가 개입하면서 점차 소강상태에 빠져들었다가 1995년 12월 14일 파리에서 보스니아-헤르체고비나의 평화를 위한 기본 협정이 체결되면서 종식되었다. 그러나 이들은 국제기구에 의해 억지로 묶여 있는 상태이며, 경제적으로는 실업률이 40퍼센트에 달하는 유럽의 최빈국이다. 밀수와 마피아의 활동이 국가 경제의 절반을 차지할 정도로 사회가 불안정하다. 보스니아전쟁 이후 카라지치는 전범으로 수배되었지만, 세르비아인들의 도움으로 10여 년간 도피 생활을 이어 갔다. 마침내 2008년 베오그라드에서 체포되어 2019년 재판에서 종신형을 선고받고 2022년 이후로는 영국에 구금되어 있다. 발칸의 도살자 라도반 카라지치는 1968년 첫 시집을 출간한 이래 2005년까지 8권의 시집을 펴낸 시인이기도 하다.

⇒ 『안전지대 고라즈데』, 조 사코 지음, 함규진 옮김, 글논그림밭, 2004

테루엘 전투

스페인 내전이 1년 반째로 접어든 1937년 12월 15일 밤, 테루엘 전투Battle of Teruel가 시작되었다. 20년 만에 닥친 한파로 최악의 겨울이 시작되고 있었다. 프랑코 장군이 이끄는 파시스트 반군은 초기에 몇 번 공화파에게 패배했지만, 이후 전투가 이어지면서 스페인 북부와 서부 대부분을 장악했다. 그리고 마드리드를 공략하려고 크리스마스 직전에 과달라하라 공격 계획을 수립했다.

공화파는 프랑코의 공격을 막아 내려고 그의 군대를 유인할 또 다른 공격을 감행하기로 했다. 테루엘이 공화파의 공격 대상으로 선정된 데는 몇 가지 이유가 있었다. 우선 테루엘은 스페인 동부 아라곤 지방의 해발 900미터 고산지대에 위치한 테루엘주의 주도로서 아라곤 일대에서 파시스트 권력의 상징이었다. 공화파는 이 지역을 점령해 군사적 주도권을 되찾으려 했다. 둘째, 테루엘은 공화파가 점령한 지역으로 둘러싸인 지역을 향해 엄지손가락처럼 돌출되어 있었기 때문에 삼면에서 공격할 수 있었다. 셋째, 이 지역을 사수하고 있는 병력이 4천여 명뿐이어서 병사 10만을 동원해 공격할 예정이던 공화파에게는 손쉬운 먹잇감으로 여겨졌다.

기습을 위해 중화기 지원 없이 시작된 첫 번째 공격이 끝나 가던 새벽 무렵, 도시는 예상대로 손쉽게 공화파의 손으로 넘어가는 듯 보였다. 공화파의 '라디오 바르셀로나'가 테루엘이 함락되었다고 보도하는 동안 테루엘의 수비대장 다르쿠르(1883~1939) 대령은 상대가 자신들보다 대규모라는 사실을 깨닫자 즉시 병사들을 지휘해 안전하게 후퇴시킨 뒤 시민청사, 은행, 산타클라라 수녀원과 신학교 등 4개 요충지를 사수하는 밀집 대형을 만들어 냈다. 테루엘은 오랫동안 스페인 이슬람 세력의 지배를 받아 곳곳이 요새화되어 있는 도시였고, 다르쿠르는 그런 건물에 숨어서 공화파의 공격을 견뎌 냈다.

평소 차갑고 이성적인 프랑코도 테루엘이 공격받았다는 소식을 듣자 격분했다. 예정했던 과달라하라 공격이 어려워졌기 때문이다. 독일과 이탈리아의 군사 자문관들은 프랑코에게 테루엘을 무시하라고 조언했지만, 프랑코는 공화파가 단 하나의 주도라도 함락한다면 여러 나라가 주시하는 상황에서 엄청난 선전이 되리라는 사실을 알았다. 전쟁의 형세가 뒤바뀌는 것처럼 보이는 일은 절대로 일어나선 안 됐다. 하지만 프랑코에게는 당장 테루엘에 지원군을 보낼 여력이 없었다. 그는 다르쿠르에게 "스페인이 그대들을 신뢰하듯, 그대들도 스페인을 신뢰하라"라며 마지막 한 사람까지 싸우라는 내용의 전보를 보냈다.

일주일이 지날 즈음 수비대 병력이 2천여 명으로 줄어들긴 했지만, 건물 하나하나마다 총검을 들고 치열한 공방전을 벌여야 했기 때문에 공화파 군대는 수적 우세에도 불구하고 승기를 잡기 어려웠다. 공화파는 탱크와 장갑차, 포병대를 동원했다. 도시 전역에서 치열한 공방전이 벌어지는 동안 프랑코의 군대는 반격을 준비했다. 12월 29일이 되자 프랑코의 파시스트 반군은 테루엘을 바라보는 고지를 점령해 도시의 공화파 군대를 포격할 수 있게 되었다. 그런데 하필 이때 사상 최악의 눈보라가 불어닥쳤다. 기온이 영하 28도까지 떨어져 대포가 얼어붙고, 거리에는 눈이 1미터가 넘게 쌓였다. 도시 안에서는 추위와 눈보라에도 불구하고 전투가 이어졌다. 다르쿠르와 수비대는 프랑코의 지원군이 곧 자신들을 구원하러 오리라 믿으며 끈질기게 버텼다. 하지만 지원군은 오지 않았다. 1월 8일 음식과 물, 탄약마저 떨어지자 다르쿠르는 백기를 들고 살아남은 병사들과 함께 투항하지 않을 수 없었다.

공화파 군대는 이들의 끈질긴 저항을 존중해 부상자와 포로 들에게 잘 대해 주었다. 그러나 테루엘 전투는 아직 끝난 것이 아니었다. 1월 17일 눈보라가 그치고 마침내 날이 개자 프랑코의 반란군이 대대적인 포격과 함께 진군하기 시작했다. 공중에서는 콘도르 여단의 전투기와 폭격기가 총격과 포격을 가했다. 테루엘을 빼앗길 수 없었던 공화파가 국제 여단 병력 1만 명을 추가로 배치했음에도 1월 말경이 되자 도리어 공화파가 포위되는 사태가 발생했다. 2월 말이 되자 전투가 끝났다. 1만7천여 명의 공화파 병사들이 포로로 잡혔고, 그들은 한때 동료였던 시신 1만여 구를 땅에 묻으라는 명령을 받았다. 두 달여 동안 계속된 전투에서 공화파 군대는 병력의 절반 정도를 잃었고, 자원이 고갈되었다. 병력을 채울 수도, 탄약을 보충할 여력도 없었다. 테루엘 전투에서 잃은 손실 때문에 공화파는 이후 프랑코의 공세에 대항하지 못했다.

전투가 끝나자 스탈린은 자신이 패배하는 세력을 지원하고 있다는 사실을 깨닫고 지원을 끊었다. 테루엘의 수비대장으로 영웅적 항거를 보여 준 다르쿠르는 공화파 정부보다도 잔인한 운명을 맞이했다. 다르쿠르는 1939년 2월 7일 테루엘의 주교 안셀모 폴랑코를 비롯해 공화파 군대에 맞서 최후까지 저항한 나머지 병사 42명과 함께 '공화국의 배신자'라는 죄명으로 프랑코의 근위대에게 총살당했다.

⇒　『스페인 내전』, 안토니 비버 지음, 김원중 옮김, 교양인, 2009

기억의 돌

광주 북구 망월동 민족민주열사묘역 입구 바닥에는 이른
바 '전두환 비석'이 있다. 전두환이 대통령이던 시절 담양의
한 마을에 방문했던 것을 기념하려고 "전두환 대통령 각하
내외분 민박 마을"이라는 글귀가 새겨진 비석을 세웠는데,
1989년 광주·전남 민주동지회가 이 기념비를 부숴 5·18 민
주묘지로 들어가는 입구에 묻고 사람들이 밟고 지나갈 수
있도록 만들었다. 기념비 안내문에 "영령들의 원혼을 달래
는 마음으로 이 비석을 짓밟아 달라"라고 적혀 있기 때문에
정치인들이 묘역을 방문할 때 전두환 비석을 밟느냐 밟지
않느냐는 그의 역사 의식과 정치 성향을 엿볼 수 있는 가늠
자이자 통과의례가 되었다.

히틀러가 집권한 나치 시절, 독일 전역에서 유대인 공
동묘지가 파괴되었다. 파괴된 묘지에서 나온 유대인들의
비석은 도로 포장용 돌로 사용되었다. 나치는 망자의 이름
이 새겨진 비석을 도로의 포석으로 깔아 사람들이 짓밟도
록 했다. 독일의 예술가 귄터 뎀니히(1947~)는 나치의 이
같은 행위를 비판하고 독일을 비롯한 유럽 전역에서 홀로

코스트로 희생된 유대인, 우생학에 의해 안락사당한 장애인, 집시, 양심적 병역 거부자, 동성애자, 탈영병, 탈출 도우미 등을 기리는 예술 활동을 전개했다. 그것은 '슈톨퍼슈타인'Stolperstein이라 불리는 '기억의 돌' 프로젝트다.

슈톨퍼슈타인은 독일어로 '실패의 원인이 되는 장애물'(걸림돌)을 의미하는 말이다. 나치 시대 독일에서는 우연히 돌에 걸려 넘어졌을 때 "여기에 유대인을 묻었어야 하는데"라고 말하는 반유대적이고 혐오적인 관행이 있었다. 귄터 뎀니히는 국가가 기념하는 특정한 장소에 거대한 기념물이 세워지는 것보다 과거 시민들이 일상적으로 밟고 다니는 보도블록에 유대인 묘지석이 사용되었던 것처럼 일상 공간에도 그와 같은 모독과 혐오의 기억을 환기시키는 기념물이 필요하다고 보았다.

그는 8만 명이 넘는 나치 박해 희생자의 이름과 생년월일을 새긴 10센티미터 크기의 콘크리트 입방체 '기억의 돌'을 유럽 전역에 설치했다. 기억의 돌은 두드러진 형태를 취하지 않은 작은 기념물이기 때문에 평소에는 눈에 잘 띄지 않지만 어느 날 우연히, 바닥에 놓인 기억의 돌을 발견할 수 있다. "이곳에 아이다 아렌스베르크 베냐민이 살았다. 1870년에 출생해 1942년 9월 18일, 테레지엔슈타트에서 살해되었다." 독일 본에 설치된 기억의 돌에 새겨진 문구다.

1992년 12월 16일 쾰른 시청 앞에 최초의 기억의 돌

이 박혔다. 이날은 나치독일의 친위대 장관 하인리히 히믈러
(1900~1945)가 '신티와 로마'(집시)를 강제 추방하도록 명
령하는 아우슈비츠 법령에 서명(1942년 12월 16일)한 지 50
주년이 되는 날이었다.

⇒   『현대성과 홀로코스트』, 지그문트 바우만 지음, 정일준 옮김,
새물결, 2013

재스민혁명

2010년 12월 17일 튀니지의 수도 튀니스에서 남쪽으로 300킬로미터쯤 떨어진 도시 시디부지드에서 과일과 야채를 리어카에 담아 팔던 27세의 노점상 모하메드 부아지지(1984~2011)가 분신했다. 세 살 때 아버지를 여읜 그는 노점상 일을 하며 한 달에 140달러 정도를 벌었다. 가난 때문에 자신은 고교를 중퇴했지만, 이렇게 번 돈으로 가족을 부양하고 여동생의 대학 학비를 댔다. 전날 200달러어치의 물건을 외상으로 받아 와 아침 8시부터 장사를 시작한 그에게 들이닥친 단속반원들은 리어카와 전자저울을 빼앗고, 물건들을 땅바닥에 패대기쳤다. 단속반원들에게 뇌물을 줄 형편이 못 되었던 그는 늘 만만한 표적이었다.

　전 재산이나 마찬가지인 리어카와 전자저울을 돌려 달라며 찾아간 그의 얼굴에 단속반원들은 침을 뱉으며 모욕했다. 부아지지는 "더 이상 어떻게 살라는 거냐!"라며 자기 몸에 불을 붙였다. 벤 알리가 23년간 장기 독재로 집권하고 있던 당시 튀니지의 청년 실업률은 30퍼센트에 달했다. 부아지지의 분신은 오랫동안 누적된 청년들의 분노에 불을 댕겼고, 독재자 벤 알리는 사우디아라비아로 망명했다.

이렇게 튀니지에서 시작된 재스민혁명은 중동 민주화 바람과 함께 아랍 지역 전역으로 퍼져 나갔고, 2011년 3월 11일 시리아에서 내전으로 격화되었다. 재스민혁명은 민주화 시위가 처음 시작된 튀니지의 국화 재스민에서 유래된 명칭이다. 재스민혁명으로 시작된 시리아 내전은 날이 갈수록 본래의 혁명적 성격을 잃고, 사우디아라비아 등 주변국가가 지원하는 이슬람 원리주의 세력과 러시아·터키 등 주변 강대국의 개입에 의해 대리전 양상으로 변질되었다.

시리아의 수도 다마스쿠스로부터 북쪽으로 320킬로미터가량 떨어진 해발 400미터의 고원지대에 위치한 시리아 제2의 도시 알레포는 인류 역사상 가장 오래된 도시 중 하나다. 지중해 연안과 동방을 잇는 대상隊商이 통과하는 관문 도시였기에 중동에서도 가장 오래된 전통 시장 수크가 있었다. 또한 이 지역은 기원전 2000년경부터 히타이트, 아시리아, 아랍, 몽골, 맘루크 왕조, 오스만제국이 번갈아 가며 차지했던 전략적 요충지였기에 대표적 유적 역시 언덕 위에 건설된 알레포 성채이다. 이 성채가 처음 건설된 시기는 기원전 16세기 무렵까지 거슬러 올라가야 한다는데, 유대민족의 실질적 시조인 아브라함이 이곳에 머물며 소젖을 짰다고 전해진다.

알레포 성채는 또한 십자군 요새로도 유명하다. 12세

기 무렵 제3차 십자군 원정을 이끌었던 사자왕 리처드의 군대가 이곳에 주둔하며 살라딘이 이끄는 이슬람 군대와 치열한 공방전을 벌였다. 종교적 명분을 내세워 거의 200년간 지속된 십자군전쟁은 실제로는 동방 무역의 이권을 차지하기 위해 벌어진 치열한 패권 다툼이었다.

그리스도교와 이슬람교 세력이 번갈아 지배했던 지역이었기에 이곳에는 현재까지도 이슬람교 모스크와 그리스도교 교회가 공존하고 있다. 이와 같은 역사성과 문화유산으로서의 가치를 인정받아 1986년 알레포 구시가지는 유네스코 세계문화유산으로 등재되었다. 그러나 오늘날 알레포는 연일 포화를 주고받는 최악의 격전지로 전락했고, 관광객으로 넘실대던 전통 시장은 폐허가 되었다. 한때 인구 과잉을 염려하던 시민들은 난민이 되어 떠돌고 있다.

⇒　『시리아』, 구니에다 마사키 지음, 이용빈 옮김, 한울, 2012

이주하는 인간, 호모미그란스

1980년대 영국의 마거릿 대처와 미국의 레이건 정권이 주도한 세계화와 신자유주의로 금융·자본·상품의 세계화가 추진되었지만, 노동하는 인간의 자유로운 이동만은 예외였다. 세계 자본주의 체제가 변화하지 않는 한, 설령 변화한다 할지라도 신자유주의적 자본의 흐름과 이동에 대한 반작용이라 할 수 있는 글로벌 이주 현상은 계속될 것이다.

'이주하는 인간'을 의미하는 호모미그란스Homo Migrans는 이주노동자를 뜻하는 말이기도 하다. 선진국들은 자본과 상품의 세계화를 통해 이득을 추구하는 한편 '자국민 중심주의'란 말로 불법체류 노동자와 이주노동자의 불안정한 처우와 차별을 정당화한다.

트럼프 체제의 미국과 브렉시트의 영국, 그 외 다수의 유럽 국가에서 일어나는 보수화·우경화는 그와 같은 '자국민 중심주의'의 또 다른 얼굴이다. 당연히 한국에서도 이런 흐름이 등장하고 있다. 2018년 6월 13일 청와대 국민청원 및 제안 게시판에 '난민 신청 허가 폐지' 청원이 올라왔다. 이 청원은 2018년 제주도에 들어온 500명이 넘는 예멘인 중 484명이 난민 신청을 하면서 시작된 것으로, 청원 5일 만에 청와대 답변 필요 인원인 20만 명을 넘어섰다. 난민 수용을 반대하는 측에서는 난민 급증으로 국내 치안이 우려되며, 무사증 제도와 난민법을 악용하는 사례가 있다는 주장을 내놓았고, 찬성하는 측에서는 우리나라가 아시아 최초로 난민법을 제정한 국가라는 사실을 앞세워 인도주의를 우선해야 한다고 주장했다.

'자국민 중심주의'가 당장 정치인이나 정당의 인기와 선거에 보탬이 될 수는 있을 것이다. 그러나 장기적으로는 국민과 국가경제에 미칠 영향에 대해 손쉽게 판단할 수 없는 일이다. 무엇보다 인류는 탄생 이래 지금껏 이주하며 살아왔고, 자국민 중심주의는 민족주의와 국수주의를 불러들이는 지름길이다. 지금껏 치러진 두 차례의 세계대전과 지난 세기 인종 학살의 배경이 무엇이었던가를 생각해 본다면 이것이 얼마나 위험한 사고방식인지 알 수 있다.

게다가 한국의 자국민 중심주의는 인종주의적 편견을 드러내기도 한다. 한류가 세계를 휩쓸고 있다는 것에 기뻐하고 한국어가 『옥스퍼드 영어사전』에 등재되었다는 것을 기뻐하면서도, 내부적으로는 한국의 필요에 의해 해외에서 이주해 온 이들에게 다문화주의라는 명분으로 한국에 동화될 것을 강요하고 있다. 2010년에 실시한 통계에 따르면 한국인 응답자 가운데 75퍼센트는 한국이 '다문화 사회'라고 응답했다. 실제로도 한국에 거주하는 외국인 이주자 비율은 해마다 증가하고 있다. 그러나 이른바 다문화 가족으로 분류되는 이들이 느끼는 사회적 차별 경험 역시 2009년 36.4퍼센트에서 2012년 41.3퍼센트로 함께 증가하고 있다. 게다가 한국 사회에서 '다문화'와 '글로벌'이라는 단어의 용례를 살펴보면 백인에 대해서는 '글로벌'을, 아시아를 비롯한 제3세계 출신에 대해서는 '다문화'를 붙여 '다문화'라는 용어 자체가 차별의 언어로 쓰이고 있기도 하다. TV나 유튜브 등을 통해 '글로벌' 외국인이 들려주는 한국 칭찬에 즐거워하는 동안, 정작 우리 사회 내부에서 주변부화되고 타자화된 구성원들은 고통받고 있는 것이다.

만약 우리가 좀 더 나은 사회로 발전하길 바란다면, 사회의 주류에 속하는 이들이 아니라 그렇지 못한 이들의 목소리를 경청해야 한다. 12월 18일은 유엔이 정한 '세계 이주민의 날'이다.

⇒ 『이주하는 인간, 호모 미그란스』, 조일준 지음, 푸른역사, 2016

어른이 된다는 것

근대 이후 한국 사회에서 어른이 된다는 것, 어른으로 인정받는 길은 점차 더욱 어려운 경로를 통과하는 일이 되었다. 형사적인 책임을 져야 하는 연령은 만 14세, 주민등록증 발급 연령은 만 17세, 민법상 성인의 기준은 만 19세, 아르바이트 및 취업 가능 연령은 만 18세.

운전면허 취득은 만 18세, 청소년 관람불가 영화 관람은 만 18세, 군대 입영은 만 18세부터 가능하다. 9급 공무원 지원 가능 연령은 만 18세, 투표 가능 연령은 만 19세, 국회의원 피선거권은 만 25세, 대통령 피선거권은 만 40세, 노인 연령(지하철 무임승차 기준)은 만 65세…….

여러 법적인 기준도 있지만, 군대를 다녀와야 어른이 된다, 결혼을 해야 어른이 된다, 자기 밥벌이는 해야 어른이 된다, 자식을 낳아 봐야 어른이 된다는 등 문화적으로 성인이 되기 위한 다양한 통과의례도 정해 놓고 있다. 그러나 구한말에서 현대에 이르는 격변기를 이끌었던 세대는 당시 '어른'으로 호명되던 기성세대가 아니라 청년 또는 오늘날의 기준으로 보면 청소년에 해당할 연령이었다. 최남선이

와세다대학에서 퇴학당하고 조선으로 돌아와 출판사 '신문관'을 세운 것이 16세, 잡지 『소년』을 창간한 1908년에는 18세였다. 이광수가 『소년』에 신체시 「우리 영웅」을 발표하고, 단편소설 「무정」을 발표한 것도 18세 때 일이다. 3·1 운동, 광주 학생의거, 4·19 혁명을 이끈 세력도 따지고 보면 오늘날 청소년과 같은 또래였다.

그러나 5·16 쿠데타 이후 청소년 운동의 명맥이 끊어진다. 파울로 프레이리는 "피억압자의 해방은 우연히 얻어지는 것이 아니라 그 자신이 해방을 추구하는 존재로, 해방을 위해 싸워야 한다는 필요성을 인식함으로써 쟁취하는 것"이라고 말했다. 1960년대에서 1980년대 말에 이르는 권위주의 군부독재 시대의 교육은 청소년들이 스스로 '해방을 추구하는 존재'라고 인식할 시간을 허락하지 않았다. 서열화된 입시 체제에서 청소년들은 정해진 수업 시간 이외에도 학교에 남아 야간 자율학습 등을 강요받았고, 엄격한 두발 및 복장 통제를 받았다.

병영사회에서의 교육은 '오와 열'이 생명인 제식훈련과 같았다. 실제로 교련 과목 시간에는 총검술 16개 동작이나 M1 소총 분해·조립을 배우며, 학교에서부터 일찌감치 '군대의 맛', 아니 '사회의 맛'을 봐야 했다. 이 체제에 균열을 만들기 시작한 것은 아이러니하게도 1980년 5월 광주 학살을 저지른 전두환 5공 정권이 1983년에 실시한 두발 및 교복 자율화와 과외 금지였다. 이는 광주 학살의 원죄와 함께 출범한 5공 정권이 유화책의 일환으로 실시한 조치였다. 때마침 경제 호황을 맞아 대한민국은 본격적인 소비사회로 진입하고 있었다. 이 무렵 고등학교에 재학하던 세대가 훗날 'X세대'라는 이름으로 불리게 된다.

그러나 몇몇 자율화 조치에도 불구하고 학교는 여전히 '감옥'이었다. 5공 정권은 학교 재단의 비리를 고발하고 비민주적·반인권적 교육에 대항하는 모든 목소리를 압살했다. 1985년 8월 '민중 교육지 사건'이 일어났고, 1986년 5월에는 '교육 민주화 선언'이 있었다. 어린 시절 1980년 광주를 풍문으로 접했던 어린이들은 어느덧 고등학생이 되었다. 그들은 자신들이 그토록 가고 싶어 했던 대학에 진학한 선배들이 어째서 날이면 날마다 거리로 나와 투쟁을 벌이는지 이해할 수 없었다. 여전히 광주는 '사태'고, 5·16은 '혁명'이던 시절이었다.

진실을 알고 싶어 한 이들이 접한 광주의 진실은 충격이었다. 어린 시절부터 해마다 겨울이면 손수 적어 보내던 위문편지 속 국군 아저씨가 지켜 줘야 할 국민의 가슴에 총부리를 겨누고 심지어 그들을 죽였다는 사실을 받아들이기 어려웠다. 비슷한 충격을 받았던 고등학생들이 우연한 기회에 또는 의식적인 노력 속에 서로 만났다. 그리고 세상을 바꾸기 위해 무언가 작은 노력이라도 기울여 봐야 하지 않

겠느냐고 머리를 맞댔다. 이들이 만든 것이 '서울지역고등
학생운동연합'(서고련)이었다.

1987년 6·10 항쟁 이후 6·29 선언이 있었다. 다가오
는 12월 대선에서 그들은 청소년의 목소리, 청소년이 바라
는 세상을 기성세대에게 알리기로 했다. 그렇게 해서 시작
된 것이 1987년 12월 명동성당의 서고련 농성이다. 그러나
1987년 12월 대선은 소설가 조세희가 "악이 드러내 놓고 선
을 가장하고, 선이 악에게 패배한 날"이라고 말했던 것처
럼 노태우의 당선으로 끝났다. 구로구청 개표 과정에서 드
러났듯 조직적인 부정 선거와 개표가 있었지만, 세상은 그
런 결과를 받아들였다. 명동성당에서 농성을 벌이던 청소년
들은 1987년 12월 19일 "노태우를 당선시킨 기성세대 각성하
라!!!"라는 「서울지역고등학생연합회 명동성당 농성 선언문」
을 발표했다. 이 선언은 오늘날 청소년 인권운동의 맹아이자
뿌리가 되었다.

⇒　『인물로 만나는 청소년운동사』, 공현·둠코 지음, 교육공동체벗,
2016

티미쇼아라

1826년 최초의 사진이 등장한 이래 현재까지 사진의 역사에서 가장 뜨거운 논쟁거리 중 하나는 사진의 위·변조와 연출이다. 이것은 빛에 의한 그림을 뜻하는 포토그래피의 번역어인 '사진'의 말뜻이 '진실을 모사하다'라는 것만 보아도 알 수 있다. 사진은 회화와 달리 카메라 렌즈 저편에 피사체가 실재한다는 것을 강력하게 시사한다. 사진이 대중에게 주는 이런 믿음과 기능 때문에 사진 위·변조 시도는 끊임없이 발생했다.

한 예로 1989년 12월 20일 루마니아의 독재자 차우셰스쿠(1918~1989)가 그의 반대파들을 집단학살하고 파묻은 것으로 널리 알려진 티미쇼아라 사건이 있다. 파헤쳐진 무덤을 배경으로 한 남자가 아기의 시신을 앞에 두고 눈물짓는 사진이 서방 언론을 통해 널리 전파되어 큰 충격을 주었다. 차우셰스쿠 정권은 감시와 족벌정치에 의존했다. 인구 2천만 명에 불과한 나라에 300만 개의 도청기와 1천여 개의 도청 센터가 설치되었고, 부인 엘레나를 제1부수상으로 임명하고, 장남을 후계자로 지정했으며 차남은 비밀경찰의 총책임자로 삼았다. 그는 고아들을 모아 만든 비밀경찰 조직 세쿠리타테를 통해 언론을 완벽하게 통제했다.

차우셰스쿠가 비정한 독재자였다는 것은 부정할 수 없는 진실이지만, 이 사진이 사실인 것은 아니었다. 1989년 동구권에 자유화 물결이 불어오자 루마니아에서도 독재 타도와 민주화를 요구하는 시민 봉기가 일어났다. 1989년 12월 17일 차우셰스쿠는 티미쇼아라 반정부 시위대에 발포할 것을 명령했고, 수많은 사상자가 발생했다. 이 사건을 계기로 시위가 더욱 본격화되어 이란을 방문 중이던 차우셰스쿠는 급히 귀국했다. 이처럼 티미쇼아라에서 반정부 시위가 일어나 수도에서 파견된 군부대가 시위 군중에 무차별 총격을 가한 것은 사실이었다. 이 와중에 수십 명의 사상자가 발생한 것도 사실이었다. 당시 티미쇼아라는 외부와 통신이 두절된 상태였기에 온갖 유언비어와 억측이 난무했다.

사망자가 4천여 명에 이른다는 설도 있었지만, 훗날 밝혀진 바에 따르면 그 정도는 아니었던 것으로 드러났다. 그 무렵 희생자의 연고자가 시신을 찾기 위해 공동묘지를 파헤치는 일도 있었다. 발굴된 사체들은 자연사한 사람들이었지만, 누군가는 여론의 지지를 얻고자 이것이 학살당한 사람들의 시신이라고 선전했다. 기자들은 이런 사실을 알지 못했기 때문에 그대로 받아서 보도했다.

연출된 사진이 아니더라도 구도 설정과 '잘라 내기'만

으로 촬영자의 의도를 충분히 반영할 수 있다. 누군가는 진실을 알리기 위해 목숨을 걸고 내전과 참사의 현장으로 카메라를 들고 달려가지만 누군가는 자신의 이익을 위해 사실을 조작한다.

차우셰스쿠 부부는 도망치다가 붙잡혀 재판을 받았다. 변호인은 법정에서 자신이 보호해야 할 사람에 대해 사형 선고를 요청했고, 검사 역시 "개인적으로 나는 사형에 반대하지만, 너희는 인간이 아니므로 상관없다. 나는 너희 두 사람에게 사형을 선고하지 않을 수 없다고 생각한다"라고 말했다. 보통 루마니아 법정에서 사형에 필요한 인원은 3명인데, 병사들이 너도나도 자원하는 바람에 선발에 곤란을 겪어야 했다. 최종적으로 선발된 3인의 병사들에게는 1인당 실탄 30발이 지급되었다. 이들은 차우셰스쿠 부부에게 지급된 실탄을 모두 쏟아부었다.

⇒　『프로파간다 파워』, 데이비드 웰치 지음, 이종현 옮김, 공존, 2015

물 수 없다면 짖지도 마라

1866년 12월 21일 태어난 좌옹 윤치호는 유길준과 더불어 최초의 일본 관비 유학생이었고, 서재필·유길준과 더불어 조선의 제1세대 미국 유학생이었다. 그는 조선인 최초의 미국 남감리교회 신자로 평생을 청교도적인 성실함으로 일관했다. 그는 "이기적이고, 욕심 많고, 사치스럽고, 노동을 경시하는 인간에게는 상당한 '적개심'을 가진" 사람이었고, 무엇보다 1883년부터 1943년까지 매일같이 장장 60년에 걸쳐 일기를 썼다.

　윤치호의 일기는 초기에 한문으로 쓴 일부를 제외하면 대부분 영어로 되어 있는데, 친일파라는 이유로 무관심 속에 방치되었다. 그는 일본·중국·미국 등 오늘날에도 우리와 긴밀한 관계를 맺고 있는 3개국에서 총 11년 동안 공부했다. 신학·인문학 등 여러 학문을 두루 익힌 지식인이었고 외국어, 특히 영어에 능통했다. 그는 해외에서 생활하며 견문을 넓혔고, 근대를 직접 체험했다. 서구의 과학기술은 물론 자본주의 성장과 맞물린 세계정세에 정통했으며, 지식뿐 아니라 명망과 재력을 겸비한 조선 최고의 원로 중 한 명이었다. 이런 위치 때문에 일제와 민족주의 진영 양쪽 모두 그를 영입하고 싶어 했다.

과연 윤치호는 어떤 선택을 했을까? 잘 알려진 것처럼 그는 일제강점기 내내 모든 형태의 독립운동에 반대했다. 그는 3·1 운동이 진행 중이던 3월 29일의 일기에서 "애국심이야말로 인간의 최고 덕목"이라고 가르치는 일본이 조선인의 애국심은 중범죄로 처벌하고, "미국의 인종차별에 혼신의 힘을 다해서 반대"하는 일본이 "조선인에게는 매사에 민족 차별을 실행"하고 있다고 비판하면서도 "결국 힘이 정의"라고 결론지었다. 파리강화회의 참가를 부탁하는 최남선의 청을 거절하며 "싸울 수 없다면 독립을 외쳐 봐야 부질없는 짓이다. 우리가 강해지는 법을 모르는 이상 약자로 사는 법을 배워야 한다"라고 일기에 썼다. 그의 일기에서 엿볼 수 있는 그의 주장은 "물 수 없다면 짖지도 말라"라는 것이었다. 그 생각은 해방 후에도 변함이 없었다.

해방이 도둑처럼 왔다고 하지만, 일제강점기 동안 국내외에서 투쟁한 이들이 없었다면 광복도 없었을 것이다. 지금 당장 목표를 이루지 못한다 해서 울부짖는 것조차 포기한다면 살아도 산 것이라 할 수 없다. 국가는 패하여 망할 수 있고, 정부는 타협할 수 있지만 민중은 살아 있는 한 패배할 수도, 항복할 수도 없다.

⇒ 『물 수 없다면 짖지도 마라』, 윤치호 지음, 김상태 편역, 산처럼, 2013

공포의 문서

20세기에는 전쟁보다 집단학살(제노사이드)로 희생된 민간인(약 1억7500만 명으로 추정)이 많았다. 한국을 비롯해 권위주의 독재를 경험한 세계의 많은 지역에서 50개 이상의 과거사 청산 기구가 활동해 왔지만, 제대로 된 진실 규명이 이루어진 나라는 거의 없다. 민주화 이후 진실 규명을 위한 노력이 이어졌지만, 여전히 강고한 권력 기반을 가지고 있는 가해 세력의 침묵 강요 때문에 사면이나 면책을 허용하는 정치적 타협으로 종결되곤 했다.

1970년대 중반부터 미국의 CIA는 아르헨티나, 볼리비아, 브라질, 칠레, 파라과이, 우루과이 등 라틴아메리카의 우파 독재정권과 손잡고, 이른바 좌파 혁명(반체제·민주화) 세력을 조직적으로 탄압하고 제거하려고 '콘도르 작전'을 전개했다. CIA는 이를 "테러와 체제 전복에 맞서 싸우려는 여러 남미 국가의 정보·안보 네트워크를 통한 협력적 노력"이라고 했다. 콘도르 작전은 아르헨티나의 '더러운 전쟁', 칠레의 '콜롬보 작전' 등 지역에 따라 각기 다른 이름으로 불리며, 여러 독재국가의 협력 속에 국경을 초월해 여러 지역에서 합법적으로 자행되었다. 주요 희생자는 반체제 인사, 노조와 농민운동 지도자, 사제와 수녀, 학생과 교사, 지식인과 게릴라로 의심받는 사람들이었다. 이후 각 국가에서 과거사 진상 규명을 위한 다양한 활동이 전개되었지만, 콘도르 작전의 비밀스러운 성격 탓에 희생자 수와 명단을 확보하기도 쉽지 않았다.

그러던 1992년 12월 22일, 파라과이의 판사 호세 페르난데스는 인권운동가 마틴 알메이다와 더불어 수도 아순시온 교외의 한 경찰서에 대해 압수수색을 벌이던 중 미처 폐기되지 못한 방대한 양의 서류뭉치를 발견했다. 이 문서에는 파라과이의 전 독재자 알프레도 스트로에스네르가 통치 35년간 자행한 정치적 탄압의 증거들이 담겨 있었고, 콘도르 작전 전후 시기 주변국 군대와 비밀 정보기관의 고문, 납치, 실종 사건 등을 비롯해 법원의 승인 없이 자행된 다른 국가와의 체포자 교환 등 다양한 인권 침해 사례가 기록되어 있었다.

콘도르 작전의 진상이 일부나마 드러났고, 훗날 이 자료는 '공포의 문서'라는 별칭을 얻었다. 이 문서에 따르면 5만 명이 살해당했고 3만 명이 실종됐으며 40만 명이 투옥되었다. 이 기록은 파라과이의 과거사 진상 규명은 물론 칠레의 독재자 피노체트에 대한 스페인 정부의 기소에 증거 자료로 사용되었고, 2009년 유네스코 세계기록유산으로 지정되었다. 이 문서를 세계기록유산으로 지정한 이유에 대해 유네스코는 독재 정권에 반대하는 정치사상과 신념을 가진 사람들을 억압하려고 조직적으로 자행했던 육체적·정신적 고문의 증거라고 했다. 또한 독재 체제가 한 사회의 가치, 문화, 행동 및 인간관계에 어떤 악영향을 미칠 수 있는지 분석하고 이해할 수 있는 구체적 자료로서 가치가 있다고 밝혔다.

⇒ 『날 죽이지 말라고 말해 줘!』, 이사벨 아옌데 외 지음, 김현균 엮음, 창비, 2010

이와쿠라 사절단

1871년 12월 23일, 이와쿠라 도모미(1825~1883)가 이끄는 사절단이 요코하마를 출발해 미국으로 향했다. 단원 46명, 서기관·전문조사관 등 수행자 18명, 유학생 43명(이 중 5명은 여성)으로 모두 107명에 이르는 대규모 사절단이었다. 일본인 최초로 장기간 바깥 세계를 직접 관찰할 기회를 제공받은 이들은 하급관리가 아니라 유신을 이끈 중추이자 핵심 관료였다.

전권대사 이와쿠라 도모미는 메이지 정부의 가장 중요한 지도자 중 하나였으며 부대사는 도쿠가와 막부를 무너뜨린 사쓰마·조슈 연합 세력의 실권자였던 오쿠보 도시미치(1830~1878), 기도 다카요시(1833~1877), 이토 히로부미(1841~1909) 등이었다. 이들은 태평양을 건너 미국·영국·프랑스 등 총 12개국을 순방하고 수에즈운하와 동남아시아를 거쳐 1년 9개월 21일 만에 귀국했다. 이와쿠라 사절단은 미국에 205일, 영국에 122일을 머무르며 전체 일정의 절반을 보냈다. 수행원 자격으로 참가한 구메 구니타케(1839~1931)는 모두 다섯 권의 보고서를 남겼다.

그들의 주요 관심사는 서양 문명의 바닥에 흐르는 힘이 무엇인지 파악하는 것이었다. 이들이 파악한 서양과 동양의 근본적 차이는 지칠 줄 모르는 탐구심과 재물에 대한 탐욕이었다. 사절단 일행은 이제 막 통일을 달성한 독일의 철혈 수상 비스마르크와의 만남에서 큰 감화를 받았다. 비스마르크는 사절단 일행에게 "대국이 이익을 추구할 때 자신에게 이익이면 만국공법을 잘 지키지만, 자국에 불리하면 곧장 군사력으로 해결"하려 든다며 만국공법의 허구성과 국제질서의 냉혹함을 일깨워 주었다. 사절단 일행은 근대 국민국가를 성취하려면 봉건적인 번藩을 대신해 일본이라는 하나의 국가가 되어야 하고, 사족과 평민의 신분을 넘어 하나의 국민이 되어야 한다는 사실을 깨달았다.

그로부터 10년 뒤 조선 정부도 서구 근대 문물 수용을 위해 조사 시찰단을 일본에 파견했다. 시찰단은 약 4개월에 걸쳐 메이지 일본의 문물과 제도를 살펴 모두 80여 책의 보고서를 만들었다. 그러나 국왕에게 올린 보고서는 일반인도 읽을 수 있도록 출판되었던 구메의 보고서와 달리 일반 대중에게 공개되지 않았다. 일본이 성공의 역사를 쓴 반면 우리가 실패의 역사를 걸어간 이유다.

⇒ 『특명전권대사 미구회람실기』, 구메 구니타케 지음, 정애영 옮김,
소명출판, 2011

굳세어라 금순아

'내셔널리즘'이란 역사적·지리적·문화적·정치적 전통을 공유하는 하나의 공동체에 속해 있다는 생각 또는 감각을 의미한다. 한 번도 만난 적 없는 이가 해외에 나가 훌륭한 성과를 보이는 것을 마치 내 일처럼 기뻐하는 것, 국가대표가 승리하는 것이 나에게 실제로 아무런 이득을 주지 않음에도 그가 단지 같은 한국인이고 한국 대표라는 이유로 기뻐하는 것, 그것이 바로 내셔널리즘이다.

근대 민족국가에서 평등이 중요한 이유는 양반과 상놈, 부르주아지와 프롤레타리아, 경상도와 전라도, 전주 이씨와 안동 김씨 같은 차이를 넘어 대한민국이라는 한 국가의 '균질적인 국민'이라는 의식, 즉 내셔널리즘이 필요하기 때문이다. 줄곧 한반도에 살았던 이들에게 이 감각은 새로울 것이 없어 보이지만, 미국처럼 새로운 땅에서 시작한 국가, 유럽처럼 국경과 국적 개념이 혼재된 지역에서 특정한 개인에게 그 나라 정부와 체제를 수호하기 위해 총을 들거나 심지어 자기 목숨을 희생하도록 하려면 특별한 '국가 만들기' 과정이 필요했다. 이를 담당한 것이 '국민 만들기로서의 국민교육'이고, 이 과정에서 국민을 단합시킬 수 있는 이야기, 건국신화가 필요했다. 대부분의 근대 국민국가에서 이런 신화들은 전쟁(내전)을 통해 만들어졌다.

해방 이후 한반도에 세워진 두 개의 정부와 국가는 모두 나름대로의 건국신화를 가지고 있다. 분단 초기 남북한의 지식인을 비롯해 특수한 일부 계층은 자신의 이념적 선택에 따라 남과 북을 선택했지만, 한반도에 살던 대다수 사람은 전쟁 때문에 어쩔 수 없이 한쪽을 선택할 수밖에 없었다. 발발 이후 10개월여 동안 전쟁은 남과 북을 톱질하듯 오갔고, 그 과정에서 수많은 피난민이 발생했다.

1950년 12월 국군과 유엔군이 압록강에 도달했고, 맥아더의 말처럼 크리스마스 이전에 전쟁이 끝날지 모른다는 기대에 부풀었다. 그러나 맥아더의 무리한 북진으로 전선은 지나치게 넓고 얇게 펼쳐졌고, 그 틈으로 스며든 중공군의 기습으로 미군은 장진호에서 커다란 피해를 입고 후퇴했다. 서부전선도 붕괴했다. 미군과 한국군이 육로로 탈출할 수 있는 길은 거의 막혀 버렸다. 결국 원산 이북의 미군과 한국군은 함경남도 흥남항에서 해상으로 철수하기로 했다. 미 해병 1사단과 에드워드 앨먼드(1892~1979) 소장 휘하의 미 보병 10군단, 김백일(1917~1951) 소장이 지휘하는 국군 1군단 등 병력 10만5천여 명과 1만8천여 대의 차량, 군수품 35만 톤이 이곳으로 집결했다.

북한 동해안 일대의 피난민 20만여 명이 부두로 몰려들었다. 그러나 전시 작전에서 우선시되는 것은 군 작전 병력과 물자의 이송이었기 때문에 피난민 수송 계획은 없었다. 미군 측에 피난민 수송을 강력하게 요청한 것은 국군 1군단 사령관 김백일 장군과 통역장교로 복무하던 의사 현봉학(1922~2007)이었다. 이들은 군수물자를 포기하는 대신 북한을 탈출하려는 주민들을 구출할 것을 간곡히 요청했다. 그것은 미군의 전시 규정에 위배되는 것이었지만, 이들의 설득에 마음이 움직인 앨먼드 소장은 피난민 구출을 위해 극동군사령부에 동의를 구했다.

1950년 12월 15일부터 24일까지 열흘 동안 진행된 흥남철수작전으로 10만여 명의 피난민이 북한을 탈출해 부산과 거제로 이송되었다. 7,600톤 급 화물선 메러디스빅토리호의 선장 레너드 라루(1914~2001)는 12월 23일부터 배에 실린 군수품 일체를 버린 뒤 1만4천여 명의 피난민을 태웠다. 이 배는 28시간의 항해 끝에 무사히 거제에 도착했고, 그 와중에 배에서 5명의 신생아가 태어나기도 했다. 그러나 이들 뒤로는 배에 채 오르지 못해 흥남부두에 남겨진 10만여 명의 피난민이 있었다. 선장 라루는 전쟁이 끝난 1954년 베네딕트수도회에 들어가 수도자 마리누스로 평생을 보냈다.

2017년 6월 미국을 방문한 문재인 대통령은 "흥남철수작전의 성공이 없었다면 제 삶은 시작되지 못했을 것이고,

오늘의 저도 없었을 것"이라고 말했다. 흥남부두에서 메러디스빅토리호에 올랐던 젊은 부부 사이에서 태어난 아이가 대한민국 대통령이 되었고, '흥남철수'와 '1·4 후퇴'는 이스라엘의 엑소더스에 맞먹는 새로운 건국신화가 되었다. 흥남철수와 1·4 후퇴가 「굳세어라 금순아」라는 노래로 되살아나 널리 불리는 동안, 노근리를 비롯한 여러 지역에서 자행된 한국전쟁 전후 민간인 학살 사건에 대해서는 오랫동안 침묵이 강요되었다.

⇒   『학살된 사람들 남겨진 사람들』,
     한국전쟁전후진주민간인피학살자유족회 엮음, 피플파워, 2020

성산 장기려

코로나 팬데믹 상황에서 한국의 건강의료보험 제도가 세계의 격찬을 받은 탓에 정치권에서는 때로 이 제도의 원조를 각자에게 유리하게 해석하고는 한다. 그러나 엄밀히 말해 국민건강보험 제도의 효시로 평가받는 '청십자의료협동조합'을 만든 사람은 대통령 박정희가 아니라 성산聖山 장기려(1911~1995) 박사다.

장기려는 1911년 평안북도 용천군에서 출생해 1928년 송도고등보통학교를 졸업한 뒤, 1932년 경성의학전문학교를 수석으로 졸업하고 의사의 길로 들어섰다. 경성의전에서 장기려는 당대 최고의 외과의로 손꼽히던 백인제 교수를 만나 졸업 후 1936년까지 4년간 약 270건의 실험을 진행했고, 일본 나고야제국대학에서 의학박사 학위를 받았다. 일제강점기 조선인 중에 의학박사 학위를 받은 사람은 채 10명도 되지 않았기에 주변에서는 그가 의과대학 교수처럼 성공이 보장된 안전한 길을 갈 것이라 예상했다. 하지만 그는 교수직과 대형 병원 자리를 모두 거절하고 가난한 이들이 많이 다니던 평양의 기독교 병원을 선택했다. 분단 이후에도 계속 고향인 북한에 남아 있던 장기려는 평양의학대학 외과과장으로 재직했고, 김일성의 주치의 겸 김일성종합대학 교수로 일하기도 했다. 전쟁이 일어나자 평양의대에서 부상병을 치료하던 그는 평양 수복 직후 국군에게 체포돼 이번엔 국군 야전병원에서 부상병 치료를 맡았다.

당시 평양에는 장기려의 부인과 자식 6남매가 살고 있었다. 1950년 12월 그는 중공군의 개입으로 시작된 급작스런 철수 작전의 와중에 옷가지를 전해 주러 왔던 둘째 아들 '장가용'만 데리고 남쪽으로 가는 환자 수송용 버스에 올랐다. 원래는 부모님과 아내, 나머지 가족도 함께 따라나서기로 되어 있었지만 혼란한 상황 속에서 가족들과 영원히 이별하고 말았다. 그런 까닭에 북한에서는 장기려 박사가 국군에게 납치되었다며 송환을 요구했고, 시시때때로 북한에 남겨진 가족을 대남방송에 출연시켰다. 북에 두고 온 아내와 가족을 그리워해 재혼조차 않고 평생 독신으로 살았지만, 1985년 남북관계가 일시적으로 개선되어 특별 방북 대상으로 선정되었을 때에는 "나만 특혜를 받을 수 없다"라며 방북을 사양했다.

임시 수도 부산에서 서울대학교 의과대학 외과교수가 된 그는 복음병원을 세워 피난민 등 가난한 사람을 무료로 진료하며 1976년 6월까지 25년간 복음병원(현 고신의료원의 전신) 원장으로 인술을 베풀었다. 그는 돈이 없어 치료받지 못하는 가난한 사람을 위해 무료 진료 사업을 벌였고, 자신의 급여조차 환자 치료를 위해 아낌없이 사용했다.

형편이 어려운 환자를 계속 무료로 진료해 경영이 어려워진 나머지 병원 운영진이 무료 진료 결정권을 그에게서 박탈하자 입원 환자에게 병원비를 내지 말고 도망가라며 밤중에 병원 뒷문을 몰래 열어 주었다는 일화가 전해질 정도이다. 장기려는 병원 직원의 임금을 직무나 직급이 아니라 가족 수에 따라 책정했는데, 자신은 아들 하나만 부양하면 된다며 운전기사와 같은 액수를 받아 생활했다. 재정적 한계에 부딪쳐 병원 운영이 어렵게 되자 그는 북유럽의 사회복지 제도에서 아이디어를 얻어 1968년부터 오늘날 의료보험 제도의 효시가 되는 '청십자의료협동조합' 운동을 시작했다.

그는 "건강할 때 이웃 돕고 병났을 때 도움받자"라며 담배 한 갑이 100원이던 시절 조합원들에게 보험료로 60원씩을 거뒀다. 아직 의료보험이 뭔지도 몰랐던 시대에 그는 집집마다 방문해 취지를 설명하고 가입을 독려하며 어렵게 조합을 일구어 나갔다. 그가 이처럼 낮은 금액을 거둘 수 있었던 것은 진료비를 무료로 책정했기 때문이다.

그의 노력이 성과를 거두기 시작하자 1977년 박정희 정부는 이를 모델 삼아 대기업, 공무원, 사립학교 교원 등 일부 국민을 대상으로 의료보험 제도를 도입했다. 1989년 의료보험이 전 국민 의료보험으로 확대되면서 정부에 조합을 양도하고 해산을 선언할 당시 청십자의료보험조합의 부산 지역 조합원 수는 무려 23만 명에 달했다.

장기려는 평생 집 한 칸 없이 병원 옥상 사택에 살면서 노년에는 당뇨병에 시달렸지만, 죽기 며칠 전까지도 가난하고 소외된 사람들에게 박애와 봉사의 정신으로 의술을 펼쳤다. 우리 곁의 성자로 살았던 그는 1995년 12월 25일 성탄절에 85세의 나이로 세상을 떠났다.

⇒ 『장기려, 그 사람』, 지강유철 지음, 홍성사, 2015

아파트

세계 최초의 아파트는 2천 년 전 고대 로마시대의 '인술라'insula에서 비롯되었다. 세계제국을 건설한 로마에는 지중해 일대에서 수많은 사람들이 모여들었고, 도시의 급속한 팽창으로 심각한 주거난이 발생했다. 이 문제를 해결하고자 생겨난 건축 양식이 인술라였다. 초기 로마에서 사람들은 대부분 '도무스'domus라 불리는 단독주택에 살았지만, 점차 단독주택을 지을 공간이 부족해지자 4~5층짜리 공동주택을 지었다. 로마제국 초기에는 80만에서 100만 명에 이르는 도시 인구의 대부분이 인술라에서 살았다.

인술라의 1층은 대부분 점포(상가)였는데, 전성기 로마에는 약 4만6천 채의 인술라가 있었고, 부유층이 거주하던 도무스는 1,800여 채에 불과했다. 로마의 인술라는 대부분 원로원 의원들을 비롯한 부유층 소유였다. 로마의 정치인이자 웅변가이며 카이사르에 반대하고 공화정을 옹호한 탓에 암살당한 사람, 무엇보다 돈에 무관심한 사람으로 널리 알려진 키케로(기원전 106~기원전 43) 역시 로마의 인술라 중 8분의 1을 소유한 부동산 갑부였다.

한국 '아파트'의 시초는 1932년 서울 충정로에 세워진 5층짜리 건물이었다. 아파트가 본격적으로 도입된 것은 로마와 마찬가지로 도시화가 진행된 1970년대였고, 대대적인 아파트 건설 붐이 일기 시작한 것은 윤수일의 노래 「아파트」(1982)가 히트를 기록하던 무렵이었다. 본래 우리말에서 '집'의 개념은 "사람이나 동물이 추위, 더위, 비바람 따위를 막고, 들어가 살기 위해 지은 건물"이라는 뜻 못지않게 '가정'을 의미하는 말이었지만, 언젠가부터 집은 '부동산' 상품이 되었다. 이런 변화를 강하게 추동한 것이 바로 아파트라는 네모반듯하게 규격화된 거주 형태의 출현이다.

전 세계 도시화율은 50퍼센트대이지만 효율적인 국토 관리의 필요성과 무관하게 한국의 도시화율은 95퍼센트에 달한다. 아파트는 전 국민의 대부분이 도시에 모여 사는, 대한민국의 가장 대표적인 주거 수단이자 그 자체로 하나의 계급 공동체이다. 그러나 이 계급은 부동산 가격 담합을 제외하면 그 어떤 이유로도 공동체적인 관계를 맺지 않는다. 아파트의 장점은 '고립된 섬'처럼 살 수 있다는 것이다. 현관문만 굳게 걸어 잠그면 그 안에서 자신 또는 가족만을 위한 성채를 꾸릴 수 있다. 현관문을 열고 나오면 나와 엇비슷한 수준의 이웃이 위아래로 차곡차곡 포개어 살고 있다. 대입 수능시험이 학생들을 서울대학교에서부터 줄 세우듯 아파트는 주거 수준과 관련해 부동산 가격으로 전 국민의 서열을 결정한다.

단순한 집이나 재산 증식의 수단을 넘어서 아파트, 특히 고급 아파트에 산다는 것은 일종의 자격증이며 나를 증명하는 스펙이 되었다. 같은 지역, 같은 평형대, 같은 브랜드 아파트에 사는 사람들은 서로 기묘한 연대의식을 공유한다. 이 같은 동질감은 마을 공동체가 아니라 이익 공동체로서의 아파트 단지 특유의 '단지식 자폐 문화'를 형성한다. 자비를 들여 아파트 내부의 공용 공간(공유 시설)을 건설하기 때문에 한국의 아파트 건설 시스템 속에서 단지 내부의 체육 시설, 놀이 시설은 외부 시민과 공유할 수 없게 된다. 이런 과정을 거치며 아파트 입주민들은 스스로를 공적 주체인 시민이 아니라 특수한 경제적 이해를 공유하는 '사적 주체'homo economicus로 변질시킨다. 이것이 고대 로마의 인술라 문화와 현대 대한민국의 아파트 문화의 차이이다. 로마는 전통적인 엘리트와 부유층이 단독주택 도무스에 살았지만 두 종류의 주택은 도시 안에 혼재되어 있었고, 이들은 결코 분리된 이웃으로 살지 않았다.

1969년 12월 26일, 정부의 대규모 주택 공급 정책이었던 '시민아파트' 사업으로 6개월여 만에 와우아파트가 완공되었다. 그리고 이 아파트는 1970년 4월 8일, 완공 103일 만에 붕괴했다.

⇒ 『아파트에 미치다』, 전상인 지음, 이숲, 2009

아프가니스탄 전쟁

19세기 무렵 영국은 아프가니스탄을 두고 제정 러시아와 치열한 세력 다툼을 벌였다. 러시아의 남하를 막기 위해 1838년 아프가니스탄에 2만 명의 병력을 파견한 것을 시작으로 세 차례에 걸쳐 아프가니스탄과 전쟁을 치렀다. 수도 카불을 점령하고 도스트 무하마드 왕을 몰아낸 영국은 꼭두각시 정권을 세우는 데 성공하지만, 토착 부족들은 영국 관리와 군인 들을 처참하게 살해하는 피의 보복으로 응답했다. 영국은 1842년 1월 아프가니스탄을 포기하고 인도로 철수했다. 철수하는 길도 쉽지 않았다. 험준한 산악 지역에 매복한 아프간인들의 기습 공격으로 영국군 4천 명과 민간인 1만 명 중 살아서 목적지인 '잘랄라바드'에 도착한 사람은 40여 명에 불과했다. 1878년 영국은 다시 아프가니스탄을 침략했지만 역사는 반복되었다. 1918년 영국과 아프가니스탄 사이에 또다시 전쟁이 벌어졌고, 아프가니스탄은 1878년에 빼앗겼던 외교권을 되찾았다.

1973년까지 아프가니스탄은 나름대로 평온을 누렸다. 그러나 모하메드 자히르 샤 국왕의 사촌인 다우드 칸 총리가 쿠데타를 일으켜 국왕을 축출하고 공화정을 선포하면서 또다시 혼란이 시작되었다. 새로운 정부는 낙후된 아프가니스탄을 근대화하려는 개혁을 추진했다.

　하지만 소련에서 교육을 받고 돌아온 하피줄라 아민(1929~1979), 누르 무함마드 타라키(1917~1979) 등 군 장교들이 주도한 1978년 4월 쿠데타로 타라키를 중심으로 하는 공산주의 정권이 수립되었다. 아프간민주공화국DPA을 선포한 이들은 급진적인 사회주의 개혁을 시도했지만, 곧 전 국민적인 저항에 직면한다. 이들이 추진한 토지개혁, 여성 정책, 이슬람에 대한 사회주의적인 접근은 부족 원로들을 비롯한 전통적 이슬람 지지자들의 분노를 샀고, '지하드'(성전)가 선포되었다. 궁지에 몰린 이들은 소련에 지원을 요청했고, 소련은 군사고문단을 파병했다. 1979년 3월 아프간 육군 17사단이 군사 반란을 일으켰다. 이들은 사단에 배치되어 있던 소련군 군사고문단 장교들과 그 가족 40여 명을 처참하게 학살했다. 그런 와중에 하피줄라 아민이 쿠데타(1979년 9월 16일)를 일으켜 타라키 대통령을 처형하고 스스로 대통령에 올랐다. 대통령이 된 아민은 이후 3개월 동안 1만8천여 명에 이르는 정치적 반대자들을 처형했다. 소련은 1979년 12월 27일 대통령궁을 습격해 아민을 사살하고, 체코슬로바키아 주재 아프가니스탄 대사였던 바브락 카르말(1929~1996)을 대통령으로 내세웠다.

19세기 영국이 염려하던 일이 20세기 말엽에 시작된 것이다. 그러나 소련의 운명 역시 영국과 별반 다르지 않았다. 소련의 침공 이후 수도 카불을 비롯해 전 국민적인 저항이 시작되었다. 아프간의 이슬람 저항 세력들은 1980년 1월 '아프가니스탄해방이슬람연맹'을 결성했다. 이들은 이슬람 형제국의 자금 지원을 받아 전국 각지에서 소련군과 정부군에 대항하는 무장 항전을 전개했다. 이들을 일러 '성전에서 싸우는 전사'라는 의미로 '무자헤딘'mujahidin이라 불렀다. 이슬람 국가들에서도 이들을 지원하기 위해 자원자들이 합류하기 시작했다. 카불 정권 내부의 권력투쟁으로 카르말이 실각하고 무하마드 나지불라(1947~1996)가 정권을 장악했다. 정부군 소속 병사들이 이탈해 무자헤딘에 합류하면서 무자헤딘의 대소 항전이 더욱 거세졌다.

　　미국은 사우디아라비아·파키스탄과 함께 이들 조직에 무기와 자금을 지원했다. 1985년 소련 공산당 서기장에 취임한 고르바초프는 협상을 제의했다. 1988년 4월 아프가니스탄 평화협정을 체결한 소련은 1989년 2월 완전 철수했다. 1992년 4월 무자헤딘 지도자 랍바니를 수반으로 하는 회교 정권이 수립됐다. 그러나 이후로도 전쟁은 계속되었고, 2021년 미군이 철수한 후에는 탈레반 정권이 아프가니스탄을 장악했다.

⇒　『아프가니스탄, 잃어버린 문명』, 이주형 지음, 사회평론, 2004

제7의 예술

기술적으로 영화를 처음 만든 사람은 1889년 '키네토스코프'Kinetoscope를 발명한 에디슨(1847~1931)이다. 그는 1891년 이 장치로 특허를 신청했지만, 에디슨의 영사기는 여럿이 함께 볼 수 있는 것이 아니라 한 사람씩 구멍 속을 들여다봐야 감상할 수 있는 구경거리peepshow에 불과했다. 프랑스의 뤼미에르 형제는 처음으로 돈을 받고 관객을 상대로 시사회를 열었기 때문에 미국의 반발에도 불구하고 오늘날 '영화의 시조'로 평가받는다.

　　뤼미에르 형제는 1895년 12월 28일 프랑스 파리의 한 카페에서 매우 짧은 단편 영화 10편을 공개 상영했다. 이 가운데 「뤼미에르 공장을 나서는 노동자들」이 가장 먼저 상영된 것으로 알려져 있다. 이날 개최된 시사회에는 프랑스의 문화계 인사 30여 명이 초대되었는데, 형제는 이들에게 1인당 1프랑의 입장료를 받았다. 그런 이유에서 이날은 최초로 상업영화가 상영된 날이기도 하다. 극장에서 영화를 상영하려면 이미지들을 빠르게 이어서 빛에 노출시킬 수 있고, 이와 똑같은 방식으로 영사시킬 수 있는 메커니즘이 필요했다. 뤼미에르 형제의 시네마토그라피는 갈고리 모양의 쇠가 필름을 한 프레임씩 잡아당기며 이미지가 영사되는 동안 안정적으로 고정되도록 하는 지극히 초보적인 영사 방식이었다. 하지만 사람들은 화면 속 풍경을 실제 상황으로 여겼고, 「시오타 역에 도착하는 기차」라는 영화에서 열차가 자신들을 향해 달려오는 것으로 착각한 사람들은 비명을 지르며 밖으로 뛰쳐나갔다.

형제는 이후로도 400편의 단편 영화를 더 만들었지만, 오늘날 우리가 생각하는 극영화가 아니라 노동자들이 노동하는 모습이나 아기에게 젖 먹이는 모습 등 지극히 평범한 일상을 담은 것이었다. 이들 형제는 담아낼 만한 이야기가 떨어졌던 모양인지 "영화는 참 미래가 암담한 발명품이란 말이야"라는 말을 남기고 영화 제작을 중단한 채 특허권을 팔아 버렸다. 뤼미에르 형제의 예측과 달리 영화는 오늘날에도 여전히 제작되고 있다. 비록 영화 발명의 공은 빼앗겼지만, 뤼미에르 형제의 영화 상영 이후 30년이 경과하면서 미국은 오늘날 전 세계에 영화를 수출하는 국가이자 단일 규모로는 가장 거대한 영화 시장을 지닌 국가가 되었다.

할리우드는 잘 구성된 이야기와 놀라운 기술적 효과, 영화 연기에 새로운 차원을 가져온 스타 시스템 등을 이용해 산업적·예술적 측면에서 세계적으로 주도권을 행사했다. 미국 이외의 국가들은 할리우드가 제공하기 어려운 관객의 욕구를 충족시키는 방식으로 생존했다. 1911년 이탈리아의 시인이자 평론가 리치오토 카누도(1879~1923)는 「제7 예술선언」이라는 글에서 영화를 최초로 '제7의 예술'이라 명명했는데, 이를 통해 영화는 탄생일을 기억할 수 있는 최초의 예술이 되었다. 그에 따르면 제1의 예술은 연극, 제2의 예술은 회화, 제3의 예술은 무용, 제4의 예술은 건축, 제5의 예술은 문학, 제6의 예술은 음악이며, 제7의 예술이 바로 영화이다. 디지털 기술이 발전한 오늘날에는 상업영화 대부분이 필름으로 제작되지 않는다.

⇒ 『영화의 이해』, 루이스 자네티 지음, 박만준·진기행 옮김, K-Books, 2017

운디드니 학살

1830년대 앤드루 잭슨 대통령은 인디언 이주법과 총을 이용해 아메리카 대륙의 원주민들을 황량한 '인디언보호구역'으로 내쫓고, 보호구역 안에서 그들이 살든지 죽든지 내버려 두었다. 그러나 미주리주에서 오리건주에 이르는 약 3,200킬로미터의 산길, 이른바 '오리건 트레일'이 뚫리고 캘리포니아 금광 열풍이 불자 수많은 백인들이 이 길을 통과해 서부로 달려가기 시작했다.

근방의 인디언보호구역에 살던 원주민들은 반발할 수밖에 없었다. 점차 갈등이 고조되자 연방정부는 1851년 9월 원주민 땅에 추가적인 도로와 군 주둔지를 건설하는 조건으로 이들에게 5만 달러의 연금을 지급하고 '조약 체결 이후 미국인들이 인디언을 약탈하지 못하도록' 군대를 동원해 보호해 주겠다는 '포트래러미 조약'Fort Laramie Treaty 을 맺었다. 그러나 이 조약은 1864년 11월 존 M. 치빙턴 대령이 콜로라도 의용군 1,200명을 이끌고 샌드크리크의 샤이엔 마을을 습격하는 순간 깨졌다. 그 일대에서 금이 발견되자 아라파호족 추장 리틀 레이번과 샤이엔족 추장 블랙

케틀은 노란 금속을 모조리 가져가도 상관없지만, 얼른 챙기고 떠나 주면 좋겠다는 뜻을 전했다. 백인들은 떠나는 대신 이들을 죽이기로 했다. 치빙턴 대령이 원주민 마을을 습격할 때 블랙 케틀은 미국 국기와 백기를 흔들었다. 하지만 부질없는 짓이었다. 그들은 부녀자와 어린이를 포함해 400명을 학살했다.

1860년대 후반부터 대평원의 버펄로 청소가 시작되었다. 일부는 대륙횡단철도 건설 노동자들에게 육류를 제공하기 위해, 나머지는 가죽만 벗겨서 제혁업자에게 넘기기 위해 사냥한 것이었다. 1872년에서 1874년 사이 원주민들이 식량으로 사냥한 버펄로는 15만 마리였지만, 백인에게 죽은 버펄로는 3천만 마리에 이르렀다. 1874년 말에 이르자 수 세대 동안 원주민의 식량 공급원이었던 버펄로가 멸종 위기에 이르렀다. 사냥감이 사라지자 원주민들이 자급자족할 방법도 사라졌다. 미국은 이들에게 농부가 되길 권했지만, 대평원을 누비며 살아왔던 이들에게 보호구역은 감옥이었다. 일부는 보호구역을 거부하고 방랑자가 되었다. 보호구역에 침범하는 백인이 점차 늘어나자 원주민들은 그랜트 대통령에게 대표자를 파견해 이들을 체포하고 자신들을 보호해 달라고 청원했다.

이들이 워싱턴을 떠난 뒤 그랜트 정부는 원주민에 대한 유언비어를 유포하고는 여론이 악화되길 기다렸다.

1875년 11월 백악관에서 열린 비밀회의에서 그랜트 대통령은 1876년 1월 31일까지 모든 방랑 원주민 부족들은 보호구역 안으로 철수하라는 명령을 내렸다.

매서운 한파가 몰아치는 한겨울에 온가족을 데리고 굶어 죽기 위해 보호구역으로 들어가도 좋고, 보호구역 밖에서 총에 맞아 죽으면 더욱 좋다는 계획이었다. 그들은 보호구역으로 돌아가지 않았고, 연방정부는 군대를 파견했다. 호전적인 성품으로 유명한 조지 커스터(1839~1876) 대령이 이끄는 제7기병대였다. 시팅불Sitting Bull(1831~1890)과 크레이지 호스Crazy Horse(1840~1877)는 원주민 부족들을 연합해 이들에게 맞섰다.

1876년 6월 25일에서 26일 사이 몬태나주 리틀빅혼에서 이들이 이끄는 라코타-샤이엔 연합 부대는 커스터의 기병대를 전멸시켰다. 이후 미국 정부는 이를 빌미로 대대적인 원주민 말살 정책을 추진했다. 미국의 회유에도 불구하고 항복을 거부하던 크레이지 호스가 1877년 9월 5일 쇠사슬에 묶인 채 총검에 찔려 숨졌고, 1881년 항복한 시팅불은 1890년 12월 15일 보호구역에서 경찰이 쏜 총에 맞아 숨졌다. 그가 숨지고 10여 일이 흐른 12월 29일 제임스 W. 포사이스 대령이 이끄는 제7기병대 병사 500여 명이 미국 사우스다코다주 남서부 파인리지 원주민보호구역의 운디드니Wounded Knee 언덕에 나타났다.

이들은 원주민들이 보호구역 내에 숨겨 둔 무기를 찾아 회수한다는 명분으로 4정의 기관총과 대포를 동원해 마을을 포위했다. 이들이 마을을 수색하는 동안 어디선가 한 발의 총성이 울렸다. 제7기병대의 역사를 잘 알던 병사들에게 이 총성은 원주민에게 총격을 가할 명분으로 충분했다. 이들은 어린이와 여성을 포함해 200명 이상을 죽였다. 미국 정부는 '운디드니 전투'라고 명명한 이날의 학살에서 승리한 제7기병 대원들에게 22개의 훈장을 수여했다.

⇒ 『나를 운디드니에 묻어 주오』, 디 브라운 지음, 최준석 옮김, 길, 2016

나를 만지지 마라

필리핀Philippines이라는 국명은 1571년 그 땅을 식민지로 삼았던 스페인 왕 펠리페 2세Philip II의 이름에서 유래했다. 필리핀의 독립운동가이자 작가인 호세 리살(1861~1896)은 300년 가까이 스페인의 식민지였던 필리핀 루손섬의 부유한 지주 집안에서 태어났다. 그는 마드리드대학에 유학해 의학을 공부하는 한편 가혹한 식민 지배 정책을 비판하는 언론 활동에 참여했다.

　학업과 언론 집필 등으로 바쁜 와중에 예수회를 비롯해 스페인 사람들이 필리핀 사람들을 무지하고 야만적인 이미지로 왜곡해 식민 지배를 합리화하는 것에 크게 분개하여 소설을 썼다. 이것이 1887년에 발표한 소설 『나를 만지지 마라』였다. 필리핀의 가혹한 식민 지배 현실을 고발하는 이 책은 과거의 영광에 취해 오늘의 현실을 직시하지 못하고 있던 스페인의 자유주의 지식인들을 일깨웠고, 필리핀의 독립을 염원하던 젊은이들의 필독서가 되었다.

　스페인 정부는 그를 불온한 인물로 낙인찍어 필리핀으로 추방했다. 1892년 필리핀으로 돌아온 호세 리살은 마닐라를 중심으로 교육과 사회개혁 운동을 전개하며 필리핀민족동맹을 조직해 지주들의 가혹한 착취로부터 소작농의 경제적 지위를 개선하는 운동을 펼쳐 나갔다.

그는 다시 체포되어 다피탄섬으로 유배되었는데, 1896년 그의 저서에 영향을 받은 젊은이들과 함께 민족주의 비밀결사 단체 '카티푸난'을 결성했다. 이들 중 일부가 비밀리에 봉기를 준비하다가 체포당했고, 호세 리살은 유배 중이었기 때문에 이 사건과 무관했다. 그러나 스페인 식민 당국은 그의 영향력을 두려워했고, 변호사도 없는 엉터리 재판을 통해 사형을 언도했다.

1896년 12월 30일 처형장으로 끌려 나온 호세 리살은 자신의 가슴에 총부리를 겨눈 병사들 가운데 필리핀 젊은이들이 있는 것을 보고, 같은 동포가 자신에게 방아쇠를 당기는 것은 차마 볼 수 없다며 뒤돌아선 채로 총살당했다. 리살의 죽음 이후 채 2년이 흐르기 전 스페인은 미국과의 전쟁에서 패해 필리핀을 떠났다. 그들이 떠난 자리는 미국이 채웠다.

필리핀은 1896년 아시아 최초로 민족주의 혁명을 일으켰고, 1901년까지 유지된 최초의 민주공화국을 수립했으며, 서구 식민지로부터 독립을 쟁취(1946)한 최초의 아시아 국가였다.

⇒ 『나를 만지지 마라 1·2』, 호세 리살 지음, 김동엽 옮김, 눌민, 2015

동인도회사

'해가 지지 않는 제국'으로 전 세계를 호령하던 1869년의 영국에서 자유주의 사상가 존 스튜어트 밀(1806~1873)은 『여성의 종속』The Subjection of Women이라는 책을 펴냈다. 이 책은 19세기 여성참정권 운동의 급진화가 시작되던 무렵, 정치적 무권리 상태가 지속되던 여성의 상황에 대해 경각심을 불러일으킨 문제작이었다. 존 스튜어트 밀은 다수의 폭력에 반대하고 개인의 자유를 강조하는 진보적 자유주의자로서 자신의 자유주의 이론을 보편적 인간, 나아가 여성에게도 동일하게 적용해야 하며 사회와 가정 속 모든 영역에서 여성이 평등한 법적·사회적 권리를 누려야 한다고 주장했다.

그는 런던에서 공리주의 철학자이자 계몽주의자로 명성이 높았던 아버지 제임스 밀(1773~1836)의 9남매 중 장남으로 태어났다. 아버지 제임스는 아들 존을 지적인 후계자로 키우기 위해 3세 때부터 직접 희랍어를 가르쳤고, 소크라테스를 읽혔으며, 8세가 되자 라틴어를 배우게 했다. 존 스튜어트 밀의 아버지 제임스 밀은 동인도회사에서 근무하며 대표작이자 출세작인 『영국령 인도의 역사』를 펴냈다. 그는 태어나서 한 번도 직접 인도에 가 본 적이 없었고, 힌두어도 전혀 모르는 상태에서 영문으로 작성된 문헌만으로 이 책을 집필했다. 그는 이 책에서 아라비아 숫자와 십진법이 고대 인도에서 발명되었다는 사실과 인도의 수학자이자 철학자였던 아리아바타(476~550)가 땅이 둥글고 주위에 별이 있다는 주장을 펼쳤다는 기록은 서양 문명이 전파된 다음에 날조된 이야기라고 일축해 버렸다. 제임스 밀의 주장은 서구중심주의에 입각한 제국주의 이론가의 전형적인 사례였다.

제임스 밀이 근무한 동인도회사는 1600년 12월 31일 엘리자베스 여왕의 특별허가를 받아 설립되었다. 초기 향료 무역은 대서양 항로와 인도 항로를 개척한 스페인과 포르투갈이 독점하고 있었지만, 1588년 영국이 스페인 무적함대를 격파하면서 1595년 네덜란드가 본격적으로 향료 무역에 나섰다. 이를 지켜보던 영국의 무역상들이 중심이 되어 네덜란드와 무역 경쟁에 나서기 위해 만든 것이 동인도회사였다. 국가로부터 동인도 지역의 무역 독점권을 획득한 동인도회사는 초기에는 개별 투자자로부터 자금을 모아 무역 업무를 해 오다가 1613년 합자기업으로 탈바꿈하면서 영속적인 조직이 되었다. 그들은 "우리의 사업은 전쟁이 아닌 무역"이라고 주장했지만, 동인도회사의 사업에서 전쟁은 매우 중요한 요소였다. 이들은 네덜란드령 동인도제도(인도네시아)에서 네덜란드와 대립하는 한편으로 인도에 먼저 진출한 포르투갈과 경쟁했다. 동인도회사는 점차 활동 범위를 넓혀 갔고, 1612년에는 인도에서 포르투갈을 축출하고 무굴제국으로부터 무역 특혜를 얻어 냈다.

18세기가 되자 네덜란드가 경쟁에서 밀려나고, 프랑스가 그 자리를 차지했다. 영국과 프랑스의 식민지 쟁탈전은 기업 간 상업적 경쟁을 넘어 치열한 정치적·군사적 경쟁이 되었다. 프랑스와 인도를 두고 다툰 1757년의 플라시 전투에서 승리한 영국의 동인도회사는 인도 벵골지방의 실질적인 통치권을 획득했다. 일개 무역회사가 아대륙亞大陸 인도에서 무굴제국을 대신해 징세권·행정권을 행사하는 상황이 벌어진 것이다. 이런 상황에 이르자 영국 정부는 동인도회사의 권력을 규제하는 규제법(1773)과 인도법(1784)을 제정해 정부가 동인도회사의 정치적 방침을 통제할 수 있도록 했다. 동인도회사는 면제품 무역이 쇠퇴하자 중국에서 차를 수입해 영국에 팔았는데, 차 무역으로 발생한 손실을 메꾸기 위해 인도의 아편을 중국에 밀반입해 판매했다.

중국이 이에 반발하자 아편전쟁(1839~1842)이 벌어졌다. 이후 영국 정부가 직접 식민지 경영에 나서면서 제국주의의 첨병으로 활동하던 동인도회사는 점차 약화되었고, 1857년 인도에서 세포이항쟁이 벌어지면서 영국 정부의 대리인 자격을 상실하게 된다. 아버지의 뒤를 이어 1823년부터 동인도회사에서 근무하던 존 스튜어트 밀은 1858년까지 35년간 이 회사에서 근무했다. 동인도회사는 1873년 정식으로 해체되었다.

⇒　『동인도회사와 아시아의 바다』, 하네다 마사시 지음, 이수열·구지영 옮김, 도서출판선인, 2012

1746 ∘ 5 ∘ 9	프랑스의 수학자 가스파르 몽주 출생
1752 ∘ 2 ∘ 29	벤자민 프랭클린, 번개가 전기 현상임을 증명
1755 ∘ 11 ∘ 1	리스본 대지진 발생
1776 ∘ 3 ∘ 9	애덤 스미스 『국부론』 출간
1792 ∘ 9 ∘ 20	프랑스혁명군 발미전투에서 첫 승리
1793 ∘ 1 ∘ 21	루이 16세 단두대에서 처형
1794 ∘ 5 ∘ 8	프랑스의 화학자 앙투안 라부아지에 처형
1794 ∘ 7 ∘ 27	프랑스의 혁명가 막시밀리앙 드 로베스피에르 체포
1804 ∘ 7 ∘ 12	미국의 정치가 알렉산더 해밀턴 사망
1805 ∘ 10 ∘ 21	호레이쇼 넬슨 영국 해군 제독 트라팔가해전에서 전사
1808 ∘ 5 ∘ 2	마드리드 시민, 프랑스군에 일제히 봉기
1815 ∘ 6 ∘ 8	빈회의 종결
1816 ∘ 7 ∘ 21	로이터통신사 창설자 파울 율리우스 로이터 출생
1817 ∘ 6 ∘ 1	난학의 개척자 스키타 겐파쿠 사망
1828 ∘ 9 ∘ 22	남아프리카 줄루족 족장 샤카 암살
1836 ∘ 3 ∘ 6	안토니오 산타안나 멕시코 장군, 텍사스 알라모 요새 점령
1838 ∘ 1 ∘ 6	모스부호 수발신 실험 성공
1847 ∘ 9 ∘ 13	미군, 성 패트릭 부대에 교수형 집행
1854 ∘ 10 ∘ 25	발라클라바 전투 발발
1857 ∘ 3 ∘ 23	엘리샤 오티스, 뉴욕 브로드웨이에 안전한 승객용 승강기 최초 설치

1863 ∘ 9 ∘ 10	미국의 선교사 윌리엄 마틴, 중국에 『만국공법』 전달	
1863 ∘ 11 ∘ 19	에이브러햄 링컨 미국 대통령, 게티즈버그에서 연설	
1864 ∘ 7 ∘ 18	미국 최초의 흑인 부대, 남부군의 포트와그너 요새 공격	
1865 ∘ 8 ∘ 13	헝가리의 의사 이그나츠 제멜바이스 패혈증으로 사망	
1866 ∘ 12 ∘ 21	조선의 언론인이자 계몽운동가 윤치호 출생	
1869 ∘ 5 ∘ 10	미국 대륙 동서를 연결하는 선로 결합	
1870 ∘ 9 ∘ 4	프랑스 제3공화국 선포	
1871 ∘ 3 ∘ 18	역사상 최초의 노동자 중심 자치정부 파리코뮌 수립	
1871 ∘ 12 ∘ 23	일본 이와쿠라 사절단 미국으로 출발	
1873 ∘ 5 ∘ 20	리바이스, 청바지 제작 기술 특허 출원	
1876 ∘ 2 ∘ 27	조선·일본 간 강화도조약 체결	
1877 ∘ 9 ∘ 24	일본 개화기 정치인 사이고 다카모리 자결	
1880 ∘ 9 ∘ 23	아일랜드 토지연맹과 농민들, 찰스 커닝엄 보이콧을 상대로 비폭력 저항운동 시작	
1881 ∘ 2 ∘ 9	표도르 도스토옙스키 사망	
1883 ∘ 9 ∘ 18	조선의 외교 사절단 보빙사, 체스터 아서 미국 대통령 접견	
1884 ∘ 5 ∘ 1	미국의 방직 노동자, 8시간 노동제를 요구하며 총파업 단행	

1902 ∘ 7 ∘ 17	미국의 사업가 윌리스 캐리어, 최초의 전기식 에어컨 도면 작성
1903 ∘ 2 ∘ 23	미국·쿠바 간 관타나모 임대 협정 체결
1904 ∘ 2 ∘ 8	일본, 러시아 뤼순항 기습 공격
1904 ∘ 10 ∘ 7	영국의 탐험가 겸 작가 이사벨라 버드 비숍 사망
1908 ∘ 3 ∘ 8	미국의 여성 노동자, 열악한 작업장에서 화재로 숨진 동료들을 기리며 궐기
1910 ∘ 2 ∘ 14	일본, 안중근 의사에 사형 선고
1910 ∘ 8 ∘ 22	한일협정 제2조와 경술국치
1910 ∘ 8 ∘ 29	경술국치 조약 체결 발표
1910 ∘ 11 ∘ 28	제1호 '사진 신부' 최사라, 이내수와 결혼
1911 ∘ 3 ∘ 25	미국 뉴욕에서 트라이앵글 셔츠웨이스트 공장 화재 사건 발생
1911 ∘ 10 ∘ 10	신해혁명
1912 ∘ 3 ∘ 21	로버트 팰컨 스콧 영국 해군 대령, 남극점에서 생전 마지막 일기 기록
1913 ∘ 1 ∘ 1	소년 루이 암스트롱, 경찰에 체포
1914 ∘ 1 ∘ 11	호남선 완공
1914 ∘ 9 ∘ 6	프랑스, 마른 전투에 택시 동원
1915 ∘ 11 ∘ 16	코카콜라 병 디자인 특허 취득
1916 ∘ 2 ∘ 24	전남 소록도에 자혜의원 설립
1917 ∘ 11 ∘ 7	10월 혁명 성공, 러시아 소비에트 연방 사회주의 공화국 수립

1918 ∘ 3 ∘ 3	브레스트-리토프스크조약 체결
1918 ∘ 10 ∘ 29	그린란드 출신 이누이트 미닉 월리스 사망
1918 ∘ 11 ∘ 11	1차 세계대전 종전
1919 ∘ 1 ∘ 15	로자 룩셈부르크 체포
1919 ∘ 3 ∘ 1	3·1 만세운동
1919 ∘ 4 ∘ 10	멕시코의 혁명가 에밀리아노 사파타 암살
1919 ∘ 4 ∘ 23	한성 임시정부 수립 선포
1920 ∘ 10 ∘ 17	『세계를 뒤흔든 열흘』 저자 존 리드 사망
1921 ∘ 5 ∘ 5	샤넬 향수 No 5 출시
1923 ∘ 9 ∘ 1	관동대지진 발생
1924 ∘ 8 ∘ 30	암태도 소작쟁의, 농민 승리로 종결
1926 ∘ 5 ∘ 12	폴란드의 독재자 유제프 피우수트스키, 쿠데타로 정부 전복 후 실권 장악
1926 ∘ 11 ∘ 4	박두성, 점자로 된 훈민정음 '훈맹정음' 발표
1926 ∘ 11 ∘ 8	이탈리아의 정치사상가 안토니오 그람시 체포
1927 ∘ 4 ∘ 12	중국에서 4·12 정변 발발
1927 ∘ 10 ∘ 6	영화 『재즈싱어』 개봉
1930 ∘ 7 ∘ 13	제1회 월드컵 대회 개최
1931 ∘ 1 ∘ 13	권순도 사망
1931 ∘ 7 ∘ 2	완바오산 사건 발생
1931 ∘ 9 ∘ 16	리비아 독립운동가 오마르 무르타크 사형
1933 ∘ 3 ∘ 12	프랭클린 루스벨트 미국 대통령, 노변정담 시작
1933 ∘ 7 ∘ 14	독일, 단종법 공포
1933 ∘ 8 ∘ 18	독일의 국민라디오 'VE301' 출시

1934 。10 。16	마오쩌둥, 국민당 정부의 공격을 피해 장시성 탈출
1935 。6 。24	마르틴 하이데거, 프라이부르크대학교에서 분서 사건 지지 연설
1936 。2 。26	일본에서 2·26 사건 발발
1936 。11 。23	사진 잡지 『라이프』 창간
1937 。6 。9	헨리 로열 레가타 대회의 출전 신분 규정 폐지
1937 。12 。13	난징대학살
1937 。12 。15	테루엘 전투 시작
1938 。2 。20	안익태, 아일랜드 더블린에서 『코리아 판타지』 초연
1938 。3 。13	미국의 변호사 클래런스 대로 사망
1939 。3 。28	스페인의 독재자 프란시스코 프랑코, 마드리드 입성
1939 。9 。3	조지 6세, 2차 세계대전 참전에 관한 대국민 연설
1940 。9 。26	발터 벤야민 사망
1941 。10 。18	독일계 러시아인 스파이 리하르트 조르게 체포
1941 。12 。8	프랭클린 루스벨트 미국 대통령, 진주만 기습 규탄 후 일본에 대한 전쟁 선포
1943 。1 。31	독일군, 스탈린그라드 전투 항복
1943 。2 。22	백장미, 나치 비밀경찰에 체포되어 처형
1943 。4 。13	독일군, 전쟁 중 러시아에서 카틴 숲 학살 사건 피해자 시신 발견

1943∘4∘18	야마모토 이소로쿠 일본 해군 제독 전사
1943∘10∘23	유대인 발레리나 프란체스카 만 처형
1944∘8∘4	안네 프랑크의 가족, 게슈타포에 체포
1944∘8∘14	역사상 최대 인원이 단두대에서 처형된 날
1944∘10∘2	바르샤바 봉기 종결
1945∘2∘13	연합군, 독일 드레스덴에 대규모 폭격
1945∘7∘16	미국 뉴멕시코 사막에서 첫 핵실험 실시
1945∘8∘6	미국, 일본 히로시마에 원자폭탄 투하
1945∘8∘15	8·15 광복
1945∘9∘8	존 하지 미군정 사령관 인천 상륙
1945∘11∘20	독일 뉘른베르크에서 2차 세계대전 전범 24명에 대한 재판 시작
1946∘1∘19	더글러스 맥아더, 극동국제군사재판소 설치 시작
1946∘3∘20	제1차 미소공동위원회 시작
1946∘10∘15	국립서울대학교 개교
1946∘11∘30	서북청년회 발족
1947∘2∘28	중국에서 2·28 사건 발발
1947∘4∘15	흑인 야구 선수 재키 로빈슨, 메이저리그 데뷔
1947∘6∘5	조지 C. 마셜 미국 국무장관 유럽경제부흥계획 제창
1947∘7∘19	여운형 암살
1947∘11∘24	미국영화협회(MPAA) 회의 시작
1948∘4∘3	제주 4·3 사건 발발
1948∘4∘14	한신교육투쟁 시작

1948 ∘ 5 ∘ 14	다비드 벤 구리온 이스라엘 총리, 이스라엘 독립선언문 발표
1948 ∘ 5 ∘ 15	나크바의 날
1948 ∘ 7 ∘ 5	영국, 국가보건서비스 제정 및 시행
1948 ∘ 9 ∘ 9	조선민주주의인민공화국 수립 선포
1949 ∘ 6 ∘ 6	친일경찰, 반민족행위특별조사위원회 습격
1949 ∘ 6 ∘ 21	농지개혁법 공포
1949 ∘ 12 ∘ 7	국부천대
1950 ∘ 1 ∘ 12	미국, 애치슨라인 최초 언급
1950 ∘ 6 ∘ 25	6·25 사변 발발
1950 ∘ 6 ∘ 28	한강인도교 폭발
1950 ∘ 8 ∘ 17	미국의 종군기자 마거릿 히긴스, 한국군 해병대의 통영상륙작전 동행 취재
1950 ∘ 9 ∘ 15	인천상륙작전 개시
1950 ∘ 12 ∘ 24	흥남철수작전 완료
1951 ∘ 3 ∘ 29	국민방위군 사건 진상조사단 구성안 통과
1952 ∘ 3 ∘ 30	그리스 정부, 니코스 벨로야니스에 총살형 집행
1953 ∘ 3 ∘ 5	이오시프 스탈린 사망
1953 ∘ 3 ∘ 26	조나스 소크, 소아마비 백신 개발
1953 ∘ 4 ∘ 27	이승만 대통령 '한글 간소화' 안 공포
1953 ∘ 5 ∘ 29	에드먼드 힐러리, 셰르파 텐징 노르가이와 함께 에베레스트산 정상 최초 정복
1953 ∘ 6 ∘ 18	반공포로 석방 사건 발생

1953 ∘ 6 ∘ 19	미국, 로젠버그 부부에 사형 집행
1953 ∘ 7 ∘ 28	스웨덴에서 이케아 1호점 개업
1954 ∘ 5 ∘ 7	디엔비엔푸 전투 종결
1954 ∘ 5 ∘ 25	사진가 로버트 카파 사망
1954 ∘ 6 ∘ 7	미국의 수학자 앨런 튜링 사망
1954 ∘ 8 ∘ 16	아스트로 피아졸라 프랑스로 유학
1955 ∘ 5 ∘ 31	박인수 혼인빙자간음 혐의로 검거
1955 ∘ 6 ∘ 20	유엔, 난센상 수여 시작
1955 ∘ 12 ∘ 1	미국의 인권운동가 로자 파크스 체포
1956 ∘ 1 ∘ 30	김창룡 피살
1956 ∘ 7 ∘ 26	가말 압델 나세르 이집트 대통령 수에즈운하 국유화 선언
1956 ∘ 8 ∘ 25	미국의 동물학자 알프레드 킨제이 사망
1956 ∘ 10 ∘ 1	제1회 국군의 날 기념식 개최
1957 ∘ 8 ∘ 1	독일의 제약회사 그뤼넨탈, 탈리도마이드 성분의 신약 '콘테르간' 판매 시작
1957 ∘ 10 ∘ 4	소련, 세계 최초 인공위성 스푸트니크 1호 발사 성공
1957 ∘ 11 ∘ 3	소련, 우주개 라이카를 탑승시킨 인공위성 스푸트니크 2호 발사 성공
1958 ∘ 8 ∘ 23	8·23 포전 시작
1959 ∘ 1 ∘ 9	리고베르타 멘추 과테말라 인권운동가 출생
1959 ∘ 3 ∘ 31	달라이 라마, 다람살라에 티베트 망명정부 수립
1959 ∘ 7 ∘ 22	네덜란드 흐로닝언 천연가스전 발견

1959 ∘ 7 ∘ 31	조봉암 사형
1959 ∘ 8 ∘ 7	대한민국 정부, 우장춘에 문화포장 수여
1960 ∘ 11 ∘ 2	영국의 펭귄북스, 『채털리 부인의 연인』 출간 후 음란출판물법 위반 혐의로 시작된 소송에서 승소
1961 ∘ 5 ∘ 16	5·16 군사정변 발발
1962 ∘ 7 ∘ 3	알제리 독립
1962 ∘ 8 ∘ 5	마릴린 먼로 사망
1962 ∘ 10 ∘ 14	CIA 쿠바 미사일 기지 발견
1962 ∘ 11 ∘ 6	사우디아라비아 노예제 폐지
1963 ∘ 10 ∘ 11	프랑스의 가수 에디트 피아프 사망
1964 ∘ 2 ∘ 7	영국의 밴드 비틀스 미국 최초 방문
1964 ∘ 3 ∘ 27	『뉴욕타임스』 캐서린 제노비스 살해 사건 최초 보도
1964 ∘ 6 ∘ 22	짐크로법에 대항해 흑인 유권자 선거 운동을 돕던 청년 3인, 미시시피에서 실종
1965 ∘ 11 ∘ 18	폴란드 가톨릭교회 주교단의 편지, 독일 가톨릭교회 주교단에 도착
1966 ∘ 6 ∘ 14	교황청 금서 목록 공식 폐지
1967 ∘ 4 ∘ 28	무하마드 알리, 미국 징병국에 징병 거부 선언
1967 ∘ 5 ∘ 27	오스트레일리아 정부, 원주민 참정권 부여를 위한 국민투표 게시
1967 ∘ 5 ∘ 30	비아프라 독립 선언
1967 ∘ 6 ∘ 12	미국 연방대법원, 인종 간 결혼금지법

1971∘8∘10	광주대단지 사건 발생
1972∘2∘21	리처드 닉슨 미국 대통령 중국 방문
1972∘6∘17	워터게이트 사건 발각
1972∘7∘4	7·4 남북공동성명
1972∘8∘26	뮌헨올림픽 개막
1972∘9∘5	뮌헨 테러 발생
1974∘4∘25	포르투갈 제2공화국에서 카네이션혁명 발생
1974∘10∘30	무하마드 알리, 조지 포먼에 KO승
1975∘1∘27	처치위원회 구성
1975∘4∘4	빌 게이츠, 마이크로소프트 창업
1975∘4∘9	인혁당 및 민청학련 사건 관련 피고인 8인에 대한 사형 집행
1975∘4∘30	제2차 인도차이나전쟁 종전
1975∘8∘27	하일레 셀라시에 1세 에티오피아 황제 사망
1975∘9∘7	레바논 내전 발발
1976∘2∘4	미국 항공기 제조회사 록히드, 트라이스타 L1011 판매를 위한 뇌물 증여 인정 및 증언
1976∘2∘6	미국, 베트남 전역에 고엽제 무차별 살포
1976∘3∘24	아르헨티나의 독재자 호르헤 라파엘 비델라, 쿠데타로 군부정권 수립
1977∘4∘19	연세대 백지 선언문 사건 발생
1977∘7∘25	'네이팜탄의 아버지' 루이스 파이저 사망
1977∘10∘13	독일 민항기 루프트한자 납치 사건 발생
1977∘11∘27	홍수환, 카라스키야에 KO승

1979 ∘ 2 ∘ 1	아야톨라 루홀라 호메이니, 망명 중 테헤란공항 도착
1979 ∘ 2 ∘ 17	중국, 베트남 침공
1979 ∘ 8 ∘ 11	YH무역 사건 발생
1979 ∘ 10 ∘ 26	김재규, 박정희 사살
1979 ∘ 12 ∘ 12	12·12 군사반란
1979 ∘ 12 ∘ 27	아프가니스탄의 정치인 하피줄라 아민 사망
1980 ∘ 3 ∘ 4	가브리엘 무가베, 총선거 압승으로 짐바브웨 최초 흑인 총리로 당선
1980 ∘ 4 ∘ 21	사북항쟁 발생
1980 ∘ 5 ∘ 18	광주 민주화운동 발발
1980 ∘ 10 ∘ 27	10·27 법난 발생
1980 ∘ 11 ∘ 14	전두환 신군부 정권, 언론사 통폐합 결정
1981 ∘ 11 ∘ 25	도미니카공화국에서 미라발 세 자매 살해 사건 발생
1982 ∘ 1 ∘ 5	통행금지 제도 전면 폐지
1982 ∘ 2 ∘ 18	아르헨티나 가수 메르세데스 소사, 부에노스아이레스 오페라 극장에서 공연
1982 ∘ 4 ∘ 2	포클랜드전쟁 발발
1982 ∘ 6 ∘ 30	시베리아 가스전 대폭발 사건 발생
1983 ∘ 8 ∘ 3	우치난추 문화연구가 가마쿠라 요시타로 사망
1983 ∘ 8 ∘ 21	필리핀의 정치가 베니그노 아키노, 마닐라 국제공항에서 암살
1983 ∘ 10 ∘ 19	그레나다의 공산주의 혁명가 모리스 비숍 사망

1984。1。24	애플, 맥 시리즈 첫 번째 모델 '매킨토시 128k' 출시
1984。9。21	아메리카학교, 조지아주 콜럼버스의 베닝 기지로 이전
1985。7。10	레인보우워리어 폭파 사건 발생
1987。1。14	박종철 대공 분실에서 사망
1987。6。10	6·10 민주항쟁 발발
1987。12。19	「서울지역고등학생연합회 명동성당 농성 선언문」 발표
1988。6。27	5공비리특별위원회 구성
1988。8。8	미얀마에서 8888항쟁 발발
1988。9。17	88서울올림픽 개최
1988。10。8	영등포교도소에서 지강헌 탈옥
1989。6。4	6·4 톈안먼 사태 발생
1989。11。9	베를린장벽 붕괴
1989。12。6	몬트리올 에콜 폴리테크니크 학살 사건 발생
1989。12。20	루마니아의 독재자 니콜라에 차우셰스쿠, 반대파 집단 학살 자행
1990。1。22	민주정의당·통일민주당·신민주공화당 합당
1990。2。2	아파르트헤이트 정책 폐지, 넬슨 만델라 석방
1990。9。30	한소(러)수교
1990。10。3	독일 (재)통일
1991。1。10	재일동포 지문날인 제도 철폐
1991。3。14	낙동강 페놀 오염 사건 발생

1991 ∘ 6 ∘ 16	아프리카의 어린이날 지정
1991 ∘ 8 ∘ 19	소련에서 8월 쿠데타 발발
1992 ∘ 1 ∘ 8	수요집회 시작
1992 ∘ 3 ∘ 22	이지문 중위 공명선거실천협의회에 군 내부 투표 부정행위 고발
1992 ∘ 4 ∘ 11	서태지와 아이들 데뷔
1992 ∘ 8 ∘ 24	한중국교 수립
1992 ∘ 12 ∘ 16	독일의 예술가 군터 뎀니히, 첫 슈톨퍼슈타인 설치
1992 ∘ 12 ∘ 22	파라과이의 판사 호세 페르난데스와 인권운동가 마틴 알메이다, '공포의 문서' 발견
1993 ∘ 3 ∘ 19	인민군 기자 출신 리인모, 판문점을 통해 북한으로 송환
1993 ∘ 8 ∘ 12	금융실명제 실시
1993 ∘ 12 ∘ 2	세계의 '마약왕' 파블로 에스코바르 사망
1994 ∘ 7 ∘ 8	김일성 사망
1995 ∘ 6 ∘ 29	삼풍백화점 붕괴 사건 발생
1995 ∘ 9 ∘ 19	유나바머 선언문 「산업사회와 그 미래」 『워싱턴포스트』에 게재
1995 ∘ 11 ∘ 10	나이지리아의 인권운동가 켄 사로위와 사형
1995 ∘ 12 ∘ 14	보스니아 내전 종식
1995 ∘ 12 ∘ 25	장기려 사망
1996 ∘ 10 ∘ 5	미국의 군인 제임스 해리 하우스먼 사망
1997 ∘ 2 ∘ 19	덩샤오핑 사망

1997∘7∘1	홍콩 반환
1997∘8∘31	다이애나 스펜서 영국 왕세자비 사망
1997∘12∘3	대한민국 정부와 국제통화기금, 대기성 차관협정 체결
1998∘4∘26	과테말라 가톨릭 교회의 후안 헤라르디 코네데라 주교, 살해된 채 발견
1998∘5∘21	수하르토 인도네시아 대통령 사임
1999∘3∘7	CIA의 약물 전문가 시드니 고틀리브 사망
1999∘5∘26	슬로보단 밀로셰비치 국제전범재판소에 기소
1999∘10∘28	'고문 기술자' 이근안 자수
2000∘6∘26	인간 게놈 지도 밑그림 완성
2001∘1∘16	위키백과사전 서비스 최초 오픈
2001∘9∘11	9·11 테러 발생
2002∘1∘18	시에라리온 내전 종식 선언
2002∘3∘17	독일의 소설가 루이제 린저 사망
2002∘6∘13	경기도 양주에서 미군 장갑차에 의한 중학생 압사 사건 발생
2002∘8∘9	남아프리카공화국, 사라 바트만의 유해 송환 및 안치
2003∘4∘1	홍콩 배우 장국영 사망
2004∘5∘24	『뉴요커』 아부그라이브 수용소 내 포로 인권 실태 보도
2004∘11∘17	대학수학능력시험에서 조직적인 대규모 부정행위 적발

2005 ° 4 ° 20	서울 어린이대공원 내 코끼리 6마리 동물원 탈출
2005 ° 10 ° 20	유네스코 「문화적 표현의 다양성 보호와 증진에 관한 협약」 채택
2005 ° 11 ° 22	MBC 『PD수첩』 「황우석 신화와 난자 매매 의혹」 방영
2007 ° 1 ° 28	유럽의회, 사이버 개인정보 보호의 날 제정
2007 ° 9 ° 2	탈레반에 납치된 분당샘물교회 선교단 귀환
2008 ° 2 ° 10	숭례문 화재 사건 발생
2008 ° 4 ° 29	『친일인명사전』 수록 대상자 명단 공개
2008 ° 11 ° 26	뭄바이 테러 발생
2009 ° 1 ° 20	용산4구역 철거현장 화재 사건 발생
2009 ° 2 ° 16	김수환 추기경 선종
2009 ° 5 ° 23	노무현 대통령 사망
2010 ° 4 ° 17	세계 최초 배달 전문 앱 배달통, 서비스 개시
2010 ° 12 ° 17	튀니지에서 모하메드 부아지지 분신
2011 ° 3 ° 11	동일본 대지진 발생
2011 ° 9 ° 14	야구선수 최동원 사망
2012 ° 6 ° 15	옴진리교 독가스 테러 사건의 마지막 수배자 체포
2012 ° 8 ° 28	대만 정부, 반공구국군 전사자 440명 국민혁명충렬사에 안치
2013 ° 4 ° 8	마거릿 대처 영국 전 총리 사망
2013 ° 4 ° 24	방글라데시에서 라나플라자 붕괴 사건 발생
2014 ° 4 ° 16	세월호 침몰
2014 ° 9 ° 25	부림 사건 피해자 5인, 재심에서 무죄 확정

2016 ∘ 3 ∘ 15	이세돌, 알파고에 패배
2016 ∘ 5 ∘ 17	강남역 살인 사건 발생
2016 ∘ 7 ∘ 9	미국에서 시민인권운동가 레시아 에반스 체포
2017 ∘ 3 ∘ 10	헌법재판소, 대통령 박근혜 파면 결정 및 통보
2018 ∘ 7 ∘ 24	이탈리아의 사진작가 알레시오 마모, 월드프레스포토재단 소셜미디어에 '꿈의 음식' 게재
2018 ∘ 11 ∘ 12	미국의 만화가 겸 영화제작자 스탠 리 사망
2018 ∘ 11 ∘ 29	요하네스버그 시의회 '라일드 할레드 가' 지정
2018 ∘ 12 ∘ 10	김용균 태안화력발전소에서 작업 중 사망
2019 ∘ 5 ∘ 19	미국의 투자가 로버트 스미스, 모어하우스칼리지 졸업식에서 축사 발표
2019 ∘ 10 ∘ 24	스페인의 독재자 프란시스코 프랑코, 국립묘역에서 이장

하루 교양 공부
: 나와 세계를 잇는 지적 생활 습관

2022년 12월 14일   초판 1쇄 발행
2023년 2월 4일   초판 2쇄 발행

지은이
전성원

펴낸이   **펴낸곳**   **등록**
조성웅   도서출판 유유   제406-2010-000032호(2010년 4월 2일)

                 주소
                 서울시 마포구 동교로15길 30, 3층 (우편번호 04003)

전화   **팩스**   **홈페이지**   **전자우편**
02-3144-6869   0303-3444-4645   uupress.co.kr   uupress@gmail.com

                 페이스북   **트위터**   **인스타그램**
                 facebook.com   twitter.com   instagram.com
                 /uupress   /uu_press   /uupress

편집   **디자인**   **조판**   **마케팅**
사공영, 김정희   이기준   정은정   황효선

제작   **인쇄**   **제책**   **물류**
제이오   (주)민언프린텍   (주)엔에스피티   책과일터

ISBN 979-11-6770-050-6 03900